Dietmar Treiber

Oberheims Heim

D1720314

Oberheims Heim

ein Bautagebuch mit Expertentipps

Dietmar Treiber

Fraunhofer IRB Verlag

Die Deutsche Bibliothek – CIP-Einheitsaufnahme

Ein Titeldatensatz für diese Publikation ist bei
Der Deutschen Bibliothek erhältlich.
ISBN 3-8167-6109-7

Umschlaggestaltung: Martin Kjer unter Verwendung einer Zeichnung von Klaus Meyer-Hartmann
Lektorat: Sigune Kipp
Herstellung, Layout und Satz: Georgia Zechlin
Druck: Druckerei Karl Hofmann GmbH & Co.

Für den Druck des Buches wurde chlor- und säurefreies Papier verwendet.

© Fraunhofer IRB Verlag, 2002
Fraunhofer-Informationszentrum Raum und Bau IRB
Postfach 80 04 69, D-70504 Stuttgart
Telefon (07 11) 970-25 00
Telefax (07 11) 970-25 08
e-mail: info@irb.fhg.de
http://www.irbbuch.de

Inhaltsverzeichnis

Vorwärts in die Vergangenheit

»Einmal im Leben«, sagt man, wenn jemand baut. Nur einmal, weil ein Haus ein Leben lang hält? Oder weil man anschließend so genervt ist, dass man es nie wieder machen würde? Roland Oberheim hat dieser Spruch nicht geschockt. Was er als Bauherr erlebte, hat er für die Tageszeitung »Berliner Morgenpost« mehr als zwei Jahre lang in einem »Bautagebuch« aufgeschrieben und für dieses Buch noch einmal überarbeitet und erweitert.

Oberheims Tagebuch erschien in »Echtzeit«: Die Zeitungsleser begleiteten ihn Folge für Folge durch alle Phasen und bei allen Fragen. Er schrieb unter falschem Namen, aus dem Redakteur Dietmar Treiber wurde das Pseudonym Roland Oberheim; niemand sollte auf die öffentlichkeits-empfindliche Stellung des Bauherrn Rücksicht nehmen. Das Versteckspiel funktionierte: Nicht einmal Oberheims neue Nachbarn wussten davon, obwohl einige seine Zeitung abonniert hatten und obwohl gelegentlich sogar Fotos vom »Tatort« erschienen. Selbst die Baufirma ahnte nichts.

Davon haben auch die Leser dieses Buches etwas, denn so konnte Roland Oberheim alles ungeschönt erleben. Und genau in der Reihenfolge, die das Bauen bzw. sein Bauunternehmer ihm, dem Laien vorgeben: Erst die Immobiliensuche, dann die ganze Zeitfolge des Neubaus, von den Bauvertrags-Verhandlungen über erste Baggerarbeiten bis Rohbau, Aushau, Abnahme und Nacharbeiten.

Seine Erfahrungen beleuchteten mehr als 100 (Wochen-)Folgen lang Experten der Bauszene, Architekten und Ingenieure, Psychologen, Verbraucherschützer, Makler, Finanzexperten, Praktiker, Rechtsanwälte. Mal zustimmend, mal drohend, mal kopfschüttelnd. Diese Insider zeigen Oberheim und allen anderen Bauherren, wie Bauleute denken und handeln, wie die mehr oder weniger legalen Gepflogenheiten sind, wo Laien die größten Klippen erwarten und wo man besonders leicht über den Tisch gezogen wird. Sie geben Tipps, wie man möglichst ohne größere menschliche und finanzielle Blessuren das Abenteuer Bauen übersteht. Der zeitliche Abstand – ein Jahr lag zwischen Ereignis und erster Veröffentlichung – machte es möglich, Oberheims Erfahrungen in Ruhe zu prüfen und in Wissens- oder Lernkapital für die Leser umzusetzen.

Also: Was wusste Oberheim nicht, was entschied er falsch, was verstand er falsch? Was hätte er besser, schneller, billiger, anders machen können? Wer oder was hätte ihm und seiner Familie helfen können? Für künftige Bauherren heißt das: Was wissen sie – oder vielleicht »Sie«? – nicht, was entscheiden sie falsch? Was könnten sie besser, billiger, anders machen? Wer könnte ihnen helfen?

Vielleicht dieses Buch. Vielleicht auch der »Bauherren-Zeitenplan« am Ende: eine neuartige Tabelle, die zum rechtzeitigen Abarbeiten und Entscheiden aller baurelevanten Themen anregen soll – lange vor der ersten Unterschrift und vor einem Reinfall.

Und hier noch der Abspann, wie im Film: Alle Akteure, Orte, Daten und Begebenheiten sind zwar genauso real wie Roland Oberheim, doch wurden alle Namen (mit Ausnahme der Experten) für die Serie verändert oder verfremdet. Es geht in »Oberheims Heim« nicht darum bloßzustellen, nicht um das Verhalten einzelner Personen, Ämter oder Firmen. Sondern um lehrreiche Begebenheiten vom Bau, die anderen ihr „Einmal im Leben" erleichtern – oder ersparen – sollen.

Ein Dank gebührt dabei auch den Lesern dieser wöchentlichen Immobilien-»Soap Opera« in der Morgenpost. Denn sie regten mit ihrer Anerkennung und mit ihren Fragen an, am Ende der Zeitungsserie dieses Buch zu veröffentlichen.

Ein Wort noch zur »Gebrauchsanleitung« für dieses Buch: Alles ist stets im Fluss, deshalb sollte kein Bauherr mit diesem Tagebuch unterm Arm ins Bauamt gehen und mit dem Finger auf einer Textpassage sein vermeintliches Recht einfordern. So hat sich beispielsweise kurz vor Redaktionsschluss dieses Buches die BGB-Rechtslage verändert, bei Verbrauchern ist dies am stärksten durch die von sechs Monaten auf zwei Jahre verlängerte Gewährleistungsfrist bekannt geworden. Das betrifft den »Fall Oberheim« nicht, da die Schuldrechtsmodernisierung erst für Verträge gilt, die ab 1. Januar 2002 geschlossen wurden und werden. Und sicher dürfte sich auch manche DIN-Vorschrift in fünf Jahren mit einer neuen, anderen Zahlenreihe und dann als »DIN EN« (= Euronorm) wiederfinden. Die Experten wiederum haben jeweils zu Einzelfragen eines Einzelfalles Oberheim Stellung bezogen und dies auch nur in ihren jeweiligen Kompetenzfeldern. Betrachten Sie das Tagebuch und die – jeweils für zurückliegende Geschehnisse geschriebenen – Expertenäußerungen also bitte nur als wichtige Denkanstöße und als erste Einarbeitung in die Sache.

Als Oberheim baute, gab es den Euro erst an der Börse. Alle DM-Beträge wurden deshalb erst nachträglich auf Euro umgerechnet.

Dietmar Treiber
Berlin im März 2002

Die Mitwirkenden

10 Architekten und Landschaftsarchitekten
23 Ingenieure, von Vermessung bis Energietechnik
13 Bauherrenberater und Verbraucherschützer
24 Rechtsanwälte, Notare, Richter, Verwaltungsjuristen, Justitiare und Rechtspfleger
 7 Finanzexperten und Steuerberater
15 Hochschullehrer, Sachverständige, Geschäftsführer, Vertriebsdirektoren, Makler, Polizeibeamte, Naturschützer, Landschaftsgärtner und Geologen und
 1 Baufamilie

Tagebuch, 1. Folge: Immobiliensuche

Beim Grundstück fängts an

3. Januar: In der Januar-Kälte stiefeln meine Frau Verena und ich um ein leerstehendes Haus herum. Das Haus selbst ist es eigentlich gar nicht wert, dass wir hier bibbern. Es ist ein Fertighaus aus den 60er Jahren, mit einst weißer, jetzt aber unansehnlich gewordener Farbe und dunklen Stellen an den Hauswänden.

Das Haus bietet herzlich wenig, aber das Grundstück am Berliner Stadtrand ist ein Traum. Auf der einen Seite liegt der ehemalige DDR-Grenzstreifen, dann folgt das Grundstück mit fast 50 mal 20 Metern Platz, dann kommt eine schmale Straße und dann gleich ein Naturschutzgebiet. Wenn mir jemand zu meinen Kreuzberger Hinterhof-Zeiten gesagt hätte, dass Berlin so grün sein kann, hätte ich ihn für verrückt erklärt. Hier bauen, das wäre ein Traum.

Unsere Freundin Julia weiß, dass wir eine Immobilie suchen, und sie hat uns als Nachbarin schon oft auf das alte Fertighaus hingewiesen. »Ist bald zu mieten«, sagte sie, als die Mieterfamilie zu bauen begann. »Sind jetzt ausgezogen«, sagte sie, als der Möbelwagen wegfuhr. Und: »Da ist jetzt auch ein Maklerschild am Zaun.«

Dank Julia war ich schon vor einem Jahr – lange vor dem Maklerschild – einer der ersten oder vielleicht sogar der erste, der beim Grundstückseigentümer Kreyfellers anrief. Ja, der Planweg 81 sei zu verkaufen. 978 Quadratmeter, jeder einzelne zu 333 Euro. »Genau der Bodenrichtwert«, sagte Herr Kreyfellers, und das sei angesichts dieser grünen Lage günstig.

»Wie viel ziehen Sie für den Abriss des alten Fertighauses ab?«, fragte ich damals, denn Bodenrichtwert meint ja immer baureifes und erschlossenes Land – ohne Bauten drauf. »Abriss? Das Haus hat noch einen Wert von ungefähr 50.000 Euro. Ich kann das beurteilen, ich bin aus der Branche.«

»Wären Sie bereit, das Grundstück zu teilen? Für uns allein ist es eigentlich zu groß und zu teuer.« – »Nein, nur alles zusammen.« Das Gespräch war ziemlich schnell zu Ende.

375.674 Euro für Grundstück plus Haus plus vielleicht 10.000 Euro für den Abriss. Viel zu teuer – wie so manches, was wir auf dem Immobilienmarkt gesehen haben. Damals hatten wir schon ein Jahr lang gesucht, Kevin (zwei Jahre alt), meine Frau und ich.

Und jetzt suchen wir schon mehr als zwei Jahre lang und stehen wieder hier vor dem Planweg 81. Verena hat einen dicken Bauch, und bald werden wir zu viert auf immer noch 78 Quadratmetern zur Miete wohnen.

»Die sind jetzt auf 270.000 runtergegangen«, sagte uns Julia, »kümmert euch doch mal um die ›81‹!«

Doch wie geht man das jetzt an? Sollen wir den Makler anrufen, dessen Schild am Zaun hängt – obwohl wir das Grundstück schon kennen? Haben wir die Telefonnummer von Grundstückseigentümer Kreyfellers noch? Was muss man eigentlich alles wissen, wenn man ein Grundstück kaufen will – ohne Fehler zu machen? Oder kann man Fehler gar nicht vermeiden?

Was der Experte dazu sagt

Recherchen mit Reihenfolge

Der erste Experte, der sich zu Oberheims Bautagebuch äußert, ist Fred Fischer, Berater für Bauen und Kaufen bei der Verbraucherzentrale Brandenburg, die Häuslebauer und Wohnungskäufer in Berlin und um Berlin herum berät:

Verhandeln sollte Herr Oberheim vorerst nur mit dem Eigentümer. Also: Bei Kreyfellers nachfragen, ob das Angebot noch steht und wenn ja, welche Unterlagen zum Grundstück er schnell zur Verfügung stellen könnte.

Mit einer Checkliste (gibt's auch in den Verbraucherzentralen) sollte man sich dann auf die wichtigsten Punkte zur Auswahl des Grundstücks und auf die zu klärenden Baufragen vorbereiten.

Was man sich klarmachen sollte: Auch mit solch einer Checkliste ist ein Grundstückskauf keine Sache von ein, zwei Telefonaten. Oberheim sollte sich deshalb – wie alle Kaufinteressenten – einen Reihenfolge-Plan erarbeiten.

Da man mit dem Kauf eines Grundstücks alle Verpflichtungen übernimmt, sollte man unbedingt beim Grundbuchamt Einsicht ins Grundbuch nehmen. Dies aber wird nur zugelassen, wenn man ein berechtigtes Interesse nachweist und eine Vollmacht des Eigentümers mit auf den Weg ins Grundbuchamt bekommt.

Dort muss Oberheim dies klären: Wer ist der oder sind die Eigentümer? Bestehen privatrechtliche Belastungen, Grundschulden oder auch Einschränkungen durch Rechte Dritter (z.B. Wegerechte, Dienstbarkeiten oder Dauerwohnrechte)?

Zum Grundstück selbst: Ist dessen Größe ausreichend für die geplante Bebauung mit Einfamilienhaus oder Doppelhaus? Ist eine Teilung des Grundstücks, real oder ideell, zulässig und möglich? Wie ist die Ausrichtung, gibt es Umweltbelastungen, wie ansprechend ist die Nachbarbebauung? Wie ist der Charakter des Umfeldes: Verkehrsanbindung, Einkaufsmöglichkeiten, Arbeitsweg, Schule und Kindergarten ohne Gefahr erreichbar? Soziale und kulturelle Möglichkeiten? Ist die Wohnlage ruhig oder belebt? Mein Tipp: Besichtigen Sie ins Auge gefasste Grundstücke nicht nur am Wochenende, sondern auch zur Arbeits- und Geschäftszeit und am Abend.

Zu prüfen sind weiter die erforderlichen Grenzabstände zum Nachbargrundstück, Abstände zur Baufluchtlinie oder auch ein eventuell notwendiges Sichtdreieck bei Eckgrundstücken.

All diese Informationen könnte Oberheim bei der zuständigen Kommune aus den Bbauungsplänen oder bei der Stadtplanung beantwortet bekommen. Wichtig ist auch die Prüfung der baurechtlichen Vorschriften bei der Baubehörde: Ist das Grundstück überhaupt Bauland? Würde Oberheim eine Abrissgenehmigung für das Fertighaus bekommen? Wie sind die örtlichen Bebauungs- und Nutzungsvorschriften, und welche Grenzabstände sind vorgeschrieben? Gibt es verkehrsrechtliche Vorschriften?

Interessant für den potenziellen Bauherrn sind auch Fragen zum Flächennutzungsplan beim Bauordnungsamt, weil niemand in unmittelbarer Nähe von Schienenwegen oder Industrie- und Gewerbeobjekten bauen oder kaufen möchte.

Außerdem kann man bei den Ämtern erfahren, wie die Ver- und Entsorgung (Erschließung) gesichert ist. Oder ob Ansprüche der Gemeinde auf Teile des Grundstücks wegen geplanter Straßenführung oder -verbreiterung bestehen. Gibt es eventuell Bauauflagen

(Größe der bebaubaren Fläche, zulässige Geschosszahl, Abstand zum Nachbarn usw.)? Ein qualifizierter Bebauungsplan gibt auch Auskunft zu Bodenbeschaffenheit, Grundwasserspiegel, Gründungsmöglichkeiten oder auch über zu erwartende Erschließungskosten.

Noch ein Tipp an Herrn Oberheim: Stellen Sie im Zweifelsfall eine schriftliche Bauvoranfrage ans Bauordnungsamt, um für eine schwierige Grundstückssituation eine gesicherte Antwort zu erhalten. Schriftliche Bauvoranfragen sind allerdings nur befristet gültig. Sie müssen nicht vom Grundstückseigentümer, sondern können auch von Interessenten eines Grundstücks im eigenen Namen gestellt werden. Die Bauaufsichtsbehörde kann dabei allerdings die Zustimmung des Eigentümers verlangen und wird dies vor Abschluss eines Kaufvertrags auch regelmäßig tun. Vorteil dieses Verfahrens: Der Verkäufer haftet nicht für die Verfahrenskosten, und der Kaufinteressent erhält die erforderlichen Auskünfte und die damit verbundenen Urheberrechte vom Bauamt exklusiv (ohne Kenntnis des Verkäufers) und hat so einen Vorsprung vor anderen Interessenten.

Bei Oberheims Neubauplänen sollte auch das Thema Erschließung ausführlich bedacht werden: Straße, Grünflächen, Parktaschen, Straßenbeleuchtung und vor allem die Verlegung des Verteilungsnetzes von Wasser, Abwasser, Gas, Strom und Telefon erfordern Kabel bis zur Grundstücksgrenze. Und all das kostet Geld.

Nun sollte Oberheim noch prüfen, ob das Grundstück schon vermessen wurde. Wenn ja: Lassen Sie sich vom Verkäufer oder Eigentümer Flurkarte und Lageplan aushändigen. Wenn nicht vorhanden, bekommt man diese Unterlagen beim Kataster-, Liegenschafts- und Bauaufsichtsamt.

Bild 1: Grünes Umfeld und traumhafter Blick in eine unberührte Landschaft – für Bauherren bedeutet dies immer auch Randlage und Verkehrsprobleme: Wo ist der nächste Bus, die nächste Bahn – oder die nächste Autowerkstatt für die Reparatur des (Zweit)-Wagens?

Sind all diese Fragen geklärt – und das dauert sicher mehr als 14 Tage –, dann und wirklich erst dann kann Oberheim sich an die Ermittlung der Grundstückskosten wagen. Das Feilschen um den Preis ist danach oft eine Frage des Verhandlungsgeschicks. Und immer daran denken: Mit dem reinen Quadratmeterpreis allein ist es längst nicht getan, es kommen weitere Kosten auf Oberheim zu.

Oberheims Einsichten

Im Grunde genommen zeigt die lange Beschreibung des Experten, dass ich allein es nie hätte schaffen können. Schließlich brauche ich meine Arbeitskraft, um das Geld zu verdienen, mit dem ich mir dann später die Immobilie leisten kann.
Was bleibt an Erkenntnis? Eigentlich nur, dass man Hilfe braucht
• von einem Architekten oder Bauingenieur
• von einem Bauträger, der Land und Neubau zusammen anbietet.
Nachteil ist dabei natürlich wieder, dass der Bauträger sich seine Leistung meist auch bezahlen lassen wird/will. Eine Idee: Man geht zu einer Hausbaufirma, verhandelt rund um ein interessantes Bauobjekt – allerdings ohne zu unterschreiben! Bloß nicht durch»Sonderangebot bis 31.12.« beeindrucken lassen (nach dem 31.12. wird es nämlich eher billiger...). Dann Grundstück suchen und bei der Hausbaufirma einen Vertrag unterschreiben, der ausschließlich für dieses Grundstück und für das gewählte Hausmodell gilt – und der eine Ausstiegsklausel hat, falls es mit diesem Grundstück aus welchen Gründen auch immer nicht klappt. So zwingen Sie dem Bauträger die korrekte Bewertung des Grundstücks auf und laufen nicht Risiko, sich beim angepeilten Hausmodell zu vertun.

Tagebuch, 2. Folge:
Ein Grundstück wird beplant
Doppelhaushälfte gefällig?

9. Januar: Die Anzeige steht immer noch in der Morgenpost: 978 Quadratmeter Land mit einem alten Fertighaus drauf, in grüner Traumlage am Stadtrand.
Ich weiß, dass wir allein auf einem so großen Grundstück kein Haus bauen können. Das würde unseren Finanzrahmen sprengen. Aber dieses Grundstück aufteilen in zwei Stücke zu je 489 Quadratmeter und einen Teil abgeben – das wär's. Jedenfalls finanziell gesehen.
489 Quadratmeter, das sind mehr als jene 400, die nach meinem Wissen für eine echte, »reale« Grundstücksteilung und für ein Einfamilienhaus erforderlich sind.
Was ich auch weiß: An dem Grundstück im Planweg 81 sind nicht nur wir dran, sondern viele andere, die auch die Morgenpost-Anzeigen lesen. Beispiel Apfelder-Haus: Die boten das Grundstück mit zwei Doppelhaushälften an.
Warum Doppelhaus? Angeblich, so sagten die, würde es vom Bauamt des Bezirks nicht gestattet, das Grundstück aufzuteilen und dort zwei einzelne Häuser zu bauen.
Nun gut, aus Kostengründen fanden meine Frau Verena und ich auch ein Doppelhaus interessant. Wir bestellten das Exposé mit allen Plänen und allen Vertragsvereinbarungen.

275.000 Euro sollte das Haus samt Grundstück kosten. Nicht viel auf den ersten Blick. Zumal eine Baufertigstellungsgarantie und das Gutachten einer Sachverständigenorganisation mit dabei ist, die für ihren technischen Sachverstand gerühmt wird.

Aber als das Exposé kam, standen statt der inserierten 275.000 schon mal 290.000 Euro als Ausgangspreis im Brief. Macht einen schon etwas verschnupft. Aber dann erst: 290.000 plus Erschließung plus Keller plus Carport plus plus plus. Pi mal Daumen kam ich auf 335.000 Euro. Das Exposé flog gleich in den Papierkorb. War es das schon zum Thema Doppelhaus?

Was der Experte dazu sagt:
Gute Trennung der Häuser beachten

Als Experte zu dieser Folge des Bautagebuchs und speziell zu Fragen von Doppelhäusern äußert sich Dipl.-Ing. Jürgen Thielemann, unabhängiger Bauherrenberater und ehemaliger Landesvorsitzender des Bauherrenschutzbundes in Berlin:

Die Grundstücksgröße, die Herrn Oberheim für eine Doppelhaushälfte angeboten wurde, ist erfreulich groß – meist werden Doppelhäuser auf sehr kleinen Grundstücken gebaut.

Bei Doppelhäusern ist eine Realteilung – jedem gehört sein Grundstück ganz allein – nicht möglich, eine so genannte »ideelle« Teilung ist nötig. Deren Modalitäten werden durch das Wohneigentumsgesetz geregelt. So sind die Haushälften rein rechtlich wie zwei Eigentumswohnungen auf einem gemeinsamen Grundstück zu sehen.

Unabhängig davon muss beim Bau einiges beachtet werden. In keinem Fall sollte eine einschalige Haustrennwand errichtet werden, jedes Haus sollte seine eigene Trennwand haben. Die Fuge dazwischen sollte drei, besser sechs Zentimeter betragen und – um Schall zu schlucken – ganzflächig mit schwerer Mineraldämmwolle gefüllt sein.

Es versteht sich von selbst, dass auch die Geschossdecken eine entsprechende Trennfuge aufweisen müssen. Holzlatten und Dachstuhlkonstruktionshölzer dürfen nicht häuser übergreifend eingebaut werden. Außerdem muss eine Flanken-Luftschallübertragung über Außenwände und Dachschrägen verhindert werden. Bindet etwa eine aus schwerem Material hergestellte Trennwand (Kalksandstein, Beton) in leichtes, porosiertes Ziegelmauerwerk ein, so erfolgt genau in diesem leichten Wandanteil die Schallübertragung.

Bei den Dachschrägen muss nach dem allgemeinen Stand der Technik ein »Absorberschott« eingebaut werden: Abgeschrägte Hauswände erhalten von oben eine Wärme- und Schalldämmauflage aus Mineraldämmwolle, die bis knirsch unter die Dacheindeckung vollflächig aufgetragen werden muss. Besonders schwere Mineralwolle gehört auch in die Fugen zwischen den dicht an den Trennwänden angeordneten Sparren und in die beiden zur Trennwand angrenzenden Sparrenfelder.

Problematisch sind auch die Innentreppen, besonders solche aus Stahl. Wenn sie an den Haustrennwänden verankert werden, müssen sie schalltechnisch entkoppelt sein – sonst hört man den Trittschall auch nebenan. Aber selbst bei fachgerechter Verankerung wird uns beim Bauherrenschutzbund oft über störenden Trittschall berichtet. Auch »kraftschlüssige Verbindungen« von Estrichen und Bodenbelagen zur Treppenanlage können für störende Geräusche ursächlich sein.

Nichts ist aufreibender, als wenn Lärmbelästigungen zum Streit der Nachbarn führen. Dabei ist ein erhöhter Schallschutz gar nicht teuer. Im Bauvertrag sollte dazu ein Schallschutz durchschnittlicher Art und Güte vereinbart werden – die DIN 4109 (Schallschutz im Hochbau) ist leider völlig unbrauchbar und muss geradezu als »Mangelnorm« bezeichnet werden. Besser: die VDI-Richtlinie 4100, Schallschutzstufe II.

Zum Außenbereich muss man sich zudem vor Augen halten, dass man nicht um »sein Haus« herumlaufen kann. Ferner ist man auf der Außenterrasse nicht so frei – da der Nachbar oft jedes Wort verstehen kann.

Oberheims Einsichten

Interessante Grundstücksgröße für ein Doppelhausprojekt, meint der Experte. Inzwischen würde ich mich aber lieber für ein paar Quadratmeter mehr auch höher verschulden und ein freistehendes Einfamilienhaus bauen. Ich habe Doppelhaushälften in Berlin erlebt, bei denen sich die Familien so sehr einigeln und gegenüber den Nachbarn abgrenzen, dass sie mit einer Eigentumswohnung im dritten Stock besser gefahren wären.

Noch etwas anderes: Mit Apfelder-Haus baut ein Freund, der später in diesem Buch noch mit Dämmungsfragen auftreten wird. Aber nicht deshalb erwähne ich die Firma noch einmal, sondern wegen zwei anderer Dinge.

Zuerst einmal zur Urkunde jener nahezu als »amtlich« angesehenen Organisation: Dass das Papier nicht besonders viel wert ist, hat die Berliner Morgenpost, in der mein Bautagebuch zuerst erschien, mehrmals beschrieben. Besonders problematisch daran scheint mir, dass Kunde jenes Prüfauftrages, der zur Urkunde führt, meist nicht der Endverbraucher, sondern die bauende Firma ist. Das macht die Sache problematisch. Tritt ein Bauherr mit eigenem Bauherrenberater/Prüfingenieur auf, hat er es selbst in der Hand, diesen Experten überraschend auf der Baustelle erscheinen zu lassen – ein Mehrere-Phasen-Prüfmodell zwischen Baufirma und Sachverständigenorganisation hingegen ist etwas, das der Endkunde (Bauherr) oft kaum nachvollziehen oder beeinflussen kann, zumal er bei den Baustellen-Visiten zumeist nicht dabei sein dürfte. Ebenso schwierig: Was weiß die Sachverständigenorganisation vom eigentlichen Bauauftrag? Von der Bemusterung, von weiteren »Nebenabreden«?

Zweite Kritik: Die Baufertigstellungsgarantie soll den Bauherrn eigentlich in Sicherheit wiegen. Aber: Seltsam ist, dass diese Garantie auf dem deutschen Versicherungsmarkt kaum angeboten wird. Die Baufertigstellungsversicherung funktioniert übrigens nicht so, dass man mit seinem Hausbauprojekt zum Versicherer geht und dort eine Police unterschreibt. Eines der angebotenen Modelle sieht so aus: Die Versicherungsgesellschaft guckt sich nicht den Bauherrn an, sondern das Bauunternehmen, das mit der Garantieversicherung werben will. Nur diese dann auf Herz und Nieren (bzw. auf ihre Geschäftszahlen) geprüfte Baufirma wird es erreichen, dass ihre Bauherren-Kunden eine Baufertigstellungsversicherung abschließen können.

Nun geschah es im Jahre 2001, dass ein per Baufertigstellungsgarantie gesicherter Berliner Bauherr für sein Bauprojekt im benachbarten Bundesland Brandenburg einen finanziell ungünstigen Bauvertrag abgeschlossen hatte. Als sein Haus noch weitgehend vor dem Innenausbau stand, hatte er schon 98 Prozent der Bausumme an seinen Generalunternehmer zahlen müssen – und litt darunter, dass der plötzlich nicht mehr weiterarbeiten ließ. In Gesprächen mit Subunternehmern erfuhr der Bauherr, dass sein Generalunternehmer finanziell knapp dran war und für erledigte Aufträge nicht mehr zahlte.

Die Baufertigstellungsgarantieversicherung aber wollte weder zahlen noch den Bau zu Ende führen. Mit Recht: Ohne dass ein »Sub« jenes maroden Generalunternehmers dem Bauherrn und der Versicherung schriftlich bestätigte, dass er kein Geld für seine Arbeit mehr bekommen hätte, ging die Baufertigstellungsversicherung nicht von einem Versicherungsfall aus. Diesen entscheidenden Brief aber wollte wiederum kein Subunternehmer abfassen: »Wenn wir das schreiben, kriegen wir von denen nie wieder einen Auftrag«, diese Drohung des bedrohten Generalunternehmers schilderten mehrere Subunternehmer dem Bauherrn.

Im November 2001 kam es dann zum Konkurs der Baufirma – offiziell bei Gericht angemeldet und daher nun auch für die Versicherung amtlich. Für den Bauherrn hätte dies eigentlich ein Grund zum Feiern sein müssen. Aber: »Die sitzen jetzt bundesweit auf 175 Fällen wegen dieser Pleitefirma und wollen Bauherrennur eine bestimmte Abfindungsquote anbieten«, erzählte mir der Bauherr. Mit Teilzahlungen aber könne er sein aufwändigesund ja schon überwiegend bezahltes Haus (Bausumme:rund 600.000 Euro) nicht zu Ende führen. Außerdem zahle die Versicherung ja auch nicht für Fehler, die – trotz begleitender Qualitätskontrollen einer großen Sachverständigenorganisation – schon ins Haus eingebaut waren und die die Fertigstellung nun umso schwerer machten.

Wochen später erzählte mir der Bauherr, dass er Kostenvoranschläge von all den Firmen eingeholt habe, mit denen auch die Pleite-Firma zusammengearbeitet hatte. Die Handwerker kamen für noch ausstehende Arbeiten auf eine restliche Summe von gut 100.000 Euro doch die Baufertigstellungsgarantieversicherung habe nur etwa die Hälfte davon übernehmen wollen, soll ihm ein Sachverständiger der Versicherung vor Ort angedeutet haben.

Der Bauherr blieb hart und forderte von der Versicherung, sein Haus in bestimmter Frist zu Ende zu bauen. Als Reaktion bekam er einen Brief, nach dem die Versicherung zum einen nur für die ausgehandelten Bauteile aus dem Ursprungsvertrag geradestehen wollte – wie viele (teure!) Zusatzvereinbarungen bei Neubauprojekten noch üblicherweise hinzukommen, werden Sie später in diesem Buch noch lesen. Außerdem wunderte sich die Versicherungsgesellschaft, dass der Bauherr trotz geringer Fertigstellung am und im Haus schon fast die gesamte Bausumme bezahlt hatte. Sie behielt sich sogar vor, »unberechtigte Teilzahlungen erneut anzufordern« – obwohl die Versicherung bei Vertragsabschluss den Zahlungsplan der Pleite-Firma kannte. Was hat ein Bauherr dann noch von dieser Versicherung?!

Ein eingeschalteter Sachverständiger meinte, beim Neubau dieses Bauherrn hätten nach Ende der Estricharbeiten nicht die vereinbarten 98 Prozent, sondern eher 82 bis 85 Prozent gezahlt werden dürfen. Bis zum Redaktionsschluss dieses Buches war die Angelegenheit noch nicht abgeschlossen.

Tagebuch, 3. Folge:
Wohnungssuche und Familienleben

»Merkst du gar nicht, dass du schon wieder über Immobilien redest?!«

18. Januar: Panik! Da wissen wir seit Wochen von dem abrissreifen Fertighaus im Planweg 81 – warum haben wir nicht einfach angerufen? Und jetzt steht die Verkaufsanzeige des Maklers nicht mehr in der Morgenpost. Verkauft? Hat uns ein anderer unser Traumgrundstück am Naturschutzgebiet weggeschnappt?

Da haben wir jetzt schon seit mehr als zwei Jahren eine Immobilie gesucht – warum fehlt es uns ausgerechnet jetzt, bei einem so interessanten Objekt mit inzwischen interessantem Preis, an der Entschlusskraft? Dabei sind wir des Suchens nun wahrlich müde. Oder vom Suchen zu müde?

Jetzt endlich rufe ich wieder beim Grundstücksverkäufer an. Anders als vor einem Jahr, als ein Herr Kreyfellers mit mir nicht handelseinig wurde, meldet sich jetzt eine Frau.

»Guten Morgen. Oberheim mein Name. Ist der Planweg 81 noch zu verkaufen? Ich hatte vor vielen Monaten mal mit ihrem Mann darüber gesprochen.«

»Noch ist nichts unterschrieben.« – »Können wir uns mal treffen? Am Grundstück vielleicht?« Die Frau klang sehr nett, und nächsten Sonntag hat sie am Nachmittag Zeit. Die Sache wird ernst.

19. Januar: Erst einmal wird etwas anderes ernst. Denn Verena, meine Frau, ist inzwischen mit dem Geburtstermin für unsere Tochter schon ein paar Tage überfällig. Was wäre, wenn wir uns am Sonntag mit der Grundstückseigentümerin treffen und dann die Wehen einsetzen?! Oder wenn wir gar nicht kommen können, weil wir in der Klinik sind? Oder Kevin hat schon eine Schwester bekommen, und alle sind nach der Geburt noch ganz erschöpft?

»Merkst du gar nicht, dass du schon wieder über Immobilien redest – und gar nicht über unser Baby«, herrscht mich Verena plötzlich an: »Hör' doch endlich mal auf damit.«

Sie hat Recht, ich weiß. Seit gut zwei Jahren tun wir – ehrlich gesagt: vor allem ich – an jedem Wochenende dasselbe. Morgenpost aufschlagen, Immobilienanzeigen durchsehen, große Hoffnungen haben, fünf Makler anrufen, zwei Absagen sofort kassieren, weil wir die »Objekte« längst kennen und wegen veränderter Daten nicht wiedererkannt haben – das geht uns übrigens oft so: Anscheinend bekommen manche Makler mehr Anrufe, wenn sie das altbekannte 130-Quadratmeter-330.000-Euro-Objekt mit 132 qm und für 328.000 Euro inserieren.

Das übliche Wochenende bringt dann noch zwei weitere Absagen, weil die Häuser an zu lauten Straßen liegen. Also ein übriggebliebenes Hausangebot vor Ort zusammen kurz ansehen – und es doch als zu klein, zu baufällig, zu ungepflegt empfinden. Abends redeten und reden wir dann wieder drüber, ob wir einfach zu hohe Ansprüche (oder nur zu wenig Geld) haben.

Ich weiß jedenfalls keinen Weg, wie ich meine Gedanken von unserer Wohnungssuche abwenden könnte – schließlich muss einer die Suche doch vorantreiben. Erst recht jetzt, wo wir bald zu viert sind.

Was die Expertin dazu sagt:

Idyllischer Hort oder Katastrophenherd

In dieser Situation ist für Roland Oberheim weniger der Rat eines Bautechnikers oder eines Finanzexperten als psychologische Hilfe gefragt. Expertin für diese Folge des Bautagebuchs ist daher die Diplom-Psychologin Sabine Schulz, selbst eine ehemalige Bauherrin:
Wenn sich Menschen dazu entschließen, eine Immobilie zur Eigennutzung zu erwerben, ist dies eine komplexe psychologische Situation.

Immobilie. Im-mobil heißt »unbeweglich« – und dies stellt für eine Familie eine Chan ce und gleichzeitig eine Herausforderung dar. Hoffnungen und gesellschaftliche Konventionen tun dabei ihr Übriges: Das eigene Heim kann eine Idylle oder auch ein Hort möglicher familiärer Katastrophen sein. Verbunden mit dem Erwerb des eigenen Heims ist auch eine langjährige, manchmal lebenslange finanzielle Belastung mit der Notwendigkeit, über viele Jahre ein erhöhtes Sparverhalten an den Tag zu legen.

Dieser Faktoren sollte man (und auch Herr Oberheim) sich bewusst sein – eine Mietwohnung ist manchmal finanziell weniger belastend und bei familiären Zerwürfnissen flexibler handhabbar. Zum Beispiel einfach durch eine Kündigung der Wohnung – eigene Immobilien nicht.

Wenn trotz reiflicher Überlegung der Entschluss für ein eigenes Heim steht – und das scheint ja auch bei den Oberheims so zu sein –, dann setzt bei den betroffenen Personen eine erhöhte Grundspannung ein. Die Haussuche dauert oft länger als erwartet, daraus folgt eine längere Spannung. Der Mensch hält eine solche Situation nicht ewig lange aus, er wird zunehmend gereizter.

Obwohl auf diese Weise die familiäre Belastbarkeit wunderbar geprüft werden könnte, muss es ja nicht zum Äußersten kommen.

Hier einige Vermeidungs-Ratschläge für Oberheim und andere: Derjenige Partner, der besonders am Eigenheim interessiert ist, sollte sich auch vermehrt darum kümmern. Der andere sollte währenddessen ohne schlechtes Gewissen seinen eigenen Interessen nachgehen. Beide sollten aber auch immer wieder bei der Haussuche gemeinsam Ruhephasen ein legen und etwas Schönes tun – ganz besonders am Wochenende. Das könnte sein: Entspannung durch körperliche Bewegung draußen. Oder mal wieder ins Kino gehen, und zwar gemeinsam. Oder zusammen kochen. Und zusammen plaudern. Nicht vergessen sollten die Partner ihr Liebesleben. Und, wichtig während dieser Ruhephasen: Kein Wort vom Hauskauf! Weiterhin sollten sie die übrigen Sozialkontakte nicht vernachlässigen und Freunde treffen. Dabei könnten sie durchaus vom Hauskaufwunsch reden – und über die Erlebnisse beim Haussuchen auch mal lachen.

Oberheims Einsichten

Bloß nicht diese Hektik, die uns jedes Wochenende getrieben hat! Lassen Sie ganze Wochenenden ohne Immobiliensuche stattfinden! Nichts geht so schnell weg, als dass Sie nicht noch zwei Wochen später einsteigen können.

Und selbst wenn irgendwer für irgendwas zusagen sollte, dauert es bis zum Festzurren der Finanzierung und zum Notartermin meist mindestens zwei Wochen, in denen Sie immer noch 3.000 Euro mehr bieten könnten.

Fragen Sie sich lieber zu Beginn der Immobiliensuche ganz exakt, was Sie wollen. Finden Sie binnen drei Monaten nichts, dann gehen Sie mal zu einem Geldinstitut (angeblich wegen eines Angebots für eine Baufinanzierung) – und fragen Sie, ob Sie mit Ihrer Suche daneben liegen: Kein ausreichendes Angebot in dieser Immo-Preisklasse? Doch lieber Neu-/Altbau? Zusatzausstattung wie Balkon, Vollkeller, gute Wärmedämmung zu anspruchsvoll? Holzhaus mit Lehmputz und Vollkeller und sieben Zimmern für 149.999 Euro nicht marktgerecht?

Lassen Sie sich mehr beraten. Ich habe Maklern gegenüber immer »zugemacht« und ihnen eine viel zu niedrige Preisgrenze genannt, weil ich befürchtete, die würden mir dann nur Angebote knapp über dem Limit zuspielen. Denken Sie daran, dass Sie zu Angeboten immer Nein sagen können.

Tagebuch, 4. Folge:
Wann weiß man genug über ein Grundstück?
Ein Bauplatz und seine Probleme

24. Januar: Der Eindruck hat nicht getäuscht. Eigentümerin Kreyfellers wirkt vor Ort genauso nett wie am Telefon. Aber letztlich wollen wir keine nette Frau treffen, sondern vielleicht ein Grundstück kaufen...

Das Gelände kennen wir längst. Als Mieterfamilie Pellmann vor fast einem Jahr auszog, sahen wir uns das Haus an – samt allen Schwachstellen.

Das Haus macht nicht den Eindruck, als dass sich eine Sanierung lohnt. Das sieht Frau Kreyfellers auch so. Das Bad im Obergeschoss ist eine Fehlkonstruktion: Wer in der Badewanne duschen will, muss das Dachflächenfenster aufmachen. Oder er darf keine 1,40 Meter groß sein.

Dass bei Pellmanns einmal Schuhe im Keller verschimmelt waren, weiß Frau Kreyfellers nicht. »Aber das Grundstück hat ja auch so seine Probleme...« – »Welche denn?« frage ich. Sie antwortet mit Gegenfragen.

Vom Abwasserproblem weiß ich schon. Planweg-Nachbarin Julia ermittelte, dass einige Hausnummern vor »unserer« 81 sich Anwohner über den letzten Abwasseranschluss der Straße freuen. Dahinter aber bricht das Gelände so stark ab, dass Abwasserrohre der letzten Häuser zu wenig Gefälle hätten, um gebrauchtes Wasser abfließen zu lassen.

Die Lösung heißt Sickergrube. »Hier unten ist die«, sagt Frau Kreyfellers und tritt einen Schritt zur Seite. Sie stand genau über der Sickergrube, die ihr Vater 1961 etwa fünf Meter neben dem Haus angelegt hatte. »Das ist ein Nachteil, den ich meinte.«

Irgendwann traue ich mich, nach dem Preis zu fragen: »In der Morgenpost stand mal etwas von 270.000 Euro...« – »260.000 ist unsere Basis«, sagt sie und berichtet, dass sie gerade eine Kleinanzeige in einer Bonner Zeitung aufgegeben habe. »Wollte Ihnen das nur sagen. Sie wissen ja: Wer zuerst kommt...«

»Wir würden Sie anrufen, falls wir interessiert bleiben. Aber es gibt noch offene Fragen«, antworten wir.

Als Frau Kreyfellers weg ist, genießen wir erneut die großartige Aussicht ins Naturschutzgebiet. Sollen wir kaufen? Was fehlt uns noch als Entscheidungsgrundlage?

Was der Experte dazu sagt:
Ungeklärtes von Asbest bis Schleichweg

Experte für diese Folge des Bautagebuchs ist Peter Dirk, Referent für Bauen und Wohnen bei der Verbraucherzentrale Berlin.

Wenn Herr Oberheim mehr wissen will, sollte er immer die Augen und Ohren offen halten! Aber er hat ja bereits das Glück, eine Nachbarin und die Ex-Mieter zu kennen.

So wusste er schon von der Sickergrube – die ich als deutlichen Problemfall sehe. Nur wenn Oberheim das Fertighaus renovieren und bewohnen wollte, könnte er diese alte Grube weiter nutzen; nicht aber bei einem Neubau. Ob so eine Anlage der (ökologischen) Weisheit letzter Schluss ist, bezweifle ich: Aus der alten Grube können Abwässer entweichen. Mit einer so genannten »monolithischen Grube« dagegen würde kein Tropfen Abwasser mehr verloren gehen. Wenn Oberheim neu bauen will, muss er einen doppelwandigen Tank einplanen. Kostenpunkt: bei größeren Tanks über 5000 Euro. Ebenfalls mit diesem Thema verbunden: Einerseits wird ihn das im Tank gesammelte und immer wieder mal abgefahrene Abwasser sparsamer im Wasserverbrauch und umweltbewusster werden lassen – andererseits empfinden manche Nutzer solcher Anlagen auch den Verlust an Bequemlichkeit beim Abwasserthema.

Klären sollte Oberheim auch die Grundwasserfrage. Die verschimmelten Schuhe im Keller sind hier ein wertvoller Hinweis auf einen möglicherweise hohen Grundwasserspiegel. Quelle für diese Information ist in Berlin die Abteilung Wasser und Boden bei der Senatsverwaltung für Stadtentwicklung. Auch eine Bodenprobe würde Aufschluss geben.

Bei hohem Grundwasserstand und Schichtenwasser muss ein Keller unbedingt in einer »weißen Wanne« errichtet werden, einer Art zweiter Hülle für den eigentlichen Keller. Das kann die Kellerkosten schnell verdoppeln.

Weitere wichtige Informationsquelle sind für Kaufinteressenten Gespräche über den Gartenzaun. Zum einen lernt man hier die künftige Nachbarschaft kennen, zum anderen erfährt man oft etwas über die Bodenbeschaffenheit, über einen feuchten Keller nebenan, vielleicht auch über lange Zeit dort gelagerte rostige Fässer oder Basteleien an alten Autos (Altöl?). Kontaminationen können per Bodenprobe festgestellt werden, aber so etwas dürfte 1.000 oder mehr Euro kosten.

Sollten Einkaufsmöglichkeiten in der Nähe sein, erfährt man oft auch dort etwas. Oder beim Briefträger. Der weiß vielleicht auch mehr darüber, dass die Sonntagsruhe trügerisch ist und sich die Straße von Montag bis Freitag als gern genutzter Schleichweg erweist.

Würde Oberheim jenes Fertighaus der ersten Generation doch weiternutzen wollen, müsste er sich über problematische Anbaumöglichkeiten und Baustoffe (Holzschutzmittel auf behandelten Hölzern, Asbest im Wandaufbau) und über die schlechte Wärmeisolierung Gedanken machen und vielleicht den Hersteller kontaktieren. Messungen der Raumluft würden wir von der Verbraucherzentrale auf jeden Fall empfehlen.

Im Falle des Abrisses aber bedeuten etwa Asbestplatten an der Fassade eine Sondermüllentsorgung – und damit höhere Abrisskosten. Hier sollte Oberheim bei Abrissfirmen Angebote erfragen.

Dass Oberheim beim Bauamt vorsprechen muss, wurde bereits von einem anderen Experten geraten. Hier möchte ich noch ergänzen, dass das Grundstück möglicherweise in so grüner Lage liegt, dass es zum »Außenbereich« gehört und eine Neubebauung so gut wie ausgeschlossen sein könnte. Auch mag es wegen des Naturschutzgebiets Auflagen geben.

Oberheims Einsichten

Vielleicht hätte der Experte mir gleich sagen sollen, dass ich das alles allein nie hinbekommen würde. Das sehen Sie auch, wenn Sie die unterschiedlichen Aspekte zusammenzählen, auf die mich die diversen Experten zu den Grundstücksfragen hinweisen. Und wenn schon die Experten immer wieder unterschiedliche Schwerpunkte bei den Recherchen setzen, dann sehen Sie, dass wir Laien da null Chance haben.

Tagebuch, 5. Folge:
Immer noch keine endgültigen Ergebnisse
Kaufen? Kaufen! Kaufen?!

28. Januar: Ein Problem des Grundstücks kenne ich, den fehlenden Abwasseranschluss. Zwecks Klärung rufe ich bei den Wasserbetrieben an, nenne die Adresse im Planweg 81 – und bekomme tatsächlich Auskunft. Dabei hatte ich eher mit Reaktionen wie »Schicken Sie uns einen Brief« oder »Wissen Se eigentlich, was Datenschutz iss« gerechnet. Der freundliche Gesprächspartner sieht in alte Akten: »Sieht ganz gut aus mit der Adresse, wir haben da 'ne Akte, die lass ich mir kommen. Rufen Se in zwei Tagen wieder an.«

30. Januar: »Tut mir Leid, die Akte ist nur deshalb da, weil wir 1961 mal eine Anfrage hatten. Ne Anfrage, aber mehr nicht.« Der Wasser-Mann erklärt: »Das Gefälle im Gelände da hinten ist zu stark, da gab's damals keine Chance für einen Abwasseranschluss.« Und heute? »Tut mir Leid, junger Mann.« Das Wort »junger« (ich bin 45) baut mich angesichts dieser schlechten Nachricht auch nicht auf.

Müsste ich also die alte Sickergrube auf dem Gelände auf Vordermann bringen? »Sickergrube«, sagt mein Telefon-Gegenüber, »die kriegen Se bei einem Neubau nie jenehmigt. Da sind jetzt doppelwandige Tanks vorgeschrieben, die müssen in'n Keller oder untern Rasen.« Wie teuer das wird, weiß er nicht.

31. Januar: Welche Fragen muss ich noch klären? Gas – hat man da hinten im Planweg Gasanschluss? »Hausnummer 81? Kann ich Ihnen sofort sagen: Klares Ja – heute hat nämlich schon eine Frau nach der 81 gefragt.« Oh, da recherchiert also noch jemand. Muss ich Konkurrenz fürchten?

3. Februar: Bauamt fragen, ganz wichtig, weiß ich. Wie steht es um die Teilbarkeit des 978-Quadratmeter-Grundstücks? Eigentlich, so weiß ich inzwischen, dürfen in Berlin Grundstücke geteilt werden, wenn sie wenigstens 801 Quadratmeter groß sind. Soll aber auch Ausnahmen geben. Und hier, am Stadtrand, im Planweg?

Was mich wundert, ist die Tatsache, dass mehrere Bauträger auf dem Grundstück immer wieder nur Doppelhaushälften angeboten haben. Das spricht für eine Nicht-Teilbarkeit des Grundstücks, denn zwei Einzelhäuser wären doch viel lukrativer zu vermarkten.

Im Bauamt des Bezirks wundert sich eine Frau Hebbeling über meine Erkenntnis, dass das Grundstück nicht teilbar sein soll: »Das stimmt nicht.« Aber was kann ich auf ihre mündliche Auskunft geben?!

Ich frage weiter: Könnte es noch von irgendeiner anderen Seite Probleme geben, vielleicht weil das Grundstück direkt an der Brandenburger Landesgrenze liegt, direkt am einstigen DDR-Grenzstreifen? Oder weil eine Grünbehörde wegen des direkt anschließenden Naturschutzgebiets etwas dagegen hat? Frau Hebbeling winkt ab.

4. Februar: Beim Thema Abriss des alten Fertighauses auf dem Grundstück komme ich derzeit nicht weiter. Die zwei Abrissunternehmer, die ich anrufe, sagen nur »Kommt drauf an« und »Na ja, wissen Sie«. Sie sagen mir am Telefon keine ungefähren Zahlen. Glauben die, ich bin von der Konkurrenz und will nur ihre Preise abfragen?!

Abends bespreche ich alles mit meiner Frau. »Und dann müssen wir jetzt nach einer Familie suchen, die dort zusammen mit uns bauen will.« Allein ist uns das alles viel zu teuer, wenn schon das Grundstück mehr als 250.000 Euro kostet. Wir werden schon jemanden finden, sagen wir uns.

Notfalls bauen wir auf eigenes Risiko zwei einzelne Häuser – oder lassen sie bauen und verkaufen eins. Dieses Modell haben wir schon oft in Gedanken durchkalkuliert. »Komm, wir sagen ja – sonst ist das Grundstück weg.«

Liegt es jetzt nur an uns zuzugreifen? Oder haben wir etwas übersehen? Ich kann eine Nacht lang nicht schlafen – Kaufen? Kaufen! Kaufen?! Mir dröhnt der Schädel.

Was der Experte dazu sagt:
Lassen Sie sich nicht unter Druck setzen!

Auf die diversen aufgeworfenen Fragen dieser Folge des Bautagebuchs antwortet als Experte Dipl. Ing. Wolfgang Queißer, Bauherrenberater im Verband Privater Bauherren:

Zuerst möchte ich dem Mann einmal eins sagen: Kommen Sie mal etwas zur Ruhe, Herr Oberheim! Denn ehe er kaufen kann oder sollte, besteht noch reichlich Klärungsbedarf.

Besonders die letzte Idee des Herrn Oberheim hört sich ziemlich risikoreich an. Wenn er wirklich auf eigenes Risiko zwei Häuser bauen (lassen) will, so tritt er – obwohl selbst Privatmann – wie ein Erstverkäufer auf. Und das hat weit reichende Bedeutung: Zum einen hat er das Erstellungsrisiko, dann das Verkaufsrisiko, und zu guter Letzt trägt er das Gewährleistungsrisiko: Einem Käufer gegenüber würde er für eine fünfjährige Garantie gerade stehen müssen. Ob ihm das sein Wohnen im Grünen wert ist, sollte er sich doch überlegen.

Zur Bebaubarkeit und Grundstücksteilung ist zu sagen, dass die Teilungs-Auskunft aus dem Bauamt durchaus richtig sein kann – und trotzdem könnte das hintere Einzelhaus vielleicht nicht erlaubt werden. Etwa dann, wenn dieses hintere Haus nicht im so genannten »Baufenster« liegt, also nicht im bebaubaren Bereich. Oder es könnte Probleme mit den Abstandslinien geben, wenn neben dem vorderen Haus das Geh-, Fahr- und Leitungsrecht die Bebaubarkeit einschränkt oder gar unmöglich macht. Ich kann da nur die Anregung meiner Experten-Vorgänger wiederholen, dass bei Oberheims Plänen an einer Bauvoranfrage ans Bauamt kein Weg vorbeiführt.

Was ich in Oberheims Recherchen noch vermisse, ist neben dem Thema Abriss das Thema Abrissgenehmigung. Die bekommt er bei einer »Vernichtung alten Wohnraums« im Regelfall nur dann, wenn er neuen Wohnraum in mindestens derselben Größenordnung errichtet.

Auch die Sickergrube dürfte Herrn Oberheim noch Sorgen bereiten. Er kann zwar einen Dispensantrag stellen, um per Ausnahmegenehmigung die alte Anlage weiter zu nutzen. Doch mit großer Wahrscheinlichkeit würde dieser Antrag abgelehnt – erst recht, wenn er zwei Häuser mit mehr Wohnfläche, Bewohnern und Abwassermengen bauen will.

Wenn der Abwasseranschluss nur ein paar Häuser entfernt liegt, könnte er rein theoretisch auch mit einem Hebewerk das Abwasser vom eigenen Grundstück aus hochpumpen und mit genügend Gefälle einspeisen. Wenn diese Rohre aber oberirdisch verlaufen, werden sie ihm im Winter einfrieren. Außerdem dürfte das Rohrsystem dann über fremdes Land führen und müsste dazu mit Dienstbarkeiten auf jenen Grundstücken eingetragen werden. Das aber ist völlig unrealistisch.

Aus sämtlichen genannten Gründen sollte man sich beim Grundstückskauf weder unter Druck setzen lassen noch selbst unter Druck setzen. Eine falsche Kaufentscheidung kommt teuer – ohne dass man von dem Kauf zurücktreten kann.

Oberheims Einsichten

Oh, wie naiv war ich damals! Alle leichten Bauchschmerzen, die mir die Sache bereitete, waren zu Recht da. »Aus dem Bauch heraus« lag ich schon richtig, dass ich mit meinen Recherchen noch gar nicht am Ziel war.

Tagebuch, 6. Folge:
Vermeintliches Schnäppchen

Der Grundstückspreis sinkt

9. Februar: Nach einem Jahr Käufersuche ist die Grundstückseigentümerin Kreyfellers anscheinend froh, dass sich endlich ein Interessent für den Planweg 81 findet. Was mich aber immer wieder reichlich verunsichert: Warum bloß haben all die anderen abgesagt, die Kaufwilligen, die Bauwilligen, die Bauunternehmer, die Bauträger, die Planer? Wegen des fehlenden Abwasseranschlusses und wegen der Abwassergrube? Oder vielleicht wegen der Probleme ums hohe Grundwasser, auf die ich gestoßen bin und die einen Keller zum Risiko machen? Oder wegen eines Problems, das ich noch nicht erkennen kann?

Ich bin weitgehend entschieden, aber irgendwie drängt es mich, Frau Kreyfellers von ihrem Angebot von 260.000 Euro noch etwas herunterzudrücken – nach dem Motto: Erst ein Rabatt macht das Angebot reizvoll. Eigentlich finden wir den Preis okay – 978 Quadratmeter ist das Gelände groß, macht bei 260.000 Euro pro Quadratmeter einen Schnäppchenpreis von 265,85 Euro. Und der Bodenrichtwert für den ganzen Ortsteil liegt bei 333 Euro pro Quadratmeter!

Also doch eigentlich ein Schnäppchen, zumal in der grünsten vorstellbaren Lage – mit direktem Blick auf eine naturgeschützte Wiese. Nachteilig ist die abgelegene Lage natürlich auch, denn bis zum nächsten Bus ist es eine halbe und bis zur S-Bahn eine ganze Ewigkeit.

Obwohl ich kein Händlertyp bin und noch nie eine Mark oder einen Euro Rabatt im Kaufhaus herausschlagen konnte, habe ich aus unerfindlichen Gründen das Bedürfnis zu handeln. 255.000 Euro will ich bieten.

Aber was ist, wenn die Verkäuferin dann nein sagt? Sage ich dann auch nein – nur weil ich enttäuscht bin und einsehe, dass ich eben doch kein Typ fürs Feilschen bin?

10. Februar: Ich muss erst einmal nicht feilschen, denn es meldet sich nur der Anrufbeantworter von Familie Kreyfellers. Puh, jetzt möglichst cool wirken und das Angebot von 255.000 Euro aufs Band sprechen, als würde ich einen Termin zur Autoinspektion bestätigen. Doch was erwartet mich danach?

Was der Experte dazu sagt:

Hier verrechnet sich ein Laie

Als Experte zu dieser Tagebuchfolge und zur Grundstücksbewertung äußert sich Dipl.-Ing. Herbert Sattler, öffentlich bestellter und vereidigter Sachverständiger für Grundstücksbewertung aus Brieselang im Land Brandenburg:

Für Käufer und Verkäufer ist die Verhandlung des Kaufpreises ein spannender Vorgang. Wertbeeinflussende Grundstücksmerkmale sind nicht einfach durchschaubar, und Über- oder Unterbezahlung können nicht als »Peanuts« abgetan werden.

Wie kommt man zum angemessenen Preis? Zuerst einmal zu meiner Aufgabe als Experte: Ich kann Herrn Oberheim hier natürlich keinen exakten Preis nennen, dazu müsste ich ein ordnungsgemäßes Verkehrswertgutachten erstellen und das Grundstück auch kennen. Nehmen Sie die Ausführungen daher bitte nur als Anregung, wie man sich dem Preis annähert.

Herr Oberheim hat sich informiert, dass der Bodenrichtwert im Ortsteil durchgängig bei 333 Euro pro Quadratmeter liegt. Ein Quadratmeterpreis von 265,85 Euro (bei 260.000 Euro Angebot) hört sich erst einmal an, als wäre ein Schnäppchen zu vermuten.

Zunächst ist zu beachten, dass der Bodenrichtwert sich aus dem durchschnittlichen Preis für alle Grundstücksverkäufe im jeweiligen Gebiet ergibt – beim Oberheim-Objekt ein sehr großes Richtwertgebiet, für den ein Durchschnittswert ermittelt wurde. Kaufpreise für vergleichbare Grundstücke liegen nicht vor, deshalb gilt der Richtwert als Ausgangspunkt.

333 Euro mal 978 Quadratmeter machen 325.674 Euro. Zu bedenken ist dabei, dass es sich um eine weit in die Vergangenheit wirkende Beurteilung handelt. Normalerweise muss man vom aktuellen Richtwert am jeweiligen Jahresanfang ausgehen und dann bei der Geschäftsstelle des Gutachterausschusses anfragen, wie sich der Bodenpreis im Jahresverlauf verändert hat.

Wertbeeinflussende Merkmale sind neben diesem Wert die Lage, die verkehrstechnische Anbindung, die stadttechnische Ver- und Entsorgung, Grundstücksgröße, Angebot und Nachfrage, bauliche Nutzbarkeit sowie Rechte und Belastungen.

Das Grundstück ist ohne abwasserseitige Erschließung – der Richtwert indes bezieht sich immer auf ortsüblich erschlossenes Land. Die Wertminderung durch diesen Faktor bei etwa 20 Metern Straßenfront des Grundstücks dürfte bei etwa 4.000 Euro liegen. Da ein Abwasserkanal nicht geplant ist, müsste eine Sammelgrube errichtet werden. Bei einem Vier-Personen-Haushalt sind acht bis zehn Kubikmeter Größe angemessen, was etwa 4500 Euro kosten dürfte. Die gehören vom Richtwert abgezogen.

Der schlechte Zustand des ehemaligen Wohnhauses auf dem Grundstück war sicher ein Grund, dass es gut ein Jahr lang nicht verkauft werden konnte. Bei einer mir genannten Gebäudegrundfläche von etwa 140 Quadratmetern sind Abbruchkosten von rund 12.000 Euro zu erwarten.

Die Lage am Landschaftsschutzgebiet reizt Oberheim. Für die bauliche Nutzung aber kann das bedeuten, dass Abstandslinien zum Schutzgebiet einzuhalten sind. Oder auch wegen Gewässernähe. Wenn durch Abstandsvorgaben eine bauliche Nutzung eingeschränkt wäre, würde dies Preisabschläge bedeuten. Sollten 100 Quadratmeter nicht bebaubar sein, wären dies rund zehn Prozent Abschlag.

Es könnte noch andere Probleme geben. Wie mir aus den weiteren Recherchen um das Bautagebuch bekannt ist, soll in dem betreffenden Berliner Bezirk für genau das Oberheim interessierende Gebiet schon seit den 80er Jahren ein noch nicht verabschiedeter Bebauungsplan existieren. Darin soll – wohl wegen der Landschaftsschutzgebietsnähe – eine Reduzierung der Geschossflächenzahl (GFZ) von 0,4 auf 0,3 vorgesehen sein. Das heißt: Als Geschossfläche dürften auf dem Grundstück nur noch 30 statt 40 Prozent genutzt werden. Allgemein geht man davon aus, dass etwa 75 Prozent der Geschossfläche als Wohn-/Nutzfläche verfügbar sind – das wären hier bei 978 Quadratmetern nur noch etwa 220 Quadratmeter Wohn-/Nutzfläche.

Wie Oberheim da noch zwei Einzelhäuser realisieren will, ist mehr als zweifelhaft (und könnte die von Oberheim schon zitierten Doppelhausplanungen erklären). Denn auch wenn dieser Bebauungsplan noch nicht verabschiedet ist, so kann er sich bei der Erteilung einer Baugenehmigung doch bereits auswirken. Bei diesem kritischen Punkt könnten eventuell sogar 15 bis 20 Prozent Preisabschlag gerechtfertigt sein.

Bei der verkehrstechnischen Erschließung, der Lage zu Einkaufs- und Verwaltungseinrichtungen und Schulen liegt das Grundstück im Randbereich – die genannten Einrichtungen sind ohne Fahrzeug nicht zu erreichen. Demgegenüber stehen eine vorzügliche Lage und eine unverbaubare Aussicht. Nachteile und Vorzüge wiegen sich meines Erachtens auf, Wertminderndes und Werterhöhendes gleichen sich aus.

Das Grundstück liegt nahe an einem Landschaftsschutzgebiet, in dem es einen hohen Grundwasserstand gibt. Herr Oberheim hat die Grundwasserstände erfragt und weiß von verschimmelten Schuhen im Keller des dort noch stehenden Hauses. Damit ist bei einer Bebauung mit erhöhten Gründungsaufwendungen zu rechnen. 10.000 bis 15.000 Euro für die Unterkellerung mit wasserdichtem Beton sollte er einplanen – und vom Grundstückswert abziehen, zumal die meisten Gebäude im Richtwertgebiet einige Meter höher liegen als »Oberheims« Land.

Fasse ich diese – natürlich rein theoretische – Berechnung zusammen, so ergibt sich: 325.674 Euro Richtwert minus 4.500 Euro für die Abwassergrube minus 12.000 Euro für den Abriss minus 15 Prozent für die Bebauungsplan- und/oder Landschaftsschutz-Einschränkungen minus 10.000 Euro für die Gründung. Resultat: rund 252.798 Euro – also kein Schnäppchen, sondern sogar weniger als der Preis, den die Verkäuferin inzwischen fordert und den Oberheim selbst bietet.

Oberheims Einsichten

Peinlich für mich, nicht wahr?! Vielleicht hätte ich auch darauf achten sollen, dass längst alle Profis aus dem Grundstücksverkauf ausgestiegen waren. Und die hätten doch bestimmt gerochen, dass der Preis von Monat zu Monat immer weiter heruntergehen würde...

Tagebuch, 7. Folge:
Der Bauherr steht vor dem Vertragsschluss
»Mit 255.000 Euro einverstanden«

13. Februar: Die Grundstücksverkäuferin, Frau Kreyfellers, hat gerade angerufen. Sie nimmt mein Angebot von 255.000 Euro an. Der Planweg 81 wird unser! Doch wie macht man jetzt weiter? Dass wir zum Notar müssen, wissen wir. Nur dort kann ein Kauf endgültig werden. Unsicherheit auf beiden Seiten. »Wir könnten uns Angebot und Zusage hin- und herfaxen«, einigen wir uns.

14. Februar: Das Antwort-Fax mit Frau Kreyfellers Unterschrift unter meinem Verkaufstext-Entwurf ist da.

Auch über das Thema Makler sprechen wir noch einmal. Schließlich habe ich mit Herrn Kreyfellers schon vor einem Jahr verhandelt und will jetzt keine Maklergebühren für ein Objekt zahlen, das ich längst kannte und nie beim Makler »bestellt« habe. Frau Kreyfellers sagt, dass sie dem Makler einen Alleinauftrag gegeben hatte, der ein halbes Jahr lief. Wäre ich in dieser Zeit auf sie zugekommen, hätte ich die Maklerprovision zahlen müssen.

Doch weil ich die Kreyfellers vorher kannte und mich erst nach Maklervertrags-Ende gemeldet hatte, bräuchte ich nichts zu zahlen. Sagt sie. Im Antwort-Fax bestätigt sie mir auch, dass ich ihren Namen nicht vom Makler, sondern früher von privater Seite erfahren habe.

Irgendwie tut mir der Makler auch Leid. Wenn ich bedenke, wie oft der mit Anzeigen versucht hat, das Grundstück zu immer geringeren Preisen anzubieten: 325.000 Euro, 310, 290, 270. Was ihn das an Geld, Arbeit, Zeit gekostet haben muss... Und dann doch alles für »nüscht«.

16. Februar: Herr Kreyfellers ruft bei mir an. Wenn ich nichts dagegen hätte, wolle er sich um einen Notartermin kümmern.

Was der Experte dazu sagt:
Typischer Makler-Fall

Als Experte speziell zum Thema Makler und Alleinauftrag äußert sich Rechtsanwalt Henning von Muellern, Justitiar beim Ring Deutscher Makler Berlin und Brandenburg:

Ein typischer Fall: Die Verkäuferin des Grundstücks glaubt zunächst, auf Einschaltung eines Maklers verzichten zu können. Sie schätzt den Wert ihres Grundstücks selber. 375.000 Euro will sie dafür haben. Der erste Fehler.

Sie bietet das Grundstück selbst an – zweiter Fehler. Danach erst erteilt sie einem Makler den Alleinauftrag. Der soll nun 325.000 Euro erzielen – dritter Fehler.

Denn der Auftrag kommt zu spät. Der Markt kennt das Objekt längst und wartet auf weitere Preissenkungen. In dieser Situation wirkt sich der Fleiß des Maklers sogar zum Nachteil des Verkäufers aus. Der Markt vermutet, dass der Eigentümer »verkaufen muss«. Obwohl der Makler den Wert wohl nicht zu hoch ansetzt, nämlich nur den Bodenrichtwert, greift keiner zu. Man wartet ab. Preissenkungen nutzen nichts. Nach Monaten intensiven Einsatzes bleibt der Makler erfolglos.

Schließlich fällt das Objekt wegen der gravierenden Fehler der Verkäuferin Oberheim zu einem Preis zu, der vor Monaten mit Sicherheit ein ganz anderer gewesen wäre (selbst wenn der Sachverständige in der vorigen Folge einen – nur theoretisch errechneten – niedrigeren Wert kalkulierte).

Für die Verkäuferin eine traurige Bilanz. Was hat sie falsch gemacht? Der Alleinauftrag ist, wie diese Folge des Bautagebuchs zeigt, kein Zaubermittel, vor allem dann nicht, wenn er zu spät erteilt und das Objekt schon am Markt »breitgetreten« ist, wie Fachleute sagen.

Gibt ein Verkäufer einem Makler rechtzeitig den Alleinauftrag, hat er mehrere Vorteile: Der Makler muss zunächst zum Kaufpreis beraten. Der Verkäufer muss dann zwar von Träumen Abschied nehmen, kann aber sicher sein, mit einem erzielbaren Preis auf den Markt zu gehen und später nicht wesentlich reduzieren zu müssen.

Per Alleinauftrag bindet sich der Verkäufer zwar für die vereinbarte Zeit an den Makler. Dieser muss aber eine rege Tätigkeit entfalten, alle Marktchancen »abklopfen«, er muss werben und darf sich nicht auf seine Interessentenkartei verlassen.

Der allein beauftragte Makler hat regelmäßig Bericht zu erstatten, ihn trifft eine erhöhte Beratungs- und Treuepflicht, kurz: Er muss auf Grund des Alleinauftrags alles tun, um einen möglichst vorteilhaften Abschluss zu erzielen. Der Verkäufer muss zudem nicht selbst werben und spart die Mühen ständiger Objektbesichtigungen.

Viele Verkäufer scheuen einen Alleinauftrag. Dass dies rational nicht begründet ist, zeigte eben der kurze Abriss über diesen Vertrag. Diese Haltung beruht eher auf Unkenntnis, die auch in der Unterhaltung zwischen Frau Kreyfellers und Herrn Oberheim zum Ausdruck kommt.

Selbstverständlich bleibt ein Verkäufer auch nach Abschluss eines einfachen Makler-Alleinauftrags Herr des Geschäfts. Er kann jederzeit seine Verkaufsabsicht aufgeben und muss nicht mit vom Makler nachgewiesenen Interessenten abschließen. Er kann an jemand anders verkaufen und darf hierfür sogar Anzeigen aufgeben. Letzteres ist indes nicht sehr klug, und warum manche Verkäufer so handeln, ist mir nicht klar. Sie erschweren die Arbeit des Maklers und beeinträchtigen seine Motivation.

Übrigens, lieber Herr Oberheim, muss der Käufer, ohne selbst den Makler beauftragt zu haben, nicht Provision zahlen. Der Abschluss eines Vertrages mit dem Makler ist aber auch dem Käufer zu empfehlen.

Grund dafür ist das Bürgerliche Gesetzbuch, in dem das Maklerrecht knapp gehalten ist und das den heutigen Marktgegebenheiten oft nicht mehr gerecht wird. Das Ergebnis ist immer wieder Rechtsunsicherheit bei den Beteiligten. Wo gesetzliche Regelungen den Laien keine Klarheit verschaffen, wird Rechtssicherheit für alle durch einen – guten – schriftlichen Vertrag erzeugt. Der Auftraggeber hat seine Rechte und Pflichten und die des Maklers schwarz auf weiß. Und er behält den Überblick, mit welchem Makler er einen Vertrag geschlossen hat.

Tritt der Kaufinteressent dagegen telefonisch mit immer mehr Maklern in Kontakt, lässt sich Exposés schicken, geht zu Besichtigungen, so ist das nicht ganz ungefährlich. Wird das Objekt von mehreren Maklern angeboten – was möglich ist, wenn kein Alleinauftrag erteilt wurde –, sieht er sich unter Umständen mehreren Provisionsforderungen gegenüber.

Oberheims Einsichten

War schon ein erhebendes Gefühl, dass ich den Zuschlag bekomme. Aber auch gefährlich! Dieses Gefühl, dass ich bald Eigentümer sein werde, kann einem auch die Sinne etwas vernebeln. Ich habe Grundstückskäufer kennengelernt, die in so einer Art »Was kostet die Welt?! Wir habens ja.« plötzlich ganz irrational bei ihrem Hausbauprojekt entschieden haben. Da wurde – man baut ja nur einmal – plötzlich ein gar nicht einkalkulierter Keller eingeplant, ein Balkon angehängt und von 120 auf 140 Quadratmeter Wohnfläche gesteigert.

Tagebuch, 8. Folge:
Zu großes Grundstück – und nun?

Baupartner dringend gesucht

22. Februar: Auch wenn wir noch keinen Notartermin haben, der alles endgültig macht, ist keine Zeit zu verlieren. Schließlich will ich noch in diesem Jahr das 36 Jahre alte Fertighaus abreißen (lassen) und ein neues Haus bauen.

Beziehungsweise zwei Häuser. Entweder baue ich selbst zwei Häuser und verkaufe eins davon, oder ich finde einen Baupartner, der gleich in meinen Grundstückskaufvertrag mit einsteigt. Das ist eben der Preis dafür, dass ich bald ein Haus in traumhaft grüner Lage am Naturschutzgebiet haben werde.

Beim Bezirks-Bauamt habe ich zwar erfahren, dass das Land teilbar sein soll und dass man deshalb – auf real geteilten Grundstücken – zwei Einzelhäuser bauen könnte. Aber ich habe immer noch Zweifel an dieser nur mündlichen Auskunft. Vielleicht sollte ich erst einmal nach einem Doppelhaus-Partner suchen. Wenn ich dem irgendwann sage, dass wir für fast dasselbe Geld dort zwei Einzelhäuser bauen dürfen, wird der sicher mitziehen. Also: Wer baut mit mir? Ich versuche, mich an Suchanzeigen im Anzeigenteil der Morgenpost zu erinnern.

23. Februar: Mit meiner Frau Verena spreche ich den Text unseres Inserats ab: »Direkt am Stadtrand: Familie mit zwei Kindern sucht einen Doppelhaus-Baupartner für je 110 bis 130 Quadratmeter Wohnfläche auf 489 Quadratmeter Grundstück in grüner Lage, Chiffre...«

Hoffentlich meldet sich jemand.

Was der Experte dazu sagt:
Tolle Idee, aber schwierig

Gemeinschaftlicher Hausbau mehrerer Privatleute – zu diesem Plan von Bauherr Roland Oberheim äußert sich als Experte Thomas Wockenfuß. Er ist Vertriebsdirektor der Schwäbisch Hall Immobilien GmbH, die Wohnimmobilien in Berlin und den neuen Bundesländern vertreibt:

Vom Grund her ist das eine tolle Idee, was Herr Oberheim vorhat – aber in der Praxis dürfte es schwierig werden. Einfacher wäre es, er würde alles einem Bauträger überlassen.

Während Oberheim beim Bauträger ein konkretes Angebot gemacht wird, zu dem er ja oder nein sagen kann, wird er sich mit einem privat gefundenen Baupartner über jedes Detail absprechen müssen. Außerdem frage ich mich, ob die beiden dann auch in der Lage sein werden, Qualitätsunterschiede in den vorliegenden Hausbau-Angeboten zu erkennen. Allgemein rate ich ihm zu einem massiv gebauten Haus, denn das hat in gebrauchtem Zustand den höchsten Wiederverkaufswert.

Aber ich bin nicht sehr optimistisch – auf Oberheim & Partner wird eine äußerst schwierige Entscheidungsfindung zukommen. Und je länger dies dauert, desto teurer wird das Bauen, und desto unkalkulierbarer wird dann letztlich auch der Preis.

Mein Vorschlag für eine private Baupartnerschaft wäre: Setzt Euch zusammen und steckt Euren finanziellen Rahmen ab! Denn dann entscheiden erst einmal die Finanzen darüber, was machbar ist. Wenn Kaufinteressenten wegen einer Zeitungsannonce, Wurfzetteln oder

Presseberichten zu uns kommen, fangen wir auch immer mit dem Thema Finanzierung an. Oft ändern sich dann die Vorstellungen, wenn die Leute sehen, was wie viel kostet. Ehrlich gesagt, weiß ich nicht genau, was Herr Oberheim eigentlich sucht. Beziehungsweise: Warum er einen Baupartner sucht, der ganz ideal zu ihm passen sollte. Vielleicht noch mit zwei Kindern, möglichst im selben Alter?

Mir jedenfalls wäre es lieber, nicht mit solch guten Freunden ein Haus oder Doppelhaus zu bauen – wie schnell kann in der nervösen und aufgeregten Zeit des Bauens eine Freundschaft zerbrechen! Und dann muss man aber trotzdem mit diesem (Ex-)Freund das einmal angefangene Projekt auch zu Ende bringen.

Dass sich zuvor unbekannte Baupartner nett finden, erleben wir viel öfter als den »Fall Oberheim«, in dem zwei Baupartner zusammen auf die Suche nach einem Doppelhaus-Projekt gehen.

Vielleicht hilft Herrn Oberheim dieser Tipp: Wenn er sich mit einem Teilstück an einem größeren Bauprojekt beteiligen will, sollte er sich vom Bauträger sagen lassen, wer die anderen Teilnehmer an der Baumaßnahme sind. Aus unserer Beratungspraxis kenne ich diese Forderung. Es spricht nichts dagegen, die Parteien miteinander bekannt zu machen. Abgesprungen sind nach solch einem Kennenlernen kaum jemals Kunden.

Das liegt schon daran, dass alle das gleiche Thema (Bauen und Baufinanzierung) und das gleiche Ziel (Haus) haben. Da oft auch beide Parteien ähnlich alt (30 bis 40 Jahre) sind und Kinder haben, ist es dabei bisher immer zu anregenden Gesprächen gekommen.

Vielleicht ist dieser Weg leichter und sogar angenehmer für Sie, Herr Oberheim.

Oberheims Einsichten

Aus späterer eigener und fremder Erfahrung: Vergessen Sie die Bestrebung, am neuen Wohnumfeld gleich alles so harmonisch wie möglich »hinzubiegen«. Besser ist, Sie checken die bestehende Nachbarschaft. Gibt es dort nur ein Kind im Alter Ihres Kindes, dann ist das wenig – gibt es drei, dann ist die Chance schon viel besser. Besser jedenfalls, als sich mit einem privat gefundenen Doppelhauspartner zu zerstreiten.

Tagebuch, 9. Folge:
Ein Grundstück, zwei Baupartner

Resonanz auf eine Suchanzeige

28. Februar: Die Resonanz auf meine Morgenpost-Suchanzeige nach einem Doppelhaus-Baupartner enttäuscht mich etwas. Vielleicht habe ich auch zuviel erwartet.

Den Brief einer Firma, die für ein »namhaftes Unternehmen« auf Immobiliensuche ist, lasse ich links liegen – mit meiner Formulierung »Familie mit zwei Kindern« wollte ich nicht eine Firma, sondern direkt andere junge Familien ansprechen.

Auch die Zuschrift eines Adalbert Schmöcklingst lege ich gleich weg: Er sucht für seinen Sohn und dessen Familie ein Haus – warum schreibt Sohnemann uns nicht selber?

2. März: Doch noch erfreuliche Chiffre-Post! Eine Bonner Familie, die aus Berlin stammt, kommt mit dem Regierungsumzug zurück an die Spree und sucht ein Bau-/ Kaufprojekt. Am Telefon finde ich »ihn« gleich so nett, dass ich ihm gegen meine ursprüngliche Absicht doch gleich die Adresse des Traumgrundstücks verrate.

Im selben Umschlag liegt noch ein Brief: Es schreibt uns eine »bald vierköpfige« Familie aus Berlin-Steglitz. Ich rufe zurück, der Mann wirkt am Telefon genauso nett wie vorhin der Berlin-Bonner. Der Mann ist wie ich auch Verlagsangestellter, und kurioserweise ist sein Sohn Louis am selben Tag und im selben Jahr wie unser Kevin geboren. Ein zweites Kind, ein Mädchen wie bei uns, ist unterwegs. Na, wenn das kein guter Anfang für ein Bauprojekt ist... Typischerweise wird unser 15-Minuten-Gespräch schließlich von quengelnden Kindern unterbrochen. Wir versprechen einander noch schnell, dass wir bald wieder anrufen wollen.

3. März: Die Verkäufer des Grundstücks haben noch keinen Notartermin vereinbart. Das passt mir gut, denn inzwischen fiel mir ein, dass ein Freund einen netten Anwalt kennt – und so vereinbare ich bei diesem Juristen den Notartermin. Vorher will er beiden Parteien einen Vertragsentwurf zuschicken. Vielleicht sollte ich ihn auch danach fragen, ob er Vertragsentwürfe für gemeinsames Bauen kennt.

Als die Kinder im Bett sind, spreche ich mit meiner Frau Verena erstmals in Ruhe über unsere zwei Baupartner-Kandidaten. Was wäre, wenn uns beide gleich gut gefallen? Und was, wenn wir denen nicht gefallen? Oder wenn wir uns nicht einigen können, über den Doppelhaus-Typ zum Beispiel? Und was, wenn eine dieser »Parteien« uns jetzt das Grundstück vor der Nase wegkauft?

Was der Experte dazu sagt:
Baupartner zum Notar

Wie findet man einen Baupartner? Und – fast noch wichtiger – wie sichert man solch ein gemeinsames Projekt unter Laien ab? Als Experte schreibt Michael Schmuck, Rechtsanwalt in Berlin:
Roland Oberheim hat es ja schon gemerkt: So einfach ist es nicht, den richtigen Baupartner zu finden. Nicht nur Sympathie darf den Ausschlag geben. Man muss die Wünsche und Vorstellungen vom gemeinsamen Bauprojekt klar und offen miteinander besprechen. Erst wenn man sicher sein kann, dass die Vorstellungen sich sehr nahe kommen, sollte man die Sache offiziell machen.

Es gibt kaum ein größeres Ärgernis, als wenn der Traum vom Eigenheim durch einen Streit mit dem Baupartner zum Albtraum wird. Oberheim darf dabei nicht vergessen, dass der jetzige Baupartner auf Jahrzehnte sein engster Nachbar sein wird – jeder Streit in der Bauphase kann chronisch werden.

Auch wenn die Chemie offenbar stimmt: Oberheim sollte mit seinem Partner einen Vertrag ausarbeiten, der möglichst bis ins Detail das gemeinsame Projekt regelt und alle Eventualitäten berücksichtigt. Oft ist es so, dass sich die Vorstellungen des Bauherrn während des Baus ändern: Vielleicht doch noch ein Vordach oder einen offenen Kamin? Besser doch gleich aus der Terrasse einen Wintergarten machen oder einen Teich anlegen statt des gemeinsamen Spielplatzes für die Kinder? Jede Extrawurst kann dem Baupartner im Halse stecken bleiben, weil sie unter Umständen auch die Kosten für ihn erhöht, jedenfalls aber die Bauzeit verlängert.

Vielleicht mag er aber auch später nicht neben einem Haus mit Vordach und Wintergarten wohnen. Oder er mag die Frösche nicht, die sich voraussichtlich am Teich ansiedeln werden. Ohne anwaltlichen Rat kommen Oberheim und sein künftiger Baupartner daher nicht aus. Da der Vertrag, den beide dann schließen, auch Klauseln über den Erwerb des Grundstücks enthält, muss auch dieser Vertrag vor einem Notar geschlossen und von ihm beurkundet werden. Es bietet sich an, den Notar schon bei der Formulierung des Vertrags um Rat und Hilfe zu bitten. Roland Oberheim schreibt, er kenne einen netten Anwalt – wenn der auch Notar ist, muss er nicht weiter suchen.

Bei dem Vertrag sollte man darauf achten, dass jeder Baupartner für seinen Teil des Projekts allein die Kosten und Risiken trägt. Wichtig ist auch die Frage, wer einem Architekten oder Bauunternehmer Weisungen erteilen darf – jeder allein oder nur gemeinsam? Und wie werden Eigenleistungen berücksichtigt?

Es ist auch dringend zu empfehlen, dass beide Häuser rechtlich selbstständig sind. Von einer Wohnungseigentumsgemeinschaft (die auch aus zwei Häusern bestehen kann) ist abzuraten: Dann können gemeinsame Fragen nur mit Mehrheit entschieden werden, und bei nur zwei Stimmen wird das zum Problem. Die rechtlichen Verflechtungen sind zu groß und können beim Streit zum Krieg führen – den keiner gewinnen kann. Das Ende ist dann meist der Verkauf.

Spätestens nach Einzug und gemeinsamer Einweihungsfeier sollten die Grundstücke geteilt werden. Denn nur eine größtmögliche Unabhängigkeit voneinander sichert eine lange friedliche Nachbarschaft.

Oberheims Einsichten

Meiner Ansicht nach ist das zwar richtig, aber genauso Theorie wie unsere Vorstellungen der Baupartnersuche. Denn mit neuen oder alten Freunden zum Anwalt oder Notar zu gehen, sichert zwar alles ab – doch wer mag schon mit dieser Einsicht leben, dass zwei Freunde einen Anwalt zwischen ihnen brauchen. Und so objektiv der Vertrag dann auch sein mag: Wenn eine der Parteien später mit der anderen Probleme hat oder bekommt, dann wird derjenige den gemeinsamen Vertrag als Halunkenstück bezeichnen...

Tagebuch, 10. Folge: Recherchen ohne Ende

Die zweite Reihe

6. März: Ich erzähle einem Kollegen von meinen Plänen. Dem fällt beim großen Grundstück und doppeltem Hausbau das Wort »Hinterlieger« ein, und drohend hebt er den Zeigefinger. »Oh, da gibts oft Ärger. Hab ich jedenfalls gehört...« Wo oder bei wem gehört, weiß er nicht.

7. März: Rufe im Bezirks-Bauamt an, wo sich die Frau Hebbeling noch an meine ersten Anrufe erinnert. Zur Hinterlieger-Bebauung könne sie mir sagen, dass eins zu beachten ist: Hinten darf nicht so hoch gebaut werden wie vorne, »aus städtebaulichen Gründen«. Für meinen Bezirk und den Planweg nennt sie eine Bebauung von »0,2 GRZ und 0,4 GFZ«. Die 0,2 GRZ bedeuten in etwa, dass 20 Prozent des Grundstücks bebaut werden dürfen – bei 489 Quadratmetern wären dies 97,8 Quadratmeter. Die 0,4 GFZ (Geschossflächenzahl)

Bild 2: Dicht an dicht: Besonders in Ballungsräumen und Großstädten ist das Bauen in zweiter Reihe üblich, vor allem wegen der hohen Grundstückspreise. Das aber bringt eine größere Nähe der Häuser und der Menschen zueinander. Und beim Blick in die Erker-Scheibe spiegelt sich auch gleich das nächste Haus, das genauso von seinen Nachbarn umzingelt ist.

sagen – so habe ich das jedenfalls verstanden –, dass man die Erdgeschossfläche ein zweites Mal im Obergeschoss bauen darf. Also 195,6 Quadratmeter Wohnfläche.

Hinten, in der »zweiten Reihe«, sei das aber nur ein theoretischer Wert, denn dort dürfe nur »eingeschossig« gebaut werden. Das aber bedeutet, dass über dem Erdgeschoss doch ein – ausgebautes – Dach mit 45 Grad Dachneigung sein darf. Zweimal 0,2 könnten beim Hinterhaus demnach nie eine GFZ von 0,4 ergeben, weil man eben oben kein zweites Vollgeschoss planen darf. Als ich meiner Frau das erkläre, versuche ich's dreimal – und weiß dann immer noch nicht, ob ich's selber wirklich begriffen habe. Warum ist Baurecht nicht einfacher?

Es ist noch schwieriger mit den Hinterlieger-Beschränkungen, sagt Frau Hebbeling. Nur 50 Zentimeter Sockelhöhe über Geländemittelniveau seien in Berlin »hinten« zugelassen. Das heißt: Entweder guckt das Erdgeschoss 50 Zentimeter aus der Erde heraus – oder man plant im Dachgeschoss einen Drempel von 50 Zentimetern ein. Beides zusammen aber ist nicht statthaft. Das Mauerstück namens Drempel sorgt übrigens dafür, dass die Wände im oberen Geschoss nicht ab dem Fußboden, sondern erst ab einer bestimmten (Drempel-)Höhe schräg verlaufen.

8. März: Unruhig lese ich mir die Unterlagen jener Firma durch, mit der ich am liebsten bauen würde. 75 Zentimeter Drempel im Obergeschoss, so steht es in den Unterlagen meines Lieblingshauses »Shilton 134-VF«. Das heißt: Vorne dürfte es gebaut werden, hinten aber nicht.

9. März: Als ich in einer Senatsverwaltung den Grundwasserhöchststand der vergangenen zwölf Jahre erfrage, bekomme ich den nächsten Dämpfer. 30,10 Meter über Normalnull sind nur 1,30 Meter unter unserer Geländeoberfläche – nur 1,30 Meter Höhe für den Keller und für ein Gästezimmer im Untergeschoss? Der Keller ist gestrichen!

10. März: Meine Frau und ich sind uns einig: Wir wollen trotzdem kaufen. Dann bauen wir eben einen Schuppen statt eines Kellers und hinten notfalls nur einen eingeschossigen Bungalow. Wer hat bloß dieses blöde Wort Hinterlieger erfunden?

Was der Experte dazu sagt:
Hinterlieger, sei freundlich zum Vorderlieger!

Als Experte zum Thema Hinterlieger äußert sich Ing. Ludwig Will, gelernter Maurer, Betriebswirt und Bauherrenberater mit eigener Immobilienfirma:

»Erfunden« hat das Wort Hinterlieger einfach die Lage. In Berlin ist Baugrund knapp und daher teuer. Um Bauen finanzierbar zu machen, sind immer mehr einst große Grundstücke aufgeteilt worden.

Ob dies nun per realer oder ideeller Teilung geschieht, ist letztlich eine Gewissensfrage. Real teilen bedeutet mehr Selbstständigkeit, bedeutet eine »Stand-alone-Lösung« für den Bauherrn. »Real« hat ein besseres Image, ist besser zu vermarkten – und kostet mehr. Bei einem doppelten Doppelhausprojekt mit Realteilung hatte ich vor kurzem insgesamt fast 13.500 Euro Vermessungskosten; mit ideeller Teilung wären es keine 10.000 Euro gewesen.

Billiger ist »ideell« auch bei öffentlichen Anschlüssen, die man gemeinsam bekommt. Ideell bedeutet aber auch, dass man eine Teilungserklärung braucht wie bei Eigentumswohnungen – also nach dem Wohneigentumsgesetz (WEG) aufgeteilt – und dies mit notarieller Beurkundung und Grundbucheintrag.

Wie man sieht, gibt es viele Berührungspunkte zwischen ideell geteilten Eignern, aber die haben real geteilte Hinter- und Vorderlieger auch. Denn Letzterer muss auf seinem Land das Geh-, Fahr- und Leitungsrecht hinnehmen, das im Baulastenverzeichnis des Bezirks eingetragen wird.

Dieses Recht ist schon ein kleines Stück aus der »Problematik« zwischen Vorder- und Hintermann. Jeder Psychologe weiß, dass niemand es mag, wenn ihm jemand auf der Pelle sitzt. Und dann stellen Sie sich mal vor: vorn die Straße, seitwärts der Weg zum Hinterlieger, hinten die einsehbare Terrasse. Und bei einem Doppelhaus vorn gehört nicht mal die einzige freie Seite den Vorderliegern allein. Da ist es dann wichtig, mit einer guten Gartenplanung von vornherein Schutzräume zu definieren.

Oft nehmen sich solche Nachbarn vor, keine Zäune zu errichten. Weil dann die Kinder so schön miteinander spielen können. Doch keine zwei Jahre später sind es die Nachbarn Leid, dass die Kids ständig in ihren Rückzugsbereichen zu finden sind. Und dann baut einer einen Zaun… Frustration ist die Differenz zwischen dem, was man erwartet, und dem, was tatsächlich kommt – und mit dem Zaun haben Sie umgehend zwei frustrierte Nachbarn. Also: Gartenarchitekt kommen lassen und gestalten. Aber nicht mit zu vielen Pflanzen, sonst ist bald alles zugewuchert.

Der Hinterlieger ist oft fein raus, er hat mehr Ruhe. Doch wenn sich beim Vorderlieger Störpotenzial aufbaut, ist das mit Vorsicht zu genießen. Deshalb sollten Hinterlieger sich mit Freundlichkeit bemühen, dem Vorderen seine Position zu erleichtern. Wer etwas sensibel ist, wird merken, ob man beim Gang zur Straße der frühstückenden Vorderfamilie unbedingt ein »Lassen Sie sich's schmecken!« zurufen sollte – die sind meist eher fürs schweigsame Nichteindringen in ihre Privatsphäre dankbar.

Sie wollen Ihren Weg zum Hinterhaus auf dem Wegstück des Vorderliegers befestigen? Dann zeigen Sie dem Nachbarn von vorne, welche zwei oder drei Alternativen Sie sehen. Vielleicht gibt er seine Meinung dazu – und schon haben Sie »seinen« Plattenbelag gewählt und sind ihm näher gekommen. Gute Nachbarschaft hebt die Toleranzschwelle.

Soviel wie möglich sollte speziell bei Neubauprojekten im Kauf- oder Bauvertrag geregelt sein. Planen Sie rechtzeitig – Planen ist die gedankliche Vorwegnahme künftigen Seins. Und haben Sie Rechtsprobleme miteinander, dann besprechen Sie das allein mit Ihrem Anwalt. Aber lassen Sie nicht den Juristen einen Brief an den Nachbarn schreiben – klären Sie das lieber unter vier Augen.

Kommt Ihnen jemand gleich zu Anfang mit Unverschämtheiten? Bleiben Sie um Gottes Willen cool – und geben Sie mit freundlichen Worten dem Nachbarn die Chance, in Zukunft ein guter Nachbar zu werden.

Und denken Sie als Hinter- oder Vorderlieger auch an eins: Behandeln Sie alle Nachbarn gleich, denn wenn es auf Ihrem Land Hinter- und Vordermann gibt, ist das nebenan wahrscheinlich auch so – mit genau derselben Problematik.

Oberheims Einsichten

Wahre Worte! So materiell Immobilien auch sind, so sehr muss man immer auch die Psychologie im Auge behalten. Und wenn Ihre Nachbarschaft nicht total tolerant ist, dann können Sie schon schiefe Blicke ernten, wenn Sie von den Nachbarn A, B, C, D und E die B.s in drei Wochen schon dreimal eingeladen haben und die E.s noch gar nicht.

Tagebuch, 11. Folge:
Der notarielle Kaufvertrag
Droht mir sofort die Zwangsvollstreckung?

13. März: Post vom Notar, der Kaufvertrags-Entwurf flatterte in meinen Briefkasten. Aber seltsam: Obwohl doch letztlich ich den Mann beauftragt hatte und er mit einem befreundeten Anwalt in einer Kanzlei sitzt, klingen die Formulierungen aus meiner Sicht eher so, als wäre er voll und ganz auf der »anderen Seite«. Da steht etwas von der Unterwerfung unter die sofortige Zwangsvollstreckung – aber nur von meiner Seite aus. Der Verkäufer muss sich nicht unterwerfen.

Abends ruft mich Herr Kreyfellers an, der Ehemann der Grundstücksverkäuferin. Auch er hat seine Probleme mit dem Vertragsentwurf und denkt genau wie ich, der Notar stehe allein auf meiner Seite. Was ihn und seine Frau vor allem stört: Wir haften beide zusammen für Grund und Boden, solange der Verkauf noch nicht endgültig abgewickelt ist und solange ich noch nicht endgültig als Eigentümer im Grundbuch stehe. Ich erzähle von meiner Kritik, und zusammen müssen wir schmunzeln.

In einer ganz anderen, noch ungeklärten Frage bringt mich dieses Telefonat ein Stück weiter. Weil die Familie Kreyfellers selbst schon einmal an den Abriss des alten Fertighauses gedacht hat – um baureifes Land anbieten zu können –, haben sie sich vor Monaten bei Abrissunternehmern umgehört. »Von 6.000 bis 12.500 Euro« lauteten die Kostenvoranschläge, sagt Kreyfellers und verspricht, dass er mir zum Notartermin die schriftlichen Angebote mitbringen wird.

Das Heikelste am Unternehmen Abriss ist wohl, dass vor den Fertighauswänden Asbestzementplatten kleben. Dass Asbest nicht gesund ist, weiß jeder. Und deshalb muss dieses Zeugs beim Abriss auch besonders sorgsam entfernt und als Sondermüll besonders aufmerksam – und daher besonders teuer – entsorgt werden.

15. März: Der Notartermin steht bevor, aber mit meiner Baupartner-Suche komme ich vorerst nicht weiter. Die Bonner Familie, die auf mein Morgenpost-Inserat geantwortet hat, war am Grundstück – und sagte ab: »Ist uns zu weit weg zum S-Bahnhof, und wir wollen keine zwei Autos.« Die andere Baupartner-Familie, jene aus Steglitz mit dem gleich alten Söhnchen, hat sich noch nicht wieder gemeldet.

16. März: Herr Kreyfellers ruft noch einmal an. Er habe mit einem juristisch beschlagenen Freund gesprochen, und der habe ihn beruhigt. Danach sei ein Notar ein öffentlich bestellter Amtsträger, der keinen von uns beiden bevorteilen darf. Übrigens habe er mit dem Notar gleich auch einen Termin festgelegt. Weil ich am 21. März um 17.45 Uhr ganz sicher Zeit habe, werden wir an diesem Tag endlich zur Tat schreiten und den Kaufvertrag unterschreiben. Hat ja auch ziemlich lange gedauert.

Was die Expertin dazu sagt:

Notars Neutralität

Wie objektiv ist ein Notar? Das fragen sich beide Parteien des bevorstehenden Immobilienverkaufs. Die Experten-Antwort kommt von der Vizepräsidentin der Berliner Notarkammer – die aus standesrechtlichen Gründen (verbotene Werbung) gebeten hat, ihren Namen nicht zu nennen.

Herr Oberheim braucht wegen der Neutralität des Notars ihm gegenüber nicht besorgt zu sein: Nach der Bundesnotarordnung ist der Notar Träger eines öffentlichen Amtes. Er leistet bei seiner Ernennung einen Amtseid, in welchem er schwört, seine Pflichten gewissenhaft und unparteiisch zu erfüllen. Verhielte er sich parteiisch, beginge er eine Amtspflichtverletzung, die mit empfindlichen Disziplinarstrafen geahndet werden kann. Entstehen daraus oder aus einem Fehler des Notars sogar Schäden, hat er sie zu ersetzen. Durch ein Netz sich ergänzender Versicherungen ist gewährleistet, dass der Geschädigte dann auch wirklich Ersatz seines Schadens erhält. Schadensfälle kommen relativ selten vor – aber trotzdem ist es gut zu wissen, dass man im Ernstfall Versicherungsschutz genießt.

Man kann verstehen, dass Herr Oberheim durch die rüde anmutende Formulierung der Vollstreckungsunterwerfung im Vertrag verschreckt ist und am Notar zweifelt. In Wirklichkeit handelt es sich um eine durchaus nützliche Standardklausel, die in jedem Grundstücksvertrag vorkommt. Die unfreundlich klingende Formulierung ist eine gesetzliche Vorgabe aus dem Jahre 1877 – damals sah man keine Veranlassung, einen verbindlicheren Klang zu bemühen.

Tatsächlich soll durch diese Unterwerfung erreicht werden, dass festgelegte Verpflichtungen (meist Geldforderungen) zügig erfüllt und die Gerichte nicht mit Vorgängen belastet werden, die zwischen den Parteien gar nicht streitig sind. Die Vollstreckungsunterwerfung ist wie ein gerichtliches Urteil, das alsbald durchsetzbar sein soll, wenn der Käufer seiner vereinbarten Zahlungspflicht nicht nachkommt. Übrigens: Hat er berechtigte Einwände gegen die Zahlungspflicht (etwa verschwiegene Mängel), kann er sich in einem speziellen Gerichtsverfahren wehren.

Die Gefahr also, dass Oberheim überrumpelt wird, besteht nicht – der Notar muss ihm jeweils rechtzeitig Nachricht geben. Aus der Sicht des abwickelnden Notars ist das Positive an der Vollstreckungsunterwerfung, dass sie den Käufer davon abhält, bei seiner Zahlungspflicht zu bummeln.

Dass der Vertrag für den Verkäufer nicht ähnliche Regelungen enthält, liegt nur an der Verschiedenheit der Leistungen Geldzahlung/Grundstücksübereignung. Erstere sichert man durch die Vollstreckungsunterwerfung, Letztere dadurch, dass frühzeitig eine so genannte Vormerkung für den Käufer im Grundbuch eingetragen wird und der Verkäufer alle zur Übereignung notwendigen Erklärungen schon im Notarvertrag abgibt bzw. eine unwiderrufliche Vollmacht dazu erteilt.

Herr und Frau Kreyfellers sorgen sich, weil sie nach dem Vertrag grundstücksbezogene Steuern und Lasten als Gesamtschuldner neben dem Käufer tragen sollen. Hier liegt aber nur ein Missverständnis vor. Der Notar weist im Vertrag nur auf gesetzliche Regelungen hin, die in der Übergangszeit bis zur Eigentumsumschreibung auch den Verkäufer noch verpflichten. An diesen Gesetzen kann der Notar nichts ändern. Man kann aber vertraglich vereinbaren, dass ab der Übergabe des Grundstücks der Käufer den Verkäufer von derartigen Lasten freizuhalten hat.

Letzteres ist im Entwurf völlig korrekt. Und auch sonst enthält der Vertragsentwurf – der mir im ganzen Text vorliegt – alles, was in diesem Fall zu regeln war. Oberheim und Kreyfellers können ihn unbesorgt unterzeichnen.

Oberheims Einsichten

Objektiv mag der Notar ja sein – aber nicht immer perfekt, wie man später noch sehen wird. Deshalb ist zwar Angst vor Einseitigkeit nicht unbedingt angesagt, wohl aber ein waches Auge und vielleicht der prüfende Blick eines anderen Rechtsexperten.

Tagebuch, 12. Folge:
Schon zwei Notartermine geplatzt

Ein Bauherr in Sorge

21. März: Endlich der Tag des Notartermins, der alles schriftlich sichern soll. Sollte! Denn ein auswärtiger 20-Minuten-Termin zog sich stundenlang hin. Irgendwann wusste ich, dass ich es nicht bis 17.45 Uhr zum Notar nach Neukölln schaffe. Wie peinlich! Familie Kreyfellers war schon um 17.15 Uhr dort, Herr Kreyfellers zeigt Einsicht: »Ich als Versicherungsvertreter kenne das, dass Termine platzen. Kein Problem!« Zur Sicherheit verabreden wir uns am nächsten Abend beim Notar zur 100-prozentig sicheren Uhrzeit – 19.30 Uhr. So lange arbeiten Juristen…

22. März: Mittags ruft mich meine Frau im Verlag an: »Kreyfellers haben abgesagt. Sind krank.« Wie, frage ich, gleich alle beide? »Weiß ich nicht«, sagt Verena, »aber vielleicht will Frau Kreyfellers ja unbedingt ihren Ehemann beim Notartermin dabei haben. Darauf müssen wir schon Rücksicht nehmen.« Schließlich ist die Frau die Grundstückseigentümerin, er aber als Versicherungsvertreter sicher der in Finanzdingen Versiertere.

23. März: Nichts Neues von der Verkäuferin. Ich schreibe einen Brief, lege einen Depotauszug über mein Wertpapiervermögen bei und eine Bestätigung meiner Hausbank, dass die Finanzierung des Grundstückskaufs gesichert ist.

25. März: Die Verkäufer melden sich immer noch nicht bei mir. Wenn ich bei ihnen anrufe, meldet sich immer nur der Anrufbeantworter – dabei sind sie doch angeblich beide krank und müssten zu Hause sein.

Die Sache kommt mir langsam spanisch vor. Was habe ich eigentlich als Sicherheit in der Hand? Nur das Fax, in dem mir die Verkäuferin Einigkeit bei Verkauf und Preis bestätigt. Wer zahlt eigentlich den Notar, wenn die Sache jetzt plötzlich platzen sollte?

Was der Experte dazu sagt:
Zahlen muss immer der Auftraggeber

Wer zahlt die Rechnung des Notars, falls das Geschäft doch noch scheitert? Das fragt sich Roland Oberheim, und als Experte dieser Tagebuchfolge antwortet ihm Rechtsanwalt Henrik Meltendorf von der Berliner Kanzlei »Schulz Meltendorf & Morof, Rechtsanwälte Steuerberater Wirtschaftsprüfer«:

Wenn das Geschäft platzt, ist natürlich zunächst derjenige »dran«, der den Notar mit der Erstellung eines Entwurfs für den Kaufvertrag beauftragt hat. Es kommt daher darauf an, ob der Eigentümer oder der Kaufinteressent mit diesem Auftrag an den Notar herangetreten ist. Da Herr Oberheim selbst den Notar aufgesucht hat, müsste er als Auftraggeber zahlen – allerdings natürlich nur für die bisherigen Leistungen.

Sollte der Notar Herrn Oberheim eine Rechnung über eine Entwurfsgebühr legen, stellt sich natürlich die Frage, ob Oberheim für diese Summe dann beim Grundstückseigentümer Schadenersatz fordern kann.

Das hängt auch davon ab, welchen Grund der Eigentümer hatte, den Vertrag platzen zu lassen. Ein Schadenersatzanspruch Oberheims wegen Abbruch der Vertragsverhandlungen ist nur möglich, wenn der Verkäufer – trotz erzielter Einigkeit über die Vertragsbedingungen – plötzlich grundlos absagt, obwohl er zunächst selbst einen Notartermin angeregt oder diesem zugestimmt hat. Gleiches gilt, wenn er bei dieser Sachlage zu dem Notartermin einfach nicht erscheint.

Kommt die Beurkundung später doch noch zustande, fällt beim Notar nur die Beurkundungsgebühr für das eigentliche Grundstücksgeschäft an. Eine Entwurfsgebühr fiele dann weg bzw. würde verrechnet.

Übrigens: Sollte die Grundstückseigentümerin beim selben Notar, allerdings an einen anderen Kaufinteressenten die Immobilie verkaufen, entfällt die Entwurfsgebühr für den Vertrag mit dem ersten Interessenten dadurch keineswegs. Der Notar dürfte dann aufgrund der ihm obliegenden Verschwiegenheitspflicht Herrn Oberheim nicht einmal offenbaren, dass das Grundstück anderweitig verkauft worden ist oder dass er gerade einen neuen Vertragsentwurf mit einem ganz anderen Käufernamen erarbeitet.

...aber dieses Problem ist keins mehr, wenn Sie die nächste Folge lesen.

Tagebuch, 13. Folge:
Das Grundstück ist weg – verkauft

Aus der Traum!

27. März: Abends stehe ich kaum in der Wohnungstür, da kommt mir meine Frau tränenüberströmt entgegen.»Der Planweg 81 ist verkauft!« Ich habe zwar mit dem Schlimmsten gerechnet, weil die Verkäufer sich nach dem geplatzten Notartermin krank gemeldet und danach auf all meine Kontaktversuche nicht reagiert haben, aber geschockt bin ich jetzt doch: »Wieso? Wer sagt das?«

Unsere Freundin Julia, die ein paar Häuser weiter im Planweg wohnt und uns den Grundstücks-Tipp gab, hat nachmittags angerufen. Sie habe Kinder auf dem Grundstück herumlaufen sehen und die gleich gefragt, ob sie jetzt dort wohnen. Ja, hätten die gesagt, sie hätten das Haus »heute beim Rechtsanwalt gekauft«.

Jetzt wird mir alles klar: Deshalb also die angebliche Krankmeldung der Verkäufer – bei denen hatte sich plötzlich ein anderer Kaufinteressent gemeldet. Hat der 260.000 geboten, als er von unserem Angebot (255.000 Euro) erfuhr? Oder war da vielleicht noch der Makler aktiv, der mehr als ein halbes Jahr lang versucht hat, das Grundstück der Frau Kreyfellers an den Mann (oder an die Frau) zu bringen?

Im Grunde genommen war es wohl so: Ich scheine der Erste gewesen zu sein, der ein verbindliches Angebot abgegeben hat – hat das alle anderen Konkurrenten erst wachgerüttelt? Jene Mitbewerber, von deren Recherchen ich zufällig bei meinen Telefonaten erfahren habe?

Aber warum hat die Verkäuferin mich denn nicht gefragt, ob ich bei einem höheren Preis mitziehe? Das wäre doch fair gewesen.

Ich habe ein Fax mit meiner Unterschrift und der Unterschrift der Verkäuferin, dass wir uns über alle Eckpunkte und natürlich über den Kaufpreis einig sind – aber das ist jetzt sicher nichts mehr wert. Oder?

Was der Experte dazu sagt:
Ohne Notar kein Immobilienkauf

Als Experte ist wieder ein Jurist gefragt. Wie schon bei der letzten Äußerung einer Notarin verzichtet auch ihr Kollege aus Wilmersdorf auf eine Nennung seines Namens, da Notare als Amtsträger einem besonders strikten Werbeverbot unterliegen:

Tut mir Leid, Herr Oberheim, aber in Ihrer Einschätzung liegen Sie schon ganz richtig. Für die gegenseitig bestätigte Einigung über den Kauf und Kaufpreis können Sie sich jetzt wirklich nichts mehr kaufen.

Aber das ist schließlich auch der Zweck des Gesetzes. Grundstücksgeschäfte sind von so weit reichender privater und öffentlicher Bedeutung, dass sie eben erst wirksam werden sollen, wenn ein Notar als neutrale Amtsperson dieses Geschäft besiegelt. Würde aus Ihrer – ja gerade ohne Notar zustande gekommenen – Vorvereinbarung schon ein mittelbarer Zwang ausgehen, dann letztlich vor dem Notar unterschreiben zu müssen und die Immobilie doch zu erhalten, so würde dies dem Gesetzessinn vollkommen widersprechen.

Dass unabhängig davon ein Ersatzanspruch des ausgebooteten Käufers besteht, ist klar und wurde in der vergangenen Folge bereits von einem Rechtsanwalt dargestellt. Einen großen Schaden allerdings dürfte Roland Oberheim bisher nicht erlitten haben: ein paar Telefonate vielleicht, Porto und vielleicht auch die Kosten des zuerst beauftragten Notars, dessen Vertragsentwurf nun nicht mehr gebraucht wird.

Noch ein paar Worte an andere Leser, die für Oberheim sicher wenig tröstlich sein werden: Dass Immobiliengeschäfte, die schon so weit gediehen sind, noch platzen, kommt nach meiner Erfahrung und nach den Berichten von Notarskollegen eher selten vor.

Das hängt aber sicher auch von den Umständen ab, von der Qualität der Klientel des Notars etwa oder auch von den Marktumständen. Sind Objekte am Markt längst bekannt – und das ergibt sich aus Oberheims Tagebuch-Schilderung –, so muss man schnell reagieren. Wenn dann beispielsweise der erste Vertragsentwurf erst nach fünf Tagen bei den Parteien eintrifft, besteht auf Verkäuferseite oft noch die Gelegenheit, durch andere Kandidaten den Preis hochzutreiben. Das erste Angebot hat er ja (relativ) sicher in der Tasche.

Aber dann – und auch hier ist der Fall Oberheim wiederum untypisch – habe ich es eigentlich immer beobachten können, dass man dann mit dem ersten Kaufinteressenten noch einmal nachverhandelt. Dass jemand so wie Roland Oberheim im Regen stehen gelassen wird, habe ich in den vergangenen Jahren nie erlebt.

Oberheims Einsichten

Dazu fällt mir ein, dass ich heute bei einem solchen Deal den Notartermin schneller stattfinden lassen würde. Wenn die andere Seite mitspielt – aber das könnte man ja mit einem eiligen Bauwunsch begründen. Oder man spielt den Zweifelnden und erwägt immer mal wieder laut den Rückzug aus dem Geschäft...

Tagebuch, 13a. Folge:
Rückblick auf den geplatzten Notartermin
Hauskauf – Wer bietet weniger?

18. Dezember: Während ich an meinem Bautagebuch schreibe, kommt mir der Planweg 81 wieder in den Sinn. Immer wieder habe ich mich gefragt (und Freunde fragten mich auch), was damals wohl passiert sein könnte. Hat ein Konkurrent mehr geboten als ich? Warum wurde ich dann nicht auch gefragt, ob ich noch etwas drauflege?

Das hat mich nicht in Ruhe gelassen, und so habe ich durch einen befreundeten Juristen inzwischen die Wahrheit erfahren – wenn es wirklich die Wahrheit ist.

Als ich erfuhr, zu welchem Preis das Land samt Abrisshaus verkauft wurde, habe ich gestaunt: Statt für 255.000 Euro, die ich geboten hatte, ging das alte Fertighaus samt Land für nur 250.000 Euro weg.

Wie das?! Der billigere von zwei Bietern bekommt den Zuschlag? Fragt denn der Auktionator bei der Versteigerung neuerdings: »Wer bietet weniger?« Aber mein Juristenfreund winkte gleich ab: »Weißt du, wenn ich den Kaufvertrag so lese, dann denke ich, dass da vielleicht noch ein bisschen Geld nebenbei geflossen ist…«

Was der Experte dazu sagt:
Mehr geboten als Oberheim

Oberheims Kaufvertrag, der nicht zum Abschluss kam, und der andere Vertrag, der den Hausverkauf besiegelte, wurden beide bei Berliner Notaren aufgesetzt. Was liegt näher, als ebenfalls einen Notar zu bitten, die Verträge miteinander zu vergleichen und den Versuch zu unternehmen, der Wahrheit auf die Spur zu kommen? Unser Tagebuch-Experte ist ein ehemaliges Vorstandsmitglied der Berliner Notarkammer und verzichtet aus Standesgründen ebenfalls auf die Nennung seines Namens:

Verträge darauf zu überprüfen, ob vielleicht Schwarzgeld geflossen sein könnte, ist ein schwieriges Unterfangen. Schließlich kann man es Verträgen nicht »an der Nasenspitze ansehen«, ob ein Schwarzgeschäft vorliegt. Aber eins kann ich Herrn Oberheim ganz sicher sagen: Auf jeden Fall ist für den Planweg 81 mehr Geld gezahlt worden als jene 255.000 Euro, die Oberheim damals geboten hat. Und das steht im Notarvertrag sogar ausdrücklich drin.

Zu dem Termin beim Notar erschien nämlich auch ein Grundstücksmakler, der in einem eigenständigen Passus bedacht wurde: Der Käufer des Planweg 81 musste dem Makler eine Provision von 9.500 Euro inklusive Mehrwertsteuer zahlen. Der also, der Oberheim das Grundstück weggeschnappt hat, zahlt – so besagt es der beurkundete Vertrag – nicht 250.000 Euro, sondern 259.500 Euro.

Dass noch mehr Geld geflossen sein könnte, kann ich aus dem Kaufvertrag nicht herauslesen. Dass ein Käufer gleich eine Belastungsvollmacht eingeräumt bekommt über einen Betrag, der höher als der Kaufpreis ist, kommt mir auch nicht ungewöhnlich vor. Schließlich will der Käufer das alte Fertighaus sanieren oder ausbauen, was ja auch (geliehenes?) Geld kostet. Und dass 10.000 Euro vorweg in bar bezahlt werden, ist auch kein verdächtiges Indiz. Vielleicht war dies auch einer der Gründe, warum die Verkäuferin den anderen als Käufer vorzog.

Über Motive für die Käuferauswahl kann man nur spekulieren. Vielleicht auch hat der lange Zeit für die Verkäuferin tätige Makler der Frau ins Gewissen geredet und eine – hier ja relativ geringe – Provision als seinen »Lohn« für viele Monate voller Besichtigungen, Telefonate und Inserate eingefordert.

Aber ein Schwarzgeschäft? Das ist für alle Beteiligten gefährlich, wie jeder weiß: Der Notar muss mit einem zeitweiligen Amtsverlust rechnen, und der Käufer und die Verkäuferin riskieren ein Platzen des Handels. Das Geschäft mit der wahren Kaufsumme wäre nichtig, wenn es nicht auch mit der korrekten Summe notariell beurkundet ist. »Geheilt« würde dies allerdings dadurch, dass der Käufer im Grundbuch eingetragen wird. Bis zu diesem Zeitpunkt der Eintragung aber hängen alle an einem Schwarzgeschäft Beteiligten »in der Luft«. Am Rande: Platzen könnte es dabei jedoch nur durch das Ausscheren eines Beteiligten.

Oberheim – selbst wenn er davon rechtzeitig erfahren hätte – würde dies von außen her nicht mehr beeinflussen können.

Aber auch bei einer späteren Heilung solch eines Kaufvertrages bleibt eins doch bestehen: Ein zu niedrig angegebener Kaufpreis erfüllt den Tatbestand der Steuerhinterziehung. Und wer würde im Fall des – offensichtlich schwer verkäuflichen – Grundstücks Planweg 81 so ein Risiko wirklich auf sich nehmen?!

Oberheims Einsichten

Manchmal muss einen der Experte auch auf den Boden der Tatsachen zurückholen. Rückblickend hat dieser Ausgang wohl für alle Beteiligten ein gutes Ende gehabt: Ich habe mich nicht beim Doppelhausbau verkalkuliert, die Käuferfamilie wohnt immer noch in dem Haus, hat sich den Spitzboden ausgebaut und deren Tochter spielt jetzt mit der Tochter von unserer Freundin Julia. Die Verkäuferin kann mit 250.000 statt 255.000 Euro fürs geerbte Haus/Grundstück wohl auch ganz gut leben, weil sie ja in einem (vermutlich schuldenfreien) anderen Haus wohnt, und der Makler hat wenigstens sein Geld für ein Jahr Anzeigen wieder hereinbekommen.

Tagebuch, 14. Folge:
Das Leben nach dem Rückschlag

Enttäuschung? Weitersuchen!

2. April: Eine Woche ist es her, dass uns ein Konkurrent das Grundstück im Planweg weggeschnappt hat. Meine Frau ist noch immer traurig. Ein wenig geht es mir auch so, aber nur ein wenig. Zu oft habe ich schon Begeisterung erlebt, habe ein tolles Telefonat mit einem Makler geführt, fand die Adresse klasse, das Exposé super – und dann ist der Kauf doch immer gescheitert. Also am nächsten Sonnabend gleich wieder die Zeitung zur Hand, den Immobilienteil aufgeschlagen und weiter suchen. Ich gehe mit Enttäuschung immer auf diese, meine Weise um – mit Arbeit. Mit Weitersuchen.

Auf die nächste Zeitung brauche ich nicht zu warten. Vor einigen Wochen hatte eine Immobilienprojekt-Vermittlerin namens Vera Kirchenbach bei mir angerufen. Sie suchte Doppelhaus-Interessenten. Ihr Angebot hätte mich schon interessiert, allerdings waren wir damals noch beim Planweg 81 im Wort.

Auch diesmal geht es bei ihr um ein Doppelhaus. Kurios: Wieder liegt es im Planweg – und deshalb kommen wir natürlich auch über die Hausnummer 81 ins Gespräch. »Klar, kenn ich auch«, erzählt sie, Kaufinteressenten hätte sie für die 81 auch gesucht, aber keine gefunden. Das Grundstück habe ja so seine Probleme. Hoher Grundwasserstand und zwingender Kellerverzicht, Grundstücksteilung und Hinterlieger nannte sie als Stichwort. In besonders schlechter Erinnerung aber hatte Frau Kirchenbach vor allem die Abwasserfrage: »Sobald ich am Telefon sagen musste, dass dort kein Abwasseranschluss möglich ist, haben die Leute aufgelegt.« Sie glaubt an dieses Motto: Wer ein Haus in Naturschutzlage sucht, der will nicht, dass alle paar Wochen ein Lastwagen riechende Fäkalien abpumpt und wegfährt – das ist ungrün, passt dort nicht ins Weltbild und wird daher auch nicht akzeptiert.

Oh! Daran hätte ich nie im Leben gedacht. Ich hatte mir eingebildet, einen Käufer für die zweite Grundstückshälfte zu finden, müsste ein Kinderspiel sein. War das zweimalige Platzen des Notartermins im Nachhinein eine glückliche Fügung?

Genug zurückgeblickt! Ich lasse mir Frau Kirchenbachs Angebot fürs »neue« Planweg-Grundstück – Hausnummer 55 – schicken. Zwei Doppelhaushälften sollen dort für jeweils rund 290.000 Euro auf je 330 Quadratmetern Grund gebaut werden. Wer weiß, vielleicht ziehen wir doch noch in den Planweg...

5. April: So schnell kann Vorfreude vorbei sein – das neue Doppelhaus wollen wir nicht. Vor allem wegen der Zweihaus-Thematik, bei der es fast immer einen Sieger und einen Verlierer gibt.

Im Fall Planweg heißt das konkret: Zwei Haushälften gucken mit der Terrasse zur Straße hin nach Süden, doch nur über den rechten Grundstücksteil führt mit drei Meter Breite das »Geh-, Fahr- und Leitungsrecht« zum (geplanten) Einfamilienhaus des Hinterliegers. Wegen dieses für den Vorderlieger wenig nutzbaren Drei-Meter-Streifens – schließlich muss der Hintermann da ständig mit seinem Auto vorbeifahren dürfen – scheint uns diese vordere Haushälfte weniger interessant. Bei drei Metern Breite und fast 40 Metern Länge wären von 330 Quadratmetern eigenem Land schon mal 120 Quadratmeter kaum nutzbar. Diese Hälfte also wollen wir nicht. Und ich zweifle, dass jemand anders sie zu dem angebotenen Preis kaufen wird.

Außerdem stört uns an der Bauweise dieses Hauses, dass es vor allem aus Beton plus Wärmedämmung hergestellt wird. Zwar ist es dadurch billiger, aber Beton ist meine Sache nicht. Zumal Hans-Dieter, ein befreundeter Bauingenieur, uns immer wieder gesagt hat, dass man bei dieser Art Betonbauweise besonders für Hängeregale und Hängeschränke erst Schichten von Styropor oder Schalungsmaterial entfernen muss, eher man eine Halterung in den Beton bohren kann. Wie man solche Löcher herstellt und bearbeitet, haben uns Bekannte nach einer Musterhausbesichtigung einmal so beschrieben: »Als die Bewohner uns ganz stolz die Dübel für ihre Hängeregale gezeigt haben, fiel uns die Kinnlade runter. Mit den Riesendingern hätte man glatt jemand erschlagen können...«

Diese Folge kommt ohne Expertenkommentar aus. Siehe Folge 2.

Oberheims Einsichten

Noch mal zum Anfang der wieder aufgenommenen Suche: Mir/uns ging es da oft so, dass wir Enttäuschungen erst einmal in der Richtung deuteten, dass der Fehler nicht am einzelnen Immobilienangebot lag, sondern an uns und unseren vielleicht überzogenen Vorstellungen. Mein Rat: Bleiben Sie nach ersten Enttäuschungen bloß bei Ihren Prinzipien! Also nicht von dem Passivhaus Abstand nehmen, nicht von dem Keller, nicht von dem »Massiv geht vor Fertigbau« usw. Die erlittene Enttäuschung kann doch auch heißen, dass nicht Sie falsch liegen, sondern dass dieses eine Objekt bzw. dessen Verkäufer falsch lagen.

Erst wenn Sie nach drei bis sechs Monaten Suche noch immer kein einziges halbwegs interessantes Objekt besichtigt haben, dann sollten Sie an Ihren Kriterien etwas herumschrauben.

Tagebuch, 15. Folge:
Erst gefördert, dann verschuldet
Schicksale von Hausbesitzern

10. April: In einem zweiten Telefonat mit unseren potenziellen Doppelhaus-Partnern aus Steglitz gab es ein Missverständnis. Wir sprachen über längst gesehene Immobilienobjekte: Ich meinte das Haus Randsacker 32 und sagte versehentlich 33, mein Gegenüber dagegen lag mit Hausnummer 33 richtig.

Als ich später einmal zufällig dort vorbeikam, fiel mir das Telefongespräch wieder ein, und ich sah nach: Nr. 33 ist eine verklinkerte Doppelhaushälfte, die gut erhalten wirkt, besser als die immer noch nicht verkaufte Nr. 32. An der Tür der 33 steht Olkontrich, so ähnlich klang der Name aus der missverständlichen Telefongesprächs-Passage. Ich finde den Namen Olkontrich im Telefonbuch, rufe an und spreche mein Kaufinteresse auf den Anrufbeantworter.

11. April: Herr Olkontrich ruft zurück. Ja, das Haus sei zu verkaufen. Wir vereinbaren eine Besichtigung für nächsten Nachmittag.

12. April: Das Haus ist ganz okay, hat – endlich einmal! – große Kinderzimmer. Doch der Raum, der bei uns Gästezimmer werden soll, liegt ziemlich unterirdisch und bekommt kein direktes Licht von draußen. Außerdem ist er mit so vielen Teppichen ausgelegt, dass er wohl sehr, sehr fußkalt sein muss. Meine Frau hat das sofort bemerkt, wie sie mir hinterher sagt.

Dass das Haus ein Fertighaus in Holztafelbauweise ist, stört mich als Freund massiven Bauens zuerst nur ein wenig. Der Preis aber schockt uns doch: Für ganze 308 Quadratmeter Land mit 120 Quadratmetern Wohnfläche plus Keller wollen die Olkontrichs 328.000 Euro haben.

Das sei der Preis, den sie 1981 selbst bezahlt hätten. Der ursprüngliche Doppelhaushälften-Bauherr habe während des Baus die Scheidung von seiner Frau erlitten, die Olkontrichs konnten ihn in dieser Zwangslage von über 350.000 auf 328.000 Euro herunterhandeln und sogar noch seine Förderung der WBK (Wohnungsbau-Kreditanstalt Berlin) »mitnehmen«.

Stolz berichtet Herr Olkontrich auch, dass seine Familie das Haus ohne jedes Eigenkapital gekauft und doch all die Jahre gehalten habe. Weil nun aber die Förderung der WBK (inzwischen IBB, Investitionsbank Berlin) auslaufe, brauche seine Familie den Verkaufserlös, um diese Schulden zu tilgen.

Was uns an der Schilderung erschreckt: Immer wieder haben wir es in gut zwei Jahren Immobiliensuche mit Häusern und Verkäufern zu tun gehabt, hinter denen in großen Buchstaben IBB oder WBK stand. Immer wieder haben wir Verkäufer erlebt, die Anfang der 80er Jahre mit hoher öffentlicher Förderung nach anscheinend völlig überteuerten Häusern oder Wohnungen gegriffen haben, die sie heute nur zu viel geringeren Preisen loswerden.

Oft, so schien es uns, haben Leute gebaut oder gekauft, die kaum Eigenkapital hatten. Oder die so wenig verdienten, dass sie zwar die IBB-Raten gerade noch zahlen konnten, nicht aber das Geld hatten, um etwas zu sparen und davon die Baukredite abzulösen. Und gerade in der vergangenen Woche sagte mir ein Miet-Nachbar, er wolle jetzt bauen, »mit 200.000 Euro, die krieg ich von der IBB 20 Jahre lang für zwei Prozent«. Ja, und danach?!

13, 15 oder 17 Jahre lang haben viele Käufer offensichtlich nur wenig von den Schulden abgetragen. Jetzt sind die Kinder aus dem Haus, manchmal ist der Ehemann (oder die Ehefrau) weg – aber die Schulden sind noch da, und das gebrauchte Haus ist weniger wert als einst das überteuerte neue.

Ich erinnere mich an einen Besuch bei Familie Schölterhöft, die in einer schönen Reihenhausanlage direkt an einem See wohnte und verkaufen wollte, 265.000 Euro für 130 Wohn-Quadratmeter in drei Etagen. Die IBB-Förderung könne übernommen werden, sagten sie. »Wie hoch ist die denn noch?«, wollte ich wissen, weil das für meine Finanzplanung natürlich interessant war. Erst nach reichlich Drucksen platzte es aus einer rot anlaufenden Frau Schölterhöft heraus: 350.000 Euro. Mindestens so viel muss das Reihenhaus also mal gekostet haben. Die 265.000 Euro waren uns zu teuer, und im Morgenpost-Anzeigenteil sahen wir das »Objekt« noch monatelang, zuletzt für 235.000 Euro. Arme Familie! Wurde denn damals zu hoch gefördert?

Was Experten dazu sagen:
Ja zur Förderung – und zum Sparen

Gleich zwei Experten äußern sich zum Bautagebuch: Frank Ferl und Gunter Spang aus der Abteilung Immobilien-Privatkunden der Investitionsbank Berlin. Ferl beginnt mit Tipps für Käufer und Bauherren, die das von Roland Oberheim erlebte Verkäuferschicksal nicht erleiden wollen. Ihre Antwort gilt leicht abgewandelt auch für andere Bundesländer, in denen die Förderkriterien anders ausfallen:

Wer für seinen Eigenheim-Neubau eine IBB-Förderung in Anspruch nimmt, darf auf keinen Fall die Laufzeiten der zinsverbilligten Darlehen (zwölf bis 20 Jahre) außer Acht lassen. Um danach die Restschuld von 40 bis 60 Prozent abtragen zu können, empfiehlt sich beizeiten der Abschluss von Anlageverträgen wie etwa eines Spar- oder Bausparvertrags.

Solches Sparen ist neben dem Wohnen in der eigenen Immobilie dringend anzuraten, denn schließlich ist das zinsgünstige Geld ja nur geliehenes, also fremdes Geld. Wichtig ist, dass sich der Bauherr das Sparen früh »antrainiert«. Das bedeutet auch, dass er in gewissen Lebensbereichen – etwa bei Urlaubsreisen – auf Jahre kürzer treten muss.

Um die Belastungen so gering wie möglich zu halten, sollte das Eigenkapital des Bauherrn zu Beginn 15 bis 20 Prozent der Gesamtkosten ausmachen.

Noch ein Wort zur Eigenheimzulage. Der Bauherr sollte es auf keinen Fall versäumen, sie in Anspruch zu nehmen. In einigen IBB-Förderklassen muss diese Zulage übrigens gleich zur erhöhten Tilgung des Förderdarlehens eingesetzt werden.

Experte Gunter Spang antwortet auf Oberheims kritische Gedanken zur Höhe der Förderung:

Ausgehend von der heutigen Situation in Berlin kann man nicht ohne weiteres auf die Lage von vor 18 Jahren zurückblicken. Zur Zeit ist die Situation in der Hauptstadt durch ein Überangebot, entspannte Wohnungsmarktlage, sinkende Grundstücks- und Baupreise, starke Konkurrenz, Eigenheimsiedlungen im Umland sowie Preisverfall und dergleichen gekennzeichnet. Deshalb muss die damalige Lage auch aus damaliger Sicht betrachtet werden.

Im Geschäftsbericht der Wohnungsbau-Kreditanstalt für 1981 werden die durchschnittlichen Gesamtkosten (Grundstück und Baukosten) bei 100 Quadratmetern Wohnfläche mit 277.785, also 2778 Euro je Quadratmeter Wohnfläche ausgewiesen.

Hiernach kann man schon rückblickend bei einem 308 Quadratmeter großen Grundstück mit 120 Quadratmetern Wohnfläche plus Keller in guter Lage die Frage »Zu hoch gefördert?« nicht stellen. Der Preis liegt im damaligen Durchschnitt: 2812 Euro pro Quadratmeter. Ein Bauen ohne Eigenkapital, wie von Herrn Olkontrich behauptet, wurde von der WBK/IBB weder damals noch heute zugelassen, und dies entspricht auch den gesetzlichen Vorgaben.

Übrigens ist eine Übernahme der IBB-Förderung nur bis zu zehn Jahre nach Bezugsfertigkeit möglich. Ansonsten wird die Rückzahlung verlangt.

Oberheims Einsichten

Die Antworten befriedigen mich nicht. Aus der Bauszene weiß ich inzwischen, dass ein Mehr an Förderung oft auch zum Anziehen von bestimmten Baupreisen führt. Je stärker in Berlin die öffentliche Förderung zugriff, desto mehr wurden von Baufirmen die Kriterien ganz exakt erfüllt und das Angebot wieder ein Stück teurer gemacht.

Problem ist zum Beispiel, dass bei der geschilderten Berliner Förderung eine sehr geringe Wohnquadratmeter-Zahl pro Kopf vorgegeben war. Wer dann aber 15 Jahre später ein 90-Quadratmeter-Haus mit zwei Kinderzimmern der Standardvorgabe acht Quadratmeter verkaufen will, wundert sich, dass so etwas plötzlich unverkäuflich ist, weil 125 Quadratmeter in fünf Zimmern für vier Köpfe Standard geworden sind.

Tagebuch, 16. Folge:
Immobiliensuche per Wurfzettel

»Haus taufn«

21. April: Noch gar nichts aufgeschrieben habe ich von meinen Bemühungen, mittels Wurfzetteln in meinem favorisierten Stadtteil zu Haus oder Grund zu kommen. Dazu stammelte mein zweijähriger Sohn ein paar Worte (»Haus taufn«, was natürlich »Haus kaufen« heißen soll), und ich schrieb dies wie auch unsere Immobilien-Wunschdaten auf ein farbiges Blatt, das zudem ein kopiertes Foto unseres Sohnes zierte. Nachdem ich Anfang April etwa 500 Zettel in Briefkästen unseres Stadtrandortes eingeworfen hatte, gab es schnell Resonanz.

Eine Frau, die ihren Namen nicht nennen wollte, machte uns auf ein Nachbarhaus aufmerksam. »Ich glaube, Frau X ist gestorben«, vermutete sie, wusste aber nichts Näheres. Immerhin: Danke für den Tipp.

Ein Mann stauchte zuerst unseren Anrufbeantworter zusammen und rief dann nochmals an. Nie würde er verkaufen, und woher wir das überhaupt wüssten, dass er jetzt das Haus erben soll, donnerte er. Es dauerte lange, bis ich ihm erklären konnte, dass ich alle Briefkästen vieler Straßen bedient hätte und gar nicht wüsste, wer er ist und wo er wohnt. Das werde er mir auch nicht sagen, donnerte er und legte auf.

Ein Mann war auf dem Wurfzettel über den Beruf meiner Frau gestolpert. Auch seine Frau sei Bibliothekarin, und es wäre doch schön, wenn auf diese Weise das Haus »in gute Hände« gegeben würde. Das salbungsvolle Gerede endete damit, dass er für ein 110-Quadratmeter-Haus auf 450 Quadratmetern Grundstück seinen Preis nannte: 480.000 Euro – keine 325.000 Euro hätten wir dafür gegeben.

Weiter gab es unter den Anrufern einige Ladenhüter – Häuser, die wir längst aus mehreren Makler-Exposés kannten. Wenn ich den Verkäufern deutlich machte, dass wir ihr Objekt schon kannten, endeten die Gespräche schnell und manchmal geradezu beleidigt von der Gegenseite aus.

Kurzum: Entweder war die angebotene Immobilie schon lange »am Markt«, weil überteuert oder mit Problemen versehen. Oder die Verkäufer wurden offensichtlich erst durch uns darauf gebracht, ihre vagen Verkaufsideen in die Realität umzusetzen – und die fingen dann natürlich nicht bei Ausverkaufspreisen an, sondern testeten bei uns, ob 400.000 Euro für eine Hundehütte noch akzeptabel oder doch ein ganz klein wenig zu viel waren.

Immerhin bekamen wir Kontakt zu vielen netten Menschen, und meine Frau wurde manchmal von Wildfremden angesprochen, die unseren Sohn vom Foto auf dem Wurfzettel wiedererkannten. Und eine Frau meldete sich: Sie hatte unsere Adresse gelesen, kurz nach 1945 hat sie selbst in unserer Wohnung gewohnt. Sie wolle mal zum Kaffeetrinken bei uns vorbeikommen, versprach sie.

Was der Experte dazu sagt:
Zettelaktionen? Null Chance

Welche Aussichten haben Zettelaktionen? Makler Alexander M. Rainoff, der ehemalige Vorsitzende des Verbandes Deutscher Makler (VDM), kennt solche an Bäumen wehenden Blätter, ihre Texte, Gesuche und Angebote. Er bewertet als Experte diesen Versuch Oberheims, zu einer Immobilie zu kommen:

Ehrlich gesagt: Wenn ich solche Zettel am Baum sehe, würde ich sie am liebsten abreißen. Und ich sage Ihnen auch warum: Wenn auf so einem Zettel eine Immobilie für 500.000 Euro angeboten wird, dann hat das für mich den Anschein von Unseriosität. Da soll ein teures Haus verkauft werden – auf einem Zettel, der gerade zehn Pfennig Fotokopierkosten gekostet hat. Das passt doch nicht zusammen.

Genauso ist es bei den Gesuchen. Hätte ich einen Zettel aus Oberheims Suchaktion erhalten, würde ich erst einmal denken, dass da ein Maklerkollege dahinter steckt. Oder ein privater Zuträger für einen Makler.

Im Grunde genommen hat Oberheims Aktion also nicht viel Sinn. Denn erstens liest nur ein verschwindend geringer Prozentsatz der Einwohner seines Wunsch-Ortsteils das Immobiliengesuch. Viele sehen den Zettel als Werbung an und werfen ihn sofort weg. Aufbewahren wird ihn auch niemand – welche 80-Jährige in ihrem eigenen Heim wird solch einen Wisch aufheben, damit ihre späteren Erben einmal gleich einen Hauskäufer an der Hand haben. Man sieht sofort: ein unsinniger Gedanke.

Aber dann haben sich bei Oberheim doch noch Leute gemeldet und ihm »Ladenhüter« angeboten, die er von Maklern schon kannte. Ich vermute, der vom Verkäufer gewünschte Verkaufspreis lag dabei immer zu hoch, und deshalb wird Oberheim wie alle anderen am Markt bei solch einem Anrufer auch nicht zugreifen. Oder der ihm genannte Preis eines neuen Objekts ist völlig unrealistisch (wie bei der Bibliothekarin).

An dieser Stelle kann ich Oberheim für seine Zettel nur danken, denn sie sind eigentlich fast eine Werbung für Makler: Genau dafür sind wir da, ein Immobiliengeschäft zwischen

Privat und Privat vorzubereiten, indem jede Seite von ihren Maximalpositionen herunterkommen muss – der Verkäufer von seiner unrealistischen Traumpreis-Idee, der Käufer von seiner »Für'n-Appel-und-'n-Ei«-Vorstellung. Was ich Oberheim (und anderen) sagen möchte: Immobilien sind viel zu teuer, um Superschnäppchen erwarten zu können. Wenn wirklich einmal Haus und Grund wie als Geschenk den Besitzer wechseln, hat das andere Hintergründe. Vielleicht wurde der Vererbende von dem Begünstigten jahrzehntelang gepflegt, oder es will jemand eine Immobilie schnell im Freundeskreis abstoßen – aber diese Information geht eben nur in den Freundeskreis und noch an ein paar weitere Bekannte. Bis zu Herrn Oberheim dringt sie nicht vor.

Und dass jemand allein wegen eines nett und persönlich gemachten Zettels so gerührt wäre, dass er sein Haus ganz billig hergibt – das gehört doch ins Märchenbuch!

Oberheims Einsichten

Der Experte hat Recht. Vergeuden Sie keine zehn Euro fürs Fotokopierpapier!

Tagebuch, 17. Folge:
Oberheim sucht und sucht und sucht...
Doppelhaus auf billigem Boden

23. April: Wieder ein neues Objekt, diesmal in der Achimsstraße in meinem Lieblingsstadtteil am Berliner Stadtrand. Eine Straße, in der ab 1975 viel gebaut wurde – und in der viele Ehen kaputtgehen. Bei diversen Besichtigungsterminen haben wir hier teils im Wochenabstand Häuser gesehen, die keinen Steinwurf voneinander entfernt lagen. Da hört man viel, und außerdem wohnen die Eltern unserer Babysitterin hier.

Kaum dass ich also beim neuen dortigen Angebot die Hausnummer 128 weiß, rufe ich bei unserer Babysitterin an und frage nach der 128. »Da wohnt der Herr Rybb, der ist wirklich nett.« Ist der etwa auch geschieden? »Ja, der auch.«

24. April: Achimsstraße 128, 10 Uhr, unser Treff mit dem Vertreter einer Baufirma. Auch der Makler wollte kommen, doch er erscheint nicht. Also sind wir mit dem Vertreter der Baufirma Sperchner und mit Eigentümer Rybb unter uns.

Der Mann von der Baufirma will uns eine Doppelhaushälfte schmackhaft machen. Baumaterial Blähton, das finden wir in Ordnung, und den Preis von 270.000 Euro für einen 110-Quadratmeter-Neubau auf 380 Quadratmetern Hinterlieger-Fläche auch.

Dabei ist der Quadratmeterpreis fürs Land aber so extrem günstig, dass ich den Eigentümer gleich danach frage. Ja, er habe auch von den 260 Euro in der Zeitungsanzeige gelesen, aber dafür verkaufe er absolut nicht. Der Bodenrichtwert liege hier ja immerhin bei 333 Euro.

Hintergrund der Zahl: Da habe der Makler mit seiner Ex-Frau telefoniert, die ihn zum Verkauf zwinge, weil sie ihn auszahlen soll. Aber sie sei eben nicht die Eigentümerin und habe beim Preis auch nicht das Sagen. Und das habe der Makler auch genau gewusst. Von dem Makler, der in dieser Sache engagiert ist, habe ich übrigens schon mehrfach gehört, dass man bei ihm häufiger einmal zu günstigen Preisen zuschlagen kann und dann doch »nachverhandeln« muss, wie man das wohl so nennt.

Ich denke, dass das Land beim Nachverhandeln vielleicht noch 10.000 bis 15.000 Euro teurer werden könnte. Zum geforderten Hauspreis von 270.000 Euro sage ich vorerst einmal mündlich zu – was dann schriftlich kommt, wird man sehen. Schließlich habe ich ja aus meinem geplatzten Notartermin gelernt, dass nicht immer alles so kommt, wie es beim ersten Gespräch den Anschein hat. Und festnageln kann mich niemand auf diese Zusage.

Was ich dem Sperchner-Mann aber gleich ganz klar sage: Ich will nur die nach Süden gelegene Doppelhaushälfte – und male mir schon aus, dass die Baufirma es sicherlich schwer haben dürfte, die andere Haushälfte mit Fenstern nach Norden loszuwerden. Wie viele Doppelhaus-Projekte habe ich an dieser Frage schon scheitern sehen...

Was der Experte dazu sagt:
Nordhaus oder Südhaus

Nordhaus, Südhaus, Doppelhaus – ist so ein Projekt wirklich so problematisch, wie Roland Oberheim meint? Als Experte zu dieser Tagebuchfolge äußert sich Anton Sanladerer, Fachwirt in der Grundstücks- und Wohnungswirtschaft und selbstständiger Makler (RDM) in Wilmersdorf. Er berät Bauherren und Projektentwickler:

Wenn die restlichen Kriterien stimmen, muss die mehr nach Norden tendierende Lage eines Doppelhauses gar nicht so gravierend sein. Aber Herr Oberheim liegt schon richtig, wenn er meint, dass die nach Norden gelegene Doppelhaushälfte die schwerer zu vermarktende ist.

Sicher findet das »Südhaus« zuerst einen Käufer. Aber schon vorher kommt es auf den Bauträger an, der das Doppelhaus errichtet. Wenn er das Grundstück flott einkauft und nach dem Südhaus-Verkauf meint, der Rest werde schon laufen, ist das kein richtiges Einkaufs-Marketing.

Besser ist es, so ein Grundstück beim Einkauf zweiteilig zu bewerten. Mag für das gen Süden gelegene Land der amtliche Bodenrichtwert gelten, so sollte man für die nördlichere Hälfte wegen ihrer Lage einen Abschlag vornehmen. Bei einem 100.000 Euro werten »Süd-Grundstück« für eine Doppelhaushälfte könnte ich mir die Nordlage mit zehn Prozent Abschlag vorstellen.

Aber wie gesagt: Wenn die Faktoren sonst stimmig sind, muss ein Nordhaus nicht problematisch sein. Da könnte es z.B. einen besseren Grundstückszuschnitt geben, weniger Bäume als im Süden. Und letztlich besteht ein Haus nicht allein aus Fenstern: Liegt die Terrasse nach Südwest, ist dies eine Ideallage für arbeitende Bewohner – wenn sie heimkehren, haben sie abends noch Sonne, die sich dann auf einer reinen Südterrasse nicht mehr blicken lässt.

Auch mit interessanten Außenanlagen stellt sich beim Nordhaus einiges anders dar. Oder mit Extras: Warum nicht den etwas geringeren Lichteinfall mit größeren Fenstern ausgleichen oder mit Dachflächenfenstern?

Aber es gibt ja auch Alternativen: Vielleicht lässt sich das Doppelhaus um 90 Grad drehen, und beide Terrassen schauen in dieselbe Himmelsrichtung, etwa nach Süden. Dann hat der eine die Morgensonne (Ost) und der andere die Abendsonne (West). Und den Norden mit weniger Licht teilen sich beide.

Von einer versetzten Bauweise, damit auch das Nordhaus Südsonne abbekommt, rate ich ab. Da blicken Sie immer auf irgendwelche Gebäudeteile des Nachbarn oder sogar in die Fenster – das kann eskalieren.

Eine wichtige Frage in Außenbezirken (wo Oberheim ja sucht) ist die Frage einer Hinterliegerbebauung. Sollte neben dem Doppelhaus ein Weg mit Geh-, Fahr- und Leitungsrecht liegen, wäre ich für eine gerechte Teilung dieser »Last«. Egal, ob dieser Weg an beiden Haushälften vorbeiführt und nur an einer, sollten Preis und Kosten des Weges von den Doppelhaus-Eignern geteilt werden.

Eins jedenfalls darf ein Bauträger nicht machen: das Südhaus künstlich überteuern und das Nordhaus 25.000 Euro billiger anbieten. Wer seinem Nord-Kunden schon so sehr einredet, dass er das »viel schlechtere« Objekt bekommt, macht ihn eher unsicher als kaufentschlossen.

Einen unschätzbaren Vorteil hat das Nordhaus: Da das Südhaus zuerst verkauft wird, hat man als Nordhaus-Käufer die Chance, seinen künftigen Nachbarn schon vor Vertragsabschluss kennen zu lernen. Die gute Position dieses zweiten Käufers ist auch, dass die Realisierung eines Doppelhausprojekts oft von ihm abhängt – vielleicht kann er bei seinen Preisverhandlungen dann noch etwas herausschlagen.

Manchmal, da liegt Oberheim auch richtig, platzen solche Projekte tatsächlich am zweiten Doppelhauspartner. Dies macht die Sache dann für den Südhaus-Käufer schwierig: In vielen Bauverträgen wird sich eine Rücktrittsklausel des Bauträgers finden, die dann greift, wenn kein zweiter Käufer zugreift.

Eine bessere Position hat der Südhaus-Käufer, wenn seine Baufirma zusichert, auch ohne zweiten Kaufvertragsabschluss gleich loszubauen. Dann aber muss die Firma natürlich den Bau der noch nicht verkauften zweiten Haushälfte vorfinanzieren.

Ein Tipp daher für Doppelhauskäufer: Legen Sie bei Ihrer Baufirma Baubeginn- und Fertigstellungstermin vertraglich fest – was aber oft mit der Formulierung »Fertigstellung x Monate nach Baugenehmigung« geschehen dürfte. Sichert man diesen Termin etwa per Baufertigstellungsgarantie ab, so greift diese jedoch erst dann, wenn der Bauvertrag wirksam wird, und das wiederum ist meist an den Erwerb des Grundstücks gekoppelt. Sie sehen, dass dabei mehrere Verträge oft ineinander greifen – das aber ist so komplex, dass man die einzelnen Fragen an dieser Stelle nicht ausführlich abhandeln kann.

Oberheims Einsichten

Ich habe lange nicht gedacht, dass der Experte bei seinem geringen Rabatt fürs Nordhaus Recht haben könnte. Aber für die Baufirma kommt es ja nicht darauf an, ein objektiv preiswürdiges Bauprojekt dem Markt zu präsentieren – sondern nur darauf, einen einzigen Dummen zu finden, der vielleicht nicht auf die ungünstige Nordhaus-Lage achtet und spontan zugreift.

Tagebuch, 18. Folge:
Ein eigenmächtiger Bauherr

Mal als Hecht im Teich der Hechte

30. April: War gerade im Büro der Baufirma Sperchner, die in der Achimsstraße ein Doppelhaus bauen will. Wie ich schon vermutete, war der Bodenpreis von 260 Euro je Quadratmeter kein realistisches Angebot. Der Makler hatte wirklich nur mit der Ex-Ehefrau des Eigentümers gesprochen, und da sie den Verkauf will, hat sie natürlich andere, schneller realisierbare Preisideen als er. Der Verkäufer, Herr Rybb, soll inzwischen richtig wütend über den Preis sein, der in der Zeitungsanzeige steht.

Also: Damit bleibt auch der Haushälften-Preis von 270.000 Euro nur ein Traum. Ungefragt biete ich deshalb bei meinem Besuch im Sperchner-Büro 280.000 Euro. Ich will damit der Planung eine Chance verschaffen, vielleicht doch realisiert zu werden. Denn, ehrlich gesagt, immer wieder nervt meine Frau und mich das Immobilienanzeigen-Studium Wochenende für Wochenende. Immer wieder hat man Hoffnung, fällt wieder zurück, dann gibt's neue Hoffnung und wieder Rückschläge, dann ändert man seine Wunschkriterien, hat Hoffnung, verändert die Kriterien wieder usw. usw.

2. Mai: Ich rufe einfach mal Herrn Rybb direkt an. Wir sind einander sympathisch, das haben wir schon vor einer Woche bei der ersten Grundstücksbesichtigung gemerkt. Aber letztlich stehen wir doch in gegnerischen Lagern. Er will teuer verkaufen, ich möglichst günstig kaufen.

Rybb erzählt mir, sein Nachbar, ein gut verdienender Steuerberater, würde von dem zu verkaufenden Doppelhausgrundstück gern 180 Quadratmeter abzwacken, um seinen Garten zu vergrößern. Warum dann nicht gleich 250, schlage ich vor, dann ist ein genau 500 Quadratmeter großes Grundstück doch als gute und noch bezahlbare Größe für ein Einzelhaus denkbar.

Nach diesem Telefonat mit Rybb frage ich mich, was ich jetzt machen soll. Den Steuerberater anrufen, um ihm selbst die 250 Quadratmeter vorzuschlagen? Die Baufirma Sperchner anrufen, weil ich das Angebot doch von denen bekommen hatte? Wie loyal muss ich mich jetzt wem gegenüber verhalten? Oder darf ich in diesem Teich der Hechte auch selber mal Hecht spielen, indem ich vielleicht allein mit Rybb über einen Kauf verhandele? Ohne vorherige Abstimmung mit der Baufirma – und ohne ein Hausprojekt von denen?

3. Mai: Ich denke intensiv über die letzte Frage nach. Sicher müsste ich die Maklercourtage zahlen, denn es lässt sich ja nachweisen, dass ich über die Baufirma von dem Angebot erfahren habe. Und die hat's von dem Makler.

Ich greife nach meiner Fertighaus-Mappe, wo ich mein Lieblingsmodell von Turdel-Haus wiederfinde. Ich rufe im Bezirks-Bauamt an und frage nach all den Stichworten, an die man bei einer Hinterlieger-Bebauung denken muss. »Sind Sie nicht der Mann, der vor kurzem schon mehrmals angerufen hat? Warum überlassen Sie das nicht Ihrem Architekten?! Dafür sind die doch da.«

Also rufe ich spontan bei Turdel-Haus an und bitte um einige – und verbindliche(!) – Auskunft, ob deren Haustyp »Shilton 134-VF« in der Achimsstraße realisiert werden könnte.

Da gibt es garantiert kein Problem, meint eine Turdel-Ingenieurin. Auch die Hinterlieger-Regeln etwa zum Drempel des Hauses (die Höhe, in der im Obergeschoss die

Dachschrägen beginnen) sei kein Problem: »Shilton 134-VF ist immer als einstöckig anerkannt worden.« Der Drempel soll bei diesem Haustyp genau 75 Zentimeter betragen, während das Berliner Baurecht bei Hinterliegern eigentlich »null« und maximal 50 Zentimeter vorschreibt (siehe oben Folge 10).

Ich nenne der Ingenieurin gleich eine Ansprechpartnerin im Bauamt. Ohne eine positive Nachricht würde ich bei dem Grundstück nicht zugreifen, sage ich – und damit auch nicht bei Turdel-Haus.

Zwei Stunden später ruft die Turdel-Ingenieurin zurück. Es tue ihr Leid, ich hätte Recht mit dem Drempel – mein Wunschhaus darf dort als Hinterlieger-Haus nicht gebaut werden. Ich rufe umgehend Herrn Rybb an und sage ab: »Dann noch viel Glück beim Verkauf!« – »Und Ihnen beim Suchen!« sagt er.

Was der Experte dazu sagt:
Die Grenzen der Laien-Recherche

Als Experte hat sich der Berliner Architekt Ullrich Gümbel mit der Bautagebuchfolge beschäftigt und vor allem mit der Frage, wie Grundstück und Wunschhaus zusammenkommen:

Beim Telefonat mit dem Bauamt hat Roland Oberheim etwas zu hören bekommen, das ihm zeigt, wo die Grenzen dessen liegen, was ein Privatmann und Baulaie noch herausfinden kann.

Sicher kann Oberheim herumtelefonieren und recherchieren, aber irgendwann werden ihm in der Fachwelt des Bauens Begriffe um die Ohren fliegen, für die er keine Bilder mehr hat. Er versteht sie nicht mehr oder versteht sie falsch – und davon soll er seine Entscheidung abhängig machen, ein Grundstück zu kaufen?

So sehr es ihn ehrt, alles selber machen zu wollen: Alles kann er nicht selbst herausfinden, dazu fehlt ihm einfach die Fachkompetenz. Er mag ja noch die Wasserwerke anrufen (Grundwasserstand), den Naturschutz (Bäume fällen, Ersatz pflanzen), bei der Stadtplanung nach Grenzabständen fragen, mit Nachbarn sprechen und sich beim Katasteramt eine Flurkarte besorgen – aber wenn die Verbindlichkeit von Auskünften gefragt ist, wird Oberheim an einem Architekten nicht vorbeikommen. Der kann den Bebauungsplan lesen und in der Bauverwaltung entscheidende Fragen stellen. Wo es um die Bebauung des Grundstücks geht, sollte Oberheim zum Architekten gehen. Der sagt ihm, was zweifelhaft ist und wo er besser eine Bauvoranfrage ans Bauamt stellen sollte.

Oberheim scheut diese Kosten, scheint mir – und da geht es ihm wie vielen anderen. Dabei kann er einen Architekten schon für eine Aufwandsentschädigung von 38 bis 80 Euro pro Stunde engagieren. Eine Bauvoranfrage ist teurer, je nach Aufwand kann sie inklusive Vorentwurf 2500 Euro und mehr Architektenhonorar kosten.

Zumindest ohne die ersten Kosten der Grundstücksrecherche wird Oberheim aber nicht weiterkommen. Oder er greift zu und bezahlt vielleicht sehr viel mehr – im konkreten Fall sicher mehr als 100.000 Euro für ein Grundstück, das für »sein« Wunschhaus ungeeignet sein könnte. Man stelle sich vor, die Ingenieurin jener Baufirma hätte ihm am Telefon gesagt: »Alles in Ordnung, Sie können Ihr Wunschhaus mit uns dort bauen.« Nur ein Architekt als »treuhänderischer Sachwalter« des Bauherrn hätte ihm an dieser Stelle eine verbindliche Auskunft geben können.

Grundstücksrecherchen enden nicht immer positiv und erfolgreich, wie Oberheim in den vorangegangenen Folgen seines Tagebuchs ja schon erfahren musste. Und manchmal ist es auch an uns Architekten, Immobilienträume zerstören zu müssen – wenn ein Grundstück für ein bestimmtes Hausbau-Vorhaben nicht taugt oder wenn der geplante Haustyp vielleicht viel teurer werden dürfte, als der Bauherr sich das vorstellt und der Hochglanzkatalog des Anbieters es verspricht.

Und vielleicht auch muss der suchende Bauherr für eine erste Besichtigung und Beratung 150 bis 200 Euro in den Architekten investieren – um damit kräftig zu sparen. Denn gegenüber den Verlusten, die er mit einem nutzlos erworbenen Grundstück erleidet, sind das dann wirklich nur »ein paar Euro«.

Oberheims Einsichten

Schade, dass ich bei diesem Grundstück nicht mehrere Hausmodelle verschiedener Firmen parat hatte. Das wärs vielleicht gewesen.

Übrigens hat später der Steuerberater das ganze Grundstück gekauft. Er soll es als Geldanlage betrachtet haben, hieß es.

Tagebuch, 19. Folge: Zwangsversteigerung

Heime unterm Hammer

9. Mai: Aus dem Doppelhausprojekt in der Achimsstraße wird wohl nichts. Ein Käufer für die unattraktivere Hälfte scheint sich nicht zu finden, sonst hätte die Baufirma Sperchner sich längst wieder gemeldet. Was kann ich jetzt noch tun, wo habe ich noch nicht gesucht?

10. Mai: Aus einem Besuch in einem der Berliner Amtsgerichte weiß ich, dass dort die Zwangsversteigerungen für meinen Favoriten-Stadtteil stattfinden. Ich sehe mir auf dem Gerichtsflur die Terminsaushänge an und schreibe mir fünf Aktenzeichen und Adressen von Zwangsversteigerungsobjekten auf. Solch ein Haus, lastenfrei und ohne Nebenkosten ersteigert – das wäre ein Schnäppchen.

Schnell komme ich in das Zimmer, in dem die Gutachten zu den jeweiligen »Objekten« verwaltet werden. Gutachten darf jeder dort lesen, sogar Fotos sind in den Akten.

Doch lange lese ich nicht. Wie schon bei einem ersten Versuch vor Monaten finde ich vor allem Ladenhüter, die zwangsweise einen Käufer finden sollen. Entweder ist es ein Zweifamilien-Fertighaus mit tollen 180 Quadratmetern Wohnfläche, doch die 80 Quadratmeter im Obergeschoss sind vermietet. Trotzdem soll das Ding einen Schätzwert von 750.000 Euro haben?!

Oder es sind Häuser, deren Eigentümer nicht nur unter Schulden leiden, sondern die das Wort »Renovieren« wohl nie kennen gelernt haben – wie denn auch, schließlich fehlte ihnen ja schon das Geld, um die Finanzierung zu bedienen! Oder das Haus liegt an einer Hauptverkehrsstraße und war deshalb schon zu Beginn der Finanzkrise durch keinen Makler und zu keinem Preis zu verkaufen.

Manch Objekt erkenne ich wieder – und staune über den »Verkehrswert«, auf den der Gutachter kam. Da ist etwa jenes Haus mit Gartenanschluss an S-Bahn und Hauptdurchgangsstraße, das am Anfang meiner Immobiliensuche vom Makler für 225.000 Euro inseriert worden war. Vermittelt hat er es wohl nicht, denn jetzt liegt die Akte hier im Zwangsversteigerungs-Regal – mit erstaunlichen 325.000 Euro Verkehrswert. Obwohl der Gutachter die kritische Lage deutlich berücksichtigt und sogar noch einen Abschlag wegen »Marktlage/Nachfrage« gemacht hat, kam er auf diesen utopischen Preis.

Kritische Worte kann man in den Gutachten meist zwischen den Zeilen lesen. Was die Sachverständigen natürlich nicht schreiben können, ist, dass Zwangsversteigerungen oft so lange dauern, dass die von ihnen ermittelten Verkehrswerte dann schon zwei bis drei Jahre alt sind – und damit noch unrealistischer.

Ich gebe die Akten zurück. Ein Rechtspfleger hat ausnahmsweise ein paar Minuten Zeit zum Plaudern und berichtet auf meine Frage, dass es für das 325.000-Euro-Objekt schon eine Reihe von Versteigerungsversuchen gegeben hat. Alle erfolglos.

Aus seiner Erfahrung als Rechtspfleger – denn die seien für die Zwangsversteigerungen zuständig – bestätigt er mein resignierendes Abwinken. »Ach, wissen Sie, es wäre schön, wenn unsere Zwangsversteigerungen mal wieder einen wirklichen Versteigerungs-Charakter hätten. Dass sich hier mehrere Parteien für ein Objekt interessieren und in der Bieterstunde den Preis nach oben treiben, habe ich in den vergangenen Jahren nur ein einziges Mal erlebt. Und da haben fünf Bietparteien gerade mal 60 Prozent des Verkehrswertes erreicht...«

Was der Experte dazu sagt:
Schnäppchen? Meist nicht!

Als Experte zum Thema Zwangsversteigerung äußert sich ein Fachmann, der damit täglich zu tun hat: Manfred Schwiethal bearbeitet als Rechtspfleger beim Amtsgericht Berlin-Charlottenburg Zwangsversteigerungen:

Die Meinung meines von Oberheim zitierten Kollegen kann ich nicht ganz teilen. Aber ob ein »wirklicher Versteigerungs-Charakter« anzutreffen ist, das mag auch von Amtsgericht zu Amtsgericht unterschiedlich sein. Oder von den zu versteigernden Objekten: Bei uns sind es vor allem Mietshäuser und Eigentumswohnungen, in Außenbezirken dagegen oft Einfamilienhäuser oder auch Baugrundstücke.

Roland Oberheim kritisiert die Gutachten kräftig, aber auch das deckt sich nicht mit meinen Erkenntnissen. Dazu eine Charlottenburger Zahl: Bei den hier zwangsversteigerten Objekten (etwa 200 im Jahr) wurden Erlöse erzielt, die im Schnitt 97,49 Prozent des ermittelten Verkehrswerts ausmachten. Die Sachverständigen haben damit den wahren Wert, den Verkehrswert, also doch ziemlich genau getroffen.

Richtig ist aber, und das sollten Interessenten an Zwangsversteigerungen bedenken, dass das Gutachtenalter unterschiedlich ist. Bis zu einem »ersten Termin« ist das Gutachten meist acht bis zehn Monate alt, und wenn sich ein Verfahren länger hinzieht, kann es auch schon mal zwei, drei Jahre alt sein. Deshalb: Der zu einem bestimmten Zeitpunkt ermittelte – und für das Verfahren per Beschluss festgestellte – Verkehrswert sollte für Erwerber immer nur als Anhaltspunkt dienen.

Viel wichtiger ist es, dass man sich nach dem Studium des Gutachtens vor Ort einen Eindruck verschafft. Oft wird ein von der Zwangsversteigerung Betroffener einen Interessenten nicht in sein Haus lassen – aber trotzdem sollte das den Versuch wert sein, einmal an der Haustür zu klingeln.

Ebenfalls versuchen sollte man, mit den Gläubigern in Verbindung zu treten – um auszuloten, zu welchem Preis ein Objekt »weggehen« könnte. Die Adresse der Bank findet man in den zur Einsicht bereitliegenden Akten. Und gezielte Fragen zum Verfahrensgang können Rechtspfleger beantworten, auch noch im Versteigerungstermin selbst.

Was Oberheim und andere vor einer Zwangsversteigerung auch an Vorbereitung treffen sollten: Zum Termin muss man eine Sicherheitsleistung von zehn Prozent des Verkehrswerts mitbringen – in bar, als landeszentralbank-bestätigten Scheck, als Verrechnungsscheck oder als Bürgschaft eines Kreditinstituts.

Mit dem Zuschlag übrigens erwirbt man nicht in jedem Fall eine lastenfreie Immobilie, da irrt Herr Oberheim. Aber die genauen Umstände des einzelnen Objekts erfährt der Bieter in der »Bieterstunde« – die inzwischen nur noch 30 Minuten lang sein muss und im Fall vieler Gebote sehr viel länger sein kann.

Oberheim betont das Wort »Schnäppchen« sehr, aber dass er hier billigst zum Ziel kommt, möchte ich bezweifeln. Eine Zwangsversteigerung ist immer ein Kräftespiel zwischen Gläubiger(n) und Interessenten – keine Bank würde es zulassen, dass ein 400.000-Euro-Haus für 100.000 Euro zugeschlagen wird.

Letztlich bleibt der »betreibende Gläubiger« bis zur Verkündung des Zuschlags Herr des Verfahrens. Und schließlich dienen Zwangsversteigerungen nicht dazu, wie in einem Basar Immobilien umzuschlagen, sondern dazu, einem Schuldner Vermögen zu entziehen und einen Gläubiger zu befriedigen.

Und mit genau dieser Beschreibung muss ich auch auf Oberheims Kritik an der langen Verfahrensdauer antworten: Die Tragweite einer Immobilienzwangsversteigerung ist so weit reichend wie der Verkauf vor einem Notar, und deshalb kann und darf sie nicht im Eiltempo erledigt werden. Denn: Mit dem verkündeten Zuschlagsbeschluss ist das Eigentum an der Immobilie definitiv auf den Ersteigerer übergegangen.

Ganz schnell ein Schnäppchen im Amtsgericht – damit sollte man nicht rechnen. Am ehesten gelingt dies zurzeit noch bei sehr kleinen Eigentumswohnungen. Als Schnäppchenjäger sehe ich dabei aber nicht so sehr die wohnungssuchende Familie, sondern eher gut informierte Interessenten, die den Markt genau kennen.

Bei entsprechender Vorbereitung aber könnte auch Roland Oberheim da mithalten, wenn er sich eine finanzielle Grenze nach seinen eigenen Möglichkeiten und der allgemeinen Marktlage setzt – und die dann auch einhält.

Oberheims Einsichten

Heute würde ich diesen Weg nur einschlagen, wenn ich von vornherein viel Zeit habe und nicht »von jetzt auf gleich« eine Behausung suche. Freunde haben fast ein Jahr gebraucht, um ein spottbilliges Versteigerungsgrundstück (50 Prozent unter Richtwert) zu ersteigern. Bis alle Einsprüche, Widersprüche, Bescheide und Eingaben abgehandelt waren, sank der Richtwert um knapp zehn Prozent.

Tagebuch, 20. Folge:
Traumhaus, sieben Zimmer – aber Altbau
Ein unverhofftes Kaufangebot

13. Mai: Es sollte ein richtig netter Tag werden, der dritte Geburtstag meines Sohnes Kevin – doch ein Nachbar hat ihn uns vermasselt, ohne dass er etwas dafür konnte.

Da klingelt also Herr Nohr an unserer Tür, als wir gerade beim Kuchenbacken sind. Ob wir die Leute mit dem Wurfzettel gewesen seien, er hätte ein Haus anzubieten. Wir starten gleich eine Besichtigung, fast gegenüber in unserer Straße, direkt am Hang. Ein weißes Traumhaus, wie von einer Mittelmeer-Postkarte.

Innendrin aber sieht es nach viel Arbeit aus. Wie viel Arbeit genau? Das zu beurteilen, trauen wir uns nicht zu. Mein Schwiegervater, der uns schon einige Male beraten hat, ist weit weg. Aber irgendwie haben meine Frau und ich das Gefühl, dass nach langer Suche die Zeit jetzt irgendwie reif ist, entweder für diesen attraktiven, aber arbeitsintensiven Altbau oder für einen Neubau.

Ich trete – wie schon lange geplant – dem »Bauherrenverein e.V.« bei, einer Verbraucherschutzorganisation, bei der man sich in Sachen Kauf oder Bau beraten lassen kann. Ja, sagt mir eine Frau dort am Telefon, »bei uns gibt es auch Spezialisten für Altbau-Bewertung«. Eine Stunde Erstgespräch habe ich frei, die möchte ich gleich im Haus von Nachbar Nohr nehmen. Umgehend vereinbare ich mit einem Bauherrenberater namens Vaujack einen Termin um 8.30 Uhr für den nächsten Morgen.

14. Mai: Herr Vaujack ist ein Architekt und Bauingenieur, der auf meine unsichere Frage nach seiner Altbau-Qualifikation erzählt, dass er schon vor Jahrzehnten seine Diplomarbeit über Altbausanierung geschrieben hat. Das 1939 gebaute Haus unseres Nachbarn findet er offensichtlich so interessant, dass er ständig schwärmt, über Bausubstanz und alte Handwerkstechnik.

Ein nass wirkender Fleck an der Wand soll von einem Einschuss aus dem Krieg herrühren. Vaujack zweifelt vernehmlich, hält ein Messgerät an die Wand – und bescheinigt dann doch: »Tatsächlich. Keine Nässe in der Wand.«

Wir untersuchen den knarrenden Holzfußboden und klettern dazu durch eine seit Jahren nicht mehr geöffnete Luke unter das Haus. Statt des erwarteten modrigen Geruchs strömt uns frische Luft entgegen, und Vaujack schwärmt erneut über altes Handwerk.

Seine überschwänglichen Worte im Ohr, beginne ich gleich, mit Herrn Nohr über den Preis zu verhandeln. Für gut 900 Quadratmeter Hanglage, ein Haus mit sieben Zimmern und 148 Quadratmeter Wohnfläche kommen wir uns bei rund 350.000 Euro etwas näher. Eine Woche Bedenkzeit lässt mir Herr Nohr, danach will er das Haus »einem Makler geben«.

Das Nachgespräch mit Vaujack aber verläuft ganz anders als gedacht. »Kostet ein Heidengeld«, sagt er und kommt überschlägig auf 100.000 Euro Sanierungskosten. Wieso so viel?

Jedes Zitat der Nohrs zerpflückt der Bauherrenvereins-Experte: »Keine kalten Füße? Lächerlich! Haben Sie die vielen Schichten von Teppichen bemerkt, als wir den Holzfußboden freigelegt haben? Wer legt die hin, wenn er nicht friert?!«

Die Elektrik aus den 30er Jahren sehe ich kritisch. Vaujack dagegen: »Wenn jemand Reihen von Schuhkartons vor dem Sicherungskasten stapelt, heißt das, dass er an den

Bild 3: »Ein Altbau hat was« – außer Flair und Atmosphäre kann dies aber auch ein ungünstiger Zimmerzuschnitt längst vergangener Wohnansprüche, eine überforderte Elektrik oder eine renovierungsbedürftige Fassade sein.

Kasten nicht oft heran muss. Fliegen ständig die Sicherungen raus, verbarrikadiert man den Zugang nicht so.«

Als Vaujack nach gut zwei Stunden wegfährt, sind wir entschlossen, das Haus der Nohrs nicht zu kaufen. Denn einen alten Bau zu sanieren, dazu muss man sich auch in der Lage fühlen: Sanierung anleiern, koordinieren, verhandeln usw. Außerdem würden wir neben Heizung, Fußboden, Elektrik und neuem Bad noch viele andere Mängel sofort anpacken. 350.000 Euro Kaufpreis plus rund 150.000 Euro für die Sanierung, das ist für uns eine Nummer zu groß.

Was der Experte dazu sagt:
Ein Haus erzählt selbst, wie es ihm geht

An welchen Stellen erzählen die Bewohner und ihre Einrichtung ganz ungewollt, was mit ihrem Haus los ist? Zur Tagebuchfolge äußert sich der Beratende Ingenieur für Bauwesen und öffentlich bestellte und vereidigte Sachverständige Wilfried Mollenhauer aus Kleinmachnow, der auch Präsident der Brandenburgischen Ingenieurkammer ist:

Herr Vaujack hat ein gutes Auge, und sicher wird er noch mehr Schwachstellen des Hauses gesehen haben, als er in dem kurzen Nachgespräch mit Familie Oberheim aufzählen konnte.

Zu Vaujacks Vorgehen: Wer ein altes Haus untersuchen will, sollte dafür eine Checkliste im Kopf haben. Meine geht von außen nach innen, vom Gröberen zum Feineren – damit man nichts vergisst.

Aber ich orientiere mich hier der Kürze halber nur an der gestellten Expertenfrage, wo das Haus selbst seine Schwachstellen verrät. Fangen wir außen beim Dach an.

Nehmen Sie ein Fernglas mit, wenn Sie keine Leiter haben, um sich bei trockenem Wetter die Dachrinne anzusehen – und die neue Dacheindeckung. Manchmal sind die alten Ziegel einfach nur neu beschichtet, damit man ihnen ihr Alter nicht ansieht. Aber – und das gilt für so manchen meiner Tipps – für einen Laien ist dies sicher nicht leicht erkennbar.

Was jeder aber selber machen kann, um Luftdichtigkeit zu prüfen: Öffnen Sie ein Fenster von innen und klemmen Sie ein Blatt Papier ein. Lässt es sich nach dem Schließen herausziehen, ohne zu zerreißen, haben Sie im nächsten Winter mit Sicherheit ein Problem.

Ein alter Trick ist, ein halbes Jahr vor dem geplanten Verkauf Risse in der Außenwand mit einer Beschichtung zu verdecken. Bei der Besichtigung sieht dies dann schon älter aus. Unbedenklich sind übrigens nur Risse unter 0,2 Millimetern Breite.

Gehen wir ins Haus. Und nehmen Sie auf dem Spitzboden ein Taschenmesser in die Hand. Stechen Sie kräftig in einen Holzbalken. »Brummt« er, wie festes Holz sich anhört, ist das Holz in Ordnung. Klingt es weich, sind Sie mit dem Messer schon in den Bereich des Schädlingsbefalls vorgestoßen. Sehen Sie sich dann mal das Dachfenster an, dies ist meist der Einfallsort für tierische Schädlinge.

Sehen Sie dort auf dem Fußboden gelbe oder braune Späne, haben Sie mit Sicherheit Pochkäfer (Holzwürmer) als Untermieter. Anders herum gesehen: Ist der Fußboden im Spitzboden absolut sauber und ohne jede Staubschicht, dann hat der Eigentümer gesaugt – und wer macht das schon in seiner hintersten Abstellkammer?! Vorsicht also auch dann!

Genauso sollten Sie reagieren, wenn z. B. der Keller halbleer steht, der Spitzboden dagegen vollgestellt ist. Vielleicht sollen unterm Dach Nässeflecke und Tropfstellen versteckt werden.

Das Dachgeschoss ist neu tapeziert oder neu gestrichen, das Erdgeschoss dagegen nicht? Vielleicht deutet dies darauf hin, dass der Verkäufer Risse an den Anschlussstellen von Wand, Giebel und Schräge gesehen hat.

Der Keller ist nur teilweise frisch gestrichen? Oder manche Ecken sind durch Schränke, Regale und Vorhänge unzugänglich? Dann könnte es sein, dass dort Erdfeuchte eingedrungen ist und der Vorbesitzer auch davon weiß. Besonders dort, wo draußen die Fallrohre das Regenwasser ableiten, sollten Sie drinnen im Haus nach Durchfeuchtung suchen.

Aber denken Sie an eins: Auch wenn ich hier einige Tricks und Kniffe erläutert habe, sollte man sich überlegen, einen Experten zur Besichtigung zuzuziehen. Denn der Kauf eines Hauses ist die größte Investition Ihres Lebens – und dann sollte man 500 bis 750 Euro Extrakosten für einen Gutachter wirklich nicht scheuen.

Oberheims Einsichten

Später habe ich noch andere Argumente pro Altbau für mich entdeckt: Die Renovierung und Sanierung bedeutet gegenüber dem Neubau doch einen kürzeren Stress-Zeitraum, in dem dann allerdings auf die Baufamilie in dann auch kürzerer Zeit alle Entscheidungen (welche neuen Fliesen, Fußboden noch aufarbeiten, Dach gleich auch mitmachen, neue Dämmung?) zukommen.

Und der Charme von Altbauten (vor dem Zweiten Weltkrieg) ist auch nicht zu verachten. Oder – der Mittelweg – man entscheidet sich für ein relativ modernes Gebäude, das noch keine fünf bis zehn Jahre alt ist.

Aber diese Entscheidung muss jeder mit sich selbst ausmachen, und vielleicht fällt sie für denselben Menschen drei Jahre später auch ganz anders aus.

Ein anderes Thema, das erst lange nach diesen Ereignissen aktuell wurde und das noch einige Jahre gültig und brisant bleiben wird: Dass in Nohrs Haus die Heizung weit vor Herbst 1978 eingebaut worden sein muss, konnte man sehen. Jenes Datum aber ist Stichtag für eine Regelung aus der Energieeinsparverordnung (EnEV), die seit 1. Februar 2002 gilt. Dieses Gesetz betrifft zwar vor allem den Neubaubereich und hat kaum unmittelbare Folgen für einen Altbau, denn Nachrüstpflichten für kleinere Gebäude sind eigentlich nicht vorgesehen.

Außer in einem Punkt: Wer wie Herr Nohr sein Einfamilienhaus samt so altem Heizkessel verkaufen will, muss es energietechnisch auf heutigen EnEV-Stand bringen. Jedenfalls löst der Verkauf eine Regel der EnEV aus, an deren Ende Sanierungsfristen stehen. Zuständig für die Heizungssanierung ist der Käufer. Um Streitfälle auszuräumen, sollte diese Frage vielleicht sogar im notariellen Kaufvertrag geregelt werden.

Generell müssen laut EnEV alle Heizkessel, die nicht Niedertemperatur- oder Brennwertgeräte sind und die vor Oktober 1978 eingebaut oder aufgestellt wurden, bis Ende 2006 ersetzt werden. Ist nach Oktober 1996 ein Brennertausch vorgenommen worden, verlängert sich diese Frist um zwei Jahre. Allerdings nur dann, wenn durch diese Erneuerung die zulässigen Abgasverlustgrenzwerte eingehalten werden. Sonst gilt wieder das Limit Ende 2006.

Dies ist der Standard, der aber »Wohngebäude mit nicht mehr als zwei Wohnungen, von denen ... eine der Eigentümer selbst bewohnt«, nicht betrifft. Dort greift die Sanierungspflicht nur, wenn die Immobilie den Eigner wechselt. Und dann gelten andere Termine: Geht ein Haus mit solch einer alten Heizung seit Februar 2002 auf einen neuen Eigentümer über – egal ob durch Kauf, Erbe, Schenkung oder anderes –, so greift Absatz 4 des EnEV-Paragrafen 9. Danach muss das Gebäude spätestens zwei Jahre nach dem Eigentumswechsel eine moderne Heizanlage haben. Kleine Einschränkung des Gesetzgebers: Diese Frist läuft nicht vor dem 31. Dezember 2006 ab, und bei der nach 1996 sanierten Heizung verlängert sich der Termin auf Ende 2008.

Wer hingegen eine alte Nachtspeicherheizung hat, bekommt diese Probleme nicht, denn er nimmt ja nur den Strom entgegen und hat keinen Heizkessel im Haus. Dafür sind aber beim Heizen mit Strom (speziell im Neubau) in der EnEV andere, stark erhöhte Dämm-Auflagen geschaffen worden.

Aber eine Dämmungs-Neuregel enthält auch der Paragraf 9: »Nicht begehbare, aber zugängliche« oberste Geschossdecken beheizter Räume sind bis Ende 2006 so zu dämmen, »dass der Wärmedurchgangskoeffizient der Geschossdecke 0,30 Watt/m2-K nicht überschreitet«. Diese technisch komplizierte Bedingung, habe ich mir sagen lassen, übersetzen Fachleute mit: Dämmung von zehn bis zwölf Zentimetern Dicke. Nach Mitteilung des Bundesbauministeriums gilt die Nachrüstpflicht übrigens auch für ungedämmte Rohrleitungen, auch wenn das nicht wörtlich in der Verordnung steht.

Wer überwacht die Einhaltung der Sanierungspflicht? Die Verordnung sagt dazu nichts. Es ist jeweils der Landesgesetzgeber zuständig. Beim Berliner Bausenator setzt man darauf, dass der Schornsteinfeger aus den »Stammdaten« der Heizung deren Alter abliest, wenn er seine jährlichen Messungen absolviert. Ob allerdings ein Eigentümerwechsel stattgefunden hat und eine Sanierungspflicht besteht, das fällt nicht in seinen Prüfbereich. Diese Lücke im System kennen auch die Verwaltungsexperten.

Tagebuch, 21. Folge:
Wie liest man ein Sonderangebot?

Nur 299.922 Euro, sagt der Prospekt...

20. Mai: Eine halbe Million Euro für Kaufpreis und Sanierung sind uns zu teuer für den Nohr-Altbau. Was wir nach zweieinhalb Jahren Suche durch diese Erfahrung nun endgültig wissen: Für uns muss es ein Neubau sein.

Also lese ich am Wochenende wieder Morgenpost-Immobilienanzeigen. Während ich beim dritten Makleranruf das Tuten in der Leitung abwarte, kritzele ich in den Ecken einer Anzeige herum. Die hätte ich fast übersehen: »Stadtrand, Seenähe« – unser Stadtteil, genau unser Fall. Ich rufe beim Inserenten, einer Firma MirXbau an, »das Exposé wird Ihnen zugeschickt«.

23. Mai: Das Exposé ist da. Es ist der Planweg 55, von dem wir schon mal ein Angebot hatten – der projektierte Doppelhaus-Betonbau auf dem vorderen Grundstück plus Einfamilienhaus hinten hat sich demnach wohl nicht verkauft. Nun soll vorn eine Stadtvilla mit drei Eigentumswohnungen errichtet werden – und ein Einfamilienhaus hinten auf 509 Quadratmeter Land à 300 Euro, das also 152.700 Euro kosten soll. Mehr als 40 Meter von der Straße entfernt, mit einem MirXbau-Haus drauf, das ich aus deren Typenhaus-Katalog auswählen darf. Das kleinste Modell ist ein Sonderangebot: 147.222 Euro inkl. Keller und Dachgaube. Samt Land also ein Haus für 299.922 Euro – klingt doch günstig.

Insgesamt sind es zwar nur 114 Quadratmeter Wohnfläche, aber die drei Zimmer im Obergeschoss haben je zwölf bis 14 Quadratmeter Fläche. Wenigstens kein Kinderzimmer unter zehn Quadratmetern, wie wir es schon so oft gesehen haben. In der beiliegenden »Leistungsbeschreibung« lese ich, dass das Baumaterial Poroton ist. Massiv gebaut mit Ziegeln also.

Dass wir das Grundstück schon kennen, ist jetzt ein Zeitvorteil. Es liegt direkt an der Stadtgrenze, am einstigen DDR-Grenzstreifen, der dort nur teilweise bebaut ist.

Von MirXbau-Verkaufsleiter Altfrank will ich noch ein paar Dinge wissen. Preise von Extras, die meine Frau und ich gern hätten. Einen 25 Quadratmeter großen Kellerraum etwa wollen wir als komfortablen Wohnraum, er soll als Gästezimmer dienen. »Dann müssen Sie sechs Zentimeter Dämmung an den erdberührten Wänden und an der Fundamentplatte berücksichtigen – und natürlich bezahlen. Die Dämmung ist Vorschrift«, belehrt uns Altfrank.

25. Mai: Ich bekomme die Euro-Zahlen für unsere Extras in einem Vertragsentwurf vom MirXbau-Büro zugeschickt. Als Endsumme ist noch keine Zahl eingetragen – damit ich keinen Schreck bekomme?

Jetzt muss ich meinen Berater vom Bauherrenverein konsultieren. »Wollen Sie auch die Firma prüfen lassen?«, fragt Architekt Vaujack und verabredet sich mit mir zum Beratungsgespräch am 28. Mai.

Nicht nur der Text des Experten dieser Tagebuchfolge wird auf MirXbaus Leistungskatalog Bezug nehmen. Auch später wird dies immer wieder eine Rolle spielen. Daher ge-

hört an diese Stelle die »Bau- und Leistungsbeschreibung«, in der MirXbau all das aufführt, was die Firma liefert und leistet:

Bau- und Leistungsbeschreibung

1. Planung und Bauantrag
Anfertigung der Bauzeichnung im Maßstab 1:100 nach Planungsskizzen. Der komplette Bauantrag wird mit folgenden Unterlagen gefertigt: Bauantragsformular,
Erhebungsbogen für die Baugenehmigung, Aufbereitung des amtlichen Übersichts-
und Lageplanes, Wohn- und Nutzflächenberechnung nach DIN 283, gesonderte
Baubeschreibung für die Baubehörde, Berechnung des umbauten Raumes nach DIN
277 und der Grund- und Geschossflächenzahlermittlung. Die Entwässerungspläne
werden mit allen erforderlichen Antragsformularen der zuständigen Behörde zuge-
stellt. Erstellung der statischen Berechnung, einschließlich Nachweis für Wärmeschutz. Die Unterlagen werden den Bauherren zur Unterschrift vorgelegt und bei der
Baubehörde zur Prüfung und Genehmigung eingereicht.

2. Erdarbeiten
Bei den Erdarbeiten wird ein ebenes straßenbündiges Terrain mit bis zu 30 cm
Mutterboden sowie die Bodenklasse 1, 3 und 4 nach DIN 18300 zugrunde gelegt. Der
Mutterboden und das Aushubmaterial werden auf dem Grundstück getrennt gelagert.
Für die Gründung des Gebäudes wird ein Bodendruck von 0,20 MN/qm angenommen.
Der Mutterboden wird im Bereich der zu bebauenden Fläche abgetragen (max. 30 cm).
Die Fundamentgräben werden ausgehoben (max. 80 cm).

3. Fundamentplatte
Die Fundamentplatte wird mit Streifenfundamenten entsprechend der statischen
Berechnung aus Beton hergestellt, die Fundamentplatten-Oberkante liegt 20 cm über
dem bestehenden Terrain. Das Gebäude wird den Vorschriften entsprechend im
Fundamentbereich geerdet. Bei höher oder tiefer liegendem Gelände wird der Mehr-
aufwand gesondert abgerechnet.

4. Außenwände
Die Außenwände garantieren einen guten Schall- und Wärmeschutz. Massive Wände
speichern Wärme und schaffen ein behagliches Wohnklima. Die inneren Wandflächen
im Erdgeschoss und die Giebel- und Drempelflächen beim ausgebauten Dachgeschoss
sind – bis auf die zu verfliesenden Flächen – glatt geputzt.
Einschaliges Mauerwerk: Die Außenwände werden aus wärmedämmenden, porosier-
ten Ziegelsteinen hergestellt (Poroton oder gleichwertig). Die Außenwände sind 24
cm stark. Sie erhalten eine Thermohaut aus 5 cm Dämmplatten plus 1 cm Putz. Der
Außenputz ist wetterbeständig weiß und mit Struktur (Körnung 2 mm) versehen.

5. Drempel
Drempel (Kniestock) werden, sofern in der Zeichnung dargestellt, aus Mauerwerk
oder Stahlbeton nach statischen Erfordernissen hergestellt.

6. Innenwände
Die Innenwände im Erdgeschoss werden entsprechend der statischen Berechnung aus
Mauerwerk erstellt, die Wände im Dachgeschoss ebenfalls, soweit es technisch möglich ist. Die inneren Wandflächen sind – bis auf die zu verfliesenden Flächen – glatt
geputzt.

7. Außenfensterbänke

Als Abdeckung des Mauerwerks und der Thermohaut werden weiße Aluminium-fensterbänke eingebaut.

8. Innenfensterbänke

Alle Fenster vom Erd- und Dachgeschoss erhalten Jura-Marmor-Fensterbänke. Im Bad wird die Fensterbank gefliest.

9. Decken

Es wird entsprechend der statischen Berechnung eine massive Betondecke einge-bracht, mit unterseitiger Fugenverspachtelung.

10. Dach

Die Dachstühle der MirXbau-Häuser werden in einer soliden Zimmermanns-konstruktion entsprechend der statischen Berechnung aus Nadelschnittholz für eine angenommene Schneelast von 0,75 KN/qm gerichtet. Die Dachkonstruktion ermög-licht unterschiedliche Dachformen, Gauben und Loggien in der Dachfläche. Bei Dachneigungen unter 30 Grad kommen Nagelbinderkonstruktionen zum Einsatz. Dachüberstände: Der Dachüberstand beträgt bei Satteldächern an den Traufseiten ca. 50 cm, an den Giebelseiten ca. 20 cm. Die Dachüberstände an den Giebeln werden von unten mit einem gehobelten, farblos grundierten Hängebrett verkleidet. Die Dachüberstände an den Traufen erhalten einen waagerechten, farblos grundierten Gesimskasten aus Fichtenprofilholz.

Die Dachentwässerung erfolgt über eine halbrunde, vorgehängte Dachrinne und außenliegende Regenfallrohre aus Zink. Die Fallrohre werden bis zur Oberkante Terrain geführt.

11. Überdachungen

Die Untersichten der Geschossdecken über der Terrasse werden in Sichtbeton erstellt.

12. Fenster

Die wärmeschutzverglasten Fenster und Fenstertüren (kW 1,1) sind aus weißem Kunststoff hergestellt. Die Fugendichtigkeit erfolgt durch eine umlaufende Gummi-dichtung. Bis zu einer Fensterbreite von 150 cm werden einflügelige Dreh-Kipp-Fenster verwendet, bei einer Breite über 150 cm erfolgt eine Teilung, wobei ein Flügel als Dreh-Kipp- und der zweite als Drehflügel ausgebildet ist. Die Terrassentür ist eine Dreh-Kipp-Tür, das Terrassenfenster ein feststehendes Element. Es werden verdeckte Einhandbeschläge führender Markenhersteller aus eloxiertem Leichtmetall in den Farben Silber eingebaut. Die Anzahl der Fenster und die Fenstergrößen entsprechen den Darstellungen in den Grundrissen.

13. Haustür

Die Haustüranlage ist aus weißem Kunststoff hergestellt. Das Türelement wird durch eine Quersprosse aufgeteilt. Die Türanlage wird mit Wärmeschutzverglasung versehen und mit einer Mehrfachverriegelung ausgestattet. Die Haustür hat ein Sicherheits-zylinderschloss und eine Wechselgarnitur mit Stoßgriff aus eloxiertem Leichtmetall in Silber.

14. Elektroinstallation

Die Elektroinstallation beginnt ab Hausanschlusskasten im Hausanschlussraum des

Hauses gemäß VDE- und EVU-Vorschriften. Der Zählerschrank besteht aus lackiertem Stahlblech und wird auf der Wand montiert. Die Absicherung der Stromkreise erfolgt durch Sicherungsautomaten. Zum Einbau gelangen weiße Schalter und Steckdosen. Die Anordnung der Schalter, Steckdosen und Brennstellen legt der Bauherr fest.

Wohnzimmer
2 Ausschaltungen als Wand- oder Deckenauslass
2 Doppelsteckdosen
1 Leerrohr mit Dose ohne Abdeckung für Antenne und Telefon

Schlafzimmer
1 Wechselschaltung als Wand- oder Deckenauslass
2 Doppelsteckdosen

Küche
1 Ausschaltung als Wand- oder Deckenauslass
3 Doppelsteckdosen
1 Herdanschluss
1 Waschmaschinenanschluss
1 Steckdose für Geschirrspüler

Bad
1 Ausschaltunq als Wand- oder Deckenauslass
1 Steckdose

WC
1 Ausschaltung als Wand- oder Deckenauslass
1 Steckdose

Flur/Diele
1 Ausschaltung als Wand- oder Deckenauslass als Wechselschaltung
1 Steckdose

Hauseingang
1 Ausschaltung als Wandauslass
1 Klingelanlage mit Gong in der Diele, Klingelknopf Messing

Sonstige Wohnräume
1 Ausschaltung als Wand- oder Deckenauslass
1 Doppelsteckdose
1 Steckdose unter dem Schalter

Schaltungen:
1 Wechselschaltung vom Erd- zum Dachgeschoss, sofern dieses ausgebaut ist.

15. Sanitär-Einrichtung
Es werden weiße Objekte und verchromte Armaturen (deutsche Markenprodukte) der Modellserie »Orivetta« oder gleichwertig eingebaut.

Badezimmer
– komplette emaillierte Stahlblechbadewannenanlage, ca. 170 x 75 cm, Exzenterablaufgarnitur mit verchromter Wannenfüll- und Brause-Einhebelbatterie mit Kunststoffhandbrause.
– komplette Waschtischanlage aus Kristallporzellan, 63 cm breit, mit verchromter Einhebelmischbatterie und Zug-Knopfablaufgarnitur.
– komplette WC-Anlage aus Kristallporzellan, wandhängendes WC, Tiefspülbecken, WC-Sitz und Deckel aus Kunststoff.

Gäste-WC
– komplette Handwaschbeckenanlage, ca. 45 cm breit, aus Kristallporzellan mit Kaltwasserarmatur.
– komplette WC-Anlage aus Kristallporzellan als wandhängendes WC, Tiefspülbecken, WC-Sitz und Deckel aus Kunststoff.

16. Be- und Entwässerung
Alle erforderlichen Entwässerungsleitungen bestehen aus Kunststoff und werden auf dem kürzesten Wege aus dem Haus geführt. Entlüftung über Dach. Die Kalt- und Warmwasserleitungen bestehen aus Kupferrohr, nach Wahl der Auftragnehmerin auch in Kunststoff, und führen ab Wasserzähler zu den Objekten und dem Warmwasserbereiter.

17. Wasserfilter
Hinter der Wasseruhr wird ein Feinfilter eingebaut. Für die Be- und Entwässerung einer Küchenspüle und eines Geschirrspülautomaten werden Anschlüsse verlegt. Die Installation eines Waschmaschinenanschlusses erfolgt wahlweise in der Küche oder im Hauswirtschaftsraum im Abstand von max. 3 m von vorhandenen Leitungen.

18. Heizung und Warmwasserbereitung
Die Beheizung der Wohnräume und die Warmwasserbereitung erfolgt über eine wandhängende Gas-Heiz-Zentrale mit integrierter Warmwasserbereitung der Fa. ... Die witterungsgeführte Heizzentrale arbeitet vollautomatisch, energiesparend und umweltfreundlich. Die Heizkörper werden im Erd- und ausgebauten Dachgeschoss als weiße, einbrennlackierte Plattenheizkörper einschließlich Thermostat-Ventilen eingebaut. Die Anzahl und Größe richtet sich nach den wärmetechnischen Erfordernissen.

19. Estricharbeiten
Alle Wohnräume erhalten schwimmenden Estrich mit Wärmedämmung entsprechend den Wärmeschutzbedingungen.

20. Fliesen
Es werden keramische Wand- und Bodenfliesen verlegt. Sie können nach Vorlagemustern ausgewählt werden. Die Wände des Bades einschließlich der Fensterbank werden ringsum ca. 2 m hoch gefliest, die Badewanne ist eingefliest. Die Wände des Gäste-WCs werden 1,5 m hoch gefliest. In der Küche ist ein Fliesenband bis ca. 2,5 qm vorgesehen. Bad, WC und Küche erhalten Bodenfliesen. Verfugung: Die Bodenfliesen werden zementgrau gefugt, die Wandverfugung wird in weiß ausgeführt.

21. Innentüren
Die Innentüren im Erd- und Dachgeschoss werden als endbehandelte, edelholzfurnierte Türen mit Gehrungszargen sowie Drückergarnitur – nach Musterverlage – eingebaut.

22. Dachgeschoss ausgebaut
Die Wohnräume im Dachgeschoss werden wie die Räume im Erdgeschoss ausgestattet (Innentüren, Elektroausstattung, Heizkörper). In den ausgebauten Räumen werden die Dachschrägen und Decken wohnlich mit Naturgipsplatten verkleidet und mit 140 mm dicker Mineralwolle wärmegedämmt.

Geschosstreppe
Vom Erd- zum Dachgeschoss wird eine transparente Treppe in Stahlkonstruktion mit

einer Harfe an der freien Seite eingebaut. Die Trittstufen bestehen aus Edelholz (Mahagoniart) und sind widerstandsfähig versiegelt. Ein Handlauf wird an der Wandseite in Edelholz angebracht.

23. Bauherren-Leistungen

Vom Bauherrn sind für die Erstellung der Bauantragsunterlagen und Baudurchführung folgende Leistungen zu erbringen:
- Beschaffung der Antragsformulare für Anschluss des Hauses an Strom, Wasser und Gasleitung
- Bei unklaren Bodenverhältnissen hat der Bauherr ein Bodengutachten auf eigene Kosten einzuholen.
- Voraussetzung für den Baubeginn ist die Bereitstellung eines baureifen Grundstückes, das für schwere Baufahrzeuge befahrbar ist.
- Vor Baubeginn ist die Gebäudeeinmessung und Feinabsteckung durch ein zugelassenes Vermessungsbüro vom Bauherrn zu veranlassen.
- Für die Beheizung des Gebäudes während der Bauzeit hat der Bauherr – soweit erforderlich – Sorge zu tragen.
- Dem Bauherrn obliegt es, Versicherungen (Feuer-, Haftpflicht- und Bauleistungsversicherung) abzuschließen.

24. Sonstiges

Vorstehende Leistungsbeschreibung gilt nur für die im Auftrag vereinbarten Leistungen. Eigenleistungen können bei schriftlicher Abstimmung vor Baubeginn mit der Bauleitung vom Bauherrn erbracht und vergütet werden. Die Eigenleistungen umfassen dann jeweils ein komplettes Gewerk. Dafür entfällt die Gewährleistung durch die Auftragnehmerin.

MirXbau behält sich geringfügige Änderungen bei der Bauausführung und -ausstattung vor, wenn der Bauwert nicht beeinträchtigt wird, es jedoch dem Baufortschritt dient. Die in den Grundrissen eingezeichneten Einrichtungsgegenstände dienen lediglich dem Nachweis der Stellmöglichkeit; strichpunktierte Darstellungen gehören nicht zum Leistungsumfang.

Die Ausführungszeit der Bauherreneigenleistungen ist der Ablaufplanung anzupassen und mit der örtlichen Bauleitung abzustimmen.

25. Sonderleistungen

Sonderleistungen sind solche Leistungen, die im Einzelfall zur Herstellung bzw. zur Funktionsfähigkeit des Hauses erforderlich sein können, aber erst bekannt werden, wenn z.B. die behördlichen Auflagen vorliegen oder die Baugrundverhältnisse bekannt sind. Diese sind im Festpreis nicht enthalten.

Sonderleistungen sind zum Beispiel: erschwerter Bodenaushub bei anderen Bodenklassen; Fundamentgründung bei zu geringem Bodendruck; Abdichtung gegen drückendes Wasser, Dränungen; An- und Abfuhr des Baugrubenaushubes.

26. Bauherreneigenleistungen

Bei einem vertraglich vereinbarten Entfall von Leistungen der Auftragnehmerin ergeben sich die in Anlage 1 aufgeführten Veränderungen zur Leistungsbeschreibung.
Die Leistungsbeschreibung ist Bestandteil des Auftrages.

Datum, Unterschrift

Was der Experte dazu sagt:
...eher 362.722 Euro, schätzt der Fachmann

Mit welchen Extra- oder Nebenkosten muss der Leser eines Hochglanzprospekts rechnen? Vor allem auf diese Frage konzentriert sich der Experte für diese Bautagebuchfolge: Dipl.-Ing. Dirk Hottelmann, Beratender Ingenieur, Sachverständiger für Bauwerkschäden und Inhaber eines »Ingenieurbüros für Hochbau, Statik und Konstruktion« in Potsdam, untersuchte dazu die Leistungsbeschreibung von Oberheims Angebot. Die genannten Preise beziehen sich auf den Erhebungszeitpunkt Mitte 1999 und wurden nachträglich in Euro umgerechnet:

Eins vorweg: Herrn Oberheim werden meine Zahlen keine neuen Erkenntnisse bringen – aber vielleicht helfen sie anderen Lesern beim Werten von Werbeprospekten.

Auf jeden Fall ein Extra-Kostenpunkt neben dem eigentlichen Baupreis sind die öffentlichen Anschlüsse. Für Abwasser ist ein Anschlussschacht für rund 1.200 Euro nötig (Preise von der Redaktion jeweils mit Mehrwertsteuer versehen und abgerundet). Plus rund 50 Meter Anschlussleitung von Straße bis Haus, pro Meter zehn Euro: 600 Euro.

Regenwasser vom Gelände und vom Dach muss versickern können: 2400 Euro für einen Versickerungsschacht. Dazugehörige Anschlussleitungen: 1.200 Euro. Ein Auffangbehälter, um den Garten mit Regenwasser gießen zu können: 900 Euro.

Trinkwasser: Ein Schacht mit Wasseruhr kostet gut 2.400 Euro, circa 50 Meter Zuleitung 3.000 Euro.

Elektroanschluss inkl. Telekom kalkuliere ich mit 1.400 Euro, entsprechende Zuleitungen mit 2.400 Euro. Gasanschluss: gut 2.000 Euro. Die besonders hohen Erschließungskosten hängen bei Oberheim damit zusammen, dass sein Hinterlieger-Grundstück so weit von der Straße entfernt liegt.

Nach der fürs billigste MirXbau-Haus geltenden »Leistungsbeschreibung« sind die Bauantragskosten nicht ganz eindeutig beschrieben. Ich gehe aber davon aus, dass keine Bauantrags- und Baugebühren auf Oberheim zukommen.

Aber den Prüfingenieur muss er zahlen, der die Statik und alle anderen bautechnischen Nachweise untersucht und dessen Auftreten nach dem Berliner Baurecht (Vereinfachtes Verfahren nach Paragraf 60a Bauordnung) erforderlich ist: 1.500 Euro.

Baustrom und Bauwasser sind Bauherrenleistungen: 500 Euro.

Ein Vermessungsingenieur erstellt den Lageplan, macht vor dem Baubeginn die Feinabsteckung fürs Haus und nach dem Bauen die Einmessung: 2.000 Euro extra.

Eine Baugrunduntersuchung ist wegen des Kellers oft nötig: 600 Euro. Kommt der Gutachter zu dem Schluss, dass drückendes Wasser zu befürchten ist, kommen Abdichtungskosten von nicht unter 6.000 Euro (als nur eventuellen Wert kalkuliere ich dies in der Gesamtrechnung nicht mit) hinzu.

Das Freimachen des Grundstücks von Baum- und Grün-Bestand kalkuliere ich pauschal mit 500 Euro. Nicht klar geregelt ist das Thema Sandaushub und -abfuhr beim Kellerbau: 200 Kubikmeter à zehn Euro kosten mindestens 2.000 Euro extra.

Kleinigkeiten »von Amts wegen« darf man nicht vergessen. So muss Oberheim unter anderem schon für die Erteilung einer Hausnummer – 55A – mit 100 Euro Gebühren rechnen.

Kommen wir zu den Kosten der Grundstücksübertragung: Bei 152.700 Euro fürs Grundstück plus 147.222 Euro als Baukosten errechne ich rund 10.500 Euro Grunderwerbsteuer. Den Grundbucheintrag nehme ich mit 500 Euro an, Notar und Gerichtskosten (1,5 Prozent von 299.922 Euro) mit 4.500 Euro.

Zurück zum Haus und nun zur Innenausstattung. Die Angaben in der Leistungsbeschreibung sind sowas von löchrig, dass einem schwindlig werden kann. Im Grunde genommen können sich hinter vielen Posten Extraausgaben verbergen, die Oberheim erst später bei Bemusterungen erfahren wird. Hier nur die wichtigsten:

Bei den Fliesen etwa heißt es nur »keramische Boden- und Wandfliesen«. Die Qualität definiert sich immer über den Materialpreis. 18 Euro fürs Material sind oft Standard, gute Qualitäten kosten leicht 35 Euro und mehr. Bei rund 60 Quadratmetern Fliesenfläche des kleinsten Hausmodells à 17 Euro Netto-Unterschied läge Oberheims Aufpreis schon bei fast 1.100 Euro.

In der MirXbau-Leistungsbeschreibung für das Sonderangebotshaus fehlt eine Preisangabe für Teppich/Oberbelag: Bei der Wahl zwischen billigen 15 und hochwertigen 50 Euro kommen bei 85 Quadratmetern Bodenfläche wieder schnell 3.500 Euro (inkl. Mehrwertsteuer) als Unterschied heraus. – Dazu eine kleine Erklärung und Anregung: Bei Baumarktware kann ein Laie die Qualitätsunterschiede zur besseren so genannten Objektware nicht erkennen.

Oberheims Sonderangebot beinhaltet Malerarbeiten mit weißer Farbe und Raufasertapete. Und Strukturtapete, grün gestrichene Raufaser? Weil hier von (etwas teurer) neuer Farbwahl bis zu (viel teureren) Tapeten alles möglich ist, kann ich keinen Aufpreis kalkulieren.

Beim Wasserfilter hinter der Wasseruhr braucht man einen Entwässerungsanschluss, weil der Filter monatlich gespült werden muss: mindestens 100 Euro.

Bei der Gasheizung ist kein Wirkungsgrad angegeben. Soll der (qualitativ gute) 95 Prozent betragen, kann man leicht auf 1.200 Euro Aufpreis für ein besseres Gerät kommen.

Nur Kaltwasseranschluss im Gäste-WC? Das ist minderwertige Qualität! Oberheim wird sich für Warmwasser samt Warmwasser-Armatur entscheiden. Plus 600 Euro.

Die in der Leistungsbeschreibung genannte Sanitär-Modellserie ist billiger Standard. Die meisten Kunden entscheiden sich dabei für etwas Besseres und Teureres: 2.500 Euro Mehrpreis für die Badezimmereinrichtung sollte man einkalkulieren.

Was sollen Treppen-»Trittstufen aus Edelholz (Mahagoniart)« sein – Mahagoni oder nicht Mahagoni? Hartes oder weiches Holz? Hartes ist besser: Rechnen Sie mit 500 Euro Aufpreis bei besserer Qualität.

Bei den Fenstern steht nichts über Einbruchschutz – 500 Euro Mehrkosten. Von Sicherheitsglas steht bei der Haustür auch nichts: 300 Euro extra.

Übers Dach ist so wenig in der Leistungsbeschreibung angegeben, dass MirXbau wohl nicht von einer Nutzung des Spitzbodens ausgeht. Die Bodentreppe (wärmegedämmt – sonst ist das ein Kälteloch) kostet ab 300 Euro, eine Schalung zum Betreten des Spitzbodens ab 1.000 Euro.

Und denken Sie auch an den Gehweg von der Straße bis zu Oberheims Heim. Im vorderen Teil (neben dem anderen Hausprojekt) wird der geteilt durch alle Parteien, aber ab Oberheims Grundstücksgrenze zahlt er allein: Sein Anteil dürfte sich bei einem Gehweg nicht unter 2.500 Euro, bei einem Fahrweg für Autos nicht unter 3.500 Euro bewegen. Weiter kostet auch eine kleine Terrasse Geld: ab 1.500 Euro.

Zusammen sind das nun schon 62.800 Euro, die Oberheim wenigstens extra kalkulieren sollte. Sein Heim dürfte also statt 299.922 eher 362.722 Euro kosten. Außerdem sollte Oberheim bedenken, dass jede Erhöhung seines Ausstattungsstandards von Solaranlage bis zu modernster Haustechnik diese Zahl weiter erhöhen wird.

Oberheims Einsichten

Wo der Experte noch zu niedrig oder auch zu hoch ansetzt, und wie viel ich später wirklich gezahlt haben werde, lesen Sie ganz hinten in diesem Buch.

Tagebuch, 22. Folge:
Wie kommt man bei Vorgesprächen voran?

Bauvertrag, Beratung, Brummschädel

28. Mai: Als ich meinen Bauherrenberater, den Architekten Vaujack, in seinem Büro besuche, wedelt der zuerst einmal mit einigen Blatt Papier. »Habe mir alles angesehen, was Sie mir hergefaxt haben. Sieht ja nicht schlecht aus«, meint er und bespricht mit mir zuerst einmal eine Firmenauskunft.

»Firma MirXbau aus Sachsen: Was schon mal gut anfängt, ist, dass die überhaupt Bilanzen vorlegen. Außerdem haben die Immobilienvermögen – auch sehr gut, eher ungewöhnlich für eine Baufirma.« Er murmelt alles in Stichworten, zeigen will er mir das Papier der Auskunftei nicht. »Ist nur für Mitglieder.« Aber die 40 Euro für die Firmenprüfung finde ich doch gut angelegt. Gegen einen Konkurs der Firma wappnet mich dies zwar nicht, aber es schafft doch etwas mehr Sicherheit.

Dem Bauvertragsentwurf widmet sich Vaujack erst am Ende. Vorher nimmt er sich die beiliegende Leistungsbeschreibung vor. Zum Spitzboden hinauf fehlt eine Bodentreppe, »lassen Sie das hineinschreiben«.

Beim Material heißt es: »Poroton o.ä.«: »Bei ›oder ähnlich‹ kriegen Sie vielleicht irgendein Billigprodukt aus Osteuropa. Mit ›oder gleichwertig‹ sichern Sie die Qualität ab.«

Fenster und Türen: »Da fehlt mir das Qualitätssiegel ›RAL-Geprüft‹«. Beim Warmwasser ist es die genaue Beschreibung: »Warmwasserspeicher muss es heißen, nicht Warmwassertherme – sonst kriegen Sie vielleicht nur einen Durchlauferhitzer«, rät Vaujack.

Eine der wichtigsten Kleinigkeiten fällt Vaujack auf der Rückseite des Bauvertragsentwurfs auf: »Hier steht etwas von einer 15-Prozent-Rate bei Fundamenterstellung – wieso ›bei‹? Wie wollen Sie dann wegen schlechter Ausführung etwas monieren, wenn das Geld schon bezahlt ist?! Nicht ›bei‹, sondern ›nach‹ muss es natürlich heißen.«

Am Ende des zweistündigen Gesprächs bei Vaujack brummt mir der Schädel. Gut, dass ich Stichworte notiert habe und vorher meine Fragen auf mehreren Seiten zusammengestellt hatte. Das sollte auch der Gesprächsbeschleunigung dienen, schließlich bekommt ein Bauherrenvereins-Berater 50 Euro pro Stunde plus Mehrwertsteuer.

Eins jedenfalls merke ich bei dem Gespräch – wie weit man als Laie dem Bauunternehmer wissensmäßig hinterherhinkt. Vaujack sagt mir immer wieder Stichworte, die ich in den Verhandlungen mit MirXbau berücksichtigen soll.

29. Mai: Gleich am nächsten Morgen versuche ich, Vaujacks Anregungen umzusetzen – jedenfalls so gut ich mich an sie erinnere. Ich schreibe ein Fax und schicke es an die Berliner Niederlassung von MirXbau. Am Nachmittag ruft Verkaufsleiter Altfrank zurück und verspricht, nach Klärung in der Firma die einzelnen Punkte bald mit mir zu besprechen.

Was der Experte dazu sagt:

Klären, besprechen und dann hart verhandeln

Wie kann Roland Oberheim die beim Berater erarbeiteten Verhandlungspositionen durchsetzen? Dazu äußert sich als Experte Dipl.-Ing. Frank Staudinger, Bauherrenberater beim Verband priva-ter Bauherren in Hamburg:

Die Frage muss ich in mehreren Stufen beantworten. Was Oberheim (und sein Berater) zuerst einmal tun müssen, ist, sämtliche offenen Fragen aus der Bauleistungsbeschreibung zu klären.»Was ist hiermit gemeint? Ist die Baubeschreibung eindeutig und vollständig?« Diese beiden Fragen werden sich an vielen Positionen der oft schwammig formulierten Beschreibung stellen.

Nach einer solchen Abklärung der offenen Fragen ist wieder Verkaufsleiter Altfrank von MirXbau an der Reihe. Bei dem Punkt, wie man die Verhandlungspositionen durchsetzt, sind wir damit aber noch lange nicht.

Damit Oberheim (oder andere) gut präpariert in diese Klärungsphase gehen, gebe ich als Berater dem Bauherren immer Schriftliches mit auf den Weg. So, wie es bei Oberheim gelau-fen ist, muss ihm der Schädel brummen – und zu Hause weiß er als Laie nicht mehr, wie er seine im Beratungsgespräch notierten Aufzeichnungen interpretieren soll. Vielleicht kann er seine eilige Schrift auch gar nicht mehr richtig lesen, vielleicht sagen ihm die Fachworte nichts mehr, vielleicht hat er in DIN-Norm-Angaben Zahlendreher eingebaut. Also: Bei solch einem Verfahren kann nichts Ordentliches herauskommen.

Wenig halte ich davon, jeden einzelnen Punkt bis ins letzte Detail festzuschreiben. Vieles ist durch die Verdingungsordnung für Bauleistungen (VOB), DIN-Vorschriften oder Gesetze (z.B. Wärmeschutzverordnung) klar geregelt – nur muss der Berater dem Bauherren dann auch erklären, um welche Details er sich nicht zu kümmern braucht. Wollte Oberheim etwa beim Warmwasserspeicher unbedingt ein von ihm ausgewähltes Produkt der Marke B haben, während seine Baufirma üblicherweise ein gleichwertiges Gerät der Marke A einbaut, so ist das ein Spielraum, den ich dem Bauträger und seinen Subunternehmern einräumen würde – denn sie haben vielleicht einen besonderen Rabatt beim Großhandel vereinbart und müs-sten bei Bestellung eines anderen Fabrikats auf gute Rabatte verzichten und die Mehrkosten dem Bauherrn anlasten.

Nächster Schritt: Hat Oberheim nun die Antworten seiner Bauunternehmung auf die vor-bereiteten Fragen erhalten, kann es ans eigentliche Verhandeln weiterer Extras gehen. Zu diesen Extras muss er alles Wesentliche vorab mit seinem Berater besprochen und schrift-lich dokumentiert (bekommen) haben. Auch ungefähre Zahlen, was dieses oder jenes Extra kosten dürfte, sollte der Berater dem Bauherren mit auf den Weg geben. Denn alle Son-derwünsche oder auch Veränderungen am Grundriss sollten geklärt werden, so lange der Kunde noch König ist – und das ist er nur vor seiner Unterschrift. Hinterher kostet alles meist das Doppelte.

Ich frage meine Bauherren an diesem Punkt meist, ob sie sich stark genug fühlen, selbst zu verhandeln. Sonst könnte ich mich an der Verhandlung mit dem Bauunternehmer betei-ligen. Dieses Angebot sollte von jedem Bauherrenberater jedweder Schutzorganisation kommen.

Was Oberheim natürlich akzeptieren muss – er hat ja das Stundenhonorar seines Bera-ters im Auge –, sind die Kosten einer solchen Beratung und Betreuung. Für mehrere Stun-den Vertragsdurcharbeitung, ein oder zwei Vorbereitungstreffen plus zwei Stunden Abschlussverhandlung beim Bauunternehmer dürften alle Bauherrenberater rund 500 Euro Honorar in Rechnung stellen.

Dieses Geld aber kann der Bauherr oft schon allein bei den Zahlungsraten während der Bauzeit seines Hauses (»bei« oder »nach« den einzelnen Gewerken fällig) oder bei der Staffelung der Raten (nach Rohbauerstellung sollten es maximal 40 Prozent sein) einsparen.

Oberheims Einsichten

Was der Unterschied zwischen einem Architekten oder einem Beratenden Ingenieur und auf der anderen Seite einem »Bauherrenberater« ist, habe ich erst viel, viel später begriffen, da die in Anspruch genommene Schutzorganisation darüber auch nicht aufklärt. Lesen Sie später die Folge 84 zur HOAI (Honorarordnung für Architekten und Ingenieure), zum Unterschied zwischen Werkvertrag und Dienstleistung sowie zu den Garantien.

Eine Sache noch: Bauverträge von Firmen, die mit unbeliebten Materialien arbeiten, verschleiern diese liebend gern. Da wird etwa beim Fertighaus mit problematischen Stoffen in der Holzständerwand viel von gesundem Holz gesprochen, von toller Dämmung und anderem – mit welcher Chemie die einzelnen Bestandteile geschützt werden, erfahren Sie nur auf hartes Nachfragen hin. Was übrigens nichts nutzt, wenn Sie die erwähnte Schadstofffreiheit nicht schriftlich bekommen – dranbleiben!

Besonders unangenehm fand ich die Bauleistungsbeschreibung im Vertrag von Freunden. Die kamen aus einem Plattenbau, wussten um die Nachteile von Beton und wollten mit diesem Material nichts mehr zu tun haben. Sie gingen zu einer Hausbaufirma, die Worte wie »massiv, dauerhaft, wertbeständig« in ihrer Werbung bemüht. Auf meine Frage nach dem Baumaterial spekulierten die Freunde auf »massiv – Stein auf Stein«. Im Text aber fanden sich nur Worte wie »XL56-Massivbausystem«. Dass sich dahinter eine Art Styropor-Schalung mit eingefülltem Stahlbeton verbarg, erfuhren sie erst nach der Unterschrift unter den Vertrag.

Deshalb ganz dringend: Fragen Sie alles nach, was Sie nicht sofort verstehen. Und lassen Sie sich A-L-L-E-S schriftlich geben. Sonst schimpft der Bauleiter hinterher nur »Ja, was weiß ich denn, was Ihnen die vom Verkauf alles versprochen haben...« Aber selbst dieses Zitat würde er Ihnen nie schriftlich geben (schließlich könnten Sie damit die Firma verklagen).

Tagebuch, 23. Folge:
Feinarbeit am Vertragsentwurf

Wann kann ich unterschreiben?

4. Juni: Was hat mir der Berater des Bauherrenvereins nicht alles mit auf den Weg gegeben, was ich im Bauvertrag oder in der Bauleistungsbeschreibung ändern soll. Und zu meiner Überraschung schluckt MirXbau die meisten Änderungswünsche sofort. Die Zahlungen nach Baufortschritt sollen nun nicht »bei« den einzelnen Gewerken erfolgen, sondern jeweils erst »nach« Fertigstellung von Fundament, Keller, Erdgeschoss, Dach usw.

Beim Material heißt es statt »Poroton o. ä.« nun »Poroton oder gleichwertig«. Fenster und Türen bekommen ihr Qualitätssiegel »RAL-Geprüft«. Und beim Warmwasser heißt es »Warmwasserspeicher« statt einfach »Warmwassertherme«.

Gewarnt war ich auch beim Stichwort »Finanzierungsbestätigung«. MirXbau verlangte sinngemäß: Der Bauherr muss »auf Vordruck« der Baufirma eine Bankbestätigung beibringen, dass die Finanzierung geregelt sei. »Bestehen Sie auf ‚formlos'«, riet mir Berater Vaujack, »sonst formulieren die das so, dass es aus Sicht der Bank wie eine Bürgschaft aussieht«. Die Formlosigkeit wurde schließlich in einer Extra-Festlegung im Bauvertragsentwurf vermerkt.

Auch zur Gewährleistungsfrage hatte mich mein Bauherrenberater angespitzt. Unter »Punkt 9. Gewährleistung« stand nur, dass jene »nach Paragraf 13 VOB/B vereinbart« sei. Bauingenieur Vaujack hatte mir gesagt, dass nach der angesprochenen Verdingungsordnung für Bauleistungen zwei Jahre gemeint seien: »Ändern Sie das in: fünf Jahre nach BGB.«

Als ich dies jetzt dem MirXbau-Verkaufschef vortrage, schlägt der von sich aus »fünf Jahre nach VOB« vor – »denn nach BGB haben Sie die Beweislast, nach VOB nicht«. Ich nehme ihm das ab und lasse das so eintragen in unseren Vertragsentwurf.

8. Juni: Habe den geänderten Vertragsentwurf in der Post. Ist er jetzt unterschriftsreif? Ich rufe zurück und vereinbare einen letzten Besprechungs- und wahrscheinlichen Unterschriftstermin für den 11. Juni.

Was der Experte dazu sagt:
VOB oft besser als BGB

Zur Frage, mit welcher Gewährleistung – nach Bürgerlichem Gesetzbuch (BGB) oder nach der Verdingungsordnung für Bauleistungen (VOB) – ein Bauherr besser fährt, schreibt Rechtsanwalt Dr. Jürgen Rodegra aus Berlin-Mitte:

Bei dem Bauvertrag, den Herr Oberheim mit seinem Vertragspartner MirXbau schließen möchte, handelt es sich um einen so genannten Werkvertrag. Auf diesen findet grundsätzlich das Bürgerliche Gesetzbuch (BGB) Anwendung, sofern nichts anderes vereinbart wird.

Im BGB sind die gegenseitigen Rechte und Pflichten der Vertragsbeteiligten und die Vorschriften über Gewährleistung geregelt. Richtig ist zunächst, dass die Verjährungsfrist für »Arbeiten an einem Bauwerk« nach dem BGB fünf Jahre beträgt. Wichtig zu wissen ist dabei aber vor allem, ab wann die Verjährung zu laufen beginnt und wie sich der Bauherr seine Gewährleistungsansprüche bis zum Ablauf der Verjährungsfrist erhält.

Der entscheidende Zeitpunkt ist die Abnahme des (nahezu) fertiggestellten Bauwerks durch den Bauherrn. Der Vorgang der oft mehrere Stunden dauernden Abnahme wird regelmäßig in einem so genannten Abnahmeprotokoll festgehalten und von den Vertragsparteien unterzeichnet. Mit der Abnahme billigt der Bauherr das Bauwerk als im Wesentlichen vertragsgerecht.

Von besonderer Bedeutung ist für den Bauherrn, dass er sich seine BGB-Gewährleistungsansprüche auf Nacherfüllung, auf Ersatzvornahme gegen Kostenerstattung oder auch auf Minderung des Kaufpreises bei den ihm zum Zeitpunkt der Abnahme bekannten Mängeln nur erhält, wenn er sich seine Mängelrechte schriftlich vorbehält. Im Übrigen ist die Abnahme auch der Zeitpunkt, ab dem die fünfjährige Verjährungsfrist zu laufen beginnt.

Den meisten Bauverträgen wird in den vergangenen Jahren die Verdingungsordnung für Bauleistungen (VOB) zugrundegelegt. Sie enthält in ihrem Teil B die allgemeinen Vertragsbedingungen für die Ausführung von Bauleistungen und wurde von der höchstrichterlichen Rechtsprechung als weitgehend ausgewogener Ausgleich der Interessen von Bauherr und Bauunternehmer anerkannt. Die Vereinbarung der VOB/B ist für Oberheims Bauvertrag vor allem deshalb zu empfehlen, weil die Regelungen dort die gegenseitigen Rechte und Pflichten der Vertragsbeteiligten viel detaillierter bezeichnen als im BGB.

Die Gewährleistungsfrist beträgt nach VOB/B grundsätzlich nur zwei Jahre, kann aber im Bauvertrag verlängert werden. Zu beachten ist, dass nach den VOB/B – im Gegensatz zu den Regelungen des BGB – die Abnahme mit ihren einschneidenden rechtlichen Konsequenzen bei Vorliegen gewisser Voraussetzungen auch »fingiert«, das heißt, in rechtlicher Hinsicht als erfolgt unterstellt werden kann, obwohl tatsächlich eine gemeinsame Begehung von Bauherr und Bauunternehmer gar nicht stattgefunden hat. Dies ist etwa dann der Fall, wenn der Bauherr einer Aufforderung des Bauunternehmers zur Abnahme des Bauwerks binnen zwölf Werktagen nicht nachgekommen ist.

Zum Problem der Beweislast gilt Folgendes: Ab Abnahme braucht in einem Rechtsstreit nicht mehr der Bauunternehmer die vertragsgerechte Erfüllung seiner Bauleistung darzulegen und zu beweisen, sondern die Beweislast für etwaige Mängel liegt ab diesem Zeitpunkt beim Bauherrn. Dies ergibt sich daraus, dass der Bauherr durch die Abnahme die Bauleistung – vorbehaltlich der bestehenden Mängel – als im Wesentlichen vertragsgemäß anerkannt hat.

Die Unterschiede zwischen Bauverträgen nach dem BGB und nach der VOB ergeben sich insbesondere daraus, dass die Pflichten der Vertragsparteien in den VOB/B in rechtlicher und technischer Hinsicht konkreter gefasst sind als im BGB. So übernimmt der Bauunternehmer in einem VOB-Vertrag ausdrücklich die Gewähr dafür, dass seine Leistung zur Zeit der Abnahme den anerkannten Regeln der Technik entspricht und muss dies im Streitfall gegebenenfalls auch beweisen.

Andererseits ist der Bauunternehmer grundsätzlich von der Gewährleistung für solche Mängel befreit, die darauf zurückzuführen sind, dass der Bauherr oder sein Architekt unzureichende Anordnungen über die Bauausführung gegeben haben. Aus diesem Grunde ist es zutreffend, ein besonderes Augenmerk auf eine eindeutige Formulierung der Leistungsbeschreibung zu legen.

Also: Sofern es Herrn Oberheim gelingen sollte, auch bei Vereinbarung der VOB gegenüber der Firma MirXbau die fünfjährige Verjährungsfrist durchzusetzen, ist er grundsätzlich mit einem Vertrag auf VOB-Grundlage gut bedient.

Tagebuch, 24. Folge:
Vor der teuersten Unterschrift meines Lebens

Wir wollen jetzt wirklich bauen

11. Juni: Termin um 10 Uhr bei MirXbau in deren Wilmersdorfer Büro. Ich bin ziemlich nervös, als ich mit den letzten Vertragsänderungsideen meines Beraters Vaujack vom Bauherrenverein e.V. die Treppenstufen hinaufgehe.

Verkaufsleiter Altfrank begrüßt mich. Kaffee? Nein danke, lieber Mineralwasser. Wieder sehe ich an der Wand die Computerzeichnung eines großen Hauses: Dies wird einmal das Vorderhaus werden, ein fast dreigeschossiger Bau mit drei Eigentumswohnungen, von denen schon zwei verkauft sein sollen. Hoffentlich nehmen die uns nachher nicht zu viel Sicht und Sonne.

Und dann gehen wir in meinen Papieren alles noch einmal durch. Weil ein Kellerraum als Gästezimmer dienen soll, vereinbaren wir letztlich eine Kellergeschoss-Erhöhung von 2,125 nicht nur auf die zuerst angepeilten 2,25 Meter, sondern gleich auf 2,375 Meter – damit dieses nach unten mit dicken Dämmschichten, Folie und Estrich abgedichtete Zimmer eine wohnliche Höhe behält. Jede 12,5 Zentimeter mehr kosten mich 1.470 Euro extra.

Die wohnlicheren, größeren Fenster dieses Kellerzimmers im Austausch gegen das vorherige kleinere Kellerfenster kosten 981 Euro extra, ein Extra-Heizkörper 946 Euro.

Drainage fürs Haus, damit der Regen nicht in undurchlässigen Bodenschichten stehen bleibt und der Keller dann vollläuft: 6.033 Euro. Ich will diese Position eigentlich nicht im Vertrag stehen haben, lasse mich aber darauf ein, als eine Zwischenzeile aufgenommen wird: Falls nicht benötigt, »erfolgt Gutschrift«. Ich habe mich vorher versichert, dass Gutschrift gleichbedeutend ist mit Erstattung oder Nichtbezahlen und dass ich dann nicht irgendwelche anderen Extras »kaufen« muss.

Irgendwie hat mir die Putzfassade nie so recht gefallen. Spontan, also nicht abgesprochen mit meinem Bauherrenberater, frage ich nach dem Thema Verklinkerung.

Ich lasse mich von Verkaufsleiter Altfrank beraten, der etwa 8.700 Euro Verteuerung meines Hauses ausrechnet. Dafür aber weiß ich aus diversen Veröffentlichungen, dass man dann später weniger Arbeit mit der Klinkerfassade haben soll. Ich rufe bei meiner Frau an, die nichts dagegen hat, dass ich mich für eine Verklinkerung entscheide. Ohnehin haben uns viele Freunde dazu geraten.

Ich lasse noch – als genauere Festlegung gegenüber der Bauleistungsbeschreibung – den Quadratmeterpreis der Fliesen (»Verlegepreis 90 Euro«) und der textilen Oberbeläge (»Verlegepreis 32 Euro«) ausdrücklich in den Vertrag schreiben.

Weil ich schon weiß, dass das Haus sicher nicht in diesem Jahr und nicht vor diesem Winter fertig wird, habe ich noch ein Problem. Laut Vertragstext bin ich für Baustrom, Bauwasser und Hausbeheizung zuständig. Ich habe aber die Befürchtung, dass auf der Doppel-Baustelle niemand die Bauwerke so genau auseinanderhalten wird – vorne baut MirXbau als Bauherr und Bauträger die Eigentumswohnungen, hinten aber bin ich der Bauherr. Da ist es mir lieber, ich zahle eine (notfalls auch etwas zu hohe) Pauschale für Baustrom, Bauwasser und Heizung und bin die Sorge der bewussten oder unbewussten Verwechslung beim Wasser- und Stromverbrauch los. Auf 600 Euro extra einige ich mich mit MirXbau.

Samt zweiter Dusche, teurerer Holzfenster usw. komme ich schließlich auf eine Bausumme von rund 180.000 Euro – statt des ursprünglichen Sonderangebotspreises von 147.222 Euro. Das Grundstück kostet voraussichtlich etwa 152.700 Euro, und »an Nebenkosten beim Bauen rechnen Sie noch mal 25.000 Euro hinzu«, sagt MirXbau-Verkaufsleiter Altfrank. Plus gut 10.000 Euro Grunderwerbsteuer. Also 367.700 Euro für ein gar nicht mal so großes Haus auf gut 500 Quadratmetern Land.

Mitten im Termin, als Altfrank gerade einige geänderte Seiten kopieren geht, scheinen mir für Sekunden die Sinne zu schwinden. Gleich werde ich unterschreiben, aber kann ich das überhaupt? Stürze ich mich mit dieser teuersten Unterschrift meines Lebens in den Ruin? Will ich wirklich noch zusagen? Ein Schluck Mineralwasser, und mir geht's wieder besser. Ob andere Bauherren diese Situation auch so erleben?

Am Ende unterschreibe ich. Meine Frau, meine Familie, alles ist auf »Ja« gestellt, wir wollen jetzt wirklich bauen.

12. Juni: Wir hatten uns gesagt, dass bis zum Urlaub alles entschieden sein sollte. Das ist genau heute. Wir verreisen für drei Wochen. Tschüs.

Was die Expertin dazu sagt:
Überforderte Normalbürger

Spontane Entscheidungen und Schwindelgefühle erlebte Bauherr Roland Oberheim in den Minuten vor der wohl »teuersten Unterschrift seines Lebens«. Als Expertin zu dieser Bautagebuchfolge antwortet ihm Gabriele Heinrich, Referentin für Bauen und Wohnen bei der Arbeitsgemeinschaft der Verbraucherverbände in Bonn:

Vor einem krassen Fehler Oberheims sollte man wirklich warnen – wer die Unterschrift unter einen Bauvertrag vom rechtzeitigen Start in den Urlaub abhängig macht, ist nie auf der sicheren Seite. Dann sollte Oberheim lieber drei Tage später in die Ferien fahren.

Dann könnte er beispielsweise das plötzlich neu aufgekommene Thema Verklinkerung noch einmal ganz in Ruhe mit seinem Bauherrenberater durchgehen. Im Gespräch mit dem Verkaufsleiter der Baufirma wird er nämlich immer positive Argumente für etwas hören, das etwas extra kostet. Und Verkaufsargumenten, die die Worte »massiv«, »wertbeständig« und »pflegeleicht« enthalten, wird der Laie Oberheim sicher kaum etwas entgegenzusetzen haben.

Aber auch nach einer weiteren Beratung kann man sich fragen, ob Oberheim überhaupt die Möglichkeit eines ganz anders ablaufenden Gesprächs hat? Natürlich könnte er seinen Berater mitbringen – aber erstens kostet diese Rundumbetreuung Beratungshonorar. Zweitens fragt es sich, ob die verkaufende Baufirma darauf immer positiv reagiert (und nicht lieber an einen unbedarfteren Käufer mit ein paar tausend Euro mehr Gewinn verkaufen will). Und drittens wird Oberheim auch später immer wieder zu eigenständigen »Verhandlungen« (mit der Baufirma) gebeten werden bzw. dazu gezwungen sein – und das kann ihm dann kein Berater abnehmen.

Verbraucherzentralen setzen aus letzterem Grunde bei ihren Angeboten vor allem auf die Hilfe zur Selbsthilfe. Der künftige Bauherr muss sich zuerst durch gute Materialien, Bücher, Broschüren und Checklisten informieren. Danach sollte er mit gezielten Fragen und Problemen zum Baufach- und Bauvertragsberater gehen und schließlich zur Vermeidung von Baumängeln während der Bauphase mehrere Baustellenbegehungen durch den Berater durchführen lassen.

Auf diese Weise kann er sich vor einer Vielzahl von Kosten erhöhenden Problemen und Baumängeln schützen. Diese Absicherung braucht er auch, denn beim Hausbau geht es nicht um den Kauf eines zwar komplizierten, aber industriell hergestellten Produkts wie einem Auto, bei dem von Antenne bis Zylinderkopfdichtung fast alles mit Normen geregelt ist. Ein Haus ist kein Industrieprodukt, und leider sind viele Bereiche nicht oder nicht ausführlich genug geregelt. Oder es ist dem Laien einfach nicht bekannt, was geregelt ist und was er selbst regeln muss.

Eigentlich – müsste man ketzerisch sagen – ist es kaum nachvollziehbar, wieso Laien sich das zutrauen, einen Hausbauvertrag zu unterschreiben. Für viele Normalbürger stellt dies wirklich eine Überforderung dar. Die Arbeitsgemeinschaft der Verbraucherverbände (AgV) hat die Politik auf diesen Missstand schon mehrfach aufmerksam gemacht. Doch wird uns oft entgegengehalten, dass im Baubereich sowieso schon zu viel geregelt sei – allerdings nicht unbedingt zugunsten der kleinen Baufamilien, sagt die AgV dazu – und dass zudem ein Einfamilienhaus eine so individuelle Angelegenheit sei, dass man dies nicht in strenge Gesetzesregeln zwängen könne.

Um dem Bau-Verbraucher seine (Neben-)Rolle wenigstens ein wenig zu erleichtern, hat die AgV eine Musterbaubeschreibung ausgearbeitet, in der 77 Seiten lang Prüfkriterien und Veränderungsvorschläge für derzeit übliche Bau-/Leistungsbeschreibungen enthalten sind. Wer seiner Baufirma nach dieser Checkliste genaue Festlegungen der Hausbau-Leistung abverlangt, der weiß bei der Unterschrift unter seinen Bauvertrag, was er wirklich gebaut bekommt und kann mit Hilfe eines fachkundigen Beraters die Qualität beurteilen und Angebotsvergleiche auch im Hinblick auf das Preis-/Leistungsverhältnis anstellen.

Oberheim konnte diese Liste zur Zeit seiner Unterschrift noch nicht kennen, und schon aus einigen Passagen dieser Bautagebuchfolge drängt sich mir der Eindruck auf, dass er noch viele offene Fragen mit der Firma MirXbau klären (und später vielleicht auch mehr bezahlen) muss.

Oberheims Einsichten

Solche Themen würde ich heute nicht mehr allein verhandeln. Aber, zugegeben: Mit einem kompetenten, verantwortlichen Berater an meiner Seite würde dieser Termin dann auch ziemlich teuer, inklusive Vorbereitung wohl nicht unter 500 bis 1.000 Euro.

Tagebuch, 25. Folge:
Der Vertrags-Check des Juristen
Lückenhaft und grob bauherrenfeindlich

Roland Oberheim erholt sich an der Ostsee von der »teuersten Unterschrift seines Lebens«. Seinen Urlaub nutzte die Redaktion, Expertenäußerungen zu dem Vertragswerk einzuholen, das Oberheim abgeschlossen hat. Als erster untersucht ein Jurist, wie gut oder schlecht der Vertragsinhalt ist. Autor Dr. Peter Traichel ist Justitiar und Geschäftsführer der Baukammer Berlin. Er betont in seiner Beurteilung vor allem jene fehlerhaften oder gefährlichen Textpassagen, die andere, künftige Bauherren vermeiden sollten.

Oberheim hat einen Bauvertrag unterschrieben, in dem Bezug genommen wird auf einen Notartermin, bei dem ihm offensichtlich nur das Grundstück von der Baufirma verkauft wird. Eigentlich müsste ein Vertrag über die Gesamtleistung (Grundstuck und Hausbau) nach der Makler- und Bauträgerverordnung zustande kommen – denn hier wird beides von MirXbau angeboten. Grundstückskauf und Werkvertrag müssen notariell beurkundet werden – sonst sind beide nichtig.

Zweck dieser Pflicht ist der Verbraucherschutz. Der Notar muss beide Verträge im Hinblick auf Kaufpreisfälligkeit, Werkvertragsregelungen, Mängelhaftung, Erschließungskosten, Vollmachten prüfen und beeinflussen. Wenn der Auftragnehmer (Baufirma) verlangt, nur den Grundstückskauf zu beurkunden, sollte dies zurückgewiesen werden. Hier liegt eine Umgehung der Makler- und Bauträgerverordnung vor, so dass Oberheim nicht dem Schutz wie in einem Bauträgervertrag untersteht.

Weiter nun zu einzelnen »Vertraglichen Vereinbarungen«, die jede Rückseite des Bauvertrags zieren. Zuerst einmal der Text im Wortlaut:

1. Ausführungs- und Leistungsumfang: Grundlage des Vertrages sind dieser Auftrag, die Leistungsbeschreibung, die Planungsskizzen sowie die Bestimmungen der VOB, Teil B (Verdingungsordnung für Bauleistungen) in der jeweils gültigen Fassung, soweit nachstehend nichts anderes vermerkt ist.

2. Festpreis: Die Preise sind Festpreise einschließlich der umseitig genannten Mehrwertsteuer. Sollte sich diese nach Auftragserteilung ändern, wird die Differenz an die Bauherren weitergegeben. Der Festpreis für das Massivhaus umfasst die im Auftrag, in der Leistungsbeschreibung und in den Zusatzvereinbarungen genannten Leistungen. Im Festpreis nicht enthalten sind: Kostenverursachende Auflagen/Mehrleistungen der Baubehörde, die aufgrund baurechtlicher oder vergleichbarer Vorschriften erbracht werden müssen; Leistungen und Darstellungen, die in den Plänen oder Baugenehmigungsunterlagen enthalten, aber nicht ausdrücklich im Auftrag genannt sind; Gebühren für die Genehmigung des Bauantrages, Prüfstatiker, Schornsteinfeger, alle Bauabnahmen sowie die Leistungen, die in der Leistungsbeschreibung unter »Sonderleistungen« aufgeführt sind.

Die Preise sind Festpreise. Das ist o.k. – nicht aber, dass eine Mehrwertsteuer-Erhöhung während der Bauzeit an den Auftraggeber (Bauherrn) weitergegeben werden soll. Es ist anerkannt, dass die Abwälzung von Umsatzsteuer-Erhöhungen bei einer Leistungs- oder Lieferfrist von unter vier Monaten nicht durch Allgemeine Geschäftsbedingungen gedeckt ist.

Nicht in Ordnung ist ferner, dass bestimmte Leistungen im Festpreis nicht enthalten sind. Im Festpreis sollte alles inbegriffen sein, was zur vollständigen, ordnungsgemäßen Ausführung und Lieferung der geschuldeten Leistung notwendig ist. Alle Planungs-, Vorbereitungs- und Nacharbeiten sollten im Festpreis vereinbart sein: Material und Transport, Löhne und Lohnnebenkosten, Unterbringung und Verpflegung der Bauarbeiter, Gerüste, Gerätegemeinkosten, Steuern und Gewinn. Schließlich ist auch das Aufräumen der Baustelle etc. in den Preisen fest zu vereinbaren, ebenso wie Erschließungskosten. Deshalb sollte eine Leistungsbeschreibung »funktional« sein – z. B. mit der Formulierung »schlüsselfertiges, betriebsfertiges, mängelfrei erstelltes Wohnhaus«.

Der Verweis auf »Sonderleistungen«, die von der Festpreisvereinbarung auszunehmen sind, gefällt mir nicht. Diese sind laut Oberheims Vertrag »solche Leistungen, die im Einzelfall zur Herstellung bzw. zur Funktionsfähigkeit des Hauses erforderlich sein können, aber erst später bekannt werden«. Das sind Unwägbarkeiten, die vorher geklärt sein müssen.

Schon gar nicht darf man einen Passus unterschreiben, wonach »Leistungen und Darstellungen, die in den Plänen der Baugenehmigungsunterlagen enthalten sind, aber nicht ausdrücklich im Auftrag genannt sind,« außerhalb des Festpreises liegen. Alles, was genehmigt ist, fällt unter den Festpreis. Weiteres Nachträgliches sollte immer separat vereinbart werden.

3. Festpreisgarantie: Mit Auftragsbestätigung durch die Geschäftsführung der Auftragnehmerin verpflichtet sich diese, den Festpreis für das Massivhaus bis zur Schlüsselübergabe einzuhalten. Die Festpreisgarantie setzt voraus, dass vor Baubeginn, jedoch spätestens sechs Monate nach Auftragserteilung die vollständige Baugenehmigung erteilt wurde, der Bauplatz baureif ist, die Finanzierungssicherstellung entsprechend Position 10e) vorliegt und die vor Baubeginn zu erbringenden Bauherrenleistungen – wie in der Leistungsbeschreibung aufgeführt – erfüllt sind.

Liegen diese Voraussetzungen innerhalb der Frist nicht vor, so sind über Mehrkosten ergänzende Vereinbarungen zu treffen. Verzögert sich die Baufertigstellung aus Gründen, die die Auftragnehmerin nicht zu vertreten hat, so ändert sich der Festpreis um die verzögerungsbedingten Mehrkosten.

Bei der Garantie des Festpreises bestehen Unklarheiten. So muss eine Festpreisgarantie für das Vertragshaus bis zur Schlüsselübergabe gelten.

Nicht empfehlenswert für Bauherren ist auch, die Festpreisgarantie an bestimmte Bedingungen zu knüpfen, wie hier an eine fristgerechte Erteilung der Baugenehmigung.

Ebenfalls ist nicht akzeptabel, dass die Festpreisgarantie eine Finanzierungssicherstellung bedingt. Und auch nicht, dass der Bauherr die Bank vorher anzuweisen hat, Zahlungsraten zu bestimmten Fälligkeitsterminen zu zahlen. Es erscheint äußerst unklug, das Bankinstitut zur Zahlung bereits vor Erbringung einer Leistung anzuweisen – erst nach mängelfreier Fertigstellung der Leistungen sollte gezahlt werden.

Die Festpreisgarantie von Leistungen des Bauherrn abhängig zu machen, ist aus Oberheims Sicht auch nicht zu empfehlen. Bauherrenleistung ist hier etwa ein Bodengutachten auf eigene Kosten bei unklaren Bodenverhältnissen. Hier ist schon fraglich, was unklare Bodenverhältnisse sind.

Allgemein: Eine Festpreisgarantie abhängig zu machen von Risiken, die nicht beim Bauherrn liegen oder unüberschaubar sind, muss in seinem Interesse stets abgelehnt werden.

4. Zahlungsvereinbarungen: Der Festpreis ist ausschließlich an die Auftragnehmerin wie folgt zu zahlen:

  5%-Rate nach Fertigstellung der Bauantragsunterlagen
  15%-Rate nach Fundamenterstellung
  25%-Rate nach Herstellung der Kellerdecke
  35%-Rate nach Herstellung des Geschosses
  45%-Rate nach Richtfertigstellung
  60%-Rate nach Dacheindeckung
  65%-Rate nach Sanitär-Rohinstallation
  75%-Rate nach Einbau der Fenster
  85%-Rate nach Innenputzerstellung
  95%-Rate nach Estrichverlegung
  100%-Rate bei Schlüsselübergabe

Diese Zahlungsraten beziehen sich auf Einfamilienhäuser mit Unterkellerung, sie ändern sich bei 2-geschossiger Bauweise, bei Entfall der Unterkellerung, bei Ausbauhäusern und bei wesentlichen Eigenleistungen. Die vor Schlüsselübergabe abgeforderten Raten sind sofort nach schriftlicher Zahlungsaufforderung/ Bautenstandsbestätigung zu zahlen und müssen innerhalb von 10 Werktagen bei der Auftragnehmerin eingegangen sein, die 100%-Rate ist bei der Schlüsselübergabe/ Abnahme fällig. Mitarbeiter der Auftragnehmerin sind nur gegen Vorlage einer Inkasso-Vollmacht berechtigt, Zahlungen entgegenzunehmen.

Bei der Zahlung nach Raten ist darauf zu achten, dass Abschlagszahlungen erst geleistet werden, wenn eine fristgemäße, fehlerfreie Teilleistung vorliegt. Bauherren sollten ferner darauf achten, dass Raten nur in Höhe von 90 Prozent der geleisteten Arbeiten bezahlt werden. Erst bei der Schlusszahlung sollten 95 Prozent entgolten und die restlichen fünf Prozent als Sicherheitseinbehalt für die Dauer der Gewährleistungszeit zurückbehalten werden.

Ferner: Kurz vor der Fertigstellung sollte der Bauherr nicht zu viel bezahlen, sondern dafür sorgen, dass die ausstehenden Restraten als Druckmittel zur Fertigstellung noch hoch sind. Zur Orientierung kann die Makler- und Bauträgerverordnung herangezogen werden, die die Bauleistungen in sechs Raten aufteilt.

5. Kündigung: Kündigen die Bauherren diesen Vertrag vor Baubeginn, so sind 8% des Gesamtfestpreises als Abstandssumme zu zahlen, es sei denn, der Auftragnehmerin wird nachgewiesen, dass der entstandene Schaden wesentlich niedriger ist. Die übrigen Kündigungsrechte und -folgen richten sich nach den Paragrafen 8 und 9 der VOB, Teil B.

6. Vollmachten/Hausrecht: Die Auftragnehmerin ist berechtigt, die zur Durchführung des Bauvorhabens erforderlichen Maßnahmen im Namen des Bauherren zu treffen. Ferner erhält die Auftragnehmerin das Hausrecht auf der Baustelle für die Dauer der Errichtung des Bauvorhabens bis zur Schlüsselübergabe. Sind im Auftrag mehrere Bauherren benannt, so ist jeder allein vertretungsberechtigt.

Auf keinen Fall sollte man vereinbaren, dass die Baufirma berechtigt ist, »alle zur Durchführung des Bauvorhabens erforderlichen Maßnahmen im Namen des Bauherrn zu treffen« – dies ist ein Freibrief für willkürliche Kostensteigerungen zu Lasten des Bauherrn. Nur der Bauherr ist berechtigt, solche Anweisungen zu geben.

Das Hausrecht auf der Baustelle sollte nicht an die Baufirma abgetreten werden – zumindest nicht im »Innenverhältnis«. Der Bauherr muss immer die Möglichkeit haben, selbst die Baustelle zu überwachen, was auch Paragraf 4 VOB/B besagt – und dieser Paragraf gilt laut Bauvertrag ja auch hier.

7. Veränderungen des Leistungsumfanges, auch während der Bauzeit, sind gesondert durch Zusatzvereinbarungen mit der Auftragnehmerin schriftlich zu erfassen.

8. Nebenabreden: Die Bauherren bestätigen, dass sonstige Nebenabreden weder mündlich noch schriftlich getroffen worden sind.

9. Gewährleistung: Die Gewährleistung ist nach Paragraf 13 VOB/B vereinbart, wobei die Gewährleistungsrechte der Auftragnehmerin zu den Handwerkern und auch solche, die von den Herstellern für gelieferte bzw. eingebaute Baustoffe und -elemente über den Rahmen des Paragrafen 13 Nr. 4 VOB/B hinausgehen und gewährt werden, direkt an die Bauherren abgetreten werden. Die Bauherren nehmen die Abtretung hiermit an und werden die Handwerker bzw. Hersteller außergerichtlich in Anspruch nehmen. Verweigert der zur Gewährleistung Verpflichtete die Erfüllung der Mängelbeseitigung, so steht die Auftragnehmerin dem Bauherrn dafür ein. Für mitgelieferte Geräte und Objekte der elektrischen, sanitären und heizungstechnischen

Installation werden dem Bauherrn bei Hausübergabe von den Lieferfirmen erstellte Garantieurkunden ausgehändigt. Die Auftragnehmerin haftet nicht für die ordnungsgemäße Durchführung von Bauherren-Eigenleistungen und übernimmt hierfür keine Gewährleistungshaftung.

Dazu aber eine Änderung aus dem abgeschlossenen Bauvertrag:

Die Auftragnehmerin übernimmt die direkte Gewährleistung, d.h., dass der Bauherr die Mängel direkt bei MirXbau anzeigt. Die Auftragnehmerin sorgt für die Beseitigung der Mängel. Sollte die Auftragnehmerin als Gewährleistungsträger ausfallen, gelten die Ansprüche als abgetreten.

Hier ist darauf zu achten, dass alle Gewährleistungsrechte im Verhältnis zwischen Bauherr und Baufirma erhalten bleiben. Abtretungen an Subunternehmer von MirXbau könnten sonst zur Folge haben, dass bei Gewährleistungsmängeln die Rechtsverfolgung erschwert wird, etwa wenn der Subunternehmer zahlungsunfähig wird oder wenn er im Verhältnis zu MirXbau eine kürzere Gewährleistungszeit als fünf Jahre hat, wovon oft auszugehen ist. Bei der Gewährleistung ist eine fünfjährige Frist gemäß BGB ratsam.

10. Sonstiges:

a) Alle Veränderungen und weiteren Vereinbarungen bedürfen der Schriftform und Bestätigung durch die Geschäftsführung der Auftragnehmerin.

b) Die Auftragsunterlagen sind nur soweit Vertragsbestandteil, wie sie von der Auftragnehmerin mit einem Bestätigungsvermerk versehen der Auftragsbestätigung beiliegen.

c) Soweit es die Witterung zulässt, wird mit den Bauarbeiten im Regelfall innerhalb von 6 Wochen begonnen, wenn die Baugenehmigung vorliegt und die übrigen vor Baubeginn zu erbringenden Bauherrenleistungen wie in der Leistungsbeschreibung aufgeführt erfüllt sind.

d) Die Bauherren sind erst nach vollständiger Bezahlung des Festpreises berechtigt, das Haus zu beziehen.

e) Die Bauherren haben der Auftragnehmerin vor Baubeginn, jedoch spätestens innerhalb von 6 Monaten nach Auftragserteilung, über die Gesamt-Auftragssumme die Bestätigung der Finanzierungssicherstellung durch ein Bankinstitut/Darlehensgeber auf Vordruck der Auftragnehmerin vorzulegen, dass das Baugeld bei Fälligkeit entsprechend der Zahlungsvereinbarung zur Zahlung an die Auftragnehmerin zur Verfügung steht. Die Bauherren werden das Bankinstitut/ den Darlehensgeber anweisen, die Zahlungsraten gemäß Ziffer 4 dieses Auftrages zu den jeweiligen Fälligkeitsterminen zu zahlen.

f) Sollten einzelne Bestimmungen dieses Auftrags unwirksam sein oder werden, bleibt die Rechtsgültigkeit des Auftrags im übrigen unberührt.

Dazu aber zwei Änderungen/Ergänzungen aus dem abgeschlossenen Bauvertrag:

Für den Fall, dass noch Restarbeiten nötig oder kleine Mängel zu beseitigen sind, übergibt die Auftragnehmerin bei der Zahlung der letzten Rate eine Gewährleistungsbürgschaft an den Auftraggeber in doppelter Höhe des Betrages, der für die Erledigung oder Beseitigung durch Fremdfirmen anfallen würde. Bei mängelfreier Übergabe ist ein Einbehalt nicht vorgesehen.

Die Bestätigung der Bank kann auch formlos erfolgen, es wird keine Bürgschaft verlangt.

Der Passus »Soweit es die Witterung zulässt, wird mit den Bauarbeiten im Regelfall innerhalb von sechs Wochen begonnen«, ist sehr auftragnehmerfreundlich – ein Freibrief für MirXbau, mit dem Bauen zu beginnen, wann es der Firma passt. Fest vereinbarte Anfangs- und Endtermine müssen sein! Es kann sonst z. B. zu Problemen bei der Kündigung von Oberheims Mietvertrag kommen.

Die Passage, dass der Bauherr erst nach vollständiger Bezahlung des Festpreises berechtigt ist, das Haus zu beziehen, ist zu streichen. Das kann bedeuten, dass er vielleicht nie einziehen wird, wenn er den (eventuell zu Unrecht) geforderten Festpreis nicht komplett zahlt.

Am Rande: Im Vertrag sollte übrigens immer ein Vertreter der Baufirma benannt sein, der zu rechtsgeschäftlichen Verfügungen und damit zur Entgegennahme von Bauherren-Weisungen bevollmächtigt ist. Sonst kann es leicht zu (teuren) Missverständnissen kommen.

Resümee

Zusammenfassend gesagt: Oberheims Vertrag ist lückenhaft, grob bauherrenfeindlich und in Teilbereichen höchst unbillig!

So fehlen Vereinbarungen zu den Ausführungsfristen. Ebenso wenig sind – aus MirXbau-Sicht verständlich – Ausführungen zu einer Vertragsstrafe getroffen worden, falls MirXbau Termine nicht einhält.

Welcher Art die Abnahme sein soll, ist ebenfalls unklar. Hier sind gemäß Paragraf 12 VOB/B verschiedene Formen denkbar, insbesondere die stillschweigende Abnahme durch Benutzung oder die fiktive Abnahme. Eine förmliche Abnahme sollte im Interesse des Bauherren vereinbart werden, damit Klarheit und Beweissicherheit im Hinblick auf eventuelle Mängel herrscht.

Auch eine Sicherheitsleistung ist hier nicht angesprochen, wobei diese durch Bürgschaft oder durch Bareinbehalt etwa in Höhe von fünf Prozent der Bruttoabrechnungssumme gestellt werden kann. Sie dient zur Sicherung der fünfjährigen Gewährleistungsansprüche gegen MirXbau.

Tagebuch, 26. Folge:
Der Wert-Check des Bauingenieurs

Zahlt Oberheim einen fairen Preis?

Bauherr und Tagebuchschreiber Roland Oberheim erholt sich von der Unterschrift unter seinen Bauvertrag. Ob er darin preiswert bedient wird oder zu viel zahlen muss, untersucht Bauingenieur und Baukammer-Mitglied Richard Djoa. Er ist Prokurist und Chef für Kostencontrolling und Ausschreibung bei der »IBR Ingenieurbüro Ruths GmbH«, die große Berliner Bauträger in Kostenfragen berät. Er soll vor allem die Frage beantworten, ob Oberheim einen fairen Preis bezahlen wird – sowohl für den Grundpreis des Hauses als auch für die diversen Extras, die er ausgehandelt hat:

Es ist natürlich schwer, anhand der ja oft nur vagen Angaben aus einem Bauvertrag und aus einer mehrdeutigen bzw. nicht eindeutigen Bau/Leistungsbeschreibung eine Preiskalkulation zu betreiben. Ich werde dabei nie den genauen Preis treffen können, den eine Leistung wert ist – denn der eine Bauunternehmer kauft eine Heizanlage beim Hersteller für 1.500 Euro, während der andere über einen günstig erhaltenen Sonderposten oder über einen Großabnahmerabatt seines Sanitär-Subunternehmers dasselbe Gerät für 1.400 Euro bekommt. Soll ich dann kritisieren, dass das Gerät für 1.800 Euro in einem Bauvertrag drinsteht? Oder anders formuliert: Ob dieses Gerät innerhalb einer Gesamtkalkulation von 150.000 Euro mit 1.800 oder 1.400 Euro gerechnet wird, lässt sich von außen nicht nachvollziehen.

Daher erst einmal einige allgemeine Worte, die sich eher an künftige Hausbau-Interessenten als an Roland Oberheim richten: Üblicherweise legen Hausanbieter dem Kunden gern Zahlen vor, die die »Kosten pro Quadratmeter Wohnfläche« nennen. Zahlen unter 1.000 Euro je Quadratmeter gelten dabei als beispielhaft – doch ich möchte das Einfamilienhaus-Angebot sehen, das diese Vorgaben auch wirklich einhält. Da fehlt dann vielleicht schon die Bodenplatte, was oft am Angebotspreis mit dem Vermerk »ab OK Bodenplatte« oder »ab OKK« (Oberkante Keller) zu erkennen ist. Oder es handelt sich um halbfertige Ausbauhäuser. Reelle Werte von unter 1.000 Euro je Quadratmeter sehe ich nur in großen Reihenhausanlagen.

Damit der Leser und ich den gleichen Wissensstand haben, folgt ab hier der

Wortlaut des Bauvertrages:

Pos. 1

MirXbau Massivhaus, Vorschlag »Sonneberg«, mit Keller, Erd- und Dachgeschoss sind ausgebaut. Ausführung erfolgt nach beiliegenden Zeichnungen. Ausstattung nach Leistungsbeschreibung....... Die VOB Teil B, ist Bestandteil des Vertrages.

Grundpreis 147.222 Euro

Bei Oberheim rechne ich von den rund 147.000 Euro für den Haustyp-Standard erst einmal 15.000 Euro für den Keller ab. 132.000 Euro bleiben dann für knapp 100 Quadratmeter Wohnfläche. Ein stolzer Preis: Bei den angegebenen Baumaterialien und Ausstattungsgegenständen hätten zehn Prozent weniger, also knapp 120.000 Euro meiner Meinung nach auch gereicht. Der Ausgangspreis dürfte danach rund 10.000 bis 14.000 Euro zu hoch sein.

Aber bei Preisgestaltungen durch den Unternehmer spielen auch andere Aspekte mit: Ist die Lage reizvoll, das Hinterlieger-Grundstück am ehemaligen Grenzstreifen vielleicht besonders günstig angeboten, die Nachfrage in Oberheims Lieblingsstadtteil vielleicht größer als anderswo? Diese Faktoren wirken sich oft nicht nur den Grundstückspreis, sondern auch auf die Höhe des Baupreises aus.

Auch den Preis je Kubikmeter umbauten Raumes habe ich errechnet und bin beim Standardpreis inklusive Keller auf 232,72 Euro je Kubikmeter gekommen. Angemessen wären noch 205 bis 210 Euro, während 255 Euro eine viel zu hohe Zahl wäre.

Sehr viel genauer nachrechnen kann man die als Extras eingekauften Positionen aus Oberheims Bauvertrag. Bei nachträglichen Änderungen greifen Bauunternehmen oft etwas stärker zu – erst recht dann, wenn dies später während der Bauphase geschieht. Dann ist der Bauherr im Druck und schluckt (fast) alles.

Pos. 2

Folgende Mehr- bzw. Minderleistungen werden angeboten:

Pos. 3

Kellergeschosserhöhung um 2 x 12,5 cm auf 2,375 m Rohbaumaß.

Mehrpreis 2.945 Euro

Offensichtlich weil Oberheim einen Kellerraum auch zum Aufenthalt für Gäste oder als großes Hobbyzimmer vorsieht, hat er das normalerweise mit 2,125 Metern Höhe vorgesehene Kellergeschoss um zweimal 12,5 Zentimeter erhöhen lassen. Doch dafür 2.945 Euro zu kassieren, finde ich um rund 1.100 Euro zu hoch.

Pos. 4

2 Stück Kellerfenster, 151 cm x 76 cm aus Kunststoff weiß, mit Isolierverglasung und Dreh-Kipp-Beschlägen.

Mehrpreis 981 Euro

In einem Kellerraum will Oberheim das normale Kellerfenster durch zwei wohnlichere, größere austauschen. Ein kleines Kellerfenster (100 mal 50 Zentimeter) retour und zwei Kunststofffenster mit Isolierverglasung mit den Maßen 151 mal 76 Zentimetern finde ich mit 981 Euro auch überbezahlt. 800 Euro müssten hier reichen.

Pos. 5

Folgende Kellerräume bekommen schwimmenden Estrich, d = 17 cm, auf verschweißter Folie: Keller 2.

Mehrpreis 417 Euro

Pos. 6

Bei den beheizten Kellerräumen werden die erdberührenden Kelleraußenwandflächen zusätzlich mit Styrodur-Platten, d = 6 cm, Dämmklasse 040, gedämmt.

Mehrpreis 663 Euro

Pos. 7

Im Keller 2 wird ein Heizkörper mit Thermostat eingebaut.

Mehrpreis 946 Euro

Preislich in Ordnung sind die Außenwand für den wohnlichen Kellerraum mit Sechs-Zentimeter-Dämmplatten und den (zur besseren Dämmung vorgesehenen) 17 Zentimeter starken Fußbodenaufbau aus schwimmendem Estrich auf verschweißter Folie. Ebenso der Heizkörper mit Thermostat.

Pos. 8

Drainage, d = 100mm, aus hanfummanteltem Endlosrohr, mit Kieskegel am Fußpunkt.

Mehrpreis 752 Euro

Pos. 9

70 qm Porodrainplatten mit Vlies.

Mehrpreis 1.360 Euro

Pos. 10

Kiesfilterschicht unter der Sohle, d = 100 cm.

Mehrpreis 777 Euro

Pos. 11

4 Spülschächte.

Mehrpreis 1.289 Euro

Pos. 12

1 Drainageschacht, t = max. 2,0 m, d = 100 cm.

Mehrpreis 1.406 Euro

Pos. 13

1 Pumpe mit Elektroanschluss.

Mehrpreis 488 Euro

Pos. 14

Wenn die Bodenbeschaffenheit eine Drainage nicht erfordert, erfolgt Gutschrift.

Mit einer Drainage für mehr als 6.000 Euro soll das Haus gegen eventuell anzutreffende Bodenprobleme (drückendes Wasser) gesichert werden. Ich würde von solch einer Methode immer abraten, denn Drainageanlagen können verstopfen und müssen regelmäßig gewartet werden. Einzig sichere Lösung wäre eine dauerhafte Abdichtung. Preislich aber habe ich hier keine Kritik anzubringen.

Pos. 16

Es werden Holzfenster (RAL-geprüft) ohne Sprossen eingebaut. Holzart: Hemlock, werkseitig endbehandelt, lasiert.

Mehrpreis 6.074 Euro

Roland Oberheim hat sich für Holzfenster in lasiertem Hemlock statt für den Kunststofffenster Standard entschieden. Eine gute Wahl eines sehr hochwertigen Holzes – aber zu teuer: 6.074 Euro Hemlock-Aufpreis gegenüber dem Kunststoff sind fast 2.500 Euro zuviel. Und dabei habe ich schon berücksichtigt, dass die Kunststofffenster von dem Bauunternehmen sicher in größerer Stückzahl und mit Rabatt geordert werden können, während die Hemlock-Fenster in kleiner Auflage extra hergestellt werden müssten.

Pos. 15

1 zusätzlicher Warmwasseranschluss im Gäste-WC.

Mehrpreis 307 Euro

Pos. 17

Es werden folgende zusätzliche Sanitär-Objekte mit komplettem Zubehör eingebaut: 2 Duschen ohne Kabinen.

Mehrpreis 1.420 Euro

Pos. 18

Gesamte Wandverfliesung im Gäste-WC; H = 2,0 m.

Mehrpreis 936 Euro

Im Gästebad will Oberheim eine Dusche einbauen. Aber allein für eine Duschwanne ohne Abtrennung rund 700 Euro zu berechnen, sind etwa 250 Euro zuviel (was auch für eine zweite Extra-Dusche im Bad des Obergeschosses gilt). Auch eine von 1,50 auf 2,00 Meter erhöhte Wandverfliesung des kaum vier Quadratmeter großen Gästebades ist keine 936 Euro Mehrpreis wert, sondern ziemlich genau die Hälfte.

Pos. 19

Wärmegedämmter Drempel, H = 75 cm, soweit genehmigungsfähig, ansonsten H = 62,5 cm.

Mehrpreis 1.212 Euro

Pos. 20

Abgeschleppte Trapezgaube mit 2 Fenstern. Der Dachüberstand der Gaube beträgt ca. 25 cm. Pfanneneindeckung der Gaube in der Farbe des Hauptdaches. Stirnseitige Verschalung der senkrechten Gaubenfläche in Fichte, Profilholz, naturbelassen.

im Preis

Pos. 21

1 Innentür entfällt.

Minderpreis 345 Euro

Pos. 22

Ausführung als Niedrigenergiehaus, Außenwandaufbau wie in Leistungsbeschreibung »Niedrigenergiehaus«: zweischalige Ausführung entspricht den Anforderungen des KfW-Programm für Niedrigenergiehäuser.
Die Beheizung des Hauses und die Warmwasserzubereitung erfolgen durch »....« mit 120 Liter Warmwasserspeicher oder ein gleichwertiges deutsches Markenfabrikat.

Mehrpreis 11.318 Euro

Die Hausfassade will Oberheim nicht mit einem Wärmedämmputz, sondern mit einer Kerndämmung (von zehn Zentimetern Stärke) und Verklinkerung (11,5 Zentimeter). Dafür werden ihm insgesamt 11.318 Euro berechnet. Da er dafür laut Vertrag auch das Qualitätsmerkmal »Niedrigenergiehaus« sowie eine Heizung mit Brennwerttechnik extra geboten bekommt, ist der Preis angemessen. (Späterer Nachtrag: Seit Februar 2002 ist der Niedrigenergiehaus-Standard als Standard zwingend vorgeschrieben.) Der weitere Bauvertragstext hier nur zur Dokumentation:

Pos. 23

Der Keller wird nach der Leistungsbeschreibung »Niedrigenergiehaus« ausgeführt.

Pos. 24

Fenstersprossen entfallen.

Minderpreis 1.227 Euro

Pos. 25

Das Gewerk Malerarbeiten innen und außen ist im Festpreis enthalten.

Pos. 26

Statt der Mahagoni-Art-Stufen werden Buchenstufen auf beiden Treppen eingebaut.

Mehrpreis 741 Euro

Pos. 27

Es werden Fliesen nach Leistungsbeschreibung »Niedrigenergiehaus« verlegt.

Verlegepreis: 90 Euro/qm.

Pos. 28

Das Gewerk textile Oberbeläge ist im Festpreis enthalten. Verlegepreis 32 Euro/qm inkl. Sockelleisten.

Pos. 29

Der Bauherr erwirbt von der MirXbau GmbH das Baugrundstück im Planweg 55, hinteres Teilstück, Größe ca. 510 qm (noch zu vermessen) zum Preis von 300 Euro/qm. Der Abriss der Laube und das Fällen des Nussbaumes und Entfernung der Wurzeln, soweit erforderlich, sind im Festpreis enthalten.

Pos. 30

Ein Notarvertrag (Vorentwurf) wird Herrn Oberheim zugeschickt. Ein Termin zur notariellen Beurkundung wird zwischen den Parteien noch vereinbart.

Pos. 31

Im Gäste-WC wird ein Standardwaschtisch (ca. 63 cm) mit Einhebelmischbatterie statt Handwaschbecken eingebaut.

Pos. 32

Pauschale für Bauwasser und Baustrom während der Bauzeit, einschließlich Strom für die Baubeheizung.

Mehrpreis 614 Euro

Pos. 33

Die Gewährleistung wird nach VOB auf fünf Jahre verlängert. Auf die feuerberührten Teile beträgt sie 1 Jahr, beginnend mit der Hausübergabe.

Pos. 34

Es wird eine Bodeneinschubtreppe im Treppenhausbereich eingebaut.

im Preis

Festpreis in Euro einschl. 16% MwSt.   180.276 Euro

180.276 Euro ist die Endsumme, mit der Oberheim seinen Bauvertrag unterschrieben hat. Ziehe ich die errechneten rund 18.000 Euro zu hoch bezahlter Bauleistung ab, wäre er mit einer Endsumme von 162.000 Euro besser – fairer – gefahren.

Aber das wird Oberheim jeder sagen: An irgendwelchen Stellen zahlt man beim Bauen immer zuviel.

Oberheims Einsichten

Im Grunde genommen war ich positiv überrascht vom Ergebnis dieses Experten. Es wurde zwar alles noch ein ganzes Stück teurer, aber ich habe von anderen Bauprojekten gehört, wo mit ähnlichen Materialien für noch viel mehr Geld (bei allerdings freier Architektenplanung) gebaut wurde.

Tagebuch, 27. Folge:
Der Grundriss-Check des Architekten

Wie lebt es sich auf Papier?

Wie Oberheims Wohnen in dem geplanten Neubau einmal aussehen wird, das beurteilt Dipl.-Ing. Architekt Klaus Meier-Hartmann, Vorstandsmitglied der Architektenkammer Berlin. Er setzt sich als Autor mit den Skizzen des geplanten Hauses auseinander:

Eine schwierige Aufgabe. Wo kann ein »Grundriss-Check« noch ansetzen, wenn die Planung bereits so weit fortgeschritten ist? Normalerweise will doch der Bauherr seine Wünsche umsetzen und berät sich zuerst z. B. mit einem Architekten. Doch bei Oberheim ist es anders gelaufen, er bekam von der Baufirma MirXbau das Grundstück angeboten und sollte sich ein Typenhaus-Modell aussuchen.

Vermutlich verbieten sich nun ganz grundsätzliche Änderungen des Entwurfs. Aber vielleicht können andere Leser des Bautagebuchs aus solch einem Grundriss-Check Anregungen für ihre eigenen Hausbaupläne entnehmen.

Fangen wir im Erdgeschoss an. Fragen Sie sich immer: Wie benutze ich ein Gebäude an jedem Tag? Wie lebt es sich in dem Haus, das bisher nur auf dem Papier existiert? (Anmerkung: Die Nummern zeigen, welche Details in welcher Stockwerk-Skizze gerade angesprochen werden. Die Ortsbeschreibungen wie links, rechts, oben oder unten meinen immer die Position des Details auf der Skizze.)

Bild 4

1 Wo tritt man ein? Roland Oberheim kommt nach Hause – und knallt seinem Sohn die Haustür gegen den Kopf. Denn: Der Kleine kam gerade, wie immer mit reichlich Tempo, die Treppe

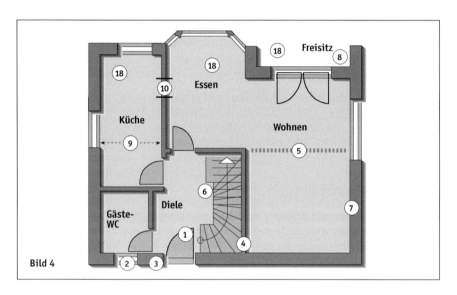

Bild 4

hinunter. Meine Kritik: Eine Tür, die gegen eine Treppe öffnet, ist ein krasser Planungsfehler. Also: Türanschlag wechseln. Nun öffnet die Tür zwar zum Gäste-WC, doch kommt dort selten jemand heraus, und zudem mit einer ganz anderen Geschwindigkeit als von der Treppe. Bessere Lösung: WC-Tür nach oben verlegen.

2 Ein Schönheitsfehler: Das Toilettenfenster liegt gleich neben der Eingangstür. Würden Sie gern auf dem WC sitzen, wenn sich jemand plaudernd vor der Tür verabschiedet? Das Fenster ums Eck herum zu legen, beendet dieses Manko, erfordert aber auch eine andere Planung, falls eine Dusche im Gäste-WC vorgesehen ist – und die ist bei vier Bewohnern plus Gästen zu empfehlen!

3 Noch etwas zur Haustür: Sie ist die einzige natürliche Lichtquelle für die Diele und für die Treppe. Vielleicht sollte sich daher neben der Tür ein Glaselement anschließen.

4 Im Alltag unpraktisch: Wer ins Wohnzimmer will, muss erst durch die Diele und am Essplatz (im Erker) vorbei. Das liegt daran, dass die Treppe den unteren Bereich des Hauses abtrennt. Besser wäre es, von der Diele her einen Wohnzimmer-Zugang einzuplanen.

5 Eine Wohnzimmer-Abtrennung würde ich aus eigener Erfahrung (zwei Kinder wie bei Oberheim) befürworten. Wenn am Esstisch viel los ist, kann man sich mit einem Buch oder zum Fernsehen zurückziehen. Das aber geht nur, wenn es dort eine räumliche Trennung gibt.

6 Allerdings hat die nicht im Wohnbereich liegende Treppe auch einen Pluspunkt. Sie lässt zu, dass man sich im Hause unabhängiger bewegen kann – und es ist (etwa nach dem Auszug der Kinder) in 20 oder 30 Jahren möglich, neben der Treppe einen neuen Eingangsbereich zu schaffen – vielleicht um sich zu verkleinern und um beide Etagen unabhängig voneinander nutzbar zu machen (z. B. Untervermietung).

7 Wie ist der untere Wohnzimmer-Bereich belichtet? Schlecht, denn die Freisitz-Fenster und das rechte Fenster liegen weit weg. Rechtes Fenster mehr in den unteren Bereich verlegen. Nebenbei: Plant Oberheim Rollos an den Fenstern? Dann sollte er beachten, dass ein Fenster durch den Rollo-Kasten niedriger und der Raum schlechter belichtet wird.

8 Was soll dieser Freisitz?! Mit etwa 1,25 Metern Tiefe bietet er nur wenig Schutz. Und wäre er größer, würde er das Wohnzimmer unnötig verkleinern. Meine Idee: Die Wand glattziehen; dadurch vergrößert sich das Wohnzimmer und kommt für den Bauherrn und für die Baufirma billiger, weil aufwändiges Um-die-Ecke-herum-Mauern und -Verklinkern wegfällt.

9 Bei der Küche habe ich eine Breite von 2,25 Metern festgestellt. Zu wenig für eine zweizeilige Einbauküche, denn zweimal je 60 Zentimeter Möbeltiefe plus 1,20 Meter Mindestabstand dazwischen werden nicht erreicht. Wenn der eine den Kühlschrank ein- und die andere gerade die Geschirrspülmaschine ausräumt, stoßen die Oberheims zusammen.

Notfalls würde das gerade noch funktionieren – aber warum plant man so eng, wenn man neu baut?! Noch etwas Grundsätzliches: Überlegen Sie schon bei der Planung, welche Möbel wo stehen sollen! Das gilt nicht nur für die Küche, sondern für alle Räume und bis hin zu Heizkörpern und Steckdosen. Alles, was Sie während der Bauzeit oder nachträglich ändern, summiert sich in kleinen Beträgen zu Tausenden.

10 Die Küchen- und Ess-Situation gefällt mir gar nicht. Ständig wird mit schwappenden Suppenterrinen, gefüllten Töpfen oder übereinander gestapelten Tellern mit Essensresten durch zwei Türen gelaufen, vom Herd zum Essplatz und später zur Spülmaschine. Eine unglückliche Planung, die mittels Direktzugang zum Essplatz oder zumindest per Durchreiche abgemildert werden sollte.

Bild 5

11 Zum Keller: Dass der als Gästezimmer geplante Keller 2 nur durch einen anderen Raum erreicht wird, ist unschön. Über eine Erweiterung des Flures (»Vorkeller«) – möglichst mit weiterem Fenster – wäre dies zu verbessern. Oder wollen Sie Gästen einen Slalom zwischen Altmöbeln, Farbeimern und Getränkekisten zumuten?!

12 Beim Gästezimmer als »Aufenthaltsraum« sollte übrigens auf die amtlich geforderte Mindestraumhöhe geachtet werden. Dies gilt natürlich auch für die anderen Räume. MirXbau ist aus Sachsen – gerade bei Baufirmen aus anderen Bundesländern geht dies in Berlin manchmal schief.

Höhen sind auch bei den Türen wichtig: Fertighaus-Firmen bieten oft Türen von 2,01 Metern Höhe. Mittlerweile aber sind Durchgangshöhen von rund 2,10 Metern Standard – die Menschen werden schließlich größer.

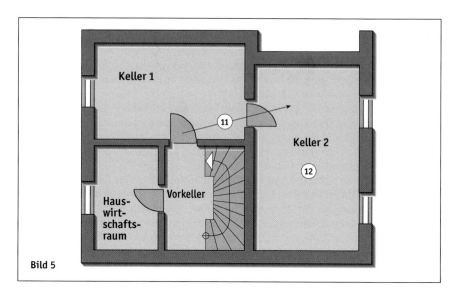

Bild 5

Bild 6

13 Zum Obergeschoss: Die Flächen dort sind, sagen wir mal, sehr optimiert. Was aber an Zimmerfläche gewonnen wurde, ist vom Flur abgegangen. Wenn sich morgens dort vier Menschen begegnen, wird es ziemlich eng. Eine etwas steilere Treppe gewinnt wenigstens die jetzt als letzte Trittstufe gedachte Fläche hinzu.

Dies ist aber nur eine Herangehensweise. Wem es vor allem auf große Zimmer für Kinder, Bad und Schlafen ankommt, der hat gute Argumente für einen solchen Mini-Flur. Allerdings: Dass damit die auf der mir vorliegenden Skizze eingetragenen Zimmerflächen von 12,01 bis 13,85 Quadratmetern herauskommen, kann nicht sein – die niedrige Dachschräge ragt deutlich weiter in den Grundriss hinein, als es die Obergeschoss-Skizze andeutet. Flächen zwischen einem und zwei Metern Höhe dürfen nur zur Hälfte berücksichtigt werden.

14 Ich habe im Bauvertrag gelesen, dass die Räume Schlafen und Kind 2 eine so genannte abgeschleppte Gaube bekommen sollen. Dies ist auch nötig, weil sonst die Zimmertüren vor der Dachschräge kaum zu öffnen sein könnten. Aber selbst mit Gaube ergibt dies die unglückliche Lösung, dass man nach dem Eintreten immer erst die Türen schließen muss – weil man sich sonst zwischen Tür und Wandschräge gebückt vorbeizwängen müsste. (Not-)Lösung: Türen verlegen.

15 Generell frage ich mich auch, ob es nicht Probleme geben könnte, im Eltern-Schlafzimmer ein Doppelbett und einen großen Kleiderschrank unterzubringen.

16 Was mir gut gefällt, ist das große Bad – auch wenn es, wie gesagt, kaum 12,01 Quadratmeter Wohnfläche haben dürfte. Ich würde hier übrigens die geplanten Einrichtungsgegenstände konzentriert anordnen, um viel freie Fläche zu erhalten – für einen Stuhl, eine Pflanze, eine Sonnenliege, ein Fitnessgerät oder einfach als geräumiges Bad zum Wohlfühlen.

17 Ein ästhetisches Problem ergibt sich, wenn man die Badezimmer-Giebelseite von außen betrachtet: Das Fenster ist kleiner als das Schlafzimmerfenster und liegt beziehungslos in der Wand. Aus konstruktiven Gründen wohl – aber unschön.

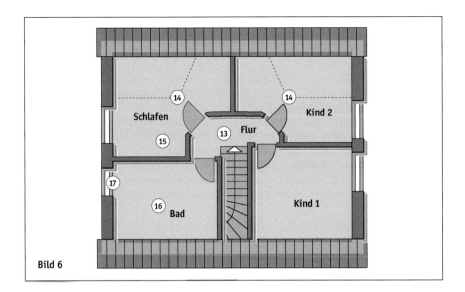

Bild 6

Noch etwas Allgemeines:

18 Bedenken sollten Bauherrenfamilien immer auch die Beziehungsgeflechte. Eltern/Kind – das bedeutet Betreuung auch außerhalb des neuen Hauses. Dazu aber müsste man wissen, wie das Haus auf dem Gelände liegt. Bei Oberheims Hinterlieger-Land erübrigt sich möglicherweise die Frage, wie man das Fortlaufen auf die Straße verhindern kann – sonst wäre eine Sichtbeziehung etwa von der Küche auf den nahen Bürgersteig wichtig.

Innerhalb des Hauses wäre zu beachten, dass Kleinkinder gern nah bei Vater oder Mutter sein wollen und dann auch besser betreut werden können. Die kleine Küche des Oberheim-Hauses ist ungünstig, eine Wohnküche (Küche und Essplatz zusammenlegen) wäre geeigneter.

Viele Aspekte des Hausbaus – zum Beispiel die äußere Gestaltung, der Innenausbau, die Materialien, die Nutzung erneuerbarer Energien oder die Einbindung in die Umgebung – sind in diesem Grundriss-Check nicht angesprochen worden. Sie alle würden bei einer Architektenplanung berücksichtigt werden. Die Vorgehensweise von Oberheim, erst zu bestellen und hinterher teilweise zu korrigieren, halte ich daher für einen fehlerträchtigen Weg.

Wenn es denn kein maßgeschneidertes Architektenhaus sein soll, soll er sich wenigstens vorher beraten lassen. Vielleicht kommt man dann gemeinsam mit einem Fachmann auf gute Ideen, an denen man die Angebote von Hausanbietern prüfen kann. Die Kosten hierfür sind im Vergleich zu nachträglichen Baukosten oder – noch schrecklicher – späterem Ärger über verpasste Chancen eher gering.

Oberheims Einsichten

Glücklicherweise habe ich die meisten Kritikpunkte durch fremde Hilfe noch rechtzeitig erkennen und ausbügeln können.

Ein paar kleine Tipps noch: Im Keller haben wir uns später ein einfaches Waschbecken mit Kalt/Warmwasser-Leitung legen lassen. Das ist wichtig, wenn man die schmutzigen

Schuhe nach der Gartenarbeit mal saubermachen will, ohne gleich eines der Badezimmer völlig zu verdrecken.

Aus Erfahrungen von Doppelhaus-Nachbarn haben wir noch eins gelernt: Denken Sie bei einem Planungs-Check wie dem des Architekten eben auch an die Außenseite des Hauses. Überlegen Sie, wo später das Auto (Stellplatz amtlich vorgeschrieben?), die Fahrräder aller Familienmitglieder, die Mülltonne oder -tonnen bei Abfalltrennung und die Gartengeräte von Spaten bis Rasenmäher stehen sollen. Hat eine Doppelhaushälfte ihre optische Orientierung nur zur Sonnenseite hin, dann gibt es vielleicht schon Probleme, wohin Sie Ihre Fahrräder stellen könnten. Und die Mülltonne sollte schließlich nicht direkt neben Terrasse und Holzkohlengrill stehen müssen.

Wie wäre es mit einer Kelleraußentreppe? Wir haben aus finanziellen Gründen darauf verzichtet, weil sie mehr als 5.600 Euro gekostet hätte. Aber speziell bei Doppelhaushälften scheint mir eine solche Treppe auf der Schattenseite des Hauses wichtig.

Tagebuch, 28. Folge:
Zweifel, nichts als Zweifel
Plan-los im Urlaub

3. Juli: Das war ein ziemlich immobilien-loser Urlaub an der Ostsee. Wir hatten nämlich in der Aufbruchseile vergessen, den Bauvertrag und die Grundriss-Skizzen des Hauses mitzunehmen. In Gedanken haben wir uns schon mit dem neuen Haus beschäftigt. Beispiel Klinkersteine: Uns schwebt ein Dunkelrot vor, wozu grün lasierte Holzfensterrahmen passen würden. Kaum sahen wir auf unserer Ostseeinsel ein Haus in dieser Farbe, machten wir davon sofort ein Foto. Was uns beim Näherkommen jedoch etwas verwirrte: Das Häuschen war nur das Feuerwehrgerätehaus des Dorfes...

Vor allem aber dachten wir an die Küchenplanung. Eigentlich hatten wir den Grundriss auf den ersten Blick ja ganz passabel gefunden. Er ist unserer jetzigen Mietwohnungsküche in den Ausmaßen recht ähnlich. 10,2 Quadratmeter sind zwar nicht die Welt – aber wenn es bisher mit einer Sitzecke dort ganz gut ging, warum dann nicht auch im neuen Haus?!

Unser Nachdenken übers Haus war im Urlaub im wahrsten Sinn des Wortes planlos, der Grundriss-Plan fehlte uns an allen Ecken und Enden. Immerhin konnten wir uns an viele Details erinnern – und waren manchmal richtig verzweifelt: Haben wir uns nicht ein viel zu kleines Häuschen ausgesucht? Mit viel zu kleinen Kinderzimmern im Obergeschoss? Zwölf Quadratmeter pro Kinderzimmer – hatten wir nicht mal Größenordnungen von 15 bis 16 Quadratmetern angestrebt?!

Rund 114 Quadratmeter Wohnfläche im Erd- und Dachgeschoss stehen in den Unterlagen. Davon gehen aber sicher noch Dachschrägen ab. Irgendwie doch zu klein, wir hatten vor längerer Zeit mal 130 bis 140 Quadratmeter im Blick.

Einige andere Hausmodelle im Angebot der Firma MirXbau waren zwar fünf, sechs Quadratmeter größer – aber auch 25.000 und mehr Euro teurer. Aber werden uns am Ende genau diese Quadratmeter fehlen?

Mehr können wir uns aber gar nicht leisten, wenn wir innerhalb Berlins bauen wollen, sagen wir uns immer wieder – aber es klingt wie ein hilfloser Besänftigungsversuch. Der Urlaub ist mit diesem Thema total überfrachtet; immer wieder kommen wir darauf zurück. Mit Relaxen war nicht viel…

Als wir wieder zu Hause ankamen, stürzten wir uns gleich auf die Grundriss-Skizzen und sahen sie wie mit neuen Augen: Ist das nicht alles noch viel kleiner, als wir es uns im Urlaub ausgemalt haben?

Wo soll im Badezimmer oben angesichts der Schräge der Wände überhaupt noch eine Dusche hin? Und ist die Küche nicht doch kleiner als unsere, weil sie nämlich zwei Fenster hat – und damit weniger Schrankfläche an den Wänden?

Was die Expertin dazu sagt:

Schlagen Sie sich auf die positive Seite!

Wieder einmal scheint bei der Bauherrenfamilie eher der menschliche als der baufachliche Rat angebracht: Zu klein oder nicht zu klein, zumindest im Urlaub scheint dieses Thema die Oberheims nicht losgelassen zu haben. Wie man mit kritischen Einstellungen umgehen kann, dazu äußert sich Barbara Bayerl, Diplom-Psychologin und Psychotherapeutin mit eigener Praxis in Berlin-Hermsdorf:

Tatsächlich zu klein oder einfach nur als zu klein empfunden? Diese – als wohlgemeinter Ratschlag gestellte – Frage hilft den Oberheims erst einmal nicht wirklich weiter. Das sind Zweifel, die die meisten Bauherrenfamilien einmal ereilen: Wer plant schon perfekt? Und wer geht ohne Zweifel durchs Leben?

Schwierig und eine Ursache für zusätzlichen Stress wäre es in der Tat, hätte die Familie nur zweieinhalb Zimmer für vier Köpfe geplant. Aber hier liegt der Fall ja anders: Oberheims müssen einfach erkennen (lernen), dass sie mit dem – bei fast allen Menschen begrenzten – Geldbeutel leben müssen. Gedanken an unerreichbare 130 oder 140 Quadratmeter Wohnfläche bringen sie nicht weiter.

Schlagen Sie sich auf die positive Seite, Herr Oberheim! Sie haben Ihr Haus ganz bewusst in Berlin gebaut und sich nicht 150 Quadratmeter zum selben oder günstigeren Preis 25 Kilometer vor den Stadttoren leisten wollen. Denken Sie vor allem daran!

Außerdem sind in einem Haus nicht allein Quadratmeterzahlen wichtig, viel eher ist es die Zahl der Räume. Alle vier Familienmitglieder können sich in je ein Zimmer zurückziehen. Mit dem fünften wohnlichen Zimmer im Keller ist doch an Räumen und Rückzugsmöglichkeiten in der Familie alles erreicht. Zudem ist der Gewinn an Garten gegenüber der vorherigen Mietwohnung auch schon fast so etwas wie ein »weiterer Raum außerhalb der umbauten Räume« und die Terrasse ein zusätzlicher Wohnraum im Sommer.

Also: Nicht 25 oder zehn Quadratmeter Fläche sind wichtig – das Entscheidende ist die Tür, die diesen Raum abgrenzt. Wenn die Baufamilie dies erkennt, wird sie ihre inneren Wünsche mit der Realität in Einklang bringen und nicht mehr nach den Sternen greifen – ist das nicht schon eine Anleitung zum Glücklichsein in den eigenen vier Wänden?!

Und wenn man sich beim Einzug vielleicht erst einmal mit einem Provisorium begnügt, kann die Familie bald sehen, wie auch kleine Zimmer mit Etagen- oder Hochbett geräumiger werden. Falls dann überhaupt noch eine(r) nach der Größe fragt.

Oberheims Einsichten

Wie sich später zeigen sollte, hat sie Recht. Freunde haben jenseits der Stadtgrenze ganz groß gebaut und fühlten sich als Großstädter im Ort bald isoliert. Andere haben beim Ausstattungsstandard gespart, um später mehr Geld ins Innere des Hauses zu stecken. Dort habe ich noch nach langer Zeit unwohnliche Zustände erlebt. Das Geld nämlich ging vor allem in die Baufinanzierung und nicht ins neue Sofa oder die Tapete im (vollgeräumten) Kinderzimmer. Solch ein Dauerprovisorium hält nicht jeder aus...

Tagebuch, 29. Folge:
Die Quadratmeter-Wahrheit
Überraschung im Bauantrag

18. Juli: Nur ein Termin diese Woche. Meine Baufirma MirXbau hat sich mit Bauingenieur Tiekenz und Verkaufsleiter Altfrank bei mir angesagt. Der Bauantrag sei fertig und solle ans Bauamt geschickt werden. Keine große Sache, aber ich müsste halt alles unterschreiben. »Sie wissen doch: Erst müssen Sie unterschreiben und dann zahlen, zahlen, zahlen...«, witzelt Altfrank am Telefon.

20. Juli: Abends kommen die beiden Herren vorbei. Meine Frau Verena hält unsere zwei Kinder in Schach, damit ich im Wohnzimmer in Ruhe mit den beiden MirXbau-Männern reden kann. Bald sind die Kleinen im Bett, und Verena kommt zu unserer Runde hinzu. Unterschreiben muss sie nichts, als Bauherr zähle ja, formal gesehen, nur ich.

Der Bauantrag fängt harmlos an, mit einem Erhebungsbogen – »nur für die Statistik«, sagt Tiekenz. Ich lese trotzdem alles durch, nichts Interessantes steht drin.

Der Bauantrag selbst bringt eine Menge Zahlen – und jetzt bekomme ich doch einen Schreck. Der MirXbau-Prospekt hatte uns fast 56 Quadratmeter Fläche im Obergeschoss versprochen, die zum Bauvertrag gehörenden Skizzen ergaben noch annähernd 54 qm – der Bauantrag mit den korrekten und offiziellen Werten nach der »II. Berechnungsverordnung« kommt gerade mal auf 44,04 Quadratmeter!

Im Obergeschoss standen in den MirXbau-Zimmerskizzen Größenangaben von 13,41 Quadratmeter (Kind 1), 12,73 Quadratmeter (Kind 2), 13,85 Quadratmeter (Schlafen) und 12,01 Quadratmeter (Bad). Und im MirXbau-Hochglanzprospekt waren bei meinem Haustyp »Sonneberg« für diese vier Räume 13,40, 12,78, 14,63(!) und 11,86 Quadratmeter Größe aufgeführt – inklusive Flur also nicht 44,04 Quadratmeter, sondern 55,92 Quadratmeter im gesamten oberen Stockwerk. Warum ist mir bisher nicht aufgefallen, dass die Quadratmeter-Angaben in den Skizzen und im Hochglanzprospekt so stark und anscheinend auch so wahllos voneinander abweichen.

Im Bauvertrag waren Erd- und Obergeschoss noch mit zusammen etwa 114 Quadratmetern ausgewiesen – das Wort »Wohnfläche« fehlte allerdings. Sicher hatten wir uns schon gedacht, dass da vielleicht noch die Dachschrägen abgezogen werden müssten. Na gut, dann bleiben eben 105 Quadratmeter, hatten wir geglaubt und uns an andere Fertighauskataloge erinnert.

Guten Mutes und in Hoffnung auf höhere Zahlen waren wir auch, weil MirXbau beim »Sonderangebot« des Haustyps Sonneberg noch eine Gaube draufgelegt hatte, die in der Katalog-Flächenberechnung noch nicht auftauchen konnte. »Das bringt etwas mehr Wohnfläche«, sagte Altfrank im Verkaufsgespräch.

Nicht zuletzt bezog sich das Prospekt- und Bauvertragsangebot ja jeweils auf Obergeschosszimmer mit einem Drempel von 62,5 Zentimetern. Da wir diesen Beginn der Dachgeschoss-Schrägen ja für teures Geld auf 75 Zentimeter erhöht hatten, sollten die Raummaße also wiederum ein Stückchen größer ausfallen.

Dass es nun aber trotz Gaube und Drempelerhöhung laut Bauantrag oben nur 44,04 Quadratmeter sein sollen, erschreckt mich jetzt. Und zwar ein bisschen mehr als nur ein bisschen.

Selbst die Katalogangaben zum Erdgeschoss werden im Bauantrag verfehlt, obwohl es dort keinen Abzug für schräge Wände gibt: Statt 58,42 Quadratmeter (Bauvertrag) sollen es 55,37 Quadratmeter sein – und davon gehen auch noch 1,37 Quadratmeter auf einen Freisitz, jene überdachte Ecke draußen vor dem Wohnzimmer-Ausgang zur Terrasse.

Insgesamt also keine 114, auch keine 105, sondern gerade mal 99,41 Quadratmeter Wohnfläche minus 1,37 Quadratmeter draußen für einen Freisitz, der MirXbau gar nichts kostet, wie ich in meinem Bauvertrag lese – eine Terrasse dort müsste ich extra bezahlen.

98 Quadratmeter also! Was haben meine Frau und ich gelästert über diese Mini-Häuser von knapp 100 Quadratmetern – und nun bauen wir selber so eins! Ohne es gemerkt zu haben.

In der Morgenpost-Anzeige hatte MirXbau für das Modell Sonneberg noch mit 172 Quadratmetern Wohn-/Nutzfläche geworben. Real laut Bauantrag sind es 156 – also 9,3 Prozent weniger.

Aber was kann ich jetzt noch machen? Von Betrug sprechen? Ein anderes Modell planen, aber dann für viel mehr Geld? Ich versuche mir einzureden, dass wir uns lange mit diesem Haustyp beschäftigt haben, dass er Nachteile hat – aber dass wir auch endlich ein Haus wollen.

Meine Frau hatte beim Lesen des Bauantrags auf die Zahlen nicht geachtet. Sie wirkte zuerst kaum enttäuscht, als ich ihr anschließend die Bauantrags-Größen zeigte: »Wir wussten doch, dass es klein ist – daran ändert jetzt doch nichts, ob es nun 99,4 oder 105 Quadratmeter sind.« Aber eine Stunde später sagte sie dann doch: »Ist schon verdammt klein...«

War der Verkaufsleiter vielleicht nur deshalb zu dem »reinen Unterschriftstermin« mitgekommen, um meiner erwarteten Enttäuschung mit Argumenten zu begegnen? Was bleibt mir jetzt noch zu tun, schließlich ist es ja doch eine Menge Geld, für die wir jetzt nicht 114, sondern nur 98 Quadratmeter bekommen?

Was der Experte dazu sagt:

Gegen täuschende Zeichnung klagen?

Viele Fragen bedrängen den Bauherrn Oberheim. Helfen kann ihm dabei nur ein Jurist. Der Experte für diese Tagebuchfolge, Rechtsanwalt Hans Rudolf Sangenstedt von der Bonner Anwaltskanzlei Bellgardt, Sangenstedt & Coll., scheint für Oberheim allerdings nicht besonders optimistisch gestimmt:

Die Enttäuschung Oberheims kann ich menschlich nachvollziehen. Indes: Ich muss sie mit juristischen Mitteln messen, wenn Oberheim in meinem Büro um eine Beratung nachsuchen würde.

Hat Roland Oberheim im Obergeschoss seines Neubaus einen Anspruch auf Zimmergrößen von 13,41 bzw. 12,73 Quadratmetern in den Kinderzimmern oder von 13,85 Quadratmeter im Schlafzimmer und 12,01 Quadratmeter im Badezimmer? Zwar hat er die Skizzen mit diesen Zahlen unterschrieben, und sie sind Vertragsbestandteil des Bauvertrags mit MirXbau geworden. Einerseits hat es die Baufirma unterlassen, in den Skizzen die nur teilweise anzurechnenden Flächen unter den Dachschrägen besonders hervorzuheben – geschickt gemacht, auf den ersten Blick wirkt das OG dadurch größer. Doch in der Skizze ist die Dacheindeckung zumindest angedeutet – und jedem, auch einem Laien, wird von der Rechtsprechung zugemutet zu erkennen, dass hier Dachschrägen die Wohnflächen verkleinern.

Es gibt eine vielbeachtete Entscheidung des Bundesgerichtshofs (veröffentlicht in: NJW 1997, Seite 2874), die so weit geht, dass bei einem Erwerb vom Bauträger der von diesem verwendete Begriff »Wohnfläche« beinhaltet, dass die Fläche nach den Bestimmungen der II. Berechnungsverordnung oder nach DIN 283 zu errechnen ist. Das wären dann die Nettoflächen, die Oberheim in den Berechnungen zu seinem Bauantrag wiederfindet. Dabei werden die Flächen unter den Dachschrägen entweder gar nicht (unter einem Meter Höhe) oder nur halb (ein bis zwei Meter Höhe) angerechnet.

Doch in Oberheims Fall kann aus den unterschriebenen Skizzen entnommen werden, dass im Obergeschoss tatsächlich Schrägen sind. Deshalb kann er aus der Nennung von Quadratmeterzahlen im Prospekt keinen Honig für eine Klage oder für eine Schadenersatzforderung saugen. Ich halte es deshalb für zu risikoreich, sich »stur« auf das genannte BGH-Urteil zu beziehen. Schließlich hat die Baufirma es in den Vertragsunterlagen auch bewusst vermieden, irgendwo das Wort »Wohnfläche« auftauchen zu lassen.

Im Prospektmaterial zu dem von Oberheim gewählten MirXbau-Modell wird damit geworben, dass »auf relativ kleiner Grundfläche ... durch rationelle Grundrissgestaltung ... ein Raumangebot geschaffen wird, das überrascht«. Aber weder dies noch die dort erneut genannten (leicht abweichenden) Raumgrößen bringen Oberheim eine bessere Rechtsposition, denn Aussagen im Prospektmaterial sind nur Anpreisungen, aber keine Zusicherungen.

Minderung oder Schadenersatz könnte Oberheim nur erwarten, wenn zwischen den wahren (also gebauten) Grundflächen und den behaupteten Grundflächen in den Bauskizzen ein großer Unterschied bestünde. MirXbau hat die auf zwei Stellen hinter dem Komma berechneten Quadratmeter-Flächen allerdings mit einem »Ungefähr-Zeichen versehen, so dass eine gewisse Abweichung darin aufgefangen wird. Sogar eine Differenz von bis zu zehn Prozent der angegebenen Cirka-Werte wurde in der Rechtsprechung schon zugelassen, ohne dass diese Flächenabweichung einen Mangel darstellt, der eine Kaufpreisminderung oder einen Schadenersatz nach sich zöge.

Die Werte aber geben ziemlich genau die Berechnungen aus dem Bauantrag wieder – tut mir Leid, Herr Oberheim, aber die Beratung bei mir können Sie sich sparen.

Oberheims Einsichten

Meine größte Niederlage beim Thema Bau. Aber die Psychologin aus der Vorfolge sollte Recht behalten: Wichtig ist nicht die Quadratmeterzahl, sondern die Zahl der Räume.

Tagebuch, 30. Folge:
Baufinanzierung
Geld brauche ich auch noch

24. Juli: Jetzt, wo der Bauantrag ans Bauamt unterwegs ist, müsste ich mich langsam mal um die Finanzen kümmern. Vielleicht tue ich es deshalb erst so spät, weil es uns in dieser Hinsicht verdammt gut geht. Wenn wir bei anderen beobachten, dass sie 80 oder 90 Prozent ihres Kaufpreises finanzieren müssen, dann schweigen meine Frau und ich zu unserer Finanzlage. Denn wir haben weit mehr als 50 Prozent der zu erwartenden Hauskosten zusammen, und wir erhoffen uns von der Verwandtschaft weitere Geldspritzen.

Ganz ohne geht es natürlich nicht, ich brauche noch reichlich fremdes Baugeld. Gewappnet durch Finanzgespräche rund um unser geplatztes Geschäft mit dem Planweg-Doppelhausgrundstück stelle ich jetzt Unterlagen zusammen, die mein Eigenkapital so stolz wie möglich aussehen lassen. Lebensversicherungs-Rückkaufwerte etwa gebe ich nicht mehr zögerlich mit steuerlichen Bewertungszahlen (habe einen Wert wie »50 Prozent der Beiträge« im Kopf), sondern ganz selbstbewusst an.

Andererseits rechne ich bei den Kosten des Hausbaus auch nicht zu knapp. Statt der von mir erhofften Endsumme von knapp 360.000 Euro rechne ich inkl. (angeblicher) Nebenkosten protzige 405.454 Euro hoch. Dann reicht die zinsgünstigere 60-Prozent-Hypothek (»1a-Hypothek«) bis 243.300 statt bis 214.700 Euro.

26. Juli: Termin in der Bank. Nicht in meiner Hausbank, weil die bei meinem fehlgeschlagenen Grundstückskauf teurere Konditionen geboten hatte, die ich nur aus Not angenommen hätte.

Im Gegensatz zu meinen ersten Bankbesuchen im Februar fühle ich mich jetzt ein ganzes Stück freier und selbstbewusster, als ich das Geldinstitut betrete. Alle heimischen Berechnungen habe ich in Tabellen zusammengefasst, vom Computer-Textprogramm mit einem Rand und mit leichtem Grau unterlegt. Bei meinem Bankberater kommt das an.

Da ich damit rechne, dass die Zinshöhe in den nächsten Jahren etwa gleich bleibt, schließe ich erst einmal nur auf fünf Jahre ab, zu 4,3 Prozent Zinsen für die 1a-Hypothek – mit einer Summe von doch nur 214.700 Euro. Warum ist die Kreditsumme eigentlich so niedrig?

Immerhin: Um jederzeit bei Geldspritzen meiner Verwandten oder bei fällig gewordenen Wertpapieren flexibel zu bleiben, vereinbare ich, dass ich jederzeit die gesamte Restschuld auf einen Schlag tilgen kann – ohne irgendwelche Ablösungskosten wie Vorfälligkeitsentschädigung.

Was der Experte dazu sagt:
Viel zu spät um Finanzen gekümmert

Was macht Roland Oberheim bei dieser Finanzierung richtig? Oder falsch? Experte dazu ist Dipl.-Kaufmann Jens Neumann vom »Bundesverband Finanz-Berater, Verband der unabhängigen Finanzexperten«. Neumann bietet unter dem Dach mehrerer Berliner Volkshochschulen Wochenendseminare für Bauherren an:

Viel falsch machen kann Oberheim eigentlich nicht – aber das liegt in erster Linie an seiner hervorragenden Bonität und Eigenkapitalausstattung. So einen Kunden begrüßen Banken ganz anders als Otto Normalfinanzierer, der 20 oder gar nur zehn Prozent der Immobilie aus eigener Tasche bezahlt.

Natürlich kann Oberheim – ob mit Finanzierungs-Vorerfahrung oder nicht – bei so viel Eigenkapital selbstbewusst auftreten. Sonderzahlungs-Möglichkeiten in beliebiger Höhe ohne Vorfälligkeitsentschädigung zu erhalten, das kann nicht jeder Bauherr aushandeln. Eher die Regel ist immer noch, dass Bauherren mit einem Gefühl von Obrigkeit – man denke nur an das Wort Bank-»Beamter« – ein Geldinstitut betreten. Dabei ist die Bank nur ein Dienstleister wie andere auch.

Ein häufiger Fehler bei Bauherren (auch hier bei Roland Oberheim) ist der einseitige Blick allein auf die Zinshöhe. Positionen wie Bearbeitungs-, Wertermittlungs- und Kontoführungsgebühren, Teilvalutierungsaufschläge, Bereitstellungszinsen (ab wann? und wie hoch?) oder auch die Höhe der »1a-Hypothek« mit den besten Konditionen (reicht sie bis 45, 50 oder bis 60 Prozent?) usw. müssen einbezogen werden. Das Konzept und die Konditionen müssen zueinander passen, sagen wir Fachleute: Wer in der Lage ist, dem jeweiligen Kunden ein maßgeschneidertes Finanzierungskonzept aufzustellen, der ist der bessere Partner für den Bauherren.

Falsch für den Finanzierungs-Normalfall wäre es, sich erst so spät wie Oberheim um die Finanzen zu kümmern. Unterschriften unter Notar- oder Hausbauverträge sollte der Bauherr immer erst nach der schriftlichen Bankzusage tätigen. Um diese Zusage sollte man sich wenigstens 14 Tage oder drei Wochen vor dem endgültigen Kauftermin kümmern. Aber: Wenn sich dann beim Preis oder beim Bauobjekt noch etwas ändert, gilt die Zusage nicht mehr, und man hängt schnell in der Luft.

Bauherren sollten immer dann vorsichtig sein, wenn sie erst einmal nur den Grundstückskauf finanzieren und sich später um die Hausbaufinanzierung kümmern. Sagen Bank oder Bausparkasse zum Landkauf noch Ja, so kann es bei der Anschlussfinanzierung zur Ablehnung – oder zu einem hochprozentigeren Erwachen kommen.

Dieses böse Erwachen gilt auch für die Summe, die finanziert werden muss. Bauherren kommen in unseren Seminaren oft mit Problemen, die Gesamtkosten eines Vorhabens zu ermitteln. Viele Laien können an die 20 Kosten- und Nebenkostenpositionen nennen, doch die – zur Hintergrundinformation wertvolle – DIN 276 für Hochbauten (siehe unten) kennt weit mehr Punkte. Wer sich aber vorher verrechnet, muss nachher teuer nachfinanzieren oder kommt finanziell vielleicht schon ins Schleudern.

Den »Trick« von Roland Oberheim übrigens, die Kosten seines Hausbaus etwas zu hoch anzusetzen, um eine höhere 1a-Hypotheken-Summe zu erzielen, durchschaut jeder Bankprofi. Der setzt einfach den umbauten Raum ins Verhältnis zu den Hauskosten und kommt vielleicht zu dem – vom Bauherren unbeabsichtigten – Ergebnis, dass der Kunde ein völlig überteuertes Haus plant, und lehnt die Finanzierung kurzerhand ab. Als Faustformel gilt hier: Bis rund 250 Euro Bausumme je Kubikmeter umbauten Raumes sollte es keine Probleme geben. Bei einem so solventen Kunden wie Oberheim nimmt man's da nicht so genau – anders aber beim normalen 80-Prozent-Finanzierer.

Apropos 1a-Hypothek: Dass sich Oberheim trotz geschönter Zahlen mit 214.700 Euro Hypothekensumme begnügen muss, liegt daran, dass alle Institute bei den Baukosten (und unter Umständen auch beim Bodenwert) Sicherheitsabschläge vornehmen – und so kommt es im Normalfall bei einem real 255.000 Euro teuren Haus- und Grundstückserwerb (ohne Nebenkosten) vor, dass die 80-prozentige Finanzierung nicht bei 205.000 Euro endet, sondern wegen zehn Prozent Sicherheitsabschlags schon bei knapp 184.000 Euro. Was übrigens auch Oberheim beachten sollte: Wenn er seine 214.700 Euro nach fünf Jahren verlängern will und dies zu 6,3 statt 4,3 Prozent Zinsen tun kann, hat er Monat für Monat fast 360 Euro Mehrkosten. In Extremfällen kann so etwas schon mal in die Zwangsvollstreckung führen.

Otto Normalverbraucher hätte man bei den damaligen Konditionen (Vertragsschluss Mitte 1999) zehn oder gar 15 Jahre Zinsfestschreibung empfohlen. Übrigens: Bei langfristigen Zinsfestschreibungen kann der Bauherr nach Ablauf von zehn Jahren nach Paragraf 609 a des Bürgerlichen Gesetzbuches (BGB) kündigen, ohne eine Vorfälligkeitsentschädigung zahlen zu müssen.

DIN 276: Eine Norm für Profis und für private Bauherren

Diese Vorschrift vom Normenausschuss Bauwesen im DIN Deutschen Institut für Normung teilt die Hochbaukosten in Grundstück, Erschließung, Bauwerk, Außenanlagen und Baunebenkosten. Doch Geltung bekommt die »DIN 276« für ein Bauprojekt nur dann, wenn sie auch ausdrücklich vereinbart ist.

Eigentlich ist diese Norm über die »Kosten von Hochbauten« weniger für Privatleute, sondern eher für Architekten und für die Ermittlung ihres Honorars gedacht. Also ist dies eine eher interne Regel und Kostenplanungsnorm – und nicht etwa eine bauaufsichtlich eingefuhrte und damit selbstverständliche Regel.

Allerdings ist »auch für private Bauherren eine Vereinbarung der DIN 276 mit einem Bauträger oder Architekten empfehlenswert«, rät Gerd Metzner, Referent beim Normenausschuss Bauwesen im DIN-Institut. Dann nämlich bekommt der Bauherr mit Sicherheit eine Gesamtübersicht, wobei die DIN 276 jedoch nur für die Komplettheit der Kosten, nicht aber für einen bestimmten Ausstattungsstandard garantiert. Den könne man nur mit der Formulierung »nach dem anerkannten Stand der Technik und relevanten Vorschriften« etwas besser absichern, als dies oft in Bauleistungsbeschreibungen vorgesehen ist.

Oberheims Einsichten

Soll es mir jetzt Leid tun, dass ich an dieser Stelle wegen meines erheblichen Eigenkapitals so gar nicht typisch bin? Also kann ich hier nur Erkenntnisse von typischen Baufinanzierern weitergeben, die ich in meinem Bekanntenkreis gesammelt habe:

Fall Gabi: Grundstück »für spottbillige 65.000 Euro geschossen«, wie sie sagt. Deshalb beim Haus etwas großzügiger geplant und Rücklagen für besseren Ausbau oder für Notfälle bereit gehalten. Die Finanzierung hat sie erst nur fürs Grundstück gemacht, dann aber eine viel zu knappe weitere abgeschlossen. Gab Ärger mit der Bank, weil sie erst mal fast nur einen Ausbauhaus-Minimalstandard angab, die Finanzierung aber schon für den gesamten weiteren Ausbau haben wollte. Weil die Bank von diesen Gabi-Plänen aber noch keine Unterlagen bekam – schließlich wollte sie einige Gewerke erst später ausschreiben –, gab ihr die Bank weniger als erwartet. Und weil sie sich bei der Endsumme gehörig verrechnet hatte, hing sie später »voll durch« und wurde nur per Verwandten-Geldspritze gerettet.

Fall Hans: Der redete immer nur davon, wie toll die Finanzierung mit seiner Bausparkasse laufen wird und wie günstig der Bausparkredit mit seinen »4-Komma«-Prozent-Konditionen doch ist.

Was ich immer wieder gelesen habe, ist: Bausparkredite lohnen nur, wenn der Bausparvertrag schon ein paar Jahre läuft. Wer beim Immo-Kauf erst abschließt und z.b. sieben Jahre lang vorfinanziert, hätte es letztlich bei einem Hypothekenkredit auch nicht teurer. Was ich bei diesen Vergleichen oft vermisse, ist die Zeit-Komponente: Wer die Anspar- und Zuteilungszeit vorfinanziert, wird am Ende doppelt getroffen – denn nach acht Jahren ist die Zeit der Eigenheimzulage vorüber und schlägt der Bausparkredit zu. Der ist zwar erheblich günstiger als die Vorfinanzierung, doch wird der Bausparkredit auch mit meist mehr als sechs Prozent pro Jahr getilgt. Das macht einen zwar schneller schuldenfrei, kann aber kräftig im Portemonnaie wirken, wenn – wieder die Zeit-Komponente – der neben dem Bausparkredit sicher auch noch fällige Hypothekenvertrag nach zehn Jahren in seinen Konditionen neu (und vielleicht höher?) festgelegt wird.

Viel spricht aus meiner Sicht für die 15-Jahres-Hypothek – besonders die Tatsache, dass man ab dem zehnten Jahr a) noch fünf Jahre Sicherheit hat und b) bei günstigen Hypothekenmarkt-Konditionen nach Paragraf 609a BGB binnen sechs Monaten kündigen kann (notfalls mit der etwas teureren Absicherung der Heute-Zinsen über ein Forward-Darlehen). Aber vielleicht sollte man den Aufpreis der Forward-Sicherung durchs Verhandeln vom Tisch bekommen – schließlich sind Sie nach mehr als zehn Jahren Baufinanzierung ohne Probleme für die Bank ja ein bombensicherer Kunde: Die Hypothek ist zu einem gehörigen Teil schon getilgt, und beim Vertrag verlängern hat die Bank ja nicht mehr das Risiko wie bei einem Neukunden. 0,2 Prozentpunkte sollte das der Bank wenigstens wert sein. Sonst sehen Sie einfach mal im Internet nach besseren Zinsen.

Tagebuch, 31. Folge:
Der Haus-Standort

Wohin damit?

22. Juli: Zuvor hatte ich mein Grundstück nur in simplen Skizzen auf Papier gesehen, doch jetzt bekomme ich erstmals etwas Amtliches in die Hand. Der öffentlich bestellte Vermesser schickt mir einen Lageplan. Und natürlich eine Rechnung: 375 Euro nur für das Papier – nicht für die Vermessung zwecks Grundstücksteilung, denn die muss MirXbau tragen.

Nicht nur das Grundstück kann ich mir jetzt anschauen, auch der Platz »meines« Hauses ist schon eingezeichnet. Ist schon ein wunderliches Gefühl, das Haus gleich eingetragen zu sehen.

Die Position des Hauses hatten wir ganz spontan festgelegt. An jenem Abend vor einigen Wochen, als die MirXbau-Chefs bei uns zu Hause waren und mich den Bauantrag unterschreiben ließen, da wurde eher nebenbei gefragt, wo man das Haus denn hinsetzen solle.

Meine Frau und ich sahen uns überrascht an, und nach rund einer Minute »Beratung« durch die MirXbau-Fachleute schrieben wir die Position dann acht Meter von der südlichen Grundstücksgrenze fest. Hinterm Haus, zur Landesgrenze hin, waren an der engsten Stelle dann noch etwa 5,50 Meter Abstand.

Doch wenn ich jetzt länger auf den Lageplan schaue, kommen einem grüblerischen Geist wie mir wieder Fragen: Ist eigentlich die Position unseres Hauses eine gute? Oder die ideale? Oder gibt es eine ideale Position gar nicht? Hätte man das Haus auch schräg aufs Grundstück setzen können – etwa um eine genauere Südausrichtung zu haben? Oder beißt sich das dann mit den gerade stehenden Nachbarhäusern – und mit den Richtlinien und Gesetzen des Bauamts?

Was die Expertin dazu sagt:
Schokoladenseite

Steht das Haus der Oberheims am richtigen Fleck? Was hätte ein Experte anders gemacht? Vor diese Aufgabe stellten wir in dieser Folge Dipl.-Ing. Kerstin Dobrick, von der IHK bestellte und vereidigte Sachverständige für die Bewertung von bebauten und unbebauten Grundstücken und Beratende Ingenieurin mit Büro in Frankfurt/Oder:

Es wäre fahrlässig, als Architekt oder Planer die Standortfrage in einer Minute zu beantworten. Und deshalb ist es auch sehr fahrlässig und sehr bedenklich, wie diese Entscheidungsfindung bei Familie Oberheim anscheinend ohne jede Vorbereitung mal so nebenbei getroffen werden sollte. Zumindest hätte der MirXbau-Ingenieur den Oberheims ein paar Tage vorher aufgeben sollen, sich über das Thema Gedanken zu machen und Ideen zu entwickeln. Bei korrekter Planung wäre natürlich auch eine Ortsbesichtigung eingeschlossen.

Was gehört weiterhin dazu, die ideale Position zu finden? Zum einen sind es natürlich die rechtlichen Bedingungen, die beim Bauamt abgeklärt werden müssen: Flächennutzungsplan, Abstandsflächen und Baufluchtlinien zu Nachbargebäuden – und auch die Lage dieser benachbarten Häuser. Wenn alle Bauten im rechten Winkel zur Straße stehen, dann könnte es bei einem einzigen, auffällig quer stehenden Haus Schwierigkeiten geben.

Positionsentscheidend ist natürlich auch das Grundstück selber: Bei den Oberheims fällt das Gelände nach dem mir vorliegenden Lageplan zur Straße hin um fast zwei Meter ab. Oberheim sprach in anderen Tagebuchfolgen von einem wohnlichen Gästezimmer im Keller – das wird er sicher nicht zur ansteigenden Hangseite hin anlegen, weil er dann Berge von Sand wegkoffern und die Mulde vor dem Fenster aufwändig abstützen müsste.

Auch die Frage, wie der Garten der Oberheims einmal aussehen soll, ist wichtig. Hier scheint mir bedenkenswert, dass die gesamte rechte obere Ecke des Geländes wohl ziemlich wenig Sonne bekommen wird. Und damit bin ich bei einem der wichtigsten Entscheidungskriterien, der Himmelsrichtung: Wann im Lauf des Tages bekommen Haus und Garten von woher die Sonnenstrahlen? Daran ausrichten könnte man die Terrassen- und Ausgangs-Situation in Richtung Garten (linke Seite des Hauses) und auch das Dach, damit etwa eine Solaranlage Nutzen bringen kann. Und das Haus (Fenster!) natürlich auch!

Bei der Idealposition des Hauses haben verschiedene Planer auch verschiedene Ansichten. Ich würde – bei aller Einschränkung, dass ich nicht alle Vorgaben und Details von Oberheims Haus kenne – dazu tendieren, sein neues Heim eher etwas nach links zu drehen. Etwa so, dass die linke Seite parallel zur linken Seite des Hauses rechts daneben (D) verläuft. Etwas schwierig wäre dann allerdings die Haustür zu erreichen, weil man sie vom Weg her nicht gleich sehen kann.

Außerdem würde ich den Neubau auch etwas mehr in die rechte obere Ecke verlagern, denn dort liegt die am wenigsten reizvolle Ecke des Grundstücks – und dann würde sich das Haus mehr zu einer größeren Fläche gen Westen und Süden hin öffnen, der »Schokoladenseite« des Grundstücks.

Auf jeden Fall verlegen würde ich den Wageneinstellplatz – sonst sieht man vom nach Süden hin geplanten Keller-Gästezimmer aus vor allem auf Autoreifen.

Oberheims Einsichten

Heute würde ich es ablehnen, so hektisch zur Sache kommen zu sollen. Aber im Nachhinein entpuppte sich der festgelegte Standort doch als fast ideal. Der später festgelegte Spielplatz bekommt links vom Haus genau die Portion Sonne, die er braucht, und rechts neben dem Haus ist in einer Ecke der nötige Platz für Fahrrad-/Geräteschuppen, damit noch ein ausreichend großer Durchgang zur Mülltonne bleibt.

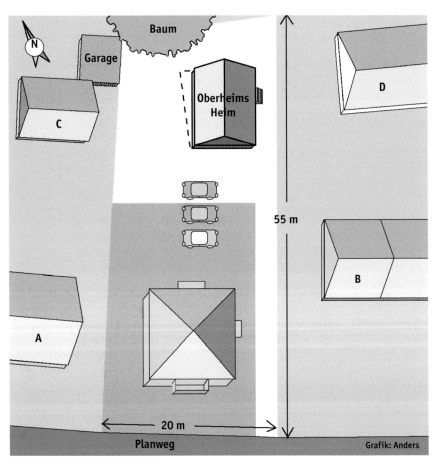

Bild 7: An dieser Stelle soll Oberheims Heim inmitten seiner Nachbarhäuser platziert werden. Die Expertin würde den Bau noch leicht drehen (siehe gestrichelte Linie) und nach oben verlegen.

Wahrscheinlich kann man doch gar nicht so weit voraus denken, dass man alles auf einmal richtig macht. Und das ist ja letztlich auch etwas, das Leben ausmacht: dass man in neuen Situationen neu denkt. Würde ich alle Handbewegungen und Schritte ins eigene Heim kopieren, die ich in der letzten Mietwohnung gemacht habe, dann würde ich mir doch auch ein bisschen die Entwicklungschancen nehmen. Und nicht nur mir – bei unseren vier Köpfen gab und gibt es immer wieder neue Festlegungen, Marotten, Angewohnheiten und plötzliche Verhaltensänderungen, dass ich zum Zeitpunkt X doch gar nicht richtig sagen kann, wo später mal das Fahrrad stehen wird, die Gummistiefel ausgezogen werden oder der Komposthaufen stehen soll.

Tagebuch, 32. Folge:
Beim Bauantrag fehlen noch Unterlagen

Papierkram vom Bauamt

6. August: Statt dass das Bauen losgeht, kommt erst einmal nur wieder Post. Vom Bauamt. Das bestätigt den Eingang des Bauantrags am 25. Juli. Der Rest ist schwer verständlich, aber immerhin steht drin, dass die Bauvorlagen unvollständig sind und »deshalb nicht der Verordnung über Bauvorlagen (BauVorlVO) im bauaufsichtlichen Verfahren vom 18.7.1985, geändert durch die Erste Verordnung zur Änderung der BauVorlVO vom 15.7.1996« entsprechen.

Binnen vier Wochen sollen die fehlenden Papiere nachgereicht werden. Und was fehlt? Eine Erklärung des Bauentwurfs-Verfassers, »dass das Vorhaben den öffentlich-rechtlichen Vorschriften entspricht«. Weiter eine Erklärung, dass notwendige Genehmigungen, Bewilligungen und Erlaubnisse anderer Behörden eingeholt werden und »die Voraussetzungen nach Paragraf 56a Abs. 1 BauO Berlin 85 vorliegen«. Was immer das heißen mag – Hauptsache, ich kriege irgendwann meine Baugenehmigung.

Ferner fehlt der Nachweis einer Baulast auf dem Vordergrundstück, dass zu meinen Gunsten ein Geh-, Fahr- und Leitungsrecht eingetragen ist. Eine rechtlich nötige Kleinigkeit also. Zudem überschreitet mein Haus eine »Bebauungstiefe von 20 Metern« – Ausnahmeregelung nötig, Extra-Antrag einreichen.

Weiter macht das Amt mich und die Baufirma darauf aufmerksam, dass die Frist von sechs Wochen für den Baubeginn »gemäß Paragraf 56a Abs. 4 Bauordnung für Berlin« erst dann zu laufen beginnt, wenn alle Unterlagen – also auch die fehlenden vier – vollständig beim Amt vorliegen.

9. August: Bei einem ansonsten nichtssagenden Telefonat erklärt mir MirXbau-Bauingenieur Tiekenz, die fehlenden Unterlagen und seine fehlenden Unterschriften als Entwurfsverfasser seien »Kleinkram, Formalitäten«. Das sehe ich auch so.

Was die Expertin dazu sagt:
Oberheim macht es sich zu einfach!

Enthält das schwer verständliche Amtsschreiben wirklich nur Kleinkram oder wichtige Hinweise auf Verfahren, Fristen und Abläufe? Zu dieser Bautagebuchfolge äußert sich Architektin Ing. Marita Radeisen, Beraterin der Architektenkammer in Baugenehmigungsfragen. Sie hat ein Buch zur»Bauordnung von Berlin«*herausgegeben, ist Mitautorin eines Handkommentars zu dieser Bauordnung und zu den Bauordnungen von Brandenburg, Sachsen, Sachsen-Anhalt und Thüringen:*

So einfach können Sie es sich nicht machen, Herr Oberheim! Wenn Sie sich schon keinen Architekten als Kontrolleur der Baufirma leisten, müssen Sie sich etwas mehr in die Materie hineinknien. Denn »Kleinkram« ist das nicht, was da zwischen dem Bauamt und Ihrer Baufirma abläuft. Im Einzelnen:

Auf eine »Baugenehmigung« wird Oberheim vergeblich warten. Bei »einfachen Vorhaben« (in der Regel Wohngebäude bis drei Vollgeschosse) ist man in allen Bundesländern dazu übergegangen, bei Vorliegen eines entsprechenden Bebauungsplans keine Baugenehmigung mehr zu erteilen. In Berlin regelt der – von Oberheim genannte – Paragraf 56a der Bauordnung die so genannte »Genehmigungsfreistellung«. Danach können Bauherr und Baufirma dann mit dem Bauen beginnen, wenn das Amt vollständige Bauvorlagen eingereicht bekommen hat und danach sechs Wochen lang keine Einwände erhebt.

Bei Oberheim ab 25. Juli sechs Wochen zu zählen und auf den Baubeginn am 12. September zu setzen, wäre aber grundfalsch. Denn die Unterlagen sind nicht komplett. Und dieses Thema ist nicht ganz so einfach, wie Oberheim glaubt.

Die Ausnahmegenehmigung für die Bebauungstiefe meint, dass Hinterlieger-Grundstücke nicht in allen Lagen einfach bebaut werden können. Da muss etwa die Bauweise der Nachbarn berücksichtigt werden. Ich gehe davon aus, dass dies hier keine Probleme macht – aber es kostet Zeit, denn frühestens nach erteilter Ausnahmegenehmigung beginnt die Sechs-Wochen-Frist. Ich frage mich, warum MirXbau dies nicht früher in Angriff genommen hat.

Die Entwurfsverfasser-Erklärungen sind auch nicht nur Formalitäten. Letztlich ist es die vom Bauingenieur Tiekenz zu verantwortende Aussage, dass er alle Vorschriften berücksichtigt hat. Rein theoretisch sind dies über 1000 Vorschriften, vom Denkmalschutz bis zum Bundesimmissionsschutzgesetz. Früher übrigens haben das die Ämter geprüft, im heutigen Verfahren ist dies Aufgabe der Architekten und Bauingenieure.

Würde die offene Frage des Geh-, Fahr- und Leitungsrechts nur Oberheim und einen unbeteiligten Nachbarn betreffen, hätte ich für dieses Versäumnis vielleicht noch Verständnis. Da aber das vordere Grundstück, auf dem dieses Recht als Baulast zu vermerken ist, der Baufirma MirXbau selbst gehört bzw. gehören wird, kann ich diese Unvollständigkeit des Bauantrags nicht recht nachvollziehen. Es wäre für die Firma (und einen eventuell im Grundbuch noch eingetragenen Voreigentümer) ein Leichtes, bezüglich dieser Baulast dem Amt gegenüber eine Verpflichtungserklärung abzugeben.

Im Grunde genommen frage ich mich bei allen vier Versäumnissen, warum MirXbau diese Fehler unterlaufen sind. Aus Unkenntnis oder Schlamperei? Wenn die Firma schon mehrere Häuser in Berlin gebaut hat (wofür die bisherigen Schilderungen im Bautagebuch sprechen), könnte auch Absicht dahinter stecken. Um Zeit zu gewinnen? Wofür?

Was Bauherren wie Oberheim aus diesen Fragen lernen können: Sich mit nichtssagenden Auskünften wie denen des MirXbau-Ingenieurs abzufinden, dient keinem Bauherrn. Nur hartes Nachfragen nach Details bringt mehr Information. Schließlich will Oberheim doch wissen und nicht nur blind vermuten, wann das Bauen beginnt – schließlich geht es auch um die Baufinanzierung während einer kurzen oder langen Bauphase.

Oder Oberheim wendet sich gleich an die Bauaufsicht bei seinem Bezirksamt. Nach dem Verwaltungsverfahrensgesetz ist man dort dem Bauherrn zur Auskunft verpflichtet.

Was Bauwillige sich ins Stammbuch schreiben lassen müssen: Bauherren haben Verpflichtungen. Notfalls müssen sie sich selbst durch den Dschungel der Paragrafen schlagen. Hätte Oberheim sich die Berliner Bauordnung besorgt und den Paragrafen 56a gelesen, wüsste er im Einzelnen, was für den Bauantrag erforderlich ist.

Oder er muss sich jemanden suchen, der dies übernimmt. Auf die Baufirma allein jedenfalls sollte Oberheim nicht setzen. Denn dass sie ihrer Pflicht nachkommt, den Bauherren zu beraten, darauf kann man sich nicht unbedingt verlassen.

Unvollständige Anträge? Kein Einzelfall

Oberheims unvollständige Unterlagen sind kein Einzelfall: Eine Analyse aller 1713 Berliner Bauanträge von Juni bis November 1997 ergab, dass nur elf Prozent zum Zeitpunkt der Antragstellung schon vollständig eingereicht wurden. In den übrigen 1524 Fällen mussten Unterlagen von den »Entwurfsverfassern« nachgereicht werden, und bei 394 Akten waren selbst 16 Wochen später die Unterlagen noch nicht komplett im Bauamt eingegangen. Dies ergab nach Mitteilung der Baukammer Berlin eine Amtsleitersitzung der Berliner Bauaufsicht.

Oberheims Einsichten

Ehrlich gesagt, habe ich mich vor allem aus einem Grund so wenig um den »Papierkram« gekümmert: In meinem Grundstückskaufvertrag mit MirXbau steht drin, dass ich bei nicht erteilter Baugenehmigung (binnen sechs Monaten) ein Rücktrittsrecht habe. Dies hat mich, das gebe ich zu, so bequem gemacht, wie ich es keinem anderen Bauherrn raten kann (es sei denn, er kauft das Bauland auch von seiner Baufirma und lässt sich eine ähnliche Bauland-Rücktrittsformulierung in den Kaufvertrag schreiben).

Bei wem es nicht so ist und wer nicht selbst Jurist ist, der steht im Grunde genommen hier vor einem unlösbaren Problem – oder er muss dafür eben teuer bezahlen.

Tagebuch, 33. Folge: Grundstücks-Kauftermin

Auf zu MirXbaus Lieblings-Notar

5. August: Wieder Post, diesmal von einem Notar aus Leipzig. Es geht um den Termin für den Grundstückskaufvertrag mit MirXbau.

Dazu muss ich noch berichten, dass mir Verkaufsleiter Altfrank schon vor meiner Bauvertrags-Unterschrift gesagt hatte, dass der Landverkauf bei einem Notar am MirXbau-

Stammsitz in Sachsen abgewickelt werden soll. Ich hielt anfangs dagegen, ich wolle lieber zu einem Berliner Notar gehen. Besser, ich suche mir einen Notar aus, als dass ich deren Lieblings-Notar akzeptiere. Zwar sind Notare ja objektive Amtspersonen, aber wer weiß das schon bei einem, der sicher ständig von MirXbaus Aufträgen profitiert.

»Kein Problem«, sagte Altfrank damals zu meiner Überraschung, »wenn Sie wollen, dann machen wir das auch in Berlin«. Inzwischen denke ich, dass er dem nur zustimmte, weil ein anderer das Thema später noch einmal ansprechen würde.

MirXbau-Geschäftsführer Tiekenz war es dann, der mir viel später sagte, dass man wegen der Kompliziertheit der Materie die Sache lieber an MirXbaus Heimatsitz zum Notar geben würde. Vorne auf dem Grundstück soll nämlich auch gebaut werden. Und weil es dort drei ideell geteilte Eigentumswohnungsparteien und hinten mich als real abgeteilten Grundstücksinhaber geben soll, sei alles etwas kompliziert und deshalb in eines Notars Hand besser aufgehoben. Zwei Kaufparteien seien schon dort gewesen.

Außerdem haben nicht nur wegen der unterschiedlichen Grundstücksteilung die vier Parteien auch unterschiedliche Verträge, wie ich schon weiß. MirXbau ist für mich Baufirma, und ich bin der Bauherr, während MirXbau vorn selbst Bauherr ist und die drei Wohnungskäufer als Bauträger mit Komplettangeboten bedient. Dass wegen der Unterschiedlichkeit dieser Vertragsgestaltungen und der noch ausstehenden Grundstücksteilung alles bei einem Notar liegen sollte, fand ich logisch. Gegen eine Autofahrt nach Leipzig hatte ich nichts einzuwenden.

Einverstanden bin ich, dass beim Notar nur das Grundstücksgeschäft amtlich gemacht wird – den Bauvertrag mit MirXbau noch einmal amtlich besiegeln zu lassen, würde ja doch nur weitere (Notar-)Kosten machen. Der Notar hat offensichtlich keinen Einwand gegen dieses Vorgehen: Er weiß, wer das Land verkauft, wer hier baut und dass das Land nur zum Zwecke des Bauens an mich verkauft wird. Im Falle einer ausbleibenden Baugenehmigung habe ich laut Notarvertrag sogar ausdrücklich ein Rücktrittsrecht vom Grundstückskauf. Das scheint also soweit alles klar zu sein.

14. August: Notartermin in Leipzig. MirXbau-Ingenieur Tiekenz hat vor Eintreffen des Notars noch ein kleines Anliegen: Von meinen zuletzt 505 Quadratmetern Land brauche er noch vier Quadratmeter, weil man sich vorne etwas verrechnet habe und das Bauamt dies verlange. Ich habe nichts dagegen – Hauptsache, ich bleibe bei einer Zahl von mehr als 500. Das klingt besser als 496 Quadratmeter, falls ich später doch mal verkaufen will oder muss.

Dann ist der Notar endlich da und plaudert lange über seine fränkische Herkunft – weil ich den Fehler mache, ihn nach seinem Dialekt zu fragen. Aber endlich kommen wir doch noch zum Amtlichen. Der Vertragsentwurf, den er mir vorher zugeschickt und den er an manchen Stellen in meinem Sinne noch geklärt bzw. verändert hat, muss Wort für Wort vorgelesen werden. Wir ändern 505 in »vorläufig 501 qm«. Das weitere Zuhören und Mitlesen ist eine langwierige, aber nicht langweilige Arbeit.

Aber dann gibt es doch noch eine Überraschung, von der ich nichts ahnte: Auf dem Grundstück gibt es einen alten Walnussbaum, der den Bauarbeiten im Weg stehen würde. In meinem Bauvertrag mit MirXbau ist von ihm schon die Rede: Die Firma sorgt und zahlt fürs Fällen, ich später für eine Ersatzpflanzung nach allgemeinen Grün-Richtlinien.

Auch im Grundstückskaufvertrag taucht der Baum auf, doch dann präsentiert mir der Notar plötzlich einen Brief des Grünflächenamtes vom zuständigen Bezirksamt. Darin heißt es, dass binnen zwei Jahren nach Hausfertigstellung eine Ersatzpflanzung erfolgen muss. Und die ist genau festgelegt: wieder ein Walnussbaum, 18 bis 20 Zentimeter Stamm-umfang, Preis: 706 Euro.

Die Überraschung für mich liegt darin, dass ich beim Abschluss des Bauvertrages am 11. Juni bei der Baufirma noch nichts von dem Brief erfuhr – obwohl das Schreiben schon vom 2. März datiert. Beim Abschluss des Bauvertrags hat MirXbau mir den Brief also glatt unterschlagen. Damit ich nicht gleich von 706 Euro Nebenkosten erschlagen werde?

Was der Experte dazu sagt:
Die Verträge sind unwirksam

Hiesiger oder auswärtiger Notar, fragt sich Roland Oberheim: Macht der Vorschlag der Baufirma Sinn? Um eine Bautagebuch-Expertenäußerung zu dieser Frage baten wir einen Charlottenbur-ger Notar – doch der widmete sich zuerst einem ganz anderen, viel dramatischeren Thema. Wie bei einer früheren Folge schon eine Kollegin, so verzichtet auch dieser Jurist, ein Mitglied des Berliner Notarkammer-Vorstands, auf eine Nennung seines Namens. Notaren ist nämlich aus Standesgründen keine »Werbung« erlaubt.

Die Abwicklung der Vertragsabschlüsse, so wie hier geschehen, ist aus meiner Sicht un-haltbar! Der Bauvertrag zwischen MirXbau und Oberheim als Grundlage des Neubauprojekts wurde ohne Notar geschlossen, der Grundstückskaufvertrag zwischen MirXbau und Ober-heim von einem Leipziger Notar beurkundet. Beide Verträge sind unwirksam.

Denn, so der Bundesgerichtshof in ständiger Rechtsprechung, wenn verschiedene Ver-träge miteinander stehen und fallen, ergreift die Beurkundungspflicht auch die Verträge, die eigentlich nicht beurkundet werden müssen. Hier ist es so, weil es sich um stets diesel-ben Partner handelt, MirXbau und Oberheim beim Bauvertrag, MirXbau und Oberheim beim Grundstücksvertrag. Und weil aus der Sicht beider Parteien jeweils der eine Vertrag nicht ohne den anderen geschlossen worden wäre.

Juristisch wird das so gesehen, dass der Grundstückskaufvertrag wegen Unvollständig-keit (fehlender beurkundeter Bauvertrag) und der Bauvertrag mangels Form (Beurkun-dungspflicht) jeweils für sich unwirksam sind.

Warum wurde der Bauvertrag nicht beurkundet? Vielleicht wirklich, um Notarkosten zu sparen – vielleicht aber auch, weil vermutlich das Vertrags-Splitting die Baufirma aus den Bedingungen der Makler- und Bauträgerverordnung entlässt. Auch andere Möglichkeiten sind denkbar, aber das wären Spekulationen, die sich wegen der Formunwirksamkeit nicht erfüllen.

Die Konsequenz: Beide Parteien könnten jederzeit aus dem gemeinsamen Projekt aus-steigen, es könnte eine Rückabwicklung verlangt werden, Ansprüche aus ungerechtfertig-ter Bereicherung könnten hin wie her gestellt werden. Zu heilen wäre die Angelegenheit nur, wenn auch der Bauvertrag noch beurkundet würde, oder aber Oberheim wird im Grund-buch als Eigentümer eingetragen. Diese Eintragung heilt nicht nur einen wegen Formman-gels unwirksamen Kaufvertrag, sondern nach der Rechtsprechung des Bundesgerichtshofs auch den Formmangel eines mit ihm in unmittelbarem rechtlichen Zusammenhang stehen-den Bauvertrags.

Praktisch glaube ich, dass eher Roland Oberheim in dieser Sache die besseren Karten hat. Denn er würde im Grunde genommen nicht viel mehr als etwas Zeit verlieren, während MirXbau von einem angefangenen Bauwerk wenig hat, schließlich will eine Baufirma bauen und damit ihre Gewinne erzielen. Eine umfangreiche Rückabwicklung würde die Firma MirX-bau sicher teurer kommen, als es Oberheim käme.

Wenn mein Notarskollege in Leipzig wirklich davon wusste, dass MirXbau gleichzeitig Grundstücksverkäufer und Bauvertragspartner ist, dann kann ich nicht verstehen, warum er nicht beide Verträge beurkundete. Wenn er Bescheid wusste, würde er bei einer Vertrags-rückabwicklung über die Notars-Amtshaftung wohl auch belangt werden können.

Dass ein Leipziger Notar einen Berliner Grundstücksvertrag beurkundet, finde ich eher ungünstig. Schließlich macht es für ihn mehr Aufwand, in Berlin Einsicht ins Grundbuch zu nehmen. Andererseits ist die Argumentation durchaus sinnvoll, dass die komplizierten Rechtsgeschäfte mit drei Eigentumswohnungen auf dem vorderen Grundstück und Oberheims Einfamilienhaus hinten in der Hand eines einzigen Notars bleiben. Bei Beteiligung mehrerer Notare könnte sonst ein unnötiger Zeitverzug zu befürchten sein.

Ein letztes kritisches Wort: Dass die Baufirma über den Notar den Grünflächenamtsbrief an Oberheim übergeben lässt und nicht schon vorher zugeschickt hat, finde ich von der Baufirma MirXbau ein wenig faires Verhalten.

Oberheims Einsichten

Haarsträubend, was? Aber irgendwie ist jedenfalls in dieser Beziehung alles gut gegangen. Dass der auswärtige Notar ein dicker Nachteil ist, habe ich später an zwei Stellen erfahren. Einmal kam es verspätet zur Kaufpreiszahlung, weil der Notar wegen Verlegens meiner Akte beim Grundbuchamt nicht selbst kam und umständlich (und vergeblich) einen Berliner Kollegen auf den Weg zum Amt schickte. Das zweite Mal ergab sich aus einem Brief des Grundbuchamtes: Der ortsunkundige Notar hatte den etwas ungewöhnlich ge-schriebenen Straßennamen im ersten Buchstaben falsch geschrieben.

Tagebuch, 34. Folge:
Baufinanzierung II
Kreditvertrag fast vergessen

21. August: Von meiner Bank habe ich längst die Zusage für meinen 214.700-Euro-Kredit in der Tasche. Aber so wie ich vergessen habe, diese Zusage im Tagebuch zu erwähnen, habe ich auch vergessen, auf die Unterschriftsfrist zu achten. Das ist das Furchtbare am Bauen: Man weiß immer gar nicht so genau, was wann dran ist und was man wann regeln muss. Und wenn ich dann schon übersehe, dass ich binnen 14 Tagen den Kreditvertrag unterschreiben muss…

Also vereinbare ich noch ganz eilig den 24. August als Unterschriftstermin, den letzt-möglichen Tag.

24. August: Ich will frühmorgens gerade zur Bank aufbrechen, da klingelt das Telefon. Es ist MirXbau-Bauingenieur Tiekenz. Er würde gerne mal vorbeikommen, um etwas mit mir zu besprechen. »Kein Problem«, sage ich und wundere mich, dass er zu mir kommen will und mich nicht ins Berliner Büro seiner Firma lädt. Ist er etwa in Druck?

Doch ehe er in der übernächsten Woche vorbei kommt – einen früheren Termin finden wir nicht –, will ich doch wenigstens ansatzweise wissen, um was es gehen soll. »Wir müssen zusammen ins Bauamt… was eintragen…«, sagt er, es soll wohl irgendwie beiläufig klingen. »Was denn eintragen?« Na ja, eher eine Kleinigkeit, eine Baulast. Da ich nicht weiß, was das ist, kann ich auch weiter nichts dazu sagen.

In meiner Bank erwähne ich das Stichwort Baulast auch gleich, aber dort kann offensichtlich auch keiner etwas mit diesem Begriff anfangen. Mein Bankberater, der etwas kompetenter wirkt als alle seine heutigen Stellvertreter, ist leider nicht da. So lasse ich wenigstens das Stichwort »Baulast« für ihn notieren. Danach unterschreibe ich alle vorbereiteten Papiere. Oder hätte ich um Aufschub bitten sollen, um eine Fristverlängerung von einer Woche?

Mehr unternehme ich in Sachen Baulast vorerst nicht. Denn: Unter all der Bauerei bzw. Noch-nicht-Bauerei soll ja meine Arbeit nicht leiden!

Was der Experte dazu sagt:
Nicht unterschreiben bei Problemen

Roland Oberheim hat seinen Kreditvertrag gerade noch rechtzeitig unterschrieben. Aber war das richtig angesichts der Unsicherheit beim neuen Thema Baulast, das Oberheim noch gar nicht ganz begriffen hat? Und wie steht die Bank bei diesem Thema da? Zu den Ereignissen vom 21. bis 24. August äußert sich ein Finanzexperte, Michael Bruns von der Zeitschrift »Test« der Stiftung Warentest:

Natürlich war es nicht richtig, den Kreditvertrag zu unterschreiben, Herr Oberheim! Solange noch Fragen offen sind, so lange immer noch etwas passieren kann, so lange sollte der Kugelschreiber im Revers stecken bleiben.

Oberheim weiß nämlich noch gar nicht, was es mit der von seiner Baufirma erwogenen Baulast auf sich hat. Geht es da nur um ein – gänzlich unerwünschtes oder nur lästiges – Wegerecht? Oder um viel mehr, wie Oberheim schon zu ahnen scheint? Seltsam mutet an, dass man in der Bank mit dem Stichwort nichts anzufangen wusste. Andererseits: Erwarten oder gar voraussetzen sollte man solche Kenntnis auch nicht.

Doch einerlei. So lange Fragen offen sind, sollte man nicht unterschreiben. Auch dann nicht, wenn es der letzte Tag der Unterschriftsfrist ist, wie Oberheim schreibt. Was verliert er denn? Die Kreditzusage der Bank hat er doch. Was hätte er anders machen können? Den von ihm angesprochenen »Aufschub« gibt es nicht: Die Bank muss sich beim Oberheim-Kredit teils auch aus Mitteln des Kapitalmarkts refinanzieren. Da sichert sich die Bank ein gewisses Kontingent an Geld (natürlich mehr als Oberheims 214.700 Euro, weil ja auch noch andere Kunden Kredite bekommen). Wenn aber Oberheims Zusage, also seine Unterschrift, nicht eintrifft, muss die Bank sich zu einem späteren Zeitpunkt erneut um das Oberheim-Geld kümmern – und das kostet ein paar Wochen später in Zeiten steigender Zinsen dann auch etwas mehr.

Aber: Lieber etwas mehr zahlen und auf der sicheren Seite sein – als viel mehr zahlen. Mit seiner Unterschrift nämlich würde bei Oberheim möglicherweise eine Abschlussprovision oder auch eine Vorfälligkeitsentschädigung fällig. Da können schnell fünfstellige Summen zusammenkommen. Selbst wenn Oberheim laut seinem Vertrag ein – außergewöhnliches! – jederzeitiges Sondertilgungsrecht hat, dürfte er nicht ohne finanziellen Schaden herauskommen.

Was kann man anderen Bauherren hier noch raten: Im Grunde genommen ist es das Beste, vor Erhalt einer Baugenehmigung erst einmal nur eine sichere Kreditzusage von seinem Geldinstitut zu besorgen – aber noch keinen Kreditvertrag zu unterschreiben.

Absichern kann man sich, indem der Bauvertrag eine kostenlose Rücktrittsklausel enthält, die Bezug nimmt auf eine erteilte Baugenehmigung oder auf eine Baugenehmigung ohne Auflagen (denn auch dieser Fall kann eintreten, dass die Genehmigung so einschneidend ist, dass der Bauherr »sein« Haus nur unter Einschränkungen errichten darf).

Oberheims Einsichten

Habe mir hier erst mal wenig Gedanken gemacht, weil ich im Vertrag die Formulierung gefunden habe, dass ich binnen einer Woche den Vertrag widerrufen kann. So konnte ich mir einerseits die günstigen Konditionen erhalten und hatte andererseits die Chance, doch noch auszusteigen. Aber ich habe die Baulast eigentlich nicht als besonders problematisch angesehen...

Kurz noch der Fortgang der Ereignisse:

30. August: »Muss den Vertrag mit Ihnen leider ›kippen‹, weil das Hausprojekt fraglich geworden ist«, schrieb ich meiner Bank – binnen Wochenfrist, denn soviel Zeit stand mir zu, dem Vertrag zu widersprechen. Sonst hätte ich zwei Prozent Abschlussprovision zahlen müssen – bei 214.700 Euro Kredit immerhin fast 4.300 Euro.

Weil ich Wochen später wieder Baugeld brauchte, habe ich mir von der Bank die neuen Hypo-Konditionen sagen lassen: »Tut mir leid, Herr Oberheim, aber aus 4,3 sind jetzt 4,8 Prozent Zinsen geworden...«, zeigt sich mein Bankberater mitfühlend.

Tagebuch, 35. Folge:
Unliebsame Überraschung Baulast

»Sind Sie des Teufels?!«

31. August: In sechs Tagen will MirXbau-Ingenieur Tiekenz vorbeikommen. Wegen dieses seltsamen und mir noch gänzlich ungeläufigen Themas Baulast. Weil ich mich aber an diesem Abend nicht von ihm als Immobilienprofi überrollen lassen will, habe mich entschlossen zu handeln. Ich will mich nicht (mehr) auf Tiekenz' Auskünfte verlassen, sondern selbst recherchieren. Wo? Am besten dort, wo man für mich »zuständig« ist und wo die ominöse Baulast eingetragen werden soll – im Bauamt meines Bezirksamts.

Ich bekomme dort auch schnell eine telefonische Verbindung zu einer Frau Dudling. Als ich mich vorsichtig vorstelle und dann die Stichworte Planweg 55, Bau-Ing. Tiekenz und MirXbau erwähne, weiß sie sofort, was gemeint ist. Und sie erklärt mir:

Bei meinem 501-Quadratmeter-Hinterlieger-Grundstück sei im Grunde genommen alles klar. Aber auf den 711 Quadratmetern vorne nicht: Dort plant MirXbau eine Stadtvilla mit drei übereinander liegenden Eigentumswohnungen von 112, 112 und 84 Quadratmetern Wohnfläche.

Dabei hat es vor allem die kleinste Wohneinheit der Stadtvilla in sich, die im Dachgeschoss. Bis Ende 1997 gab es in Berlin eine spezielle Dachgeschoss-Regelung, erklärt Frau Dudling, und nach dieser Regel wurden dort ausgebaute Flächen nicht bei der erlaubten Geschossflächenzahl (GFZ) mitgezählt. Das heißt also: Man konnte jahrelang etwas großzügiger planen, weil nur die zweimal 112 Quadratmeter gezählt wurden.

Aber das galt eben nur bis Ende 1997, und da wir jetzt Mitte 1999 schreiben, zählt dies nicht mehr. Ein klarer Fehler in der Planung von MirXbau also – allerdings auch ein Fehler beim Bauamt: Dort nämlich habe man den MirXbau-Planern ursprünglich mündlich versichert, mit der Stadtvilla sei »eigentlich alles klar«. Doch dann kamen die Bauakten zum Stadtplanungsamt des Bezirks, und dort erkannte man den Dachgeschoss-Fehler.

Ergebnis dieses Hin und Hers, so Bauamts-Mitarbeiterin Dudling, war ein Kompromissvorschlag des Bauamts an MirXbau: Hinterlieger Oberheim will ja nur ein kleines Haus bauen und nutzt die erlaubte GFZ seines Grundstücks nicht voll aus, argumentierte das Bauamt und schlug vor: Ich, Oberheim, sollte auf meinem Grundstück eine Baulast eintragen lassen – dann würde das Bauamt ein Auge zudrücken, und die Stadtvilla könnte doch noch gebaut werden.

Ich weiß nicht, ob das jeder versteht – auch ich musste mehrfach nachfragen… Bauen stellt einen manchmal vor schwierige Fragen. Seltsam an der Sache: Warum hat mich das Bauamt nicht selbst und ganz direkt gefragt?!

Die vorgeschlagene Baulast sollte so aussehen, dass ich mit meinem Land quasi alle Fehlplanungssünden von denen da vorn übernehme. »Das heißt, Sie dürften dann nicht mehr anbauen«, klärt mich Frau Dudling auf. So eine Einschränkung will ich nicht, denke ich sofort – und will wissen, was die Verwaltungsfrau dazu meint. So recht will sie nicht heraus mit der Sprache – vielleicht weil sie von Amts wegen neutral bleiben muss? Aber irgendwie glaube ich herauszuhören, dass sie eher dagegen ist. Man könnte ja über einen finanziellen Ausgleich nachdenken, gibt sie zu bedenken.

1. September: »Eine Baulast? Sind Sie des Teufels?!« Mein Bauherrenvereins-Berater Vaujack wird richtig impulsiv, als ich das Gespräch mit dem Bauamt wiedergebe. »Bei solch einer Baulast können Sie das Grundstück vergessen. Werden Sie nie mehr los! Wer will denn ein Haus kaufen, wenn er noch nicht mal einen Wintergarten anbauen kann?!«

Später denke ich an die große Eiche, die in der Nähe des Planwegs 55 auf dem einstigen DDR-Grenzstreifen steht. Die könnte vielleicht mal auf mein Haus fallen. Dann komme ich mit einer Neubauplanung zum Bauamt, ein Amtmann sieht in die Akten und sagt: »Bei Ihrer Baulast dürfen sie neu bauen – aber nicht auf acht mal zehn Metern Grundfläche, sondern nur auf fünf mal fünf Metern…« – »Bei solch einer Baulast würde ich das Grundstück von der Baufirma nicht mal geschenkt nehmen – das Haus darauf werden Sie nie wieder los, sag ich Ihnen!« Vaujacks Worte im Ohr rauben mir die Nachtruhe. Und jetzt?

Was der Experte dazu sagt:
Anderen Dummen suchen

Was hat es mit dieser Baulast auf sich? Und wie soll Oberheim sich verhalten? Diese Fragen gehören in das Fachgebiet eines Juristen. Dirk Meißner, Rechtsanwalt in Berlin-Schöneberg und Vorsitzender des Bundes der Wohnungs- und Grundeigentümer Berlin-City Süd e.V., äußert sich zu dieser Tagebuchfolge:

Eine »Baulast« dient der Einhaltung öffentlich-rechtlicher Bauvorschriften. Möglich ist sie, wenn etwa ein bauwilliger Grundstückseigentümer (hier also die Baufirma MirXbau auf dem Vordergrundstück) für sein Bauvorhaben die baurechtlichen Vorschriften allein nicht einhalten kann. Es gibt dann ein Dreiecksverhältnis zwischen dem so genannten Baulast-begünstigten (MirXbau), dem Baulastverpflichteten (Oberheim) und der Baubehörde. Baulasten kann es beispielsweise wegen der Abstandsflächen-Problematik geben, wegen Stellplätzen oder wegen eines Hausbaus auf mehreren Grundstücken.

Der Fall Oberheim/MirXbau ist da schon etwas Besonderes, weil er nicht das Bauordnungsrecht, sondern das Bauplanungsrecht betrifft. Auch hier ist eine Baulast möglich, insbesondere dann, wenn die Einhaltung des Bebauungsplans zu einer nicht beabsichtigten Härte führen würde – ob diese bei der Baufirma MirXbau überhaupt vorliegt, wäre noch zu prüfen, soll uns hier aber nicht weiter interessieren.

Roland Oberheim würde bei einer Baulast freiwillig zugunsten von MirXbau auf die vollständige Ausnutzung seines Grundstücks verzichten, damit MirXbau auf ihrem Land die Bauvorschriften einhalten kann. Oberheim müsste dazu eine Verpflichtungserklärung gegenüber dem Bauamt abgeben, die dann in das »Baulastenverzeichnis« eingetragen wird.

Diese Baulast wird dann so lange auf Oberheims Land eingetragen bleiben, wie ein Interesse der Baubehörde daran besteht. Und sie wirkt auch gegen Rechtsnachfolger, falls Oberheim sein Grundstück und sein Haus einmal verkauft. Oberheims Erklärung ist übrigens auf keinen Fall widerruflich.

Da die Bebaubarkeit eines Grundstücks einen wertbildenden Faktor darstellt, ist das baulast-beschwerte Land weniger wert als ein unbelastetes. Alle Käufer, die auf optimale

Bild 8: Diese Stadtvilla plant Baufirma MirXbau auf Oberheims Nachbargrundstück. Die Dachgeschoss-Wohnung aber bereitet beim Stadtplanungsamt Probleme.

bauliche Ausnutzung des Grundstücks bedacht sind – und das dürften die meisten sein –, werden sich dann für das Grundstück nicht mehr interessieren. Der Käuferkreis wird damit deutlich geringer – und der Preis dann natürlich auch.

Potenzielle Käufer muss Oberheim zudem über diese Baulast aufklären, sonst ist juristischer Ärger mit dem Käufer vorprogrammiert. Verschweigt er die Baulast gar arglistig, besteht sogar ein Anspruch auf Schadenersatz.

Selbstverständlich ist Oberheim also zu raten, diese Baulast nicht einzutragen! Vielleicht könnte ein angemessener Geldausgleich vereinbart werden – doch was angemessen ist, darüber dürften bei MirXbau und Oberheim erhebliche Differenzen entstehen. Den Wertverlust wegen geringerer Bebaubarkeit sehe ich in dem Preis, den Oberheim bekäme, wenn er das benötigte Land als Bauland an MirXbau verkauft, abzüglich des Preises, den dieses Teilstück als Gartenland bringen würde – schließlich kann er diese Teilfläche ja nur als Gartenfläche nutzen.

Besondere Probleme sehe ich darin, dass zwar die Grundstücksgröße rund 500 Quadratmeter beträgt, sich aber für Kaufinteressenten mit eingetragener Baulast viel kleiner darstellt. Was bedeuten einem Käufer 500 qm, wenn er einen großen Teil davon nicht bebauen kann? Jetzt nicht und in Zukunft nicht.

Konkret ist zu erwarten, dass MirXbau sich für den Erwerb des hinteren Grundstücks eher einen anderen »Dummen« suchen muss, dem die weit reichende Bedeutung der Baulast auch im Hinblick auf den Grundstückswert nicht klar ist.

Sicher handelt es sich hier um einen Sonderfall, doch sind Baulasten immer ganz wichtig für die Kaufpreisbemessung. Deshalb sollte jeder Grundstückskäufer stets bei der Baubehörde nachfragen, ob auf »seinem« Grundstück eine Baulast eingetragen ist. Denn solch eine eingetragene Baulast kann das geplante Bauvorhaben gefährden und den Kaufpreis erheblich beeinflussen. Außerdem würde die finanzierende Bank eine eventuell vorab erteilte Kreditzusage möglicherweise widerrufen, wenn ihr die Übernahme einer Baulast bekannt wird.

Tagebuch, 36. Folge: Schnelles Ende eines Bauvertrags?

5.000 Euro Schadenersatz

6. September: Endlich der Abend, an dem Herr Tiekenz, der Chef meiner Baufirma, vorbeikommen will, um die kritische Lage rund um den künftigen Bauplatz im Planweg 55 zu besprechen. Die Sache mit dem vorne falsch geplanten Stadtvillen-Projekt. Und da hängt jetzt alles von mir ab – das zeigt sich schon daran, dass ich nicht ins MirXbau-Büro kommen soll, sondern er extra zu mir fährt. Eine Machtposition? Nein, ich finde es gar nicht gut, wenn ich als Bremser auftrete. Aber ohne die stark einschränkende Baulast auf meinem Land wird das Vorhaben vorne sicher nicht klappen.

Ich hatte MirXbau/Tiekenz inzwischen ein Fax geschickt, in dem ich vom Bauamt-Telefonat berichtete, meine Einschätzung der Lage erklärte und die Baulast-Eintragung strikt ablehnte. Tiekenz rief schnell zurück und bat trotzdem um das schon verabredete

Gespräch. Ich machte ihm am Telefon gleich noch mal klar, dass ich die vom Bauamt vorgeschlagene Baulast auf keinen Fall akzeptieren würde. »Na ja, dann müssen wir die Sache platzen lassen«, sagte er. Soll das eine Drohung sein? »Wieso platzen?! Wir haben doch einen Bauvertrag miteinander«, hielt ich dagegen. »Das Grundstück«, sagte Tiekenz. »Versteh ich nicht«, bohrte ich. »Na ja, das gehört doch noch dem Altbesitzer. Wenn wir mit Ihnen nicht einig werden, dann muss ich Ihnen sagen, dass MirXbau eben nicht in der Lage sein wird, Ihnen das Grundstück zu liefern.« Also lassen die dann das Geschäft mit dem Vorbesitzer sausen, überlege ich. Das könnte tatsächlich bedeuten, dass dann nicht gebaut wird.

»Und dann?« fragte ich. »...würden wir die Verträge mit Ihnen rückabwickeln«, meinte Tiekenz, der das offensichtlich schon mal durchdacht hat – mit seinem Rechtsanwalt wahrscheinlich.

»Und meine Kosten? Und was ist mit Schadenersatz?«, warf ich ein, schließlich denke ich nicht daran, so eine »Lösung« gleich zu schlucken. »Darüber müsste man sich unterhalten«, meinte Tiekenz. Vorerst aber bestand er auf dem Vier-Augen-Termin bei mir und will über die Baulast reden.

Als ich Tiekenz nun an der Tür begrüße, weiß ich genau, dass dieser Abend, dass dieses Gespräch nur in einem Fiasko enden kann. Tiekenz stellt noch einmal die Ausgangslage dar, die mir das Bauamt schon geschildert hat: die Stadtvillen-Planung, die mündliche Zusage aus dem Bauamt, die im Amt und bei MirXbau übersehene, nicht mehr gültige Dachgeschoss-Regelung, das endgültige Nein der Behörde zum Stadtvillen-Dachgeschoss, der Amtsvorschlag einer Baulast auf meinem hinteren Grundstück, der mir für alle Zukunft die Hände binden würde – nicht mal einen Wintergarten könnte ich dann anbauen.

»Über einen Wintergarten ließe sich doch reden«, überrascht mich Tiekenz. Weil ich das Stichwort schon am Telefon genannt hatte, muss er beim Bauamt vorgefühlt haben, um gleich eine neue Verhandlungsposition mitzubringen.

Aber auch dann würde ich die Baulast ablehnen. Denn wenn ich mal verkaufen will (oder muss), würde ich für meine Immobilie keinen angemessenen Preis mehr herausholen können. Tiekenz sieht das ein.

Ich beschreibe ihm unsere Situation. Während meine Frau die Kinder füttert und ins Bett bringt, rede ich von zweieinhalb Jahren Immo-Suche. Von Genervtheit, von der Zeit, die uns langsam davonläuft.

Aber vor allem reden wir über das Thema Schadenersatz, denn mir ist klar, dass Tiekenz das Stadtvillen-Projekt auf dem vorderen Grundstück wichtiger ist als mein kleines Häuschen: vorne mehr als 700.000 Euro, hinten noch nicht mal 350.000 Euro Verkaufspreis oder Bausumme. Und ich denke auch daran, dass mir eine Baufirma wenig nutzt, wenn sie wegen so einer Fehlplanung pleite geht. Dann schon lieber Schadenersatz und neu anfangen. 5.000 Euro bietet Tiekenz mir an.

So gehen wir schließlich auseinander. Meine Frau ist enttäuscht – ich dagegen denke gleich wieder daran, mir ab morgen 1.000 Exposés von neuen Hausmodellen und Maklerangeboten kommen zu lassen.

Was der Experte dazu sagt:
Oberheims gute Karten

Kann die Baufirma so einfach aus dem mit Oberheim geschlossenen Vertrag aussteigen? Und wie steht Oberheim dann da? Fragen an einen Juristen, die Rechtsredakteur Hanns-Christian Catenhusen von der Zeitschrift »Finanztest« Stiftung Warentest beantwortet:

Ein altes Juristensprichwort lautet »Pacta sunt servanda«, also: Verträge sind zu erfüllen. Diese Regel gilt auch für den Grundstückskaufvertrag von Herrn Oberheim. Da Oberheim per notariellem Kaufvertrag das Bauland ohne Baulast gekauft hat, kann er nun vom Verkäufer fordern, dass der das Grundstück auch ohne Baulast auf ihn überträgt.

Herr Tiekenz von MirXbau kann also nicht einfach androhen, das Grundstück »nicht zu liefern«. Vielleicht denkt er, mit dem alten Eigentümer des Planweg-Grundstücks Probleme zu bekommen, wenn Oberheim die Baulast ablehnt. Aber das ist das Problem von MirXbau und nicht das von Oberheim! Nur wenn die Baufirma ihre Abmachungen mit dem Grundstückseigentümer ausdrücklich in den Kaufvertrag mit Oberheim aufgenommen hätte, könnte sie sich ihm gegenüber darauf berufen. Denkbar wäre etwa ein Rücktrittsrecht für den Fall, dass die Baufirma das Grundstück nicht erhält. So eine Regelung kann ich dem Kaufvertrag aber nicht entnehmen.

Insofern kann Oberheim die Firma MirXbau darauf verklagen, den notariellen Kaufvertrag wie vereinbart zu erfüllen. Das heißt, die Verkäufer müssen gegenüber dem Grundbuchamt in die Umschreibung des Eigentums einwilligen und dann das Grundstück an Oberheim übergeben.

Da die Eintragung der Baulast in dem Grundstückskaufvertrag nicht vereinbart wurde, kann die Baufirma MirXbau jetzt auch nicht mehr nachverhandeln und für denselben Bodenpreis die Baulast als Zugabe verlangen. Oberheim kann also die Baulast verweigern. Und schließlich hängt seine eigene Baugenehmigung auch nicht von der Baulast ab. Vielmehr soll diese nur dem Zweck dienen, den Bau des Vorderhauses in der geplanten Größe abzusichern.

Sofern Oberheim allerdings von der MirXbau und dem ganzen Geschäft nun die Nase voll hat, kann er dem Vertrag auch entkommen. Er muss dazu der Firma MirXbau nur eine Frist setzen, in der sie ihre vertraglichen Pflichten erfüllen soll, und androhen, dass er sonst von dem Geschäft nichts mehr wissen will. Verstreicht die Frist dann ungenutzt, oder haben sich die Bauleute zuvor schon ausdrücklich und endgültig geweigert, kann Oberheim vom Vertrag zurücktreten oder Schadenersatz verlangen.

Für Oberheim wäre Schadenersatz die bessere Alternative. Entgegen den Aussagen der MirXbau ist die Höhe des Geldbetrages, der verlangt werden darf, dann allerdings keine Verhandlungssache. Die zu erstattenden Sätze stehen fest: Verlangt werden dürfen alle Kosten, die durch den Vertragsbruch entstanden sind. Das sind zunächst bisher getätigte, nutzlose Aufwendungen (z. B. Makler, Notar), aber auch die Kosten für eine erneute Grundstückssuche. Lässt sich ein vergleichbares Stück Land nur zu einem höheren Preis erstehen, dürfen auch diese Zusatzkosten in Rechnung gestellt werden.

Summa summarum würden so vermutlich mehr als die von MirXbau angebotenen 5.000 Euro zusammenkommen. Sollte der Gesamtschaden jedoch darunter bleiben, kann auch nur dieser Betrag gefordert werden. Denn es dürfen nicht mehr als die tatsächlich entstandenen Mehrkosten als Schadenersatz verlangt werden. Ein »Schmerzensgeld« für die Enttäuschungen und den Stress, der mit dem geplatzten Bau verbunden war, kann Oberheim allerdings nicht fordern.

Vertraglich vermeiden konnte Oberheim diese Überraschung wohl kaum, da sie für ihn schwer vorherzusehen war. Doch viele andere typische Fehler kann man beim Grundstückskauf verhindern, wenn man sich schon vor dem Abschluss des Kaufvertrages vom Notar umfassend beraten lässt. Denn der Notar wird entgegen einem anderslautenden Vorurteil nicht nur für seine Unterschrift bezahlt, sondern auch für die sorgfältige Beratung beider Vertragspartner. Sobald man also vorab irgendwelche Zweifel an dem Geschäft hat, sollte man den Notar immer wieder mit Fragen löchern – und das kostet keinen Pfennig mehr als der Vertragsschluss ohne Nachfragen.

Oberheims Einsichten

Was mich am meisten an dieser Tagebuchfolge (negativ) beeindruckt hat, ist dieser Satz des Experten:»Vertraglich vermeiden konnte Oberheim diese Überraschung wohl kaum, da sie für ihn schwer vorherzusehen war.« Ja, was ist denn dann noch sicher auf dieser Welt?! Hier war das ja alles noch zu überblicken – aber was wäre, wenn ich gezahlt hätte und sich dann aus schlimmeren als baulastigen Gründen mein Geld in Luft aufgelöst hätte?!

Tagebuch, 37. Folge:
Ein Problem wird gelöst

»Wir bauen mit Ihnen weiter«

9. September: Noch kein neuer Kontakt mit MirXbau. Dabei steht das Thema Fehlplanung auf dem vorderen Stadtvillen-Grundstück und die von mir abgelehnte Baulast auf meinem Grundstück noch im Raum. Ist die Geschäftsbeziehung mit MirXbau zu Ende? Bekomme ich Schadenersatz? Muss ich neu planen, ein anderes Grundstück, ein anderes Bauprojekt suchen? Will ich überhaupt noch bauen?

Meine Frau und ich wissen nicht, wo wir stehen – mitten im Bauprojekt oder am Ende von drei verlorenen Monaten, in denen wir uns lieber um einen sanierungsbedürftigen Altbau hätten kümmern sollen?!

10. September: Bauing. Tiekenz ruft an, per Handy aus dem Auto. Und das heißt: Nur Sprachfetzen dringen an mein Ohr. Aber ich verstehe eins:»Wir bauen mit Ihnen weiter.«

»Ja, und was wird auf dem Grundstück vorne?«, will ich wissen:»Was wird jetzt aus den drei Eigentumswohnungen, die Sie doch schon verkauft haben?« Ich weiß nämlich, dass im Erdgeschoss eine vermögende, alleinstehende alte Dame einziehen soll und dass fürs Dachgeschoss eine ledige Frau von Anfang 50 bereits unterschrieben haben soll. In der Mitte stünde eine Familie mit 13-jähriger Tochter vor der Unterschrift, hieß es vor Wochen.

»Da müssen wir uns eben mal überlegen. Vielleicht bauen wir das geplante Haus auf einem anderen Grundstück...« Als Alternative für das 700 Quadratmeter-Grundstück vor meinem Haus nennt er nun ein größeres Einfamilienhaus. Oder zwei Doppelhaushälften, »aber das müssen wir erst einmal durchplanen«.

Was der Experte dazu sagt:
Wie denkt ein Profi

Oberheim scheint »aus dem Schneider«, sein Bauprojekt wird fortgeführt. Doch was kann seine Baufirma nun mit dem vorderen Grundstück anfangen? Und inwiefern betrifft diese Frage Roland Oberheim? Es antwortet als Experte Martin Jellinghaus von der Firma Contra Baubetreuungsgesellschaft in Reitwein (Oderbruch). Jellinghaus entwickelt Bauprojekte und berät Bauherren:

Lage und Ort bleiben im Bautagebuch ja anonym, also kann ich keine konkrete Aussage fürs konkrete Grundstück treffen. Die beste Vorbereitung für meine Antwort wäre, ich würde hinfahren und mir Grundstück und Umgebung ansehen.

Und das nicht nur einmal. Ohne wenigstens drei Besuche sollte man kein Grundstück beplanen. Einmal geht es dabei um die Lage: Auch ein 1.500-Quadratmeter-Grundstück im Grunewald kann ungeeignet für einen Villenneubau sein, wenn es links und rechts kleinparzellierte Grundstücke mit Doppelhäusern gibt. Sie müssen als Entwickler immer mit den Augen der potenziellen Käufer die Umgebung und das Grundstück betrachten.

Nach dem, was mir über das Oberheim-Gesamtgrundstück bekannt ist und wie ich mir die Nachbarschaft dort vorstelle, würde ich nach dem abgelehnten Stadtvillen-Projekt ein Doppelhaus planen. Sicher gibt es dabei immer eine schwerer verkäufliche Hälfte, aber das wird sich mit der Zeit (und mit dem Preis) schon regeln lassen. Für Doppelhaushälften, besonders in Berliner Stadtrand-Ortsteilen, ist die Lage derzeit gut.

Sollte MirXbau das gescheiterte Stadtvillenprojekt in kleinerer Form, vielleicht auch mit leerstehendem Dachgeschoss realisieren? Klares Nein dazu, weil Stadtvillen auf eine inzwischen schwierigere Marktlage treffen. Zumal in einer Straße, die anscheinend von Einzel- und Doppelhäusern geprägt ist. Im übrigen setzt sich zurzeit bei Entwicklern die Erkenntnis durch, dass man Grundstücke nicht immer voll ausnutzt, wie es bei Stadtvillen üblich ist. Entscheidend ist, was verkaufbar ist.

Natürlich könnte MirXbau die Sache auch komplett fallen lassen. Macht aber wenig Sinn, wenn man doch mit Oberheim schon einen Bauherren an der Angel hat. Außerdem wurde Geld in die Entwicklung gesteckt. Das jetzt alles aufgeben?

Ein großes Einfamilienhaus planen? 200 qm Wohnfläche in einem großzügigen Haus? Das würde bei 700 qm Land (für rund 230.000 Euro) ein Objekt von weit mehr als 500.000 Euro Gesamtkosten für einen Käufer bedeuten. Das Planungsrisiko würde ich nicht eingehen. Denn kauft jemand so ein Haus an einer Straße, an der Doppelhaushälften auf 300 qm Land nebeneinander stehen?

Bei den angesprochenen wenigstens drei Besuchen in der Straße bekommt man einen Eindruck von der Sozialstruktur. Einmal komme ich abends, wenn die Arbeitnehmer nach Hause zurückkehren. Wer kommt, fährt welche Art Auto, Mercedes, Mondeo oder Manta, lässt es an der Straße stehen oder fährt es in die Garage? Garage automatisch oder manuell? Wie schnell verschwinden die Menschen in ihren Häusern, wie kommunikativ ist die Umgebung?

Einmal auch komme ich in einer typischen Freizeitsituation, am Wochenende: Wie sehen die Vorgärten aus, sind die Anwohner dort, was tun sie gerade? Was ich jetzt sehe, das sieht auch der Käufer, der sich in einigen Monaten für mein Projekt interessiert. Der Käufer guckt sich das an und fragt sich: Ist das mein Standort, wo ich die nächsten Jahrzehnte leben will? Und er achtet dabei nicht nur auf eine laute Straße, eine in der Ferne hörbare S-Bahn oder den Hefegeruch von einer nahen Bäckerei.

Also: Ich würde dort ein Doppelhaus entwerfen. Vielleicht hätte dies für die Oberheims und ihre beiden Kinder auch den Vorteil, dass solch eine Immobilie von anderen Familien mit Kindern gekauft würde. In eine Stadtvilla wäre anderes Publikum eingezogen, wie Oberheim ja von seiner Baufirma erfahren hat.

Oberheims Einsichten

In der Serie war diese Expertenfolge natürlich nicht ernsthaft als Entwicklungs-Tipp für MirXbau geplant – sondern als Ratschlag für alle Immobiliensuchenden. Daher mein Rat: Sehen Sie mit den Augen des Profis, denn er sieht mit Ihren Augen!

Tagebuch, 38. Folge:
Versicherung fürs Haus

In der (Haft-)Pflicht

18. September: Lange war Funkstille vonseiten der MirXbau. Zwar war uns ja versichert worden, dass die Fehlplanung auf dem vorderen Grundstück ausgebügelt wird und dass mein Haus auf dem hinteren Grundstück nun definitiv doch gebaut wird. Aber passiert ist noch nichts.

Klar, es gibt noch kein Okay vom Bauamt, und Handwerker auf der Baustelle würden mich jetzt überraschen. Aber könnten nicht schon Bagger die alte Hütte und die Garage dort abreißen? Und könnte man nicht schon Besprechungstermine abhalten? Oder ist gar nichts mehr zu besprechen?

Zeit für mich also, in meinen Unterlagen zu blättern, was noch alles zu tun ist. Im Bauvertrag steht, dass ich verschiedene Bauherrenversicherungen abschließen muss. Ich krame in meinen Monate zurückliegenden Anfragen bei Versicherungen.

Von einer CF-Bauherrenversicherung hatte ich das erste Angebot: 288,11 Euro soll ein Paket Bauleistungs- und Bauherrenhaftpflichtversicherung bei meiner Bausumme von rund 180.000 Euro kosten, erfuhr ich auf meine Anfrage hin. Weiter könnte ich eine Wohngebäudeversicherung abschließen. Die wäre in der Bauphase als Feuerrohbauversicherung prämienfrei, also kostenlos, und würde mich später pro Jahr 116,37 Euro kosten.

Auch ein freier Versicherungsmakler hat mich angeschrieben, sein Angebot liest sich etwas günstiger. Ich rufe ihn an und frage nach weiteren Details: Welche Versicherungen brauche ich überhaupt?

Am Rande: Dass mich dieser Versicherungsagent persönlich anschreiben konnte, hat mich total gewundert. Woher hatte der meine Adresse? Ich mache doch nicht bei Preisausschreiben mit, wo nur Adressen gesammelt und dann verkauft werden, und Werbebroschüren ordere ich auch nicht pfundweise.

In einem anderen Brief fand ich die Antwort: Es muss eine Zeitschrift über Bauvorhaben geben, in der alle Adressen von Bauherren veröffentlicht werden – unabhängig davon, ob ich das will oder nicht, denn gefragt hat mich niemand. Seit Wochen bieten mir alle möglichen (und unmöglichen) Firmen Produkte und Dienstleistungen rund ums Bauen an.

19. September: Der Versicherungsvertreter hat schnell reagiert. In der Post liegt ein Versicherungsangebot, ebenfalls bezogen auf 180.000 Euro Bausumme. Kostet bei der Wohngebäudeversicherung ganze 100,57 Euro. Ich werde das wohl annehmen. Auch bei der Bauleistungs- und Bauherrenhaftpflichtversicherung hat er bessere Konditionen als die CF-Versicherung: 259,89 Euro.

Als ich den Vertreter noch einmal anrufe und nebenbei frage, von welcher Gesellschaft das 259-Euro-Angebot stammt, nennt er mir zu meiner Überraschung die CF-Bauherrenversicherung, von deren Zentrale ich das etwas teurere Angebot habe.

Wieso ist das Angebot über einen Versicherungsagenten rund zehn Prozent billiger, obwohl der doch auch noch seine Provision daran verdienen will?!

Was der Experte dazu sagt:
Gleiche Sicherheit, anderer Preis

Wie viel Versicherung braucht der Mensch? Beziehungsweise der Bauherr? Einen Experten für diesen Bereich hat die Stiftung Warentest: Dieter Drobkewitz ist Versicherungsfachmann bei der Zeitschrift »Finanztest«:

Eine wichtige Versicherung für Oberheim (und für alle anderen Bauherren) ist sicherlich die Bauleistungsversicherung, die das Gebäude vor Schäden schützen soll, die aus dem Diebstahl eingebauter Materialien herrühren. Noch wichtiger ist die Bauherrenhaftpflichtversicherung, die kaum mehr als ein Tausendstel der Bausumme kostet und die aufkommt, wenn der Bauherr aufgrund seiner gesetzlichen Haftpflicht Schäden ersetzen müsste.

Als wir bei der Stiftung Warentest die Versicherungen rund um die Baustelle einmal untersucht haben, wurde deutlich, dass die Preisunterschiede manchmal sehr groß sind, nicht aber die Unterschiede im Leistungsspektrum. Die meisten Gesellschaften bieten praktisch identische Leistungen an.

Sicher sollte Oberheim trotzdem die Versicherungsbedingungen genau durchlesen, damit er weiß, was der Schutz seines Versicherers hergibt. Individuelle Veränderungen des Leistungsumfangs (um Kosten zu sparen) haben dabei aber wenig Sinn, denn das Feuerrisiko sollte man nicht ausschließen, ebenso wenig Probleme mit Leitungswasser oder mit Einbrüchen.

Übrigens nehmen viele Versicherungsgesellschaften gern das Thema »Wasseraustritt aus Fußbodenheizungen« aus – ein für sie offensichtlich heikler Bereich. Jeder Bauherr, der so etwas in seinem Haus einplant, sollte im eigenen Interesse die installierte Anlage »abdrücken« lassen. D.h. mit einem Hochdrucktest auf Dichtigkeit prüfen.

Die größte Ersparnis bei der Bauleistungs- und Bauherrenhaftpflichtversicherung übrigens würde Oberheim wahrscheinlich damit erzielen, wenn er mit seiner Baufirma aushandelt, dass sie 50 Prozent der Versicherungskosten übernimmt. Wir empfehlen dazu, mit den Bauausführenden und dem Architekten darüber zu reden, denn letztlich nimmt diese Absicherung auch ihnen das Risiko, bei Schadensfällen in die Pflicht genommen zu werden.

Wichtig ist im Zusammenhang mit der Haftpflicht natürlich die Sicherheit auf der Baustelle – und hier ist auch der Bauherr in der Pflicht. Nicht immer liegt der Fall so einfach, dass ein vom herabfallenden Stein getroffener Bauarbeiter keinen Helm trug und damit selbst die Schuld an Verletzung und Krankschreibung trägt. Wer als Bauherr hier unsicher ist, muss sich mit seinem Bauleiter absprechen oder – wenn der nicht auskunftswillig sein sollte – notfalls seine Versicherungsgesellschaft fragen. Da der Versicherer an möglichst wenig Schadensfällen interessiert ist, wird der Bauherr dort sicher gut beraten.

Oberheim wundert sich, wieso der Versicherungsvertreter ihm die gleiche Leistung für rund zehn Prozent weniger Versicherungsprämie anbieten kann: Versicherungsmakler schnüren gegenüber den Gesellschaften oft ihr eigenes Paket. Zum einen bieten sie einen größeren Kundenkreis und bekommen dafür Rabatt, zum anderen sind sie für Versicherer interessant (und kostengünstiger), weil sie ihnen Arbeit und Beratungsaufwand abnehmen.

Oberheims Einsichten

Kein Thema für lange Erörterungen. Habe auch von anderen Baustellen nie von Problemen in diesen Fragen gehört. Erwägenswert ist aber wirklich, sich mit dem Bauunternehmen die Prämie zu teilen – aber bitte vor der ersten Unterschrift!

Tagebuch, 39. Folge:
Die Tricks einer Baufirma

Einfach schmoren lassen

25. September: Dass ich alle nötigen Bauherrenversicherungen abgeschlossen habe, teile ich MirXbau telefonisch mit. Vor allem aber rufe ich an, um den Geschäftsführer, Bauingenieur Tiekenz, zu fragen, wann wir mit dem Bauen anfangen. Tiekenz murmelt etwas wie »Bauamt... aber nur Kleinigkeiten, nichts Besonderes«.

Nach dem Gespräch frage ich mich, was das Bauamt noch gegen mein Haus haben könnte. Der letzte Amtsbrief sagte nur, dass die Unterlagen eingegangen sind und dass noch einige Kleinigkeiten fehlen: Erklärungen des Bauantrags-Verfassers, eine Ausnahmegenehmigung und die Eintragung des Geh-, Fahr- und Leitungsrechts (abgekürzt: GFL) zu Gunsten meines Hinterlieger-Grundstücks und zu Lasten des vorderen Grundstücks. Also jenes Rechts, dass ich meine unterirdischen Anschlüsse am Rande des Vorderlieger-Grundstücks entlang legen darf. Müsste doch längst geregelt sein, denke ich. Oder?

26. September: Die Sache mit dem GFL lässt mir keine Ruhe. Aber ich will nicht noch mal bei MirXbau fragen, sondern klingle direkt im Bauamt an. »Ja, Ihre Sache...«, weiß eine Frau Klafahn bei der Adresse Planweg 55 sofort Bescheid: »Das wird ja mal Zeit, das dauert ja schon so lange..« Erschreckt male ich mir aus, dass meine Akte als einzige in einem »Nicht-genehmigt«-Korb schmort.

Frau Klafahn erklärt mir, dass das Bauamt mit MirXbau auch schon über mein GFL gesprochen habe. Eigentlich sei sonst alles klar – nur die Eintragung des GFL fehlt. Aber so lange das nicht eingetragen ist, sind die Bauantrags-Unterlagen eben noch nicht komplett. Und wenn sie nicht komplett sind, kann auch die sechswöchige Genehmigungsfreistellungs-Frist nicht beginnen. Und ohne Freistellung kann man nicht nach sechs Wochen losbauen.

»Heißt das etwa, dass die mich in der Hand haben und schmoren lassen können, so lange die wollen?!«, sage ich. Frau Klafahn setzt zu einem Ja an, aber im letzten Moment scheint ihre amtliche Neutralitätsrolle sie zurückzuhalten. »Schwierig an der GFL-Eintragung könnte auch sein, dass MirXbau nicht allein beim Bauamt erscheinen muss«, kriegt sie gerade noch die Kurve weg von meiner Frage. Auch ein Herr Würzelshoff sei als Grundstückserbe und Eigentümer beteiligt. MirXbau tritt beim Verkauf an mich ja nur als Zwischenerwerber auf – um Grunderwerbsteuer zu sparen.

»Ja, aber was kann MirXbau für ein Interesse haben, diese Eintragung hinauszuzögern?!«, will ich noch fragen – aber dann fällt es mir selber ein: Tiekenz lotet vielleicht erst aus, ob er auf dem vorderen Grundstück ein Einzelhaus oder Doppelhaus verkaufen kann. Wenn die Marktlage zeigt, dass es dafür keine Chance gibt, lässt er mich trotz aller »Wir-bauen-mit-Ihnen-weiter«-Zusagen mit meinem GFL einfach hängen – und bläst das unprofitabel gewordene ganze Bauprojekt ab. Meins mit eingeschlossen.

Dazu könnte MirXbau einfach die Zugriffsmöglichkeit auf das Grundstück verfallen lassen, Erbe Würzelshoff bleibt auf seinem Land sitzen und muss wieder einen Käufer suchen. Und ich kann wieder mit meiner Immobiliensuche neu beginnen. Doch das Schlimmste ist: Ich muss ja erst abwarten, ob MirXbau doch noch Ja zum GFL sagt. Mann, ist das alles kompliziert.

Was der Experte dazu sagt:
Verträge nicht gut durchdacht

Wird das Geh-, Fahr- und Leitungsrecht zum Knackpunkt? Juristenrat ist gefragt. Dr. Klaus-Martin Groth, Rechtsanwalt und Partner des Berliner Anwaltsbüros »Gaßner, Groth, Siederer & Coll.«, schreibt:

Oberheim ist einmal mehr in Gefahr, Opfer nicht ausreichend durchdachter Verträge zu werden. Aber in einem hat er wirklich Recht: »...ist das alles kompliziert«.

Eine Baugenehmigung wird nur erteilt, wenn das Grundstück »ordnungsgemäß erschlossen« ist. Liegt es nicht an einer »befahrbaren öffentlichen Verkehrsfläche« (»Hinterlieger«), so muss die Zufahrt über das Vordergrundstück »rechtlich gesichert« werden. Das Gleiche gilt für seine Ver- und Entsorgungsleitungen. Die beste rechtliche Sicherung ist, Eigentum an der Zufahrt zu erwerben – wegen der Optik im Lageplan spricht man dann von einem »Hammergrundstück«. Dies hat Oberheim jedoch leider nicht vereinbart.

Die zweite von Bauämtern anerkannte Sicherung der Erschließung ist eine im Grundbuch eingetragene Dienstbarkeit über ein »Geh-, Fahr- und Leitungsrecht«. Eine Baugenehmigung wird danach nur erteilt, wenn eine notariell beurkundete Bewilligung des Eigentümers des (vorderen) »dienenden« Grundstücks und ein Eintragungsantrag zugunsten des Baugrundstücks vorliegt.

Oberheim hätte im Grundstückskaufvertrag mit MirXbau deshalb verlangen müssen, dass ihm eine unwiderrufliche, ordnungsgemäß beurkundete Bewilligung des (im Grundbuch noch eingetragenen Eigentümers Würzelshoff für das GFL nachgewiesen und ihm ein eigenes Antragsrecht eingeräumt wird. Da Oberheim mit Herrn Würzelshoff selbst keine vertraglichen Beziehungen hat, ist dies nur nachholbar, wenn MirXbau über eine entsprechende unwiderrufliche Vollmacht des Herrn Würzelshoff verfügt. Ist das der Fall, so kann Oberheim der Firma eine Frist zur Beseitigung des Baugenehmigungshindernisses setzen – und MirXbau macht sich schadenersatzpflichtig, wenn die Firma der Forderung nicht nachkommt.

In Berlin besteht als zusätzliches Genehmigungshindernis noch die Verpflichtung, die Erschließung zusätzlich durch ein öffentlich-rechtliches GFL in Form einer »Baulast« (in Oberheims Fall: Paragraf 73 der Berliner Bauordnung) zu sichern. Auch insoweit ist eine schriftliche Erklärung des Eigentümers des belasteten Grundstücks (hier also wohl noch Würzelshoff) gegenüber der Bauaufsicht erforderlich, für deren Abgabe MirXbau sich also auch eine Vollmacht von Würzelshoff einräumen lassen musste und von der die Firma nun ebenfalls auf Verlangen Oberheims Gebrauch machen muss.

Sind die Ansprüche auf GFL und dazu gehörige Bewilligungen oder Vollmachten in den Grundstückskaufverträgen vergessen worden, so ist das weitere Schicksal des Oberheim-schen Bauvorhabens vom guten Willen des Noch-Eigentümers Würzelshoff abhängig. Ob MirXbau schadenersatzpflichtig wird, wenn hier etwas schief geht, oder ob die Firma wirk-lich die Möglichkeit hat, Oberheim einfach so erst »hängen« und dann »die Sache platzen« zu lassen, hängt von der genauen Formulierung seines Vertrages mit MirXbau ab.

Oberheims Spekulation über das bewusste Verzögern der GFL-Eintragung im Baulasten-verzeichnis des Bauamtes könnte zutreffen, so dass spätestens jetzt anwaltliche Beratung und ein förmliches Schreiben an MirXbau erforderlich sind. Natürlich könnte Herr Würzelshoff – der ja interessiert ist, sein geerbtes Grundstück zu verkaufen – bei allen GFL-Fragen mitspielen. Aber was ist, wenn ihm inzwischen ein besseres Angebot vorliegt?

Oft genug sind Grundstückskäufe und Bauprojekte schon gescheitert, weil die vielen baurechtlichen Aspekte in den Verträgen nicht vorausschauend geregelt wurden und nach-trägliche Ergänzungen wegen geänderter Interessenlage nicht mehr durchsetzbar sind.

Oberheims Einsichten

Na klar, mein Fall ist schon reichlich kompliziert gelagert, das sehe ich ein. Geschildert habe ich dieses scheinbare Randthema in dieser Breite vor allem aus zwei Gründen:

1. Die Tricks der Bau-Gegenüber wollte ich zeigen, denn hinter die Kulissen kann man nicht sofort schauen – oder manchmal auch gar nicht.

2. Sagen Sie mir doch bitte, welche Fragestellungen ich (oder Sie!) als Laie vorherse-hen können müssen, um in dem fremden Gebiet des Baurechts von Anfang an auf alles vorbereitet zu sein?! Ich denke, dass man hier entweder mit rosaroter Brille oder mit geschlossenen Augen versuchen muss, durch Wände zu gehen. Wer mehr Sicherheit braucht, kann aus meiner Sicht das Thema Bauen vergessen.

Tagebuch, 40. Folge:
Oberheims Computer-Heim

Virtueller Hausbau

2. Oktober: Diese Tagebuchfolge hat vor Wochen in einem Computerladen begonnen. Ich sah dort ein »Einrichtungsplaner«-Programm. Die Beschreibung sprach mich nicht an, aber als ich bald darauf in einer Häuslebauer-Zeitschrift einen Vergleichstest solcher Programme las, besorgte ich mir die Testsieger-Software für etwa 100 Euro.

Auspacken und loslegen? Denkste, ohne jeden Erfolg. Also nahm ich mir das Handbuch vor, las und probierte – mit mehr Erfolg: Wände ziehen, Tapeten aussuchen, Türen und Fenster einbauen. Der Clou ist die dreidimensionale Variante des Programms. Erst konstruiere ich wie auf Millimeterpapier ein Stockwerk samt Wänden, und dann kann ich mit der Maustaste durch das »fertige« Gebäude spazieren, indem ich vom Konstruktions- in den Darstellungsmodus umschalte. Meine ersten Versuche, mit der Maus im Haus herumzulaufen, endeten im blauen Himmel, aus dem ich keinen Ausgang mehr fand. Aber irgendwann hatte die Computer-Maus (also: ich) es kapiert, und die Besichtigungen klappten.

Was ich beim ersten Rundgang sah: Unsere Küche wirkt mit 10,2 qm zu klein, obwohl sie fast gleich groß ist wie unsere jetzige Mietwohnungsküche, die wir »ganz okay« finden. Den Unterschied macht ein zweites Fenster in der Neubau-Küche aus, und auf dem Bildschirm wirkt das Fenster sogar noch größer als in der MirXbau-Zeichnung.

Toll, diese Software! Da lasse ich mit ein paar Klicks die Wand zwischen Küche und Wohn-/Essbereich einfach verschwinden. Eine neue Wand ziehe ich zwischen Esecke und Wohnzimmer – und gleich sieht der erweiterte Küchenraum ganz anders aus. Meine Frau war zuerst von den neuen Ansichten nicht so begeistert wie ich, doch mit immer wieder neuen Blickpositionen konnte ich sie schließlich für die Wohnküchen-Lösung gewinnen. Ohne die Planer-Software wäre es wohl bei der Kleinküche geblieben.

Und noch eins änderte sich per PC: Die neue Wand zwischen Wohnküche (20 Quadratmeter groß) und kleinerem Wohnzimmer (25 qm) braucht einen Durchgang. Eine Tür aber, das sahen wir im Planungsprogramm, macht sich nicht so gut: Zur einen Seite würde sie zur Wohnküche hin aufgehen und dort Platz wegnehmen, oder sie öffnet gegen ein (geplantes) Wohnzimmerregal bzw. stößt auf der anderen Seite gegen die (vielleicht offene) Terrassentür.

Bild 9: Schnelle Planungserfolge am Computer für den Bauherrn – aber wer genau hinsieht, erkennt noch diverse Fehler wie etwa die dunklen statt der in Realität georderten gelblichen Klinkersteine. Die passende Außenwand-»Textur« hatte die PC-Software nicht zu bieten. Außerdem fehlen die Fenster in der Dachgaube. Immerhin: Für den ersten Haus- und Raumeindruck reicht's.

Bild 10: Die Erfahrungen beim virtuellen Spaziergang durch die kleine Küche in der MirXbau-Planung sorgten für das digitale Versetzen einer Wand und den neuen Eindruck »Wohnküche« (**Bild 11**, unten). Diese selbst entwickelte Lösung überzeugte die Baufamilie Oberheim.

Einen Abend voller Maus-Klicks später hatte ich eine Schiebetür »eingebaut«. Das sah besser aus, und eine in der Wand verschwindende Tür kann man auch mal offen stehen lassen, ohne dass sie im Wege steht. Bei der Breite spielte ich mit dem Innentüren-Standardmaß von 88 Zentimetern (wirkt klein), mit 1,01 Metern (schon besser) und 1,20 bis 1,40 Metern (sehr gut) oder gar 2,00 Metern (perfekt!) – letztere aber hatte einen Fehler: Um eine Zwei-

Bild 12: So einfach ist der Umbau. Aus der dreidimensionalen Ansicht einer 1,55 Meter breiten Schiebetür geht der PC-Architekt zurück in den Konstruktionsmodus, klappt das Schiebetüren-Menüfeld auf und trägt andere Zahlenwerte für die Türenbreite ein. Dann ein erneuter Maus-Klick zurück zur 3D-Darstellung, und schon ist die Schiebetür auf einen Meter Breite geschrumpft (**Bild 13**, unten).

Meter-Schiebetür einzubauen, muss nicht nur die Öffnung zwei Meter breit sein, sondern auch die Wand, in der diese Schiebetur verschwinden soll. Soviel Platz haben wir dort nicht.

Das schreibe ich jetzt alles so leicht und locker auf, dabei hat mich dies alles viel, viel Schweiß und Gedankenschmalz, Systemabstürze und PC-Abende gekostet. Aber eins steht für mich fest: Die Investition in die Software war ihr Geld wert.

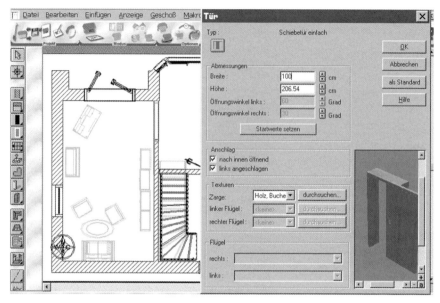

Bild 14: Von Menü zu Menü arbeitet sich der virtuelle Bauherr durch das Programm. Hier das angesprochene Schiebetüren-Verfahren.

Was der Experte dazu sagt:
Spielbereich – aber wertvoll

Spielerei oder sinnvolle Planungshilfe? Mit PC-Programmen und 3D-Darstellungen in der Architektur kennt sich Jaroslav Pialek aus. Der Diplom-Bauingenieur bietet mit seiner Berliner Firma Compal Datenverarbeitung GmbH auch Dienstleistungen im Bereich CAD (Computer Aided Design) an, für gewerbliche Kunden und auch für private Bauherren:

»Spielerei oder Planungshilfe«? Spielerei und Planungshilfe gleichzeitig, würde ich sagen, aber dabei meine ich das Wort »Spielerei« absolut nicht negativ.

Es ist tatsächlich so, dass die heutigen Möglichkeiten der Software und der Gerätetechnik soweit entwickelt sind, dass selbst ein eigentlich »Unbefugter« eine engagierte Facharbeit leisten kann. Die Technik ist schnell und erschwinglich geworden, die Programme sind benutzerfreundlich.

Was dies dem Privatmann bringt, sehen wir an Roland Oberheim. Er beschäftigt sich mit der Materie, er qualifiziert sich, indem er Architekturbegriffe wie Höhe, Tiefe, Türöffnung kennen lernt. Und er bekommt ein Gefühl für Proportionen: Ein leeres 22-Quadratmeter-Wohnzimmer kommt einem Laien »schön groß« vor – doch wenn man es mit der liebgewonnenen Sitzgarnitur und einer neuen Essecke ausstatten will, hört man nur noch: »Oh Gott, wie ist das alles eng.«

Dies könnte Oberheim allein aus den Grundriss-Skizzen seiner Baufirma nicht erkennen. Das PC-Architekturprogramm samt Einrichtungsplaner aber zeigt ihm reale Größenverhältnisse auf dem Bildschirm – in 2D beim Blick auf den Grundriss, in 3D beim virtuellen Spaziergang mit der PC-Maus durchs virtuelle Haus, das er eingegeben hat.

Ich denke, dass Oberheim (und alle, die es ihm gleichtun,) für Architekten oder Bauingenieure zu besseren Gesprächspartnern werden. Früher hatten Planer besonders ein Problem: Da saßen ihnen Laien gegenüber, die sich mit bunten Zeitschriften beschäftigt hatten und viele tolle Ideen in ihrem Haus realisieren wollten. All das aber war und ist nicht in 120 Quadratmetern unterzubringen – und dies lernt Oberheim jetzt ganz praktisch mit der Software. Dabei wird er im Programm wie auf einer Straßenbahnschiene ohne falsche Abbiegemanöver geführt; die Menüs helfen ihm an Stellen weiter, wo ihm das Architekturstudium fehlt.

Mit dem gewonnenen Vorwissen, mit den Skizzen und den Ansichten aus seinem PC-Programm wird Roland Oberheim den Architekten aber auch zu mehr Aktivität bewegen. Der Planer nämlich muss bei so einem Kunden dann vielleicht von Standardvorgaben abweichen. Wenn er ausweicht, liefert ihm Oberheim am nächsten Tag die bildliche Umsetzung dessen, was er gemeint hat.

Was das 100-Euro-Programm sicher auch bewirkt: Der private Bauherr spart Beratungsstunden mit seinem Architekten. Wenn er dabei und bei vermiedenen Fehlern im Planungsbereich (siehe Oberheims Wohnküche) nur 1.000 Euro einspart, hat sich die Software-Investition schon absolut bezahlt gemacht.

Aber das Architekturbasteln und die 3D-Ansichten auf dem Bildschirm haben ihre Grenzen: Man bleibt im Spielbereich. Mit einer realisierbaren Konstruktion oder einem fertigen Projekt hat Oberheims Software-Arbeit noch nichts zu tun. Sicher aber dienen seine zweidimensionalen Grundriss-Zeichnungen und dreidimensionalen Raumeindrücke als Skizze – wie eine erste Bleistiftzeichnung des Planers.

Mehr ist machbar mit 250 bis 500 Euro teuren, semiprofessionellen PC-Programmen von Baufachverlagen, die teils sogar Berechnungen von Kubaturen (Mengen der verwendeten Baumaterialien und Kalkulationsansätze) bieten. Mit so einem Programm kann man schon einen »Vorentwurf« produzieren – und damit 2.500 Euro Honorar einsparen. Aber Vorsicht: Wer sich nicht perfekt in so einem Programm auskennt und nicht reichlich Vorwissen mitbringt, sollte davon lieber die Finger lassen!

Generell bleibt zu sagen, dass hausbau-interessierte Anfänger sich bei der Auswahl von Architektur-Software sich vor allem an Angebote von Baufachverlagen halten sollten – dort ist meist mehr Know-how vorhanden als bei Anbietern, die sonst vor allem PC-Spiele entwickeln.

Oberheims Einsichten

Heute würde ich so ein Programm immer wieder kaufen. Mit einem Unterschied: Es müsste viel früher da sein als die Unterschrift unter meinen Bauvertrag. Denn all die sinnvollen Änderungen und Umplanungen, die ich noch hinbekam, kosteten reichlich – weil sie erst nachträglich kamen. Und das lassen sich die Baufirmen immer satt honorieren, besonders – wie ich gelesen habe – bei Änderungen, die den individuellen Charakter eines Hauses betonen oder ausmachen. Fragen Sie mal nach den Extrakosten, wenn ihr verklinkertes Haus im Stile der 20er Jahre neben jedem Fenster ein andersfarbiges Klinkerfeld (wie ein Fensterladen) bekommen soll. Planen Sie dies mit Klinkern der gleichen Preisklasse wie ihre Standardklinker und staunen Sie über den unverschämten Extra-Preis!

Tagebuch, 41. Folge:
Wenn einer eine Küche plant...

Holz und Blockverrechnung

4. Oktober: Irgendwie ist derzeit die Luft raus. Aber ich meine das ausnahmsweise mal ganz positiv: Ständig fühlt man sich beim Bauen – obwohl wir doch erst in den Vorbereitungen stecken – unter Dampf, und ständig muss man irgendwelche Sachen bedenken. Da tut ein Augenblick Ruhe gut.

Ein Telefongespräch mit Freundin Julia (die wohnt schon im eigenen Haus) bringt uns aber wieder auf Trab:»Kümmert Euch doch langsam mal um Eure Küche.« Sie selbst kennt das Thema und war schon in x Küchenstudios, ehe sie sich entschieden hat.

Weil wir in der vergangenen Woche ja die aus unserer Sicht geniale Umplanung von der Mini- zur Wohnküche vorgenommen haben, bleibe ich jetzt dran an dem Küchengedanken. Meine Frau Verena hält das für Panikmache. Sie meint, wir hätten doch noch Monate Zeit. Aber dann hat sie doch gleich einen Küchenplaner der Stiftung Warentest gekauft und losgelesen...

Was man da nicht alles bedenken muss: Eine Höhe der Arbeitsfläche von nur 80 Zentimetern ist out, weil die Menschen immer größer werden.

Die wichtigsten Eckpunkte Kühlschrank, Herd, Waschbecken sollen ein Dreieck bilden. Das Fenster hinter dem Waschbecken darf nicht an den Wasserarmaturen hängen bleiben.

Welche Herd-Energie darfs sein, Gas oder Strom? Ceranfeld oder herkömmliche Platten, Dunstabzug ja, aber mit welchem Luftumwälzvermögen? Arbeitsplatten aus welchem Material? Den Ratgeber an einem Abend durchzulesen, verwirrt uns nur. Also ist wieder komplettes Einarbeiten in eine neue Materie nötig.

6. Oktober: Verena hat sich mit einer Bekannten getroffen, die früher mal als Küchenplanerin gearbeitet hat. Und dieses Gespräch bringt uns wieder neue, wieder andere Aspekte. Fragen Sie mich nicht welche, ich konnte schon beim Weiterdiskutieren beim Frühstück am nächsten Morgen die Details kaum noch auseinander halten.

Aber: Zum einen haben wir jetzt eine schon ziemlich genaue Vorstellung von unserer Wunschküche. Und – noch viel wichtiger – es gibt jetzt eine erste Bleistiftzeichnung...

7. Oktober: ...mit der ich an meinem freien Vormittag in ein Küchenstudio spaziere. Ich suche mir ein Design mit massivem Buchenholz-Rahmen aus, in der Mitte der Oberflächen steckt jeweils Furnier.

Der Berater gibt alles in den Computer ein. Er – nicht der Mann, sondern der Computer – kommt auf einen Endpreis von 12.000 Euro.»Aber das ist nur fürs Holz«, sagt er und erklärt auf meinen fragenden Blick hin, dass mit»Holz« die ganze Bestellung mit Ausnahme von Armaturen, Arbeitsplatte und Elektrogeräten gemeint sei.

Ehrlich gesagt: Mit rund 15.500 Euro hatte ich bei der Küche eigentlich nicht gerechnet. Die Hochglanzkataloge aus Küchenstudios versprechen einem doch immer fertig eingerichtete Küchenecken inklusive Elektrogeräten für 1.500, 2.000 oder 2.500 Euro. »Ja, aber nur, wenn Sie genau die im Prospekt abgebildete Küche nehmen. Wollen Sie einen Hängeschrank extra oder eine bessere Dunstabzugshaube, dann kommen Sie mit diesen Katalogpreisen auch nicht hin«, klärt mich der Verkäufer auf.

8. Oktober: Einmal dran an der Sache, will ich's jetzt wissen. Gehe in der Mittagspause in ein Küchenzentrum in der Nähe meines Arbeitsplatzes und hinterlasse den Ausdruck aus dem Küchenstudio vom Vortag. Den habe ich vorher noch mal fotokopiert und dabei den Studio-Namen überklebt. Schon das Mitbringen dieses Papiers macht den Verkäufer anscheinend vorsichtiger: Eine fast identisch aussehende Küche kommt plötzlich inklusive mehr als fünf Meter langer Arbeitsplatte auf nur noch 10.890 Euro, »abzüglich Blockverrechnung von... 3.477 Euro käme das für Sie auf... warten Sie... etwa 6.390 Euro.« Plus Elektrogeräte natürlich.

Blockverrechnung, sagt der Mann, sei der Lohn/Rabatt dafür, dass man inklusive Arbeitsplatte alles bei einem Hersteller kauft. Aber dass 10.890 minus 3.477 nur 6.390 Euro ergeben soll, wundert mich beim Kopfrechnen. »Moment mal... ham Se Recht«, berlinert er: »7.413 Euro, ha'ick mir varechnet.«

Nicht sein erster Fehler heute. Ich hatte diesen Küchentyp nämlich nur ausgewählt, weil ein mir und meiner Frau etwas besser gefallendes Alternativmodell »viel teurer, mindestens 20 Prozent teurer« sein soll. Wahrscheinlich, um mir die eben kalkulierten 7.413 Euro als günstig darzustellen, rechnet der Verkäufer den Eckschrank unserer Alternativküche einmal nach. Doch dann staunt er selbst, und ich ärgere mich: Unsere Wunschküche müsste nach seiner überschlägigen Kurzberechnung doch rund 15 Prozent billiger sein.

Meine Mittagspause ist um, und ich habe also genau das falsche Küchenprogramm ausrechnen lassen. Wird also wohl doch erst mal nichts mit der schnellen Küchenentscheidung. Auch für die Auswahl der Elektrogeräte müssen wir erst noch mit den Geräten, Marken und Typen, ihren Vorzügen und Nachteilen bekannt machen.

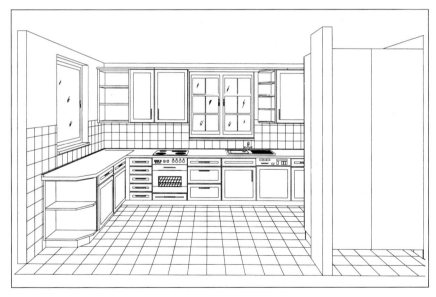

Bild 15: So könnte die Küche einmal aussehen: Diese Computer-Grafik aus einem Küchenstudio wurde nach den Wünschen des Bauherrn angefertigt. Das Wichtigste an dieser Simulation aber ist: Wer mit solch einer Fotokopie (und abgedecktem Urhebervermerk) im nächsten Küchenstudio auftaucht, hat bessere Karten beim Preis, denn er hat sich im ersten Fachgeschäft nicht gleich zum Kauf überreden lassen...

Was der Experte dazu sagt:
Für Küchenplanung nie zu früh

Die Oberheims befinden sich noch in der Planungsphase ihres Hauses. Ist es jetzt schon angesagt, mit der Küchenplanung zu beginnen? Als Experte schreibt dazu Hans-Joachim Adler, Geschäftsführer des Branchendienstleistungsverbandes »Arbeitsgemeinschaft Die Moderne Küche«:

Gar keine Frage: Natürlich sollte Familie Oberheim mit der Küchenplanung früh beginnen. Das sieht man allein schon an der vorigen Tagebuchfolge, als Oberheim mit Innenarchitektur-Basteleien am Computer den Grundriss von einer kleinen Küche zu einer geräumigen Wohnküche ausgeweitet hat.

Eine Entscheidung, mit der er übrigens nicht allein steht: Die meisten Menschen wünschen sich heute in der Küche einen richtigen Essplatz, an dem die ganze Familie, aber auch Gäste Platz finden. Außerdem fördert eine Wohnküche die Kommunikation zwischen Koch und Gästen oder Familienmitgliedern.

Sie sehen: Moderne Küchenplanung bezieht den gesamten Lebensraum, also immer mehr auch den Wohnbereich mit ein. Die Küche erst planen zu wollen, wenn die Bauleute den Keller fast fertig gemauert haben, ist eindeutig zu spät.

Natürlich werden nicht mit jeder Küchenplanung gleich Wände versetzt wie bei den Oberheims. Aber es gilt doch, dass sich der künftige Küchenbenutzer über seine Wünsche im Klaren sein muss. Und das bedingt oft die Lage von Herd und Dunstabzugshaube, Spüle, Kühlschrank, Küchenbeleuchtung, Kleingeräten. Und, damit verbunden: Herdanschluss, vielleicht ein Abluftkanal durch die Wand, Steckdosen, Wasserleitungen.

Rechtzeitig sollte die bauausführende Firma eine fertige Küchenplanung bekommen. Die wird dem Küchenkäufer vom Fachhändler nach dem Kauf überreicht, und sie enthält nicht nur die genannten Anschlusspunkte, sondern auch die Zahl der benötigten Steckdosen und den idealen Ort für einen Dunstabzug (durch die Wand). Nicht zuletzt gehört auch ein genau festgelegter Fliesenspiegel zur ausgesuchten Küche, die der Fliesenleger nach der Vorgabe des Küchenfachhändlers umsetzt. Auf die – zunehmenden – Körpergrößen der Küchenbenutzer haben sich viele Hersteller mit höheren Unterschränken und unterschiedlichen Sockelhöhen längst eingestellt. Da ist es gut, wenn der Bauherr, der Modernisierer und der Architekt darauf achten, dass sie die spätere Arbeitshöhe schon bei der Rohbauplanung berücksichtigen. Die Arbeitshöhe nämlich wirkt sich auf Fensterbänke und Fenster(-höhe) aus, schließlich soll der geöffnete Fensterflügel nicht an der Waschbecken-Armatur hängen bleiben.

Je früher, desto besser sollte sich Familie Oberheim an ein Küchenfachgeschäft ihres Vertrauens wenden und dort die Planung im Detail besprechen.

Oberheims Einsichten

Speziell die Sache mit dem Wasserhahn und dem darüber frei schwingenden Fenster hat bei uns nicht geklappt. Und die Dunstabzugshaube (samt ihrem Elektroanschluss und dem Mauerdurchgangspunkt) fehlte in der Küchenplanung. So computermäßig perfekt die Küchenplanung auch aussehen mag, so sollte sie doch intensiv geprüft werden.

Im Nachhinein haben wir einen Ausziehtisch, der etwa die Größe einer Besteckschublade hatte, noch entfernt und zusammen mit zwei normalen Unterschrankfächern gegen eine weitere Schublade plus zwei Auszüge ersetzen lassen. Kostete einige hundert Euro.

Tagebuch, 42. Folge:
Post vom Bauamt

Paragraf 56a Abs. 4 Satz 4

13. Oktober: Noch immer gibt es keine Baustelle im Planweg. Beim Abheften meiner Bauunterlagen (das mache ich immer viel zu spät und zu selten...) und Durchblättern der Bauakte fällt mir der Brief eines »Prüfingenieurs für Baustatik« in die Hände. Der will, dass ich ihn mit der »Prüfung der Standsicherheitsnachweise und der Konstruktionszeichnungen und mit der örtlichen Bauüberwachung« beauftrage – und dies gleich in Form eines Briefes, der so aussieht, als hätte ich ihn verfasst, und dieses sogar mit einem Oberheim-Briefkopf.

Gerade dieser fingierte Briefkopf verärgerte mich so, dass ich von einem Trick meiner Baufirma ausging, die eine eigene Aufgabe auf diese billige Weise an mich »abtreten« wollte. Beim zweiten Lesen des Briefes aber kommen mir nun doch Zweifel.

Also rufe ich im Bauamt an, wo eine Sachbearbeiterin (ohne Kenntnis meiner Akten) sagt, ich solle einmal auf den vom Vermesser zugeschickten Amtlichen Lageplan schauen. Wenn ich dort die Buchstaben »f. f.« entdecke, bedeute dies, ich müsste den Auftrag an den Prüfingenieur unbedingt sofort wegschicken. Der Einsatz des Prüf-Ing. sei dann erforderlich. Als Bauherr im genehmigungsfreien Verfahren sei ich nämlich verpflichtet, ihn zu beauftragen. Früher, erfahre ich weiter, lagen all diese Dinge im Bereich des Bauamts, jetzt sei die Verantwortlichkeit auf die Bauherren übergegangen.

Dann werde ich also von einer Baugenehmigung freigestellt – und dafür wird das Bauamt von der Verantwortung freigestellt, witzele ich. Die Sachbearbeiterin lacht: »Damit könnten Sie Recht haben.« Weiter eindringen will ich nicht in die Rechtsfragen – ich will keine Genehmigungen bis ins letzte Detail verstehen, sondern bauen!

Als ich gerade auflegen will, hat eine offensichtlich gerade ins Zimmer zurückgekehrte und für mich zuständige Bauamts-Mitarbeiterin meinen Namen gehört und gleich dem richtigen Bauobjekt zugeordnet. Sie übernimmt den Hörer und sagt: »Herr Oberheim, die Sache mit dem noch nicht zu Ihren Gunsten eingetragenen Geh-, Fahr- und Leitungsrecht klärt sich. Herr Tiekenz von MirXbau und der Noch-Eigentümer Würzelshoff haben morgen einen Termin bei uns, um diese Baulast einzutragen.«

20. Oktober: War es nun mein Telefonat oder der Termin MirXbau/Würzelshoff – jedenfalls bekomme ich heute einen Brief von meinem Bauamt. Die Bauvorlagen für mein Bauvorhaben lägen jetzt vollständig vor. Und das heißt: Sechs Wochen nach Eingang der Unterlagen darf nun »mit der Ausführung des Vorhabens« begonnen werden – es sei denn, dass »gemäß Paragraf 56a Abs. 4 Satz 4 der Bauordnung für Berlin in der Fassung vom 3.9.1997, geändert durch Art. II des Gesetzes vom 2.6.1999 die Durchführung eines Genehmigungsverfahrens erklärt oder die eingereichten Bauvorlagen beanstandet« werden.

Verstehen Sie das?! Mir ist das zu hoch, und ich merke, wie ich von all diesen Dingen doch ziemlich wenig, viel zu wenig verstehe. Dass es da anderen Bauherren viel besser gehen soll als mir, kann ich allerdings auch nicht recht glauben.

Was der Experte dazu sagt:
Sogar Fachleute sind überfordert

Einer, der im Gegensatz zu Roland Oberheim vom Baurecht eine ganze Menge versteht, ist Peter von Feldmann, ehemals Vorsitzender Richter am Berliner Oberverwaltungsgericht. Zur Genehmigungsfreistellung und zum vereinfachten Baugenehmigungsverfahren hat er ein Buch geschrieben, und auch andere Werke des Autors befassen sich mit dem Berliner Baurecht:

Kein Wunder, dass Oberheim die Rechtslage nicht durchschaut. Das 8. Gesetz zur Änderung der Bauordnung aus dem November 1997 ist tatsächlich schwer lesbar und hat von allen Beteiligten am Bauprozess ein erhebliches Umlernen verlangt. Trotzdem blieben und bleiben schwierige Probleme für die Praxis in Berlin – nicht nur für Laien, sondern sogar für die Experten.

Ich möchte sogar sagen, dass mancher Architekt und viele Bauherren offenkundig überfordert sind. Und im Grunde genommen fordert die neue Ausgangslage von den Bauämtern deshalb auch eine wesentlich intensivere Beratung speziell der Bauherren – wenn Letztere ihre eigene Verantwortung wirklich ernst nehmen wollen.

Wo fangen die Probleme an? Bauherr und Architekt müssen seit 1. November 1997 genau prüfen, welchen Antragsweg sie bei ihrem Berliner Bauprojekt durchlaufen müssen:

- Genehmigungsfreiheit nach Paragraf 56 der Berliner Bauordnung
- Genehmigungsfreistellung nach Paragraf 56a
- vereinfachtes Genehmigungsverfahren nach Paragraf 60a
- oder das normale Baugenehmigungsverfahren.

Falscher Weg bedeutet: Zeit – und damit natürlich auch Geld – verloren.

Im Einzelnen: Früher reichte der Architekt den Bauantrag ein, und das Bauamt hatte zu prüfen. Das scheinbar »vereinfachte« Verfahren heute hingegen bedeutet für den Architekten eine viel weitgehendere Haftungsübernahme. Er muss alles richtig machen: Er muss neue und ältere Bebauungspläne kennen. Und er muss erklären, dass das Bauvorhaben den öffentlich-rechtlichen Vorschriften entspricht – eine falsche Erklärung kann ein Bußgeld von bis zu 500.000 Euro kosten.

Begründet wird diese angedrohte Strafe damit, dass die größere Freiheit im neuen Verfahren auch mehr Möglichkeiten des Missbrauchs dieser größeren Freiheiten mit sich bringt – und damit fangen die Unfrei-Stellungen beim Freistellungsverfahren schon an.

Welche Ausnahmen und Befreiungen der Bauherr für sein Vorhaben braucht, das muss er selbst wissen und möglichst gleich schriftlich beantragen – ehe dies nämlich nicht geschieht, kann die Sechs-Wochen-Frist bis zum Baubeginn auch nicht starten.

Wie war es früher doch einfach: Hatte der Bauherr eine schriftliche Baugenehmigung, so galten alle für den Bau erforderlichen Ausnahmegenehmigungen automatisch als erteilt, selbst wenn der Architekt sie vergessen und das Bauamt sie vielleicht auch übersehen hatte. Heute aber wird alles dem Gespann Bauherr/Architekt überlassen – und bremsen kann das Amt bei fehlenden Genehmigungen das Bauvorhaben auch später noch.

Oberheim könnte nach der schriftlichen Erklärung des Bauamtes nun zwar die sechs Wochen zählen, bis er beginnen darf. Aber das Amt kann in dieser Zeit immer noch die »Durchführung eines Genehmigungsverfahrens« erklären. Innerhalb der sechs Wochen die Bagger für den Baugrubenaushub sofort nach Ende dieser Frist zu ordern, wäre also etwas fahrlässig.

Weiterer Nachteil der Genehmigungsfreistellung ist, dass es bei ihr letztlich kein Papier, keine Urkunde für den Bauherrn gibt, dass er jetzt bauen darf. Früher, mit einer schriftlichen Baugenehmigung in der Hand, konnte er seine Berechtigung zum Bauen Schwarz auf Weiß nachweisen – bei seinem Kreditgeber, bei Behörden, bei Nachbarn.

Apropos Nachbarn: Selbst die haben ihre Probleme mit dem Freistellungsverfahren. Konnte man früher gegen eine fremde Baugenehmigung klagen, so gibt es jetzt keinen Gegenstand für eine solche Anfechtungsklage mehr. Es ist daher für den Nebenmann sehr kompliziert, seine Rechte – etwa bei der Verletzung von Abstandsflächenregelungen – beim Verwaltungsgericht durchzusetzen. Aber das wird Oberheim (und andere Bauherren in spe) sicher weniger interessieren.

Ein mittels Genehmigungsfreistellung errichtetes Vorhaben ist rechtlich nicht solchen Vorhaben gleichgestellt, die auf eine Baugenehmigung bauen können. Die Baugenehmigung hat nämlich eine klare Sicherungsfunktion, sie schafft die so genannte »formelle Legalität«. Nach dem Eintritt der Unanfechtbarkeit kann kein Nachbar und kann keine Baubehörde mehr geltend machen, dass der Bau gegen irgendwelche Vorschriften verstößt. Im Falle der Genehmigungsfreistellung dagegen kann die Bauaufsicht jederzeit noch Einwände erheben und gegebenenfalls durchsetzen.

Nun könnte man jemandem, der ganz auf Nummer sicher gehen will, ja raten, er solle doch gleich ins normale Baugenehmigungsverfahren gehen. In anderen Bundesländern verwenden Architekten dazu den Trick, eine winzige Abweichung von den Bebauungsplan-Vorgaben in das Vorhaben einzubauen, um das Bauamt letztlich ins Baugenehmigungsverfahren zu zwingen. Dieser Weg aber ist in Berlin von Gesetzes wegen versperrt.

Also: Da müssen Sie durch, Herr Oberheim! Erst nach den sechs Wochen wissen Sie, wie es weitergeht.

Oberheims Einsichten

Ich könnte diese Expertenäußerung jede Woche immer wieder erneut lesen und hätte das Gefühl, immer wieder einen neuen Text zu lesen. Wer da durchblicken will, der muss schon reichlich Jura mitbringen.

Übrigens: Wie ich später aus dem für mich zuständigen Bauamt erfuhr, hat man diese Tagebuchfolge – vor allem natürlich die Expertenschilderung – fotokopiert und gibt sie jedem Bauwilligen als Informationsmaterial mit auf den schwierigen Weg.

Tagebuch, 43. Folge:
Die Baudurchsprache

Ohne jede Haftung?

22. Oktober: Vor diesem Tag hatte ich so meine Befürchtungen. Bauingenieur Tiekenz lädt meine Frau und mich zum Gespräch ins Wilmersdorfer MirXbau-Büro, es geht um die »Bemusterung« und eine »Baudurchsprache« – und so steht es auch in Großbuchstaben auf seiner Mappe.

»Beim Bemustern wirst du haufenweise Geld los«, sagte ein bauender Bekannter, der sich bei diesem Termin gute Innenausbau-Qualitäten ausgesucht hatte – mit fünfstelligen

Extrakosten. Aus Geldknappheit kehrte er dann doch zum billigsten Ausgangsstandard zurück.

Doch das Gespräch mit Tiekenz nimmt einen ganz anderen Beginn. Bauwasser und Baustrom – »…machen wir«, sagt er. Klar, das habe ich in meinem Bauvertrag gegen 600 Euro Pauschale von mir fernhalten können. Schließlich hatte ich Angst, dass auf der Doppelbaustelle dann mein Baustrom genutzt wird, obwohl gerade der Mörtel fürs andere Haus angerührt wird. Aus Versehen…

Ich erfahre nun weiter, dass ich den Boden abfahren lassen muss. Im Bauvertrag war das Thema nur ganz schwammig formuliert. Also: Ich muss zahlen.

Die Mauern sind klar: 24 Zentimeter dicke Poroton-Steine, davor zehn Zentimeter Mineralwolle. »Und davor? Welche Verblender nehmen Sie?« Meine Frau und ich begleiten Tiekenz in einen anderen Büroraum und sehen jeweils ein Dutzend Verblend-/Klinkersteine und Dachziegel. Wie vorbesprochen, nehmen wir hellrote Klinker – und die kosten keinen Aufpreis. Doch kein Dachziegel – außer in Anthrazit, was wir nicht mögen – passt dazu. »Die Ziegel lassen wir noch offen«, sagt meine Frau, unsere Stil- und Farbenexpertin.

Oft macht Tiekenz zu weiteren Themen Häkchen und Kreuzchen auf seinem Formblatt. Vieles scheint mir selbstverständlich – oder vielleicht begreife ich es auch einfach nicht.

Einiges muss er uns erläutern. Ob wir bei den Klinkersteinen auf eine Dehnungsfuge in der Außenwand verzichten wollen? Dann müssten wir eine Enthaftungserklärung von der DIN 1053 erteilen, »denn die Norm verlangt eine Fuge, ist aber total veraltet«.

Rohrverkleidungen für Entwässerungsrohre – auch nicht DIN-gerecht, auch »Enthaftung«? Und der Austritt vom Wohnzimmer auf die Terrasse – ohne Schwelle und damit ebenfalls ohne DIN und ohne Haftung?

Die DIN sei in vielen Punkten veraltet, erklärt Tiekenz. Die meisten Bauherren würden die Enthaftung erteilen, weil man vom Wohnzimmer zum Garten keine 15 Zentimeter-Schwelle haben wolle.

Das muss ich erst mal mit meinem Bauherrenvereins-Berater Vaujack besprechen, denke ich. Außerdem sind die zweieinhalb Stunden, die ich an diesem Vormittag Zeit habe, schnell vorbei, obwohl wir erst auf der vierten von zehn Formularseiten sind. Tiekenz und wir vertagen uns auf nächste Woche für die restlichen Fragen.

Das bisher ausgefüllte Formblatt mit seinen Kreuzchen kommt mir als Laie so dürftig vor, dass ich mich einen Tag später nicht mehr erinnern kann, was Tiekenz zu den einzelnen Punkten jeweils gesagt hat.

26. Oktober: Architekt Vaujack muss mir erst einmal erklären, wozu die Dehnungsfuge überhaupt dient. Weil Material sich winters wie sommers unterschiedlich verhält und dabei ausdehnt oder zusammenzieht, gibt es Spannungen, auch in Hauswänden. Die Dehnungsfuge soll verhindern, dass es zu Rissen in der Wand kommt. Dennoch sieht er keine Probleme, denn erst bei ganz langen Wänden sei die Fuge nötig, nicht aber bei einem Einfamilienhaus.

Und die »Enthaftung«? frage ich ihn, weil ich juristisch vorsichtiger geworden bin. »Bestehen Sie doch einfach darauf, dass die festgeschriebene Garantie weiter gilt«, rät Vaujack.

Was der Experte dazu sagt:

Wie ein Schachspiel

Baudurchsprache und Enthaftung – das sind für Reiner Uelze keine unbekannten Begriffe. Der Dipl.-Ing. und Dipl.-Ing. oec. mit eigenem Ingenieur- und Sachverständigenbüro in Falkensee (Kreis Havelland) hat als Bauherrenberater des Bauherrenschutzbundes immer wieder mit den angesprochenen Themen zu tun:

Ich kann nur hoffen, dass Oberheim die Enthaftungserklärungen nicht unterschrieben hat. Und ganz generell muss ich anmerken, dass eine Firma, die sich solches unterschreiben lassen will, in meinen Augen anrüchig bis unseriös vorgeht.

Aber im Einzelnen: Wie steht es um die DIN-Regeln und um die von MirXbau angeregte Enthaftung? DIN steht für ein allgemein gültiges Regelwerk für ordnungsgemäßes Erstellen von Waren oder Dienstleistungen, auch am Bau. DIN-Regeln spiegeln immer das wider, was zum Zeitpunkt des Inkrafttretens der jeweiligen Grundsätze Stand der Technik war. Da manche DIN-Bestimmungen schon zehn bis 15 Jahre alt sind, sollte man sie als Mindeststandard verstehen. Natürlich könnte man mit seiner Baufirma vertraglich auch den »höchsten (besten) Stand der Technik« vereinbaren, aber das spielt bei Oberheim keine Rolle und wird nach meiner Kenntnis auch nur selten durchgesetzt.

Wer nun eine Enthaftung von DIN-Regeln vorschlägt, der will sich also aus dem Standard, aus den untersten Anforderungen herausschmuggeln.

Thema Nr. 1, die Dehnungsfuge: Klinkersteine, die Wind, Wetter und Sonne ausgesetzt sind, dehnen sich aus und ziehen sich zusammen. Bei einem dunkelbraunen Klinkerstein auf der Südseite können schon mal 80 bis 85 Grad Temperatur gemessen werden. Bauplaner müssen hier an Dehnungsrisse denken – und die sollen durch Dehnungsfugen verhindert werden.

Die angesprochene DIN 1053 – da wurde Oberheim von seiner Baufirma falsch informiert – sagt aber gar nichts aus zu Dehnungsfugen bei einem Einfamilienhaus. Allgemein geht man davon aus, dass erst ab Klinkerwand-Längen von mehr als 15 Metern (Oberheims Haus hat maximal zehn Meter) Dehnungsfugen eingearbeitet werden müssen.

Wenn Oberheim nun aber die Erklärung unterschreibt, ist er einverstanden, dass in seinem Haus gleich ein Mangel eingebaut wird. Wie er dann später seine Gewährleistungsansprüche durchsetzen will, ist fraglich. Ein Richter wird ihm vielleicht einmal entgegenhalten, dass er doch ein mündiger Bürger sei, der weiß, was er unterschreibt – und das (von Oberheim unterschriebene) Baudurchsprache-Protokoll wird dem Richter darlegen, dass Oberheim doch in allen Details informiert wurde. Dass Oberheim sich schon nach einem Tag nicht mehr an die erwähnten – oder auch nicht erwähnten(!) – Fachdetails erinnern kann, wird ihm da wenig helfen. So sind nun mal die (Un-)Sitten und Gebräuche am Bau!

Auch zu den Enthaftungs-Themen 2 (Rohrverkleidung) und 3 (Terrassenschwelle) kann ich von einer Unterschrift nur abraten. Will MirXbau die Rohre beispielsweise an kritischen Stellen im Haus nicht mit ein bis zwei Prozent Gefälle, sondern flacher verlegen? Eine ganz üble Geschichte, von einem Nichtfachmann hier eine Enthaftung zu verlangen: Da bilden sich an Stoßstellen dann vielleicht einmal Leckstellen.

Und die 15 Zentimeter hohe Schwelle zur Terrasse einfach per Unterschrift zu »kippen«, finde ich auch unseriös. Die DIN sagt, dass die 15 Zentimeter durchaus unterschritten werden können – wenn man mittels Drainage das befürchtete Eindringen von Niederschlagswasser von der Terrasse verhindert. Das aber will sich Oberheims Baufirma ersparen und schlägt ganz einfach die Enthaftung vor.

Generell sollte man solch eine Baudurchsprache wie ein Schachspiel verstehen – und sich immer fragen, was der Bauunternehmer eigentlich davon hat, dass er etwas unterschrieben bekommen möchte. Es wird keinen Vorschlag geben, der allein den Vorteil des Bauherren im Blick hat, sondern immer nur solche, an denen der Bauunternehmer etwas spart: an Material, an technisch komplizierten Arbeitseinsätzen und an Stundenlöhnen – oder auch an der Gewährleistung nach Fertigstellung des Hauses. Ehe Sie etwas unterschreiben, denken Sie immer daran, dass Sie nicht bloß ein Paar Schuhe kaufen, sondern ein Haus, das wegen seiner Jahrzehnte langen Finanzierung irgendwann doppelt so teuer sein wird wie die reinen Baukosten.

Oberheims Einsichten

Meine Baufirma hat bis heute eins glatt verpennt – dass ich die Baudurchsprache nie unterschrieben habe. Aber bis heute habe ich noch nicht begriffen, ob dies einmal zu meinem Vorteil hätte gereichen können.

Tagebuch, 44. Folge: Baudurchsprache, Teil 2

Hier und da ein (teures) Extra

29. Oktober: MirXbau-Büro in Wilmersdorf, Teil 2 der Vorbereitung meines Bauvorhabens. Den Termin des Baubeginns aber kann mir MirXbau-Chef Tiekenz immer noch nicht sagen. Dabei hat das Bauamt vor rund zwei Wochen signalisiert, in sechs Wochen dürfe begonnen werden.

Also sitzen wir mit MirXbau wie in der vergangenen Woche in der »Baudurchsprache«. Meine Frau und ich haben wieder einen längeren Vormittag Zeit, ehe Kevin aus dem Kindergarten abgeholt werden muss. »Warum nimmst du dafür nicht mal einen Tag Urlaub?«, klagt meine Frau. »Was meinst du, wie viele Urlaubstage wir später noch auf der Baustelle brauchen«, halte ich dagegen. Ob ich Recht behalten werde, weiß ich natürlich noch nicht. Eigentlich weiß ich überhaupt nicht, was Bauen ist, was Bauen bedeutet. An Stress und allem anderen.

Und noch eins am Rande: Die paar Termine, die ich hier im Bautagebuch beschreibe, stellen doch nur einen Mini-Ausschnitt aus unserer Baugeschichte dar. Was meinen Sie, wie oft wir herumspazieren, um Geschäfte, Läden, Häuser usw. zu besuchen?! Einmal sind wir 25 Kilometer nur deshalb gefahren, weil eine Bauzeitschrift ein Haus am Berliner Stadtrand mit gelblichen Klinkern gelobt hat. In natura sahen die Dinger nicht annähernd so leuchtend aus wie in der Hochglanzzeitschrift.

Zuerst einmal gehen wir jetzt in den MirXbau-Musterraum, in dem wir vor einer Woche schon die Klinkersteine und Dachziegel angesehen haben. In den sechs Tagen Zwischenzeit haben meine Frau und ich umgedacht: weg von roten Klinkersteinen, zu denen kein

Dachstein zu passen scheint, hin zu eher gelblichen. Und da gibt es wirklich einen Stein, der uns gefällt: In dem schimmert hier und da ein leichter Rotton, wodurch er besonders zu der ziegelroten Dachpfanne passt, die wir uns auch gleich aussuchen. Die ausgewählten Klinker und Dachziegel kosten übrigens keinen Euro-Cent extra.

Dafür aber kostet anderes mehr, und da erinnere ich mich wieder an die Bekannten-Worte: »Beim Bemustern wirst du viel Geld los.« Zum Spitzboden habe ich ja eine Bodentreppe im Vertrag stehen, doch »gehen können Sie da oben nicht«. Holzspanplatten, die auf den tragenden Kehlbalken gelegt werden, kosten 41 Euro pro Quadratmeter, insgesamt 1.317 Euro rechnet Tiekenz aus.

Kosten werden sicher auch die Sanitärobjekte und Sanitärarmaturen, die wir uns bei einem Berliner Großhändler aussuchen sollen. Die Adresse des Geschäfts soll uns noch mitgeteilt werden. Preise für dies und das stehen nicht in meinem Vertrag – hat mein Bauherrenvereins-Berater das übersehen?

Bei der Heizung spricht Ingenieur Tiekenz über Alternativen, und wir entschließen uns schließlich zu einer Fußbodenheizung im Erdgeschoss. Wichtigstes Pro-Argument: Wir bekommen ja ein ziemlich kleines Haus von kaum 100 Quadratmetern Wohnfläche, und wenn wir dann die Fenster- und Heizkörperflächen abziehen, ist nicht mehr viel Platz für Kommoden oder Schränke. Außerdem habe ich gelesen, dass eine Brennwertheizung mit niedrigen Temperaturen arbeitet, was gut zu einer Fußbodenheizung passen soll. Für diese Heizung im gesamten Erdgeschoss soll ich 2.925 Euro extra zahlen. In den Zimmern oben bleiben wir beim Heizkörperstandard.

Soll ich noch eine Solaranlage zur Brauchwassererwärmung einplanen, für die MirXbau mir ein Angebot unterbreiten will?

Bei den Innentüren suchen wir uns solche mit Buche-Furnier aus, die sind noch im Preis drin. Ebenfalls nichts kostet der Hinweis, dass ich bis zur Rohbaufertigstellung einen Küchenplan vorlegen muss. Zahlen hingegen soll ich für ein kleines Waschbecken mit Warmwasseranschluss, das meine Frau im Hauswirtschaftsraum im Keller haben möchte (347 Euro), und für den Wandputz im »Keller 2«, der ja unser wohnliches 25-Quadratmeter-Gästezimmer werden soll (1.003 Euro).

Auch ums Regenwasser, das vom Dach kommt, muss ich mich kümmern. Tiekenz schlägt eine Regenwasserzisterne aus Beton vor, in der einige Meter vom Haus entfernt das für die Gartenbewässerung kostbare Nass fließen soll: 2.904 Euro.

Was mich aber richtig ärgert, ist die Tatsache, dass wir für die anderen beiden Kellerfenster, die unterirdisch liegen, Kunststofflichtschächte und einen verzinkten Abdeckrost extra bezahlen müssen (je 241 Euro) – nennt man das etwa »schlüsselfertiges Bauen«?

1. November: Ein anderer Papa aus Kevins Kindergarten ist Architekt, und wir kommen ins Gespräch über mein Bauvorhaben. Er sagt mir, dass er das Verputzen des Kellerraums etwas teuer findet und rechnet im Kopf »so 650, 700« Euro aus. »Da würde ich verhandeln«, sagt er.

Zu Hause streiche ich die Zahl von 1.003 Euro aus und schreibe »zu teuer« an den Rand. Mal sehen, wie MirXbau reagiert.

Was der Experte dazu sagt:
Jeder Euro kostet doppelt

Roland Oberheim hat Angst davor, dass Bemusterungen weiteres Geld kosten. Schließlich aber ist er doch noch relativ günstig weggekommen – oder etwa nicht, Martin Sprenger aus Bad Münstereifel? Er ist Baustoffprüfer und arbeitet als Bauherrenberater beim Bau- und Immobilien-Ratgeber, einem bundesweit operierenden Schutzverband:

Zuerst einmal sollte Oberheim sich vor Augen führen, was die Bemusterung für seine Baufirma bedeutet. 90 Prozent seiner Kalkulation hat der Unternehmer mit der Bauvertragsunterschrift bereits »drin«, und mit Bemusterungs- und anderen Mehrkosten versucht er, seine Rechnung auszugleichen. Die Ausgangsposition ist jetzt zwar eine andere – der Bauherr Oberheim hat ja schon unterschrieben – aber dennoch bleibt er immer »Chef im Ring«.

Sie kommen also zur Bemusterung und finden unter den paar angebotenen Dachsteinen nicht den, der Ihnen gefällt? Wenn Sie sich nun etwas anderes aussuchen wollen, wäre es wichtig, vorher – schon vor dem Nichtgefallen der Dachsteine – den genauen, vom Bauunternehmer einkalkulierten Preis zu erfahren. Nicht den Verlegepreis, wie er bei Teppich oder Fliesen gern eingetragen wird, sondern den reinen Materialpreis! Denn mit »77 Euro Verlegepreis« können 25 oder 10 Euro Materialpreis (mit/ohne Mehrwertsteuer?) gemeint sein. Ist eine diagonale Verlegung der Fliesen im Preis drin, oder kostet das wieder etwas extra?

Also, die Dachsteine gefallen Ihnen nicht, und Sie suchen im Baustoffhandel nach einer Alternative. Der Preis, den Sie dort antreffen, ist mit Sicherheit höher als der, den Ihr Bauunternehmer kalkuliert hat – sagt jedenfalls der Bauunternehmer. Aber geben Sie nicht klein bei, sondern handeln Sie wie auf dem türkischen Basar. Verlangen Sie, dass er Ihnen seine Rechnung plausibel macht und Ihnen ein kostenfreies, aber verbindliches Angebot unterbreitet.

Mit diesem Preis können Sie dann Vergleiche zwischen den einzelnen Anbietern vornehmen. Und beachten Sie: Es nutzt nicht viel, den Einzelpreis eines Dach- oder Mauersteins zu kennen, sondern immer den Preis für einen Quadrat- oder Kubikmeter, da der Materialbedarf oft unterschiedlich ist. Einen Anspruch auf Offenlegung der Kalkulation des Unternehmers haben Sie aber leider nicht.

Natürlich können Sie eine Position, ein Gewerk, auch ganz aus dem Vertrag nehmen. Ein Problem ist dabei, dass der Unternehmer Ihnen zwar Geld gutschreibt – aber garantiert wird er versuchen, beim Herausrechnen seiner Leistung trotzdem seinen Gewinn zu behalten.

Bleiben Sie bei den Diskussionen immer nett und freundlich nach außen – und kommen Sie nie mit offenem Visier! Das macht Ihr Gegenüber auch nicht. An eins sollten Sie denken: Der Bauunternehmer macht bei ihrem Projekt 25 bis 30 Prozent Gewinn – ein neuer Mercedes also. Wenn Sie ihn wenigstens bei den Alu-Felgen des Wagens etwas ärgern, bringt ihn das nicht um – außerdem ist jeder Euro, die Sie mehr ins Bauen stecken, bis zum endgültig abgezahlten Hypothekenkredit zu zwei Euro geworden.

Konkret zu Oberheims Bemusterungsgespräch: Der Wandputz im Keller-Gästezimmer ist mit etwa 13 Euro pro Quadratmeter anzusetzen. Da gut 50 Quadratmeter anzusetzen sind, sind die vom Architekten genannten 650 Euro durchaus realistisch und 1.003 Euro klar zu hoch. Nachverhandeln! Sicher ist es schwierig, einen so kleinen Putzauftrag anderweitig zu vergeben, für den ein Putzturm angeliefert und aufgestellt werden müsste – aber denken Sie wieder daran: Es ist Ihr Geld, und ein Euro wird im Laufe des Kredits zu zwei Euro...

Die Regenwasserzisterne aus Beton – die würde ich Ihnen für 1.000 Euro liefern, samt allen Anschlüssen. 2.904 Euro sind indiskutabel.

Geradezu eine Frechheit finde ich die Lichtschächte für die Kellerfenster, die Oberheim extra bezahlen soll. So etwas gehört zu einem Kellerfenster standardmäßig dazu, wenn das Fenster nicht schon durch geringfügige Abgrabung oberirdisch liegt. Auch der Preis von je 241 Euro ist stolz: Samt Sicherung, Wasserablauf und Rost bekommen Sie das im Baumarkt für je 100 Euro.

Den Preis der Fußbodenheizung im Erdgeschoss finde ich okay, aber Oberheim hätte sie auch fürs Obergeschoss ordern sollen. Denn mit zwei Heizkreisen kann er im EG zwar mit geringer Vorlauftemperatur von vielleicht 40 Grad heizen, doch oben braucht seine Heizung eher 55 Grad – da ist der Brennwert-Sparvorteil dahin. Aber so etwas sagt einem ein Bauunternehmer bei der Baudurchsprache leider nicht.

Überhaupt erfahren Bauherren meist viel zu wenige Einzelaspekte, um sich fachlich für oder gegen eine Änderung auszusprechen. Deswegen ist eine unabhängige Bauherrenberatung wie durch den »Bau- und Immobilien-Ratgeber e. V.« oder andere Experten wichtig.

Noch etwas Allgemeines: Bei der Bemusterung – Oberheim hat davon ja erst einen kleinen Teil hinter sich – kommen Bauherren schnell auf 15.000 Euro Mehrkosten, bei Fertighäusern habe ich als Erfahrungswert die Zahl von 25.000 Euro im Hinterkopf. Mit Argumenten wie »Man baut ja doch nur einmal« oder »Sie haben einen guten Geschmack, gnädige Frau« werden Baufamilien oft dazu gebracht, etwas draufzulegen.

Besser finde ich, man informiert sich vorher über anstehende Fragen und Themenbereiche. Was kosten Fliesen im Handel, welche gefallen mir? Was kostet eine Fußbodenheizung, passt das zum Oberheimschen Brennwert-Gasheizgerät?

Bauherren dagegen, die nur nach der Farbe der Briefkastenanlage fragen, nimmt kein Bauunternehmer ernst. Übrigens: Auch dazu diente das Gespräch zwischen Familie Oberheim und MirXbau-Ingenieur Tiekenz – zu sehen, wie leicht oder schwer man die Oberheims überreden kann oder überzeugen muss.

Oberheims Einsichten

Noch einmal etwas Allgemeines zur Baudurchsprache: Weil ich ja am Tag darauf schon nicht mehr erinnern konnte, was Tiekenz zu den einzelnen Programmpunkten gesagt hatte, konnte ich dies mit anderen Fachleuten leider auch nicht kompetent durchsprechen. Daran sollten Sie bei einem solchen Gespräch denken und vielleicht schriftlich die Erklärung noch einmal anfordern. Wird die Baudurchsprache zeitlich zu knapp (vor dem geplanten Baubeginn) eingeplant, kann Ihnen dies aber auch als Verzögerung angelastet werden, könnte ich mir denken.

Also: gleich einen Experten mit zu dem Gespräch mitbringen? Oder vorab das abzuhakende Formular erbitten, um sich vorbereiten zu können? Vorbeugen ist besser, weiß nicht nur der Zahnarzt.

Eine Randbemerkung noch mal zum Urlaub, den ich im Tagebuch angesprochen habe. Ich habe gar nicht so sehr viele Urlaubstage fürs Bauen nehmen müssen. Doch die zeitweise tägliche Beanspruchung war immens: Manchmal musste ich halbe Vormittage vertelefonieren, um irgendwem Druck zu machen oder Fragen zu klären. Wenn Sie keinen Arbeitgeber haben, der da mitmacht, dann lassen Sie's bleiben...

Tagebuch, 45. Folge:
Thema »Ökologie« glatt verpasst
Gesünder wohnen

8. November: Post von MirXbau. Die Zustimmung des Bauamtes sei eingetroffen, und man werde ab Ende November den Baubeginn vorbereiten. Endlich geht's los!

Aber MirXbau schreibt das mit der angeblichen »Zustimmung« offensichtlich nur, damit ich den Grundstückspreis (»153.000 Euro«) überweise. Die Zahlung des Grundstückspreises ist ja an die Baugenehmigung gekoppelt. Aber: Erstens müssen die sechs Wochen bis zur Genehmigungsfreistellung erst vorbei sein, ehe der Bauantrag »durch« ist, zweitens sind es nicht 153.000, sondern 150.300 Euro – nämlich 501 mal 300. Und drittens sagt nicht die Baufirma, wann ich zahle, sondern der Notar... Für wie blöd halten die mich eigentlich?!

10. November: Ein anderes Thema macht meine Frau und mich unglücklich. Eigentlich sind wir beide ziemlich »grün«, lieben Spaziergänge am Naturschutzgebiet, trennen Müll und fahren wenig Auto. »Aber beim Hausbau haben wir daran überhaupt nicht gedacht«, meint Verena.

Ich versuche entgegenzusetzen, dass der Baustoff Poroton doch positiv ist. Aber das ist wirklich nicht viel, ich weiß. Holzfenster haben wir bestellt statt Fenster aus Kunststoff (und dafür teure 6.000 Euro extra bezahlt), eine Brennwert-Gasheizung soll später im Keller ihren Dienst mit wenig Energieverbrauch verrichten, und ein Niedrigenergiehaus bekommen wir, acht Jahre lang mit »Öko-Zulage« gefördert.

Aber da gibt es doch sicher viel mehr »Öko«, was man hätte einbauen können. Oder können wir jetzt noch etwas tun, um für mehr gesundes Wohnen zu sorgen?

Was der Experte dazu sagt:
Ganzheitliche Sicht

Die Frage am Ende dieser Bautagebuchfolge wird unserem Experten sicher häufiger gestellt: Architekt Steffen Schindler arbeitet bei »Kerngehäuse Architekten« in Prenzlauer Berg und berät zusammen mit seinem Kollegen Lutz Dimter für die Grüne Liga Berlin e.V. Bauherren und Interessierte kostenfrei zu ökologischen Bauthemen:

Mit so relativ diffusen Vorstellungen von Ökologie und gesundem Wohnen im eigenen Haus kommen immer wieder Interessierte in die Sprechstunden der Grünen Liga. Meist aber können wir früher ansetzen als bei Roland Oberheim – ein eigentlich fertiges Projekt ökologisch aufpeppen, das wollen nur wenige. Die meisten kommen viel früher mit ihrem Wunsch nach Schadstofffreiheit und gesundem Wohnen in den eigenen vier Wänden und fragen, wie man sinnvoll und kostengünstig Energie und Ressourcen sparen kann.

Ich will mal so anfangen, wie wir es in der Beratung auch tun, mit der Bauökologie durch den Standort des Hauses. So ist die beste Sonnenenergienutzung auch nicht jene mit den Kollektoren auf dem Dach, sondern die passive Nutzung: Auch Glasflächen und Wohnbereiche gen Süden und eine möglichst geschützte Nordseite (an die man sinnvollerweise den Eingang oder die Hauswirtschaftsräume legt) sind für gesundes Wohnen wichtig.

Zweitens sehen wir uns die Baustoffe an, vor allem im Hinblick auf die Fähigkeit zur Wärme- und Feuchtespeicherung sowie Diffusionsoffenheit. Letzteres bedeutet: Kann das Baumaterial Feuchtigkeit aufnehmen, durchleiten und wieder abgeben? Bei Roland Oberheim ist die Außenwand aus Poroton-Ziegeln, neben anderen Baustoffen ein gutes Material der eben beschriebenen Art. Wenn sich aber – ohne eine Luftschicht davor – außen noch zehn Zentimeter Mineralwolle und eine 11,5 Zentimeter starke Verblenderschicht (Klinkersteine) anschließen, dann hat er (bzw. der Planer seiner Baufirma MirXbau) die Diffusionsoffenheit wieder tot gemacht. Diese so genannte Kerndämmung ohne Hinterlüftung würde ich meinen Bauherren nicht empfehlen.

Übrigens kann man nicht alles nur ökologisch oder mit ökologischen Materialien gestalten. Bei den Kellerwänden (mit dem bei Oberheim verwendeten Kalksandstein bin ich sehr einverstanden) gibt es außen zu den absolut nicht ökologischen Styrodur-Platten keine Alternative, wenn man das Untergeschoss gut wärmedämmen und zudem die auf die Außenmauer aufgetragene schwarze Sperrschicht schützen will.

Drittens folgt bei der bauökologischen Untersuchung das Dach und seine Verkleidung. Um eine Überhitzung der Wohnräume im Sommer zu vermeiden, wenn die Mittagssonne auf das Dach brennt, sollten Baustoffe gewählt werden, die gute Speicherqualitäten für Wärme und für Feuchtigkeit haben. Damit können die Einstrahlungs-Extremwerte verteilt werden, und das Haus überhitzt nicht so leicht.

Nun gibt es Leute, die die nicht besonders wertvollen Gipskartonplatten gegen Lehmbauplatten austauschen und meinen, sie hätten alles für die Ökologie und ein angenehmes Raumklima getan. Besser aber ist, sich alle drei Bestandteile (Dachhaut – Wärmedämmung – Kartonplatten) anzusehen. Nehmen wir die Dämmung: Mineralwolle beispielsweise hat schlechtere Speicherqualitäten für Wärme und Feuchtigkeit, während sich Zellulose hier bessere Noten verdient und inzwischen auch nicht mehr so viel teurer als Mineralfaser ist. Bei der Außenhaut denke ich an Tonziegel oder besser noch an ein begrüntes Dach (das aber bei Oberheims 45-Grad-Dachneigung nicht in Frage gekommen wäre).

Wenn Oberheim an den Punkt kommt, wo Innenwände gestrichen werden müssen, sollte er weiter an das Thema Diffusionsoffenheit denken. Statt einer Tapete auf der Wand bietet ein einfacher Anstrich mit Wandfarbe dem Mauerwerk bessere Möglichkeiten der Wärmespeicherung und der Ableitung von Raumluftfeuchte.

Wo man – viertens – auch noch eine Menge für das gesunde Wohnen tun kann, ist der technische Ausbau des Hauses. Eine Solaranlage zur Brauchwassererwärmung oder zur Erzeugung von Solarstrom ist denkbar. Außerdem gibt es Kompostklos oder Wasserspartoiletten – letztere kommen mit 0,8 bis zwei Litern pro Spülung aus, während der Standard noch bei sieben bis zehn Litern liegt. Und wer auch noch Wasser sparen will, der könnte an eine Grauwassernutzung denken: Eigentlich verbrauchtes Wasser aus Dusche, Badewanne oder Handwaschbecken wird aufgefangen, etwas geklärt und dann zur Toilettenspülung wiederverwendet. Man spart also doppelt, bei den Frischwasser- und bei den Abwassergebühren.

Insgesamt aber bleibt festzuhalten: Aus einem Haus mit zementverfüllter Styroporschalung oder einem mit Holzschutzmitteln präparierten Fertighaus kann man mit solchen

Einzelmaßnahmen kein ökologisch vernünftiges Haus machen. Nur die ganzheitliche Betrachtung des gesamten Bauvorhabens im Hinblick auf Energie- und Ressourceneinsparung, Schadstofffreiheit und Bauphysik schafft »Ökologie am Bau«.

Tagebuch, 46. Folge:
Arbeit am Lageplan

Hoch hinaus dank Komposthaufen

12. November: Immer noch heißt es warten, dass sich bei MirXbau und deren Bauingenieur Tiekenz irgendetwas rührt. Aber zuerst muss ja die in Berlin vorgegebene Sechs-Wochen-Frist verstreichen, die erst mit dem Einreichen des Bauantrags beginnt – und zwar des kompletten mit allen Erklärungen, Eintragungen und Formularen, wie ich aus leidvoller Erfahrung weiß.

Beim Blättern in meiner Bauakte stößt mir von Mal zu Mal immer wieder Neues auf. Heute fällt mein Blick zufällig noch einmal auf den »Amtlichen Lageplan« des Vermessers. Bisher habe ich immer nur darauf geachtet, wo unser Haus stehen soll und wo das andere auf dem vorderen Grundstück gebaut wird. Heute aber bemerke ich Zahlen und Buchstaben, die ich bisher nie beachtet habe.

Zahlenwerte wie 42,23 oder wie 43,89 oder 44,01 sind offensichtlich die Höhe meines Grundstücks über »Normalnull«. Übrigens fällt das Grundstück dabei von der Landesgrenze nach Brandenburg (44,52 Meter) gen Süden zum Planweg hin ab, und dies um rund zwei Meter. Sicher eine reizvolle »Hanglage«, aber auch schwieriger fürs Planen.

Und heute sehe ich da auch noch andere Zahlen und Buchstaben, die mir bisher wie interne Vermerke der Kartierer vorgekommen waren. »Gepl. OKFEG 43,50« kann ich mir mit einem Mal und ohne großes Nachdenken als »Geplante Oberkante Fußboden Erdgeschoss bei 43,50 Metern« übersetzen.

Aber wie kommt der Vermesser (oder wer sonst) auf diesen Wert? Mir schwant, die Zahl könnte der Höhendurchschnitt all jener Quadratmeter Gelände sein, auf denen mein Haus einmal stehen soll.

Sollte sich die Platzierung des Hauses weit oben an der hinteren rechten Grundstückskante jetzt doch als Glücksgriff erweisen? Dort hatte der steinalte Grundstücks-Vorbesitzer neben seiner »Behelfshütte« offenbar einen Komposthaufen angelegt, auf dem unser Haus zur Hälfte stehen wird. Weil der Komposthaufen fast 44 Meter hoch liegt, darf mein Haus jetzt ein Stück mehr aus der sonstigen Bodenhöhe (42,20 bis 43,30 Meter) herausschauen. Das ist gut für uns, da wir auf der gen Süden liegenden Hausseite im Keller ein großes Gästezimmer eingeplant haben.

Die Zahlen zu deuten, macht mir plötzlich Spaß – und ich frage mich, ob man eigentlich noch mehr »machen« kann bei der Höhe des Erdgeschoss-Fußbodens und damit auch bei der Höhe des ganzen Hauses.

Was der Experte dazu sagt:
Von Gelände-Mittel bis OKFEG

Sind das alles nur Vermutungen und Zahlenspielereien, die Roland Oberheim beim Lageplan-Studieren durch den Kopf gehen? Joachim Wanjura, öffentlich bestellter Vermessungsingenieur in Berlin-Wedding, klärt den Bauherrn auf:

Bei der Höhe seines Hauses trifft Oberheim die Realität beinahe. Die Sockelhöhe wird immer festgelegt vom Planer, einem Architekten oder wie hier dem Bauingenieur der Baufirma MirXbau. Geregelt ist dieses Thema für die Bundeshauptstadt in der Berliner Bauordnung.

Als Ausgangspunkt braucht der Planer die mittlere natürliche Geländeoberfläche – die Betonung liegt auch auf »natürlich«, und deshalb wage ich zu bezweifeln, ob das Stück Hochbeet oder Komposthaufen bei der Ermittlung des Geländemittels wirklich eine so wichtige Rolle gespielt hat, wie Oberheim annimmt. Meist wird bei Einfamilienhäusern eher die Durchschnittshöhe des gesamten Grundstücks als Zahlenwert genommen.

In der Praxis sieht das so aus: Zuerst kommt der Vermessungsingenieur und vermisst das Grundstück. Den Amtlichen Lageplan mit diesen Werten und der errechneten mittleren natürlichen Geländeoberfläche meldet er dann dem Architekten oder Planer. Der wiederum legt dann wie in Oberheims Fall fest, wo die »Oberkante Fußboden Erdgeschoss« (OKFFG) liegen soll.

Was mir in Oberheims Fall aber nicht gefällt: Der planende Bauingenieur der Firma MirXbau hätte nach dem Erfahren der Vermessungswerte mit dem Bauherrn Rücksprache nehmen müssen, denn Vermessungsergebnisse können immer Auswirkungen für den Bauherrn haben – bei der Sockelhöhe, der Höhe des Kellers also, oder auch bei der späteren Gebäudehöhe.

Ragt das Haus plötzlich wenige Zentimeter mehr aus dem Boden, und hat man eng am Nachbargrundstück geplant, muss der Bau eventuell etwas von der Grenze weggerückt werden, will man gesetzlich vorgegebene Abstandsflächen noch einhalten. Vereinfacht könnte man das Thema Abstandsfläche so darstellen: Eine Hauswand muss vom Haus weg umfallen können, ohne dabei das Nachbargrundstück zu treffen.

Weil es auch bei der Festlegung der OKFEG in engen Grenzen noch ein wenig Spielraum gibt, hätte der MirXbau-Planer dies mit Oberheim auch besprechen können und besprechen müssen. Schließlich war der Baufirma der Bauherrenwunsch eines beheizten und wohnlich ausgestatteten Gästezimmers im Keller bekannt. Im Übrigen sollte ein Planer wie der MirXbau-Ingenieur auch eine Kommunikation zwischen dem Bauherrn und den anderen Baubeteiligten herstellen – aber leider ist dieser Bereich meist ausgesprochen unterentwickelt.

Oberheims am Ende angedeutete Gedankenspiele um weitere Höhenvorteile beim Hausplanen möchte ich so beantworten: Wenn er nach Ende des Baus etwa Mengen von Sand abtragen lassen wollte, um seinen Kellerfenstern mehr Licht zu gönnen, so würden auffällige Geländeveränderungen sicher irgendwann bei der Bauaufsicht registriert. Solche Abgrabungen können anzeige- bzw. genehmigungspflichtig sein. Meine Idee: Lieber zwei, drei Meter vor den Kellerfenstern etwas abböschen – dagegen hat niemand etwas.

Generell können in Berlin Kellergeschosse aus der Erde herausgucken. Bis 1,20 bzw. 1,40 Meter gibt es keine Einschränkungen (außer den Abstandsflächen). Ragt der Keller höher übers Geländemittel heraus, kann er schnell als Vollgeschoss gelten – und das kann dann nicht nur bei der erlaubten Zahl der Geschosse und bei der Geschossflächenzahl (GFZ) Probleme bereiten. Zwar braucht der Raum, um als reguläres und bewohnbares Vollgeschoss zu gelten, (in Berlin) eine Raumhöhe von wenigstens 2,30 Metern. Doch dass der Keller nicht zu weit aus dem Boden »herausgucken« soll, berührt diese Frage erst einmal nicht.

Insgesamt haben wir es hier mit einer komplizierten Materie zu tun, und es gibt auch eine Reihe von Bauplanern, die mit Kellergeschossen unter der Vollgeschoss-Raumhöhe beim möglichst hoch liegenden Keller zu tricksen versuchen. Aber das scheint mir ein zu umfangreiches Thema, das an Oberheims Fall auch etwas vorbeiführt.

Die deutschen Bundesländer haben diverse, zumeist ähnliche Sockelregelungen. Kleine Anmerkung: Bei Hinterlieger-Grundstücken gibt es in Berlin je nach Bezirk unterschiedliche städtebauliche Beurteilungen und damit unterschiedliche Sockelhöhen-Festlegungen.

Was Bauherren bei der OKFEG auf jeden Fall beachten sollten, ist, dass sie über der Straße liegt. Beim Fußboden unter Straßenniveau rutschen die Anschlüsse unter die Rückstauebene. Dann dürfte im Keller eine Hebeanlage für das Abwasser nötig sein – und die könnte mit 25.000 Euro richtig ins Geld gehen.

Oberheims Einsichten

Vor allem das Kellerhöhenmaß von 2,30 Metern hat mich ziemlich frustriert. Aus einem legalen Gästezimmer konnte damit also nichts werden. Vorerst blieb das Schlafsofa also im Wohnzimmer stehen, und wir beeilten uns deshalb, die Gardinenfrage fürs Wohnzimmer zu regeln, damit die Gäste nicht ungeschützt vor der Nachbarschaft dastehen bzw. daschlafen mussten.

Tagebuch, 47. Folge:
Roden und Ersatz pflanzen
Bei 60 Zentimetern fängt ein Baum erst an

18. November: Diese Tagebuchfolge hat schon vor Monaten begonnen. Dass ein alter Walnussbaum meinem Hausbau im Wege steht und gefällt werden muss, weiß ich seit der Unterschrift unter den Bauvertrag.

Dass ich einen genau beschriebenen Ersatz-Walnussbaum (»18-20 cm Stammumfang, 3mal umgepflanzt«) zum amtlich ermittelten Preis von 706 Euro pflanzen muss, weiß ich seit dem Notartermin. Ich erinnere mich noch daran, dass mich das geärgert hatte, weil MirXbau mir den Brief vorenthalten hatte.

Nun hat MirXbau vor Wochen mit mir diskutiert, welche Bäume dem Bau weiterhin im Wege oder sonst ungünstig stehen. Auf meinem Land sind dies vier kleine Rotfichten. Mit einem »amtlichen« Unterschied untereinander: Zwei haben einen im Lageplan eingetragenen Stammumfang von 70 bzw. 73 Zentimetern, die anderen beiden von 56 bzw. 58. Das heißt: Die schmächtigen dürfen ohne weiteres gefällt werden...

22. November: ...doch für die zwei mit mehr als 60 Zentimetern Stamm muss Ersatz gepflanzt werden, wie ich seit heute aus einem Brief des Grünflächenamts weiß. Wieder hat das Amt Baumtarife zur Hand. Meine Bäume à 70/73 Zentimeter sollen je 196 Euro wert sein, eine große Blaufichte (146 Zentimeter Stammumfang) auf dem vorderen Grundstück 1.677 Euro.

Leider hat das Amt nicht berücksichtigt, dass das Grundstück zwischen MirXbaus Doppelhaus-Baugrundstück vorn und meinem Einfamilienhaus-Land hinten geteilt ist. Und deshalb befriedigt mich das Ende des Amtsbescheids auch gar nicht: Da wird für die drei Bäume ein Gesamtwert von 2.070 Euro errechnet und angeordnet, dafür zwei Bäume als Ersatz zu pflanzen: einen Säulen-Weißdorn, 20 bis 25 Zentimeter Stammumfang (1.048 Euro) und einen Walnussbaum von gleicher Stammesbreite (997 Euro, »4mal umgepflanzt«).

Ich rufe im Grünflächenamt an und will beim Sachbearbeiter nachfragen, warum nach der Teilung der Grundstücke nicht auch getrennte Berechnungen für Pflanzersatz gemacht wurden. Leider unterbricht mich der nervöse Amt-Mann immer wieder und will sich auf Änderungen nicht einlassen: »Davon war mir nichts bekannt. Und außerdem ist der Bescheid schon amtlich.« Also endgültig. Meine Baufirma hat ihn mir so spät zugeschickt, dass ich keinen Einspruch einlegen kann.

»Seien Sie doch froh, dass wir nur diese zwei Bäume angeordnet haben«, sagt der Grün-Mann, »auf den engen Grundstücken kriegen Sie dort doch gar nicht mehr Bäume unter – und ich habe extra solche ausgewählt, die Sie ohne schweres Gerät noch selbst einpflanzen können«.

Und wie soll ich da jetzt weiterkommen? Einen Walnussbaum muss ich schon pflanzen, und ein Drittel eines weiteren Baumes auch. Ein Drittel – wie macht man so etwas?

Was der Experte dazu sagt:
Mit Grünflächenamt sprechen

Oberheims Fragen und Oberheims Unmut gehören in die Obhut einer Landschaftsarchitektin. Dipl. Ing. Hiltrud Duquesnoy ist Expertin auf diesem Gebiet, sie hat ihr Büro in Berlin-Kreuzberg und gehört zum Vorstand der Berliner Architektenkammer:

Mal etwas Allgemeines vorweg: Ohne die Grünflächenämter und ohne die Baumschutzverordnungen sähe es wahrscheinlich ziemlich kahl aus auf Grundstücken in ganz Deutschland. Bäume ja, aber bitte nicht vor meinem Fenster – das ist leider die Einstellung vieler Zeitgenossen.

Die Regel ist: Wo ein Baum einem Neubau im Wege steht, muss man über ihn nachdenken. Hat dieser Baum einen Stammumfang von mehr als 60 Zentimetern – stets gemessen in einer Höhe von 1,30 Metern über dem Erdboden – und gehört zu einer der geschützten Arten, dann muss Ersatz gepflanzt werden.

Eigentlich müsste, so fordert es das Gesetz, pro 15 Zentimeter Stammumfang jeweils ein neuer kleiner Baum gepflanzt werden. Doch wie wollen Sie das in einer Großstadt wie Berlin anstellen, da würde jedes Grundstück schnell zum Wald werden...

Also sucht das Grünflächenamt in einem Baumschulenkatalog ähnliche Bäume, die zur Ersatzpflanzung angeordnet werden. Meist rechnet man dann pro 15 Zentimeter festgestellten Stammumfangs etwa 130 Euro Ersatzpflanzungswert. Zu einem Wert wie den 706

Euro für Oberheims Walnussbaum kommt das Grünflächenamt, indem im Katalog nach den aktuellen Preisen gesehen wird. Allerdings: Die Baumschulpreise für Bäume sind zurzeit derart weit »unten«, dass Roland Oberheim wohl kaum die Hälfte oder nur wenig mehr für seinen Ersatz-Walnuss wird zahlen müssen.

Noch etwas am Rande: Gar nicht empfehlen kann ich einem Bauherrn, ohne amtlichen Segen zu roden – was im übrigen auch kein seriöser Gartenbaubetrieb machen würde. Ein Bauverbot auf diesem Grundstück droht dann zwar nicht gleich als Strafe, aber es könnte dann vom Bezirksamt eine so hohe Geldbuße hageln, dass die ganze Finanzierung eines Neubaus ins Strauchen geraten kann.

Wenn übrigens innerstädtische Grundstücke so klein sind, dass eine Ersatzpflanzung auf diesem Neubauland kaum realisierbar ist, dann lassen sich gefällte Bäume – in Ausnahmefällen – auch einmal in Straßenbäume umwandeln. Das heißt dann: Der Bauherr zahlt, und die Kommune errichtet irgendwann einen neuen Straßenbaum.

Gerade weil die Berliner Grünflächenämter nach meiner Erfahrung für solche und andere Problemlösungen oft zugänglich sind, kann ich Roland Oberheims kritischen Eindruck von dem Telefongespräch mit seinem Sachbearbeiter überhaupt nicht nachvollziehen. Nach meinen Erfahrungen kann man mit diesen Behörden sehr gut zusammenarbeiten und sich bei strittigen Fragen immer einigen.

Letztlich liegt Roland Oberheim auch falsch mit seiner Ansicht, dass das Grünflächenamt die Grundstücksteilung in seinem Bescheid hätte berücksichtigen müssen. So lange diese Teilung noch nicht amtlich ist, muss das Amt dies auch nicht beachten. Vielleicht hätte Oberheims Baufirma MirXbau besser zwei getrennte Anträge für die beiden Grundstücksteile einreichen sollen.

Es rächt sich hier vielleicht auch, dass Oberheim nicht früher und nicht persönlich Kontakt zum Grünflächenamt aufgenommen hat. Wenn er mit den Behördenvertretern sprechen würde, träfe er auch meist auf offene Ohren, falls er etwa statt eines Walnussbaumes eine andere, vielleicht genauso geschützte Baumsorte vorschlagen wollte.

Wenn aber Bauherr Oberheim und Baufirma MirXbau jetzt mit den drei Ersatzbäumen aus zwei Behörden-Bescheiden auf ihren getrennten Grundstücken klarkommen wollen, so rate ich ihnen, dies über die auf dem jeweiligen Grundstück angefallenen Ersatzpflanzungs-Euro-Werte zu regeln.

Noch ein Wort zur Beschreibung der Ersatzbäume, deren Verpflanzungshäufigkeit Oberheim ja auch (kritisch? amüsiert?) beschreibt. Bei der drei- oder vierfachen Umpflanzung geht es allein um die Wurzeln. Verpflanzt man einen Baum jedes Jahr einmal, so hält man den Durchmesser von Wurzeln und Ballen klein und sorgt damit – nicht zuletzt für einen Gartenlaien wie Oberheim – für eine leichtere Verpflanzbarkeit.

Sicher wird sich Roland Oberheim irgendwann einmal überlegen, wo er seinen Walnussbaum anpflanzen sollte. Blätter und Früchte dieser Baumart bringen im Herbst viel Säure auf die Erdoberfläche. Folge: Unter dem Baum wächst nicht viel, und selbst Rasen sieht dort dünner aus. Also: Den Baum so weit vom Haus entfernt wie möglich pflanzen, das empfehle ich ihm.

Allerdings muss er beachten, mindestens drei Meter Entfernung zum nächsten Grundstück einzuhalten. Dies fordert das Berliner Nachbarschaftsrecht bei Großbäumen. Bei Kleinbäumen (z. B. Zierapfel) wären es 1,5 Meter Abstand.

Oberheims Einsichten

Auf genau die Idee der Baumaufteilung nach den Ersatzpflanzungspreisen war ich auch schon gekommen. Und an dieser Stelle zeigte sich MirXbau-Ingenieur Tiekenz schließlich auch einsichtig. Eine von ihm ausgearbeitete Erklärung dazu ließ ich dann aber lange unbeantwortet, weil ich MirXbau auch den Standort ihrer beider Bäume (kleiner Walnuss, großer Säulen-Weißdorn) am liebsten vorschreiben würde – was nutzen mir zwei Bäume, wenn MirXbau sie in der Sonnenachse hin zu meiner Terrasse pflanzen würde?! Leider wurde einer inzwischen genau dort gepflanzt. Mehr dazu rund 50 Folgen später.

Am Rande noch eine kleine Anekdote zu dem bei mir gefällten Walnussbaum: Anderthalb Jahre später fand mein Sohn in der Nähe des ehemaligen Baumstandorts eine altertümlich anmutende Bierflasche der Marke »Starick & Krüger GmbH« mit einem Zettel drin. Auf dem stand in Sütterlin-Schrift: »Gepflanzt am 5. Mai 1938.« Schade...

Tagebuch, 48. Folge: Grunderwerbsteuer wird fällig

3,5 Prozent fürs Finanzamt

28. November: Post vom Finanzamt. Aber nicht von dem, das mir immer ein paar hundert Euro beim Lohnsteuerjahresausgleich zurückzahlt, sondern vom Amt eines ganz anderen Bezirks. »Grunderwerbsteuersache Berlin-X, Planweg 55«, heißt es da im amtlichen Anschreiben. Ich soll binnen vier Wochen antworten, »ob und inwieweit ein rechtlicher oder auch wirtschaftlicher Zusammenhang zwischen dem Grundstückskaufvertrag und den bezüglich der Bebauung abgeschlossenen weiteren Verträgen besteht«. Da haben die also schon herausbekommen, dass ich bauen will.

Und ich weiß auch, worauf die hinaus wollen. Würde ich das Grundstück von Herrn A kaufen und mit Firma B bauen, so müsste ich nur auf den Landpreis 3,5 Prozent Grunderwerbsteuer zahlen.

Baut man aber – wie in meinem Fall – mit Firma A, die das Grundstück auch nur zwecks Hausbaus an mich abgibt, dann erstreckt sich die Grunderwerbsteuer auf Landpreis plus Bausumme.

Konkret gerechnet: Nicht nur für meinen Grundstückskaufpreis von rund 150.000 Euro, sondern zusätzlich auch noch für die Summe aus dem Bauvertrag (rund 180.000 Euro) muss ich die Grunderwerbsteuer-Prozente zahlen.

Immerhin schreibe ich an den Rand der Anfrage, dass die 6.074 Euro für Drainage rund um den Keller herum hinfällig sind und dass ich die zweite Dusche (für 710 Euro) aus dem Vertrag genommen habe.

Besonders gespannt bin ich nicht, was da herauskommen wird – ich rechne mit dem Schlimmsten. Das heißt, 3,5 Prozent von rund 335.000 Euro sind etwa 11.700 Euro. Die werde ich wohl zahlen müssen.

Was der Experte dazu sagt:
Volle Steuer auf Land plus Bau

Sieht Roland Oberheim die Grunderwerbsteuer richtig? Darauf antwortet Steuerberaterin Regina Schäfer von der Wilmersdorfer Sozietät Marienfeld & Schäfer:
Leider ja. Oberheim wird für den Preis des Grundstücks und für den Betrag aus seinem Bauvertrag die Grunderwerbsteuer von 3,5 Prozent zahlen müssen. Alle Prozesse, die sich um diese Steuer gerankt haben, sind inzwischen beendet; es bleibt bei der Steuer für die Gesamtsumme.

Anders wäre es, wenn Bauvertrag und Grundstückskauf deutlich voneinander getrennt wären. Dann hätte Oberheim z. B. das Recht haben müssen, von einem der beiden Verträge zurückzutreten, ohne dass der andere davon berührt sein würde. Aber das wäre hier kaum denkbar, weil der Bauunternehmer das Land Oberheim ja nur zu dem Zweck verschafft, damit er mit ihm – und nicht plötzlich mit jemand anderem – baut.

Oberheims Herausrechnen von Dusche und Drainage wird das Finanzamt wenig kümmern. Üblich ist es, dass es nach einigen Wochen zum vorläufigen Bescheid mit der derzeitigen Grundstücks- plus Bausumme kommt. Am Ende der Bauphase wird das Amt bei Oberheim nach der Endsumme fragen – dann können die weggefallene Drainage und der Verzicht auf die Dusche immer noch berücksichtigt werden. Es ist – sofern die Minderungen endgültig und belegbar sind – auch möglich, diese bei der Festsetzung der Steuer gleich berücksichtigen zu lassen oder hilfsweise den strittigen Betrag stunden zu lassen. Nach allem aber, was ich vom Bauen weiß, vermute ich eher, dass die Endsumme höher liegen wird, als zu Beginn erwartet.

Die Grunderwerbsteuer kann Oberheim doch noch ein wenig senken – indem er einzelne Leistungen aus dem Bauvertrag herausnimmt.

Ein Beispiel: Ein Quadratmeter Fliese kostet bei der Baufirma beispielsweise 50 Euro. Würde Oberheim einen Handwerker finden, der dieselbe Leistung für 45 Euro inklusive Mehrwertsteuer bietet, so hat er nicht nur fünf Euro pro Quadratmeter gespart, sondern weitere 1,79 Euro. Denn alles, was mit dem Grundstückskauf direkt in Verbindung steht (wie der Bauvertrag), ist grunderwerbsteuerpflichtig – alles andere nicht. Für weitere Zusatzvereinbarungen mit seiner Baufirma muss Oberheim gedanklich also stets »plus 3,5 Prozent Grunderwerbsteuer« rechnen, bei Vergaben an andere wird die Steuer hingegen nicht fällig.

Aber dies ist im Grunde genommen schon fast der einzige Tipp, den ich Bauherren in solch einem Fall als Steuerberaterin mit auf den Weg geben kann. Grunderwerbsteuern beim Einfamilienhaus sind sonst kein Thema, das einen Beratungsbedarf beim Steuerberater mit sich bringt.

Oberheims Einsichten

Bei mir übrigens war der Grunderwerbsteuerbescheid – 11.724 Euro, also wie befürchtet – offensichtlich doch schon endgültig. Aus dem Bescheid ergab sich das nicht deutlich – allerdings fehlte das Wort »vorläufig«, und ich habe vom Amt nichts mehr gehört.

Tagebuch, 49. Folge:
Ein Vermesser lädt ein, doch Oberheim kommt nicht

Grenztermin an der Grenze

2. Dezember: Mein Haus wird direkt an der ehemaligen DDR-Grenze liegen – aber das ist es sicher nicht, was der Vermessungsingenieur meint, wenn er mich zum »Grenztermin« am 7. Dezember einlädt.

Ich frage MirXbau-Ingenieur Tiekenz, ob ich daran teilnehmen muss. »Nicht muss, aber kann«, sagt er. Mein Problem ist nämlich, dass ich so spät vormittags aus beruflichen Gründen speziell am Dienstag keine Zeit habe. Um was es letztlich dort geht, sagt mir Tiekenz allerdings auch nicht, obwohl ich unsicher danach frage.

Aber es gibt noch einen anderen Anlass, dass ich zur Baustelle komme. Ein Herr Hornung werde demnächst für MirXbau deren Abrissarbeiten auf meiner künftigen Baustelle am Planweg vornehmen, sagt Tiekenz, und da könnte ich mich gleich anschließen. Für den Abriss einer kleinen Betonmauer an einem Hochbeet hält sich MirXbau nämlich für nicht zuständig, und ebenso wenig für Gestrüpp und Büsche an der Stelle, auf der mein Haus stehen soll. »Das müssen Sie mit dem klarmachen. Wir sind nur verpflichtet, die alte Hütte, die Garage dahinter und den Walnussbaum abzureißen«, sagt Tiekenz: »Und die vier kleinen Fichten, um die müssen sie sich auch kümmern.« Das sind zwei Fichten, für die das Bezirksamt eine Ersatzpflanzung anordnet, und jene zwei, die zu dünn waren, um ersatzpflichtig zu sein.

Widersprechen kann ich Tiekenz' Einschätzung nicht, der Bauvertrag sagt zum »Freimachen des Bauplatzes« nichts Genaues. Ich frage nach Preisen und bekomme 380 Euro pro entsorgte Fichte und 25 Euro je Meter Betonmauer genannt.

3. Dezember: Endlich erreiche ich Hornung auf seinem Handy. Am Telefon will er preislich nicht heraus mit der Sprache. Also werden wir uns vor Ort treffen – ausgerechnet am Grenztermins-Tag 7. Dezember, aber drei Stunden vor dem Grenztreffen.

7. Dezember: Noch immer steht die alte Hütte im Planweg 55. Hornung und ich stiefeln um sie herum und reden über die Fichten, die Betonmauer und das »Freimachen« des Bauplatzes. Erst soll alles frei sein, dann hebt Hornung mit seinem Bagger die Baugrube aus.

Immer wieder frage ich nach Preisen, erst nuschelt er »einsdrei«, 1.300 Euro. Doch dann gehe ich mit ihm die einzelnen Aufgaben durch. Vier Bäume abholzen und entsorgen, seien je 180 Euro, das Betonmäuerchen 250 Euro, zum restlichen Gestrüpp nennt er keinen Preis. »Na ja, einseins meint er schließlich. Als wir uns trennen, frage ich mich, ob er das nun mit oder ohne Mehrwertsteuer gemeint hat. Unter Gewerbetreibenden scheint es ja leider manchmal üblich, hinterher ganz überrascht zu tun: »Natürlich habe ich Ihnen netto gesagt, was denn sonst?!« – also plus 16 Prozent.

Genau jetzt spricht uns eine Nachbarin an. Sei »das« jetzt schon, früher als angekündigt? »Meinen Sie den Grenztermin?« frage ich zurück. Nein, der ist erst später, beantworte ich ihr Nicken – und traue mich nicht zu sagen, dass ich der Bauherr bin, der aber nachher keine Zeit hat. Ist jetzt mein Verhältnis zur Nachbarschaft schon gestört?

Interessieren würde mich schon, was hier nachher beredet werden soll und was der Vermessungsingenieur zu meinen 500 Quadratmetern Land zu sagen hat.

Was der Experte dazu sagt:
Amtliche Anhörung verpasst

Ein Vermessungsingenieur hat zum »Grenztermin« gebeten. Grund genug, einen anderen Vermessungsingenieur zu bitten, diese Einrichtung zu beschreiben. Prof. Ing. Horst Borgmann ist Dozent für Landmanagement an der Technischen Universität Berlin und führt als Öffentlich bestellter Vermessungsingenieur ein Büro in Berlin-Mitte:

Wenn ich mir den Tagebuch-Text so ansehe, ist er – auf den Vermessungsingenieur bezogen – fast symptomatisch: Für den Abrissunternehmer hat Oberheim Zeit, der Vermessertermin dagegen spielt nur am Rande mit. Schade, dass er keine Zeit hat, zu dem Grenztermin zu kommen. Denn dort geht es nicht nur ums Kennenlernen der Nachbarn.

Einen Grenztermin gibt es immer, wenn neue Grenzen gebildet werden müssen. Also etwa dann, wenn ein Grundstück geteilt wird. Übrigens: Weil der Fall Oberheim in Berlin spielt, bleibe ich beim Berliner Recht – das Vermessungsrecht nämlich ist Ländersache und in unterschiedlichen Vermessungsgesetzen geregelt.

Bevor der Vermessungsingenieur zu dem Termin einlädt, hat er das Areal vermessen und nach den Vorgaben des Käufers (Oberheim) und Verkäufers (seine Baufirma) rund 500 Quadratmeter abgeteilt. Dann lädt er den Eigentümer, den Käufer und die Grundstücksnachbarn (auch von der brandenburgischen Seite des Oberheim-Grundstücks) zum Grenztermin ein und stellt dort die Ergebnisse vor.

Normalerweise sollte daran nichts zu deuteln sein, aber manchmal kommt es doch zu Überraschungen: Da steht ein Nachbarzaun einen halben Meter zu weit auf Oberheims Land, oder ein Nachbar behauptet, ein Grenzstein liege falsch – oder es wurde ein seit 20 Jahren verstorbener Großvater zum Grenztermin geladen, weil der immer noch als Eigentümer im Grundbuch steht.

Warum der Grenztermin? In Berlin dient er dazu, dass der Vermessungsingenieur dabei wie ein Notar Tatsachen feststellt. Die Geladenen können etwas zu den Vermessungsergebnissen sagen, ihre Kritik wird notiert. Wer nicht kommt, verpasst die Chance, sein neues Eigentum verbindlich angezeigt zu bekommen.

Anschließend gibt der Ingenieur seine Unterlagen ans Vermessungsamt weiter, mit der Bitte um Übernahme der neuen Grenzen und der neuen Abmarkungen in das Liegenschaftskataster. Dort wird je nach Bezirk nach einem bis vielen Monaten ein »feststellender Verwaltungsakt« getroffen – das wird Bauherr Oberheim spätestens dann merken, wenn er einen Auszug aus der Flurkarte mit eigener Flurstücknummer in der Post findet. Im Grunde genommen kann auch erst dann, also nach diesem Verwaltungsakt, Eigentum am neuen Grundstück erworben werden, und auch erst dann kann hierauf eine Grundschuld zugunsten der Geldgeber des Bauherren eingetragen werden.

Da passiert also doch ein Stück mehr als das freundliche Guten-Tag-Sagen mit den Nachbarn, das Oberheim zu erwarten schien. Oberheim versäumt eine amtliche Anhörung, wenn er den Grenztermin verpasst. In Brandenburg läuft dies anders ab: Dort müssen alle zum Grenztermin Geladenen sogar unterschreiben. Wer's nicht tut, verzögert den Baufortgang um einen Monat Wartezeit.

Alles nur Formalitäten? Ich denke nicht, denn aus der Geschichte unseres Katasterwesens, das vom einstigen preußischen Grundsteuerkatalog bis zum heutigen Eigentumsverzeichnis reicht, können sich sogar heute immer noch Ungenauigkeiten und Spannungen ergeben. Wenn Grundstücke in den vergangenen 100 Jahren schon mal geteilt (und damit

Bild 16: Oberheims Heim... ist dieses kleine Häuschen nicht. Aber diese alte Hütte steht genau dort, wo der Neubau später einmal entstehen soll. Weil der Vordergrund des Bildes schon zum künftigen Nachbar-Baugrundstück gehört, musste das ganze Gelände neu vermessen und im Grundbuch geteilt werden. Die Teilung bereitet der Vermessungsingenieur bei seinem »Grenztermin« vor.

im Kataster erfasst und vermessen) worden sind, gibt es keine Probleme mehr. Wehe aber, wenn man aus der seit Jahrhunderten im Familienbesitz befindlichen Parzelle plötzlich ein Stück Bauland heraustrennen und verkaufen will...

Insgesamt also kann man allen, die zu einem Grenztermin geladen werden, nur raten, dort auch hinzugehen. Der Bauherr lernt sein Grundstück kennen und erfährt, wo er seine Grenzsteine findet (Herr Oberheim, wissen Sie denn jetzt, wo die Ihren liegen?!). Außerdem lernt er den Vermessungsingenieur kennen und kann ihm Fragen stellen. Denn sonst kommt dieser Experte im Bauprozess – zu Unrecht – nur am Rande vor, obwohl sein Berufsfeld ein großes Leistungsspektrum beinhaltet, von der Grundstücksbewertung bis hin zu rechtlichen Fragen.

Oberheims Einsichten

Habe mich erst nach den Recherchen der Berliner Morgenpost bei dem Experten geärgert, nicht bei dem Termin dabei gewesen zu sein. Aber irgendwie sind bis heute immer noch andere Fragen dringlicher geworden oder dringlicher gewesen – so dass ich des Experten Frage nach dem Grenzstein auch heute noch nicht positiv beantworten kann.

Tagebuch, 50. Folge:
Kleine Planungsidee, große Folgen

Änderungen kommen teuer

9. Dezember: Treffen mit MirXbau-Ingenieur Tiekenz und MirXbau-Bauleiter Teffner auf der Baustelle. Wir gehen das Land ab, und Tiekenz legt Steine an den späteren Eckpunkten des Hauses ab. Was das soll, erschließt sich mir nicht – die Hausposition ist doch in den Akten vermerkt, das »Freimachen« des Bauplatzes geregelt und alles andere längst besprochen. Oder dient der Termin vielleicht nur dazu, dass Bauleiter Teffner mich einmal kennen lernen soll?!

Eins aber bringe ich zum Termin mit: eine neue Idee. Von einem Architekten bekam ich den Tipp, auf den Freisitz zu verzichten, jenen überdachten Platz vor meinem Wohnzimmer-Terrassenausgang. Meine Frau und ich reagierten unentschlossen, ob wir ihn so lassen sollen, um im Sommer abends noch die letzten Sonnenstrahlen zu genießen oder auch an einem verregneten Tag mal draußen sitzen zu können. Oder sollten wir unser Wohnzimmer von 25 auf 27 Quadratmeter vergrößern? »Macht das! Kann gar nicht mehr kosten, weil sich Eure Baufirma das Um-die-Ecke-herum-Mauern erspart und sich an der Statik auch nichts ändert«, riet der Architekt.

Die neue Idee und die Argumente gebe ich an Tiekenz weiter...

12. Dezember: ...und staune über das Angebot einer Zusatzvereinbarung: 1.971 Euro soll die Verbreiterung des Wohnzimmers (und des Kellers darunter) kosten, »einschließlich Statik und Zeichnungsänderung und Änderung der Wohnfläche«, wie es dort heißt. Die neue Zeichnung liegt gleich bei. Ich treffe meinen Architekten zufällig wieder, der nur schmunzelt: »Ja, ja, so ist das, wenn man Baufirmen nachträglich mit Änderungen kommt...«

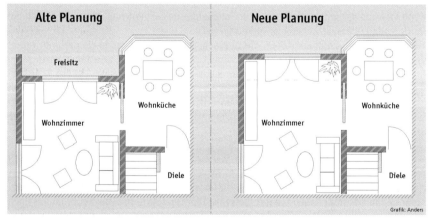

Bild 17: Mehr frische Luft beim abendlichen Ausruhen auf dem überdachten Freisitz (links) oder einige Quadratmeter mehr Wohnfläche: Ein Architekt regte die wohnliche Lösung an.

Weil wir ohnehin etwas unentschlossen waren, kippe ich diese Position mit einem kräftigen Strich aus der Zusatzvereinbarung. Später erzählte mir Tiekenz, Teffner sei so sicher gewesen, dass ich das Angebot annehme, dass er schon vor meiner Unterschrift die Änderung zum Statiker weitergegeben habe. MirXbau habe dadurch 380 Euro verloren, behauptet er.

Was der Experte dazu sagt:
400 Euro Aufpreis sind realistisch

»Wenn Bauherren nachträglich mit Änderungen kommen«, schmunzelte der mit Oberheim bekannte Architekt. Auch Bernd Lehwald kennt Preisforderungen wie die von MirXbau. Der Diplom-Ingenieur mit Beratungs- und Planungsbüros in Berlin und Beelitz ist Bauherrenberater des Bauherrenschutzbundes und Experte für diese Bautagebuchfolge:

Oberheim will jetzt sicher lesen, dass das Zusatzangebot von MirXbau Wucher ist. Aber das ist eine Medaille, die zwei Seiten hat.

Auf der einen Seite hat der Architekt natürlich Recht, »übern Daumen« würde ich die Ersparnisse an Aufwand und Außenwandmaterial auf rund 100 Euro schätzen. Andererseits würde ich für den neuen Planungsaufwand 500 Euro kalkulieren – für neue Zeichnungen, für eine erneute Kontaktaufnahme mit dem Bauamt beispielsweise oder auch für eine Prüfung durch den Statiker (auch wenn dabei wirklich herauskommen sollte, dass sich statisch nichts verändert). Dass die Baufirma für den Statiker aber 380 Euro ausgegeben haben soll, ist ein Witz: Eine Stunde Ingenieursarbeit, maximal 100 Euro, sind dafür anzusetzen.

Zusammengerechnet komme ich also auf etwa 400 Euro, die die Änderung an Oberheims Heim kosten dürfte.

Aber jetzt die andere Seite: Oberheim gewinnt mit dem Glattziehen der Wand und dem Verzicht auf den Freisitz im Erdgeschoss zwei Quadratmeter Wohnfläche und im Kellergeschoss zwei Quadratmeter Nutzfläche hinzu. Rechnet man die 1.971 Euro in zweimal 715 Euro/qm Wohnfläche und zweimal 250 Euro/qm Nutzfläche um, so ist dies ein Preis, der sich vertretbar anhört.

400 Euro oder 1.971 Euro – trotzdem würde ich das nicht »krass überteuert« nennen. Das wäre etwa der Fall, wenn ein Bauunternehmer für den Wegfall eines Balkons 250 Euro gutschreiben würde und für drei Quadratmeter mehr Innenwand 1.000 Euro ansetzt.

Nachträge kosten eben, das wird Oberheim jeder Bau-Insider sagen. Gut kalkulierende Baufirmen leben von solchen Nachtragsaufträgen, so ist nun mal die Praxis – und dies erst recht dann, wenn Fläche gewonnen wird oder ein Bau eine stark individuelle Note bekommen soll. Wie hier: Die MirXbau-Leute waren sich so sicher, dass Oberheim den Preis der Änderung schlucken würde, dass sie gleich neu zeichnen ließen und den Statiker beauftragten.

Vermeiden kann man solche Preise nur, wenn man den Vertrag erst unterschreibt, wenn wirklich alles bedacht und ausgehandelt ist. Dazu raten wir Bauherrenberater und alle Verbraucherschützer immer wieder. Und man sollte sich zeitlich nicht unter Druck setzen lassen – erst recht nicht vom »Sonderangebot bis 31. dieses Monats«.

Wenn man wie bei Oberheims Freisitz zu spät kommt, muss man dafür teuer bezahlen. Und das besonders bei den Gewerken, bei denen der Bauunternehmer den Bauherrn in der Hand hat – Mauerwerk aus dem Vertrag zu nehmen, ist einfach unmöglich.

Am Rande dazu: Ich rate, Eigenleistungen nur dann einzuplanen, wenn sie den Bauablauf nicht behindern – also am ehesten ganz am Schluss. Wenn der Bauunternehmer auf das Trocknen Ihres zu spät gelegten Estrichs wartet, um den Teppich zu kleben, ist dies problematischer, als wenn Ihr Teppichlieferant die Ware zu spät geordert hat und der Estrich von Ihrem Bauunternehmen kam.

Was soll Oberheim nun tun? Ich persönlich würde versuchen, die Änderung auf 1.500 Euro herunterzuhandeln. So hat der Bauherr einen Teilerfolg erzielt, und die Baufirma hat ihr Gesicht nicht verloren – auch dies gilt es im Verhältnis zwischen Bauherr und Baufirma zu bedenken.

Oberheims Einsichten

Leider kann ich an dieser Stelle keine Einsicht liefern, die einem weiterhelfen könnte. Eher im Gegenteil: Um Änderungen wird vermutlich kein Bauherr herumkommen.

Im Laufe der Zeit nämlich wird die Baufamilie mit ihrem Haus »wachsen«. Soll heißen: Man entdeckt Ecken und Kanten, die einem zuvor, trotz guter oder bester Beratung, nie aufgefallen wären. Zum Beispiel weil man inzwischen in einer Ferienwohnung war, bei der die Mülltrennung unter der Geschirrspüle (statt zu Hause auf dem Fensterbrett) in vier (statt zu Hause in drei) Behältern erfolgte.

Plötzlich stellt man fest, dass man das eine oder andere nicht oder doch will – und schon ändern sich Ansichten. Oder Sie entscheiden sich, das schon lange herumstehende Klavier nun doch abzustoßen und die Wohnzimmereinrichtung zu überdenken. Oder oder oder.

Bei uns hat später im neuen Haus ein Schreibtisch, den wir wegen befürchteter Überfrachtung eines Wohnzimmers eine Nummer zu klein kauften, diverse Abläufe im Haus ganz anders aussehen lassen als gedacht: Dieser »Ausweichtisch« wurde zentral wichtig und das Gäste- und Arbeitszimmer im Keller fast nie genutzt.

Und wissen Sie heute schon, wo sich trotz eigener Zimmer die Kinder aufhalten werden? Planen kann man viel, die Umsetzung aber ist nicht planbar.

Tagebuch, 51. Folge: Viele kleine Gebühren fürs Bauamt

100 Euro für eine Hausnummer

25. Dezember: Ich könnte mir zu Weihnachten auch anderes vorstellen, als über Akten zu brüten. Aber ich habe schon so viel übersehen bzw. fast verpennt, dass mir das nicht noch einmal passieren soll. Vor allem gehe ich die Post vom Bauamt genauer durch. Immerhin: Meist haben diese Briefe, wenn sie Gebührenbescheide enthielten, weniger gekostet als alles andere an meinem Bau. Wichtiger scheint wohl, dass man solche Briefe von vorn bis hinten durchliest und die darin genannten Fristen nicht übersieht.

»Die Ausnahme« ist ein Brief überschrieben – klingt, als wäre ich der einzige Mensch auf der Welt, für den man von irgendetwas eine Ausnahme macht. Die brauche ich, weil ich als Hinterlieger die zulässige »Bautiefe« von 20 Metern (gemessen ab der Straße) überschreite. Meine Ausnahme (43 Meter) kostet 105 Euro. Laut Tarifstelle 6341.

Beim nächsten Brief schwant mir Schlimmeres, wenn auch für ein »Negativzeugnis über ... die Nichtausübung eines gesetzlichen Vorkaufsrechts« (Tarifstelle 6612) nur 40 Euro zu berappen sind. Es ist nicht das Vorkaufsrecht, das mich schreckt – ich glaube nicht, dass meine Kommune mir das Bauland per Vorkaufsrecht wegschnappt. Nein, was mich beunruhigt, sind acht weitere Tarifstellen, die dieser Bescheid in einer Fußnote aufführt. Alle können kosten: Teilungsgenehmigung, Teilungsversagung, Ersatzurkunden usw. Gut, dass MirXbau für die Grundstücksteilung verantwortlich ist.

Baumschutz-Briefe vom Grünflächenamt kosten auch kleinere Euro-Beträge, und sogar die »Grundstücksnummerierung« nach einer »Verordnung über die Grundstücksnummerierung« schlägt mit 100 Euro zu Buche. Aus meinem Stück Land am Planweg 55 wird 55 B. Ich lerne, dass Hausnummern-Buchstaben stets groß geschrieben werden müssen. Und dass ich ordnungswidrig handele, wenn ich nach dem Einzug a) keine sichtbare und b) keine beleuchtete Grundstücksnummer anbringe.

Wenn ich das so niederschreibe, hört es sich wahrscheinlich ziemlich geringfügig an. Aber was ich eben nicht weiß: Was kann da – amtlicherseits – noch alles kommen? Ich weiß, dass das Bauamt zu früheren Zeiten auf den Baustellen viel mehr geprüft hat – was heute der von mir bezahlte Prüfstatiker machen muss, war früher Amtsaufgabe. Aber ist denn ein Bauamt nur noch dazu da, 40-Euro-Bescheide in die Welt zu setzen?! Oder kommen noch ganz große Rechenpositionen, von denen ich nur noch nichts ahne?

Was die Expertin dazu sagt:
Amtsbriefe immer zu Ende lesen

Die mehr oder weniger besorgten Fragen Oberheims erfordern Antworten aus einem Bauamt. Als Expertin zu dieser Bautagebuchfolge äußert sich die Architektin Sibylle Woller, Leiterin der Baugenehmigungsbehörde für Kreuzberg/Friedrichshain in Berlin:
Ich kann Sie beruhigen, Herr Oberheim. Da Ihr Haus im Genehmigungsfreistellungsverfahren errichtet wird, sollte an Gebühren eigentlich gar nichts mehr auf Sie zukommen.

Teuerste Position ist die Gebühr für den Bauantrag: Bei einem Objekt mit bis zu 200.000 Euro Bausumme beträgt die Antragsgebühr 0,5 Prozent der Herstellungskosten, über 200.000 Euro sind es 0,4 Prozent. Mindestens müssen – ebenfalls laut Berliner Verwaltungsgebührenordnung – 200 Euro Gebühr dabei herauskommen. Bei Oberheims Projekt mit Herstellungskosten von rund 60 Prozent der gesamten Bausumme von rund 180.000 Euro – also etwa 110.000 Euro – wären es 530 Euro. Bei Oberheim ist dies wie gesagt nur Theorie: Weil das Gebäude von der Genehmigung nach Paragraf 56 a der Berliner Bauordnung freigestellt ist (sofern es im Geltungsbereich eines Bebauungsplanes errichtet wird), entfällt eine Gebühr für Bauantrag und/oder Baugenehmigung.

Für andere Bauherren in anderen Bundesländern oder mit anderen Projekten mag diese Gebührenfrage von Fall zu Fall und von Baurecht zu Baurecht auch anders sein. Ob es in diesem Punkt – also: ob der Fertigbau-Anbieter oder der Bauherr die Gebühren rund um den Bauantrag zu zahlen hat – oft zum Streit zwischen Bauherren und Baufirma kommt, kann ich nicht sagen. Solche Fragen erreichen uns in den Bauämtern selten. Für uns ist immer nur eins klar: Wer Bau- oder andere Anträge unterschrieben hat, an den müssen wir uns auch bei den Gebühren halten. Am Rande: Wie viele andere Berliner Bezirke arbeiten auch wir beim Bauantrag grundsätzlich nur gegen Vorkasse.

Ebenfalls kein Fall für Oberheim werden eine Rohbau- und eine Schlussabnahme – sowie deren Kosten – sein. Das liegt am Genehmigungsfreistellungsverfahren, bei dem viele Aufgaben vom Bauamt auf den Bauherrn bzw. dessen Prüfingenieur übertragen wurden. Nur der Vollständigkeit halber und weil es andere Bauherren betreffen könnte, nenne ich hier die Größenordnung: Die beiden Abnahmen, auch »Bauzustandsbesichtigung« genannt, kosten im Genehmigungsverfahren je zehn Prozent der Bauantragsgebühr, mindestens müssen es 130 Euro sein. Anhand Oberheims Zahlen kann man schon sehen, dass auch diese Gebührenpositionen nicht unbedingt die sind, die das Bauen in Deutschland teuer machen.

Und nicht teuer sind ja auch die neue Hausnummer (die auch nur bei neuen Grundstücksteilungen anfällt), die erwähnte »Ausnahme« und der Bescheid zum Vorkaufsrecht. An den 40, 100 bzw. 105 Euro verdient das Amt nichts – diese Gebühren sind in keinster Weise kostendeckend. Schließlich machen die Sachbearbeiter nicht bloß einen Stempel auf ein Stück Papier, sondern müssen einzelnen Fragen prüfend nachgehen. Die jeweiligen Tarife sind übrigens in der (Berliner) Verwaltungsgebührenordnung aufgeführt. Das Beispiel der Tarifstelle 6612 (zum Thema Vorkaufsrecht): Das Amt darf 15 bis 50 Euro Gebühr erheben.

Was Oberheim sehr richtig erkannt hat: Genehmigungen von Ämtern sollte man sich gründlich durchlesen. Selbst von Architekten und anderen Bauplanern weiß ich, dass sie sich den Anhang von Bescheiden oder Genehmigungen nicht immer bis zum Ende durchlesen – und dann verwundert sind, wieso plötzlich ihre Baustelle gesperrt wird. Manchmal liegt es nur daran, dass vielleicht ein Grünflächenamt nicht wie angeordnet informiert wurde. Solche Folgen des Nichtlesens trägt (= zahlt) dann oft der Bauherr. Deshalb kann ich Bauherren auch nur raten: Lesen Sie die Gebührenbescheide und amtlichen Briefe wirklich bis zum Ende durch, damit Sie nichts übersehen!

Zu schwieriges Fachdeutsch? Dann fragen Sie doch im Amt nach, telefonisch oder auch mit vereinbartem Termin in den Sprechstunden der Bauaufsichtsämter. Das ist besser, als wenn das Amt nach einem Versäumnis von Bauherr oder Architekt einen Brief schreiben muss – der vielleicht falsch verstanden wird.

Oberheims Einsichten

Dazu ist eigentlich nichts Neues zu sagen. Außer: Am Anfang hatte ich immer eher das Gefühl, meinem Bauunternehmen näher zu stehen als dem Amt. Vielleicht spielen da schlechte Erfahrungen hinein, von der Anzeige wegen angeblichen Falschparkens in einer im Dunkeln nicht erkannten Fußgängerzone in einer fremden Stadt bis hin zu langatmigen Behördengängen, wo ich von einem Zimmer zum anderen weitergereicht wurde, ohne etwas zu erreichen.

Beim Bauen, erst recht beim Bauen heute, ist dies aus meiner nachträglichen Sicht anders. Als Bauherr hat man so viele Pflichten, dass es ein Fehler wäre, eine möglicherweise falsche oder nicht legale Planung von Architekt oder Baufirma im gemeinsamen Stillhalten mit diesem bzw. dieser durchzusetzen. Wenn es wirklich illegal war, kann es herauskommen – und dann hängen Sie als Bauherr drinnen, selbst wenn es Ihr Bauplaner war, der das Ding verbockt hat. Bauherr sind SIE!

Besser, Sie fragen beim Bauamt, was denn wirklich »Sache« ist. Wenn die dann die Hände über dem Kopf zusammenschlagen und am liebsten den ganzen Bau stoppen würden, können Sie immer noch Ihren Architekten dafür haftbar machen. Oder seine Haftpflichtversicherung.

Tagebuch, 52. Folge:
»Solaranlage kannste vergessen«
Das Problem ist die Himmelsrichtung

1. Januar: Neujahr. Jetzt beginnt also das Jahr, in dem wir in unser neues Haus einziehen werden. Wenn alles klappt. Hat ja bisher alles schon sehr sehr lange gedauert, aber die Signale stehen nun ja endlich auf Bauen.

Das Grundstück, unser Grundstück ist »abgeräumt«. Wo vorher noch ein altes Behelfshäuschen aus den 20er Jahren und eine Uralt-Garage standen, ist jetzt nur noch Sand. Und wann wird die Grube für den Keller ausgehoben, wann fangen die Bauleute an?

Als meine Frau und ich zusammen mit den Kindern dem Bauplatz einen Neujahrsbesuch abstatten, kommen gerade die ersten Sonnenstrahlen um ein Haus auf der gegenüberliegenden Straßenseite herum. Im selben Augenblick haben wir beide dieselbe Idee: Wie war das eigentlich mit der Solaranlage?

Bei der Bemusterung mit MirXbau hatten wir vorgeschlagen, man solle uns für solch eine Anlage auf dem Dach ein Angebot unterbreiten. Von einem Freund hatte ich noch den Ratschlag im Ohr, wir sollten uns lieber selbst darum kümmern und nur Leerrohre für die Anlage einbauen lassen.

Wissen Sie was?! Ich bin es langsam Leid, mich immer wieder um alles kümmern zu müssen! In alle Bauspezialbereiche muss ich, der sonst doch nur am Schreibtisch sitzt, mich einarbeiten – oder ich werde von meiner Baufirma über den Tisch gezogen.

Ich frage mich, wie das wohl andere machen. Zum Beispiel der Fernsehredakteur, der mit MirXbau nur ein paar Straßen entfernt gebaut hat. Er wirkte bei meinen Kontaktaufnahmen so eingespannt und beschäftigt, dass ich nicht glaube, dass er zweimal pro Woche beim Bauplatz vorbeischauen kann. Und wie machen es jene, die gar nichts von den Bauthemen wissen wollen, weil sie gar keine Zeit oder gar keine Lust haben, sich einzufuchsen?!

4. Januar: Glück muss man haben. Ich lerne zufällig einen Umweltspezialisten kennen, der ausgerechnet bei einer Solar-Initiative arbeitet. Er verspricht mir schnelle Hilfe...

5. Januar: ...und hält auch Wort. »Kannste vergessen«, sagt er. Er habe sich die Ausrichtung meines Hauses und besonders des für die Solaranlage vorgesehenen Daches gen Nordwesten angesehen: »Das brauche ich in meinem Computer gar nicht durchzurechnen, die solare Energieausbeute wird bei dir garantiert zu gering ausfallen.« Er meint dabei das Thema Brauchwassererwärmung, eine aufwändigere Anlage zur Erzeugung von Solarstrom (Fotovoltaik) will ich auch gar nicht.

So gern ich in die Sonne investiert hätte – er sprach von 5.000 Euro für eine kleine Warmwasser-Solaranlage –, bin ich jetzt doch froh, mich nicht wieder in ein neues Thema reinknien zu müssen. Außerdem weiß ich auch nicht, wie solch eine Änderung im normalen Bauzeit-Rahmen umsetzbar ist. Schließlich hat meine Baufirma dann ja kein Interesse, wenn sie daran nichts verdient.

Was der Experte dazu sagt:
Dach doch geeignet

Wie Oberheims Bekannter kennt sich auch Oberingenieur Fred Eggert aus Berlin mit Solaranlagen aus. Er ist Diplom-Ingenieur für elektrische Energieanlagen und arbeitet für Phönix als Fachberater im Bereich Sonnenstrom- und Sonnenwärme-Anlagen:

Man könnte Oberheim eigentlich beglückwünschen, dass er die Chance ergreift, schon vor der Bauphase seines Hauses sich um künftiges Energiesparen zu kümmern. Allerdings: Wenn er sich noch etwas früher – also schon vor der Planungsphase – darum gekümmert hätte, wäre vielleicht die Anordnung seines Hauses auf dem Bauplatz günstiger ausgefallen.

Das Stichwort ist die Südausrichtung einer geeigneten Dachfläche. Ideal für eine Solaranlage wäre ein verschattungsfreies Dach mit Südausrichtung und einer Dachneigung zwischen 30 Grad (für Fotovoltaik) und 45 Grad (für Solarthermie). 45 Grad deshalb, weil man dadurch den solaren Ertrag in den Übergangsjahreszeiten (anderer Stand der Sonne) optimiert und das Überangebot im Sommer reduziert.

Nicht Eingeweihten sollte ich den Unterschied zwischen Solarthermie und Fotovoltaik einmal kurz erklären: Erstere erzeugt nur Wärme, letztere sorgt für Strom. Dieser Strom wird ins Netz des örtlichen Elektro-Energieversorgers eingespeist und nach dem »Erneuerbare Energien Gesetz« bei bis zum Jahr 2001 gebauten Anlagen 20 Jahre lang mit 0,51 Euro pro Kilowattstunde vergütet.

Dennoch sollte niemand davon ausgehen, dass mit Solaranlagen Geld zu verdienen ist. Wenn man bei den Anlagen die Investitions- und Kapitalkosten dem Energieertrag gegenüberstellt, kommt man auf Amortisationszeiten von rund 20 Jahren. Aber nur so sollte man seinen Einsatz fürs Energiesparen, zur Erhaltung der Ressourcen dieser Welt und als Beitrag zum Umweltschutz nicht sehen – schließlich fragt beim Auto- oder Fernsehgerätekauf doch auch niemand nach der Amortisation! Betrachten Sie die Investition lieber unter dem Blickwinkel, Sie hätten Ihre Energiekosten einfach vorausbezahlt, was sich bei steigenden Energiekosten dann übrigens positiv auswirkt.

Oberheim hatte sich für eine Solaranlage zur Brauchwassererwärmung entschieden. Mit der kann er an seiner Gasrechnung – Warmwasser und Heizung werden bei Oberheim von einer Gas-Brennwerttherme geliefert – spüren, wie die Sonne den Energieverbrauch seines Hauses beeinflusst. Denn die Erträge von den Dachkollektoren heizen seinen Brauchwasserspeicher (ohne weitere Energiekosten) auf, und nur den darüber hinausgehenden Rest muss seine Gasheizung noch erledigen.

Ein Vorteil der solarthermischen Anlage gegenüber der fotovoltaischen Stromerzeugung auf dem Hausdach: Die Solarthermiekollektoren stellen weniger Ansprüche an Standort und Sonnenstrahlen. Ist eine Fotovoltaikanlage durch Bäume oder Bauteile direkt verschattet, fällt ihre Stromproduktion kräftig ab – eine solarthermische Anlage indes stört dies nicht so sehr. Sie liefert auch dann noch Solarwärme, wenn Wolken keine direkten Sonnenstrahlen mehr durchlassen, und sie nutzt sogar die Erwärmung der Dachziegel rings um die Kollektoren.

Ich könnte noch weit in Grundlagen, Informationen und Zahlen zur Sonnenenergie einsteigen, will mich hier aber auf den konkreten Fall des Bauherrn Oberheim und auf sein Bauprojekt beschränken.

Zur Ausgangslage: Als Einstrahlungswert für Berlin oder auch für Potsdam gelten 1165 Kilowattstunden (kWh) pro Quadratmeter und Jahr, und zwar auf einer optimal geneigten

Fläche. Zum Vergleich: Deutschlands Top-Sonnenstandort Freiburg/Breisgau kommt auf 1375, Osnabrück als Letzter der deutschen Tabelle auf 1048 kWh.

Der in Solarfragen bewanderte Bekannte von Oberheim hat nur auf die Himmelsrichtung geschaut und nicht den Computer eingeschaltet. Ich habe meinen PC zur Sicherheit doch einmal die Oberheim-Daten durchrechnen lassen.

Simulation 1, die Ideallage: Ausgehend von Oberheims Grundstück, aber mit perfekter Südlage des – in Wirklichkeit nach Westnordwest liegenden – Daches würde der Bauherr bei einem 300-Liter-Wasserspeicher und einem geschätzten täglichen Warmwasserbedarf von rund 200 Litern (für Duschen und Baden, Hände- und Wäschewaschen sowie fürs Geschirrspülen, ob automatisch oder von Hand) einen »solaren Deckungsgrad« von 60,8 Prozent erzielen. Anders ausgedrückt: Nur noch knapp 40 Prozent des jährlichen Warmwasserbedarfs müsste dann die Gasheizung befeuern.

Simulation 2, Oberheims Wirklichkeit: Weil Solarkollektoren an dem fast gen Süden zeigenden Giebel nicht angebracht werden können, müssten sie auf dem nordwestlich weisenden Dach (Gaubenseite) installiert werden – so wie Oberheims Bekannter es auch annahm. 115 Grad Abweichung vom Süd-Ideal wirken auf den ersten Blick ziemlich entmutigend, denn ab 90 Grad Abweichung vom Süd-Ideal rechnet sich Solarthermie normalerweise nicht. Und tatsächlich komme ich beim Durchrechnen am Computer auf gerade mal 41,8 Prozent »Solarausbeute«. Lohnen würde eine Anlage erst bei 50 bis 60 Prozent Anteil an der Brauchwassererwärmung.

Simulation 3, die Ost-Idee – wo ein Nordwest-Dach ist, muss es auch eins nach Südosten geben! Selbst wenn auf dieser Hausseite einige hohe Fichten vom Nachbargrundstück nicht jeden (frühmorgendlichen) Sonnenstrahl durchlassen, würde Oberheim mit einer solarthermischen Anlage hier doch erstaunliche Werte »einfahren«. Minus 65 Grad Abweichung von der Ideal-Süd-Lage, dafür als Ausgleich ein dritter Kollektor (zum Materialmehrpreis von 650 Euro) aufs Dach montiert, und schon errechnet die Software einen solaren Deckungsgrad von 62,8 Prozent – ein ausgesprochen guter Wert. Ohne dritten Kollektor wären es 53,4 Prozent.

Aber leider – so verstehe ich das Ende der Tagebuchfolge – hat sich Oberheim mit der Auskunft seines Bekannten begnügt und das Solarthema vorschnell »zu den Akten« gelegt. Schade!

Vielleicht hätte er sich sogar dem Thema »Solare Heizungsunterstützung« widmen sollen, denn Oberheims Brennwertheizgerät und die Fußbodenheizung sind beste Voraussetzungen dafür. Beide arbeiten mit niedrigen Temperaturen, bei denen sich eine Solaranlage mit Heizungsunterstützung am effektivsten einbinden lässt. Und doppelt schade, dass er sich beim Hausbau nicht durch Leerrohre bzw. einen einfach zu realisierenden Schacht die Solaroption wenigstens für die Zukunft offen gehalten hat.

Oberheims Einsichten

Wirklich ärgerlich, aber dies zeigt eben: Nicht jeder Experte ist ein Experte. Was ich auch immer wieder zu hören bekam: »Warten Sie mit dem Solarthema mal noch zehn Jahre, dann wird das alles billiger.« Und tatsächlich habe ich auch binnen meiner Immobiliensuche immer wieder Solarthermie-Angebote auf den Tisch bekommen, die immer preisgünstiger wurden.

Man sollte übrigens auch bei diesem Thema an das übliche Spielchen denken, dass keine Auftragsvergabe ohne mehrere Kostenvoranschläge/Angebote über den Tisch gehen sollte. Denn manchmal hat erst der dritte Fachmann so eine pfiffige Idee wie die des zitierten Oberingenieurs, dass man mit etwas mehr Kollektoraufwand zu glänzenden Ergebnissen kommt. Im Nachhinein bin ich fast froh, dass er nicht noch die solare Heizungsunterstützung durchgerechnet hat und mir ein sagen wir mal halbes Nullenergiehaus attestiert hat.

Tagebuch, 53. Folge:
Öffentliche Anschlüsse

Von Gas bis Frischwasser

11. Januar: In den vergangenen Tagen schneite bei mir viel Post herein. Wasser-, Strom- und Gasanschluss. Alles Vertragsentwürfe, deren Inhalt ich noch nicht verstehe. Wieder neue Begriffe aus der Welt des Bauens. Verursacht oder veranlasst hat die Briefe meine Baufirma MirXbau, wie ich telefonisch erfahre. Aber ich müsse nicht gleich alles unterschreiben, sagt MirXbau-Ingenieur Tiekenz. Dran wäre dies alles erst, wenn der Keller gebaut wird. Aber ich sollte doch etwas Durchblick haben, denke ich. Und lese los: Bei den Briefen von den Wasserwerken muss ich immer wieder ganze Seiten durchlesen, um dann langsam zu begreifen, ob es sich nun gerade um ein Angebot aus dem Bereich Wasser oder Abwasser handelt. Das wird dort in zwei unabhängigen Abteilungen bearbeitet, und selbst die Briefbögen sehen anders aus.

Ich starte eine Telefonat-Serie und frage überall nach, ob ich als Bauherr bekannt bin, welchen Stand meine »Sache« hat, ob noch eine Unterschrift oder sonst was fehlt.

Bei den Wasserwerken (Abteilung Abwasser) muss ich noch Formulare unterschreiben, und eine Anzahlung von 2.595 Euro habe ich auch noch nicht geleistet. Erst muss unterschrieben werden, heißt es dort, dann geht meine Akte zur Bauabteilung. Dort aber wird sie erst angefasst, wenn wieder eine andere Abteilung die Bestätigung für den Eingang des Vorschusses schickt. »Sie haben noch Zeit«, aber besonders für die Zahlungsbestätigung solle ich doch mit drei Wochen Bearbeitungszeit rechnen.

Die Abwasserkosten sind happig, allein der Anschluss an den »Kanal« (unter der Straße) bis knapp hinter dem Gehweg soll 5.880 Euro kosten. Und die weiteren mehr als 40 Meter bis zu meinem Hauswirtschaftsraum im Keller? Weil die Wasserwerke sich selbst wohl als sehr teuer betrachten, »haben wir Ihnen gar nicht erst das Angebot gemacht«. Woanders ist es also auf jeden Fall billiger.

Wasserwerke, Teil 2, diesmal das Thema Wasser: Das gemeinsame Anschlussstück des Doppelhauses vorn und meines Hauses hinten kostet zusammen 5.854 Euro. Davon soll ich ein Drittel zahlen, also 1.951 Euro. Und hinter dem Doppelhaus fängt dann jene Leitung an, die ich allein zahlen muss: für 34 Meter satte 6.614 Euro. Ein roter Stempel sagt »Ohne Eigenleistung«. Und was kostet es »mit...«?

Stromversorger: Wieder ein anderes Verfahren, wieder neue Begriffe. Kostenpunkt: 4.132 Euro. Eigenleistung sei möglich, doch ich kapiere nicht recht, was genau ich nun tun (oder lassen) kann. – Kürzlich bekam ich ein neues Angebot hinterhergeschickt: Warum der Preis darin auf 3.855 Euro heruntergegangen ist, kapiere ich nicht.

Gas: Das Angebot des Berliner Standardversorgers auf diesem Gebiet liest sich mit 1.023 Euro inkl. Mehrwertsteuer viel günstiger als bei Wasser oder Elektro. Allerdings muss ich rund 30 Meter à 36 Euro extra bezahlen, da das Angebot nur 25 Meter Gasleitung einschließt.

Ich telefoniere bei den Versorgern mit diesem und jenem. Vor allem will ich wissen, was man anderswo oder von jemand anderem preiswerter erledigen lassen kann. Die meisten Telefon-Gegenüber schildern mir gleich haarklein in Dutzenden von Fachausdrücken, was bei Eigenleistung bzw. Einschalten einer Fremdfirma alles zu beachten ist. Da es in jedem Bereich andere Praktiken gibt, raffe ich schon im zweiten Telefongespräch nichts mehr. Mir raucht der Kopf – muss ich mich auch noch in diese Fachbereiche einarbeiten?!

Eine Antwort ist sehr konkret: Für die Gaswerke ist Eigenleistung keine Thema. »Vergüten wir nicht, wollen wir nicht«, heißt es dort. Nur von denen zugelassene Installateure arbeiten auf deren Anweisung.

Alles ist – auch bedingt durch meine abgelegene Hinterlieger-Lage – sehr teuer. Wo also kann ich noch sparen? Eigenleistungen traue ich mir bei meinen »zwei linken Händen« nicht zu, aber was darf ich überhaupt alles selbst machen? »Wir haben jemanden, der das machen könnte«, meint meine Baufirma, »wir machen Ihnen eine Zusatzvereinbarung…« Nee nee, ich möchte nicht wissen, wie viel Extragewinn die wieder auf das Handwerker-Angebot drauflegen!

Was der Experte dazu sagt:
Teures Abwasser

Das Problem teurer öffentlicher Anschlüsse kennt auch der Verband Deutscher Grundstücksnutzer (VDGN), der die Interessen von Grundstückseigentümern vertritt. Dipl.-Ing. Peter Beisert leitet in diesem Verband einen Unternehmenspool von Firmen, die alle Gewerke rund um den Hausbau abdecken. Die Expertenfragen an ihn lauten vor allem: In welchen Bereichen sind öffentliche Anschlüsse besonders teuer, und wo lohnt sich Eigenleistung am meisten bzw. gar nicht? Kann Roland Oberheim diese Arbeiten selbst vornehmen, oder werden Privateinsätze auch von den Versorgern nicht so gern gesehen?

Über teure Anschlüsse klagen natürlich erst einmal alle, die ein Haus bauen. Aber in manchen Bereichen ist diese Klage auch berechtigt, und Herr Oberheim hat die entscheidenden Themen in seinem Tagebuch ja auch schon angesprochen.

Spitzenreiter in Berlin ist ganz eindeutig der Abwasserbereich. Ohne kommt man nicht aus, und aus dem Anschluss- und Benutzungszwang wird man nur in ganz extremen Ausnahmefällen entlassen. Das wissen wohl auch der Wasserversorger, der nach dem derzeitigen Stand (Anfang 2000) für den Anschluss eines neuen Hauses bei schon bestehender Kanalversorgung kräftig kassiert: 2.863 Euro beträgt die Grundgebühr, 690 Euro werden als Anschlussgebühr erhoben, und 332 Euro kommen je laufenden Meter (bei Roland Oberheim sind es sieben) noch extra zusammen.

Aber: Damit ist bisher nur der Anschluss des Grundstücks ans Abwasserkanal-System bezahlt. Danach kommt noch die Verbindung von dem bisher erreichten Punkt bis zum Haus – bei Oberheims Hinterlieger-Grundstück reißt dies kräftige Löcher ins Portemonnaie.

Solche Preise kann nur ein Monopolist nehmen! In die Karten, sprich: in die Kalkulation lassen sich die Wasserbetriebe aber nicht schauen.

Teuer, aber nicht ganz so überteuert ist auch der Trinkwasseranschluss: 1.329 Euro Grundpreis, 690 Euro Anschlussgebühr und dann 153 Euro je laufenden Meter vom Anschluss an der Straße bis zum Haus muss Oberheim hier zusammenrechnen.

Der Elektroanschluss fällt bei unserem Bauherrn mit rund 3.800 Euro auch nicht gerade günstig aus. Immerhin sind hier aber fast 1.000 Euro einzusparen, wenn beim Anschluss des Hauses für den Stromversorger keine Schachtarbeiten nötig sind.

Ganz andere, sehr viel moderatere Preise werden in Berlin für einen Gasanschluss verlangt. Da merkt man: Hier will ein Unternehmen verkaufen. Als Konkurrenz drängt der Öl-markt – aber für eine Ölheizung muss man eine dichte, mehrfach angestrichene Wanne (kostet!) haben, man klagt vielleicht über verloren gehenden Kellerraum (kostet!) und muss besonders in Trinkwasserschutzgebieten mit aufwändigen Auflagen des Bauamts (kostet!) rechnen.

Telefonanschluss? Der ist konkurrenzlos günstig. Darüber brauchen wir nicht zu reden, erst recht nicht über Eigenleistung.

Wo aber lohnt Eigenleistung? Auf jeden Fall beim Abwasser. Viele Mitglieder unseres Verbandes sparen in erster Linie Geld, indem sie mit eigenen Händen (und Schaufeln) den Schacht für die Leitungen ausheben. Da kann man sich 20 Euro pro Meter gutschreiben, den eine Baufirma dafür vielleicht genommen hätte. Beim Trinkwasseranschluss honoriert der Wasserversorger den selbst ausgehobenen Graben immerhin mit 125 Euro je Meter. Statt 153 kostet der Leitungs-Meter dann nur noch 28 Euro.

Doch Vorsicht! Wer einen Graben für mehrere Anschlüsse ausheben will, der sollte wissen, dass die DIN-Regeln ab einer Tiefe von 1,45 Metern eine Schalung zur Abstützung des Grabens vorschreiben. Beachten sollte man auch, dass dieser Graben breit genug (80 Zentimeter) sein muss, da die verschiedenen Medien nicht über-, sondern nebeneinander gelegt werden. Das Wasser kommt meist in 1,50 Metern Tiefe, das Abwasser fließt bei 1,10 bis 1,30 Metern, Elektro-, Gas- und Telefon-Verbindungen bei etwa 80 Zentimetern.

Was kann man noch tun? Außerhalb von Trinkwasserschutzgebieten kann man die Abwasserrohre auch eigenhändig verlegen. Aber das ist eine sehr sensible Angelegenheit: Feste Bestandteile zum Beispiel aus der Toilette müssen mitschwimmen können. Dies erreicht man dadurch, dass ein Prozent Gefälle eingebaut wird, pro Meter also ein Zentimeter Gefälle. Ist es erheblich mehr, fließt das Abwasser schnell ab – feste Bestandteile aber bleiben dann liegen, Verstopfung droht. Auch der Rückstau im Falle eines verstopften Abwasserkanals in der Straße will bedacht sein – es gibt also gute Gründe, einen Profi mit der Sache zu betrauen.

Die anderen Medienanschlüsse hingegen machen weniger Probleme, denn Gas und Wasser kommen immer mit Druck. Beim Gasanschluss etwa werden in Berlin auch nur ausgewählte Fachfirmen an die Leitungen herangelassen.

Ob Eigen- oder Versorgerleistung – wichtig ist auch die richtige Terminierung. Wenn für alle Versorger gleichzeitig ein Graben ausgehoben wird, sollten auch alle beteiligten Unternehmen rechtzeitig informiert sein. Fragen Sie dazu am besten mindestens drei Monate vorher nach, wann Sie spätestens die Wunschwoche anmelden müssen, in der dann alle Anschlüsse zügig nacheinander verlegt werden.

Oberheims Einsichten

Stimmt, Herr Experte! Die später bei mir einlaufenden Rechnungen hatten – nach Einschaltung einer Tiefbaufirma – längst nicht mehr die preisliche Höhe wie vorher ohne Eigenleistung.

Allerdings hatte ich auch den Vorteil, dass die Baufirma auf demselben Grundstück ein weiteres Bauobjekt nach dem meinen vor sich hatte. Dadurch war ich relativ abgesichert, dass die Organisation der Leitungsverlegungen auch klappen würde – schließlich musste der MirXbau-Bauleiter immer ein Auge drauf haben.

Schwieriger wäre es wohl gewesen, wenn ich auf das Goodwill dieses Bauleiters angewiesen wäre und er sich nicht um alle Anschlussfragen gekümmert hätte. Da eine Baufirma immer sehr genau weiß, wer (Bauherr) was kann und wer (Versorger) was kostet, ist dies eine Schnittstelle, an der man schnell gemolken werden kann: Der Bauherr kann normalerweise fast nichts, hat selbst wenig Zeit und kennt sich auf jeden Fall nicht in allen Anschlussthemen (Wasser, Abwasser, Elektro, Telefon, Gas) aus.

Außerdem weiß er nicht, wie er die Versorger einzuschätzen hat: Handelt es sich um einen fast noch mittelalterlich strukturierten Ex-Monopolbetrieb (Feierabend am Freitag um 12 Uhr), wo man immer mit dem Beschwerdeausschuss drohen muss, oder ist das Management so perfekt, dass eine zweite Kontrollnachfrage sich als geradezu unhöflich verbietet? Diese Bauherren-Wissenslücken sehe ich als Chance der Baufirma oder des Bauträgers (je nach Vertragsgestaltung), für das eigene Organisieren der Anschlüsse noch kräftig drauf legen zu lassen.

Tagebuch, 54. Folge:
Wann wird endlich gebaut?!
Ein Bauherr wartet und wartet und wartet...

13. Januar: Am Wochenende gab es mal wieder ein paar Flocken Schnee. Klar, dass da niemand ans Bauen denkt. Aber meine Nachbarin Carla kam gleich auf das Thema, als sie mich mit meinem Sohn Kevin am Rodelhügel traf: »Was?! Ihr baut immer noch nicht?« – »Ach, weißt du, bei dem Wetter...« So antwortete ich und versuchte, dabei einigermaßen überzeugend zu wirken. Aber wirklich überzeugt war ich nicht davon, dass die knappen Minusgrade einen massiven Bauverhinderungsgrund darstellen.

16. Januar: Vorbei mit Rodeln, vorbei mit Schnee, es wird und wird immer wärmer. Keine Minustemperaturen mehr. Und in der Zeitung stand vor einigen Tagen etwas vom wärmsten 5. Januar seit 1893.

17. Januar: Fahre wieder mal an der Baustelle, besser: an der Nochnichtbaustelle vorbei. Langsam nervt es uns schon, dass dort einfach nichts passiert. Das Thermometer steht auf zwei, drei Grad über null, selbst für die Nacht sagt die Zeitung Wetterkarte keinen Frost mehr an.

Ich rufe bei MirXbau in Sachsen an und frage Ingenieur Tiekenz, wann es denn losgeht. Schließlich sind die sechs Wochen nach Einreichen des kompletten Bauantrags ja vorbei.

»Wir bereiten schon vor«, sagt Tiekenz. »Beim Grenztermin Anfang Dezember haben Sie den Nachbarn gesagt, im neuen Jahr geht es gleich los«, zeige ich mich informiert – wir haben nämlich bei einem Besuch auf der Baustelle eine Nachbarin kennen gelernt. Tiekenz sagt als Antwort irgendetwas von Wetter und dann noch einmal etwas vom Vorbereiten. Und vom Geld, das ich für das Grundstück bald zahlen solle. »Mache ich sofort, wenn der Notar mich dazu auffordert«, verweise ich auf die Bedingungen im Grundstückskaufvertrag.

Mehr erfahre ich nicht. Nicht, ob man bei diesen Temperaturen eine Baugrube ausheben kann. Nicht, ob man bei diesen Temperaturen das Fundament legen kann. Nicht, ob man bei diesen Temperaturen einen Kalksandstein-Keller mauern und Poroton-Steine aufeinander setzen kann. Wer sagt uns eigentlich, wann es für unseren Bauunternehmer der definitive Zeitpunkt ist, mit dem Bauen wirklich zu starten? Haben Baufirmen eigentlich ein eigenes Informationsnetz, um Wetterdaten für die nächsten drei, vier Wochen zu erhalten?

Was der Experte dazu sagt:
Leichter Frost stört nicht

Als Architekt und Diplom-Ingenieur weiß der Bielefelder Uwe Möhrke, wie Bauunternehmer handeln. Der Sachverständige für Schäden an Bauwerken, zeitweise auch Bauherrenberater beim Verband privater Bauherren, klärt Roland Oberheim auf:

Oberheim fragt sich, wann losgebaut wird, und er sieht zum Thermometer. Genauso hält es sicher auch seine Baufirma MirXbau. Wenn überhaupt! Nach meinen Erfahrungen informieren sich Bauunternehmer gar nicht oder erst einen Tag vorher über das Wetter. Und dies allenfalls, um den Ablauf für den nächsten oder übernächsten Tag zu planen. Die »drei großen W.s des Bauens – Wann will ich was wie machen? – werden aus meiner Sicht besonders von kleinen Baugeschäften und Bauträgern leider oft nicht beachtet, und da kommt es auch oft zu Beanstandungen.

Wie wirken sich welche Temperaturen aus? Meine erste Antwort betrifft die Baugrube: Ausschachtungsarbeiten können bei weit unter null Grad stattfinden. Dabei müssen natürlich Unfallverhütungsvorschriften zu Eisbildung, Rutschgefahr auf Böden usw. beachtet werden.

Außerdem liegt die Antwort in der Beschaffenheit der Baustoffe. Die meisten Baustoffhersteller weisen darauf hin, dass ihre Baumaterialien unter einer Temperatur von plus fünf Grad Celsius nicht verarbeitet werden sollten. Ich meine, dass bei Temperaturen über null Grad mit den Maurer- und Betonarbeiten aber immer begonnen werden kann.

Betonarbeiten für die Fundamente oder Sohlplatte können auch bei unter null Grad vorgenommen werden. Beton nämlich entwickelt eine erhebliche Eigenwärme, leidet also nicht unter äußerlichen Frosttemperaturen. Durch Abdecken der Stahlbetonsohle beziehungsweise der Streifenfundamente mit einer PE-Folie kann zudem gesichert werden, dass Wärme nicht abgeführt wird, so dass auch bei minus fünf Grad Celsius keine Schäden zu erwarten sind.

Von daher spräche – im Hinblick auf die günstigen Temperaturen im Januar 2000, von denen Oberheim ja berichtet – nichts dagegen, mit dem Bauen umgehend zu beginnen. Mauerwerk übrigens kann bei geringen Plustemperaturen auch erstellt werden, und geringfügige Nachtfröste schaden diesen massiven Wänden nicht. Es könnte eventuell zu geringfügigen Abplatzungen der Fugen kommen, die aber setzen dem Mauerwerk nicht zu.

Woran also könnte es liegen, dass MirXbau nicht anfängt? Besondere Vor- oder Nachteile eines späteren Beginnens auf Seiten der Baufirma sehe ich nicht.

Höchstens Baustillstand – insbesondere, wenn die (gemieteten?) Geräte nicht ausgelastet sind – kostet den Bauunternehmer Geld. Beim Personal sehe ich weniger Motive fürs spätere Losbauen: Viele Bauunternehmer melden ihre Arbeitskräfte in den Wintermonaten ab, um hier Kosten zu sparen. Aber ob dies bei MirXbau so ist, weiß ich nicht – vielleicht beschäftigt die Firma gar keine Bauarbeiter und bedient sich beim Hausbau nur diverser Subunternehmer.

Oberheims Einsichten

Habe allerlei Verdachtsmomente gehegt, aber keine bestätigt gefunden. Vermutlich haben die wirklich vorbereitet. Denn: Einem Subunternehmer schon bei kälteren Graden einen Auftrag zukommen zu lassen – wenn andernorts noch nichts los ist –, müsste für den Bauunternehmer doch noch günstiger sein: »Statt dass deine Leute herumsitzen, können Sie für etwas weniger Geld schon bei mir arbeiten…«

Befürchteter Baustillstand war wohl hier wirklich der Grund des Zögerns: Geleistete Bauleistungen müssen entlohnt werden, auch wenn danach neuer Frost den nächsten Schritt behindert. Und die gemietete Baustelleneinrichtung zwei Wochen länger oder kürzer zu bezahlen, mag da schon ein Argument sein.

Tagebuch, 55. Folge:
150.000 Euro aufs falsche Konto

»Ist die Baufirma ein bisschen klamm?«

21. Januar: Auf den Brief habe ich lange gewartet. Der Notar weist mich an, den fälligen Grundstückskaufpreis von 150.300 Euro an MirXbau zu überweisen. Alle laut Kaufvertrag nötigen Voraussetzungen – wie etwa die »Eintragung der Auflassungsvormerkung« zu meinen Gunsten – seien gegeben, schreibt er. Jetzt habe ich, wie ich mich erinnere, zehn Bankarbeitstage Zeit, um die Summe zu überweisen.

Mit dem heutigen Brief des Notars habe ich Sicherheit, fast wie etwas »Amtliches«. Die hatte ich nicht, als MirXbau mich vor Wochen anschrieb und behauptete, die Voraussetzungen für die Kaufpreiszahlung (»Konto 1234567 bei der Eff-Bank«) seien jetzt gegeben, und ich solle nun das Geld überweisen.

Natürlich waren die Voraussetzungen noch nicht gegeben, denn die Bauantragsfrist hatte gerade erst begonnen – der notarielle Grundstückskaufvertrag forderte ausdrücklich eine erteilte Baugenehmigung. Außerdem muss der – dafür auch bezahlte – Notar erst mit der »Fälligkeitsanzeige« winken, schrieb ich an MirXbau zurück. Die glaubten wohl, es mit einem Oberdummen zu tun zu haben.

Das Notarsschreiben faxe ich nun zusammen mit einer Auszahlungsanforderung an meine Bank.

22. Januar: Will einfach mal hören, ob Auszahlungsantrag und Fax bei der Bank schon in Arbeit sind. Ein Mitarbeiter Krause kann mit meinem Namen und Anliegen nicht viel, aber doch etwas anfangen. Ob er denn jetzt mein Darlehensbetreuer wäre, frage ich. Das könne ich selbst entscheiden, sagt er. Aber wenn ich wollte, könne ich mit meinen Papieren auch in die Geschäftsstelle wechseln, in der mein Ex-Betreuer Flößner gerade Filialleiter geworden ist. Da ich gute Erfahrungen mit dem Mann habe, sage ich gleich ja.

25. Januar: Flößner meldet sich bei mir. Und muss erst einmal beichten. Seit er die alte Filiale verlassen hat, hat sich offensichtlich niemand mehr um den Kunden Oberheim und seinen Kreditvertrag gekümmert. Das muss er jetzt alles aufholen, und mit dem Notar des Grundstücksgeschäfts will er erst einmal telefonieren.

26. Januar: »Uff! Wo fange ich an?« sagt Flößner am Telefon, nachdem er »einen halben Tag in Ihrer Sache herumtelefoniert« hat. Von der Bank her sei mit dem Auszahlen eigentlich alles klar – »aber nur eigentlich«, denn es gebe da noch ein paar seltsame Ungereimtheiten.

Laut Grundstücksvertrag soll ich (bzw. meine Bank) die rund 150.000 Euro auf ein MirXbau-Konto bei der Eff-Bank in Dresden zahlen, und dafür soll dann auch die bisherige Grundschuldeintragung gelöscht werden. Allerdings: Die Grundschuld sei im Grundbuch gar nicht für die Eff-Bank eingetragen, sondern für eine Sparkasse Zett aus Niedersachsen, meldet mir Flößner.

Hintergrund sei wohl, dass MirXbau zuerst mit der Eff-Bank über das gesamte Planweg-Projekt verhandelt, später aber die Abwicklung des Grundstückskaufs über die Sparkasse Zett ausgehandelt hat. »Wenn Sie jetzt an die Eff-Bank zahlen, erfüllen Sie zwar Ihre Verpflichtungen aus dem Notarvertrag – aber nicht schuldbefreiend gegenüber der Sparkasse Zett.« Die Eff-Bank – bzw. MirXbaus Konto bei der Eff-Bank – hat das Geld, die Zett-Sparkasse aber bleibt weiter mit einem sechsstelligen Sicherheitsbetrag im Grundbuch stehen. Ergebnis seiner Recherchen: »Ehe das nicht geklärt ist, zahlen wir nicht aus. Eventuell muss der Grundstücksvertrag vor dem Notar geändert werden.«

Wie kann denn so eine Verwirrung passieren? »Ich will ja nicht unken, aber vielleicht ist Ihre Baufirma ein bisschen klamm«, mutmaßt Flößner. Müsse aber nicht sein, vielleicht ist alles nur ein Problem der Abwicklung, und es ist doch alles in Ordnung. Na, hoffentlich...

Was der Experte dazu sagt:
Geldfluss absichern

Was steckt hinter dem Verwirrspiel mit den zwei Geldinstituten und Kontonummern? Diplom-Ökonom Rainer Huhle ist unabhängiger Bauherrenberater im Bauherrenschutzbund. Er berät vor allem in Baufinanzierungsfragen und kennt sich aus im Geldgeschäft:

Das ist schon ein bisschen kompliziert mit diesem Widerspruch zwischen den Grundbuch-Eintragungen und den Notarvertrags-Regelungen. Was mir dazu vor allem einfällt, ist Kritik am Notar: Warum hat er nicht gemerkt, dass im Grundbuch eine andere Bank als in seinem Vertragsentwurf steht? Warum hat er das Grundbuch nicht eingesehen – dann hätte er das doch merken müssen!

Dass der Notar in Sachsen residiert und das Grundstück im Berliner Grundbuch steht, lasse ich dabei als Entschuldigung nicht gelten. Letztlich hat er gegenüber den Parteien des von ihm beurkundeten Geschäfts eine Sorgfaltspflicht. Leider aber ist es eine inzwischen verbreitete Unart, dass Notare im Vertragsentwurf formulieren, dass sie das Grundbuch nicht eingesehen haben, dass aber die Parteien gleichwohl eine Beurkundung ihres Geschäfts wünschen – so schleicht sich der Notar aus der Haftung.

Kritisieren aber möchte ich auch Oberheims finanzierende Bank. Wenn sie den Kreditantrag prüft, müsste sie sich der Situation im Grundbuch versichern. Dies erst zu tun, wenn das Geld ausgezahlt werden soll, finde ich zu spät. Immerhin wurde dies aber doch noch rechtzeitig bemerkt und das Geld nicht in falsche Kanäle ausgekehrt.

War das alles nun kriminell anmutende Absicht oder einfach nur ein Irrtum? Da kann ich nur spekulieren. Der dumm-dreiste frühere MirXbau-Brief, den Oberheim am Rande erwähnt, könnte für Ersteres sprechen. Sobald aber der Notar in die Angelegenheit involviert ist, hege ich in dieser Richtung doch weniger Zweifel und glaube eher an Schlampereien im Büro des Notars. Aber: Absichern muss man sich natürlich, dass nicht plötzlich das Geld weg ist und die Grundschuld im Grundbuch weiterhin auf dem Bauland lastet.

Natürlich ist die Angelegenheit zu heilen, etwa mit – erneut beurkundeter – Änderung des Notarvertrages. Dazu sollte man den Rat der Bank ebenso einholen wie den eines Anwalts. Und dann sollte man auch gleich klären, wer die Kosten der Änderung übernimmt.

Wie verhindert man diese Oberheimsche Situation? Erstens würde ich ein Stück weit auf die Bank setzen. Sie hat eine Verantwortung für den Verbraucherschutz, und – wichtiger noch – sie will ihren Kredit auf der sicheren Seite sehen. Wer also an Formulierungen des Notarvertrages zweifelt, sollte dies auf jeden Fall entweder mit seiner Bank oder auch mit Bank und Notar zusammen besprechen.

Zweitens sollte man rechtliche Zweifel und Verständnisprobleme bei einem Notarvertragsentwurf vielleicht auch mit einem Anwalt klären. Wer diese Kosten scheut, dem sage ich: Lieber hier ein paar hundert Euro investieren als Hunderttausende Euro verlieren!

Drittens sollte man einen Notarvertragsentwurf nicht hinnehmen wie etwas »Amtliches« (so formuliert Oberheim an einer Stelle in dieser Tagebuchfolge). Sondern: Gehen Sie mit Selbstbewusstsein in die Vertragsverhandlungen. Und wenn Ihnen der Notar keine befriedigenden Auskünfte gibt, können Sie sich immer noch auf die freie Notarwahl berufen und einen anderen Notar engagieren – letztlich sind es ja Sie als Käufer, der ihn bezahlt.

Viertens – in der Rangfolge vielleicht auch »Erstens« – sollte man das Grundbuch selbst einsehen. Dieses Recht hat man im Grundbuchamt bei »berechtigtem Interesse« an dem Grundstück. Steht in Abteilung I wirklich MirXbau als Eigentümer drin? Folgen in Abteilung II nicht bekannte dingliche Rechte anderer? Und was ist bei den Belastungen und Grundschulden in Abteilung III vermerkt?

Oberheims Einsichten

Anfangs hatte ich immer gedacht, dass Zahlungen in Fällen wie dem meinen immer über ein Notaranderkonto abgewickelt werden. Kostet extra – und im Grunde genommen bin ich echt froh, dass es hier nicht so abgelaufen ist. Denn wer weiß, ob das schlampig arbeitende Notariat, das sich vielleicht wirklich nur in einer Kontonummer versehen hat, das Geld nicht an die falsche Kontonummer weitergeleitet hätte...

Tagebuch, 56. Folge:
Streit um die Raumhöhen

Nicht unter 2,50 Meter

2. Februar: Anruf von Bauleiter Teffner, mit dem ich jetzt anscheinend öfter zu tun haben werde. Mit dem MirXbau-Geschäftsführer dagegen, Bauingenieur Tiekenz, komme ich kaum noch in Kontakt.

»Im Erdgeschoss bekommen wir Schwierigkeiten«, sagt also Teffner, »das geht so nicht«. Na und, sage ich mir, wie soll ich wissen, wie was geregelt ist, damit »es doch geht«.

»Was geht denn nicht?« frage ich zurück. »Wegen Ihrer Fußbodenheizung kommen wir im Erdgeschoss nur auf 2,485 Meter Raumhöhe. Das geht nicht, in Berlin sind 2,50 Meter vorgeschrieben.« – »Davon hat mir Tiekenz nichts gesagt«, antworte ich, »aber das kann ja wohl auch nicht meine Sache sein, das richtig zu planen. Was kann man denn da machen?«

»Da müssen wir eben einen Stein höher bauen«, sagt Teffner. Ich: »Wenn Sie müssen, dann machen Sie. Meine Sache ist das jedenfalls nicht.«

Nach dem Telefonat scheint es mir, als hätte Teffner darauf gewartet, dass ich ganz konkret eine Frage stelle: »Was kostet das dann extra, einen Stein höher zu bauen?« Denkste! Langsam bin ich juristisch schon so fit geworden, dass ich weiß: Wenn ich eine Bauleistung »kaufe« und die dann den amtlichen Vorgaben nicht entspricht, dann hat man mir eine mangelhafte Leistung angedreht, die ich nicht zu akzeptieren brauche. Überhaupt scheint es mir, dass man der Gegenseite oft einfach mal mit einem – mehr oder weniger fundierten – juristischen »Hammer« kommen muss, damit die nicht noch mehr Geld verlangt.

Ich rufe Tiekenz gleich mal an und frage ihn nach der falsch geplanten Raumhöhe. »Stimmt nicht«, meint er, mit den Maßen sei alles in Ordnung. Wem soll ich denn nun glauben? Einerseits stimmt Teffners Raumhöhenangabe von 2,485 Metern, andererseits sagt der – mir menschlich angenehmere – Tiekenz, es sei alles in Ordnung.

Abends bekomme ich einen Anruf von einem anderen MirXbau-Geschäftsführer. Das Thema »Grundstückspreiszahlung aufs falsche Konto« sei jetzt geklärt, MirXbau werde mir eine Extravereinbarung zusenden, die mit meiner Bank abgestimmt worden sei und die ich noch unterschreiben müsse.

4. Februar: Weil ich bei den 2,50 Metern unsicher bin, rufe ich bei jenem Fernsehredakteur an, von dem ich weiß, dass er ein paar Straßen weiter auch mit MirXbau ein Haus gebaut hat. »Gab es bei Ihnen auch Diskussionen um Raumhöhe und Fußbodenheizung?« – »Diskussionen nicht«, sagt der, »aber ich weiß, dass die etwas höher als geplant bauen mussten«. – »Und? Haben Sie etwas dafür bezahlen müssen?« – »Nein, ich glaube nicht.«

Was der Experte dazu sagt:
Auch auf Kellerhöhe achten

Wer hat Recht: Tiekenz oder Teffner? Als Schiedsrichter im Streit um die richtige Bauhöhe kommentiert Prof. Axel C. Rahn diese Tagebuchfolge. Er ist Öffentlich bestellter und vereidigter Sachverständiger für Schäden an Gebäuden, Professor für Bauphysik an der Fachhochschule Potsdam und Vizepräsident der Baukammer Berlin:

Bauleiter Teffner hat Recht. In Berlin ist für so genannte Normalgeschosse eine Raumhöhe von 2,50 Metern vorgeschrieben. Bei Dachgeschossen ergibt sich wegen der Bauart im Bereich der Dachschrägen eine geringere Raumhöhe – hier wird gefordert, dass mindestens die Hälfte der Grundfläche eine Raumhöhe von 2,30 Metern aufweist.

Gerade weil im Falle Oberheim eine auswärtige Baufirma in Berlin baut, sollte man auf die Raumhöhe schon ein Auge haben. In anderen Bundesländern nämlich gibt es abweichende Regelungen: In den meisten Ländern sind 2,40 Meter für die Normalgeschosse vorgeschrieben, in Baden-Württemberg sogar nur 2,30 Meter. Im Dachgeschoss schwanken die Mindestmaße zwischen 2,20 und 2,40 Metern.

Wenn MirXbau sich als Hausanbieter in Berlin betätigt, sollte es bei den 2,50 Metern für Aufenthaltsräume im Normalgeschoss eigentlich kein Problem geben. Aber da ist es wie bei den Witzen um Radio Eriwan: »Im Prinzip nicht, aber...«

Hier hat sich die Baufirma einen Planungsfehler geleistet, der mit Sicherheit beim Bauamt nicht durchgehen würde. Anders dagegen, wenn ein ursprünglich korrektes Maß von 2,50 Metern durch Abweichungen beim Bauen (so genannte »Bautoleranz«) zu 2,485 Metern würden. Dann würden harte Sanktionen seitens der Bauaufsicht wohl keine »Verhältnismäßigkeit der Mittel« darstellen.

Roland Oberheim trifft an diesem Planungsfehler keine Schuld. Er kauft von MirXbau ja ein Typenmodell, von dem er erwarten darf, dass es mit dem örtlichen Baurecht konform geht.

Beachten sollte Oberheim allerdings die Raumhöhe in seinem Kellergeschoss, wo er einen Raum als Gästezimmer nutzen will. Hätte er es in Berlin nicht mit der Genehmigungsfreistellung und deshalb mit keiner Abnahmebegehung der Baubehörde in seinem Haus zu tun, so wäre dies bei den vorgesehenen etwa 2,20 Metern doch bedenklich. Denn auch hier gelten die Berliner 2,50 Meter, falls eine Nutzung als »Aufenthaltsraum« geplant ist.

Früher sah sich die Bauaufsicht dann auch die Einrichtung an und hätte bei vorgefundenem Bett, Kinderspielzeug oder Schreibtisch plus Computer keine »Lizenz zum Wohnen« erteilt. Im Gegensatz zu ein paar Barhockern – gegen einen selten genutzten Partykeller würde sich das Ermessen des Bauaufsichtsbeamten sicher nicht wenden. Aber wie ich schon oft gehört habe, räumen Häuslebauer die vorgesehene Einrichtung meist erst nach der Abnahme in den Kellerraum.

Rein theoretisch: Das Amt könnte hier bei der Abnahme des Neubaus eine Auflage verfügen, dass der Raum nicht als Aufenthaltsraum zu Wohnzwecken genutzt werden darf. Wenn Oberheims Haus hingegen im Genehmigungsfreistellungsverfahren gebaut wird, dann entfallen Abnahme und Abnahmebescheid, und Oberheim hätte wohl kaum etwas zu befürchten. Gleichwohl dürfte er bei einem späteren Verkauf seines Hauses diesen Raum nicht als Aufenthaltsraum ausweisen und hätte damit Nachteile beim Verkauf.

Bei dieser Nutzungsversagung übrigens geht es nicht darum, Oberheims Familie das Wohnvergnügen zu verhageln, sondern um eine gewisse Qualität bei Nutzung, Behaglichkeit und Hygiene. Beim teuersten aller privaten Investitionsgüter müssen einfach Vorgaben im Hinblick auf Sicherheit, Brand- und Schallschutz oder auch Energieeinsparung existieren – schließlich basteln Sie sich als Laie auch kein Auto zusammen und fahren darin mit Tempo 160 auf der Autobahn!

Bei Autos gibt es alle zwei Jahre die technische Überwachung, nicht aber bei Häusern. Was nicht alles per Regelwerk, Bauordnung oder Ausführungsnorm behandelt ist, wird nie wieder durch eine turnusmäßige technische Kontrolle überprüft. Man kann froh sein, dass in Deutschland gleichwohl ein extrem hoher Sicherheitsstandard erreicht ist, der weltweit Maßstäbe setzt. Und das soll in Zukunft auch so bleiben.

Noch etwas für andere Bauherren: Manchmal reichen im Kellergeschoss auch 2,50 Meter Raumhöhe allein noch nicht, um ihn zum Aufenthaltsraum zu machen. Da gilt es dann auch, Vorgaben der Belichtung und Belüftung – und damit besonders der Fenstergröße – zu wahren, die wiederum je nach Bundesland verschieden ausfallen können.

Zum Widerspruch zwischen Teffner und Tiekenz: Dass beide dem Bauherrn Oberheim ein einstudiertes Theaterstück mit verteilten Rollen (und einem vielleicht finanziellen Zweck) darbieten, glaube ich nicht. Vielmehr sehe ich Bauleiter Teffner als jemanden, der das Projekt gewissenhaft geprüft hat. Tiekenz' laxer Umgang mit dem Berliner Baurecht hingegen deutet möglicherweise auf weitere Koordinations- oder Planungsmängel bei MirXbau hin – Augen auf, Herr Oberheim! Als Gebäudeplaner müsste Tiekenz als »Erfüllungsgehilfe des Bauherrn« Oberheim eigentlich beraten. Stattdessen versucht er, Fehler zu vertuschen und sein Gesicht nicht zu verlieren.

Aber manch einer am Bau macht vor Problemen die Augen zu, wenn er sie nicht haben möchte: »Klären wir später«, bekommt der Bauherr dann zu hören. Doch »später« heißt meistens »zu spät«. Oberheim und andere Bauherren sollten besonders bei diesen Vertagungsworten dranbleiben und auf eine schnelle Entscheidung oder Problemlösung bestehen.

Oberheims Einsichten

Die mangelnde Raumhöhe ist einer der ärgerlichsten Punkte meiner Bauplanung – und ich laste ihn dem Bauherrenvereins-Berater Vaujack an. Auf seine Empfehlung hin hatte ich den eigentlich 2,25 Meter hohen Keller schon um einen Stein (sechs Zentimeter) erhöhen lassen und dann kurz vor der Unterschrift bei MirXbau noch mal um einen Stein auf 2,37 Meter erhöhen lassen.

Dabei hatte ich den Architekten Vaujack extra noch zu diesem Thema gefragt. Weil ich von der vorgeschriebenen Raumhöhe nichts wusste, habe ich ihn natürlich nicht darauf angestoßen, sondern mehr aus menschlich-wohnlicher Sicht gefragt, wie sich ein Gast im Gästezimmer fühlt, wenn er nur 2,25 Meter Raumhöhe minus zehn Zentimeter Dämmung minus sechs Zentimeter Estrich zum Wohnen hat. Nur 2,09 Meter fand Vaujack einen Wert, der »auf längere Sicht depressiv machen« könne – mich macht es heute depressiv, dass ein Architekt mir nicht sagt, dass ich Räume unter 2,50 Metern Höhe als Wohnraum vergessen kann.

Aber der gleiche Vorwurf trifft auch MirXbau. Clevererweise haben die es – was ich auch erst später bemerkte – in allen Papieren stets unterlassen, diesen Raum mit Wohnraumqualitäten zu benennen. »Keller 2« hieß der Raum immer nur in den Papieren, was weder mir noch Vaujack aufgefallen war.

Andererseits hätte ich bei mehr als 2,50 Metern möglicherweise auch Probleme mit dem Baurecht bekommen können. Denn ein Raum mit Wohnqualität im Keller betrifft ja auch die Standardorientierungen GFZ und GRZ (siehe frühere Folgen). Und dann hätte es sein können, dass ich mit diesen Zahlen ins Gehege gekommen und mein Wohnkeller nicht genehmigt worden wäre. Manches hat zwei Seiten, lernen wir daraus.

Tagebuch, 57. Folge:
Bemusterungstermine

Ganz billig oder ganz teuer

5. Februar: Es ist Sonnabend, und solche Sonnabende wird es in den nächsten Wochen wohl noch einige geben. Die vier Köpfe meiner Familie sind unterwegs in Sachen Bemusterung. Heute geht es ins Fliesenstudio. Die Adresse des Studios hat MirXbau uns bis zuletzt nicht nennen können, nur den Ort vor den Toren Berlins und ein »Das sehen Sie dort schon« bekamen wir mit auf den Weg. 90 Euro je Quadratmeter Fliesen stehen in meinem Bauvertrag, »38 Euro für Material und 52 Euro für Arbeit«, wie MirXbau-Verkaufsleiter Altfrank mir gesagt hat.

»Für 38 bekommen Sie bei uns schon einiges«, meint eine Verkäuferin. Letztlich entscheiden wir uns für terracotta-ähnliche Fliesen für den gesamten zu fliesenden Fußboden: Wohnzimmer, Wohnküche, Flur und Gästebad im Erdgeschoss sowie im Badezimmer oben. Bei den Wandfliesen nehmen wir weiße mit einer blauen Bordüre (als farbiges Band, einmal im Raum umlaufend) im Gästebad und für matt-weiße Fliesen im Familien-Badezimmer oben plus gelbe Bordüre, die ebenfalls einmal im Raum umlaufen soll.

Der so genannte Fliesenspiegel – in der Küche über den Unterbauschränken – bekommt ein zartes Gelb, passend zu der inzwischen georderten Küche im Buche-Look. Schon nach zwei Stunden sind wir mit den Fliesen fertig und haben die Preise und Bestellnummern notiert bekommen. Kevin (jetzt dreieinhalb Jahre) und Marie (13 Monate) haben nicht eine einzige Fliese im Laden zerstört...

7. Februar: Unternehmungslustig gehe ich auch gleich zum Sanitärgroßhändler, bei dem wir die Badeinrichtung aussuchen sollen. Doch so einfach am freien Vormittag vorbeikommen, »das geht nicht ohne Kundennummer«, heißt es dort.

Telefonrückfrage bei MirXbau: Mit welchem Zwischen-oder-Was-weiß-ich-Händler wird das Geschäft abgewickelt, wer hat welche Kundennummer? Weitere Fragen: Einige Sanitärobjekte gehören zwar zur »deutschen Markenserie Orivetta«, wie meine Bauleistungsbeschreibung sagt – aber von welchem Hersteller sind die Badewanne und die extra bestellte Dusche? Alles kann Bauleiter Teffner nicht gleich beantworten.

8. Februar: Trotz noch offener Fragen gehen meine Frau und ich zum Sanitärgroßhändler. Aber selbst geklärte Fragen waren nicht geklärt, wie sich in 90 Minuten Beratung zeigt.

Vor allem staunen wir: Die Stahl-Standardwanne 170 cm x 75 cm aus unserem Vertrag kostet rund 95 Euro (plus Mehrwertsteuer – »wir sagen Ihnen immer nur Netto-Preise«). Würden wir das nächstbessere Modell (in Acryl) nehmen, käme das schon 390 Euro. Das Gleiche in Stahl: 490 Euro. Wanne für einen Übereck-Einbau gefällig? 818 Euro. Mit vorbereiteter Mulde in der Wanne, zum bequemeren Duschen: 969 Euro »in Acryl, Stahl ist etwas teurer... warten Sie mal...« – »Nein danke, da brauchen Sie gar nicht zu suchen«, winken wir bei diesen Preisen ab.

Und das geht bei jedem Teil so weiter: Der Waschtisch Orivetta kostet 49 Euro, der nächstbessere 169 Euro. Das Orivetta-Klo 33 Euro, ein kaum anders aussehendes, aber besser verarbeitet wirkendes Konkurrenz-WC doppelt so viel.

Und jedes weitere Detail kostet extra. Tragelemente fürs wandhängende WC kann man (wie im Vertrag) mit 64 Euro ordern – oder auch für mehr als 200 Euro, wenn es der Hersteller sein soll, den uns ein Monteur beim Reparaturversuch an einem Baumarkt-Element in unserer Mietwohnung ans Herz gelegt hat.

Die Viereck-Duschwanne, für die ich laut Bauvertrag samt Einbau 710 Euro extra zahle, kommt uns wie »Sperrmüll auf neu gemacht« vor und hat einen Materialwert von 96,74 Euro. Ein Modell mit abgerundeter Vorderseite: 249 Euro »in Acryl. Stahl gucke ich gleich mal nach... würde ich Ihnen empfehlen, denn Acryl gibt eher nach, Stahl ist da einfach stabiler, wissen Sie...«

Fünfeck-Duschen gibt es ab 615 Euro. Dazu eine passende Glastrennwand »so ab 1500 Euro aufwärts – aber die Trennwand steht bei Ihrer Dusche auch nicht drin im Vertrag«.

9. Februar: Der Gesamtpreis hat uns erst einmal so geschockt, dass wir über das Sanitärthema neu nachdenken müssen.

Was der Experte dazu sagt:

Sanitär-Kauftipps vom Fachmann

Schon andere Experten haben Roland Oberheim vorhergesagt, dass er bei der Sanitärbemusterung angesichts der schwammig formulierten MirXbau-Bauleistungsbeschreibung noch viel wird extra zahlen müssen. Diese Befürchtungen werden kommentiert von Uwe Fröhlich, dem Leiter des Referats für Sanitär- und Heizungstechnik beim Bundesindustrieverband für Heizungs-, Klima- und Sanitärtechnik:

Wie kommt es zu den Preisunterschieden zwischen dem Bauvertragsstandard und der interessanteren Badezimmer-Einrichtung, fragt sich Oberheim.

Er sollte sich mal eine Bauausschreibung für zehn Reihenhäuser vorstellen. Dabei geht es in erster Linie um Preise und dann erst um Mindestqualitätsanforderungen. Und wenn ein Anbieter bei der Badewanne um 25 Euro billiger liegt, dann sind das für den Bauunternehmer bei zehn Häusern ja schon 250 Euro mehr in seiner Tasche. Dies gilt dann für alle weiteren Einrichtungsgegenstände im Bad wie Armaturen, Waschbecken usw.

Die Hersteller wissen dies und haben sich darauf eingestellt. Deshalb bekommt Oberheims Baufirma eine Badewanne für nur 95 Euro. Das ist keine eigentlich schlechte Ware, sondern ein Angebot desselben Herstellers aus europäischer Produktion.

Vielleicht aber ist das Design nicht mehr up to date, vielleicht genügt das Produkt nur den gültigen Mindestanforderungen. Da ist die Beschichtung etwas dünner, vielleicht auch der Stahl oder die Wandung, oder das Glas ist weniger brillant. Und nicht jedes Weiß ist gleich, mal wirkt es gelblicher, mal grau.

Billigporzellan könnte es sein – in Italien bekommen Händler einfachste wandhängende WCs als Stapelware beim Verkauf ab Palette schon für 18 Euro pro Stück. Oft handelt es sich auch um B-Sortierungen, wissen Marktkenner: Ware mit leichten Fehlern, die allerdings nicht als offen als »Modell X, B-Sortierung«, sondern als »Modell Y« vorgestellt wird.

Eins jedenfalls ist das Angebot aus Oberheims Bauleistungsbeschreibung ganz gewiss nicht – das, was er aus Wohnzeitschriften, Herstellerprospekten oder Sanitärausstellungen kennt.

Schwierig ist es für Endverbraucher sicherlich, die Güte der Sanitärware zu beurteilen. Für Insider gibt es die Herstelleridentifizierung, die mit »P« oder »PA« und einer Zahl beginnt. Näheres finden Interessierte in der DIN-Norm 1988 Teil 2, Seite 154.

Eins kann jeder Kunde auch ohne DIN selbst erkennen: Bei Toiletten gibt es am Klosett-becken eine Kennung, in der auch ein Schrägstrich und dahinter eine Zahl auftauchen – diese Zahl sagt aus, wie viele Liter Wasser pro Spülgang benötigt werden: Mal sind es sechs, mal neun, und in Zukunft wird die Zahl »3« hier auch eine gängige Größe werden.

Davon weiß Oberheim nichts. Und er weiß wohl auch nichts vom ganzen Angebot seines Sanitärgroßhändlers. Denn der hat – Beispiel Badewanne – auch noch Angebote, die zwi-schen 95 und 390 Euro liegen. Warum man Oberheim dies nicht sagt? Nun, man bewirbt halt das, was man verkaufen will, und teilweise soll es auch Absprachen mit Installateuren geben.

Wie stellt man sich schlauer an? Lassen Sie im Geschäft nicht durchblicken, dass Sie vom Installateur oder von der Hausbaufirma zum Bemustern geschickt wurden. Informieren Sie sich vorher bei einem anderen Großhändler oder in einer anderen Filiale des Händlers, was der Standard aus Ihrem Bauvertrag kostet – ohne den Bauvertrag zu zeigen – und überlegen Sie sich, wie viel Sie extra ausgeben wollen. Und danach gehen Sie in den Sanitärhandel und fragen nach einer Badewanne beispielsweise »um 150 bis 200 Euro« – Sie werden sie ge-zeigt bekommen. Am Rande: Der Großhandel kalkuliert bei seinen Angeboten meist mit 15 bis 18 Prozent Gewinnspanne. Auf die dem Kunden genannten Preise bekommt dann der Instal-lateur zehn bis 20 Prozent Rabatt (vom Nettopreis, also vom Preis ohne Mehrwertsteuer).

Wichtiger aber als diese Zahlen ist für den Verbraucher die Qualität der einzelnen Ware. Und die kann auch indirekt eingeschränkt werden: Manche deutschen Markenprodukte sind (z. B. in Baumärkten) deshalb so günstig, weil es sich um auslaufende Serien handelt. Ha-ben Sie dann in fünf Jahren ein Problem, bekommen Sie die keramischen Dichtscheiben aus der Einhebelmischbatterie vielleicht nicht mehr. Der Privatkunde kann sich da nur absi-chern, indem er sich aktuelle Kataloge desselben Herstellers besorgt oder notfalls auch in dessen Kundendienst-Center anruft. Heutige Serien sind übrigens meist zehn Jahre auf dem Markt, und weitere zehn Jahre lang sollten noch Ersatzteile vorrätig sein.

Wichtig wäre mir in meinem eigenen Badezimmer, dass ich gute Technik vorfinde. Zwar greift die DIN 4109 (Schallschutz im Hochbau) nicht beim Einfamilienhaus, aber ich würde doch bei den Auslauf-Armaturen und bei der Klospülung darauf achten, dass ich eher ein Modell mit der Kennzahl I oder II (wie oben: siehe DIN 1988) erwische.

Übrigens ist das wandhängende WC nur dann laut, wenn ein falscher oder nicht schall-isolierter Unterputzspülkasten eingebaut ist und wenn die Wände zu den so genannten »schutzbedürftigen Räumen« (also Aufenthaltsräume von Wohn- bis Schlafzimmer) zu dünn sind. Zu dünn heißt: unter 11,5 Zentimeter Rohbauwand. Wer das Schlafzimmer direkt nebenan hat, sollte beim Sanitär-Bemustern den Schallschutz ansprechen: Ein Standard-Unterputzspülkasten kostet 125 Euro, jener mit höchster Schalldämmung derzeit eher 250. Grundsätzlich sollte eine Kennzeichnung der Geräuschklasse I oder II vorliegen – oder ein Schallschutzgutachten nach der DIN 4109.

Grundsätzlich würde ich bei mir auch kein farbiges Porzellan einbauen. Farben und Farb-töne wechseln von Serie zu Serie. Die Farbe wird nur eine begrenzte Zeit am Markt angeboten und ist dann nur noch als teure Sonderanfertigung erhältlich – mit Aufpreisen von bis zu 200 Prozent. Fällt Ihnen jedoch etwas Schweres oder Scharfkantiges in das weiße Waschbecken, dann bekommen Sie beim selben Hersteller auch in Jahren sicher ein neues Becken im glei-chen Weißton (auch wenn ich weiter oben von verschiedenen Weißtönen gesprochen habe).

Vorsicht auch beim Bemustern von Oberflächen. Bei einer rauen Oberfläche in Klo oder Badewanne sehen Sie schnell Ränder – wie nach einem Vollbad, nur dass diese sich dann nicht so leicht entfernen lassen. Empfehlen dagegen würde ich den »Lotusblatt-Effekt«, den manche Hersteller inzwischen anbieten: Dies ist eine Art Selbstreinigung, bei der das Wasser abperlt. Dies ist für immer mehr Oberflächen in der Entwicklung oder schon auf dem Markt erhältlich.

Oberheims Einsichten

Eine der – ganz direkt und preislich gesehen – wertvollsten Folgen des Bautagebuches ist diese. Hätte ich sie vor der Bemusterung gekannt, hätte ich sicher einige hundert oder mehr Euro gespart.

Letztlich übrigens habe ich zwar nicht viel mehr als 1.000 Euro Aufpreis bei meiner Sanitäreinrichtung drauflegen müssen. Dies aber nur, weil ich bei vielen Dingen den MirXbau-Standard akzeptiert habe. Am teuersten war noch unsere Fünfeck-Dusche mit mehr als 560 Euro extra.

Unsinn war, einen unterbaufähigen Waschtisch eines Herstellers mit dickem Aufpreis zu ordern. Weil wir uns nicht rechtzeitig um das – natürlich vom selben Hersteller zu beziehende – Untermöbel gekümmert haben, hätten wir auch einen Normalwaschtisch nehmen können. Wir hatten »unterbaufähig« mehr im Sinne von »unter andere Modelle bekommt man nichts mehr drunter« verstanden. Der Billig-Unterschrank, den wir dann nach Monaten gekauft haben, hätte unter jedes (auch billigere) Modell gepasst.

Wir haben beim Schallschutz »eher billig« geordert. Natürlich hört man oben im Schlafzimmer das Rauschen des Klos im benachbarten Badezimmer. Aber besonders stören tut uns das nicht. Zumal wir auch den Unterschied zum 150 Euro teureren Spülkasten nicht kennen. Eher lautstärke-nervig: Besonders wenn die Kinder aufs Klo gehen, ist das Hochklappen des Klodeckels, der dann gegen Spülkasten und Spültaste schlägt, um ein Vielfaches unangenehmer im Sound...

Tagebuch, 58. Folge: Neuplanung im Badezimmer

Duschen bei 1,40 Metern Raumhöhe?

11. Februar: Die happigen Aufpreise von unserem Bemusterungsversuch in Sachen Sanitärausstattung haben uns ziemlich zugesetzt. Notfalls haben wir zwar noch ein paar tausend Euro übrig, die wir in diese Einrichtung hineinbuttern könnten. Aber dass wirklich jedes kleine Extra so teuer sein soll, daran hätten wir nicht im Traum gedacht.

In der familieninternen Diskussion geht es uns jetzt sicher wie wahrscheinlich allen Baufamilien. Einer (bei uns: ich) guckt aufs Geld und geizt herum, eine (meine Frau) will es im neuen Haus schön haben. Da kreuzen Argumente wie »Das sind doch Wahnsinnspreise!« und »Wir bauen doch nur einmal, warum sollen wir es uns dann nicht mal leisten« miteinander die Klinge, und es wird manchmal ganz schön laut.

Am Rande etwas zu den Geschlechterrollen: In einer befreundeten Baufamilie ist es umgekehrt, da hat sie die finanziellen Hosen an, alles genau andersherum – aber genauso um- oder zerstritten wie bei uns.

Festlegen wollen wir uns im Sanitärbereich noch nicht. Aber wenigstens zu einem hat unser Sanitärbesuch geführt. Die Beraterin dort fand die MirXbau-Planung für unser Obergeschoss-Familienbadezimmer auch ganz schlecht: »Die Dusche steht ungünstig im Raum, und bei einer schräg gestellten Badewanne haben Sie immer Probleme mit dem Spritzschutz.«

Und damit war sie nicht die Erste. Die gleiche Kritik hatte mein Bauherrenberater Vaujack geäußert (leider erst auf dringende Nachfrage und längst nach der Vertragsunterschrift). Einen anderen Platz aber wusste auch er für eine Dusche nicht. Vielleicht verträgt der Raum mit seiner einen Schrägseite ja einfach keine Dusche, für die man wenigstens zwei Meter Stehhöhe braucht.

Also: Wir planen neu und schmeißen erst einmal eine der beiden Duschen raus, die oben im Badezimmer. Das bringt uns immerhin 710 Euro Preisnachlass, denn diese Summe habe ich für eine 96,74-Euro-Duschwanne plus ein paar Anschluss- und Abflussrohre in meinem Bauvertrag stehen. Bei der Badewanne haben wir schon mal mit einer Eckbadewanne geliebäugelt. Doch die Wandanschlüsse bis knapp über Drempelhöhe von 75 Zentimetern kamen uns nicht perfekt bzw. in der Ecke viel zu gedrängt vor. Nun aber verlegen wir die Badewanne aus der viel zu niedrigen Dachschräge direkt vors Fenster. Wer kann schon bei 1,40 Metern Raumhöhe duschen?! Vor dem Fenster aber geht es im Stehen. Außerdem könnte man beim gemütlichen Baden auf die Blätter der benachbarten Eiche sehen und bei offenem Fenster den Vogelstimmen lauschen.

12. Februar. Beim Vorbeifahren an unserem Bauplatz sehe ich, dass eine Masse wie Teer oder Asphalt an der Einfahrt zum Grundstück festgestampft wird. Ich habe leider keine Zeit anzuhalten und zu fragen – und ohnehin fühle ich mich doch etwas befangen: Soll/Kann ich jetzt einfach diese Leute ansprechen, den Bauherrn »raushängen lassen« und fragen, was die denn da machen?!

Der Bauplatz ist jetzt ganz leergeräumt. Fichten, eine Betonmauer, der alte Schuppen und die Garage sind verschwunden, und aus Schuttmaterial hat jemand eine Art Straße auf das Grundstück geschüttet. Zu Hause erzähle ich das gleich meiner Frau: »Du, ich glaub, jetzt geht es los!« Nach all den Vorerfahrungen kann ich ihre Reaktion verstehen: »Ach, wie oft haben wir das schon gedacht...« Und dann brennt ihr gleich etwas anderes unter den Nägeln: »Du, wegen unserer Badewannen-Umplanung: Wohin soll eigentlich die Heizung, die vor dem Fenster vorgesehen war?«

Was der Experte dazu sagt:
Leider oft falsch beraten

Ein Gutachter, Fachschriftsteller und Buchautor in Sanitärfragen steht uns als Experte zur Verfügung. Und Dr.-Ing. Hugo Feurich aus Berlin-Frohnau nahm sich nicht nur die ursprüngliche Badezimmereinrichtung von MirXbau und die Neuplanung der Baufamilie Oberheim vor, sondern präsentierte auch gleich zwei neue Vorschläge:

Nach der Badplanung des Architekten haben Sie, Herr Oberheim, im Dachgeschoss mit rund zwölf Quadratmetern eine verhältnismäßig große Grundfläche zu Verfügung. Deren Nutzung allerdings wird durch die Dachschräge eingeschränkt.

Der Vorschlag, die Badewanne vor dem Fenster anzuordnen, ist meines Erachtens wenig sinnvoll, zumal die an sich optimale Aufstellung des Heizkörpers damit entfällt. Außerdem muss der Badende dann mit Zugerscheinungen durch die am Fenster herabfallende Kaltluft rechnen – auch wenn das Fenster geschlossen ist.

Leider stelle ich auch in diesem Fall fest, dass Leute oft falsch beraten werden: Der Sanitärgroßhändler will verkaufen. Die neue Badplanung geht an der DIN vorbei, was aber auch die Verantwortlichen bei der Baufirma nach Vorlage der neuen Oberheim-Pläne hätten erkennen können/müssen.

Falls eine Dusche in dem Raum bleiben soll, war ihre ursprüngliche Lage schon in Ordnung. Übrigens kann ich nur raten, eine 90 mal 90 Zentimeter große Dusche zu ordern – statt unbequemerer 80 mal 80 Zentimeter.

Allerdings hätte ich bei der Lösung mit der Dusche die Dachschräge von der Drempelhöhe 75 Zentimeter auf eine lichte Höhe von etwa 1,20 Meter abgespannt. Die Zuflussarmatur der Wanne könnte dann als Wandarmatur mit Handbrause und höhenverstellbarer Brausestangengarnitur gestaltet werden. Ein Haltegriff an der Wand kann dann auch noch das Ein- und Aussteigen erleichtern. Im Anschluss an die Badewanne sollte Oberheim einen Einbauschrank vorsehen – ein Wäscheschrank macht sich im Badezimmer immer gut.

Aber Oberheim hat sich von der Dusche gedanklich verabschiedet und plant nun, die Badewanne so zu verlegen, dass sie auch zum Duschen dienen kann. Dazu biete ich ihm eine

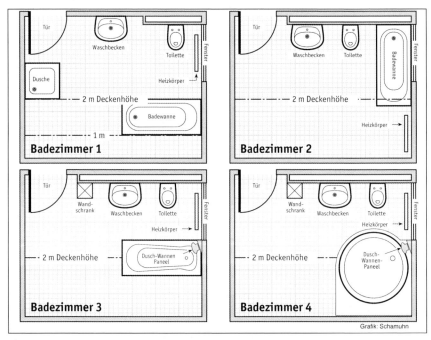

Bild 18: So wie in Zimmer 1 wurde Oberheims Bad von MirXBau ursprünglich geplant. Freunde und seine Familie selbst fanden diese Lösung hässlich und ungemütlich, deshalb plante Oberheim neu. Er verzichtete auf die Dusche und verlegte die Wanne vor das Fenster (Zimmer 2), vor allem um die Stehhöhe beim Duschen zu sichern. Der Experte hält aber Zimmer 3 für besser – oder plädiert auch für eine teure Lösung: Whirl-Wanne mit Massagedüsen (Zimmer 4).

Alternative, die ein Verlegen der Badewanne von der Dachschräge bis mitten unter die Zwei-Meter-Stehhöhen-Linie vorsieht – die von mir dazu eingeplante emaillierte Stahlbade-wanne mit den Maßen 180/80 (Nutzwasserinhalt 140 Liter) eignet sich gut zum Duschen (siehe unten, Badezimmer 3). An der Wand würde ich ein Dusch-Wannen-Paneel mit leich-ter 15-Grad-Neigung etwas abseits der Dachschräge installieren – Oberheim müsste hier nämlich die erforderliche Montagehöhe von 2,18 Metern beachten.

Duschen hat viele Vorteile: Es geht schneller als das Baden, es kostet weniger, das Was-ser ist dabei immer frisch, und Kinder bevorzugen meist auch eher die Dusche als das Voll-bad. Nachteil des Duschens in der Badewanne: Man muss den hohen Einstieg überwinden, ein Handgriff sollte an der Wand befestigt werden.

Wenn Oberheim etwas mehr Geld übrig hätte, würde ich ihm noch eine ganze andere Lö-sung vorschlagen: Die ganze Ecke zwischen Fenster und Dachschräge könnte ich mir auch mit einer runden Acrylwanne für den Eckeinbau (Durchmesser 1,60 Meter) vor einem 25 Zentimeter tief abgespannten Installationsschacht an der Schrägseite vorstellen. Die sehr große Wanne würde 395 Liter Nutzinhalt besitzen und als Whirl-Wanne mit Massagedüsen geliefert werden – aber das ist natürlich eine sehr komfortable und auch sehr kostspielige Angelegenheit.

Noch etwas Allgemeines: Immer bedenken sollten Oberheim und andere Bauherren, dass der Badende die Zimmertür im Blick hat. Nichts ist unangenehmer, als hilflos in der Bade-wanne liegend einen Schreck zu bekommen, selbst wenn ein Verwandter das Bad betritt.

Ein paar Verbesserungsdetails noch: Für die optimale Nutzung des Bades schlage ich einen größeren Waschtisch von 100 mal 60 Zentimetern vor (bei Oberheim sind es 63 Zen-timeter). Dieser Waschtisch ist auch groß genug, um sich dort einmal den Kopf oder den Körper zu waschen.

Beachten sollte Oberheim dann auch die Mindestmaße beim Abstand zu den anderen Einrichtungsgegenständen: Von der Toilette zur Heizung etwa müssen es wenigstens 20 Zentimeter sein. Für die Unterbringung von Kosmetika und dergleichen ist die Anbringung eines Hochschrankes links neben dem Waschtisch zu empfehlen. Aber auch sonst hat Oberheim im großen Badezimmer ja noch genug Platz für weitere Schränke.

Nicht sparen sollte Oberheim beim wandhängenden Klosett. Hierfür gibt es mittlerweile Wandeinbauspülkästen, die mit einem Spülwasservolumen von nur drei Litern auskommen. Zur Dimensionierung der Abflussinstallation könnte ich noch einiges schildern – die können nach dem Stand der Technik nämlich kleiner als nach dem Stand der Normung (und damit kostengünstiger) bemessen werden. Aber dies wird wohl eher Fachleute als Normal-Bauher-ren interessieren.

Oberheims Einsichten

Mit dem falschen Standort unter dem Fenster hat der Experte Recht behalten. Allerdings haben wir die »herabfallende Kaltluft« und Zugerscheinungen auch in unserem ersten Winter im Badezimmer nicht zu spüren bekommen.

Nein, unser Standortproblem lag am Fenster selbst. Offensichtlich hätte man das ganze Holzfenster nach dem Duschen ab- und trocken wischen müssen. Haben wir nicht getan und nach zwei Monaten eine dunkle Feuchtestelle am Holzrahmen entdeckt. Glücklicher-weise blieb es bei der unscheinbaren Stelle, weil wir umgehend die längst geplante Schei-bengardine installierten. Mit einem Kunststoffvorhang werden jetzt so viel Feuchtigkeit und Wasserspritzer abgehalten, dass sich das Problem erledigt hat. Nach einigen Wochen hat sich die dunkle Stelle zurückgebildet, heute sieht die Ecke wieder aus wie neu.

Aber bei Badezimmerplanungen haben wir reichlich unterschiedliche Meinungen gehört. Und alles kann man gar nicht immer beachten. So würde man bei der Planung des Experten (Bild 3) in der Badewanne doch mit dem Rücken zur Tür sitzen/liegen. Außerdem müsste bei dieser Lösung der Spritzschutz an so vielen Seiten der Badewanne gestaltet werden, dass wir es nicht praktikabel fanden.

Tagebuch, 59. Folge:
Enttäuschendes Treffen auf der Baustelle

»Also wie immer« – »Ja, mal so und mal so«

14. Februar: MirXbau bittet mich für den 16.2. morgens um 10 Uhr zum Termin auf der Baustelle im Planweg. Es soll nun also mit dem Bauen losgehen, wie ich vergangene Woche angesichts der Befestigung der Einfahrt und der Anlage eines Weges über das leergeräumte Grundstück schon vermutet habe. Mehr aber sagt Ingenieur Tiekenz mir zu dem Baustellentermin nicht.

16. Februar: Ich bin als erster da. Klar, die Bauleute kommen sicher vom MirXbau-Firmensitz in Sachsen und müssen über die Autobahn anreisen.

Dann trudeln alle ein, als Letzter der Baggerfahrer Hornung. Der hat für mich ein paar Bäume weggesägt und eine störende kleine Mauer abgerissen. Dafür habe ich ihm aber nicht die vereinbarten 1.000 Euro gezahlt, sondern erst einmal nur 900 Euro. Eine dicke Wurzel hat er nämlich stehen gelassen. Seine Rechnung fehlt auch noch.

Andere Leute sind heute wichtiger. MirXbau-Geschäftsführer Tiekenz und MirXbau-Bauleiter Teffner begrüßen mich und stellen mich einem Herrn ... von der Rohbaufirma ... (Name und Firma habe ich nicht verstanden) vor. Erst ein paar Tage später werde ich per Zufall an die Visitenkarte des mir vorgestellten Mannes geraten, der der Geschäftsführer dieser Rohbaufirma ist. Ansonsten nimmt mich keiner so recht zur Kenntnis, dabei müsste ich als bezahlender Bauherr doch irgendwo im Mittelpunkt stehen. Oder sollte es wenigstens ein bisschen... Herr ... schaut stirnrunzelnd in die Pläne, diktiert dann dem Baggerfahrer »Drei null zwo« – 3,02 Meter tief will er die Baugrube also haben.

Bauleiter Teffner sagt dies und das dazu, Ingenieur Tiekenz solches und jenes – ein Gespräch unter Bauleuten eben. Alles gemixt mit ein paar Zahlen und vielen Begriffen, die ich nicht kenne. Bin ich denn nur eingeladen zum Guten-Tag-Sagen?

Ich kapiere nichts oder nur die Hälfte und komme auch nicht dazu, klärende Fragen zu stellen, weil ich immer etwas Zeit brauche, um aus unverständlichen Brocken überhaupt erst auf das jeweilige Thema zu schließen. Wenn ich dann soweit bin, sagt einer wieder etwas zu einem neuen Thema – und ich hechle wieder hinterher.

Einmal melde ich mich aber doch zu Wort: An der Garage der westlichen Nachbarin hat der Vermesser »44,00« und einen langen Strich angemalt. »Oberkante Fußboden?« fragt Herr ... – »Ja«, antwortet Tiekenz kurz. »Nein«, sage ich, »die Fußboden-Oberkante steht in meinem Lageplan mit 43,50 Metern Höhe drin«.

Tiekenz greift zum Handy und ruft in seiner Firma an: »Frau Rilke, gucken Sie doch mal in die Akte Oberheim... Aha... Also 44 Komma null null.« Schmunzeln allseits. Aber trotz dieser Niederlage vor versammelter Bau-Herren-Runde bin ich mir sicher, dass es 43,50 Meter sind.

Bei einem sind sich die Herren wohl nicht einig. Herr ... von der Rohbau-Firma scheint nach so etwas wie einer Rechnung zu fragen. Es geht wohl um irgendeine Nebenleistung. »Also wie immer...« – »Nein«, sagt MirXbau-Tiekenz knapp. Herr ... runzelt die Stirn, als wolle er sagen: »Das könnt Ihr mit dem doch nicht machen!«, und sagt dann in die peinliche Pause hinein: »Ja, mal so und mal so.« – »Genau«, sagt Tiekenz, und keiner streift mich mit seinem Blick.

Wenn ich bloß wüsste, was die hier gerade ausgeheckt haben... Nach einer Stunde muss ich weg, die Arbeit ruft. Was hat mir dieser Termin eigentlich gegeben?!

Was der Experte dazu sagt:
Null Kundenbetreuung – ein Trauerspiel

Wem gibt dieser Termin etwas? Hätten die Baubeteiligten sich nicht auch untereinander und ohne den Bauherrn Oberheim treffen können? Unser Experte Dr.-Ing. Hartmut Kalleja kennt beide Seiten: Er ist Bau-Ingenieur mit eigenem Büro in Berlin-Tiergarten und berät als Vorsitzender des »Vereins Qualitätsprüfung Wohnungsbau e.V.« Bauherren bei ihren Projekten:

Ich muss offen sagen, dass ich nicht verstehe, wozu das Zusammentreffen gedacht war. Oder Oberheim hat es nur nicht verstanden und konnte es auch nicht so vermitteln, dass ich als Experte etwas damit anfangen kann.

Offensichtlich war es den »professionellen« Beteiligten dieses Gesprächs gar nicht lieb, dass Bauherr Oberheim dabei war. Denn ganz offensichtlich ist auch, dass man ihn auf der Baustelle überhaupt nicht informieren wollte.

Um was ging es? Tiekenz und Teffner sind die Vertreter des Generalübernehmers, der Fertigbaufirma MirXbau. Die vergibt ihrerseits die einzelnen Gewerke offensichtlich an Subunternehmer wie die ...-Rohbaufirma und auch an den Erdbauunternehmer Hornung. Hier wurden die Auftragsvergaben möglichst schnell, möglichst zügig abgewickelt – ein Laie wie Roland Oberheim störte da nur.

Aber warum hat man ihn dann eingeladen? Nur zum Guten-Tag-Sagen und Kennenlernen des Rohbau-Unternehmers? Das kann man auch zu anderer Gelegenheit und nicht bei einem solchen Planungstreff kurz vor dem Baubeginn.

Wenn ich als Baufirma oder als Bauleiter jemanden zu einem Treffen einlade, dann doch nur, um ihn zu beteiligen. Da könnten etwa wichtige Entscheidungen anstehen, in die der Bauherr noch eingebunden werden muss. Dann aber muss ein Protokoll her, in das das Resümee oder ein Beschluss eingetragen werden muss. Doch davon erzählt Oberheim nichts. Nicht, dass er gefragt wird, ob er 44,0 oder 43,5 Meter bevorzugt. Und auch keine anderen Entscheidungsthemen.

Wenn man den Bauherrn schon kommen lässt, dann sollte man als Planungsbeteiligte – die Oberheim ja bezahlt hat – ihn auch ausreichend informieren. Schließlich geht es um die größte Summe, die der Bauherr je in seinem Leben für ein Kaufobjekt ausgeben wird. Aber was hier passiert, ist wirklich null Kundenbetreuung – ein Trauerspiel, das da abläuft. Ahnungslos steht Oberheim herum und kann höchstens den Eindruck bekommen: »Halt die jetzt bloß nicht auf!« Dies allerdings ist bei den Baubeteiligten oft auch gewollt – und wenn man dann Oberheim (oder anderen Bauherren) in dieser Situation mit einer ganz, ganz schnell zu entscheidenden Frage kommt, dann ist er vielleicht auch eher geneigt, ein »Ja, machen Sie mal« zu sagen. Erst recht, wenn ihm dann auch noch bedeutet wird: »Wenn Sie da jetzt drei Wochen überlegen, dann wird das aber teuer. Material und Maschinen haben wir doch längst bestellt...«

Bis jetzt habe ich das Treffen vor allem aus der Sicht der Bauleute beschrieben. Jetzt aber zum Bauherrn. Wenn er in solch eine Rolle gerät wie hier Roland Oberheim, dann muss er dem Treffen einen anderen Charakter geben. »Stopp, stopp, stopp«, müsste Oberheim immer dann sagen, wenn er das Thema nicht versteht: »Ich möchte das erst erläutert bekommen.«

Ich weiß, dass das eine schwierige Aufgabe ist. Aber da die Entscheidungen, die immer wieder zu treffen sind, sehr weit reichende Bedeutung haben, sollte man jegliche Scheu überwinden und immer wieder nachhaken. Denken Sie daran: Sie bezahlen dafür, Sie haften unter Umständen auch. Fragen Sie, bohren Sie, penetrant, immer wieder! Bis Sie überzeugt sind, bis Sie Bescheid wissen! Und wer sich dies nicht zutraut, der muss sich eben eines Dritten, und zwar eines Fachmanns bedienen. Erst recht dann, wenn wie im Falle Oberheim der Planer (Ingenieur Tiekenz von MirXbau) und der Ausführende (die Baufirma MirXbau) identisch sind.

Eine letzte Möglichkeit, Oberheims Einladung zu deuten, habe ich noch: Es könnte auch sein, dass Tiekenz und Teffner einfach nur sehen wollen, wie schlau oder wie dumm Oberheim sich anstellt. Oder auch, ob er einen Dritten als Experten mitbringt. Da er den nicht an seiner Seite hat und nicht bohrend und kritisch nachfragt, wird er wohl noch einige Überrumpelungsmanöver von seiner Baufirma erleben.

Oberheims Einsichten

Letzteres war wohl der Sinn des Treffens, so deute ich es im Nachhinein.

Tagebuch, 60. Folge:
Wohin mit dem Bodenaushub?

Sand zu verkaufen

28. Februar: Der Schein hat doch nicht getrogen – auf der Baustelle rührt sich was. Als ich abends nach der Arbeit noch einmal am Bau vorbeischaue, sehe ich vor allem Sand. Ein ordentlicher Haufen, da ist bestimmt schon die Baugrube ausgehoben worden, denke ich und fahre daran vorbei.

1. März: Beim nächsten Besuch bekomme ich einen Schreck. Der »ordentliche Haufen« hat sich zu einem riesigen Berg Sand entwickelt. An allen Seiten sieht es bedenklich gefährlich aus, sollte sich mein kleiner Kevin jetzt hier neugierig umschauen – mir wird schwindlig bei dem Gedanken, als ich in die Grube hineinschaue.

Heute habe ich Telefonkontakt mit der Baufirma gehabt, und wir haben auch das Thema Sand gestreift. »Ich hätte den Sand an Ihrer Stelle gleich wegfahren lassen«, rät mir

MirXbau-Bauleiter Teffner. Ein toller Rat, haha! »Ich habe doch Ihren Ingenieur Tiekenz ständig gefragt, wie viele Kubikmeter Sand ich abfahren lassen muss – aber er hat mir das trotz mehrfacher Nachfrage nie gesagt.«

Komisch eigentlich, denn MirXbau baut auf dem vorderen Baugrundstück auf eigene Rechnung ein Doppelhaus – dort wird man dann doch sicher gleich Sand abfahren lassen und müsste dazu wissen, wie viel da weg muss. Oder werden die den dort liegen lassen wie ich hier den meinen?

Jetzt sei es für eine Abfuhr zu spät, erfahre ich von Teffner. Bedenken sollte ich später bei der abzufahrenden Menge, dass Sand in einer Baugrube weniger Platz braucht als auf dem Lkw. Wie bitte? »Ja, das Volumen ist in lockerer Form etwa 50 Prozent größer als verdichtet im Erdboden.«

Beim Preis fürs Abfahren blicke ich noch nicht durch. Weil ich das Thema schon vor Wochen auf mich zukommen sah, habe ich zuerst bei Gartenbaubetrieben nachgefragt, ob die den Sand benötigen. Nein, aber rufen Sie mal bei Tiefbauunternehmen an, »die können immer Sand brauchen«.

Dort erfuhr ich bei zwei Firmen, dass man zwar genug Sand habe, ihn aber für mich laden, abfahren und entsorgen könne. Erste Preisideen: Zwei Euro pro Kubikmeter fürs »Anfassen« (also: Aufladen), drei Euro für die Fahrt und fünf Euro fürs Entsorgen. Plus Mehrwertsteuer. Entsorgen? Mein guter märkischer Sand ist doch kein Abfall! Ich denke an den Sandkasten auf dem nahe gelegenen Kinderspielplatz – und rufe spontan im Bezirksamt an. Die Spielplatz-Verantwortlichen aber wollen meinen Sand nicht, denn der müsste erst aufwändig im Labor untersucht werden, »aber ich gebe Ihnen mal die Telefonnummer von unserem Bauhof«. Dort bekomme ich tatsächlich einen Mann an die Strippe, der schon informiert worden ist und der sich meinen Sand morgen mal ansehen will.

2. März: Schon am Nachmittag ruft er zurück. Ja, der Sand sei in Ordnung, den würde er nehmen. Aber nur dann, »wenn Sie uns den ranfahren«. Na klar: Zum einen kennt auch er die Preise und weiß, dass am Sand nichts zu verdienen ist. Zum anderen habe er nur einen Minibagger und keinen großen Lkw zum Abfahren zur Verfügung.

Ich zeige mich mit dieser Regelung einverstanden – immerhin würde ich ja pro Kubikmeter Sand noch rund fünf Euro sparen. Aber für wie viele Kubikmeter?

Mein Keller wird einmal rund 2,60 Meter tief im Boden liegen, das Haus ist etwa zehn Meter lang und acht Meter breit. 8 mal 10 mal 2,6 sind 208 Kubikmeter. Muss ich das jetzt wegen des aufgelockerten Sandes um 50 Prozent Aufschlag erhöhen? Dann wären es rund 300 Kubikmeter. Bei MirXbau sagt mir keiner, ob meine Rechnung richtig ist.

Aber da sind ja auch noch das abfallende Gelände vor unserem geplanten Gästezimmer im Keller und unsere noch nicht in Angriff genommene Gartengestaltung. Wie viele Kubikmeter muss ich dafür in Reserve halten?

Was der Experte dazu sagt:
Tonnenweise Ärger

Selbst um solche Nebensachen wie Sand und Sandabfuhr muss sich ein Bauherr kümmern. Dr.-Ing. Jens Karstedt kennt sich in diesem Bereich aus. Der öffentlich bestellte und vereidigte Sachverständige mit einem Ingenieurbüro für Grundbau und Bodenmechanik in Berlin-Schlachtensee antwortet Roland Oberheim als Tagebuch-Experte:

Dass man bei MirXbau dem Bauherrn Oberheim nicht sagt, wie viel Sand abgefahren werden könnte, finde ich keine besonders gute Bauherrenbetreuung. Aber dass Oberheim nicht gut fährt, wenn der Planer und der Bauausführende ein und dieselbe Person (bzw. Firma) sind, das hat er ja bereits von diversen meiner Expertenkollegen kritisch ins Stammbuch geschrieben bekommen.

Natürlich könnte Bauingenieur Tiekenz Herrn Oberheim Zahlen nennen. Denn schließlich gibt es eine Ausschreibung der Baufirma, die potenziellen Subunternehmern die Arbeiten anbietet – und da steht für die Tiefbaufirmen genau drin, wie viel Masse aus der Baugrube zu heben ist. Sogar für die seitliche Lagerung des Sandes als späteres Verfüllmaterial wird übrigens Geld kassiert, und dieses Geld bemisst sich ebenfalls an genauen Kubikmeterangaben.

Oberflächlich betrachtet, könnte Oberheims Berechnung des Aushubs stimmen. Allerdings sollte er nicht 50 Prozent Aufschlag bei der ausgehobenen Sandmenge rechnen, sondern 30 Prozent, den der »angefasste« Sand durch die lockere Lagerung voluminöser ist.

Weiter sollte Oberheim aber bedenken, dass er bei dem leichten Gefälle in seinem Land sicherlich auch Sand zur Geländemodellierung benötigen wird. Das sollte ein Bauherr vorher wissen, im Grunde genommen sogar schon vor dem Ausheben der Baugrube: Will ich eine Mulde, in die Regenwasser vom Dach abfließen kann und die ich mir sogar als Biotop denke? Gibt es Terrassenpläne? Und wie steht es um die Sandmengen, die wegen der Böschung vor den Gästezimmerfenstern im Untergeschoss überflüssig sind?

Oberheim hat sich auch gleich nach Abfuhrpreisen für den Sand erkundigt. Der Kubikmeterpreis von zehn Euro inklusive Entsorgung ist ein sehr großzügiges Angebot. Da könnte er happy sein, wenn es wirklich bei diesen vorerst ja nur mündlich mitgeteilten Werten bleibt.

Baugrubenaushub der Bodenklassen 3-5 nach DIN 18 300 nämlich, um ihm einmal offiziellere Zahlen zu nennen, kalkuliert man 2001 in Berlin mit rund zwölf Euro plus Mehrwertsteuer pro Kubikmeter, und das beinhaltet »lösen, laden, abfahren«. Aufladen und Transportieren allein werden mit acht Euro berechnet. Viel höhere Preise als bei Oberheim also – denn ganz so einfach, wie er sich das vorstellt, ist das Verfahren nicht. Woher weiß unser Bauherr beispielsweise, dass sein Sand wirklich »sauber« ist? Sollte sich eine Kontamination herausstellen, kann es teuer werden. Schließlich, und das nimmt einem keine Baufirma ab, trägt er als Bauherr das so genannte Baugrundrisiko immer ganz allein.

Woher also weiß denn unser Bauherr, dass auf seinem Grundstück in den vergangenen Jahren kein Hobbybastler den ständig lecken Öltank seines Oldtimers repariert hat oder dass dort keine Düngestoffe gelagert wurden, die in zu hoher Konzentration zu Bodenverunreinigungen geführt haben könnten? Ein seriöser Erdbauer würde Oberheim vielleicht Sand abnehmen, aber erst nach einer intensiven Prüfung, ob dieser »märkische Sand« wirklich unbedenklich ist und ob auch keine Einwände bestehen, ihn andernorts wieder zum Verfüllen von Baugruben oder zu anderen Zwecken »einzubauen«.

Daraus kann Oberheim sich schon selbst erklären, warum das Bezirksamt seinen »Spielplatz-Sand« nicht haben will. Kinder stecken die Sandförmchen auch gern mal in den Mund – und deshalb muss dieser Sand labortechnisch absolut unbedenklich sein. Überraschend finde ich das Alternativangebot des Bezirksamts, trotz des prüfenden Blicks eines (wirklich?) Verantwortlichen vom Bauhof.

Generell mein Rat: Weil mit nicht ganz perfektem Sand auch leicht Schindluder getrieben werden kann und vielleicht sogar Behörden nachfragen, wohin kontaminations-verdächtige Ladungen gelangt sind, sollten Bauherren dieses Thema immer Profis überlassen.

Sonst haben sie zwar eine Ersparnis von vier oder acht Euro pro Kubikmeter – aber tonnenweise Ärger.

Oberheims Einsichten

Als ich diese Expertenantwort las, bekam ich einen ganz schönen Schreck. Eigentlich hatte ich großes Lob für meine – hier gar nicht in voller Breite dargestellten – Sandabfuhr-Recherchen erwartet. Dass man hier in irgendeine Bredouille kommen könnte, hätte ich nie gedacht.

Im Nachhinein bin ich aber nicht sicher, dass wirklich alle Unternehmen so sorgsam mit Sand umgehen, wie der Experte meint: Von Untersuchungen sprach kein einziges Unternehmen. Zuletzt fand ich eine Abfuhrfirma, die den Sand zum Bezirksamts-Bauhof fahren wollte. Weil aber zu jenem Abfuhrzeitpunkt einige Straßen durch Baustellen oder andere Sperrungen unzugänglich waren, wollte dieser Unternehmer das Material auf seinem eigenen Hof zwischenlagern und sich später überlegen, ob er es dann an einem anderen Tag zum Bauhof bringt. Weil es dort aber nie ankam, vermute ich, er hatte schon eine Baustelle im Blick, wo er das Zeugs gleich abliefern konnte. Über den Preis konnte ich das aber nicht feststellen: Ich zahlte pro Kubikmeter fünf Euro plus Mehrwertsteuer.

Bei der Menge hatte ich zuletzt auf rund 150 Kubikmeter getippt, weil wir doch noch diverse Geländearbeiten berücksichtigen mussten. Mein (durch Zeitdruck bedingter) Fehler war aber, den Fuhrleuten nicht diese Zahl zu sagen, sondern dass sie den Sandhügel bis zu einem bestimmten Bodenniveau abtragen sollten. Die Rechnung lautete dann aber über 220 Kubikmeter. »Den Berg können Sie sich bei uns auf dem Hof ansehen, das waren elf Lkw voll«, erklärte der Chef am Telefon.

Klar, elf Lkw à 20 Kubikmeter sind 220 – aber wer sagt mir, wie viele Kubikmeter ein Berg vor meinen Augen wirklich ausmacht, wie hoch der Berg schon war, als mein Sand hinzugeschüttet wurde und ob man Lastwagen auch mal nur drei Viertel voll beladen kann? Außerdem habe ich niemanden kontrollieren lassen, wie oft die wirklich gefahren sind. Sie sehen: Was man macht, man weiß nie genau, ob es wirklich alles korrekt läuft.

Tagebuch, 61. Folge:
Die Baugrube ist ausgehoben

Bindige Schichten

4. März: Bin überrascht, als ich nach dem Einkaufen mal kurz an der Baustelle vorbeifahre. Ein Mann mit einem Minibagger macht die Baugrube noch breiter und noch tiefer. Und zwar genau um jene 50 Zentimeter tiefer, um die sich der Vermesser angeblich verrechnet hat. Der hatte an der Garage der Nachbarin den Erdgeschoss-Fußboden bei »44,00« Meter über Normalnull eingezeichnet. Ich hatte bei der enttäuschenden Besprechung auf der Baustelle die »43,50 Meter« als Zahl aus dem Lageplan in Erinnerung. Weil ich mich mit dieser Zahl einmischte, zog ich mir das besserwisserische Grinsen der Bauleute zu. Hätte ich doch bloß zurückgegrinst – meiner war wirklich der richtige Wert.

Leider hatte MirXbau-Ingenieur Tiekenz eher einem Rückruf in seinem Büro (»Ja, 44 Komma null null«) als mir vertraut. Dafür muss er nun nacharbeiten lassen.

In der Zwischenzeit hatte Tiekenz noch einmal angerufen und gefragt, ob ich mit 44,00 auch einverstanden wäre. Selbstverständlich, sagte ich, je höher der Keller, desto besser für uns und unser Gästezimmer. Doch sein »Kein Problem« konnte ich wiederum nicht glauben – da hat doch das Bauamt bestimmt ein Wörtchen mitzureden. Die neue Zahl würde rechtlich vielleicht wie ein neuer Bauantrag behandelt.

Und so war es auch. Tiekenz aber beschrieb mir das Nein des Bauamts so: »Das würde sechs Wochen Zeit für eine neue Prüfung kosten.« Das angebliche Prüfen ist Unsinn, es wäre schlicht und einfach die Wartefrist bei einem neuen Bauantrag.

8. März: Anruf von Bauleiter Teffner. In der Baugrube gebe es »bindige Schichten«. »Was ist denn das?« frage ich. Man müsste beim Schutz vor drückendem Wasser etwas machen, antwortet er indirekt.

»Aber Sie brauchen da keine Drainage«, lenkt er mich ab. Eine Drainage steht bei mir als vorsorglicher Posten mit rund 6.000 Euro Kosten im Bauvertrag. Wie viel von den 6.000 Euro stattdessen der Schutz gegen drückendes Wasser kosten soll, kann Teffner mir »noch nicht sagen«.

9. März: Ich fahre am Vormittag zur Baustelle, die voller Menschen ist. Ein Vermesser mit Assistentin ruft Zahlenwerte, Bauarbeiter ziehen in der Baugrube Schnüre und klopfen Nägel in kleine Holzstützen.

Ich frage alle, die neben mir stehen, nach den grauen Stellen an der Wand der Grube: »Kann hier drückendes Wasser kommen? Was würden Sie da machen?« Der Vermesser hebt abwehrend die Arme: »Da sage ich nichts. Übrigens bekommen Sie auf dem Bau von drei Leuten immer drei verschiedene Antworten.« Alle grinsen.

Eine kompetentere Antwort erhalte ich am Nachmittag, weil ein befreundeter Architekt zufällig an der Baustelle vorbeigefahren ist: Er meint, bei den paar Tonlinsen im Sandboden solle ich mir »keinen Kopp machen«. Mein Kopp fragt trotzdem, was ich jetzt machen soll.

Was der Experte dazu sagt:
Überraschungen in der Baugrube

An Baustellen wie dieser hat Uwe Kähler schon oft gestanden. Was rät der Geologe aus dem bayerischen Aschaffenburg dem ratlosen Bauherrn Oberheim?

Zu Ihrer eigenen Sicherheit würde ich Ihnen schon empfehlen, die Baugrube untersuchen zu lassen, Herr Oberheim! Denn später einmal den Erdboden rund um den Keller oder gar noch tiefer wieder ausheben zu lassen, um nachträglich eine Drainage einbauen zu müssen...

Wohl kaum wird, wenn ich einmal Oberheims Beschreibung folge, aus den seitlichen Wänden der Baugrube drückendes Wasser kommen, weil es dort ein paar grau erscheinende Inseln im märkischen Sandboden gibt. Aber wenn dieses Phänomen am Boden der Grube auftritt, kann es schon ganz anders aussehen.

Was ist »bindiger Boden«? Oberheim scheint diesen Begriff ja nicht zu kennen. Es ist ein Boden mit Anteilen von Schluff und Ton. Schluff wiederum ist ein feinkörniges Sediment von 0,02 bis 0,063 Millimeter starken Bestandteilen. Populärer ausgedrückt: Lehm ist gemeint.

Nachteilig an so einer Schicht: Sie gibt Wasser nur schwer wieder ab und hemmt die Versickerung von Wasser. Schon eine Schicht von 20 bis 30 Zentimetern Stärke kann ausreichen, dass sich Wasser staut. Bei einem starken Regen besteht dann die Gefahr, dass sich das Nass zurück über die Höhe der Fundamentplatte staut. Dort aber, an der Fuge zwischen Bodenplatte und gemauerter Kellerwand, soll zwar eine Abdichtung mit Fugenbändern und schwarzer Dickbeschichtung den Keller schützen, doch das sich stauende Wasser drückt dagegen. Das kann im Laufe der Zeit Probleme machen.

Zeit wird auch ein Problem für Oberheim (und andere Bauherren in gleicher Lage), wenn nun nicht bald etwas geschieht: ein Gutachterbesuch und dessen Auswertung, die Planung von Schutzmaßnahmen, das Bestellen von Material und Arbeitern – dies alles kann das Neubauprojekt jetzt im schlimmen Fall erheblich verzögern und im schlimmsten Fall sogar zum Baustillstand führen. Und das wird dann teuer.

Teuer kann es auch werden, wenn Oberheim bei schwierigen Bodenverhältnissen von seiner Baufirma auf befürchtete Verzögerungen im Bauablauf hingewiesen wird und er dann eilig sein Ja-Wort zu Schutzmaßnahmen geben soll. Baufirmen lieben solche teuren Nachträge! Was den Bauherrn in diesem Fall noch besonders bedrängt: Paragraf 644 des Bürgerlichen Gesetzbuches (BGB) sagt ganz klar, dass er das Baugrundrisiko trägt.

Vermieden hätte er das Zeitrisiko, wenn ein (Diplom-)Geologe, ein erfahrener Bauingenieur oder ein Baugrundgutachter schon vor dem Start der Bauarbeiten beauftragt worden wäre. So ein Experte untersucht vor allem, ob es Probleme mit dem Oberflächen- und Grundwasser geben könnte und wie tragfähig der Baugrund ist. Aus Oberheims Bauvertrag entnehme ich, dass – wie üblich – von einer Bodentragfähigkeit von 0,2 MN/m^2 ausgegangen wird, mit denen der Statiker normalerweise rechnet. »Bringt« der Boden aber nur 0,1 Meganewton (MN), muss das Fundament doppelt so breit ausfallen – und das wiederum kostet extra.

Die Tragfähigkeit des Bodens ermitteln wir mittels Kleinbohrungen, die Wasserverhältnisse mit zwei bis fünf Probebohrungen. Meist wird dabei an den Eckpunkten des geplanten Hauses und in der Mitte der Boden untersucht, manchmal per Baggerschurf (falls schon ein Bagger auf der Baustelle steht), und sonst machen wir z.B. mittels Rammkernbohrungen ein Loch von 32 bis 50 Millimetern Durchmesser in den Erdboden. Gibt es problematische Schichten unter dem geplanten Haus, hat man sie meist mit einigen Bohrungen (die Anzahl ist von der Gebäudegröße abhängig) ausgemacht – und kann dann gleich dagegen planen.

Noch für einen dritten Bereich sind Bodengutachter wichtig: Altlasten. Hier gibt es vor allem in städtischeren Regionen Probleme. Wurde hier früher einmal schadstoffhaltiger Bauschutt abgeladen? Ist das der Fall, bleibt der Bauherr als Eigentümer drauf sitzen und muss sich laut Gesetz sogar noch als »Zustandsstörer« bezeichnen lassen.

Wer Wasserprobleme, Altlasten und Bodentragfähigkeit – vorerst ohne Bodengutachter – verantwortlich angehen will, der sollte sich zuerst einmal in der Nachbarschaft umhören: Hatte jemand Probleme beim Bauen, weiß wer von verschimmelten Kartons, von verfaulten Holzregalen oder nassen Kellerwänden, so sollte man einen Fachmann zu Rate ziehen. Gibt es für die Umgebung untypische Erhebungen oder Senken auf dem Grundstück?

Hanglagen sind manchmal ebenso boden-problematisch wie Talniederungen, in denen man direkt nebeneinander Sand, Kies, Schluff und Ton finden kann. Oder sogar Torf – ich kenne ein Haus in Norddeutschland, das mit der einen Hälfte auf Betonfundamenten und mit der anderen auf sechs Meter langen Pfählen steht.

Ob man einen Baugrundgutachter benötigt, hängt immer von der Geologie des Geländes ab. Wer sich übrigens einmal vergegenwärtigt, dass ein Quadratmeter Einfamilienhaus-

Wohnfläche rund 1.500 bis 2.000 Euro kostet, der sollte wissen, dass ihn der Bodengutachter etwa den Preis eines solchen Quadratmeters kostet.

Aber meist, so die Praxis, ist es unser Schicksal, erst dann gerufen zu werden, wenn es brennt: »Meine Baugrube steht unter Wasser, kommen Sie mal!«

Oberheims Einsichten

Noch mal eins zu den Zwischentönen: Wie man schon lesen kann, brachte es Ingenieur Tiekenz einfach nicht fertig zu sagen, dass ich bei der Höhe der Fußboden-Oberkante schon den richtigen Durchblick hatte.

In der beschriebenen Telefonsituation überlegte ich kurz, ob ich ihm zeigen sollte, dass ich genau wusste, woher die Verzögerung von sechs Wochen stammt. Oder sollte ich ihm noch einmal vorhalten, dass ich die richtige Zahl doch schon auf der Baustelle genannt hatte? Aber – dies als Rat an andere Bauherren – wozu sollte ich mich mit meinen Worten über diesen Mann erheben?! Er ärgert sich dann, und das bringt mir überhaupt nichts. Denn entweder vergisst er es wieder. Oder er hat ein Elefantengedächtnis und zahlt es mir doppelt und dreifach wieder zurück (bzw. lässt mich zahlen...).

Oder er lässt mich mit meinem Nichtwissen böse auflaufen. Oder lässt mich bei anderen Fragen hängen: »Sie informieren?! Aber Sie wissen doch immer so gut Bescheid, und da dachte ich mir, das wüssten Sie doch bestimmt.« Oder er nutzt mein scheinbares Wissen sogar für »Zuschläge«: »Ich dachte, Sie wissen, was da wann auf Sie zukommt. Aber wenn Sie jetzt so spät..., dann muss ich Extra-Leute, Extra-Material usw. ordern...«

Also: Seien Sie bloß vorsichtig mit Ihrem Wissen oder dem, was Sie für Ihr Wissen halten! Durchsetzung ja, aber nur, um Infos zu erhalten – und nicht um zu zeigen, dass Sie auch mal bei einem Detail besser durchblicken.

Tagebuch, 62. Folge:
Streit um ein Baugrund-Gutachten
»Unklare Bodenverhältnisse«

10. März: Bauleiter Teffner wiederholt am Telefon, was er mir schon vor zwei Tagen sagte. »Herr Oberheim, wir müssen da was machen gegen drückendes Wasser. Da ist bindiger Boden.« Ich frage nach einem für mich kostenlosen Bodengutachten, wie es in der Bauleistungsbeschreibung steht. »Da brauche ich kein Gutachten, da bin ich Fachmann genug«, poltert Teffner los. Eins bietet er immerhin an: »So eine Drainage, wie es in Ihrem Vertrag steht, die brauchn Se nich.« Die neue Abdichtung und der Extraschutz für die ins Haus hinein- und hinausführenden Leitungen kämen »auf jeden Fall billiger«. Ich bitte erst einmal um Bedenkzeit. Aber...

11. März: ...Teffner bleibt dran und will frühmorgens gleich wissen, wie ich mich entschieden habe. Weil ich noch niemanden fragen konnte, schlage ich vor, er könne mir ja mal ein Angebot unterbreiten, was das Abdichten des Kellers gegen den seiner Meinung nach bindigen Boden kosten würde.

12. März: Sein Fax kommt frühmorgens. Mit einer Gutschrift von 6.071 Euro beginnt die »Zusatzvereinbarung«, weil ja die Drainage wegfallen soll. Dann aber kommen rund 5.500 Euro für (aus meiner Sicht undurchschaubare) Abdichtungsmaßnahmen, plus 250 Euro für eine Wasseranschluss-Führung durch die Außenwand plus 360 Euro für einen besonderen Abwasseranschluss. Weiter unten steht dann eine Gutschrift von 1.200 Euro unter dem Stichwort »Entfall Erdfeuchte«. Also insgesamt etwa 1.200 Euro weniger – von wegen »viel billiger«!

Dass MirXbau glaubt, mich abzocken zu können, sieht man am letzten Punkt dieser Zusatzvereinbarung, die ich unterschreiben soll. Für die Errichtung einer »Baustraße«, jenes befestigten Weges von der Grundstücksgrenze zur Baugrube, damit Lastwagen nicht im Sand versinken, soll ich 830 Euro zahlen. Beim Bauherrenverein lacht sich mein Bauherrenberater eins: »So was versuchen Baufirmen immer wieder. Schreiben Sie drunter, dass die Firma das Gelände kannte und so etwas als Extraleistung hätte in den Vertrag aufnehmen müssen.«

13. März: Ich streiche in der Zusatzvereinbarung alles mit Ausnahme meiner Drainage-Gutschrift und schreibe drauf, ich bestünde auf einer kostenlosen Bodenuntersuchung, ehe ich etwas zum Thema Kellerschutz veranlasse.

Kaum habe ich den Brief gefaxt, ruft mich der MirXbau-Firmenchef Tiekenz an und klärt mich auf, dass ich keinen Anspruch auf ein kostenloses Bodengutachten habe. Ich verspreche, mir die Verträge noch einmal genau anzusehen. Vielleicht hat er sogar Recht, erkenne ich – und ärgere mich wieder einmal über meinen Berater vom Bauherrenverein, der diese unklar formulierte Passage anscheinend »verpennt« hat.

Ach, das habe ich noch gar nicht im Tagebuch notiert: Weil mir inzwischen so viele Fehler, Ungenauigkeiten und Unzulänglichkeiten in meinem Bauvertrag und in der Bauleistungsbeschreibung aufgefallen sind, habe ich mich beim Vorsitzenden des Bauherrenvereins über meinen Bauherrenberater und dessen Beratungsleistungen beschwert. Hätte der Berater – laut Briefkopf von Beruf Architekt und Bauingenieur – mir bei Durchsicht des Vertragsentwurfs gesagt, dass die dort mit »ungefähr 55,6 Quadratmetern« genannte Dachgeschoss-Wohnfläche wegen der Schrägen real nur 44,04 qm ausmachen würde, hätte ich dieses Haus nie gebaut. Und auch andere Projekt-Macken, die ich im Tagebuch teils schon beschrieben habe, laste ich meinem Berater an. Und dann redet der Vorsitzende in der Mitgliederzeitschrift von »umfassender, ganzheitlicher Beratung« seiner Vereins-»Experten«.

14. März: Inzwischen sehe ich ein, dass der Baubeschreibungstext so uneindeutig ist, dass ich wirklich für das Bodengutachten verantwortlich sein könnte und dass die Baufirma »bei unklaren Bodenverhältnissen« vielleicht sogar einen Anspruch darauf hat, dass ich einen Gutachter einschalte – und selbst bezahle.

Den aber will ich lieber selbst beauftragen. Denn wenn ich auf das MirXbau-Angebot eingehe, dass die mir den Gutachter stellen, zahle ich dem vielleicht mehr Honorar und befürchte, sein Ergebnis könnte genau so ausfallen, wie MirXbau es gerne hätte. Schließlich bekommt er von denen immer wieder Aufträge – und mich sieht er nur ein einziges Mal in seinem ganzen Erwerbsleben.

Die schwierige Text-Lage rund um die Gutachtenkosten: Im Abschnitt »Keller« meiner Bauleistungsbeschreibung steht nichts vom kostenlosen Gutachten. Das findet sich ein paar Absätze später in Ausführungen zum Baugrund, nimmt aber Bezug auf eine andere Ausstattungsvariante als meine. Tja, man muss wohl sehr akribisch vorgehen, wenn man solche Spitzfindigkeiten erkennen will. Aber mein Bauherrenberater hätte solche Tricks doch kennen müssen – oder mir sonst sagen müssen, dass erst einer der Vertrauensanwälte des Bauherrenvereins den Vertrag prüfen sollte, um alle Tricks zu entdecken.

Aber zurück zum Bodengutachter: Durch einen privaten Tipp stoße ich in einem Nachbarbezirk auf einen Geologen, der mir am Telefon zusagt, für 180 Euro einen Blick in die Grube zu werfen, falls die Lage überschaubar ist. Das heißt: falls wirklich nicht viel mehr als nur der von mir vermutete »märkische Sand« in der Grube anzutreffen ist. Im Preis drin: Nachbarn will er kurz nach eventuellen Keller- und Feuchtigkeitsproblemen fragen. Vielleicht schaffe er es schon morgen, im Planweg vorbeizuschauen, sagt er.

15. März: Er schafft es. Wir treffen uns morgens um 9 Uhr, und ich lerne während des Wartens gleich einige Nachbarn kennen, die zur Arbeit fahren und die ich für Gutachters Gutachten ja auch gleich selbst befragen könnte. »Nein, null Probleme mit Feuchte und Keller«, sagt Frau Birkler, die sich in der Thematik besser auskennt als ihr im Auto wartender Ehemann. Besondere Schutzmaßnahmen gegen Wasser im Boden habe keiner der Nachbarn getroffen.

Dem Gutachter sind diese Äußerungen wichtig, sagt er mir, als er mit einem überdimensionalen Korkenzieher einen Meter tief in bzw. unter einer Pfütze in der Baugrube bohrt. »Wenn Sie hier an dieser einen Hausecke etwa zehn Zentimeter des schwach bindigen Bodens abtragen und durch Sand ersetzen, sehe ich da überhaupt keine Probleme«, urteilt er schließlich. Eine Drainage und ein Schutz gegen drückendes Wasser seien hier absolut nicht erforderlich, will er in sein Gutachten hineinschreiben.

Am Wochenende also muss ich mit dem Spaten antreten – ist doch nicht schlecht, wenn man für zwei, drei Stunden Buddelei weit mehr als zwei Nettomonatsgehälter an Kosten einsparen kann?!

Was der Experte dazu sagt:
Zu kurz gebohrt

Schon in der letzten Tagebuchfolge hatte sich der Aschaffenburger Geologe Uwe Kähler mit Oberheims Bodenproblematik befasst. Hier sein kurzer Nachtrag zu den neuen Ereignissen:

Gut für Roland Oberheim, dass er zu so günstigen Konditionen ganz schnell einen Gutachter gefunden hat. Noch dazu einen, der zu einem für ihn günstigen Ergebnis gekommen ist.

Weniger positiv stehe ich jedoch der Untersuchungsmethode meines Kollegen gegenüber. Die DIN 4020 gibt Baugrundgutachtern vor, mit welchem geotechnischen Untersuchungsumfang sie zu ihren Ergebnissen gelangen sollen. Das sieht beispielsweise so aus, dass bis sechs Meter unter der Gründungssohle (Unterkante des Fundaments bzw. der Bodenplatte) der Untergrund erkundet werden sollte.

Wenn da also mit einer Handschappe – das ist der von Oberheim beschriebene »überdimensionale Korkenzieher« – nur einen knappen Meter tief gebohrt wird, dann sind das fünf Meter zu wenig. Hoffentlich hat der Kollege eine gute Haftpflichtversicherung – für den Fall, dass Oberheims Keller später doch einmal »absäuft«...

Oberheims Einsichten

Abgesoffen ist er nicht. Jedenfalls nicht im ersten Jahr meines Wohnens dort. Zwar standen manchmal an der Nordflanke unseres Hauses nach kräftigen und langen Regenschauern auch Pfützen, als wir dort noch keinen Rasen, sondern nur verfestigten Mutterboden hatten (den mussten wir selbst auftragen lassen, weil hier vorher fast nur Sand war).

Aber das Nass versickerte immer schnell. Im Keller waren wir – wegen eines später noch zu beschreibenden Fehlers – immer sehr aufmerksam und begutachteten die Außenwände sorgfältig.

Wichtig scheint mir vor allem zu bemerken, dass in den Keller immer wieder frische Luft hinein muss. Daher ließen wir die Fenster unter den Lichtschächten möglichst dauergeöffnet. Vielleicht sollte man auch bei der Fenstergröße etwas zulegen und es nicht bei 30 mal 75 Zentimetern belassen – der fürs Lüften ideale Durchzug nämlich ist in der unteren Etage nur extrem schwer herzustellen.

Und noch mal zum Gutachter: Suchen Sie sich wirklich Ihren eigenen Experten (bzw. Expertin)! Da haben Sie dann den Finger auf dem Honorar (vorher drüber sprechen und möglichst fest vereinbaren), auf dem Termin (Baufirma erfährt davon nichts, und Sie sind mit Sicherheit dabei) – und auf der Beratung: Plaudern Sie mit dem/r Experten/in doch auch über andere Dinge, die Ihnen gerade unklar sind – vielleicht gibt es neue Erkenntnisse für Sie. Außerdem quatschen Ihnen weder Baufirma noch Bauleiter hinein, wenn Sie Ihre vielleicht etwas laienhaften Ansichten mit dem Gutachter bereden!

Tagebuch, 63. Folge:
Der Bauleiter und der Gutachter

Nichtdrückendes Wasser und bindiger Boden

16. März: Die Bodenplatte aus wasserundurchlässigem Beton liegt schon in der Baugrube, und sie muss auch schon genügend fest sein, denn die Bauarbeiter haben bereits Paletten mit Kalksandsteinen darauf abgestellt. Regenpfützen stehen in meinem Keller, aber wenn der Beton wasserundurchlässig ist, dann wird er das auch »abkönnen«.

Viel Zeit nehme ich mir nicht für inspizierende Blicke, denn vor allem bin ich zum Spateneinsatz hier. Einige Quadratmeter schwach bindigen – also lehmig durchsetzten – Bodens soll ich nach Anweisung des Bodengutachters etwa zehn Zentimeter tief abtragen. Jetzt kann ich endlich auch mal etwas tun für mein Haus: Selbst anpacken, Eigenleistung!

Nach zwei Stunden und einer Blase am Daumen bin ich fertig. Der Regen, der neben mir heruntergegangen ist, ist schon großteils im Boden der Baugrube versickert. Hier scheint es wirklich keine Probleme zu geben.

18. März: Das Kurzgutachten des Baugrundgutachters ist da. Kein drückendes Wasser, keine Drainage nötig. Der Gutachter beschreibt, was er in der Baugrube angetroffen hat. Und er betont deutlich, dass bei allen Nachbarn keine negativen Erfahrungen bekannt sind. Leichte Missverständlichkeiten aber stehen im Gutachten noch drin. Etwa zu der Frage, wie gut sich welcher Erdboden zur Verfüllung eignet.

Ich faxe das Gutachten an meine Baufirma – die ich hingehalten habe und die bis zu diesem Zeitpunkt wohl immer noch denkt, dass ich denen die Auswahl eines Gutachters überlasse. Denkste! Der würde dann eine ausführliche und 770 Euro teure Expertise erarbeiten und garantiert zu den von MirXbau erwünschten Ergebnissen (und damit zu stolzen Aufpreisen für Schutzmaßnahmen) kommen, schwant mir.

19. März: Bauleiter Teffner am Telefon, heute mal nicht polterig, sondern einfach nur quengelig. Der ganze Sand vom Rand der Baugrube müsse weg, weil der Gutachter ihn ja als nicht geeignet zum Verfüllen ansieht. Nein, das hat der Gutachter mir an der Baugrube doch ganz anders gesagt, entgegne ich. »Steht aber so drin«, kontert Teffner zu Recht. Ich verspreche, eine Richtigstellung einzuholen.

»Und was wollen Sie gegen nichtdrückendes Wasser unternehmen?« fragt Teffner weiter. So, als müsste ich Bescheid wissen und nicht er.

Nichtdrückendes Wasser, den Begriff hatte ich im Gutachten übersehen. So rufe ich den Experten noch einmal an. Seine Erklärung verstehe ich nicht, aber immerhin kann er mir verständlich machen, dass nichtdrückendes Wasser nicht gleichzusetzen ist mit Erdfeuchte – und nur der Schutz dagegen steht in meinem Bauvertrag und ist damit als bezahlt anzusehen. Ich frage, um wie viel das nun teurer werden kann, aber er weicht aus. Oder er weiß es nicht.

Nebenbei sagt mir der Baugrundexperte noch, dass Teffner inzwischen mit ihm telefoniert habe. Zuerst nur über Belanglosigkeiten, aber dann: »Der wollte mich überreden, dass ich genau das Gegenteil schreibe – dass doch drückendes Wasser zu erwarten ist.« Als ich, nun hellhörig geworden, ihn auf dieses Zitat festnageln will, wehrt der Gutachter ab: »Ach, vielleicht hat er das alles ja nur gesagt, weil er ganz sicher gehen will, dass es später mal mit dem Keller keine Probleme gibt...«

20. März: Erneut Teffner am Telefon. Wieso ich die Baustraße nicht bezahlen wolle, »steht doch in Ihrem Vertrag!« – »Die muss ich nicht bezahlen«, sage ich. – »Dann reißen wir die eben wieder weg, dann kommt kein Lkw mehr durch!!!«

Gewappnet durch meinen Bauherrenberater halte ich dagegen, ich sei dafür nicht zuständig, und notfalls könnten wir ja alles gerichtlich klären lassen. »Quatsch! Wir müssen doch miteinander auskommen. Was soll denn ein Gericht, das entscheiden wir selber!!« Ich lasse ihn weiterfluchen, klopfenden Herzens zwar, aber ich gebe nichts Konkretes mehr von mir (weil ich befürchte, er könne sich das als Zusage für irgendwas notieren).

20 Minuten später ruft Teffner noch mal an, in anderem Ton: »Sie wollen im Keller doch ein Abluftrohr für einen Wäschetrockner. Besorgen Sie sich das mal schnell, sonst ist der Keller gemauert, und die Leute können es nicht mehr einbauen.« Abends gleich in den Baumarkt gefahren und das Plastikrohr besorgt. Und schnell noch den Gutachter angeschrieben, dass er die widersprüchlichen Passagen bitte korrigieren möchte. Aber ich weiß immer noch nicht, was man gegen nichtdrückendes Wasser machen muss.

22. März: Als »Antwort« auf das »nichtdrückende Wasser« bekomme ich ein neues Zusatzvereinbarungs-Angebot: Der Schutz gegen Erdfeuchte (1.200 Euro) wird mir gutgeschrieben, aber stattdessen kommen 2.890 Euro als »Schutz gegen nichtdrückendes Wasser« hinzu – wird da ein doppelt so dicker, mehrfacher Schutzanstrich aufgetragen?

Außerdem enthält dieses »ZV«-Angebot Preise für einen Sonderwunsch von mir: Ich habe ja schon das 25-Quadratmeter-Gästezimmer im Keller mit einer besonderen Dämmung auf dem Fußboden (für 417 Euro) und außen an der Kellerwand (663 Euro) mit wärmendem Styrodur ausstatten lassen, so stand es im Bauvertrag.

Damit es keine Stufe zwischen den Räumen gibt, sollen nun aber auch die anderen 35 qm Kellerfläche diese Boden-Extradämmung (für noch einmal 830 Euro) bekommen. Und weil man ja später nicht mehr so leicht an die Kelleraußenwand herankommt, spendiere ich dem Mauerwerk dort die gleiche Sechs-Zentimeter-Styrodur-Dämmschicht wie außen am Gästezimmer. Kostet 1.648 Euro.

Teffner ruft an: »Ich brauche die ZV schnell unterschrieben zurück, sonst klappt das nicht mehr rechtzeitig mit der Styrodur-Bestellung.«

Was der Experte dazu sagt:
1.690 Euro Aufpreis für nichts

Ständig muss Oberheim mit MirXbau über Details verhandeln, von denen er wenig versteht. Diese Bautagebuchfolge beurteilt Diplom-Bauingenieur Jürgen Kunze. Er ist Gutachter und Bauherrenberater und hat ein Ingenieur-Büro in Berlin-Köpenick:

Bei den Feuchtigkeitsbegriffen kann man als Bauherr ganz schön ins Schwimmen geraten. Deshalb zuerst einmal eine kleine Begriffsklärung:

Bodenfeuchtigkeit ist das im Boden vorhandene, kapillargebundene Wasser sowie das von Niederschlägen herrührende und nicht stauende Sickerwasser bei senkrechten und unterschnittenen Wandbauteilen. Das klingt komplizierter als die nötigen Gegenmaßnahmen – bei dieser Beanspruchung muss das Baugelände bis zu einer ausreichenden Tiefe unter der Fundamentsohle einfach nur aus nicht bindigem Boden (z. B. Sand, Kies) bestehen. Anfallendes Wasser muss von der Geländeoberfläche bis zum Grundwasserstand schnell genug absickern können und darf sich auf diesem Wege nicht stauen, auch nicht vorübergehend.

Nichtdrückendes Wasser ist in tropfbar-flüssiger Form anfallendes Niederschlags- oder Sickerwasser, das auf die Hausabdichtung keinen Druck durch stehendes Wasser ausübt. Bei bindigen Böden und/oder Hanglagen kann kurzzeitig drückendes Wasser per Drainage verhindert werden, es wird dann zu nichtdrückendem Wasser. Drückendes Wasser hingegen ist solches, das auf die Haus- oder Kellerabdichtung einen (hydrostatischen) Druck ausübt.

An dem Gutachten habe ich übrigens Zweifel. Oberheim beobachtet beim Buddeln am 16. März, dass der Regen »schon großteils im Boden der Baugrube versickert« ist. Richtig müsste es heißen: »...erst großteils versickert«. Er hat kurzzeitig drückendes Wasser gesehen. Ich denke, dass nur bei Einbau einer Drainage dauerhaft mit nichtdrückendem Wasser zu rechnen ist.

Aber die Bedingungen einer offenen Baugrube sind natürlich anders als nach einer Verfüllung bzw. bei gewachsenem Boden. Entscheidend ist jedoch die Aussage des Bodengutachters – bindig oder nicht bindig. Für genauere Aussagen müsste der Wasserdurchlässigkeitsbeiwert des Bodens ermittelt werden.

Eins ist klar: Da der Bauherr das Baugrundrisiko trägt, sollte er rechtzeitig wissen, welche Abdichtungsart notwendig ist. Wird das Grundstück (wie hier) von einem Bauträger oder einer Baufirma angeboten, sollte unbedingt vor Vertragsabschluss die Baugrunduntersuchung eines unabhängigen Fachmanns vorliegen.

Was ist zu tun bei welchen Bodenverhältnissen? Je nach Beanspruchung muss in der Planungsphase das Abdichtungssystem festgelegt werden. Gesichert und abgedichtet wird vertikal und horizontal, wobei viele Details zu beachten sind – aber die DIN 18195 und die »Richtlinie für die Planung und Ausführung von Abdichtungen erdberührter Bauteile mit kunststoffmodifizierten Bitumendickbeschichtungen« (von 1997) hier darzustellen, würde den Rahmen sprengen. Nur dies: Die horizontale Abdichtung gegen Bodenfeuchtigkeit oder gegen nichtdrückendes Wasser liegt auf der Bodenplatte und schließt an die waagerechte Abdichtung an den Wänden an. Drückendes Wasser erfordert indes viel mehr Aufwand.

Konkret zum Angebot von Oberheims Baufirma: 1.200 Euro (»Wegfall Erdfeuchte«) gutzuschreiben und 2.890 Euro für Maßnahmen wegen nichtdrückenden Wassers zu kassieren, ist angesichts der eingesetzten Dickbeschichtung nicht angemessen.

Die zitierte Richtlinie fordert gegen Bodenfeuchte und nichtdrückendes Wasser eine zweilagige Ausführung mit drei Millimetern Mindesttrockenschichtdicke. Oberheim hätte sich die Verarbeitungsvorschriften des Herstellers der verwendeten Bitumenspachtelmasse zeigen lassen sollen! Würde mich nicht wundern, wenn er den Aufpreis von 1.690 Euro für gar nichts(!) bezahlt hat.

Wie Oberheim über den Tisch gezogen wird, zeigt sich auch bei der Zusatzvereinbarung für den Sonderwunsch Fußboden- und Kelleraußenwanddämmung. Bei der ersten Fußbodendämmung auf 25 Quadratmetern für insgesamt 417 Euro lag ein Einheitspreis von 16,68 Euro/qm zugrunde. Für jetzt geordnete weitere 35 qm sollten sich bei diesem Einheitspreis 583,80 und nicht 830 Euro Mehrpreis ergeben!

Bei einem Vertrag nach VOB-Regeln ist z. B. für eine über zehn Prozent hinausgehende Überschreitung des Mengenansatzes auf Verlangen ein neuer Preis unter Berücksichtigung der Mehr- oder Minderkosten zu vereinbaren. In der Regel müsste sich dann der Einheitspreis (Euro/qm) bei einer Mehrmenge verringern, da Baustellenkosten und Allgemeine Geschäftskosten nun auf eine größere Menge verteilt werden. Nur wenn sich die Firma in dieser Position verkalkuliert hat oder weitere Kosten (durch Anpassungen von Türen oder Kellertreppe) entstehen, führt dies zu einem höheren Preis.

Mein Tipp: Fordern Sie vor der Unterschrift unter die »ZV« eine nachprüfbare Kalkulation des neuen Preises. Dies gilt auch für die Kelleraußenwanddämmung.

Hier beträgt der Einheitspreis bei der Sechs-Zentimeter-Styrodur-Schicht rund 15 Euro/qm. Der Nachtrag dürfte demnach nicht 1.648 Euro, sondern allenfalls 1.075 Euro kosten. Ganz abgesehen von dem, was ich schon beim Fußboden zum Thema Mehrmenge gesagt habe.

Außerdem – auch dies ein Hinweis an alle Bauherren – führen Mehrmengen oder vertraglich anfangs nicht vorgesehene Leistungen oft dazu, dass die Baufirma mit diesen Extras Verzögerungen begründet. Deshalb sollte ein Bauherr vor Vertragsabschluss schon genau wissen, was er will.

Oberheims Einsichten

Ich hatte es schon geahnt, dass das mit den Aufpreisen einfach nur »Abzocken« war. Sowohl beim Extraschutz gegen nichtdrückendes Wasser als auch bei der Extradämmung im und am Keller. Aber ich bin damals noch durch meinen Bauherrenvereins-Berater schlecht betreut gewesen – und habe ihm nicht mehr alle Fragen oder Ereignisse zur Kommentierung vorgetragen. Bei dieser Sache wäre das allerdings sinnvoll gewesen.

Aber noch sinnvoller, so sagen die Verbraucherzentralen, ist es, dass sich der Bauherr irgendwann auch von seinem Berater emanzipiert. Hilfe zur Selbsthilfe empfehlen die Verbraucherschützer, weil es immer Zeitpunkte und Fragen gibt, bei denen der Bauherr nicht wieder und sofort bei irgendwem anrufen kann: Entweder muss etwas mal ganz schnell geklärt werden, oder der Berater hat sein Handy liegen gelassen, und die Mailbox ist ausgeschaltet.

Mein Fehler war später, dass ich einen leeren Eimer (»Gebinde«) des am Keller verarbeiteten Dickbeschichtungsmittels nicht aufgehoben habe. Viel später habe ich meinem Berater (noch vor dem Verfüllen der Baugrube) gesagt, dass ich auf dem Eimer gelesen habe, dass »Erdfeuchte oder nichtdrückendes Wasser« zusammen abgehandelt wurden – ohne Unterschiede in der Häufigkeit oder Dicke des Anstrichs. Solche zweifelhaften Dinge aber muss man gleich ansprechen, meinte er nur und ließ mich mit dem Thema im Regen stehen.

Inzwischen übrigens – aber zeitlich erst nach meinem Bauprojekt – ist das Thema Dickbeschichtung an Kellerwänden durch eine DIN-Regel festgelegt worden (siehe Folge 66).

Tagebuch, 64. Folge:
Eine neue Idee für den Keller

Glatte Abfuhr

26. März: Auf der Baustelle gehts los mit den Maurern. Die erste Doppelreihe an kleineren Kalksandsteinen für den Keller steht schon. Und darauf sind die ersten Reihen großformatigerer Kalksandsteinblöcke gemauert. 50 Zentimeter hoch ist der Keller schon.

28. März: Habe durch mein Bautagebuch einen Architekten kennen gelernt, der mir einige interessante Änderungsdetails mit auf den Weg gibt. Eine seiner Ideen: Die Kellerräume, die ja auch als Durchgang zu unserem Gästezimmer im Untergeschoss dienen, sollte man etwas offener gestalten – indem man vielleicht eine Kellertür und ein Stück Wand um diese Kellertür herum einfach weglässt.

Zu Hause male ich das gleich auf den Grundriss-Plan und sende ein Fax an MirXbau, dass ein Stück Wand samt Tür weggelassen werden solle.

29. März: Gleich am nächsten Morgen gehe ich mit diesem Fax, der Grundriss-Zeichnung und meinen Änderungswünschen auf die Baustelle. Der Vorarbeiter des Rohbau-Unternehmens, den ich dort schon ein paar Mal begrüßt habe, ruft gleich seinen Chef an, kann ihm das Thema aber anscheinend nicht so deutlich erklären, wie ich es meine.

Ehe ich ihn bitten kann, mir sein Handy zu geben, reicht er es schon an mich weiter. Ich erkläre dem Chef, wie ich mir das im geänderten Keller vorstelle – und bekomme eine zwar freundlich vorgetragene, aber inhaltlich doch heftige Standpauke zu hören. Das könne schon so gehen, wie ich mir das vorgestellt habe. Aber: Erstens sei die Statik fertig berechnet, zweitens seien alle nötigen Bauteile längst bestellt. Schließlich soll ja nächste Woche der Keller fertig werden. Aber bitte, wenn ich darauf bestünde, dass wir das so machen sollen, dann müsste er die Bauarbeiten stoppen (was viel Geld kostet), die Bestellung stornieren (was viel Geld kostet), dann würde die Statik neu berechnet (was viel Geld kostet), danach würde die Statik erneut geprüft (was viel Geld kostet), dann müsste man die neuen Teile bestellen (was etwas Geld kostet) usw.

So kleinlaut wie anschließend habe ich noch nie ein Fax geschrieben und weggeschickt: Ich teile MirXbau mit, dass ich die Änderung zurücknehme und nur auf Tür und

Türrahmen verzichten will. So habe ich durch die eine Tür weniger immerhin eine minimal offenere Gestaltung im Keller.

Was der Experte dazu sagt:
Zu spät ans Stiefkind Keller gedacht

Das war wohl nichts, Roland Oberheim! So könnte man die Antwort zusammenfassen, die ihm der Experte zu dieser Bautagebuchfolge gibt: Manfred Flohrer, Öffentlich bestellter und vereidigter Sachverständiger für Bauphysik, insbesondere Fassaden, Dachabdichtungen und Korrosionsschäden. Der Berliner Landesvorsitzende des Verbandes Beratender Ingenieure erklärt, warum der Änderungswunsch so kläglich scheitern musste:

Das ist nicht untypisch, was Herrn Oberheim mit seinem Keller widerfahren ist. Ich meine damit nicht so sehr, dass die Umplanung zu spät kam, sondern warum sie zu spät kam.

Dem Stiefkind Keller wird von vielen Bauherren nicht die Aufmerksamkeit geschenkt, die eigentlich nötig ist. Eine Unterkellerung ist üblich – aber genauso üblich scheint es heute zu sein, sich nicht um den Keller zu kümmern. Eigentlich unverständlich, denn der Keller kostet auch viel Geld, und man sollte hier eine genaue Kosten-Nutzen-Analyse betreiben.

Roland Oberheim hat dies nicht getan und spürt jetzt die Auswirkungen in Form eines hilfreichen (aber viel zu späten) Architektentipps. Manch anderer kommt selbst auf solche Ideen, doch vielen Bauherren – dies soll bitte keine Kritik sein, sondern nur eine Feststellung – mangelt es leider an der Fähigkeit, Pläne dreidimensional sehen zu können; sehen zu können, wie die Grundriss-Planung später als Grundriss-Wirklichkeit aussieht.

An dieser Stelle dem Bauherrn zu helfen, ist Aufgabe des Architekten. Oder, wie bei Oberheim, des planenden Bauingenieurs bei seiner Baufirma MirXbau. Dass Oberheim und dieser Ingenieur sich nicht mehr mit dem Keller befasst haben, ist ein Beratungsfehler der Baufirma! Der Ingenieur hätte die Wünsche der Baufamilie abfragen und Gestaltungsvorschläge machen müssen.

Kein Wunder also, dass Oberheim nun den Tipp bekam, der Keller würde mit dem Verzicht auf ein Stück Wand und eine Tür offener und großzügiger wirken. Doch zu spät: Wer so etwas erst umsetzt, wenn die ersten Steine der Kellerwände schon gemauert sind, kann nicht mehr gewinnen.

Der Chef der Rohbaufirma hat Oberheim treffend informiert. Die Statik des Kellers müsste wegen der Änderung einer tragenden Wand neu berechnet werden, und ebenso müsste der Prüfingenieur die neuen Ergebnisse dann auch erneut absegnen. Erst danach sollte der Bauunternehmer seinem Rohbau-Subunternehmer die Ergebnisse mitteilen, und die neuen Bestellaufträge können »rausgehen«.

Erstens dauert das: Zwei Wochen rechne ich für Statik und Statikprüfung, ein paar Tage fürs Bestellen und dann noch einige Tage für den Umbau. Vier Wochen also.

Und zweitens kostet das: rund 500 Euro für die neu geprüfte Statik, vielleicht 1.300 Euro für zwei Tage Maurereinsatz – und sicher wird MirXbau versuchen, Oberheim 2.500 Euro Extrakosten wegen angeblich verschobener Termine und verzögerter Baustelleneinsätze »reinzudrücken«.

Dagegen zu argumentieren, wird schwer für Oberheim, denn was MirXbau mit welchen Kosten auf anderen Baustellen umplanen muss, kann er kaum prüfen. Und nicht zuletzt zahlt Oberheim einen Monat länger seine Baufinanzierung, bei 200.000 Euro Hypothekenkredit à sechs Prozent Jahreszins wären das 1.000 Euro weitere Verteuerung der Umplanung. Dass Oberheim der etwas offenere Keller die eben geschätzten 5.000 Euro wert ist, wage ich zu bezweifeln. Hätte es sich übrigens um die Änderung an einer nichttragenden Wand gehandelt, so würde man etwas Zeit sparen und wäre mit weniger als der Hälfte dieser Kosten zum etwas anderen Keller gekommen.

Noch problematischer wäre die Neuplanung, wenn etwa ein Bauherr mit einer Fertighausfirma zusammenarbeitet, die beispielsweise in einer Kalenderwoche 36 mit ganzen Wänden in Tafelbauweise anrücken will. Erst recht dann wird ein Knackpunkt daraus, wenn der Keller nicht von einem Subunternehmer dieser Fertigbaufirma hergestellt wird, sondern von einem Handwerker, den der Bauherr selbst beauftragt. Dann könnte eine vierwöchige Verzögerung ein Vielfaches der (geschätzten) Oberheim-Kosten ausmachen – weil nämlich auf Monate durchgeplante Baustellentermine verlegt werden müssten. Vorsicht also mit den Terminen beim Kellerbau, der nicht in die Verantwortung der Fertigbaufirma fällt!

Doch zurück zu Oberheim: Leider ist es in Deutschland üblich, dass während der Bauphase noch viel geändert wird, selbst bei großen öffentlichen Gebäuden, bei denen die Bauherrenseite doch aus Profis besteht. Weil aber spätes Ändern viel kostet, sollte sich der künftige Bauherr rechtzeitig schlau machen:
– indem er räumliche Vorstellungen (auch beim Keller) entwickelt. Vielleicht mittels Architektur-Software, die ja auch Oberheim im Computer ausprobiert hat.
– indem er sich in anderen Häusern umsieht, wie die ihn interessierenden Fragen dort, auch im Keller, gelöst sind.
– indem er sich Musterhäuser desselben Herstellers ansieht. Den Besuch dort sollte man nicht nur zur Qualitätskontrolle und zum Ausfragen der Bewohner nutzen, sondern auch zum Raumvergleich: Dies ist also der Kellerraum 3 des Modells X, der etwa gleich groß ist wie der Keller 1 in meinem Wunschmodell Y. Manchmal erfährt man dabei auch, ob der eigene Keller am Ende mit Putz oder mit sichtbarem Mauerwerk gebaut wird.

Oberheims Einsichten

Es ist schon seltsam. Bei bauenden Freunden von uns schien das Thema Umplanen kein Problem zu sein. Da war es – bei allerdings freier Planung mit einem Architekten – sogar so, dass der Chef der Rohbaufirma am Sonntagabend anrief und sagte: »Morgen will ich die Teile X und Y bestellen – oder wollen Sie noch etwas ändern?«

Anfangs ging damit scheinbar nichts schief. Allerdings sagte die Ehefrau auch, dass »für die Bauablaufplanung eigentlich niemand so richtig zuständig« war. Einen Plan gab es nicht – und trotzdem hatten sie das Richtfest mit nur wenig Verzögerung geschafft. Dass es bei der Koordination mit den späteren Gewerken Probleme gab, zeigte sich erst im Nachhinein. Etwa, weil bestellte Fenster erst in der falschen Farbe und später mit falschen Maßen geliefert wurden.

Auch sonst stellte sich später heraus, dass es zu mehr Fehlern gekommen war, als nur zu einem um zwei Monate verspäteten Einzug: Die Baufamilie hatte zwar fürs gleiche Geld wie wir ein Haus statt mit 100 mit fast 180 Quadratmetern Wohnfläche erhalten – aber auch mit vielen eingebauten und nicht mehr korrigierbaren Fehlern, wie sie einem Architekten berichteten. Hauptfehler war wohl, dass kein Bauleiter den Bauablauf koordinierte und auch die Einhaltung von Bauvorschriften nicht amtlicherseits geprüft wurde. Die Ehefrau als »Bauministerin« der Familie war zwar Hunderte von Stunden auf der Baustelle präsent, doch zwischen dem Hinsehen eines Laien und dem Studium eines Ingenieurs oder Architekten ist eben ein Unterschied!

Bei unserer Typenhaus-Baufirma MirXbau übrigens war im Doppelhaus vorn auf dem Planweg-Grundstück trotz scheinbar perfekter Planung und trotz Bauleiter Teffner ein Makel eingebaut. Die letzte Stufe der Treppe vom Erdgeschoss in den Keller hatte drei Zentimeter mehr Abstand zum Boden (und damit zur Trittfolge nach den anderen Stufen) als geplant. So hatte die Käuferfamilie gute Argumente, sich schnell mal einen Fliesen-fußboden als Ausgleich dieses Mangels auszusuchen. Ohne jegliche Kosten...

Mehr Ideen zum Thema Keller siehe oben unter den Einsichten zur Folge 27.

Tagebuch, 65. Folge:
Eines Abends an der Baugrube

Treffen mit Teffner

2. April: In den vergangenen Tagen ist alles ziemlich hektisch zugegangen. Der Streit um die Qualität des Sandes in der Baugrube, um die angeblich unklaren Bodenverhältnisse, um ein Bodengutachten – kostenlos oder nicht –, um Zusatzvereinbarungen wegen des Kellerschutzes usw. usw. Geradezu juristisches Hickhack, und abends sitze ich immer wieder und schreibe Briefe an MirXbau. Antwort? Nix kommt da, gar nichts.

Mein Verhältnis zu Bauleiter Teffner würde ich inzwischen ziemlich gespannt nennen. Jedes Mal, wenn er mich im Büro anruft, was sich immer durch ein anfängliches, sehr langes (Sekretärinnen-Verbindungs-)Knacken in der Leitung bemerkbar macht, fängt mein Herz heftiger an zu schlagen. Schnell bin ich bei diesem Polterer dann mit meinen (Ant-) Worten »auf 180«, obwohl ich sonst wahrlich kein lauter Typ bin. Oder ich bin eingeschnappt und sage gar nichts mehr.

Und nun gibt es plötzlich einen dringenden Termin auf der Baustelle. »Abends, damit wir dann auch mal etwas Zeit haben«, sagt Teffner, weil ich nach kurzen Vormittagsterminen ja immer schnell zum Arbeitsplatz düsen muss. Sein Abend-Vorschlag wundert mich, denn Teffner muss nach dem Gespräch noch weit mehr als 100 Kilometer über die Autobahn nach Hause fahren. Aber dann muss die Sache wohl wirklich wichtig sein, wenn er sich diese Zeit nimmt (oder im Auftrag von MirXbau nehmen muss).

5. April: Heute um 19.30 Uhr ist es soweit. Die Szenerie könnte glatt zu einem Western oder Krimi passen. Eine Baugrube in der Abenddämmerung, ein Mann (ich) wartet. Auf seinen Gegner?

Teffner hält mit seinem VW Passat und zieht sich am Kofferraum altes Schuhwerk an, danach betritt er die leicht matschige Baustelle. Ist das die 15. von seinen 15 Baustellen heute – diese Zahl rutschte ihm mal heraus, was ihm im Nachhinein eher peinlich zu sein schien. Langsamen Schrittes, er zieht ein Bein etwas nach, kommt er auf mich zu.

Doch dann folgt kein scharfer Auftritt wie sonst so oft am Telefon. Privates Geplauder. Den Hund habe er heute nicht dabei, wie geht es Frau und Kindern... Ich warte immer noch aufs Lospoltern. Nichts dergleichen. Stattdessen sieht er sich die schwarze Schutzschicht rund um den Keller an. »Wann, sagten Sie, kommt der Mann von Ihrem Bauherrendingsda?« – »In zwei Tagen«, antworte ich, denn der Bauherrenvereins-Berater will unbedingt vor dem Verfüllen des Sandes einen Blick auf den gebauten Keller werfen. »Aber bitte morgens, denn an dem Tag wollen wir danach gleich verfüllen.«

Sonst hat Teffner nichts Wichtiges zu sagen. »Was woll'n Sie damit machen?« sagt er und zeigt auf die Kellerfenster. »Wieso?« sag ich, »zwei Lichtschächte dafür hab ich doch schon bezahlt«. – »Kann nicht sein«, sagt er, der sonst alle Abmachungen auswendig kennt, wie mir immer schien. »Doch, doch«, sage ich, denn für die zwei Plastikkästen sind längst 484 Euro angesetzt. Kann nicht sein, meint Teffner noch einmal. »Gucken Sie in die erste Zusatzvereinbarung«, sage ich: »Müsste da etwa in der Mitte der Seite stehen«, erinnere ich mich. Klären können wir das ohne Unterlagen in der Hand natürlich nicht. Komisch, kommt mir alles sehr unbedeutend vor, was wir hier bereden. Aber irgendwie auch beruhigend, dass gar nichts Schlimmes passiert und ich nicht wieder mit Gericht und Anwalt drohen muss.

Das kritische Thema Baustraße spricht er gar nicht an – immerhin weigere ich mich nach wie vor, mehr als 830 Euro dafür zu zahlen, dass MirXbau auf dem vorderen, mir nicht gehörenden Grundstück eine Schotterstraße als Weg für die Baulastwagen angelegt hat.

Aber das, wie gesagt, spielt heute Abend überhaupt keine Rolle.

Was der Experte dazu sagt:
Eine Stunde zum Ausforschen

Verwundert ist Bauherr Roland Oberheim über den Verlauf dieses Treffens mit Bauleiter Teffner, das doch so wenig hergab. Weniger verwundert ist Dipl. Ing. Franz Pollak. Der Leiter des Technischen Betriebes der Fachhochschule Pforzheim war selbst jahrelang Bauleiter in der Privatwirtschaft. Er kennt solche Gespräche – und ihren Sinn:

Gespräche nach Feierabend dienen immer nur einem – dem zwischenmenschlichen Verhältnis. Wahrscheinlich hat Teffner bemerkt, dass es in letzter Zeit zwischen ihm und dem Bauherrn nicht zum Besten stand. Vielleicht gab es noch mehr Streit als den von Oberheim beschriebenen, manchmal vielleicht mit Berechtigung von der einen, manchmal auch von der anderen Seite ausgebrochen. Außerdem ist es ja etwas ganz anderes, sich zu sehen, als sich nur am Telefon gegenüber zu sitzen. Wenn dies hier das erste Vier-Augen-Gespräch Oberheim/Teffner ist, dann diente es sicher auch dem weiteren Beschnuppern – vor allem natürlich von Teffner aus. Schließlich war er es ja, der diesen Termin wollte.

Als Bauleiter kennt man so seine Kunden. Sieht Teffner Oberheim als einen Problemfall an? Aus einem Hintergrundgespräch zum Bautagebuch weiß ich, dass die Baufirma MirXbau im selben Berliner Stadtteil kurz zuvor mit einem vielbeschäftigten Fernsehmann gebaut hat – will Teffner nun sehen, ob es Unterschiede zwischen jenem TV-Redakteur und dem aus derselben Branche kommenden Verlagsangestellten Roland Oberheim gibt?

Oberheim spricht von »juristischem Hickhack« – hält ihn Teffner vielleicht für einen Juristen? Am Rande: Problemfälle sind für die Praktiker vom Bau vor allem zwei Berufsgruppen, die Lehrer und die Juristen. Oft hatte ich und haben Kollegen bei Lehrern einen schweren Stand. Fast scheint es mir, als hätten manche von ihnen die Bodenhaftung etwas verloren – wenn etwa ein Bauherr mit Taschenlampe und Spiegel unters Fensterbrett leuchtet, ob dort auch richtig verputzt worden ist. Und Juristen – auch ein Vorurteil, aber selbst auch immer wieder erlebt – haben das Streiten oft gut gelernt.

Nicht dass Sie jetzt denken, ich wolle damit Oberheim den Schwarzen Peter zuschieben. Der Bauleiter als sein Gegenüber ist sicher auch »nicht ohne«. Das hängt meist auch von der Rolle ab, die der Bauleiter in seinem Unternehmen spielt. Ist er ein Mann mit Festgehalt, so spürt er keinen direkten Erfolgszwang und kann sich ein ganzes Stück fairer gegenüber dem Bauherrn verhalten. Gibt es in der Firma außerdem eine Art Ehrenkodex, so kann es ihm auch noch passieren, dass der Chef ihn bei unfreundlichem Verhalten zurückpfeift.

Anders bei dem Typ Bauleiter, der in seiner Firma nur ein Grundgehalt bekommt und dessen erfolgsorientierte Prämie ihn immer wieder anhält, darüber nachzudenken, wie er aus der einzelnen Baustelle möglichst viel, also weitere Zusatzaufträge herausholen kann. So einer ist dann eher schon mal geneigt, einem Bauherrn einen zahnlosen Gaul als Rennpferd zu verkaufen...

Jeder Bauleiter macht in seiner Praxis eine Art »Schule des Lebens« durch: Er lernt, was der – meist nur ein einziges Mal in seinem Leben – bauende Kunde sich bei seinem Hausbau wünscht. Und er lernt, wie man das bestmöglich ausnutzt. Er lernt, wie seine Firma kalkuliert und an welchen Stellen sie das Leistungsverzeichnis (bzw. die Bauleistungsbeschreibung) bewusst etwas undeutlich angelegt hat, damit mit einem besseren Ausstattungsstandard noch ein paar Euro extra verdient werden sollen.

Beim Thema »ein paar Euro« frage ich mich übrigens, ob das Gespräch über die Lichtschächte ein Versuchsballon von Teffner gewesen ist. Merkt Oberheim, dass er die schon bezahlt hat? Wenn er es nicht merkt, sind das wieder ein paar Euro extra!

Kommt Oberheim doch dahinter? Na, dann kann es Teffner eben (wie hier) als Irrtum hinstellen. Nebenbei lässt er Oberheim damit sogar noch die Freude, dass der glauben darf, die Akten besser zu kennen als Teffner. Der harmlose Baustellentreff diente also durchaus auch dazu, Oberheims Aktenkenntnis auszuforschen. Hätte Teffner wirklich etwas Wichtiges zu klären gehabt, so hätte ich an seiner Stelle die ganze Bauakte mitgebracht, Oberheim diese oder jene Problembereiche aufgezeigt und mit ihm darüber gesprochen. Und das auch nicht im abendlichen Zwielicht auf einer Baustelle – Teffner hätte ihn ins nächste Lokal einladen und großzügig ein Essen und ein, zwei Bier spendieren können. Dort redet sichs viel besser, und vielleicht wäre/würde Oberheim dann auch offener für Teffners Themen.

Oder aber: Teffner ahnt schon, dass er sich mit Oberheim nicht wirklich näher kommen wird. Dabei ist ein gutes Verhältnis zwischen dem Bauherrn und dem Bauleiter eines der allerwichtigsten Dinge beim Bauen.

Was wäre nun, wenn das Treffen außer einer Stunde viel warmer Luft auch für die Zukunft gar nichts bringen würde und sich das Verhältnis der beiden auf Dauer nicht bessert? Oberheim könnte zwar die Baufirma anrufen und um einen anderen Bauleiter bitten, einen Anspruch darauf aber hat er nicht. Und aus seinem Vertrag kommt er auch nicht heraus.

Dann kann man als Bauherr nur eins tun: nur noch schriftlicher Verkehr mit der Baufirma! Und in diesen Briefen sollte immer auch die Aufforderung zur Antwort stehen. Solche Briefe dienen dann auch als wichtige Belege für eventuelle spätere Auseinandersetzungen.

Oberheims Einsichten

Ich habe ja immer ein misstrauisches Gefühl gehabt bei allem, was MirXbau mir antrug. Sicher hat das auch in diesem Fall nicht getrogen. Aber was man wirklich auch bedenken muss, ist das vom Experten gemeinte gute Verhältnis zum Bauleiter.

Leider muss ich Ihnen empfehlen, immer den »Kleinen«, den Dummen zu spielen. Wenn der Bauleiter bei einem Thema mit einer Ausrede erklärt, warum er ein bestimmtes (von Ihnen vorgeschlagenes) Verfahren plötzlich doch für richtig hält und dies als seine kreative Lösung eines sonst nicht zu lösenden Problems präsentiert, dann lassen Sie ihm diesen »Erfolg«!

Was nützt es Ihnen, wenn dieser Mann sich in sechs Wochen noch daran erinnert, dass sie ihn bei einer Ausschreibung als Lügner erwischt haben?! Garantiert schmiert er es Ihnen bei unpassendster Gelegenheit aufs Butterbrot: »Na, das wollten Sie doch unbedingt so haben.« Und wenn Sie dann widersprechen, das sei doch gar nicht das Thema gewesen, dann haut er es Ihnen an anderer Stelle noch mal um die Ohren. Vorsicht! Der Klügere gibt lieber nach.

Was bei mir – glücklicherweise – gut gelaufen ist, ist die Baukoordination durch Bauleiter Teffner. So unschön seine dauernde Polterei auch war, so hatte er doch seine Leute/Subunternehmer gut im Griff.

Von anderen Baustellen, anderen Firmen, anderen Bauleitern habe ich leider ganz andere Dinge gehört: Eine größere Baufirma beispielsweise hat für jedes einzelne Gewerk einen eigenen Bauleiter, wie mir erzählt wurde. Solange in der Rohbauphase vor allem eine Firma auf dem Bau beschäftigt ist, klappt dann noch alles ganz prima, schon allein weil die Rohbaufirma ihre Beton-, Stein- und Materiallieferanten im eigenen Interesse auf Trab hielt. Doch danach können sich plötzlich der Sanitärinstallateur bzw. der Bauleiter dieses Gewerks mit der darauf folgenden Estrichfirma nicht rechtzeitig einig werden und der Trockenbauer nicht mit dem Fliesenleger. Folge: Der Bau verzögert sich immer mehr.

Auch eine Familie, die an anderer Stelle des Buches schon mal vorkam, litt an ihrem Bauleiter – nämlich am komplett fehlenden. Der Generalunternehmer, der von Berufs wegen wohl »nur« ein Trockenbauer war und der obendrein nicht besonders gut kalkulieren konnte, sparte sich diesen Vor-Ort-Experten fürs Grobe und fürs Feine: Niemand achtete auf eine gute Schalldämmung innerhalb des Hauses, und zwischen der Mauerung des Erdgeschosses und der Fertigbau-Holzständerwand im Obergeschoss klafften teilweise Lücken. Zwar versuchte die Ehefrau, sich intensiv einzulesen, und sie soll mehr als 1500 Stunden in das Bauprojekt gesteckt haben. Doch: Ein Fachfremder als »Bauleiter« mag zwar die entscheidenden DIN-Regeln finden und sich in der jeweiligen Landesbauordnung auskennen. Einen falschen Nageltyp, einen zu fett angerührten Putz und andere Spezialitäten wird er/sie aber wohl kaum erkennen. Ich natürlich auch nicht.

»Wer da auf einen Architekten oder Ingenieur als Bauleiter verzichtet, der spart vielleicht einige tausend Euro, aber dafür hat er nachher Mängel im Haus, die er nie wieder raus bekommt«, berichtete mir ein Architekt von dieser Familie. Meine Idee: Lassen Sie sich im Bauvertrag versichern, dass es einen Bauleiter für den ganzen Bau gibt, der auch gleich namentlich und mit einem Stellvertreter verantwortlich benannt wird. Oder – das wäre das Beste – lassen Sie hineinschreiben, dass Sie den Bauleiter (dann ja ein Experte Ihres Vertrauens) stellen dürfen und dass die Baufirma den zahlt – statt des eigenen Standard-Bauleiters, der dann für andere Baustellen frei ist. Denn klar ist eins: Der von der Firma gestellte Bauleiter bietet Ihnen immer nur das, was seine Firma ihm vorgibt, was vielleicht noch etwas Geld spart oder ihm als Extra noch ein paar Provisionsprozente einbringt oder was so gerade eben noch die Gesetzesregeln oder den Bauvertrag einhält. Oder er verschweigt, was als zufällig auftretender Fehler beim Bauen Ihnen als Laie vielleicht gar nicht auffällt...

Dieser »Bauleiter meines Vertrauens« ist aber sicher schwer durchzusetzen, ich weiß. Zumindest sollte die Zuständigkeit klar geregelt sein. Und wenn dann die terminliche Koordinierung nicht zum Besten steht, sollten Sie über einen festgeschriebenen »Liefertermin« für das Haus und über Vertragsstrafen im Verspätungsfalle abgesichert sein.

Tagebuch, 66. Folge:
Der Bauherrenberater vor Ort
Erste Qualitätsprüfung

7. April: Ich sitze nun schon 20 Minuten auf meiner Baustelle herum. »Wann kommt denn Ihr Ingenieur?«, sächselt der Vorarbeiter hinter mir, »nachher soll doch verfüllt werden«. »Weiß nicht«, sage ich, »vielleicht findet er den Planweg auf dem Stadtplan nicht«.

Es ist der erste Auftritt des Bauherrenvereins-Vorsitzenden Hans-Jörg Scherrn auf meiner Baustelle. Neuer Versuch, neues Glück: Mit meinem Bauherrenberater Vaujack war ich wegen seiner reichlich lückenhaften und reichlich fehlerhaften Beratung zum Bauvertrag ja so unzufrieden, dass ich nicht mehr von ihm beraten werden wollte.

Beim Bauherrenverein e. V. war man mit meinem Wechsel einverstanden – schließlich wusste man auch von den Bauherrentagebuch-Veröffentlichungen und wollte wohl keine »schlechte Presse« für den Verein. Aber die Absage an Vaujack zu schreiben, das wurde mir noch auferlegt; ich habe eine neutrale Absage ohne Nennung der Kritikpunkte geschrieben. Mal sehen, ob der Vorsitzende es besser kann.

Scherrn kommt und entschuldigt seine Verspätung mit einem Autobahnstau. Dann geht es los. Aber sein erster Blick gilt nicht wie erwartet dem Keller, sondern den gemauerten Porotonstein-Reihen im Erdgeschoss: »Da ist das Überbindemaß nicht eingehalten.«

Er erklärt mir, dass der über zwei Steinen versetzt gemauerte Stein der nächsten Reihe nicht zu knapp auf dem einen unteren und fast in vollem Umfang auf dem daneben liegenden platziert werden darf. Mindestens 40 Prozent des oberen Steins müssen auf dem einen und 60 Prozent dann logischerweise auf dem anderen drunterliegenden Stein ruhen. Bei meinem Hausbau sind es eher 20 zu 80 Prozent. »Bei einem Einfamilienhaus ist das nicht so dramatisch«, sagt Scherrn, »aber schon bei einem dreistöckigen Bau würde das Gewicht des Hauses zu Rissen in dieser Wand führen«.

Scherrn stellt weitere kleine Mängel fest, die aber nicht dramatisch seien – bis auf einen ganz wichtigen. »Verfüllen können die heute nicht«, sagt er mir. Denn, offensichtlich wegen seiner angekündigten Kontrolle, so meint Scherrn, hat einer der Bauarbeiter »es wohl besonders gut gemeint« und die Kelleraußenwand übermäßig dick mit schwarzem Bitumen eingepinselt. »Das ist noch gar nicht fest. Wenn nun das wärmedämmende Styrodur darauf geklebt wird, drückt der dagegen geschüttete Erdboden so sehr gegen die Dämmung, dass die scharfen Kanten des Styrodurs sich in die Schwarzschicht bohren. Dann wird die schützende Bitumenoberfläche aufgerissen, und Sie haben genau das, was eigentlich verhindert werden soll – Bodennässe dringt in die Kellerwand ein«, erklärt Scherrn. Und was ist die Konsequenz? »Die müssen warten, bis das Zeug trocken ist.« Dauert wie lange? »Mindestens eine Woche. Eher etwas mehr«, meint Scherrn.

Nach dem einstündigen Prüftermin teile ich die Ergebnisse MirXbau per Fax mit und faxe einen Beleg auch in Scherrns Ingenieurbüro. Bauleiter Teffner ruft nach zehn Minuten an: »Alles Quatsch, was Ihr Bauherrenmensch da sagt. Oder Sie haben das alles nicht verstanden, was der meint. Da ist doch bloß einem Arbeiter was runtergefallen, deshalb wurde an einer Stelle neu schwarz gepinselt. Morgen wird verfüllt, dabei bleibts!«

Fünf Minuten später nochmal Teffner am Apparat: »Geben Sie mir doch mal die Nummer von Ihrem Dingsda. Ich muss mit dem mal ein ernstes Wort reden.«

Teffner, zwei Stunden später: »Also, wir verfüllen am Donnerstag nächster Woche. Der Hornung, der das machen sollte, der hat nämlich morgen keinen Bagger mehr frei.« – »Ach ja?«, sage ich betont skeptisch, »und was hat Ihr Telefongespräch mit Scherrn ergeben?« – »War ganz fruchtbar, das Gespräch«, sagt Teffner, »wir haben alles geklärt«. Mehr kriege ich nicht zu hören.

Später erfahre ich von Scherrn, dass er vor dem Verfüllen dringend gewarnt habe und dass Teffner dies auch eingesehen habe. Aber diesen Leitsatz des Herrn Teffner kenne ich schon: Fehler gibt es bei ihm nicht – notfalls behauptet er eben, dass ein Dritter keinen Bagger mehr frei hat oder dass es mittags um 12 Uhr zu dunkel zum Verfüllen ist…

Was der Experte dazu sagt:

Kontrolle okay, Umsetzung falsch

Mit Qualitätskontrollen wie im Falle Oberheim kennt sich Detlef Brück aus. Der Bautechniker ist Bauherrenberater für den Verband privater Bauherren im Regionalbüro Berlin. Wie sieht er den Prüftermin auf Oberheims Baustelle:

Zum Ablauf der Prüfung selbst möchte ich nur einige Punkte ansprechen. Wichtiger ist mir dies – die Umsetzung der Ergebnisse gefällt mir weniger.

Tatsächlich ist es wichtig, bei einem Keller vor dem Verfüllen der Baugrube nach dem Rechten zu sehen. Denn dann kann man die Gründung des Hauses und die Abdichtung des Kellers noch erkennen. Der Leitsatz dazu: Immer dann, wenn eine fertiggestellte Leistung durch folgende Handwerkerarbeit überbaut werden kann, ist der prüfende Blick nötig – erst recht beim Keller, an dessen Außenwände man später nur mit großem Aufwand wieder herankommt. Aber: Nicht jeden Handgriff der Bauhandwerker gilt es zu checken. Das wäre zu aufwändig und ginge für den Bauherren auch finanziell (Honorar des Prüfers) zu weit.

Konkret zur Außenhaut des Kellers: Bei der so genannten Dickbeschichtung zum Schutz gegen Feuchtigkeit kann man einiges falsch machen, wie etwa das Verfüllen bei noch nicht ausgetrockneter Beschichtung.

Oder wie dies: Die Bauleute machen am Keller einen Voranstrich als Haftgrund. Dieser schwarze Anstrich wirkt stark wärmespeichernd, und deshalb sammelt sich nachts Kondensat an der Schicht und läuft nach unten auf die Fundamentplatte. Am nächsten Morgen wundern sich die Bauarbeiter nicht, dass auf der Betonplatte etwas Wasser steht (»Morgentau? Leichter Nachtregen?«), und sie pinseln die zweite schwarze Schicht. Die aber haftet nicht so gut, weil das Wasser eben nicht von oben, sondern aus der noch nicht trockenen Schicht des Vortages stammt. Und schon haben Sie eine potenzielle Schwachstelle in den Keller eingebaut. Zwei Tage längere Trocknung vor dem zweiten Anstrich, und das Problem ist keins mehr. Deshalb mein Rat an alle Bauherren: Fragen Sie die Arbeiter, wie sie was machen oder gemacht haben.

Bild 19: Eines Baustopps würdig fand ein Bauingenieur dieses Foto von Oberheims Heim kurz vor dem Verfüllen: Wo sind die notwendige Schutzrüstung und eine Absturzsicherung? Solche Praxis wie bei MirXbau scheint in der Szene verbreitet: Das Haus wird ohne Schutz für die Bauarbeiter, für die Baufamilie und für Besucher errichtet.

Und noch eins: Speziell zur Abdichtung des Kellermauerwerks mit einer Dickbeschichtung gab es zum Zeitpunkt von Oberheims Bau noch keine Ausführungsvorschriften und DIN-Normen, sondern allenfalls Merkblätter, oft vom Hersteller des Anstrichs. Die Abdichtung von Kelleraußenwänden ist seit August 2000 nun aber in der DIN 18195 geregelt. Klar ist danach, wie die bituminöse Beschichtung an den Kellerwänden ausfallen muss, wie dick diese Dickbeschichtung im Trockenzustand sein muss und was es mit den Begriffen von Erdfeuchte bis drückendes Wasser auf sich hat. Außerdem muss die Kelleraußenisolierung gegen Beschädigung geschützt sein.

Dringender Tipp: Bauherren sollten sich nicht von ihrer Baufirma dazu anhalten lassen, in Eigenleistung den Schutz der Kellerabdichtung vorzunehmen. Die Baufirma selbst ist dazu verpflichtet, wenn die Verdingungsordnung für Bauleistungen (VOB) in ihrem Teil B als vereinbart gilt.

Noch eins am Rande, falls es mal zu Zwist um die Beschichtung kommen sollte: Im Streitfall kann man auch mal einen Anwendungstechniker der Herstellerfirma kommen lassen. Das geht schneller und unkomplizierter, als einen Gutachter zu beauftragen.

Schade finde ich, dass MirXbau die Gelegenheit nicht wahrgenommen hat, beim Prüftermin dabei zu sein. Aber zwingen kann man sie dazu nicht. 90 Prozent der Baufirmen, auf die ich bei Prüfterminen treffe, sind allerdings dankbar für Hinweise von Bauherrenberatern. Wäre Bauleiter Teffner gekommen, hätte er nicht hinterher mit Scherrn telefonieren müssen. Wenigstens hat er – wenn er es auch nicht zugeben kann – doch verstanden, dass nicht sofort verfüllt werden konnte.

Das Verfahren vor dem Telefongespräch Teffner/Scherrn allerdings war generell falsch. Nicht Roland Oberheim selbst, sondern der Fachmann Scherrn hätte der Baufirma die Ergebnisse seiner Prüfung mitteilen müssen. Denn Oberheim als Laie wird sicher manche Dinge falsch verstanden haben. Immerhin: Der mir vorliegende Fax-Brief Oberheims an MirXbau zeigt, dass der Bauherr sich schon ganz gut in die Fachfragen eingearbeitet hat. Aber bitte, Herr Oberheim (und andere Bauherren): Überlassen Sie diese Formulierungsarbeit dem Fachmann! Und auch nur ein Fachmann wie Scherrn hat das Fingerspitzengefühl für den richtigen Ton. Da wundert sich Oberheim, wenn Scherrn nicht knallhart einen Verfüll-Stopp anordnet – aber genau das ist wirklich nicht seine und auch nicht Oberheims Aufgabe. Denn: Der Bauunternehmer erfüllt einen genau festgelegten Hausbau-Werkvertrag. Der Weg dahin aber ist letztlich seine Sache, und Oberheim/Scherrn sollten ihm nur sagen: »Hier machen Sie etwas falsch!«

Wenn MirXbau dann einfach weitermacht, ist des Bauherrn nächste Reaktion ein Brief mit etwa diesem Inhalt: »Wir haben Sie auf die mangelhafte Bauleistung X hingewiesen und bestehen auf ordnungsgemäßer Herstellung.« Und dann könnte man noch auf Rechte wie Minderung oder Schadenersatz hinweisen. Sie werden sehen, wie schnell ein seriöser Bauunternehmer dann zum Nacharbeiten bereit ist. Der Bauherr übrigens sieht an diesem Beispiel, wie wichtig es ist, einen sachverständigen Helfer an seiner Seite zu haben.

Was ich bei dem Inspektionstermin allerdings vermisse, ist ein Vergleich des Gebauten mit den Formulierungen aus dem Bauvertrag. Und auch der Umgang mit dem falschen Überbindemaß in der tragenden Erdgeschoss-Außenwand ist nicht ganz korrekt. Zwar ist es richtig, dass das falsche Überbindemaß beim kleinen Einfamilienhaus keine statischen Probleme nach sich zieht, aber bei thermischer Belastung des Mauerwerks (von Frost bis Sonnenglut) könnten sich später vielleicht doch Folgeerscheinungen wie Risse in der Tapete zeigen. Eigentlich hätte hier nachgearbeitet werden müssen.

Wichtig ist, sich immer vor Augen zu halten, dass Nacharbeit dem Bauunternehmer zwar lästig, aber doch meist nur ein Pfennigprodukt ist. Erst Folgeschäden kommen richtig teuer. Ihre Zielsetzung als Bauherr ist daher immer: Alle Fehler abstellen – Punkt. Aus. Basta.

Oberheims Einsichten

Was bei mir falsch lief: Ich hätte Scherrn gleich nach dem Telefonat Teffner/Scherrn anrufen und fragen sollen, was genau besprochen wurde.

Oder: Ich hätte Scherrn anweisen sollen, dass er Aktennotizen anlegt von Gesprächen, die er ohne mich, aber in meiner Sache unternimmt. In meinem Fall hatte das sicher keine dramatischen Auswirkungen, aber aus den inzwischen erfahrenen Konsequenzen bei anderen Bauherren weiß ich, wie wichtig dies als Dokument sein kann. Notfalls übrigens auch, um einen Berater wie Scherrn in die Pflicht nehmen zu können, falls er mit dem MirXbau-Bauleiter gekungelt hätte (was hier aber nicht der Fall war).

Tagebuch, 67. Folge:
Wer zahlt die Baustraße?

Streitpunkt Zufahrt

16. April: Wieder einmal hatten wir eine bauliche Änderung im Kopf. Der Erker aus drei fast raumhohen Fenstern im Bereich unserer Wohnküche würde sich noch ein ganze Stück besser machen, wenn sich das Mittelstück öffnen ließe. Dann könnte man von dort auf die (spätere) Terrasse hinausgehen. MirXbau lieferte mir dazu ein Angebot: Ein zu öffnender Erker würde 1.450 Euro extra kosten – uns viel zu teuer angesichts des geringen Zusatznutzens.

Aber noch eins taucht in diesem neuen Zusatzangebot auf, zum wiederholten Male: die »Herstellung einer Baustraße« für 830 Euro. Bisher habe ich diesen Punkt immer einfach durchgestrichen. Manchmal habe ich das begründet, manchmal sogar mit vielen Worten, manchmal aber auch ohne Kommentar.

Gleich beim ersten Streichen hatte mich Bauleiter Teffner angerufen und am Hörer zusammengebrüllt. Klopfenden Herzens habe ich zeitweise dann gar nichts mehr gesagt. Oder, wenn überhaupt, dann nur: »Das seh ich aber anders.«

Was ist der Ausgangspunkt dieses Streits? In meinem Bauvertrag, darauf pocht MirXbau immer wieder, steht diese Formulierung: »Voraussetzung für den Baubeginn ist die Bereitstellung eines baureifen Grundstücks, das für schwere Baufahrzeuge befahrbar ist.«

In einem neuen Fax will ich jetzt an MirXbau schreiben, dass ich zwar die Verantwortung für die »Befahrbarkeit mit schweren Baufahrzeugen« für mein Grundstück sehe – nicht aber auf einem fremden Grundstück.

Die Baustraße nämlich führt fast ausschließlich über das Vorderlieger-Grundstück am Planweg. Dieses vordere Land gehört (noch) meiner Baufirma, die dort inzwischen ein Doppelhaus bauen will.

Mich für eine Baustraße über dieses fremde Land zahlen zu lassen, das sehe ich nicht ein – zumal es so auch nicht im Bauvertrag steht und zumal MirXbau das Land ja vor dem Start meines Bauprojekts schon kannte. Sonst lastet mir die Firma irgendwann noch einmal an, dass ein Lastwagen es nicht geschafft hat, durch den vollgeparkten Planweg bis zur Baustelle vorzudringen. Der Weg bis auf meinen Bauplatz ist doch wohl Sache des Bauunternehmers. Oder sollte ich da falsch liegen?!

Die Baustraße übrigens ist etwa 30 Meter lang und endet genau an der Grenze zu meinem Grundstück. Und dafür soll ich 830 Euro zahlen, angeblich ein Drittel der Baustraßenkosten.

Auch diese Drittel-Rechnung kann ich nicht nachvollziehen. Mein Bauherrenberater hat gemeint, 830 Euro sei wohl eher der Preis für die gesamte Baustraße und nicht für ein Drittel. Daraufhin verlangte ich von MirXbau, ich wolle die Baustraßen-Rechnung sehen, weil ich nicht glauben könne, dass diese Schotterstraße fast 2.500 Euro gekostet haben soll.

Bald danach bekam ich den »Kostenvoranschlag« einer Tiefbaufirma aus dem Oktober des vergangenen Jahres zugeschickt. Seltsam, seltsam: Im Oktober war meine Baustelle noch gar nicht in Sicht, und die angebliche Baustraße war zudem nur als Menge eines Recyclingmaterials beschrieben. Außerdem ist ein Kostenvoranschlag keine Rechnung – der kann ja später geschrieben worden sein, nur um mich zu täuschen.

Was der Experte dazu sagt:
Kein Freibrief für Baufirmen

Muss Roland Oberheim die Baustraße zahlen oder nicht? Vor allem ist dies wohl eine Rechtsfrage, und deshalb äußert sich zu dieser Bautagebuchfolge mit Martin Schüßler ein Rechtsanwalt aus Berlin-Schöneberg:

Fangen wir mit einem Hinweis aus einem Buch an. »Zu den vorbereitenden Maßnahmen gehört neben der Errichtung des Bauzaunes auch das Anlegen der Baustraße.« So heißt es im Werk »Der Bauprozess« von Ulrich Werner und Walter Pastor (Werner-Verlag, Düsseldorf). Für mich ist dieses Buch so etwas wie die Bibel des Baurechts.

Und nicht nur dort wird Bezug genommen auf eine ganz konkrete Regel, auf die Allgemeinen Vertragsbedingungen für Bauleistungen (ATV) der DIN 18299. In dieser Norm sind im Rahmen eines Kataloges die Nebenleistungen beim Bauen aufgezählt, die in aller Regel bei Bauarbeiten vorkommen. Wer dies genauer nachlesen will: Im zitierten Buch sind sie unter der Randnummer 1144 aufgezählt.

Sind nach den DIN-Vorschriften bestimmte Leistungen noch extra als Zulagen abzurechnen, so kann dieses Recht des Bauunternehmens aber auch vertraglich ausgeschlossen werden. Und ein solcher Ausschluss liegt dann vor, wenn anhand der vereinbarten Preise erkennbar ist, dass eine vollständig fertige Leistung abgegolten werden soll. Das gilt vor allem dann, wenn dem Bauherrn daran gelegen ist, einen Vertrag zu erhalten, mit dem die kompletten Arbeiten abgegolten sind (siehe Werner/Pastor, Randnummer 1145).

Das Thema »Besondere Leistungen« steht in der DIN 18299 unter Punkt 0.4.2. Danach werden Nebenleistungen nur dann vergütet, wenn erhebliche Kosten hierfür entstehen und wenn dies im Vertrag ausdrücklich erwähnt wird. Dies ist dann mit einem eigenen Punkt in der Leistungsbeschreibung zu kennzeichnen und mit einem Angebotspreis zu versehen. Wenn in der Leistungsbeschreibung aber keine »Angaben zur Baustelle« (DIN 18299, Punkt 0.1) mit ausdrücklich erwähnten Extrakostenfaktoren enthalten sind, kann der Bauunternehmer sich diese Nebenleistungen auch nicht extra vergüten lassen.

Diese DIN-Vorschrift wird hier verletzt, was zu Lasten des Bauunternehmers geht. »Voraussetzung für den Baubeginn ist die Bereitstellung eines baureifen Grundstücks, das für schwere Baufahrzeuge befahrbar ist« – diese Formulierung als Freibrief für die Baustraßenkosten anzusehen, ist ein Verstoß gegen das Gesetz zur Regelung des Rechts der Allgemeinen Geschäftsbedingungen (AGBG).

Nach Paragraf 9 AGBG ist eine Vertragsklausel dann unwirksam, wenn sie einen Beteiligten unangemessen benachteiligt. Bauunternehmen nämlich müssen die DIN 18299 kennen, und von einem Bauunternehmen kann man auch verlangen, dass das Thema Baustraße dann auch DIN-gerecht im Bauvertrag deutlich behandelt wird. Das Ergebnis ist also: Roland Oberheim braucht die Baustraße oder Anteile daran nicht zu bezahlen.

Nur am Rande: Natürlich hat Oberheim Recht, dass die Formulierung seines Bauvertrags sich zunächst nur auf sein eigenes Grundstück bezieht und nicht auf das fremde, zur Überfahrung per Baustraße vorgesehene Land. Aber das spielt wegen der klaren Regelung in der DIN 18299 hier überhaupt keine Rolle.

Oberheims Einsichten

Da bin ich platt. Da hatte ich mir meine juristische Argumentation so schön zurecht gelegt, und dann war alles doch ganz anders, wie der Experte beschreibt. Heute, lange nach dem Einzug ins Haus, will ich mir diese DIN-Regel lieber nicht durchlesen, weil ich dann im Nachhinein sicher merken würde, an welchen Stellen ich noch mit überflüssigen Zusatzvereinbarungen für Selbstverständlichkeiten über den Tisch gezogen worden bin. Das Lesen übernehmen Sie mal lieber – falls Sie bauen wollen...

Tagebuch, 68. Folge:
Bauzeitenplan

Einzug im Oktober?

20. April: Wann wird das alles fertig sein? Der Rohbau, der Ausbau, das Innenleben meines Hauses?

Es sieht zwar so aus, als ob die sächsische Rohbaufirma, die mein ebenfalls sächsisches Bauunternehmen MirXbau engagiert hat, zügige Arbeit leistet. Aber wer garantiert mir, dass das auch so weitergeht?! Und außerdem will ich ja irgendwann einmal – rechtzeitig genug – wissen, wann ich meinen Mietvertrag kündigen muss. Auch wenn mein Vermieter extrem nett ist, sollte ich sicherheitshalber die drei Monate Kündigungsfrist doch einhalten.

Ich weiß längst, dass es für den Bauablauf immer einen Plan gibt – schließlich muss die Baufirma vorausplanen und kann den Dachstuhl nicht erst bestellen, wenn der letzte Stein des Obergeschosses gemauert ist. Diesen Plan aber, der mir sagt, wann das Haus bezugsfertig werden soll, habe ich immer noch nicht. Obwohl ich ihn schon x-mal bei MirXbau angemahnt habe.

Aber immerhin geht es auf der Baustelle voran, morgen soll verfüllt werden. Das heißt: Die Baugrube wird um den Keller herum wieder mit dem ausgehobenen Sand aufgefüllt.

Den überschüssigen Sand bin ich zwar »los«, weil der Bauhof des Bezirksamts ihn mir kostenlos abnimmt – aber wer transportiert ihn morgen dort hin? Baggerfahrer Hornung, der den Auftrag hat, die Baugrube zu verfüllen, würde das für fünf Euro je Kubikmeter erledigen. Aber dass der Bauhof am morgigen Freitag nur bis 12 Uhr geöffnet hat und acht Kilometer entfernt liegt, schmeckt ihm nicht. Eigentlich sind es nur fünf Kilometer, aber einige Straßen dorthin sind für Lkw gesperrt, habe ich beim Abfahren der Strecke gemerkt. Auf den Lkw passen 15 Kubikmeter Sand – bei geschätzten 150 Kubikmeter also zehnmal aufladen, wegfahren, abladen, zurückfahren. »Das schaff ich nicht von 8 bis 12 Uhr«, sagt er.

21. April: Mit »Tut mir Leid« empfängt mich Hornung. Er habe für den Sand keinen Lkw mehr bekommen. Also geht nur die Verfüllung über die Bühne. Dabei werden immer einige Baggerschaufeln Sand neben die mit sechs Zentimetern Styrodur und schwarzem Bitumenanstrich geschützten Kellerwände geschüttet. Danach steigt der Mann mit einem so genannten Rüttler in den weichen Sand und stampft ihn fest.

Bild 20: Bauzeitenplan – Die Ablaufvorgabe der Expertin (in Wochenblöcken)

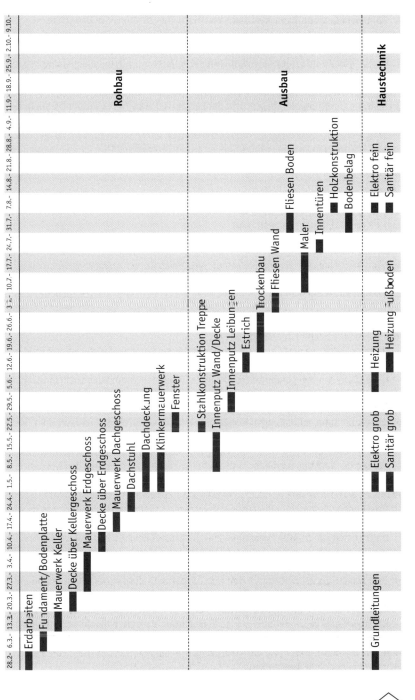

28.2.- 6.3.- 13.3.- 20.3.- 27.3.- 3.4.- 10.4.- 17.4.- 24.4.- 1.5.- 8.5.- 15.5.- 22.5.- 29.5.- 5.6.- 12.6.- 19.6.- 26.6.- 3.7.- 10.7.- 17.7.- 24.7.- 31.7.- 7.8.- 14.8.- 21.8.- 28.8.- 4.9.- 11.9.- 18.9.- 25.9.- 2.10.- 9.10.-

Erdarbeiten
Fundament/Bodenplatte
Mauerwerk Keller
Decke über Kellergeschoss
Mauerwerk Erdgeschoss
Decke über Erdgeschoss
Mauerwerk Dachgeschoss
Dachstuhl
Dachdeckung
Klinkermauerwerk
Fenster

Rohbau

Stahlkonstruktion Treppe
Innenputz Wand/Decke
Innenputz Leibungen
Estrich
Trockenbau
Fliesen Wand
Fliesen Boden
Maler
Innentüren
Holzkonstruktion
Bodenbelag

Ausbau

Grundleitungen
Elektro grob
Sanitär grob
Heizung
Heizung Fußboden
Elektro fein
Sanitär fein

Haustechnik

25. April: Endlich kann man nahe ans Haus herantreten, die Baugrube ist »zu«. Ich betrete mein neues Heim nicht mehr über wacklige Bretter und bekomme langsam das Gefühl, dass hier wirklich ein Haus entsteht. Zumal auch die Betondecke des Erdgeschosses fertig ist. Das 24-Quadratmeter-Wohnzimmer kommt mir kleiner als gedacht vor, die 20-qm-Wohnküche dagegen größer als erwartet.

27. April: Heute kam das erwartete Planungspapier von MirXbau mit der Post. »Bauablaufplan« steht drüber. Baubeginn war danach am 6. März. Viel wichtiger für mich: Noch im Oktober können wir einziehen. Sagt jedenfalls diese Planung. Was ich aber nicht weiß: Kann es auch angehen, dass das Bauvorhaben vielleicht schneller fertig wird als geplant? Oder später? Wie genau und wie verbindlich ist dieser Zeitplan? Und ist das Ineinandergreifen der einzelnen Gewerke hier als sehr schnell oder eher als langsam zu bewerten?

Was der Experte dazu sagt:
Ein Plan mit null Bedeutung

Oberheims Fragen zum Bauzeitenplan beantwortet Gabriele Vogel. Die Architektin hat ihr Büro in Berlin-Kreuzberg. Für sie sind Bauablauf- oder Bauzeitenpläne tägliches Brot.

Wichtiger noch, als Oberheims Fragen zu beantworten, scheint mir dies: Der von MirXbau vorgelegte Bauzeitenplan hat null Bedeutung, denn leider ist dieser Zeitplan nicht verbindlich im Bauvertrag vereinbart worden. Das Papier also, das Oberheim begutachtet wissen möchte, kann er im Grunde genommen auch in den Kamin werfen, denn er wird seine Baufirma niemals darauf festnageln können.

Ob seine Baufirma einen straff durchorganisierten Bauablauf vorgesehen hat oder nicht, das kann Oberheim am besten durch den Vergleich des MirXbau-Plans mit der Tabelle erkennen, die ich in meinem Computer erstellt habe. Aber nicht jeder kann solch eine Bauzeitenplan-Grafik »lesen«, deshalb sollte ich sie noch etwas kommentieren:

Der Ablauf eines Bauvorhabens folgt zunächst einmal den Gesetzen der Schwerkraft. Es wird Stein für Stein von unten nach oben gesetzt. Erst wenn der Rohbau fertig ist, verlassen wir diese Systematik und gelangen zu den komplizierteren Koordinationsaufgaben, dem Ausbau. Außerdem gibt es dann noch die Haustechnik und die Fassadenarbeiten, die (mit Ausnahme der Fenster) unabhängig vom Innenausbau ausgeführt werden können.

Einiges an Einzelgewerken bzw. an Einzelleistungen kann parallel geschehen, anderes aber baut auch beim Innenausbau aufeinander auf. So müssen etwa die Elektro- und die Sanitärleitungen vor dem Innenputz verlegt werden. Es gibt gewisse Zwänge, was wann nacheinander zu erfolgen hat – aber dies darzustellen, würde in dieser Einführung zu weit gehen.

Unterschiedlich sind die Meinungen zum Einbau der Fenster. Aus meiner Sicht sollte erst der Innenputz erfolgen und dann, nach etwas Zeit für die Trocknung, der Fenstereinbau. Fenster nämlich – erst recht, wenn sie wie bei Oberheim aus Holz sind – leiden unter dem großen Feuchtigkeitsanfall durch den Putz. Spart man die Fensterleibungen beim Innenputz aus, setzt dann die Fenster ein und verputzt nunmehr erst die Leibungen, bekommen die Fenster weniger Feuchtigkeit ab, und die Gefahr ist geringer, dass sie aufquellen.

Bei Oberheims Fußbodenheizung ist zu beachten, dass nach den hierfür geltenden DIN-Normen (18 560 und 4725) bestimmte Trocknungs- und Aufheizzeiten einzuplanen sind. Im Regelfall bedeutet dies, dass der Oberbelag wie Teppich, Fliesen oder Parkett erst nach sechs Wochen verlegt werden kann.

Bild 21: Bauzeitenplan – Die Version von MirXbau

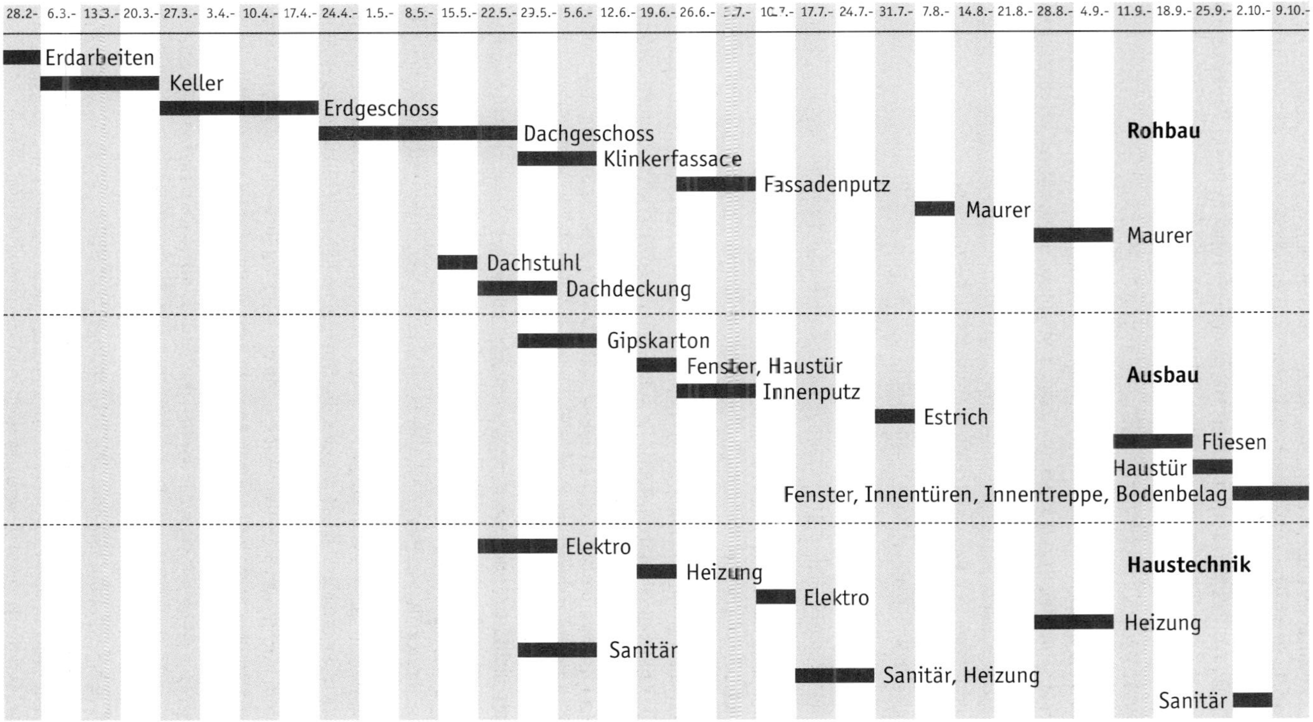

28.2.- 6.3.- 13.3.- 20.3.- 27.3.- 3.4.- 10.4.- 17.4.- 24.4.- 1.5.- 8.5.- 15.5.- 22.5.- 29.5.- 5.6.- 12.6.- 19.6.- 26.6.- 3.7.- 10.7.- 17.7.- 24.7.- 31.7.- 7.8.- 14.8.- 21.8.- 28.8.- 4.9.- 11.9.- 18.9.- 25.9.- 2.10.- 9.10.-

Rohbau

Erdarbeiten
Keller
Erdgeschoss
Dachgeschoss
Klinkerfassade
Fassadenputz
Maurer
Dachstuhl
Dachdeckung
Maurer

Ausbau

Gipskarton
Fenster, Haustür
Innenputz
Estrich
Fenster, Innentüren, Innentreppe, Bodenbelag
Haustür
Fliesen

Haustechnik

Elektro
Heizung
Sanitär
Heizung
Elektro
Sanitär, Heizung
Heizung
Sanitär

207

Erläutern sollte ich auch, was bei der Haustechnik die Worte »grob« und »fein« bedeuten. Grob ist jene Installation, die unter Putz, in Decken oder Wänden verschwindet, fein meint die spätere Montage von Objekten und Abdeckungen.

Sinnvoll wäre es auch, in einem – verbindlichen (siehe oben) – Bauzeitenplan die öffentlichen Anschlüsse, also den Elektro-, Wasser-, Abwasser-, Gas- und Telefonanschluss, separat aufzuführen. Denn entweder muss hier das Unternehmen oder auch der Bauherr dafür Sorge tragen, dass alles rechtzeitig zustande kommt.

Bei Oberheim lag der Baubeginn Ende Februar/Anfang März, wobei mich etwas wundert, dass die Erdarbeiten im Original des Bauzeitenplans von MirXbau gar nicht auftauchen – da aber fängt das Bauen schon an, beim Erdaushub. Diese Saison ist eine gute Zeit, weil die Witterung Erdarbeiten meist zulässt, weil dann noch Rodungsarbeiten von Bewuchs möglich und erlaubt sind und weil die anschließenden Monate bis September eine gute Möglichkeit bieten, den Bau rechtzeitig winterdicht zu bekommen.

Winterdicht wird das Haus zwar auch beim MirXbau-Bauzeitenplan – aber dennoch habe ich einige Kritikpunkte an diesem Plan:

1.) Dass das Mauerwerk im Erdgeschoss inklusive der darüber liegenden Betondecke vier Wochen in Anspruch nehmen soll, finde ich angesichts der heute verwendeten großformatigen Steine ziemlich großzügig geplant. Eine Woche verloren.

2.) Fünf Wochen Zeit für die Maurer im Dachgeschoss sind einfach absurd. In meinem Plan sind die Maurer nach einer Woche soweit, dass der Dachstuhl erstellt werden kann – und nicht erst nach drei Wochen. Zwei Wochen verloren.

3.) Beim Verklinkern des Mauerwerks braucht kein Maurer andächtig zuzusehen, bis die Dachdecker mit den Dachziegeln oder -steinen fertig geworden sind. Nichts spricht gegen gleichzeitiges Arbeiten. Auch hier sind wieder zwei Wochen ungenutzt verstrichen.

4.) Unklar ist mir auch, warum Sanitär-grob und Elektro-grob zeitlich versetzt insgesamt drei Wochen brauchen sollen und der Elektriker später noch einmal eine Woche benötigt. Eine Woche verloren.

5.) Sicher muss der Estrich etwas austrocknen, aber dass sich drei Wochen lang im Haus erst gar nichts tut und sich danach zwei Wochen lang nur der Heizungsbauer (wofür?) und Maurer (wofür?) am und im Haus tummeln, kann ich nicht nachvollziehen. Mindestens zwei Wochen verloren.

Diese Kritikpunkte erklären, dass MirXbau bis weit in den Oktober hinein werkeln (lassen) will, während mein – zugegeben straff organisierter – Ablauf die Oberheims schon Mitte August im neuen Heim sieht. Mit sechs Monaten sollte man eine realistische Größenordnung für ein Massivhaus wie das der Oberheims haben. Ein besonderes Augenmerk sollte man auf die Fenster haben, da wochen- oder gar monatelange Bestellzeiten zu beachten sind. Die Fenster aber sind wichtig, um ein Haus wirklich winterdicht zu bekommen.

Und noch eins: Verzögerungen kann man zumindest teilweise wieder ausgleichen – vor allem durch erhöhten Einsatz von Manpower, von mehr Personal. Manchmal aber wird auch der Laie erkennen, dass der vorgelegte Zeitplan nicht mehr einzuhalten ist. Etwa bei der nötigen Trocknungszeit des Estrichs. An dieser Stelle könnte ich nun viel ausführen über Nachfristsetzung, Kündigungsandrohung oder Ersatzvornahme – aber das hat im Falle Oberheim alles keinen Sinn, weil sein Bauzeitenplan ja nicht verbindlicher Vertragsbestandteil seines Hausbaus ist. Er bzw. sein Fall ist für mich wieder ein Beleg dafür, dass bei »schlüsselfertigen« Bauvorhaben durch eine Baufirma auf jeden Fall ein fachkundiger Berater an die Seite des Bauherrn gehört – und das noch vor der ersten Unterschrift.

Oberheims Einsichten

Leider hat die Expertin da Recht, die Verbindlichkeit des Bauzeitenplans zusammen mit einer vereinbarten Vertragsstrafe ist an diesem Plan wohl das Wichtigste überhaupt. Aber dennoch hier noch ein Versuch der Nachbesserung für all jene Fälle, in denen die Sache so »in die Hose gegangen« ist wie bei mir:

Einer der Experten der Serie hat mir mal den Tipp gegeben, so zu argumentieren: Durch Vorlage des Bauzeitenplanes gibt die Baufirma dem Bauherrn ein Papier in die Hand, nach dem er sich irgendwann richtet, will er beispielsweise einigermaßen rechtzeitig aus seiner Mietwohnung ausziehen. Der Bauherr sollte in Briefen an die Baufirma dazu zuerst weniger scharf formulieren (»Danke für den Plan. Nun weiß ich, wie ich zeitlich zu denken habe«), später dann aber immer deutlicher betonen, welch wichtige Bedeutung der Bauzeitenplan für ihn hat (Kündigung des Mietvertrags, Umzug, Einzug: »Wenn sich etwas an Ihrer Zeitplanung ändert, sehe ich es als Ihre Informationspflicht als mein Vertragspartner an, mir dies dringend und umgehend mitzuteilen.«).

Wenn sich dann die Vertragspartei Baufirma bei einer – für sie als Fachleute ja frühzeitig absehbare – Bauverzögerung nicht an ihre Informationspflichten hält und den Bauherrn davon in Kenntnis setzt, könnte das rechtlich für die Firma doch etwas knifflig werden. Fragen Sie einen Rechtsanwalt, wie man das eventuell umsetzen könnte.

Tagebuch, 69. Folge:
Das Richtfest

Schöne Feier, aber ohne Romantik

28. April: In all der Hektik und bei all den Fragen ist in meinem Tagebuch ein Thema ziemlich abhanden gekommen. Das Wachsen meines Hauses Mauerstein um Mauerstein habe ich immer nur aus den Augenwinkeln mitbekommen, bei den ein, zwei Baustellenbesuchen pro Woche. Und jetzt steht schon ein großer Termin bevor: das Richtfest.

Es ist alles schneller gegangen, als ich gedacht hätte. Beim Verfüllen der Baugrube rund um den Keller herum waren die vier Maurer mit dem Erdgeschoss schon fast fertig.

Wie das geschah, war wohl nicht ganz legal, wenn ich den Worten meines Bauherrenberaters folge: Wenn in gewissen Höhen über dem Erdboden gearbeitet wird – die genaue Meterangabe habe ich schon wieder vergessen –, dann muss korrekterweise ein Gerüst aufgestellt werden, verlangt vor allem die Bau-Berufsgenossenschaft. Dieses Geld aber wollte die Baufirma einsparen und hat die Bauleute einfach nur von drinnen aus mauern lassen. Und die Sicherheit? Gleich null!

Betondecke des Erdgeschosses fertig, kurzes Trocknen, Abbinden des Betons und weiter – alles ohne Gerüst. Übrigens wurde ein Stein höher gemauert als ursprünglich vorgesehen. Der MirXbau-Planungsingenieur hatte die besondere Höhe der Fußbodenheizung vergessen und wäre mit seiner Erdgeschossraumhöhe auf weniger als 2,50 Meter gekommen. Das ist in Berlin nicht zulässig, wie MirXbau-Bauleiter Teffner rechtzeitig bemerkte. Bezahlt habe ich für die weitere Steinreihe natürlich nichts extra.

Die Steine des Dachgeschosses sind auch schon gemauert, während ich hier an meinem Schreibtisch sitze und Einladungen fürs Richtfest schreibe. Aber: Wen lädt man ein? Warum? Warum nicht? Zu was? Zu einem kurzen Gläser-Anstoßen oder zu einer Ganztags-Bewirtung? Tipps für das Richtfest habe ich von meiner Baufirma trotz Nachfragen keine bekommen: Die Baufirma fühlt sich selbst eingeladen, und welche Zimmerleute oder Maurer ich einlade, mit dieser Frage lässt mich Bauleiter Teffner allein.

4. Mai: Wir haben bei den neuen Nachbarn der selben Straßenseite unsere Einladungen eingeworfen und einige Bekannte und Nachbarn der alten Mietwohnung eingeladen. Weil das Richtfest um 14 Uhr stattfinden soll, gibt es etwas Sekt und andere Getränke, und meine Frau und ihre extra angereiste Mutter wollen Kuchen anbieten. Wird alles wohl gegen 16 Uhr beendet sein, denken wir. Aber noch liegt kein einziger Holzbalken auf den Mauersteinen.

Warum wird eigentlich dieser Punkt des Bauens als Richtfest gefeiert? Warum nicht, wenn das Dach eingedeckt ist und kein Regen mehr ins Mauerwerk eindringen kann?

5. Mai: Heute ist das Fest. Oder doch nicht? Um 7 Uhr immer noch kein Holz, kein Zimmerer, kein Lastwagen. Nachbarn, höre ich später, gehen zur Arbeit und glauben, das Richtfest würde verschoben.

Doch dann kommen sie: computergenau vorgeschnittene Hölzer per Lkw aus Niedersachsen und Handwerker aus der brandenburgischen Umgebung per Lieferwagen. Vier Männer hämmern drauflos. »Schaffen Sie das denn noch bis 14 Uhr?« – »Alles Akkordarbeit«, murrt einer und winkt ab.

Um 11.30 Uhr fangen die Zimmerleute an, sich ein paar Koteletts zu grillen, und der Prüfstatiker, der aus Versehen schon um 12 statt um 13 Uhr eintrifft, kann als einzigen Mangel nur noch feststellen, dass eine sichernde Metallstütze noch nicht aufgestellt wurde. Am liebsten wollen die Zimmerer jetzt schon weg, für sie beginnt nach diesem Einsatz das Wochenende.

Wer den Richtkranz mitbringt, hat mir mein Bauleiter nicht beantwortet. Mein Schwiegervater klärte die Frage allein, indem er einen Richtkranz aus dem hohen Norden Deutschlands mitbrachte. In den band er, wie es dort oben Tradition ist, eine Flasche Korn ein. Als Geschenk an die Zimmerleute. Doch die winken nur ab: »Die lassen wir hängen für die Maurer. Die freun sich.« – »Sie denn nicht?«, frage ich. »Ach, wir haben pro Woche mindestens drei Richtfeste. Wenn wir da immer...« Von Romantik hat so ein Richtfest wohl nicht mehr sehr viel, scheint mir.

Um 14 Uhr hält ein Zimmermann den Richtspruch, und das Schnapsglas zerschellt. Danach darf meine Frau (da hab ich aber Glück gehabt) den letzten Nagel einschlagen, was ihr auch treffsicher gelingt. Anschließend mein Part: Als Bauherr sage ich ein paar Worte, die ich am Abend vorher geübt habe. Ein bisschen witzig solls sein, wie ich gelesen habe, und auch etwas kritisch, aber schmunzelnd darfs auch sein. Wie wäre es mit: »Wir könnten bald den Jahrestag unseres Bauvertrags feiern – und das Haus steht noch immer nicht«?!

Um 14.30 Uhr ist keiner der Zimmermänner mehr da, von der Baufirma kamen auch nur der Chef und der Verkaufsleiter (der eine der beiden Doppelhaus-Hälften auf dem vorderen Grundstück noch verkaufen muss). Ich enthalte mich denen gegenüber jeglicher Diskussion über offene und kritische Baufragen und bin froh, als sie nach zwei Stunden endlich weg sind.

Unsere neuen Nachbarn aus dem Planweg kommen ab 15 Uhr – zumeist überrascht, dass das Fest doch noch stattfindet. Von allen Seiten bekommen wir Lob – vor allem dafür, dass wir das Richtfest überhaupt feiern. Nachbar Kreihsler: »Das habe ich hier in Berlin seit Jahren nicht mehr erlebt. Und bei uns, bei unserem Fertighaus ist ja der ganze Bau in drei, vier Tagen über die Bühne gegangen. Wo blieb da, zumal Anfang Dezember und mitten im Regen, Muße für ein Richtfest?!«

Einige Nachbarn sind von der Feier so begeistert, dass zwei sich das »Du« anbieten – nach elf Jahren netten Nebeneinanderwohnens. Aber dies alles nicht um 16 Uhr – nein, es ist nach 21.30 Uhr, als wir die aus Balken und Mauersteinen improvisierten Bänke wieder abbauen und die leeren Kuchenplatten nach Hause bringen. Morgen muss ich zwei Pullover zum neuen Nachbarn Zellzig zurückbringen, die er mir und meiner Frau wegen der Abendkälte geliehen hat.

Was der Experte dazu sagt:
Mehr als ein Pflichttermin

Hätten die Oberheims das Richtfest noch anders, schöner organisieren können? Oder ist dieser Festakt aus der Mode gekommen – in der Großstadt vielleicht noch mehr als auf dem Land? Als Experte äußert sich Hans-Dieter Blaese, Präsident der Berliner Handwerkskammer und gelernter Zimmermann:

Dass die Nachbarn Oberheims Richtfest so überschwänglich loben, als würde so etwas heutzutage kaum noch gefeiert, das kann ich nicht recht nachvollziehen. Nach meiner Erfahrung wird dieses Fest immer noch ernst genommen, auch in einer Großstadt wie Berlin. Aber vielleicht muss man auch Unterschiede machen, ob wie bei Oberheim konventionell gebaut wird oder ein Haus in wenigen Tagen als Fertigbau entsteht.

Eigentlich gibt es sogar drei Feste: Grundsteinlegung, Richtfest und Hauseinweihung – aber bei kleineren Projekten wie Einfamilienhäusern wird fast nur das Richtfest gefeiert.

Warum genau dieser Zeitpunkt des Bauens und nicht das gedeckte Dach gefeiert wird, fragt sich Herr Oberheim. Meine Antwort. Das Decken des Daches gehört schon zur Verkleidung des Hauses – das Richtfest gleich nach dem Richten, dem Fertigstellen des Dachstuhls und Befestigen des letzten Sparrens, ist der letzte Programmpunkt des Rohbaus. Damit ist gemeint: Zu genau diesem Zeitpunkt sind alle tragenden Konstruktionsteile eingebaut – das Haus steht, und unter statischen Bedingungen sollte dem Gebäude nichts mehr passieren können.

Diesen Zeitpunkt feiern die Bauleute seit dem 13., 14. Jahrhundert, man sprach früher von der nun hergestellten »Mauergleiche«. Meistens erfolgte vor dem Richtfest die Rohbauabnahme durch die Bauaufsicht. Bei Oberheim und dem neuen Berliner Genehmigungsverfahren ist es nicht mehr ein Amtmann, sondern der beauftragte Prüfstatiker, der auch im Tagebuch erwähnt wird.

Aber das Richtfest sollte auch als ein Zeitpunkt des Innehaltens verstanden werden; denn jetzt ist das Haus auch erstmals als Ganzes schon erkennbar.

Doch nun zu den feierlicheren Seiten des Richtfestes: Der Richtspruch des Zimmererpoliers gehört immer dazu, das von ihm geworfene und (hoffentlich) zerbrochene Glas ist ebenso Teil des festen Zeremoniells wie eine Ansprache des Bauherrn und ein Richtschmaus, zu dem der Bauherr lädt. Wie vielen der alten und neuen Nachbarn, Freunden und Bekannten er diesen Termin mitteilt, das bleibt Oberheim sicher selbst überlassen, aber die Einladung an die bisher beteiligten Bauhandwerker ist ein Muss.

Das Richtfest ist ein Dank an die Bauarbeiter für die geleistete Arbeit. Über Differenzen, die eventuell während der Bauzeit zwischen dem Bauherrn und den Ausführenden aufgetreten sind, wird beim Richtfest nicht gesprochen. Die Freude über das Geleistete und Erreichte steht im Vordergrund. Dass Oberheim hier schnell ins Wochenende strebende Zimmerleute vorfand und von der Rohbaufirma kein Arbeiter vorbeikam, finde ich etwas schade. Aber das hängt zum einen daran, dass viele junge Handwerker nicht mehr so sehr an Traditionen hängen, und zum anderen kommt es auch sehr auf die jeweilige Firma an. In meinem Betrieb wird dieses Fest sehr geachtet, und meine Zimmerleute tragen auch zur Feststimmung bei, indem sie den Brauch des Zimmermannsklatschs beherrschen. Das ist ein Standeslied, bei dem sich zwei oder vier Zimmerer gegenüberstehen und im Rhythmus in die Hände klatschen.

Viel aber hängt auch vom Bauherrn selbst ab: Wenn auf der Baustelle während der Bauzeit eine gute Stimmung vorherrschte, dann feiert man gern gemeinsam das Richtfest. Wer das Richtfest nur als Pflichttermin ansieht, den man abhaken muss, der hat nichts von diesem Fest. Denn wie nett es auch zu später Stunde mit den neuen Nachbarn werden kann, das hat Roland Oberheim ja selbst erlebt.

Am Rande: Hängt in Berlin meist ein Richtkranz (den bringen traditionell immer die Handwerker mit), so ist in anderen Gegenden auch ein mit Bändern geschmückter Tannenbaum üblich. Wenn weder das eine noch das andere, sondern ein Besen mit Heringen dran an einem fertigen Rohbau hängt, so ist das für alle Nachbarn ein deutliches Zeichen, dass dieser Bauherr nicht bereit war, seinen Bauhandwerkern einen Richtschmaus zu spendieren.

Oberheims Einsichten

Als meine Frau später diese von mir aufgezeichnete Tagebuchfolge las, klagte sie, meine skeptische Haltung gegenüber der Baufirma liege wie ein Schatten über diesem Teil unserer Baugeschichte. Wieder einmal hat sie Recht, das liegt bei mir wohl an der grundsätzlichen und durch mehrere MirXbau-Ereignisse und -Handlungen weiter verstärkte negative Einstellung. Manch anderer sieht den Ablauf des Fests ganz anders, und noch heute, nachdem wir alle Nachbarn ins später fertige Haus eingeladen haben, schwärmen manche von jenem Richtfest.

Deshalb würde ich heute sagen: Feiern Sie, wie Sie wollen! Machen Sie Ihr eigenes »Ding« daraus. Wer auch immer den Richtkranz mitbringt, ob kein Handwerker kommt, der letzte einzuschlagende Nagel krumm und schief wird, das Schnapsglas nicht zerspringen will oder Sie keine Rede vorbereitet haben – holen Sie sich Ihre Freunde heran, ein paar neue und alte Nachbarn, und nehmen Sie sich vor allem viel Zeit. Von daher ist ein Freitag nach Feierabend immer der ideale Termin für das Richtfest.

Tagebuch, 70. Folge:
Mauersteine und Regenfälle

Patschnasser Poroton

9. Mai: Hab ich es nicht geahnt? Gerade noch habe ich mir Gedanken gemacht, ob ein Richtfest nicht nach dem Dachdecken sinnvoller wäre, weil das Hausinnere dann vor Regen geschützt ist, und prompt gibt es Wolkenbrüche. Einige der hellroten Poroton-Mauersteine sehen jetzt dunkelrot aus – sie sind patschnass.

Bisher haben wir ja Glück gehabt: Bis Februar regnete es reichlich, doch kaum wurde mit der Fundamentplatte am Boden des Kellers begonnen, drehte Petrus da oben den Wasserhahn zu. Meistens jedenfalls.

Und wie geht es nun weiter? Erst hieß es beim Richtfest, die Innenmauern im Obergeschoss müssten noch fertig werden, ehe die Dachdecker kommen können. Das Mauern war schnell getan, auch wenn nur ein einziger Mann damit beschäftigt war. Aber bei den Dachdeckern soll es auf einer anderen Baustelle eine Verzögerung gegeben haben – und bei mir läuft der Bau jetzt voll Wasser. Oder jedenfalls ein bisschen...

Als mein Bauherrenberater sich den fertigen Keller und die fertig gemauerten Steinreihen des Erdgeschosses ansah, erwähnte er nur am Rande, dass nicht benötigte oder schon fertig gemauerte Steine nach getaner Arbeit abends von den Bauarbeitern abgedeckt werden mussten. Das gab es auf meiner Baustelle im Planweg noch nie!

Ich teilte dies MirXbau auch umgehend als »Mangel« mit, doch bei den Maurern änderte dies gar nichts, wie meine Frau und ich auf der Baustelle inzwischen mehrfach mitbekamen. Dabei, so mein Berater, soll es sogar eine DIN-Vorschrift dafür geben. Aber was mache ich, wenn sich niemand dran hält oder wenn mir jetzt die Mauersteine und der Keller voll Wasser laufen?

Was der Experte dazu sagt:
Der Schutz der Steine

Können Regenfälle Oberheims Heim etwas anhaben? Dazu äußert sich als Experte Dipl.-Ing. Michael Bonk, öffentlich bestellter und vereidigter Sachverständiger für Wärme- und Feuchteschutz sowie für die Abdichtung von Bauwerken. Er ist Geschäftsführer des Ingenieurbüros CRP (Berlin/München):

Natürlich muss man sich auf der Baustelle um die Regenfälle kümmern, denn wenn feuchtigkeitsempfindliche Baustoffe längere Zeit ungeschützt sind, drohen Schäden.

Rissbildungen können entstehen, da sich einige Steinarten wie z. B. Poroton bei Feuchtigkeitsanfall ausdehnen. Die Feuchtigkeit trocknet nur langsam aus, und dies ist mit einem so genannten Schwinden verbunden, das zu Rissbildungen im Putz führen kann. Statisch ist das unbedenklich, optisch jedoch auffällig und daher ärgerlich für den Bauherrn.

Feuchtes Mauerwerk hat eine schlechtere Dämmwirkung – es erhöht sich der Heizenergieverbrauch bis zum Austrocknen, und es gibt geringere raumseitige Oberflächentemperaturen. Diese auf Baufeuchtigkeit zurückzuführenden niedrigen Oberflächentemperaturen können auch bei üblichem Heiz- und Lüftungsverhalten im Raum zur Tauwasserbildung und zu Schimmelpilzen führen.

Bei unverputztem Ziegelsichtmauerwerk können zudem Ausblühungen auftreten. Diese weißlichen Kalkablagerungen, die auf neuem Sichtmauerwerk oft auftreten, stellen einen optischen Mangel dar.

Man sieht also, dass Oberheims laienhafte Angst vor Regen durchaus ein Expertenthema darstellt. Konkret zu seinem Hauptbaustoff Poroton-Ziegel kann ich sagen, dass sein Berater Recht hat, wenn er von Schutzvorschriften spricht. Die Verarbeitungsrichtlinien des Bundesverbandes der Ziegelindustrie (und die Anweisungen des jeweiligen Steinherstellers) besagen, dass bei längeren Arbeitsunterbrechungen die vermauerten und auch die auf der Baustelle gelagerten Poroton-Steine abgedeckt werden müssen.

Natürlich ist mit der Unterbrechung nicht der Fünf-Minuten-Schauer gemeint, sondern eher das Verlassen der Baustelle um 16 Uhr, denn bis zum nächsten Morgen kann reichlich Regen auf bzw. in die Steine niedergehen. Erst recht gilt dies für ein Wochenende.

Beobachtungen, dass auf der Baustelle nie eine Abdeckfolie zu sehen ist, kommen leider gelegentlich vor. Oft ist es auch so, dass zwar Folie vorhanden ist, diese jedoch am Montagmorgen an einem nahen Baum hängt – da sie nicht ausreichend mit Steinen beschwert wurde. Dabei wissen nicht nur Meteorologen, dass Regenfälle oft auch mit Wind oder Sturm einhergehen.

Was aber soll ein Bauherr tun, der wie Oberheim auf nicht abgedeckte Steine trifft? Er sollte seinem Bauunternehmer diesen Ausführungsmangel schriftlich (!) mitteilen. Reagiert die Firma nicht darauf, sollte er zumindest später die beim Gewerk »Verputzen« tätige Firma darauf hinweisen. Die Verputzer müssen den Untergrund, also das Mauerwerk, durch Feuchtemessungen daraufhin prüfen, ob er für das Aufbringen des Putzes geeignet ist. Sofern der Untergrund zu feucht ist, muss die Putzfirma gemäß Verdingungsordnung für Bauleistungen (VOB) Bedenken anmelden. Sonst würden Schwindrisse zu ihren Lasten gehen.

Ganz tatenlos muss dann aber niemand zusehen, wenn es trotz zu feuchten Mauerwerks auf der Baustelle möglichst bald weitergehen soll. Es gibt effektive Trocknungsmaßnahmen wie z. B. das Aufstellen von Heißluftgebläsen in Kombination mit Kondensationstrocknern. Ein noch »eleganteres«, jedoch noch nicht so weit verbreitetes Verfahren ist die Trocknung durch Mikrowellen. Binnen zwei bis drei Tagen ist es mit diesen beiden Trocknungsverfahren möglich, Mauerwerk auf unkritische Werte zu entfeuchten.

Manche Bauherren oder Baufirmen setzen darauf, Regenprobleme zu vermeiden, indem sie im Frühjahr mit dem Rohbau beginnen und noch vor dem regnerischen Herbst ein bezugsfertiges Haus anstreben. Aber da auch Sommer verregnet sein können, bleibt es dabei: Auch das beste zeitliche Planen ersetzt keine Planen aus Kunststoff zum Schutz der Steine.

Oberheims Einsichten

Alles Wichtige zu diesem Thema ist gesagt. Und wir haben später keine Probleme mit oder wegen Mauerwerksfeuchte gehabt.

Tagebuch, 71. Folge:
Elektroplanung
Steckdosen für die Zukunft

12. Mai: Ein Herr Melchow ruft bei mir an. Er ist der von MirXbau beauftragte Elektro-installateur und will mit mir einen Termin auf der Baustelle am Planweg vereinbaren. Dort möchte er dann genau wissen, wohin wir wie viele Steckdosen, Antennenanschlüsse usw. legen wollen. Kein Problem, sage ich.

Kein Problem, denken meine Frau und ich. Aber nur am Anfang unserer Diskussion. Bei Durchsicht unserer Bauunterlagen stellen wir fest, dass die Festlegungen der Bauleistungsbeschreibung für einen Elektro-Laien gar nicht so einfach zu verstehen sind. Statt 20 Minuten Kurzbesprechung – frei nach dem Motto »Wir legen das einfach so fest, wie wir es aus unserer Mietwohnung kennen« – sind wir einen ganzen Abend lang mit dem Thema beschäftigt. Und streiten uns reichlich.

Außerdem ist die Bauleistungsbeschreibung an diesem Punkt doch etwas karg ausgefallen. Wir werden also wohl etliche Dosen extra ordern und bezahlen müssen – da habe ich bzw. hat mein erster Bauherrenberater Vaujack nicht aufgepasst, und MirXbau wird sicher damit gerechnet haben, dass die Kunden hier blind an das Gute im Bauplaner glauben. Wieder lerne ich dazu – sollte ich noch mal bauen, wird die nächste Baufirma mein gesammeltes Wissen zu spüren bekommen!

16. Mai: Ich treffe mich mit dem Elektro-Mann, und mit unseren »X«s und »O«s auf dem Hausgrundriss – X für Steckdosen, O für Lampen – geht es anfangs recht fix zur Sache.

Weil ich aber den Unterschied zwischen »Ausschaltung« und »Wechselschaltung« nicht kenne, muss er viel erklären, und so dauert es schließlich doch etwas länger. Das eine ist fürs An und Aus bei den Lichtschaltern gedacht. Und die Wechselschaltung braucht man in solchen Räumen, durch die man hindurchgeht, lerne ich – denn wer will nach dem Passieren von Flur und Treppe wieder zurückhasten, weil nur am einen Ende des Raumes ein Lichtschalter ist?!

Bei der Küche müssen wir richtig lange nachdenken und stellen einige Zweifel fest. Ein späteres Telefonat mit dem Küchenstudio ergibt, dass in der uns zugeschickten Küchenplanung nicht nur der Wanddurchbruch für die Dunstabzugshaube vergessen wurde – auch die Stromversorgung für dieses Gerät war nicht in den Computer eingegeben worden.

Ich frage den Installateur noch nach den Kosten für weitere Steckdosen bzw. für die Doppel- oder Dreifachdosen statt einfacher Dosen. 18 Euro plus Mehrwertsteuer pro Steckdose und je fünf Meter Kabel beziehungsweise acht Euro für jede Erweiterung von Einfach- auf Doppeldose oder von Zweifach- auf Dreifachdose.

Aber bevor er zuschlägt bzw. für die Unterputzverlegung Löcher in die Wandziegel fräst, will er einen Kostenvoranschlag schicken, damit ich alles schwarz auf weiß habe.

Im Keller übrigens dürfte es in dem einen, wohnlich ausgebauten Raum um einige Euro teurer werden – MirXbau bietet dort alles standardmäßig nur als Aufputzinstallation an, bei der man alle Kabel sehen würde. »Ist ja sonst in einem Kellerraum auch absolut üblich«, klärt mich Installateur Melchow auf. »Aber in einem Gästezimmer mit Putz an der Wand wollen Sie das doch sicher nicht«, vermutet der E-Mann richtig.

19. Mai: Schnell kommt sein Kostenvoranschlag per Post. 278,76 Euro extra will Melchow haben für sieben Extra-Steckdosen in der Küche, für drei mehr im Wohnzimmer, für drei weitere im gesamten Obergeschoss und für fünf unter Putz installierte Stroman-schlüsse im großen Kellerraum.

Ich höre und lese zwar immer wieder, dass man bei den Steckdosen ganz langfristig in die Zukunft denken und lieber auf Vorrat installieren lassen sollte. Aber hoffen wir mal, dass es auch so reicht.

Was der Experte dazu sagt:
Keine gute E-Planung

Steht Oberheims Heim genügend unter Strom? Der Beratende Ingenieur Rainer Knoop, Inhaber eines auf Elektrofragen spezialisierten Ingenieurbüros in Berlin-Wilmersdorf, hat sich den Tage-buchtext angesehen, die Bauleistungsbeschreibung untersucht und alle Skizzen inspiziert, die Oberheim seinem Elektroinstallateur vorgelegt hat:

Als ich die Tagebuchfolge und MirXbaus Bauleistungsbeschreibung gelesen und Ober-heims Elektroinstallationsplanungen studiert habe, musste ich immer wieder den Kopf schütteln. Zum einen, weil die Baufirma – und stillschweigend auch Installateur Melchow – Oberheim über den Tisch zieht. Zum anderen aber auch, weil Oberheim kein besonders guter E-Planer ist.

Fangen wir bei MirXbau an. Was deren Standardpaket laut Bauleistungsbeschreibung be-inhaltet, erfüllt nicht mal den alleruntersten Standard: »Zwei Ausschaltungen als Wand-oder Deckenauslass und ein Leerrohr mit Dose ohne Abdeckung für Antenne und Telefon«

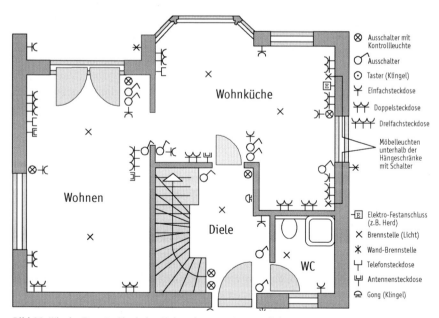

Bild 22: Wie der Experte Oberheims Erdgeschoss ausstatten würde.

sind bei rund 25 Wohnzimmer-Quadratmetern zwar gerade noch im Limit, aber nur »zwei Doppelsteckdosen« dort nenne ich glatt sittenwidrig.

Die Vorschriften: In Wohn- oder Schlafräumen von mehr als 20 qm sind fünf Steckdosen vorgesehen – und zwar fünf Doppelsteckdosen. Ein Schutzkontaktstecker, der direkt neben einer Antennensteckdose liegt, ist sogar als Dreifachsteckdose vorzusehen. Das steht so in der für Elektroinstallationen vorgeschriebenen DIN 18015 Teil 2, die die Mindestanforderungen festschreibt. Die ebenso verbindliche HEA-Sternekennzeichnung der Haupt-Beratungsstelle für Elektrizitätsanwendung nennt die gleiche Zahl Dosen.

Und bei diesen Richtlinien ist nicht die Unwissenheit eines Käufers (wie Oberheim) maßgeblich, sondern der Verkäufer muss in Kenntnis der Vorschriften – auch nachträglich – für die Kosten der Elektroinstallation einstehen, soweit diese den DIN-gemäßen Mindestausstattungsstandard nicht übersteigen. Und deshalb rate ich Oberheim: Holen Sie sich die an Firma Melchow bezahlten 278,76 Euro von MirXbau zurück!

Jetzt eine kleine Einschränkung: Bei allen DIN-Regeln kommt es darauf an, dass sie auf irgendeine Weise Vertragsbestandteil werden. Ich sehe das bei der DIN 18015 so, dass sie durch die Erwähnung der VOB/B in den Bauverträgen ganz klar zur Baunorm wird. Denn VOB Teil B verweist auf VOB Teil C, die technische Seite des Bauens. Und in der »C« finden Sie seitenweise anzuwendende DIN-Regeln.

Was ich aber auch sehe, ist ein rechtliches Durcheinander rund um das Argument, die DIN 18015 sei bauaufsichtlich nicht eingeführt und damit nicht zwingend. Leider gibt es (noch) keine Gerichtsentscheidung, die einmal klar ausführt, dass in Häusern und Wohnungen die DIN 18015 gültig ist. Nun weiß ich natürlich nicht, ob Oberheim wegen der vielen fehlenden Steckdosen prozessieren will.

Anderen Bauherren rate ich deshalb, sicherheitshalber die DIN 18015 und damit auch ihren Teil 2 ausdrücklich bei der Elektroausstattung in Bauvertrag oder Bauleistungsbeschreibung zu vereinbaren. Bauträger oder Baufirma kennen diese DIN-Regeln – bei keinem öffentlichen Auftraggeber darf von DIN-Normen abgewichen werden, sonst wird dies als Planungsfehler kritisiert.

Aber leider ist es inzwischen wohl üblich, dass bei schlüsselfertigen Bauten dem Käufer wenig Aussagekräftiges zur E-Installation mitgegeben wird. Und leider singt Installateur Melchow hier das böse MirXbau-Lied mit, indem er Oberheim verschweigt, dass der ihm gebotene Standard weit unter dem DIN-Level liegt.

Wie kann sich der Bauherr gegen solchen »Elektro-Pfusch« wehren? Er sollte seine Rechte kennen. Besorgen Sie sich die DIN 18015! Oder lassen Sie sich (kostenpflichtig) bei einem Bauanwalt, Architekten oder Beratenden Ingenieur über einen Ausstattungsstandard informieren, der dem heutigen Stand der Technik bzw. dem Stand des Elektrobedarfs heutiger Haushalte entspricht. Inklusive Computer und Modem, Anrufbeantworter, Faxgerät, Drucker, Scanner, Kaffeemaschine, Geschirrspüler, Wäschetrockner und Mikrowelle.

Oder Sie gehen zum Stromversorger, der – so jedenfalls in Berlin – für seine Stromkunden kostenlose Beratungsstellen bereithält und Fragen beantwortet.

Wenn ich mir Oberheims Elektroplanungen ansehe, dann ahne ich schon, wo es in Zukunft knapp werden wird. Und deshalb findet Oberheim in meiner Erdgeschoss-Skizze (siehe Grafik) auch nahezu doppelt so viele Dosen wie in seinen eigenen Skizzen. Nicht mal an eine Außensteckdose (Rasenmäher!) und eine Brennstelle für ein Außenlicht im Freisitz-Bereich hat Oberheim gedacht – ebenso wenig wie seine Baufirma, obwohl beides DIN-gemäß natürlich zum Hausbau gehört.

Und der Keller? Da hat Oberheim den 24-Quadratmeter-Raum mit Putz und Heizung wohnlich ausstatten lassen – und käme dort mit dem Kellerraum-Standard von einer Steckdose nicht weit. Ein Kellerzimmer mit Wohnraumcharakter gilt als Hobbyraum und ist DIN-gemäß mit drei Steckdosen auszustatten.

Wie vermeidet der Bauherr E-Pannen? Im Grunde genommen nur dadurch, dass er von vornherein eine Möblierungsplanung aufstellt. Beim Küchenplan gibt es meist keine Probleme, denn der Händler liefert die Elektroplanung für die neue Einbauküche. Aber wo soll der Schreibtisch stehen, wo der alte Wäscheschrank für »Kind 1« und wo der noch zu kaufende für »Kind 2«?

Was leider oft für die Katz ist, ist die Platzierung von Deckenauslassen. Wer weiß, wohin ich in fünf Jahren eine neue Couchgarnitur stellen will oder wie die neue Sitzecke statt des ovalen, langen Tisches in der Wohnküche beleuchtet sein muss? Für diese Fälle helfen auf die Schalung genagelte Dosen, ehe die Betondecke fertiggestellt wird. Unter der Tapete sieht man davon nichts, und später kann man dann die Beleuchtungskörper einfach woanders hinhängen. Affenschaukeln dagegen finde ich einfach störend, jene an der Decke vom alten Auslasspunkt bis zu einem neuen Haken geführten Lampenkabel-Umleiter.

Aber noch viel störender finde ich, dass auf den Wänden in Oberheims Heim inzwischen längst Putz, Tapete und Farbe drauf sind und sich Nachbesserungen beim Elektrostandard nur noch schwer realisieren lassen. Entweder wird die Lösung nicht gut aussehen (Aufputzinstallation von Dosen und Kabeln) – oder es wird jetzt sehr, sehr teuer.

Oberheim hofft, dass er für die Zukunft gerüstet ist. Ich habe da meine Zweifel. Das liegt einmal an der geringen Zahl der Dosen. Weiter aber vermisse ich in seinem Tagebuchtext die Stichworte Antenne, Breitbandkabel, Telefon oder ISDN.

Andere Bauherren sollten vielleicht auch an das neue Stichwort Insta-Bus (Europäischer Installations-Bus) denken. Dabei handelt es sich um eine von großen Herstellern entwickelte intelligente, vierdrahtige, abgeschirmte Leitung. Die wird von Objekt zu Objekt geführt, und jeder Lampe, jedem Schalter, jedem angeschlossenen Gerät und jeder einzelnen Steckdose wird eine eigene Adresse im steuernden Computerprogramm zugewiesen. So kann man vom Schlafzimmer aus die Alarmanlage einschalten, per Außentemperaturfühler die Heizung regeln oder auch per Telefon die Jalousien herunterlassen.

So etwas kostet natürlich. Bei einem Haus der Oberheim-Größe würde ich mit 3.500 bis 4.000 Euro Mehrkosten rechnen. Übrigens: Eine korrekte Elektroinstallation im Hause Oberheim würde ich mit Kosten von 5.000 bis 5.500 Euro ansetzen – das, was MirXbau ihm bietet, ist höchstens 4.000 Euro wert.

Oberheims Einsichten

Oh je. Der Experte hatte natürlich Recht. Schon kurz nach dem Einzug war klar, dass wir im Wohnzimmer viel zu mager ausgestattet waren. Die Dreifachdose neben Verenas Schreibtisch beispielsweise musste die Mutterstation des schnurlosen Telefons aufnehmen, dann den Anrufbeantworter und die Schreibtischlampe.

Als dann ab Weihnachten ein externes Modem für unser Notebook hinzukam, musste der erste Dreifachstecker her. Und der fing ja nun schon mit zwei belegten Anschlüssen an: Dreifachanschluss in die Dose 3, Lampe und Modem nun in den Dreifachstecker. Inzwischen liegt dort ein Fünffachstecker (in den wiederum nur fünf schmale Stecker hineinpassen).

Wegen des Gedränges neben dem Schreibtisch haben wir nun schon Abstand davon genommen, ISDN zu installieren. Denn dafür hätte man zum Anschluss der alten Analog-Geräte wieder eine mit Strom versorgte Box zwischenschalten müssen.

In Sachen DIN 18015 Teil 2 übrigens habe ich nichts weiter unternommen. Weil mir die Rechtslage noch zu sehr nach »nicht bauaufsichtlich eingeführt« aussah, was mir ein Jurist auch bestätigte, habe ich das Melchow-Geld nicht zurückgefordert und eine Außensteckdose und andere Extras (Licht für Freisitz und Spitzboden, Außensteckdose u.a.) auch selbst bezahlt. Machte nochmals 240 Euro extra.

Tagebuch, 72. Folge: Wärmeschutzberechnung

Niedrigenergiehaus gerettet

22. Mai: Bauleiter Teffner ruft mich an und bespricht mit mir derart Belangloses, dass dies kaum der Grund seines Anrufs sein kann. Endlich bleibt er länger bei einem Thema kleben: Niedrigenergiehaus.

Dazu muss ich noch berichten, dass ich mich vor einiger Zeit an MirXbau gewandt habe. Das letzte Gespräch mit meinem Bauherrenberater ergab, dass ich noch keine Urkunde erhalten hatte, aus der sich ergibt, dass ich auch wirklich das vertraglich zugesicherte Niedrigenergiehaus bekomme. »Was?! Habe ich Ihnen noch nicht geschickt? Seltsam…«, sagte Teffner vor Wochen und schickte mir die »Wärmeschutzberechnung« (die das Datum 21. Juli des Vorjahrs trägt).

Kein Wunder, dass man sie mir vorenthalten hat. Um 25 Prozent müssen Niedrigenergiehäuser die Wärmeschutzverordnung (WSVO) von 1995 unterbieten – doch mein »Haus Sonneberg« kommt gerade mal auf minus 9,74 Prozent. Ohne dass ich die Ingenieurbüro-Zahlen durchblickte, kündigte ich sofort Protest an. Damit mir später kein Jurist vorwerfen kann, ich hätte trotz Zweifeln geschwiegen und der Baufirma keine Möglichkeit gelassen, ihren »Fehler« noch auszubügeln. Eine Reaktion auf meinen Brief kam von MirXbau – wie immer – nicht. Aber jetzt, nachdem ich das Thema erneut brieflich angesprochen hatte, reagiert Teffner wenigstens mündlich. Und fragt mich unauffällig über die Niedrigenergiehaus-Rechtslage aus – als wisse er nicht, was ein Niedrigenergiehaus ist.

Anscheinend wirke ich doch so informiert in Sachen Wärmeschutzverordnung, dass Teffner mich nach 30 Minuten noch einmal anruft: Das Ingenieurbüro habe beim Berechnen einen kleinen Fehler gemacht, natürlich bekomme ich mein Niedrigenergiehaus und natürlich auch eine korrigierte Wärmeschutzberechnung.

25. Mai: Schneller als erwartet ist die neue Berechnung da, und diesmal auch mit einem Extra-Blatt, das »Wärmebedarfsausweis« betitelt ist. Um 25,89 Prozent unterschreitet mein Haus die »WSV 1995« – niedrige Heizkosten und acht Jahre Ökozulage à 205 Euro sind gesichert.

Aber dann machen mich einzelne Zahlen stutzig, als ich die beiden Berechnungen vergleiche. Dass einzelne Fensterflächen anders sind, mag ja nach unseren diversen Umplanungen noch angehen, aber die Kelleraußenmaße finde ich seltsam. Das Kalksandstein-

Äußere misst laut Bauantrag 7,74 Meter, im neuen Wärmegutachten sind es dagegen 7,86 Meter. Nach längerem Nachdenken weiß ich die Lösung: Ich habe dem Keller in diesem Frühjahr eine zweite Haut spendiert, sechs Zentimeter Extra-Dämmung. Die 6 Zentimeter multipliziert mit 2 erklären die zusätzlichen zwölf Zentimeter.

Wenn aber nun erst durch diese von mir bezahlte Zusatzdämmung (rund 1.700 Euro) das Haus zum Niedrigenergiehaus wird, dann müsste ich dieses Geld doch wieder zurückkriegen. Schließlich hat MirXbau mir doch im Bauvertrag schon vor einem Jahr zugesichert, das Haus erfülle den Niedrigenergiestandard.

Wer weiß, vielleicht ist auch die ebenfalls erst nachträglich eingebaute 16 Zentimeter hohe Dämmung auf allen Kellerfußböden »mitschuldig« daran, dass ich jetzt plötzlich ein verbrauchsgünstiges Haus bekomme. Und die habe ich auch extra bezahlt. Darf MirXbau auf ihrer Seite all das mitrechnen, was ich investiert habe?

Was der Experte dazu sagt:
Böse Überraschung im Keller

Liegt Roland Oberheim in seiner misstrauischen Einschätzung richtig? Zu dieser Tagebuchfolge äußert sich Diplom-Ingenieur Stefan Scherz vom Ingenieur-Büro Azimut in Berlin-Schöneberg. Das Büro Azimut stellt selbst Wärmeschutzberechnungen an und berät Hausbesitzer bei Wärmeschutzinvestitionen:

Wenn ich die beiden Berechnungen miteinander vergleiche, dann muss ich zuerst feststellen, dass bei der ersten Berechnung tatsächlich geschlampt wurde. Damit allerdings will ich nicht sagen, dass Bauleiter Teffner Recht hat. Was er Oberheim erklärt, hat mit der Realität wenig zu tun. Vielleicht sollte ich im Einzelnen einmal darstellen, wie eine Wärmeschutzberechnung erstellt wird. Zuerst bekommt der rechnende Ingenieur – wie in Oberheims Fall meist ein Statiker – die Pläne auf den Tisch, die MirXbau umsetzen will. Dann nimmt er sich Wand für Wand, Fenster für Fenster, Bauteil für Bauteil vor und errechnet Maße, Flächen und Wärmedurchgänge. All dies findet Eingang in die Berechnung, die er dann an MirXbau zurückmeldet.

Das wurde hier wohl auch so gemacht, und MirXbau hat die Wärmeschutzberechnung ans Bauamt gegeben, denn sie ist unverzichtbarer Teil des Bauantrags. Das Bauamt aber schaut nur darauf, ob die gültige Wärmeschutzverordnung auch eingehalten wurde. Das ist bei 9,74 Prozent Unterschreitung der Grenzwerte der Fall.

Ob nun bei MirXbau nicht erkannt wurde, dass die Werte gar kein Niedrigenergiehaus ergeben oder ob dies Oberheim gegenüber bewusst verschwiegen wurde, kann ich nicht beurteilen. Normalerweise sollte man annehmen, dass eine Hausbaufirma, die mit Typenmodellen arbeitet, eine fast fertige Berechnung in der Schublade liegen hat. Hier aber könnte auch Oberheims Wunsch nach einem Gästezimmer im Keller für Verwirrung gesorgt haben – in die Wärmeschutzberechnung gehören nämlich alle Wände, bei denen auf der einen Seite andere Temperaturen als auf der anderen herrschen (also unbeheizter bzw. beheizter Kellerraum).

Was geschah, als Oberheim die 9,74 Prozent monierte? Den angeblichen Rechenfehler konnte Teffner auch nur einem Laien gegenüber behaupten, ein Fachmann hätte ihn ausgelacht. Die neue Berechnung nämlich zeigt deutlich, dass hier eine ganze Zeitlang nachgearbeitet wurde: Sämtliche Dämmmaterialien im Obergeschoss sind nämlich nun mit einem

Lambda (Wärmedurchgangswert) von 0,035 – vorher 0,040 – eingetragen. Da soll jetzt also eine im Sinne des Wärmeschutzes »bessere« Mineralwolle eingebaut werden. Und auch der Polystyrol-Hartschaum unter Fliesen und Estrich im Erdgeschoss wuchs von neun auf zehn Zentimeter Stärke bzw. von 0,040 auf 0,035 Wärmeleitwert.

Zur Praxis: Ein Niedrigenergiehaus herzustellen, erfordert große Anstrengungen bezüglich der Auswahl der Materialien für die umschließenden Wände und Bauteile. Hier hat die Baufirma erst auf unterstem Level zu bauen versucht und wurde nun durch Oberheims Intervention gezwungen nachzubessern. Dabei ging man offensichtlich so vor, dass man im Berechnungs- Ingenieurbüro Stück für Stück Verbesserungen nachlegte und nachberechnete, ob es nach jedem einzelnen Schritt schon für die 25 Prozent unter der WSVO 95 reicht.

Was Roland Oberheim nun sicher nicht schmecken dürfte: Im Keller sind die Wände des Treppenhausbereichs und des beheizten Gästeraums in der neuen Berechnung mit zehn Zentimetern Extradämmung eingetragen. In seinem Tagebuchtext habe ich keinen Hinweis auf diese Änderung gefunden – also ahnt Oberheim vermutlich noch gar nichts von dem Ungemach, das ihm im Keller noch einigen Platz nehmen wird. Immerhin aber wird er dafür die Baufirma wohl in Regress nehmen, denke ich.

Das wird er sicher auch bei seiner am Ende des Tagebuchtexts geäußerten Vermutung tun. Tatsächlich sind die von Oberheim beschriebene gesamte Extradämmung der Fundamentplatte und auch ein Teil der Styrodur-Außendämmung des Kellers bei der Berechnung des Niedrigenergiehauses eingeflossen – aber die Konsequenzen daraus sollte er besser mit seinem Anwalt und nicht mit mir als Energietechnik-Ingenieur klären.

Gemäß Paragraf 12 Abs. 2 Wärmeschutzverordnung ist dem Käufer eines Gebäudes der Wärmebedarfsausweis auf Anforderung zur Einsichtnahme zugänglich zu machen. Der Ausweis ist nur fürs Finanzamt und für die Ökoförderung wichtig, und sonst gibt es niemanden mehr, der sich für das Ergebnis interessiert und deshalb nachrechnen würde. Nachgeprüft werden solche Berechnungen allenfalls mal, wenn sich Mängel am Haus ergeben oder die Heizkosten ungewöhnlich hoch ausfallen.

Was kann man nun anderen Bauherren raten, die nicht solche Zahlentüftler sind wie Oberheim? Im Grunde genommen muss man bei einem Niedrigenergiehaus nur darauf achten, dass man den Wärmebedarfsausweis rechtzeitig in die Hand bekommt und dass am Ende die richtige Zahl steht – nämlich »25,xx Prozent unter WSVO 1995«.

Oberheims Einsichten

Sie haben nicht mal die Hälfte verstanden? Ist bei dem Thema leider so, und ich musste mich damals immer wieder einen ganzen Abend lang in die Materie einarbeiten, um die Sache zu durchblicken – und müsste das jetzt auch wieder tun. Immerhin: Wenn ich nicht am Ende etwas »Rabatt« herausgeholt hätte (Näheres folgt später), wäre die Sache wirklich als blanke Zahlenspielerei für die Katz gewesen.

Worüber sich Bauherrn jetzt freuen können: Seit Februar 2002 gilt die Energieeinsparverordnung (EnEV), die die bei mir noch aktuelle Wärmeschutzverordnung von 1995 ablöst und verschärft. Das »Niedrigenergiehaus« ist bei Neubauten nunmehr nicht mehr ein Extra, sondern Minimalausstattung, unter die kein Bauunternehmen mehr gehen darf. Wer also lauthals mit »Niedrigenergiehausstandard« wirbt, prahlt mit einer Selbstverständlichkeit.

Tagebuch, 73. Folge:
Natur- und Vogelschutz
Der Nest-Blick

25. Juni: Oh, diese leidigen Baustellenbesuche! Immer wieder hin in den Planweg, immer wieder nachschauen – dabei kann ich etwaige handwerkliche Fehler der Bauleute doch gar nicht erkennen. Aber seit ich vor zwei Wochen mit einem meiner (Noch-)Nachbarn über dessen lange zurückliegenden Hausbau gesprochen habe, gibt es einen wichtigen Grund, warum sich meine laienhaften Inspektionen der Baustelle und des Rohbaus doch lohnen. Schließlich gehe ich jetzt mit einem ganz anderen Blick über meine Baustelle. Und zwar mit der Frage: Gibt es hier irgendwo ein Vogelnest?

Obwohl die Sache vor fast 20 Jahren passiert sein soll, war sie dem Mann offensichtlich noch heute so präsent (oder peinlich?), als wäre alles erst gestern geschehen. So jedenfalls kam es mir in seiner nur zufällig eingeworfenen Erzählung vor.

Als der Mann eines Tages sein halbfertiges Tiefgeschoss inspizierte, fiel ihm ein Vogelnest auf. Das hing unter der Kellerdecke, und nur wegen einer Schmutzspur am Boden will er das Nest überhaupt bemerkt haben.

Der Keller sei dann fertiger und fertiger geworden, und das Nest schien ganz und gar verlassen. Der Nachbar überlegte, das Nest einfach zu entfernen. Doch dann ließ er es hängen, weil ihm anderes dringlicher vorkam oder weil er nicht mehr daran dachte.

Kurz bevor damals die Kellerfenster in den Rohbaukeller eingesetzt wurden – das steht bei mir jetzt auch bald an –, zeigte das vermeintlich verlassene Nest plötzlich Leben: Es piepste von oben auf den Nachbarn herab. Der Mann sprach mit den Bauleuten, aber die sollen abgewinkt haben, das Nest war ihnen egal. Was ich mich bei der Erzählung gleich fragte: War das nur den Bauleuten egal, oder ist so etwas wirklich egal? »Jedenfalls nicht egal für die Vögel«, meinte ich, doch mein Nachbar überhörte das und fuhr fort mit seiner Baugeschichte.

»Das Haus muss zu«, diese in nicht ganz sauberem Deutsch gesprochenen Worte weiß er noch heute – und das war wohl auch der Grund dafür, warum er mir die Geschichte überhaupt erzählt hat. Ich hatte berichtet, wie mein Bauleiter sich immer ausdrückt: »Erst muss das Haus zu, dann kommt die Sanitärinstallation – sonst wird das in der Nacht gleich wieder rausgeklaut.«

So ähnlich muss das auch bei der Vogelgeschichte meines Nachbarn gewesen sein. Er hatte damals jedenfalls die Befürchtung, so sagte er, dass irgendwer von den Bauleuten das Kellerfenster jenes Raumes als einzigen Zugang zum Nest einfach verschließt. Dann kämen die Vogeleltern – Schwalben sollen es gewesen sein – nicht mehr zu ihrem Nachwuchs, und der müsste dann elend verhungern.

»In Panik« will er gleich nach der Kellerfenster-Anlieferung und noch vor dem Einbau derselben das Nest vorsichtig von der Wand gelöst haben. Sein nächster Schreck: Nicht bloß einer, sondern fünf piepsende Jungvögel lagen darin. Er trug die Nest-Reste »ganz vorsichtig« ins nebenan liegende naturgeschützte Wiesental und setzte sie dort »auch ganz vorsichtig« in eine Astgabel.

Irgendwie ahnte ich schon, wie die Geschichte ausgeht: (Schwalben-)Mama und -Papa fanden ihre Kleinen offensichtlich nicht wieder. Ein paar Tage später hätten alle tot im Nest gelegen.

Auch wenn der Nachbar versuchte, diese Geschichte als Anekdote vom Bau »rüberzu-
bringen«, merkte ich doch, dass es ihm ziemlich nahe ging.

Mir übrigens auch, und deshalb schaue ich jetzt genau nach Nestern. Doch wenn ich
wirklich mal eins finden sollte – was mache ich dann damit? Monatelang keine Kellerfenster einbauen lassen und meinen geplanten Einzugstermin verpassen? Das Nest von Wand
oder Decke kratzen? Heimlich oder offiziell? Mein Nachbar wich mir aus, als ich ihn nach
Konsequenzen fragte, sollte ich mal so ein Nest entdecken – vielleicht ist er aus Angst vor
Sanktionen der Sache damals nicht weiter nachgegangen.

Was der Experte dazu sagt:
Legal – oder Bußgeld

*Einer, der sich mit so genannten Gebäudebrütern gut auskennt, stellte sich für diese Bautage-
buchfolge als Experte zur Verfügung. Matthias Falkenberg ist Sprecher der Arbeitsgemeinschaft
für Gebäude bewohnende Tierarten, ein unabhängiger Zusammenschluss von Berliner Natur-
schützern. Falkenberg findet den Einsatz des Nachbarn nicht nachahmenswert:*

Ein Glück für Roland Oberheim, dass das nicht ihm passiert ist, denn hier ist viel falsch
gemacht worden. Weshalb ich von Glück spreche: Aus der Schilderung des Nachbarn ergibt
sich für mich nicht, dass er inzwischen »klüger« geworden ist – denn dann müsste er
Oberheim eigentlich mehr Tipps geben können.

Zurück zum Anfang: Da bauen also Schwalben ein Nest im Keller. Wahrscheinlich Rauchschwalben, denn sie lassen sich in Räumen nieder, während Mehlschwalben sich eher draußen an der Hauswand ein geschütztes Plätzchen suchen.

Selbst wenn der Bauherr damals noch annahm, dass das Nest unbewohnt und unbenutzt
war, hätte er doch anders reagieren müssen. Das Bundesnaturschutzgesetz nämlich schützt
– mit Ausnahme der Tauben – nicht nur alle heimischen Vogelarten, sondern auch deren
Lebensstätten in der Natur.

»Lebensstätte« bedeutet dabei, dass der Nistplatz zur nächsten Brutperiode wahrscheinlich wieder benutzt wird – wie es bei Schwalben zutrifft, während sich zum Beispiel
Grünfink und Amsel in der Regel jedes Jahr ein neues Nest bauen. Der Begriff »Natur« wird
von den Juristen übrigens so ausgelegt, dass Nester in Wohnräumen nicht zur Natur
gehören, während Keller oder Dachgeschoss (sofern nicht als Wohnraum zugelassen) als
Natur gelten.

Sobald nun ein (Berliner) Bauherr heutzutage ein fertiges Nest feststellt, das er beseitigen oder z. B. durch das Einsetzen von Kellerfenstern unzugänglich machen möchte, ist er
verpflichtet, dies der Senatsverwaltung für Stadtentwicklung zu melden. Erfahrungsgemäß
wird er, wenn das Nest leer ist, eine »Befreiung« vom gesetzlichen Verbot erhalten – das
Nest darf dann entfernt werden.

Es kann übrigens tatsächlich vorkommen, dass das Nest verlassen ist. Etwa, weil Vögel
nach dem Nestbau merken, dass die Umgebung zu unruhig zur Aufzucht von Jungvögeln ist.
Weil sich beispielsweise auf der Baustelle eine Woche lang nichts getan hat und dann erst
der Bautrupp wieder anrückt.

Aber eins wissen alle Vogelkundigen: So leicht lassen sich Vögel nicht abwimmeln – erst
recht nicht während der Brutzeit. Und so dürfte es auch bei dem Oberheim-Nachbarn gewesen sein.

Als dann die Jungvögel entdeckt wurden, musste man das Nest unbedingt unberührt lassen, verlangt der Naturschutz. Heute würde von solch einem Bauherrn gefordert, dass er gegen Störungen während der Brutzeit Vorsorge trifft. Eine Störung wäre hier der endgültige Einbau jener Kellerfenster, der den Schwalbeneltern den Weg zu ihrem Nachwuchs verbaut hätte.

Wenn ein Schließen der Fenster nicht zu verhindern gewesen wäre (z. B. wegen uneinsichtiger Bauleute), hätte man den Einbau der Kellerfenster verschieben müssen. Die Aufzucht der Jungvögel hätte bei den Rauchschwalben vermutlich dreieinhalb Wochen gedauert. Wenn danach ein Nest nicht mehr in Gebrauch ist, könnte – siehe oben – der Bauherr den Keller zu Ende bauen lassen und würde sicher auch eine Befreiung fürs Entfernen dieses Nests erhalten.

Tatsächlich können ganze Baustellen stillgelegt werden, wenn dort Vögel brüten. Das habe ich als Gutachter auch schon erlebt. Weil Architekten und Bauleiter von dieser Problematik wissen, haben sie meist auch ein Auge drauf. Wenn Oberheim sich nach der dürftigen Auskunft des Nachbarn in dieser Frage noch unsicher ist, sollte er seinen Bauleiter einmal darauf ansprechen. Schließlich hat der Mann seine Termine im Blick und kann sich solche Störungen zumeist nicht leisten.

Oft scheint es solche »Probleme« aber nicht zu geben, und besonders aus dem Einfamilienhausbereich ist mir davon nichts bekannt. Aber das kann auch daran liegen, dass wie im Falle dieses Nachbarn viele gestörte Brutfälle gar nicht bekannt werden.

Wenn so etwas aber bekannt wird, können – so jedenfalls das aktuelle Naturschutzrecht – die Behörden wegen Verstoßes gegen das Bundesnaturschutzgesetz ermitteln und für festgestellte Ordnungswidrigkeiten Geldbußen von bis zu 50.000 Euro verhängen. In Berlin verfolgen die einzelnen Bezirksämter nach meiner Kenntnis solche Verstöße mit unterschiedlicher Härte.

Im geschilderten Fall hätte das Entfernen des Nests als Zerstören einer Lebensstätte und sogar als Töten einer geschützten Tierart geahndet werden können, wäre dies erst in den letzten Jahren passiert. Auch wenn es jener Nachbar sogar gut gemeint haben dürfte, ist sein Verhalten zumindest fahrlässig – und Dummheit schützt bekanntlich vor Strafe nicht.

Roland Oberheim und andere Bauherren wären also gut beraten, wenn sie besonders in der Brutzeit von April bis Juli (Beginn der Zweitbrut) ihre Baustelle im Hinblick auf unerwünschte Untermieter inspizierten. Ein bis zwei Besuche pro Woche dürften ausreichen, denn die Nestbauzeit beträgt etwa acht bis zwölf Tage, bei ungünstiger Witterung oder Unterbrechungen gelegentlich auch länger.

Stellt Oberheim oder ein anderer Bauherr beim Inspizieren dann ein paar Krümelchen an der Wand – also den Beginn eines Nestbaus – fest, so sollte er schnell mit der zuständigen Behörde Kontakt aufnehmen und wird dann auch schnell die beschriebene Befreiung erhalten. Und das wahrscheinlich schon auf telefonischem Wege. Die Vögel suchen sich dann einen neuen Brutplatz.

Oberheims Einsichten

Dass aus dem Einfamilienhausbereich solche Dinge dem Experten oder auch anderen nicht bekannt werden, liegt sicher vor allem daran – wie bei meinem Ex-Nachbarn –, dass man kein Aufhebens darum macht und heimlich zur Tat schreitet. Zur Sicherheit und weil auch Nachbarn davon »Wind« bekommen könnten, sollte man die legale Nest-Variante wirklich hoch schätzen.

Nicht dass ich etwas gegen Nachbarn hätte; meine sind sehr freundlich. Aber ich habe von einem anderen Immobilienkäufer im selben Stadtteil gehört, der seine Hecke als Trennung zum Nebengrundstück exakt am alten Platz neu pflanzen wollte – und von seinem Nachbarn geschrieben(!) bekam, er habe die Pflanzabstände nicht eingehalten. Solch ein Nachbar würde möglicherweise auch das illegale Abkratzen eines Nests ins Feld führen, wenn man sich in anderen Dingen uneins ist…

Und glauben Sie nur nicht, solch eine Sache ist schnell vom Tisch. Ein Strafrichter sagte mir zu dem Thema, dass angesichts eines Bußgeldrahmens von bis zu 50.000 Euro und selbst bei einer Herabsetzung des Rahmens »wegen fahrlässiger Tatbegehung« auf die Hälfte immer noch drei Jahre Verjährungsfrist im Raum stünden. Erst danach würde die »Sache« nicht mehr von der zuständigen Verwaltung (in Berlin: Bezirksämter) verfolgt.

Tagebuch, 74. Folge:
Ein Haus wird wind- und luftdicht

Dämmen unterm Dach

3. Juni: Manchmal frage ich mich, ob dieses Bautagebuch viel zu wenig vom Bauen selbst berichtet. Vom Wachsen des Hauses. Vom Decken des Daches. Ehrlich gesagt, ist mir in all dem Stress die Romantik dafür abhanden gekommen.

Ich weiß noch, dass es anfangs ein erhebendes Gefühl war, dass für mich, nur für mich allein schwere Baumaschinen auf das Grundstück fuhren. Ich erinnere mich an den ersten Baustellenbesuch mit meinem Sohn, als ich ihm zwischen 20 Zentimeter hohen Kalksandsteinreihen zeigte, wie die Räume im Keller liegen. Oder an die Eindrücke des nach oben offenen Wohnzimmers, das mir klein vorkam – und an das Erstaunen, dass derselbe Raum mit fertiger Betondecke drüber größer wirkte.

Aber sonst ist Bauen nur Arbeit. Ich mag kaum mehr über die vielen Änderungen schreiben: dass meine Frau mit den Fliesenfarben im Badezimmer noch nicht zufrieden ist und wir von weißen Wandfliesen jetzt auf ein kräftiges Gelb (»bringt mehr Licht in ein Zimmer mit Fenster gen Norden«) umdisponiert haben.

Innerlich abgehakt habe ich auch das Thema Niedrigenergiehaus: Die Baufirma hat wohl erst durch mich gemerkt, dass sie mir zwar das Qualitätsmerkmal »Niedrigenergiehaus« verkauft bzw. zugesichert hat, doch dass die mit dem Bauantrag eingereichte Berechnung die Vorgaben nicht erfüllte. MirXbau hat inzwischen nachgebessert – und der Trockenbauer war der erste, der das zu spüren bekam.

Und das kam so: Statt Mineralwolle als Wärmedämmung für die Dachgeschoss-Schrägen mit dem Wärmedämmwert von 0,40 wurde mit besserer Mineralwolle – Wert 0,35 – versucht, mein Haus gegen Wärmeverluste besser zu sichern. Das konnte ich aus der neuen Wärmeschutzberechnung herauslesen, indem ich akribisch die einzelnen Zahlenkolonnen verglich.

Offensichtlich sind meine Kritik und MirXbaus Neuberechnung genau in die Bestellzeit für die Mineralwolle hineingestoßen. Der Trockenbauer jedenfalls bekam Ware mit dem Wert 0,40 geliefert – und konnte/durfte sie nun nicht einbauen.

Was ein Trockenbauer ist? Lernte ich auch erst per Zufall, weil MirXbau mich über diese Abläufe einfach nicht informierte – und das erhärtete meinen Verdacht, dass die so genannte Baudurchsprache vor Beginn des Bauvorhabens nur zur rechtlichen Absicherung der Baufirma und nicht zur Informierung des Bauherrn dient. Also: Trockenbauer sind die Handwerker, die nach den Maurern und Dachdeckern dran sind, um (bei mir) im Obergeschoss Wände aus Gipskarton oder anderem Material einzubauen, wo kein Putz hingehört – also etwa an den Schrägen. Bei mir wird der Trockenbauer auch nötig sein, um eine »in der Wand laufende« Schiebetür von beiden Seiten zu verkleiden.

7. Juni: Inzwischen ist die richtige Mineralwolle geliefert und auch bereits »eingebaut«. Ehe jetzt aber die Trockenbauplatten davorgesetzt werden – so riet mir mein Berater vom Bauherrenverein e. V. –, sollte man sich erst einmal ansehen, ob die Dämmarbeiten gelungen sind. Dabei nämlich würden leicht Fehler passieren – und dann hätte ich den Schlamassel in Form eines nicht winddichten Hauses.

Probleme gibt es bei diesem Bereich wohl gar nicht so selten, sagte mir mein Berater. Und jetzt verstehe ich auch, warum Freunde von uns ein ganz seltsames Hausbauangebot

Bild 23: Schwere Metallstreben, Plastikplanen und 14 Zentimeter Mineralwolle sollen Oberheims Obergeschoss vor heißen Sommern und kalten Wintern schützen und vor allem die Winddichtigkeit des Hauses herstellen. Wie man an dem massiven Aufbau sieht, ist dies keine Arbeit für handwerkliche Laien – auch wenn manch eine Baufirma diese Arbeiten so darstellt.

bekommen haben. Bei denen steht im Bauvertrag ein eigentlich schlüsselfertiges Haus drin – mit der Ausnahme, dass unsere Freunde »leichte Dämmarbeiten« im Dachgeschoss mit dem von der Baufirma gestellten Material und mit dem Rat eines Fachmanns der Firma selbst vornehmen müssen.

Nachtigall, ick hör dir trapsen: Wenn später etwas nicht funktioniert, es im Dachgeschoss zieht oder Schimmelpilze blühen, kann die Baufirma sagen, dass das wohl an der schlechten Ausführung der Dämmarbeiten liegen muss...

Als unsere Freunde vorsichtig anfragten, ob die Baufirma dies übernehmen könnte, sollten sie dafür 8.000 Euro zahlen – 8.000 Euro Arbeitslohn für »leichte« Dämmarbeiten?!

8. Juni: Leider während meiner Abwesenheit sieht sich mein Bauherrenberater die Dämmung an. »Sehr gute Arbeit«, höre ich hinterher. Knapp 200 Euro für den Inspektionstermin investiert, aber immerhin: Jetzt weiß ich, dass unterm Dach gedämmt und nicht geschlampt wurde.

Was der Experte dazu sagt:
Luftdicht – und lüften

Warum ist eine Prüfung der Dämmarbeiten wichtig? Nur wegen der späteren Heizkosten oder auch wegen der »Gesundheit« des Hauses? Fragen, die Norbert Pätzold beantworten kann. Zusammen mit einem Geschäftspartner betreibt er in Schwarze Pumpe im brandenburgischen Landkreis Spremberg die Diagnose- und Beratungsgesellschaft spektrum:

Schon richtig, dass der Bauherrenberater die Dämmarbeiten kontrolliert hat. Denn wenn erst einmal die Trockenbauwand, die Tapete und die Farbe an der Wand kleben, dann sieht man nichts mehr. Allerdings gibt es auch dann noch Möglichkeiten der Dichtigkeitskontrolle.

Doch zuerst das Allgemeine. Früher gab es Einfachfenster und alte Türen, deren Dichtheit im Laufe der Jahre gelitten hat. Durch deren Ritzen pfiff der Wind, und die Raumluft tauschte sich bestens aus. Allerdings – die Energiereserven unserer Erde heizten dabei nicht nur die Räume, sondern die ganze Umgebung.

Also wurden »Anforderungen an die Dichtheit« formuliert, unter diesem Titel beispielsweise in Paragraf 4 der Wärmeschutzverordnung von 1995, die ab dem Jahre 2002 durch die neue EnEV (Energieeinsparverordnung) abgelöst wird. Häuser dämmen, das schont die Ressourcen.

Doch mit Wärmeschutzglas und gut gedämmten Wänden kam das Problem, wie man die für den Menschen nötige Luft zum Leben ins Haus schafft. So unlogisch das klingen mag: Erst einmal müssen wir dafür sorgen, dass die modernen Standards entsprechenden Häuser wirklich rundum luftdicht sind, damit keine Energie verloren geht und nicht Wärme- bzw. Kältebrücken entstehen – und andererseits muss dann dafür gesorgt werden, dass sich die Raumluft häufig genug austauscht.

Ist ein Haus luftdicht? Die Antwort »Nein« bietet sich an, wenn es aus der Steckdose zieht, wenn es im Erdgeschoss muffig wie in einem Keller riecht, wenn die Heizkosten extrem hoch sind oder Schimmelecken entstehen. Bei diesen Alarmsignalen könnte eine Untersuchung mittels Blower-Door-Verfahren plus Thermografie angezeigt sein. Bei Blower Door wird quasi rund ums Haus Windstärke 5 simuliert – und wo die Dämmung dann ihre Schwächen hat, das zeigt sich auf den farbigen Thermografie-Fotos.

Das Haus ist nicht dicht? Dann besteht die Gefahr, dass warme Luft durch die undichte Gebäudehülle nach außen abzieht und sich irgendwo auf diesem Weg abkühlt. Da warme Luft mehr Feuchtigkeit aufnehmen kann als kalte Luft, wird aufgrund der Abkühlung die Luftfeuchtigkeit als Kondensat in der Baukonstruktion ausfallen. Es entstehen feuchte Bereiche, die zu Schimmelpilzbildung führen und Bauschäden verursachen können.

Menschen verbrauchen nicht nur pro Stunde rund 25 Kubikmeter Raumluft, sie sorgen mit Atem und Schweiß, mit Waschen, Baden und Duschen für mehr Luftfeuchtigkeit. Wo nun solch feuchte Luft auf Wände trifft, kommt es zur Kondensation: Luftfeuchtigkeit schlägt sich dort in Nässe nieder, wo die Wandtemperatur unter dem Taupunkt liegt.

Der Taupunkt ist keine feste Größe, sondern von der Raumtemperatur und der »relativen Luftfeuchtigkeit« abhängig. Hat Oberheim ein Zimmer auf 20 Grad geheizt, und beträgt dort die Luftfeuchtigkeit 50 Prozent, so würde an einem 9,3 Grad Celsius kalten Wandstück die Luftfeuchtigkeit kondensieren. Hätte er im selben Raum noch Wäsche getrocknet und die Luftfeuchtigkeit damit z. B. auf 70 Prozent erhöht, reichen schon 14,4 Grad an der Wand für Kondensat an den Mauern – Schimmelpilzgefahr! Dafür genügen drei Tage mit Wandtemperaturen unterm Taupunkt sowie ruhende Luft (also ein nicht gelüfteter Raum). Und die Temperaturen sind dort am niedrigsten, wo die Gebäudehülle eben nicht dicht ist.

Also: Luftdichtigkeit muss sein – aber man muss auch lüften, um Luftfeuchtigkeit abzuführen und für Frischluft zu sorgen. Das kann man mittels weit geöffneter Fenster machen.

Besser aber kann dies eine Anlage zur kontrollierten Be- und Entlüftung, die mit einem Luftfeuchtigkeitsmesser (Hygrometer) verbunden ist. Diese Lüftungsanlage sorgt automatisch für den Luftaustausch im Haus. Immer wenn es nötig ist, baut sie einen Unterdruck auf, der dann von außen frische Luft ins Haus zieht. Optimal aber läuft so eine Anlage nur, wenn die Gebäudehülle auch wirklich luftdicht ist.

Luftdichtes Haus plus Belüftungsanlage, dies wäre die beste Lösung – nicht nur für Oberheims Niedrigenergiehaus. Vor einem auf jeden Fall sollten sich Bauherren hüten: Die Luftdichtheit herzustellen, das sind keine »leichten Dämmarbeiten«, wie sie die Freunde der Oberheims in ihrem Haus leisten sollen. Dämmarbeiten sind nie leicht – und es gibt einige Fachfirmen, die mit den Messmethoden unser Gesellschaft (Blower Door, Thermografie) kontrollieren lassen, ob sie wirklich gute Arbeit geleistet haben.

Oberheims Einsichten

Hier kann ich nach einem guten halben Jahr Wohnen im neuen Haus keine neuen Erkenntnisse beisteuern. Wir haben uns am Anfang immer sehr bemüht, trotz eisiger Kälte viel zu lüften und reichlich Frischluft ins Haus zu lassen. Aber irgendwann nimmt die Motivation ab, und trotz einiger negativer Lüftungserfahrungen (vor allem im Keller) ist die regelmäßige Lüftung uns noch nicht in Fleisch und Blut übergegangen.

Eins noch am Rande: Die Wärmedämmung in meinem Haus liegt auf der Kehlbalkenlage und nicht zwischen den Sparren bis in den First hinauf – sie liegt also direkt auf den Obergeschoss-Zimmern, was mich anfangs wunderte. Inzwischen aber weiß ich von einem Experten, dass dieses Verfahren speziell bei Bauträgern und Generalunternehmern heute meist üblich sein soll. Warum? Natürlich weil es billiger ist. So könne man einfacheres, preiswerteres Material einsetzen und habe auch weniger Arbeitsaufwand und also weniger Kosten, als würde der ganze Spitzboden rundherum gedämmt.

Weshalb ich dies hier weitergebe? Der Experte meinte, den Mehraufwand habe dann der Bauherr, sollte er seinen Spitzboden ausbauen wollen. Falls Sie also von vornherein an einen späteren Ausbau des ausreichend großen Spitzbodens denken, sollten Sie bei der Wärmedämmung auch gleich so vorplanen – hoffentlich mit nicht zu viel Aufpreisforderung durch die Baufirma.

Tagebuch, 75. Folge:
Schutz gegen Einbrecher

Stangen und Gitter

12. Juni: Für den Berater des Bauherrenvereins e. V., der bei meinem Hausbau die Winddichtigkeit geprüft hat, war es nur eine kleine Sache am Rande. »Bei den größeren Kellerfenstern sollten Sie etwas tun. Der Einbruchsschutz dort ist gleich null.«

Sicher ist mir das auch schon aufgefallen. Die Kunststofffenster beim etwas wohnlicheren Kellerraum, der zur Not als Übernachtungsstätte für Gäste oder später mal für eine Fete herhalten soll, sind groß genug, dass Langfinger dort einsteigen könnten. Und die beiden Fenster wirken auch nicht so stabil wie unsere Wohnetagenfenster aus Hemlock-Kiefernholz.

Hilft hier möglicherweise ein Gitter? Mit einer oder zwei Stangen draußen vor den Fenstern? Schließlich ist zu bedenken, dass die Kellerfenster oberirdisch liegen, eingebettet in den abgeböschten Erdboden. Da könnte sich ein Eindringling gemütlich vors Fenster hocken und in aller Ruhe ausprobieren, wie er unser Haus »knacken« kann. Ob das dann immer rechtzeitig den Nachbarn auffällt? Oder uns, wenn wir schlafen? Unsere einzige Entscheidung zum Thema Einbruchssicherung ist bisher, dass wir einen Bewegungsmelder hinterm Haus installieren wollen.

Auch die Haustür ist ein immer noch ungeklärtes (Einbruchs-)Thema. Vor allem auch deshalb, weil sie im Bauvertrag als Kunststofftür und nicht als Hemlock-Tür stand und steht. Wenn wir uns da etwas aussuchen, wird dies sicher kräftig genug ausfallen, um Einbrechern standzuhalten. Ist schon paradox: Bei dieser doch sowieso stabilsten Öffnung unseres Hauses denken wir intensiv an das Thema Einbuchssicherung. Die zweiflügelige Terrassentür aber stellt eventuell kommenden Dunkelmännern glatte zwei Meter hoch nicht mehr als Wärmeschutzglas entgegen. Bei der Baufirma hat niemand mit uns über das Einbruchsthema gesprochen. Abschließbare Fenstergriffe kamen erst zur Sprache, als Terrassentüren und Fenster längst eingebaut waren: »Warum haben Sie denn nicht...?« Mag vielleicht auch an der Fensterfirma liegen, von der wir bisher rein gar nichts gehört haben.

Liegt aber sicher auch an uns. Zum einen sind bei uns nicht Gold und Schmuck und an Kunstwerken höchstens Kevins gesammelte Tuschezeichnungen zu holen. Zum anderen habe ich vielleicht auch die Augen vor wieder einem neuen, vor noch einem neuen Thema verschlossen – schließlich geht meine berufliche Arbeit weiter. Hobbys habe ich mir, seit wir bauen, sowieso komplett abgeschminkt. Wenn nicht meine Frau immer mal wieder Termine mit Babysitterinnen vereinbaren würde, wüsste ich vor lauter Hausbauerei schon nicht mehr, wie man Kino oder Theater buchstabiert.

Auch an Rollläden haben wir nicht gedacht, die ja wohl eine gewisse Sicherheit bieten sollen. Aber meine Frau und ich verabscheuen diese Angewohnheit vieler Gegenden, in denen an Winterabenden schon um 17 Uhr überall die Rollläden rasseln und halb Deutschland in dunklen Häusern nur noch vom Licht des Fernsehapparats lebt. Und: »Wenn einer rein will, dann schafft er's auch«, winkte ein Architekt ab, den ich auf das Einbruchssicherungsthema ansprach.

Was der Experte dazu sagt:
Einbrecher denken anders

Das Thema Einbruchssicherung gehört in den Bereich der Kripo – und die hat für solche Fragen eine Spezialabteilung. Winfried Roll, Leiter der Kriminalpolizeilichen Beratungsstelle, freut sich, wenn Bauherren seine Einrichtung in Anspruch nehmen:

Lassen Sie mich mit dem Architektenzitat vom Ende anfangen. Das ist ein altes Vorurteil (das ich gleich noch widerlegen werde), und leider beklagen wir bei der Polizei, dass Einbruchsschutz bei den Bauplanern kein Pflichtfach ist und dass anerkannte europäische Normen beim Bauen immer noch zu wenig beachtet werden. Aber von diesen Appellen hat Oberheim nichts.

Schade, dass er sich nicht an eine Polizeiliche Beratungsstelle gewandt hat. Im Einfamilienhaus gibt es ein höheres Einbruchsrisiko als in der Etagenwohnung, in Berlin zwei- bis dreimal so hoch. Allerdings: In den vergangenen Jahren haben wir immer mehr versuchte als erfolgreiche Einbrüche registriert – die Sicherung ist besser geworden, und viele Einbrecher verzweifeln daran schnell.

Oberheims befürchtete Kellereinbruchstheorie setzt voraus, dass sich der Einbrecher von Straße und Gehweg kommend auf sein Haus zu bewegt. Falsch, meist wird von der Rückseite her eingebrochen. Ich würde am ehesten darauf tippen, dass das Haus über die Terrassen-Doppeltür »angreifbar« ist. Durch Fenster und Fenstertüren kommt in drei von vier Fällen der Einbrecher, sagt unsere Statistik. Allerdings nicht mittels Einschlagen der Scheibe (viel zu laut), sondern durch Aufhebeln des Rahmens.

Am Einsteigen hindern dürften ihn vor allem einbruchhemmende Bauelemente nach der DIN-Vornorm EN V 1627. Sie können mit der Bezeichnung nichts anfangen? Gemeint sind kräftige Fensterrahmen, möglichst aus Vollholz oder Metall (besser als Kunststoff), mit mehr als einem Verriegelungspunkt (am besten Rundumverriegelung) und Dreh-Kipp-Beschlägen. Ich will nicht alles aufzählen, was in den einzelnen Einbruchs-»Widerstandsklassen« der zitierten Euro-Norm aufgeführt ist. Mein Tipp: Beim Neubau/-kauf sollte wenigstens Widerstandsklasse 2 (besser: 3) vereinbart sein. Denken Sie dran: Wer preiswert baut, baut am Ende doppelt teuer.

Angenommen, der Einbrecher hat an einer (nachgerüsteten) Oberheim-Terrassentür nichts ausrichten können. In den meisten Fällen unternimmt er nach unseren Täterbefragungen einen zweiten Versuch an anderer Stelle, aber im selben Stockwerk. Gut ist dann der Bewegungsmelder hinterm Haus – aber auch nur, wenn das anspringende Licht von Nachbarn gesehen werden kann.

Zu den Kellerfenstern: Ein Gitter? Dann sollten die Stäbe mindestens 18 Millimeter stark sein und höchstens 120 mm Abstand voneinander haben, sonst passt ein Wagenheber zum Aufhebeln dazwischen. 80 mm tief ins Mauerwerk muss man die Streben einbauen, und wenn die verschweißte Vorrichtung festgeschraubt werden soll, macht man dies mit drehgesicherten Schraubköpfen. Das sind quasi Einwegschrauben, die sich nur mit Spezialwerkzeug wieder aufdrehen lassen.

Rollläden will er nicht, der Herr Oberheim. Schade. Ich hätte ihm welche aus Holz oder Metall empfohlen. Nicht aus Kunststoff, das bringt nicht die mechanische Festigkeit, die Einbrecher aufhält.

Vielleicht aber sollte Oberheim von der Gitter-Idee lieber Abstand nehmen. Wenn dort wirklich mal jemand übernachten oder feiern sollte, und es bricht ein Feuer aus, ist der einzige Fluchtweg verbaut. Ich rate eher zu einer zusätzlichen verschließbaren Verriegelung an den Eckpunkten der Fenster.

Noch ein paar Worte zum Vorgehen des Einbrechers: Eine Stereoanlage brauchen Sie nicht hinter einer Rauchglaswand zu verstecken, die interessiert kaum einen Eindringling, denn bei seinem Hehler bekommt er für solches Diebesgut nur zehn bis 20 Prozent des realen Wertes. Mehr ist er interessiert an allem, was man schnell in Tasche oder Beutel stecken kann: Bargeld, Schmuck, Schecks, Fotoapparat oder Handy.

Aufräumen will ich mit einem alten Schutzglauben: Dass der Einbrecher bei seiner Objektwahl sich von Kinderbildern an den Fenstern oder Spielsachen im Buddelsand abhalten ließe, glaube ich übrigens nicht – wer sich eigene vier Wände bauen/kaufen kann, mag zwar Schulden haben, ist aber sicher nicht arm.

Bild 24: Ist dieser Bereich vor dem Haus und vor den beiden Kellerfenstern einbruchsgefährdet? Dunkelmänner kommen eher von der hinteren Seite des Hauses, meint der Experte der Kriminalpolizei.

Viele Menschen in unseren Beratungen fragen übrigens zuerst nach Alarmanlagen. Meine Meinung dazu: Erst muss die mechanische Sicherheit stimmen, elektronischer Einbruchsschutz ist dann nicht mehr als die Sahne auf der Sicherheits-Torte.

Mein wichtigster Tipp, Herr Oberheim: Wenn Sie wieder mal ein Haus bauen, dann kommen Sie vorher zu uns! Vorausdenkende Leute mit einem Bauplan und der Baubeschreibung unterm Arm sind uns immer noch die liebsten – und für die ist es auch am billigsten. Oft nämlich erreichen sie vorher mit wenigen hundert Euro eine bessere Sicherung als später mit viel mehr Geld.

Wer schon ein Haus hat, der sollte uns rufen, damit wir die Schwachstellen analysieren. Was übrigens nichts kostet, Herr Oberheim – in Deutschland gibt es rund 300 Beratungsstellen, und Ihr nächstes Polizeirevier weiß, wo Sie anrufen können, damit ein Experte vorbeikommt.

Oberheims Einsichten

Ein halbes Jahr im Haus, und noch immer haben wir nichts für den Schutz gegen Einbrüche getan. Aber wenn man draußen am Haus sein nicht abgeschlossenes Fahrrad stehen lassen kann, und wenn Eimer, Töpfe und Kinderspielzeug noch nie abhanden kamen, dann sinkt der Leidensdruck, und man »verschlabbert« das Einbruchsthema. Na, mal sehen...

Tagebuch, 76. Folge: Grundstücksübergang

Mein Land?

18. Juni: Endlich sind meine Baufirma und ich uns mal einig. Nein, nicht bei den zentral wichtigen Fragen des Bauens, sondern bei den Bäumen, die das Grünflächenamt uns als Ersatzpflanzung für gefällte Fichten und den alten Walnussbaum aufgegeben hat. Wie schon von einer Landschaftsarchitektur-Expertin geraten, haben wir uns geeinigt nach den Euro-Summen, mit denen die gefällten Bäume vom Amt festgesetzt worden waren. Weil dabei die teuersten Bäume vorne, auf MirXbaus Doppelhausgrundstück und knapp außerhalb des auch mich betreffenden Geh-, Fahr- und Leitungsrechts-Weges lagen, komme ich bei den Ersatzpflanzungen etwas besser weg.

Und so muss ich nun einen Walnussbaum im Wert von knapp 1.000 Euro pflanzen, während auf dem vorderen Doppelhausgrundstück MirXbau einen kleinen Walnuss (rund 600 Euro) und einen Säulen-Weißdorn im Wert von 1.050 Euro pflanzen muss. Diese gemeinsam getroffene Festlegung hat mir MirXbau in doppelter Ausführung schriftlich gegeben, ein Exemplar soll ich unterschrieben zurücksenden.

Neues auch im Badezimmer oben: Wir haben uns mit der mattweißen Fliesen-Lösung an den Wänden nicht recht anfreunden können. Nun wollen wir ein kräftiges Gelb nehmen, um etwas Licht in den Raum zu bringen; schließlich stehen vor dem nach Norden weisenden Fenster am Rande des ehemaligen DDR-Grenzstreifens auch noch große Bäume.

20. Juni: Schon wieder Post, diesmal vom Finanzamt. Man will wissen, ob ich Eigentümer »meines« Grundstücks bin – sicher nur, um mir dann den Grundsteuerbescheid zu schicken, wie ich vermute.

Bin ich denn Eigentümer? Ich rufe im Finanzamt zurück und gebe bereitwillig Auskunft. Ob denn das auf den Plänen vermerkte »Behelfsheim« zum Jahreswechsel noch auf dem Grundstück gestanden habe, will der Beamte wissen. Nein, hat es nicht mehr, sage ich – und überlege, ob es hier um finanzielle Unterschiede zwischen bebauten und unbebauten Grundstücken gehen könnte.

Ob ich Eigentümer bin, weiß ich selbst nicht so genau und blättere nach dem Telefongespräch noch einmal in meinen Unterlagen. Vom Grundbuchamt und vom Bezirksamt habe ich dieses und jenes an Papieren, aber noch keinen Auszug eines Grundbuchblattes, in dem auch wirklich mein Name auftaucht. Da bekomme ich also keine Antwort.

Der Notarvertrag muss her, schließlich habe ich das Grundstück ja direkt von meiner Baufirma MirXbau gekauft. Entweder sind die noch Eigentümer, oder ich bin es. Im Vertrag steht drin: »Übergabestichtag ist der Tag, der dem Eingang des vollständigen Kaufpreises auf dem Verkäuferkonto folgt.« Nun bin ich ja inzwischen schon so spitzfindig geworden, dass ich diese Passage ganz wortgetreu auslege. Meine Erinnerung besagt: Schon bald nach dem Notartermin teilte mir MirXbau mit, dass der Vermesser bei meinem Grundstück auf einen endgültigen Wert von 502 statt notarvertraglicher 501 Quadratmeter gekommen sei. Weil alle Mühlen, und besonders die juristisch abgesicherten, langsam mahlen, wies der Notar mich vor Monaten an, den alten Wert – 501 Quadratmeter à 300 Euro – an MirXbau zu überweisen, was meine Bank im Februar auch tat.

Die letzten 300 Euro für das letzte Quadratmeterchen aber sind noch nicht per Notars-Nachtrag abgesegnet. Folglich habe ich das Grundstück auch noch nicht ganz bezahlt. Folglich kann ich noch nicht Eigentümer sein. Folglich gehört der Grundsteuerbescheid in diesem Jahr nicht in meine, sondern in MirXbaus Hände. Ist das folglich richtig?!

Was der Experte dazu sagt:
Die wichtigen letzten 300 Euro

In Grundstücksdingen kennt Lutz St. Bernard sich aus. Der Rechtsanwalt aus Berlin-Neukölln hat es als Vertrauensanwalt des Bauherrenschutzbundes immer wieder mit rechtlich kniffligen Bauherren-Fragen zu tun:

Sind Sie Eigentümer, oder werden Sie es noch? Die Antwort auf Ihre Frage, Herr Oberheim, finden Sie in Paragraf 17 Ihres notariellen Grundstückskaufvertrages. Dazu gehört, dass der Verkäufer – hier also die Baufirma MirXbau – als Zwischenerwerber zunächst einmal selbst als Eigentümer im Grundbuch eingetragen wird. Dazu gehört auch die vollständige notarielle Teilungserklärung zum aufzuteilenden Grundstück am Planweg (im geplanten Doppelhaus vorne die Eigentümergemeinschaft nach dem Wohneigentumsgesetz, hinten real geteilt Oberheims Heim), und dieses in zumindest beglaubigter Abschrift.

Ferner muss die Gemeinde auf das ihr gesetzlich zustehende Vorkaufsrecht verzichtet haben, und viertens ist der Eigentumsübergang auch an die so genannte Unbedenklichkeitserklärung des Finanzamts gekoppelt. Mit Letzterem wird ausgeschlossen, dass ein Käufer das Grundstück erhält, ohne die Grunderwerbsteuer gezahlt zu haben. Für die haften nämlich Verkäufer und Käufer gesamtschuldnerisch, also jeder für sich allein.

Erst wenn diese vier Voraussetzungen erfüllt sind, kann der Notar den Eigentumsumschreibungsantrag stellen, und Oberheim kann danach selbst als Eigentümer in Abteilung I des Grundbuchs eingetragen werden.

Juristen unterscheiden immer zwischen Eigentum und Besitz. Eigentum ist das Recht an der Sache, Besitz die tatsächliche Herrschaft über die Sache – und auch bei Immobilien gilt das. Übrigens ist in diesem Sinne bei der Mietwohnung der Mieter der Besitzer der Wohnung, während das Eigentum daran beim Vermieter liegt.

Während ich das Thema Eigentumsverschaffung eben erörtert habe, liegt die Sache bei der Besitzübergabe anders: Dazu muss Oberheim den Paragraf 10 seines Grundstückskaufvertrages lesen. Danach ist Übergabestichtag (= Besitzübergang) »der Tag, der dem Eingang des vollständigen Kaufpreises auf dem Verkäuferkonto folgt«. Und mit dem »vollständigen« Kaufpreis – da liegt Oberheim richtig – sind durchaus auch die letzten 300 Euro gemeint. Solange sie nicht bezahlt sind, ist der Kaufpreis auch noch nicht beglichen.

Was ist mit diesem Zeitpunkt verbunden? Besitzübergabe heißt, dass damit alle Nutzen und Lasten, also alle Rechte und Pflichten der Immobilie übergehen. Damit sind unter anderem die Verkehrssicherungspflicht gemeint, bei Eigentumswohnungen etwa die Pflicht zur Wohngeldzahlung – und auch jeweils die Grundsteuerzahlung.

Da diese immer für ein ganzes Kalenderjahr gezahlt wird, müsste dies zwischen MirXbau und Oberheim so abgewickelt werden: Nehmen wir an, die 300 Euro würden an einem 31. Juli bezahlt, so ginge der Besitz am 1. August über – und Oberheim müsste seiner Baufirma die schon gezahlte Grundsteuer für die Monate August bis Dezember erstatten.

Eins noch am Rande, das nicht Oberheim, sondern die Käuferparteien in den Doppelhaushälften auf dem vorderen Planweg-Grundstück interessieren dürfte (und vielleicht auch andere Bauherren, die eine Immobilie vom Bauträger erwerben): In der Makler- und Bauträgerverordnung (MaBV) ist festgelegt, dass 95 Prozent des Kaufpreises nach Bezugsfertigkeit und Zug um Zug (= umgehend) gegen Besitzübergabe zu entrichten sind. Die Besitzübergabe wäre dann auch der entscheidende Zeitpunkt in der Grundsteuerfrage.

Tagebuch, 77. Folge:
Einen Teil aus dem Bauauftrag gestrichen

Die Tür ist raus

23. Juni: Was war das für ein nerviges Wochenende! Am Sonnabend fuhren meine Frau, Kevin, Marie und ich halb um Berlin herum, um die Fensterfirma Spentz aufzusuchen. Zwecks »Haustür-Bemusterung«. Hemlock-Holzfenster waren ja längst vereinbart, doch als Haustür stand (versehentlich?) ein Kunststoffprodukt im Bauvertrag. Also: Haustür in Hemlock aussuchen.

Zwei Tage vorher rief ich den Spentz-Filialchef an und kündigte meinen Besuch an. Am Sonnabend sei er zwar nicht da, aber eine Kollegin könne uns alles zeigen. Doch – niemand ist da, die Tür zu den Mustertüren ist zu. Am Sonnabend um 11 Uhr!

25. Juni: Nach einem bitterbösen Fax an MirXbau meldet sich der Spentz-Mann. Und tut, als wisse er von gar nichts, nichts von meinem Fax und schon gar nichts von verschlossenen Türen. Er verspricht, einen Katalog und gleich ein ganz konkretes Türen-modellangebot zu schicken.

27. Juni: Wenigstens das klappt schnell – aber wieder nicht gut. Der Katalog ist ein falscher, und das Angebot für die exakt benannte Tür enthält vier Fehler, angefangen beim falsch geschriebenen Namen des falschen Modells. Wer weiß, ob der Preis von 3.200 Euro nicht auch falsch ist und ob ich bei Spentz wirklich das geliefert bekommen würde, was ich dort ordere.

Ich rufe bei MirXbau an und sage, dass ich mit dieser Firma nichts mehr zu tun haben will. »Na gut«, sagt Bauleiter Teffner, »dann nehmen wir die Tür aus dem Vertrag heraus«. Ist das ein faires Angebot, oder will MirXbau sich damit etwas vom Hals schaffen? Ich frage, wie viel ich für die Kunststofftür gutgeschrieben bekomme. »1.534 Euro inklusive Einbau«, sagt Teffner – kennt er diese Zahl auswendig? Ist diese Gutschrift in Ordnung – oder ist die ursprüngliche Tür vielleicht 2.000 Euro wert? Aber das sagt mir niemand, erst recht nicht bei MirXbau.

28. Juni: Ich bestätige meinen Schritt und die 1.534 Euro schriftlich, und jetzt bin ich also für die Haustür selbst zuständig. Doch wie komme ich am billigsten an Ersatz? Ich versuche es direkt bei einem Hersteller und werde als »Endkunde« an »örtliche Fachhändler« verwiesen.

Bei Türenanbieter Türrner im Nachbarbezirk schauen wir uns ein Holztür-Muster an. Soll 1.699 Euro kosten. Die Tür gibts auch in Hemlock, kostet aber »etwas mehr«. Wir entscheiden uns zudem für »durchwurfhemmendes Glas« mit Warmeschutz-k-Wert 1,1 und für eine »integrierte Türfangeinrichtung« (Schutzbügel) sowie für eine »Schutzgarnitur Knopf/Drücker in Edelstahl«.

30. Juni: Schnell trifft das Angebot von Türrner ein. 2.784,60 Euro inklusive 141 Euro für Montage und Kleinmaterial. Das klingt anders als 1.699, ist aber immerhin fast 500 Euro billiger als bei Spentz. Ich schicke das Angebot unterschrieben zurück. Das hätten wir!

2. Juli: Es gibt ein weiteres Gewerk, das ich gern aus dem Vertrag nehmen würde. Bei den Fliesen wurden 90 Euro als »Verlegepreis pro Quadratmeter« im Bauvertrag festgelegt. »38 fürs Material, 52 für die Arbeit«, erläuterte mir MirXbau-Verkaufsleiter Altfrank. Wir suchten Fliesen im Preis von 32 Euro aus – und staunten über eine »Zusatzvereinbarung« mit gut 1.000 Euro Aufpreis. Begründung: 23 Euro sei der Preis fürs Fliesenmaterial – 67 Euro koste die Arbeit. Ich meckere, Teffner ruft mich später zurück und sagt, Altfrank sagt, er hätte sowas nie gesagt. Warum habe ich damals bloß meinem Bauherrenberater getraut, der gegen einen »Verlegepreis« statt eines »Materialpreises« nichts einzuwenden hatte.

Sauer wie ich war, holte ich mir drei Kostenvoranschläge örtlicher Fliesenleger. Doch die kamen auf ähnliche oder gar höhere Summen als das MirXbau-Angebot. Außerdem quengelt Teffner herum, ich bekäme nicht 90 Euro pro Fliesen-Quadratmeter gutgeschrieben, denn im Estrich und im Putz seien bereits »Zuschläge« wegen der Verfliesung eingesetzt worden. Ich resigniere, belasse es bei den MirXbau-Fliesen und schlucke den Aufpreis von 1.000 Euro. Immerhin habe ich bei MirXbau laut Bauvertrag eine fünfjährige Gewährleistung, was mir kein Handwerker bietet.

15. Juli: Die heutige Post lässt mich schon wieder über eine Auftragsvergabe vorbei an MirXbau denken. Es geht um den Kanalanschluss. Das hat eine Vorgeschichte: Es muss im Februar gewesen sein, als ich mit einem Tiefbauunternehmer namens Borischke vor meinem Grundstück über die öffentlichen Anschlüsse sprach, über Ab- und Frischwasser, über Gas, Elektro und Telefon.

Seine Firma schickte mir ein (noch unvollständiges) Angebot über 5.600 Euro – fürs Erdebuddeln und für die Rohrverlegung. Weil sich MirXbau wegen ihres Doppelhausbaus auf dem vorderen Grundstück für meine Buddelaktivitäten interessierte, gab ich Teffner eine Kopie dieses Angebots. »Oh, die sind günstiger als unsere Firma«, entfuhr es ihm. Danach habe ich von dieser Sache lange nichts gehört. Außer dass Teffner mal bei Borischke war oder dass »Herr Teffner heute noch mit Herrn Borischke sprechen wird«, wie ich bei Firma Borischke telefonisch erfuhr. Irgendwann wurde irgendwas umgeplant – was, das wusste und erfuhr ich nicht. »Kriegen Sie rechtzeitig, wenn es dran ist«, vertröstete mich Teffner mehrfach.

Sauer wurde ich, als ich hörte, dass MirXbau wegen der Anschlussarbeiten eine neue Zusatzvereinbarung für mich schreiben würde – an der die wieder verdienen, ohne mir das wahre Angebot »meiner« Firma Borischke zu zeigen?!

Wütend faxte ich Borischke, dass ich mir einen anderen Vertragspartner suchen würde, wenn ich nicht direkt mit ihm ins Geschäft käme – dann nämlich wäre auch eine Verbindung Borischke/MirXbau fürs Doppelhaus wirtschaftlich nicht sinnvoll, weiß ich. Schließlich, argumentiere ich im Fax, hätte zuerst ich ein Angebot erbeten und nicht MirXbau. Entweder bekäme ich von Borischke eine Aufstellung, welchen Anteil an den gemeinsamen Arbeiten ich zahlen solle, oder...

Die erste Reaktion auf mein Fax war, dass von MirXbau keine neue Zusatzvereinbarung kam. Drei Wochen später, genau heute, erhielt ich nun ein neues Angebot – von Borischke. Der teilt nun alle Orderpositionen je nach Wegstreckenanteil zwischen MirXbau und mir auf und kommt auf rund 5.000 Euro Anteil meinerseits. Ich vergleiche das, so gut ich kann, mit dem ersten Angebot. Es wirkt alles seriös und nachvollziehbar, ich unterschreibe den Auftrag.

Ach, eins noch: Am Ende der Rechnung verlangt Borischke eine Art Extrakostenpauschale von sechs Prozent. Ich schreibe dazu, dass ich zwei Prozent davon als Rabatt abziehe, weil ich sofort nach Rechnungserhalt bezahlen werde.

Die restlichen vier Prozent streiche ich auch. Weil ich gehört habe, dass die Kontaktvermittlung Borischke/MirXbau schon zu einem Auftrag auf einer anderen Baustelle geführt hat, erlaube ich mir, diese vier Prozent als meinen Lohn für »Geschäftsanbahnung« abzuziehen...

Was der Experte dazu sagt:
Gewährleistung nicht aufweichen

Soweit war Oberheim in der Beziehung zu seiner Baufirma noch nie – dass er MirXbau ein Stück des Auftrags entzieht. Was hätten Sie ihm geraten, Rainer Schofer? Der Diplom-Bauingenieur und öffentlich bestellte und vereidigte Sachverständige für Baupreisermittlung und Abrechnung im Hoch- und Ingenieurbau ist Geschäftsführer eines Ingenieurbüros für Bauprojektsteuerung in Berlin-Tiergarten und kennt Preise und Auftragsvergaben:

Mir kommt es vor, als würde sich der Herr Oberheim da zu sehr hineinsteigern. Das Herausnehmen der Haustür aus dem Vertrag kommt ihm unerwartet leicht vor, und auch bei den Fliesen gibts auf den ersten Blick keine Probleme. Aber – ich hätte Bauchschmerzen, der Baufirma mehrere Aufträge zu entziehen. Vor allem weicht er damit seine Gewährleistungsansprüche auf.

Fangen wir bei der Haustür an. Dass MirXbau die Kunststofftür aus dem Vertrag nimmt, ist in Ordnung. Dass inklusive Einbau 1.534 Euro gutgeschrieben werden, finde ich auch fair – in einer mir vorliegenden Preistabelle steht sie mit 1.525 Euro.

Natürlich spart Oberheim fast 500 Euro (Unterschied zwischen Spentz und Türrner). Ganz vorsichtig am Rande frage ich mich, ob die Angebote identisch sind: Steht in beiden Angeboten z. B. der Schließzylinder (ca. 35 Euro) drin? Beide Angebote kommen mir übrigens zu hoch vor: Nach der zitierten Tabelle kalkuliere ich eine vergleichbare Tür je nach Ausstattung mit 1.950 bis 2.200 Euro. Vielleicht hätte Oberheim noch weitere Türenanbieter aufsuchen sollen.

Dann die Fliesen: Die ursprünglich genannten »52 Euro für Arbeit« (plus 38 Euro fürs Material) sind ein realistischer Wert. Dass man Oberheim gegenüber die Arbeit später auf 67 Euro teuer redet, zeigt, wie sehr ihn die ungenaue Vertragsformulierung »Verlegepreis« der Willkür seiner Baufirma ausliefert und wie leicht diese einen Kunden linken kann.

Dass Oberheim erfolglos nach preisgünstigeren Anbietern sucht, wundert mich nicht. Zum einen wird MirXbau sich nicht den teuersten Subunternehmer gesucht haben, der zudem zu weiteren Preiszugeständnissen bereit ist, weil er bei MirXbau ja mehr als ein Haus zu fliesen hat. Zum anderen hat ein von Oberheim extra beauftragter Fliesenleger mehr Aufwand: Er muss öfters kommen und ist nicht in den normalen Bauablauf bei MirXbau eingebunden.

Dass Oberheim schließlich doch bei MirXbau bleiben will, finde ich vernünftig. Und er erkennt ja schließlich selbst, dass es sich nicht lohnt, vielleicht einige hundert Euro mit einem von ihm beauftragten Handwerker zu sparen, wenn er bei MirXbau die fünfjährige Gewährleistung als »Zugabe« bekommt.

Außerdem könnte es passieren, dass Fehler seines Fliesenlegers die Gewährleistung bei anderen Mängeln beeinträchtigen. Bei meinem eigenen Hausbau ergab sich die Frage, ob ein Mangel vom Fliesenleger oder von der Sanitärfirma zu verantworten war – wenn Oberheim alles bei MirXbau belässt, muss MirXbau den Mangel beheben, egal welcher Subunternehmer ihn verursacht hat.

Ich also würde mit den Fliesen bei MirXbau bleiben. Am Rande etwas zum Teffner-Argument der preisrelevanten Zuschläge, die wegen des Verfliesens zugesetzt worden seien: Beim Wandputz trifft das wegen der nötigen besonderen Ebenheit zwar zu, beim Estrich aber hat er geflunkert. Doch Oberheim ist Laie und wird das kaum überprüfen können…

Zuletzt zum Extraauftrag an den Kanalbauer Borischke. Besonders fair finde ich das nicht, wenn Oberheim ihn ins Geschäft hineinbringt und Borischke dann mit MirXbau/Teffner weiter verhandelt, ohne Oberheim stets Bescheid zu sagen. Erst recht unfair wird die Sache, als Oberheim plötzlich von der MirXbau-Zusatzvereinbarung Wind bekommt.

Dass Oberheim das wütende Fax an Borischke losgelassen hat, war richtig. Schließlich ist er bei seinen Anschlüssen an die öffentliche Ver- und Entsorgung von Wasser bis Elektro unabhängig von einem MirXbau-Bauvertrag und somit auch eigenständige Vertragspartei.

Allerdings habe ich auch Bedenken. Bauleiter Teffner hat den Auftrag, das MirXbau-Projekt für »Oberheims Heim« zu leiten. Wenn Oberheim nun aber einen von MirXbau unabhängigen Tiefbauer für seine Anschlussleitungen einschaltet, hat Teffner eigentlich mit diesem »Job« nichts zu tun. Würde dort im Planweg nicht auch das MirXbau-Doppelhaus errichtet, so wüsste ich nicht, warum Teffner sich in der Zeit der Tiefbaumaßnahme auf der Baustelle überhaupt blicken lassen sollte?!

Soll heißen: Wer leitet die Tiefbauarbeiten, wer sorgt für die Koordinierung der Zuarbeit von Energie- und Gasversorger, Wasserbetrieb und Telekom? Oberheim hat hier wirklich das Glück auf seiner Seite, dass MirXbau auf dem vorderen Grundstück gleichzeitig ein Doppelhaus errichtet. Bauherren auf Einzelbaustellen aber kann ich nur raten, sich rechtzeitig um jene dringlichen Dinge zu kümmern, die nicht von ihrem Bauvertrag erfasst und verankert sind.

Abgesehen davon stellt sich hier auch wieder die Frage, ob Oberheim nicht besser gefahren wäre, hätte er von vornherein alles in seinem Bauvertrag geregelt. Dann hätte man auch die Verantwortlichkeit (Bauleitung) für extra vergebene Anschlussarbeiten regeln können.

Oberheims Einsichten

Im Grunde genommen war dies – die öffentlichen Anschlüsse – wieder so ein Thema, das ich anfangs total verpennt habe. Für mich fällt dieser Bereich wieder unter das Thema »Wenn ich ein schlüsselfertiges Haus bei einer Baufirma ordere, dann ist doch alles mit drin«.

Denkste. Denn in meinem und vielen anderen Bauverträgen, die ich inzwischen gesehen habe, ist eine Formulierung wie »Leitungen bis Außenkante des Hauses« enthalten. Das besagt, dass alles, was dann neben dem Mauerwerk unter der Erde weitergehen muss, nicht mehr bei der Baufirma liegt. Weil man dort aber ganz genau weiß, dass ich (bzw. Sie) weder die Ahnung noch die Zeit dafür habe(n), mich darum zu kümmern, werden die Bauleute ein Zusatzangebot machen. Speziell bei langen Leitungswegen kann da eine riesige Extrasumme herauskommen. Plus Zuschlag für die Anschlüsse-Bauleitung des Standard-Bauleiters. Plus Zuschlag dafür, dass das Baufirmenbüro alles koordiniert, ausschreibt usw.

Ich habe da von einem Fall gehört, in dem die Baufirma erst einmal ein »Zusatzangebot« für nur einen Teil davon (z.B. Gasanschluss) gemacht hat – mal sehen, ob der Kunde das in dieser Höhe schluckt. Wenn er nicht meckert, sondern unterschreibt, liefert man die anderen Teile der Anschlussarbeiten nach (»...konnten wir Ihnen beim ersten Teil unseres Angebots noch nicht vorlegen, weil wir das erst nach unserem Gasanschluss-Angebot bekommen haben. Außerdem haben wir Ihnen das mit dem Gas auch deshalb früher zugeschickt, falls Sie sich doch noch für Heizöl entscheiden wollen...«).

Die Argumente für die rasante Verteuerung lieferte jene Baufirmen-Geschäftsführung gleich mit, und zum Teil hat sie der Experte eben auch schon angerissen: Der Bauleiter muss sich ja auch um diese Arbeiten kümmern, weiter muss im Büro dieses und jenes koordiniert und geplant werden – alles Dinge, in die man als Laie nicht hineinschauen und die nicht mal ein Experte nachrechnen kann. »Aber bitte, Herr Bauherr, wir können das gern auch Ihnen überlassen, wenn Sie ein paar Euro sparen wollen. Gut, in zwei Wochen werden wir dann mit den Arbeiten xyz Ihren Bau fortsetzen. Oder meinen Sie, Sie kriegen das bis dahin nicht geregelt mit dem Gas und dem Abwasser...« Da haben diese Trickser Recht – bis dahin schaffen Sie es natürlich nicht, eine Sache zu organisieren, von der Sie heute noch keinen Schimmer haben.

Der Experte hat es schon richtig beleuchtet: Es war mein Glück, dass MirXbau auf dem vorderen Grundstück baute und daher an der gemeinsamen Leitungslegung interessiert war. Aber selbst in diesem Fall haben die sich gemütlich zurückgelehnt und dem Tiefbauer Borischke die Verantwortung a) für alle Arbeiten und b) für das rechtzeitige Anrücken der Versorgungsunternehmen übertragen.

Mein Tipp: Rechtzeitig selbst an alle Anschlüsse denken – schon wenn der Bauantrag noch läuft.

Übrigens noch eins am Rande: Der Experte lag mit dem Thema »Aufweichen der Gewährleistung« bei Herausnahme von Leistungen aus dem Bauvertrag absolut richtig. Ziemlich genau ein Jahr nach dieser Tagebuchfolge erfuhr ich von anderen Handwerkern, dass »Türen Türrner« pleite und sein Geschäft längst verschwunden ist. Wenn sich das »durchwurfhemmende Glas« der Tür nun im Nachhinein als nicht einbruchssicher erweisen sollte, dann fallen für mich sowohl MirXbau als auch Türrner als Garant für eine Reparatur aus. Fragt sich dann, ob ich den Hersteller in Anspruch nehmen könnte, denn wenn Türrner meine Tür ohne diese Glasspezialität geordert haben sollte, dann...

Tagebuch, 78. Folge:
Baufirma bessert bei Wärmedämmung nach

Weniger Keller, weniger Wert

19. Juli: Vor einigen Wochen habe ich schon einmal über das Thema Niedrigenergiehaus geschrieben, und darüber, wie schwer sich MirXbau damit tut, die Mindestwerte einzuhalten.

Um mir die staatliche Förderung – 205 Euro extra neben der Eigenheimzulage gibts derzeit für Niedrigenergiehäuser – zu retten, wurde zum einen schnell korrigiert. Besseres Dämmmaterial wird nun in die Wärmedämmung oberhalb der Obergeschoss-Zimmer meines Hauses eingebaut.

Zum anderen aber haben die noch etwas ganz Seltsames gemacht. Im Keller stehen jetzt vor drei Innenwänden plötzlich Metallkonstruktionen. Die sollen, sagt mir dazu der Trockenbauer, mit Mineralwolle gefüllt werden, damit der beheizte Teil des Kellers gegenüber dem unbeheizten Teil besser vor Wärmeverlusten geschützt ist.

Abgesehen davon, dass mir MirXbau bzw. deren Bauleiter Teffner von diesem Extraeinbau kein Wort gesagt, geschweige denn gefragt hat, ob ich damit einverstanden bin, finde ich diese Extrawände extrem unschön. Eine Dämmung endet mitten auf einer Wand. Außerdem geht mir nun doch Nutzfläche im Keller verloren, fällt mir auf. Per Fax erkläre ich mich mit den Extrawänden nicht einverstanden.

22. Juli: Endlich erhalte ich von MirXbau auch mal eine schriftliche Antwort auf schriftlich Fragen – nicht von Bauleiter Teffner, sondern von dem Ingenieurbüro, das das Wärmeschutzgutachten fürs Haus erstellt hat. Natürlich sei diese Dämminstallation erforderlich, um das Haus als Niedrigenergiehaus abzusichern, schreibt ein »Ing.« an Teffner.

Aber ob ich solch eine Änderung schlucken muss, darüber sagt der Ingenieur natürlich nichts. Kann er auch gar nicht, weil er ja gar nicht weiß, was in meinen Verträgen mit MirXbau drinsteht. Ich habe laut Bauvertrag und Grundriss-Skizzen ein bestimmtes Haus mit einer bestimmten Wandstärke und bestimmten Grundflächen zu bekommen, das den Niedrigenergiehausstandard erfüllt. Und nicht Kellerräume, die durch Extradämmwände mehrere Quadratmeter verlieren.

24. Juli: Berater Scherrn vom Bauherrenverein rät mir, ich solle einfach die jetzt verlorene Fläche vom Kellerpreis abziehen. Er berechnet meinen Keller mit 500 Euro pro

Quadratmeter und schlägt vor, ich solle bei etwa zwölf Metern Dämmwand à 13 Zentimeter Stärke also den Gegenwert von 1,5 Quadratmetern abziehen. 750 Euro also.

Außerdem fällt mir im Gespräch mit Scherrn wieder ein, dass ja noch mehr hinzukommt. In der neuen Niedrigenergiehaus-Berechnung einkalkuliert sind nämlich auch Wärmeschutzmaßnahmen, die ich zwischenzeitlich extra bezahlt habe.

Ich hatte mich ja entschieden, meinem gesamten Keller dieselbe großzügige Fußbodendämmung wie im Keller-Gästezimmer zu spendieren, also zehn Zentimeter Estrich über der Fundamentplatte und sechs Zentimeter Styrodur draußen gegen das Erdreich.

Was ich schon erkannt hatte: Ein Großteil meiner Extra-Wärmeschutzinvestitionen innen im und draußen am Keller hat MirXbau in der neuen Wärmeschutzkalkulation mitgewertet – als hätten die das Geld investiert und nicht etwa ich. Ich errechne zu viel bezahlte 652 Euro für die neue Dämmung im größten Teil des Kellers plus 286 Euro an Extradämmung außen an den Kellerwänden. Macht zusammen mit dem Flächenverlust 1.688 Euro. Die will ich von MirXbau zurück!

Das schreibe ich umgehend in einem Fax an MirXbau und bekomme dafür genauso quick den Rückruf von Teffner, der nicht so aufbrausend wie sonst, sondern kurz und bestimmt sagt, ich solle den Abzug dieses Geldes von meiner nächsten Rate gehörigst unterlassen.

Beim Stichwort Rate fällt mir ein, dass ich die jüngste Zahlungsrate ja innerhalb von zehn Tagen begleichen muss. Soll ich kürzen oder bezahlen? Aber wie setze ich dann meine Kürzungsbestrebungen wegen des Kellers durch?

Was der Experte dazu sagt:

Lieber verhandeln als klagen

Diese Tagebuchfrage sollte ein Jurist beantworten. Der Berlin-Charlottenburger Rechtsanwalt und Notar Ulrich Schellenberg beurteilt, ob Oberheim richtig liegt:

Zunächst hat ein Bauherr natürlich Recht, wenn er sagt, dass er laut Bauvertrag und Grundriss-Skizzen das Haus mit bestimmter Wandstärke und Grundfläche bestellt hat. Kann der Bauunternehmer die versprochene Leistung nicht liefern, könnte man meinen, dies sei nicht Oberheims Problem. MirXbau hat Oberheim ein Niedrigenergiehaus mit dazu erforderlichen Wärmedämmwerten zugesagt. Diese Werte aber werden erst durch Extradämmwände erreicht, die unseren Bauherrn Kellerfläche kosten.

Eine bestimmte Kellernutzfläche aber ist Oberheim laut Bauvertrag ebenso wenig zugesichert worden wie die Wohnfläche in den Etagen darüber. Eine verbindliche Zusicherung hätte mich auch gewundert – Baufirmen wollen eine so weit gehende Haftung meist vermeiden.

Trotzdem könnte es sich bei der »verlorenen Fläche« von 1,5 Quadratmetern im Rechtssinne um einen »Mangel« des Bauwerks handeln. Der liegt immer dann vor, wenn die Istbeschaffenheit von der vertraglich vorausgesetzten Sollbeschaffenheit abweicht und so die Gebrauchstauglichkeit des Werkes herabgesetzt ist.

Ohne Zweifel weicht der neue Kellerflächen-Zustand vom Leistungssoll aus dem Bauvertrag ab. Allein hieraus könnte man wie Bauherrenberater Scherrn vermuten, dass Oberheim ein Minderungsbetrag zusteht.

Aber: MirXbau wird einwenden, dass die Flächenabweichung minimal sei. Der Bundesgerichtshof (BGH) meint dazu, dass nicht jeder kleine Fehler Minderungsansprüche begründet. Manchmal muss solch eine Beeinträchtigung vom Bauherrn auch hingenommen werden.

In unserem Falle könnte MirXbau argumentieren, dass zur Einhaltung des Niedrigenergiehausstandards auch bei zuvor korrekter Planung auf jeden Fall nur eine geringere Kellernutzfläche zu erreichen war.

Der BGH (abgedruckt in NJW 1997, Seite 2874) entschied einmal, dass eine Unterschreitung der vereinbarten Wohnfläche um mehr als zehn Prozent stets einen Fehler darstellt, der nicht akzeptiert werden muss. Nach meiner Meinung können auch geringere Abweichungen Minderungsansprüche begründen, denn die Nutzfläche ist eine wesentliche Wertgrundlage des Baus. Ob dies allerdings bei einem Einfamilienhauses mit gut 150 Quadratmetern Wohn-/Nutzfläche schon bei 1,5 qm zu bejahen ist, ist doch sehr zweifelhaft. Über diese Frage hätte bei einem (Streit-)Wert von 750 Euro zuerst einmal ein Amtsrichter zu entscheiden. Gegen dessen Entscheidung ist trotz des geringen Streitwerts sogar noch eine Berufung zum Landgericht möglich, da der Beschwerdewert der Berufung (seit 1. Januar 2002) auf 600 Euro heruntergesetzt worden ist. Aber: Raten kann ich Oberheim zu diesem Prozess nicht!

Nun zur Zusatzdämmung, die Oberheim im Nachhinein investiert hat. Bemerkenswert ist, dass er damit einen »Mangel« beseitigt, bevor dieser erkannt wurde. Schließlich stellt es sich erst später heraus, dass die nötigen Wärmedämmwerte nur dadurch erreicht wurden, dass Oberheim auf eigene Rechnung weitere Dämmmaßnahmen durchgeführt hat.

Das allgemeine Gewährleistungsrecht aber lässt ihn bei der Frage im Strich, denn – objektiv betrachtet – liegt ein Mangel des Bauwerks nicht vor. Schließlich erreicht das Haus jetzt ja die Niedrigenergiehauswerte.

Geld zurück bekommen könnte Oberheim vielleicht aus der so genannten »Geschäftsführung ohne Auftrag«. Dieser Begriff besagt, dass derjenige seine Aufwendungen ersetzt erhält, der für einen anderen (MirXbau) ein Geschäft führt (Extradämmung einbauen), ohne dazu (von MirXbau) beauftragt zu sein. Es wird noch komplizierter: Voraussetzung dafür ist auch, dass diese Maßnahme dem »vernünftigen Willen« des Anderen entsprochen haben muss. Von Letzterem kann man ausgehen, denn hätte MirXbau vor Einbau der Dämmung bereits erfahren, dass nur so der Niedrigenergiehausstandard zu »rellen« war, hätte die Baufirma dieses Mehr an Dämmung einbauen müssen.

Oberheim aber steht der Ersatzanspruch nur dann zu, wenn er die Extradämmung »in der Absicht und in dem Willen« getätigt hat, dies im Interesse von MirXbau zu tun. Daran aber dachte er nicht – weil das Thema Niedrigenergiehaus noch gar nicht aktuell war –, sondern nur an eine bessere Vorsorge für die Kellerwände. Damit aber hatte Oberheim nicht den »Fremdgeschäftsführungswillen«, der für eine Erstattung seiner Dämminvestitionen erforderlich wäre.

Gleichwohl könnte ihm ein Anspruch aus »ungerechtfertigter Bereicherung« zustehen – schließlich hat MirXbau jene Kosten gespart, die Oberheim quasi verauslagt hat.

Man sieht also: Der Fall des Herrn Oberheim ist – wieder mal – nicht so einfach gelagert. Aber ich warne andere Bauherren davor zu glauben, dass Oberheim ungewöhnliche Fallgestaltungen nur anzieht wie das Licht die Motten. Jeder Fall ist ein Einzelfall, und daher passen bekannt werdende Gerichtsurteile oft auch nicht auf den eigenen Sachverhalt.

Wie so oft ist es für Oberheim meiner Ansicht nach besser, eine für beide Seiten vertretbare Lösung zu suchen, statt stur auf vermutliches oder tatsächliches Recht zu pochen. Meines Erachtens wäre Oberheim gut beraten, wenn er seine Forderungen gegen MirXbau schriftlich begründet und sich hierbei anwaltlich beraten lässt. Allerdings sollte auch mit Blick auf die Kosten eines Rechtsstreits alles versucht werden, mit MirXbau eine salomonische Lösung zu erzielen. Bauleiter Teffner hat auf die Forderungen ja bereits deutlich weniger aufgeregt reagiert als sonst in Streitfragen. Vielleicht ist dies bereits eine gute Kompromissgrundlage.

Oberheims Einsichten

Dazu wäre eigentlich nur noch anzufügen, dass ich später, am Tage der Abnahme, in dieser Sache einen überraschenden Erfolg erzielen werde – der mir nach vielen finanziellen Tricksereien der Bauleute Monate später endlich einmal das Gefühl geben wird, dass ich mal etwas bekommen habe, was mir nicht zustand.

Leider kann ich anderen Bauherren aber nicht viel Hoffnung machen. Allein mein späteres taktisches und von etwas juristischer Beratung zeugendes Auftreten – man könnte es durchaus »pampig-protzig« nennen – hat zu diesem Erfolg geführt. Wahrscheinlich ist Leidensgenossen nur zu raten, dass sie sich doch immer wieder mal einen Rat von einem juristisch Ausgebildeten oder einem (befreundeten) Anwalt holen sollten. Und vor allem sollte der Befragte dann kein Paragrafenreiter, sondern ein alter Praktiker sein, der weiß, wie man Dinge gegenüber Bauleuten durchsetzt. Oder dass man manchmal auf das Klagen vor Gericht auch lieber verzichten sollte.

Tagebuch, 79. Folge:
Geld zurückbehalten bei Mängeln?

Das Fenster und die nächste Rate

28. Juli: Heute morgen traf ich mich auf der Baustelle mit Herrn Türrner. In seinem Türenstudio hatte ich mir eine Haustür ausgesucht, nachdem ich der unzuverlässigen Firma Spentz den Laufpass gegeben hatte.

Mit Spentz aber bleibe ich notgedrungen in Verbindung, denn deren Leute haben vor zwei Tagen alle Fenster eingebaut. An einer Stelle aber mit einem Riss im Holz, wie meine Frau bemerkte. Außerdem haben wir eine sehr luftige Verbindung zwischen zwei Fensterrahmen entdeckt; der Hohlraum misst mehr als zwei Zentimeter.

Nach dem Türeneinbau zeige ich Türrner Riss und Zwischenraum am Erkerfenster – frei nach dem Motto: »Wollen Sie mal sehen, wie Ihre Konkurrenz arbeitet?« Aber Türrner hat zu meiner Überraschung nur Augen für etwas anderes: »Gucken Sie mal hierher!« Das sagt er mir dreimal, und ich gucke dreimal und erkenne doch nichts Ungewöhnliches.

»Na, der Scheibeneinsatz im Holzrahmen ist viel zu klein. Wenn Sie vor dem Fenster stehen, sehen Sie über dem Holzrahmen den schwarzen Einsatz hervorragen – das mag bei Autoscheiben modern sein, beim Fenster aber ist das schlecht. Da ist Ihnen«, erklärt er, »eine Scheibe eingebaut worden, die mindestens einen Zentimeter zu schmal ist«. Vielen Dank für den Hinweis!

29. Juli: Ich melde diesen Makel gleich Bauleiter Teffner. Von ihm erfahre ich übrigens, dass Spentz den Fenstereinbau als abgeschlossen ansieht – trotz der klaffenden Lücke zwischen den Erkerfenstern. Teffner sagt, er habe erwartet, dass man den breiten

Spalt noch mit einer Abschlussleiste verdecken würde (und damit dann auch den von uns entdeckten Riss im Holz). Zufällig entdecke ich im Internet die Spentz-Mutterfirma in Süddeutschland. Ich schreibe eine geharnischte E-Mail an die Geschäftsführung und schildere verpasste Besuche, schlampige Angebote und Einbaufehler.

31. Juli: Die Reaktion kommt schnell. Der Firmenchef persönlich schreibt zurück, dass er seine Berlin-Filiale gefragt habe und dass die ihm mitgeteilt hätten, die Leiste für die Erkerkante sei natürlich längst bestellt (hört, hört!). Den Mangel der angeblich zu kleinen Scheibe werde man prüfen.

Gedanken mache ich mir auch über einen Hinweis meines Beraters vom Bauherrenverein: Wer sagt mir eigentlich, dass die Fenster wirklich die im Bauvertrag zugesicherten Wärmeschutzqualitäten (k-Wert 1,1) mitbringen? In den Fenstern selbst stehen fast keine Hinweise. »Dann ist das sicher minderwertiges Glas«, ist sich mein Berater sicher: »Fragen Sie mal nach dem RAL-Gütezeichen – und das für jedes einzelne Fenster.«

3. August: Ich komme in der RAL-Frage nicht weiter. Überall stoße ich auf Halb- oder Nichtwissen. »Rufen Sie doch bei RAL an«, witzelt einer. Gar nicht schlecht, die Idee. Denn »RAL« ist nicht bloß ein Zeichen, sondern der Name des »RAL Deutsches Institut für Gütesicherung und Kennzeichnung e.V.«, und das sitzt in Sankt Augustin, wie ich herausfinde. Am Telefon erklärt mir eine Frau bei RAL, dass bei Fenstern nicht immer eine Beschriftung zwischen oder auf den Scheiben lesbar sein muss und dass es Qualitätsbescheinigungen gibt, die man beim Hersteller oder Fenstermonteur verlangen kann. Nicht aber für jedes einzelne Fenster, da liege mein Bauherrenberater fachlich etwas daneben.

Ob meine Fenster aber den k-Wert von 1,1 wirklich erfüllen, sei eher eine Frage der Ausschreibung als eines Gütesiegels. Wenn eine Baufirma wie MirXbau die k-Werte nicht ausdrücklich einfordert, könne es angehen, sagt die RAL-Frau, dass ich vielleicht Fensterglas mit dem Wert 1,1 bekomme, während der Holzrahmen schlechtere Werte hat. Bevor die Frau den Versuch machen kann, mir zu erklären, dass und warum es für Rahmen und Glas unterschiedliche k-Wert-Bezeichnungen gibt, danke ich und lege auf.

Beim Telefonieren ist mir eingefallen, dass die Fensterwerte in der Wärmeschutzberechnung für mein Haus drinstehen müssten: Da ist mein Fensterglas tatsächlich mit dem besseren k-Wert von 1,1 notiert, während die Fensterrahmen nur 1,3 haben soll – diese Werte muss das Berechnungs-Ingenieurbüro doch von MirXbau haben.

Jede Abweichung von 0,1 soll pro Jahr zehn Liter Heizöl (bzw. entsprechende Gasmenge) ausmachen, meinte mein Bauherrenberater. Den Unterschied finde ich nicht so dramatisch.

5. August: Post von MirXbau, wieder eine »Bautenstandsbestätigung/Baufortschrittsanzeige«. »Nach Einbau der Fenster« sei nun die »70-Prozent-Rate« meiner Gesamtbausumme (insgesamt sind es wegen der mehreren Zusatzvereinbarungen derzeit 184.000 Euro) fällig.

Diese Schreiben namens »Bautenstandsbestätigung/Baufortschrittsanzeige« kommen immer doppelt, und es ist ein Feld für meine Unterschrift frei. Kein einziges Mal habe ich sie bisher zurückgeschickt, weil ich fürchte, damit unwissentlich etwas anzuerkennen, was ich nicht anerkennen will.

Das andere Formular, das MirXbau immer beilegt, ist die »Zahlungsaufforderung«. Die aber setzt laut meinem Bauvertrag immer die komplette Erledigung des ganzen Gewerks voraus – sonst müsste ich für ein ausgerupftes Grasbüschel gleich alle Erdarbeiten zahlen oder für ein aufgestelltes Schild »Vorsicht, Dacharbeiten« gleich den Dachdecker...

Jetzt also sagen mir MirXbaus Zahlungsaufforderung und Bautenstandsbestätigung, dass die Fenster eingebaut seien. Aber zwei Fenster am Erker sind doch mangelhaft klein! Zum ersten Mal nach einer Zahlungsaufforderung habe ich jetzt ernsthafte Zweifel, ob ich auch diesmal »innerhalb von zehn Werktagen« bezahlen oder Geld zurückhalten soll. Im Kleingedruckten heißt es: »Zahlungsverzug gefährdet den Bauablauf und kann zur Einstellung der Arbeiten führen.«

Zudem habe ich etwas über ein neues Gesetz gelesen, nach dem man als Bauherr nicht mehr so leicht Geld wegen irgendwelcher Schäden oder Mängel zurückhalten kann.

Also schreibe ich an MirXbau, dass in meinen Augen der Fenstereinbau noch nicht abgeschlossen ist und dass ich trotzdem schon die volle Rate überweise. Oder hätte ich doch Geld zurückhalten sollen, um Druck zu machen? Darf ich das denn auf diesem Wege?

Was der Experte dazu sagt:
Ratenkürzung – Nicht zu viel riskieren

Oberheims Fragen am Ende der Tagebuchfolge gehören in die Obhut eines Rechtsanwalts. Peter Fissenewert ist Spezialist für Themen rund ums Baurecht. Er ist Referent bei Bauherrenseminaren, arbeitet bei Verbraucherschutzorganisationen mit und hat eine Kanzlei in Berlin-Charlottenburg:

Zahlen muss Oberheim laut seinem Bauvertrag immer nach Ende eines Gewerks. »Nach« heißt grundsätzlich, dass die vereinbarte Leistung erbracht worden sein muss.

Dabei muss man aber unterscheiden zwischen Schluss- und Abschlagszahlung. Für die Schlusszahlung ist meist eine Abnahme erforderlich, nicht aber bei Abschlagszahlungen, um die es hier geht. Dann ist eine Abnahme nicht Voraussetzung für die Fälligkeit der nächsten Rate.

Dieses Recht des Unternehmers ist im von Oberheim angesprochenen »Gesetz zur Beschleunigung fälliger Zahlungen« nun auch verankert: Er kann für in sich abgeschlossene Teile des Werkes Abschlagszahlungen verlangen. Ist auch manchmal nicht ganz klar, was »in sich abgeschlossene Teile« sind, dürfte das hier für die eingebauten Fenster in jedem Fall gelten.

Nun ist aber dieser Einbau mangelhaft erfolgt: ein Riss, eine luftige Verbindung in den Holzrahmen, zu kleine Scheiben. Aber, wie gesagt: Da eine Abnahme nicht Voraussetzung für die Fälligkeit der Rate ist, kann MirXbau das Geld verlangen – auch bei mangelhaftem Werk.

Oberheim hat aber ein »Zurückbehaltungsrecht« wegen seines Anspruchs auf Mängelbeseitigung. Wie viel zurückbehalten? Das zitierte Gesetz spricht von einem angemessenen Teil, mindestens dem Dreifachen der Mängelbeseitigungskosten. Oberheim müsste also diese Kosten schätzen (lassen). Das einbehaltene Geld kann MirXbau dann später nach der Mängelbeseitigung verlangen.

Rechnen muss unser Bauherr aber damit, dass MirXbau ihm beim Zurückhalten eines Teils der 70-Prozent-Rate eine Zahlungsfrist mit Kündigungsandrohung setzt und bei Nichtzahlung sogar kündigt. So einfach aber ist diese Kündigung für die Baufirma nicht, denn nur eine mutwillige Ratenkürzung bei in Wahrheit gar nicht vorhandenen Mängeln würde MirXbau dazu berechtigen.

Dramatisch weitergedacht, könnte MirXbau sich mit Oberheim sogar in einen Rechtsstreit über noch ausstehende Forderungen stürzen, und das Gericht müsste dann auch über die Fenstermängel entscheiden. Allerdings kann man auch vorab – zur Vermeidung eines langen Rechtsstreits – ein »selbstständiges Beweisverfahren« durchführen, in dem es nur um nicht oder tatsächlich doch bestehende Mängel geht.

Natürlich muss es (und wird meist) nicht so weit kommen, aber man sollte doch überlegen, ob ein vermeintlicher/wirklicher Mangel dieses Risiko wert ist. Schließlich kann Oberheim bis zuletzt, bei der Abnahme, den Mangel noch würdigen.

Ich vermag auch nicht zu erkennen, was Oberheim eine frühere oder spätere Beseitigung des Fenstermangels einbringt: Einerseits gefährdet dies weder Hausbau noch Baufortschritt, andererseits wohnt er noch nicht im Haus und leidet auch nicht am Anblick der zu kleinen Scheiben. Mein Tipp: Um seinen Forderungen auf Mängelbeseitigung Nachdruck zu verleihen, könnte Oberheim mit einer Schadensschätzung und einem Brief an MirXbau, warum er den dreifachen Reparaturwert einbehält, der baldigen Fensterreparatur mehr »Beine machen«.

Zugleich sollte er dem Unternehmer zur Beseitigung des Mangels eine angemessene Frist setzen – versehen mit der Erklärung, dass er die Mängelbeseitigung nach Ablauf dieser Frist ablehne. Das reicht in aller Regel aus. Wenn sich dann aber immer noch nichts tut, sollte langsam ein Anwalt eingeschaltet werden.

Oberheims Einsichten

Da sieht man mal den Unterschied: Ich war bei dieser ganzen Angelegenheit nur deshalb so unruhig, weil ich dachte, ich würde mit dem Bezahlen der Fenster irgendetwas als perfekt anerkennen – und der Rechtsanwalt wunderte sich über mein Verhalten. Er weiß, dass ich mit dem Bezahlen der 70-Prozent-Rate nichts Falsches als richtig anerkenne, ich aber wusste das nicht. Vielleicht war es daher aus meiner Sicht höchstens psychologisch richtig, die »Bautenstandsbestätigung/Baufortschrittsanzeige« nicht unterschrieben zurückzusenden.

Generell bleibt für mich der Schluss, dass man Zahlungen für noch nicht ordentlich gelieferte Teile zwar leisten sollte. Doch immer sollte dann auf dem Überweisungsträger auch der Hinweis »Vorbehalt Brief vom x.x.« stehen, den man dann gleichzeitig schreibt und in dem man die schon erkannten Mängel schildert.

Dieser Rat bringt natürlich wenig in Fällen, in denen es schon diversen Krach mit General- und Subunternehmern gab und vielleicht sogar Pleiten von Bauunternehmen zu befürchten sind.

Mein Tipp: Informieren Sie sich wirklich genau, was mit Bautenstandsbestätigungen gemeint ist und was für einen rechtlichen Sinn die haben. Unterschreiben sollte man dann nur, wenn man den ganzen rechtlichen Gehalt vollkommen verstanden hat!

Tagebuch, 80. Folge:
Regenwasser (I): Auffangen

Herr der Rinne

18. August: Die armen Bauherren im vorderen Doppelhaus! Vor ein paar Tagen wurde dort Richtfest gefeiert, und genau am Tag danach kam der große Regen – ein viel größerer als nach unserem Richtfest. Von den Dachbalken tropft es, die Poroton-Mauersteine triefen, Pfützen stehen in den Wohnzimmern.

Auch mein längst gedecktes Haus leidet. Aus zwei Regenfallrohren – laut Bauvertrag liefert MirXbau die nur »bis Oberkante Terrain« – liefen Wassermassen nach unten, an den Kellerwänden und der schützenden Styrodur-Schicht entlang.

Werden jetzt meine Kellerwände feucht? Ich grabe auf beiden Seiten des Hauses Kanäle, damit das Wasser abfließen kann.

23. August: War wohl nix. Unterhalb der Regenrohre steht das Wasser wieder in einer großen Pfütze. Mit einem Tipp von Nachbarn versorgt, fahre ich zum nächsten Baumarkt und kaufe »KG-Rohre«, meterlange rötliche Plastikrohre. Zwei Rohre samt Bogenstücken hänge ich ans untere Ende der Fallrohre und leite so das (künftige) Regenwasser ein Stück weg vom Haus.

24. August: Ein Stück weg? Unsinn, weg ist nur meine Wackelkonstruktion – zusammengebrochen. Unwirsch stecke ich alles noch fester zusammen.

...und sehe nach dem nächsten Wolkenbruch wieder nur die zerlegten Reste meiner erneut zusammengeklappten Regenwasserleitung. Als ich alles wiederum aufbaue und die Abflusskanäle noch größer anlege, kommt gerade der nächste Schauer vom Himmel.

Bild 25: Amateurhaft versuchte Roland Oberheim, das Regenwasser vom Dach abzuleiten. Doch die Konstruktion brach oft zusammen, weil Regenwasser den nur scheinbar festen Sand am Rohrende wegspülte. So verlor das System seinen Halt, und das Nass blieb kurz vor dem Haus stehen. Die Baufirma hatte die Zinkrohre vom Dach nur bis zur »Geländeoberkante« fertiggestellt und überließ dem Bauherrn ohne Kommentar oder hilfreiche Hinweise die restliche Arbeit.

Und jetzt sehe ich, warum meine Konstruktion nicht hält: Ein Wasserrohr, das man in festem Sand verankert, verliert seinen Halt, wenn Wasser aus dem Rohr den vermeintlich festen Sand ganz locker wegspült. Unter Blitz und Donner schaufle ich neue Abflusskanäle, damit die nasse Sandsoße nicht zu den tiefer gelegenen Kellerfenstern gelangt, die im abgeböschten Erdboden frei und ungeschützt liegen.

25. August: Bauleiter Teffner ruft an, ich könne nicht einfach mein Regenwasser auf das tiefer gelegene vordere Grundstück leiten. Es sei alles ins Wohnzimmer der nördlich gelegenen Doppelhaushälfte hineingelaufen.

Dass die Überschwemmung dort schon ein paar Tage lang im halbfertigen Wohnzimmer stand und »von oben« stammt statt von meinem Land, will er nicht gelten lassen. »Herr Oberheim, Sie müssen mit dem Regenwasser dringend was machen«, droht er. Er schlägt einen Schacht vor, den ich umgehend buddele, um ihn zu beruhigen.

Zu Hause sehe ich mir zum wiederholten Male die Prospekte an, die ich zum Thema »Regenwassertank und Gartenbewässerung« gesammelt habe. 2.000 oder 3.000 Liter Fassungsvermögen, aus Beton oder aus GFK (glasfaserverstärkter Kunststoff), aus einem Stück oder aus mehreren zusammenzuschraubenden Teilen? Für 600 oder für 1.300 Euro? Mit oder ohne geschlossenem oder offenem Filter in der Zuleitung dorthin? Mit einer Unterwasserdruckpumpe oder mit mobiler Wasserpumpe, die bei jedem Rasensprengen immer neu angeschlossen wird? Und wohin setzt man so einen unterirdischen Regenwassertank: nah ans Haus oder weit weg, mitten auf den Rasen, den ich später bewässern will?

Zwei Firmen haben mir mal einen Kostenvoranschlag geschickt. Sie wollen allein für den Tankeinbau samt zehn Metern KG-Rohr vom Regenwasserfallrohr bis zum unterirdischen 3.000-Liter-Tank 920 bis 1.020 Euro kassieren – obwohl der eine Anbieter mir zuvor am Telefon gesagt hatte, so eine Grube plus Anschlüssen sei mit 250 Euro (»höchstens«) erledigt. Kann ich so einen Tank auch selbst eingraben, wie manch Werbeprospekt anregt, oder soll/muss da eine Spezialfirma ran?

Was ich immerhin schon weiß: Regenwasser auf die einfachste Art loszuwerden, indem man es an die Abwasserleitung anschließt, das ist in Berlin nicht erlaubt. Einige Nachbarn beispielsweise fangen ihr Regenwasser in Tonnen von ein paar hundert Litern auf und lassen überlaufende Mengen in gelöcherten flexiblen Rohren im Garten versickern.

Was der Experte dazu sagt:
Ganzjährig planen

Was tun mit dem Regenwasser? Energieberater Gerhard Deltau betreibt in Haiger (Hessen) ein Planungs- und Gutachterbüro und betätigt sich als Fachautor. Er ist 2. Vorsitzender der Fachvereinigung Betriebs- und Regenwassernutzung und sitzt im DIN-Ausschuss für Regenwassernutzung:
Oberheim will gesammeltes Regenwasser zum Rasenbewässern nutzen. Zum einen will ich ihm sagen, dass man heute im heißen Sommer vom Rasensprengen eher abgekommen ist; natürliches Braun ist nicht mehr verpont. Blumen und Gemüse werden das Nass eher brauchen.

Zum anderen rate ich, an eine Regenwassernutzung im Haus (z. B. Toilettenspülung) zu denken. Erst dadurch kommt es zu einer ganzjährigen Nutzung, die wasserwirtschaftlich sinnvoll ist und ein gutes Kosten-Nutzen-Verhältnis bietet. Man sollte nämlich beachten, dass eine Gartenbewässerung nur im Sommer stattfindet. Die übrige Zeit des Jahres wird diese Investition nicht genutzt. Bei der Klo-Spülung hingegen wird die Anlage wesentlich effektiver eingesetzt.

Aber nun zu Oberheims vielen Fragen, zu denen ich am Ende eine für ihn sicher überraschende und kostengünstige Lösung parat habe.

Die Materialfrage dürfte beim Sammeltank das Geringste sein. Eher wichtig ist, wo er den Regenwassertank platziert: Soll er befahren oder begangen werden? Nicht jedes Material und nicht jede Konstruktion verträgt jedes Gewicht, das sich aus Sandmengen, Auto, Plattenbelag und Menschen zusammensetzt.

Fragen Sie den Händler nach der statischen Festigkeit. Einen Anhaltspunkt bieten bei Kunststofftanks kräftige Längs- und Quer-Verstärkungsrippen. Auch das Gewicht liefert Hinweise zur statischen Stabilität: Je schwerer der Tank, desto mehr Polyethylen wurde bei der Produktion verwendet, und desto stabiler ist er dann meist auch.

Leider gibts bei den Kunststoffen noch kein einheitliches Qualitäts-Label, während bei Beton(-tanks) klare Vorgaben bestehen.

Wohin mit dem Tank? Er kann ruhig in Hausnähe stehen. Wichtiger ist die Einbautiefe. Wenn man davon ausgeht, dass 80 Zentimeter Tiefe nötig sind, um kein Frostrisiko zu laufen, sähe meine Empfehlung so aus: Das Fallrohr führt ab Geländeoberfläche noch 80 Zentimeter senkrecht in die Erde – gerade nach unten fließendes Wasser friert nicht ein. Dann könnte das Wasser in einer schräg verlaufenden frostfreien Leitung mit einem Prozent Gefälle in den Tank fließen. Ist der Tank fünf Meter vom Haus entfernt, muss man also 80 Zentimeter plus einen Zentimeter je Entfernungsmeter an Tiefe rechnen – hier also muss der Zufluss in den Tank 85 Zentimeter tief unter der Erde liegen.

Der Tank sollte möglichst einen begehbaren Einstieg haben, falls Oberheim im Störungsfall an den Tank heran muss. Oft putzen muss er ihn nicht: Üblicherweise bildet sich ein Bodensediment von einem Millimeter Höhe pro Jahr. Absaugen sollte man dieses erst bei fünf Zentimetern Höhe – also nach Jahrzehnten.

Damit sind wir beim Thema Filterung des ankommenden Regenwassers: Reine Gartenbewässerung stellt keine hohen Ansprüche an die Wasserqualität. Es reicht meist, Blätter abzuscheiden. Stoffströme (Blütenpollen, Vogelkot) abzutrennen, ist schwierig – Vogelkot, der sich im Filter sammelt, wird meist so oft von nachkommendem Wasser durchspült, bis er aufgelöst wird und damit dann doch in den Tank gelangt. Bei häuslicher Nutzung bieten sich Systeme an, die den Schmutz quasi automatisch vom eigentlichen Filter wegtransportieren.

Feine Stoffe kommen immer durch, und erst im Tank trennen sie sich: Feiner Sand sinkt zu Boden, Blütenstaub steigt an die Wasseroberfläche – hier empfiehlt sich ein Überlaufsyphon mit abgeschrägter Kante wie in Schwimmbädern.

Sinnvoll ist es, einlaufendes Wasser nach unten zur Speichersohle zu führen. Gut ist auch ein Zulauftopf, der für eine Strömungsumkehr im Tank sorgt – dies nur als Stichwort fürs Gespräch beim Händler. Wichtig auch, dass die Wasserpumpe nicht das Bodensediment ansaugt. Eine schwimmende Entnahme, etwa per Ansaugleitung an einer Schwimmkugel, ist heute Stand der Technik.

Die Pumpe, Herr Oberheim? Zum einen sollten Sie auf den Druck achten, mit 0,9 bar kann man zwar ein Fass langsam leerpumpen, doch fürs Verspritzen per Gartenschlauch sollten es 3,0 bar sein. Eine ständig im Tank hängende Unterwasserpumpe finde ich besser als mobile Pumpen, die Sie immer wieder neu anschließen müssen und im Regen nicht draußen vergessen dürfen, aus Angst vor Rost. Schaffen Sie sich stattdessen eine dekorative Zapf-stelle!

Wie groß soll der Tank sein? Nehmen Sie die Quadratmeterzahl des Daches und multipli-zieren Sie sie mit 550 bis 600 Litern, die in Berlin vom Himmel fallen. Weil 20 Prozent des Regens auf dem Dach verdunsten, rechnen Sie die bisherige Zahl mal 0,8 – das ist Ihre Jah-resgesamtmenge an sammelbarem Regenwasser.

Was der Garten braucht: Rechnen Sie 60 Liter je Quadratmeter Gartenfläche (nicht Ra-senfläche!), und schon haben Sie ein gut geeignetes Tankvolumen: Bei 50 Quadratmetern Nutzgarten ist man also mit einem 3000-Liter-Tank gut beraten.

Aber selbst eine vierwöchige Trockenheit ist mit so einem Tank nur schwer zu überbrücken. Deshalb gilt generell: Auch mit einem Regentank sollte man lernen, sparsam mit dem Be-wässerungs-Nass umzugehen.

Wenn es Oberheim aber wirklich nur darum geht, Regenwasser nicht ungenutzt ver-sickern zu lassen und wenigstens einen Teil davon seinen Pflanzen zukommen zu lassen, so ist er möglicherweise mit je einem 500-Liter-Tank unter den beiden Regenwasserfallrohren (aber: Überlauf nicht vergessen!) vielleicht auch nicht schlecht bedient.

Oberheims Einsichten

Letztere Lösung schien mir die passendste. Aber sie war – und ist – sehr arbeitsintensiv. Ich landete schließlich bei zwei 200-Liter-Tonnen aus kräftigem, blauen Kunststoff. Die grünen Billigangebote, die ich in nahezu jedem Baumarkt gesehen habe, sollen nicht frostsicher sein. Das erfuhr ich von mehreren Leuten, die damit schon einen Winter lang Erfahrungen gesammelt hatten. Meine blauen aber hielten den ersten Winter durch, aller-dings habe ich sie nach dem ersten Frost auch bald geleert und dann kopfüber leer stehen lassen.

Aber glauben Sie bloß nicht, dass es einfach ist, mit solchen Regentonnen ein ordent-liches System zu installieren. Ich habe da eine sehr »wacklige« Konstruktion hinbekom-men, bei der das Regenfallrohr ein paar Zentimeter oberhalb der Regenwassertonnen-Oberkante steht. Nach oben steht die Tonne offen, damit man mit der Gießkanne auch jederzeit bequem drankommt. Weil das Regenwasser hier aber ein paar Zentimeter fallen muss, tropft es bei voller Tonne gegen die Klinkersteine – zwar nur ganz leicht, aber doch so, dass die Klinkersteine an dieser Stelle schon etwas grünlicher (Bewuchs!) aussehen als die Nachbarsteine.

Eine offene Tonne zu haben, reicht allein nicht aus, merkte ich bald, denn wohin läuft das überlaufende Wasser nach unten weg? Dazu kaufte ich Fußabtreterkästen aus Hart-plastik mit eingelegtem Gitterrost. Ins Plastik sägte ich ein Loch, schraubte einen Bade-wannenabfluss hinein und verband diesen mit einem Versickerungsschlauch, der leicht abfallend rund fünf, sechs Meter vom Haus wegführt. Am tiefsten Ende habe ich einen Hohlraum gegraben, mit Steinen ausgelegt, mit einem Vliesstoff abgedeckt und wieder zugeschüttet. Unsere Gartenbauer fanden das fachlich in Ordnung. Dort kann das Wasser versickern, und das tut es bisher auch problemlos.

Nicht so problemlos aber war der Überlauf am oberen Wassertonnenrand. Das Regen-wasser floss anfangs ab, wie und wohin es wollte. Also sägte ich in den oberen Tonnenrand eine Kerbe genau an der Stelle, die das Regenwasser beim Abfluss entlangfließen sollte. Das klappte gut... bis Ähren, Blüten oder Blätter von Bäumen und vor allem vom Bambusstrauch eines Nachbarn die Tonnenrand-Abflusskerbe und noch mehr meinen Abtreter-Abfluss verstopften. Ein über den Gitterrost des Abflusses gespanntes Mückennetz schaffte Abhilfe. Inzwischen ist es eingerissen, ich muss mir noch etwas Besseres, Haltbareres einfallen lassen.

Jedenfalls: Einen Blick drauf haben muss man immer mal wieder. Speziell in der Blütezeit und nach bzw. bei langen Regenfällen.

Tagebuch, 81. Folge:
Regenwasser (II): Ableiten

Pflanze oder Rinne

27. August: In der vergangenen Woche habe ich meine großteils vergeblichen Bemühungen geschildert, der Fluten aus der Regenrinne Herr zu werden. Was mir der Nachbar mit dem KG-Rohr-Tipp inzwischen noch weiterhin mit auf den Weg gab, ist das gleiche Thema – doch aus ganz anderer Sicht. Bekanntlich kommt das Regenwasser ja nicht nur von meinem Dach und aus der Regenrinne, sondern fällt auch direkt vom Himmel auf die 400 nicht bebauten Quadratmeter meines 500-Quadratmeter-Grundstücks.

Er habe kürzlich beobachtet, sagte also dieser künftige Nachbar, wie Wasser von der abgeböschten Fläche vor meinen Kellerfenstern in kräftigen Rinnsalen abwärts »geflossen beziehungsweise geschossen« kam. Daher also der durchnässte Sand vor den Kellerfenstern – und nicht etwa wegen schlecht abgeleiteten Wassers aus der Dachrinne.

»Warten Sie mal, bis Sie hier etwas angepflanzt haben«, beruhigte mich mein Nachbar, »dann halten die Wurzeln der Pflanzen das Oberflächenwasser fest«. Danke für diese Aussicht, das lässt hoffen.

Aber sicher bin ich mir nun nicht, was ich hier und jetzt und sofort machen muss, damit mir das Land nicht an allen Schrägen und an allen Hängen als Sandsoße davonfließt – ganz abgesehen von dem Ärger, den mir dies mit anderen Grundstücksbesitzern einbringen könnte.

Ein Gartenplaner riet mir vor Wochen, das Thema Oberflächenwasser nicht aus den Augen zu lassen. Er sprach von einer kleinen Rinne, die parallel zu meiner Grundstücksgrenze verlaufen sollte. »Also, aus meiner Erfahrung: Viele Bauherren denken überhaupt nicht an so etwas«, sagte er und machte dazu eine abwinkend-abfällige Handbewegung.

Was der Experte dazu sagt:

Gegen die Versiegelung

Denken wirklich viele Bauherren nicht an die Wassermassen, die auf ihrem Grundstück niedergehen können? Und daran, wohin sie fließen sollen? Einer, der mit solchen Fragen zu tun hat, ist Jens Henningsen, Mitinhaber eines Landschaftsarchitekten-Büros in Berlin-Kreuzberg:

Da hatte mein Kollege Gartenplaner schon ganz Recht. Hat-te, denn seit das Thema Regenwasser in Berlin (und anderen Bundesländern) mit dem Stichwort Geld zusammenhängt, ist es doch richtig aktuell geworden. So aktuell, dass »Regenwassermanagement« inzwischen ein verbreiteter Begriff geworden ist.

Früher lief das Regenwasser in die öffentliche Kanalisation, und (fast) niemand kümmerte sich darum. Doch die versiegelten Flächen wurden immer mehr und daher auch das abfließende Regenwasser, das nach plötzlichen Sturzregen heutzutage in Mengen fließt und dann die Klärwerke überfordert.

Dieses Problem soll in Berlin (und anderen Orten bzw. Ländern) eine Niederschlagswasserabgabe verhindern helfen. Per Luftbildaufnahmen wurde die ganze Stadt kartiert, und auf jedem einzelnen Grundstück ist von oben jetzt deutlich zu sehen, wie viele Quadratmeter versiegelt sind. 1,24 Euro pro versiegelten Quadratmeter und Jahr müssen nun gezahlt werden.

Es sei denn, der Grundbesitzer weist nach, wie er für die Versickerung seines Niederschlagswassers auf eigenem Land sorgt. Dafür muss er etwas tun, also etwa eine befestigte Fläche durchlässig machen – mit Rasenfugen, mit Pflanz- und Rasenflächen oder mit einem Gefälle auf der Terrasse, so dass Regenwasser zur Seite und dort z. B. in ein bepflanztes Beet geleitet wird. Oder man lässt ein wenig von dem Niederschlagswasser auch in bestimmten Bereichen des Grundstücks stehen, vielleicht gar in Form eines kleinen Teiches.

Eins auf jeden Fall darf der Hausbesitzer nicht tun: seinen Regen achtlos auf öffentliche Gehwege (und damit in den Gully) oder gar aufs Nachbargrundstück laufen lassen. Letzteres verbietet in Berlin das Nachbarschaftsgesetz, und in anderen deutschen Regionen ist die Lage nicht anders.

Für Oberheim stellt sich die Ablauffrage zum Nachbargrundstück besonders, da sein Gelände von der hinteren Grenze (zum Land Brandenburg) bis zur vorderen (zum dort gebauten Doppelhaus) um fast zwei Meter abfällt. Vielleicht ist hier wirklich eine Drain-Rinne nötig; sie muss ja nicht unbedingt an seiner Grundstücksgrenze verlaufen, sondern kann versteckt in seine Gartengestaltung integriert werden.

Sicher hat der Nachbar Recht, wenn er davon spricht, dass die Pflanzen das Oberflächenwasser festhalten. Aber Oberheim sollte eins bedenken: Noch ist sein Bauplatz ein reines Sandgelände, auf dem er nicht ohne weiteres etwas anpflanzen kann. Erst mit einer aufgebrachten Schicht von 30 Zentimetern Oberboden (umgangssprachlich Mutterboden genannt) hat er für Pflanzen eine ausreichende Bodenverbesserung erreicht. Bei Rasen reichen auch 15 Zentimeter. Der pure märkische Sand allein aber hat zu wenig Wasserrückhaltevermögen, so dass die Pflanze (abgesehen vom Nährstoffmangel) auf Sandboden sogar vertrocknen kann. Andererseits: Gerade dieser Sand macht trotz »Hanglage« natürlich wenig Probleme bei der Regenwasserversickerung.

Sie sehen, dass aus diesen, manchmal auch widersprüchlichen Argumenten immer eine Gesamtlösung zu suchen ist. Und besonders bei extremem Gelände macht es Sinn, rechtzeitig fachlichen Rat in Anspruch zu nehmen.

Noch ein Wort an Roland Oberheim: Wer Niederschlagswasser nur als Problem sieht, der wird der Sache nicht gerecht. Niemand sollte seinen Garten nur als Lösung für Versickerungsfragen ansehen. Und schließlich: Die regenrückhaltetaugliche Pflanze an sich gibt es nicht.

Denken Sie lieber daran, Herr Oberheim, dass der Boden, dass die Pflanzen und dass auch Sie selbst Wasser zum Leben brauchen! Und dass Frischwasser für den Garten vielleicht ein bisschen zu wertvoll und zu teuer ist und man hier mit dem und nicht gegen das Regenwasser planen sollte.

Oberheims Einsichten

Ich habe zwar durchaus an das Oberflächenwasser gedacht, aber viel unternommen habe ich im ersten Jahr meines Wohnens noch nicht. Ein Problempunkt ist sicher noch die Nordseite des Hauses, wo wir noch immer keinen Rasen gesät haben und der Mutterboden sich schon sehr verfestigt, verdichtet hat.

Dort haben wir ein ursprüngliches Gefälle schon vor dem Verfüllen des Kellers abgraben lassen und die entstandene Geländekante mit einer Mauer in Trockenbauweise (dazu später mehr) abgestützt. Das im angrenzenden Wald niedergehende Regenwasser wird von den Bäumen, Sträuchern und ihren Wurzeln ab- und aufgefangen.

Ansonsten ist die südliche Grundstücksgrenze vor allem wegen MirXbaus Doppelhaus-Bauprojekt noch immer nicht befriedigend gestaltet. Die nämlich haben die nördliche Doppelhaushälfte anderthalb Jahre nach dem Planungsbeginn und ein halbes Jahr nach Südhaus-Hausfertigstellung noch nicht verkaufen können, weil die Immobilienpreise nicht nur hier eingebrochen sind.

Tagebuch, 82. Folge: Fußbodenheizung

Schlangen unterm Estrich

28. August: Die Kontrollbesuche in meinem Haus werden weniger. Weil sie langweiliger werden. Unheimlich wenig tut sich im Haus, während draußen am Haus bis auf das sorgsame Verputzen (Farbe grau) zwischen den Klinkersteinen (Farbe »gelb nuanciert«) fast alles fertig ist.

Als ich wegen der Badbemusterung bei MirXbaus Sanitär-Subunternehmer anrufe, frage ich nebenbei auch nach dem Fortgang der Bauarbeiten. »Eigentlich könnten wir Ihre Fußbodenheizung im Erdgeschoss schon verlegen«, aber MirXbau wolle am Wochenende erst noch einen Besichtigungstermin im Haus veranstalten, erfahre ich. Dazu erzählt der Mann weiter, dass am kommenden Freitag das Richtfest im Doppelhausrohbau auf dem vorderen Grundstück geplant ist und dass man diesen Tag und das folgende Wochenende dazu nutzen will, mein Haus den Kaufkandidaten für die noch nicht verkaufte nördliche Hälfte des Doppelhauses zu präsentieren.

Ach ja, das Doppelhaus vorn: Eine Käuferfamilie kenne ich schon. Eine Frau aus der Kirchengemeinde, die meine Bauabsichten kennt, fragte mich mal nebenbei nach meiner neuen Adresse. »Planweg 55«, sagte ich – und sie stutzte: »Dann kenne ich Ihre neuen Nachbarn.« Die kannte sie aus dem Kindergarten ihrer Tochter. Prompt wurde ein Kontakt hergestellt, und wir trafen uns mit Familie Fellenohr, die auch gleich einige Baufragen an uns hatte.

Den Bauvertrag konnte unsere »Beratung« leider nicht mehr beeinflussen, die Unterschrift der Fellenohrs hatte MirXbau ja längst »im Sack«. Und bei einigen Fragen konnte ich nur mit den Achseln zucken, weil die Lage der Fellenohrs eine andere ist: Die Doppelhaushälften bietet MirXbau wie ein Bauträger als Kompletthäuser inklusive aller Baunebenkosten für 329.000 Euro an – bei mir dagegen ist MirXbau nur ganz normale Baufirma (aus welchem Grund auch immer). Zum anderen sind zwei Doppelhäuser rechtlich nicht selbstständig wie mein »real« abgeteiltes Grundstück/Haus, sondern werden wie zwei Eigentumswohnungen behandelt (»ideelle Teilung«), und bei solchen Fragen musste ich passen.

Übrigens: Die Doppelhaushälften unserer Planweg-Seite schauen mit ihren Wohnzimmerfenstern und Terrassen gen Süden, zur Straße hin – das MirXbau-Modell aber blickt als einziges nach Westen. Damit gibt es hier eine Hälfte, die viel Licht und Sonne vom Süden und Westen bietet – die der Fellenohrs –, während die andere nur eine West-Terrasse, aber viele Fenster gen Norden hat, die zu meinem Hinterliegerhaus schauen. Wie MirXbau das jemandem verkaufen will...

Diesem Verkaufen-Wollen dient es wohl, dass meine Fußbodenheizung nun erst eine Woche später als eigentlich möglich verlegt wird. Muss ich die Fußbodenheizung eigentlich kontrollieren, kann man da viel verkehrt machen?

Was ich schon weiß: Wenn die Fußbodenheizungs-Schlangen liegen, kommt der Estrich drüber, jenes Gemisch aus Sand, Wasser und Zement. Und der muss 28 Tage trocknen, ehe die Fußbodenheizung dann eingeschaltet und in einem Zehn-Tage-Programm stufenweise hoch- und wieder heruntergeheizt wird. Und was ist, wenn dann irgendwo ein Loch in der Leitung ist? »Habe ich noch nie erlebt«, sagt mein Sanitärmann, »und auch noch nie gehört«.

Ich auch nicht, aber was weiß ich schon von Fußbodenheizungen. Ich weiß höchstens, dass ich als Hausstauballergiker mit der Strahlungswärme der Fußbodenheizung besser leben können müsste als mit dem Staub, den eine konventionelle Heizung mit Plattenheizkörpern aufwirbelt. Solche Heizkörper haben wir in den oberen Räumen geplant, wo man sich nach unserer Erwartung nicht so oft aufhalten dürfte und wo die Heizung den Raum schnell hochheizen können muss – was die träge Fußbodenheizung nicht kann.

4. September: Die Fußbodenheizung ist nun ausgelegt. Man kann zwar noch die Räume betreten, muss sich aber davor hüten, die Kunststoffschlangen zu betreten. Wer sagt mir eigentlich, ob die Schlangen richtig ausgelegt sind? Erst recht später, wenn die unsichtbar unterm Estrich liegen?!

Was der Experte dazu sagt:
System ohne Probleme

Liegen die Schlangen der Fußbodenheizung richtig? Und: Liegt Oberheim richtig mit seinen Schilderungen? Das Heizthema kommentiert Dr.-Ing. Axel Jahn, Beratender Ingenieur für technische Gebäudeausrüstung in Berlin:

Was mir an Oberheim gefällt, ist, dass er sich über das Heizthema Gedanken macht – leider erlebt man das nicht bei allen Bauherren. Eine Fußbodenheizung ist nämlich mehr als »...wo man keine Heizkörper sieht«. Weniger Informierten kann es passieren, dass ihnen eine Fußbodenheizung als Luxus »verkauft« wird, obwohl sie heute längst Standard ist.

Was sich inzwischen geändert hat: Eine Fußbodenheizung besitzt heute nicht mehr so viele technische Vorteile wie einst. Das liegt vor allem an den mittlerweile hoch gedämmten Häusern; in denen macht sich der Vorteil dieser Heizung – ihr hoher Strahlungsanteil – weniger bemerkbar.

Begriff Strahlungsanteil? Wärmeerzeugung gibts per Strahlung und Konvektion. Ersteres ist die Abgabe von Wärme über größere Flächen, Letzteres eine Energie, die vor allem per erwärmter Luft funktioniert. Bei einem hohen Strahlungsanteil fühlt sich die Mehrheit der Menschen behaglicher, und teils kann bei solch einer Heizung die Raumtemperatur um bis zu zwei Grad abgesenkt werden, ohne dass das Wohlbefinden leidet. Gesundheitliche Vorteile (Staub) hat Oberheim ja schon aufgeworfen.

Was er aber bitte nicht glauben soll: Energie und Geld dürfte er mit der Fußbodenheizung kaum sparen. Selbst mit Brennwertheizung wird er nur geringe Spareffekte erzielen, da auch Fußbodenheizungen oft mit 70 Grad Vorlauf- und 50 Grad Rücklauftemperatur arbeiten. Das heißt: 70 Grad heiß wird das Heizwasser von der Heizung im Keller auf die Reise durchs Rohr geschickt, mit 50 Grad kommt es zurück – für eine Brennwertheizung fünf Grad zu heiß, um ihre technische Stärke auszuspielen.

Diese Technik zu erläutern, wäre hier wohl zu kompliziert – aber kompliziert ist das Heizthema allemal. Auch kommt es auf die Auslegungsbedingungen für die Heizanlage an, aber dies zu erläutern, ist auch eher etwas für Fachleute.

Wichtig für sparsames Wirtschaften ist, dass die Heizung keine zu große Menge Heizwasser auf die Rohrreise schickt – und das hängt von der genauen Einregulierung ab. Auf das Einregulierungsprotokoll hat jeder Bauherr nach Einzug einen Anspruch; das ist gesetzlich geregelt.

Schwierig bei Oberheim: Mit niedrigen Temperaturen fährt seine Fußbodenheizung, mit höheren die Plattenheizkörper im Obergeschoss und im Keller. Da kann die Brennwertanlage ihre Technik – trotz zweier Heizkreise – wohl nicht ausspielen.

Sie merken, wie lange ich Allgemeines erkläre, ehe ich zu Oberheims Spezialfragen komme. Um Schlangen und anderes nämlich braucht ihm nicht bange zu sein.

Der Aufbau: Zuunterst liegt die Wärme- und Trittschalldämmung, darüber die verlegten Rohre, darauf und dazwischen der Estrich. Egal ob die Schlangen aus Kunststoff oder Kupfer sind, egal welches Wärmedämmsystem oder welcher Estrich – fast jeder Hersteller bietet ein komplettes und funktionierendes System.

Mein Tipp: Der Bauherr sollte seinem Installateur nicht ein fremdes System aufdrängen, sonst schafft er sich Probleme. »Sein« System kennt der Handwerker aus dem Effeff, und wahrscheinlich bekommt er beim Hersteller zudem einen Extrarabatt.

Kein Thema, Herr Oberheim, ist der Abstand der Schlangen. Der ist von Anbieter zu Anbieter unterschiedlich. Und auch die alte Regel, vor den Fenstern engere Schlangen zu legen, ist meist passé, da heutige Fenster nicht mehr so undicht sind wie frühere. Auch die Estrich-Trocknungszeit sollte uns wenig kümmern, und wenn die Zeit klemmt, kann man notfalls durch spezielle Estriche die Sache etwas beschleunigen.

Dafür aber rate ich, sich rechtzeitig darum zu kümmern, welcher Bodenbelag auf den Estrich kommen soll: Fliesen und Steinboden sind ideal für eine Fußbodenheizung. Holz, Laminat, PVC und Linoleum gehen noch, bei Auslegeware kann es kritisch werden. Da muss man auf einen passenden Wärmedurchgangswiderstand achten. Hier kann man übrigens mit enger liegenden Rohren eine höhere Oberflächentemperatur (= höhere Heizleistung) erzeugen.

Noch eins: Denken Sie auch früh genug daran, was noch über dem Fußbodenbelag liegen soll. Denn ein Teppich, speziell aus Wolle, auf Auslegeware kann schon dafür sorgen, dass man trotz Heizung kalte Füße bekommt.

Andererseits sind die früher befürchteten zu warmen Füße oder »dicke Beine« (besonders bei Älteren) kein Fußbodenheizungsproblem mehr. Es gibt eine maximal zulässige

Oberflächentemperatur, je nach Raum: Für Wohnräume/Büros sind es 29 Grad Celsius, für seltener begangene Böden (Flure, Eingangshallen) 30 Grad und fürs Bad 33 Grad.

Mein letzter Rat an Bauherren: Damit Sie später einmal wissen, wo die Schlangen liegen, sollten Sie vom Installateur die Verlegezeichnungen verlangen. Diese individuellen Pläne werden im Computer des Herstellers errechnet, und der Sanitärhandwerker richtet sich danach. Mit dem Plan können Sie Fehlern später besser auf den Grund gehen.

Dass Wasser aus der Fußbodenheizung ausläuft, braucht Oberheim in den nächsten 50 Jahren nicht zu befürchten. Hersteller garantieren für Fußbodenheizungen übrigens für zehn bis 30 Jahre.

Oberheims Einsichten

Ein Heizungsproblem gab es kurz nach dem Einzug dann aber doch, das lag jedoch nicht am System der Fußbodenheizung und wird später im Tagebuch noch angesprochen werden. Wichtiger scheint mir aber tatsächlich die Frage, ob auch zwei Heizkreise die Vorzüge einer Brennwerttechnik-Heizung gar nicht ausnutzen können.

Ich kenne zwar noch nicht die Verbrauchswerte meines ersten (ja nur halben) Heizwinters, aber die gelegentlichen Blicke auf die Anzeigen der Heizung bestätigten die Temperaturbefürchtungen des Experten: Selbst die Fußbodenheizung zeigte manchmal Temperaturwerte (des abgegebenen bzw. zurücklaufenden Wassers) von weit über 60 Grad Celsius: vor allem bei den Heizwasser-Zuführungen zu den Plattenheizkörpern im Ober- und Untergeschoss, manchmal aber auch bei der Fußbodenheizung. Und wenn ich dann daran denke, dass die Brennwertheizung vor allem im Bereich 45/50 Grad ihre Pluspunkte hat...

Tagebuch, 83. Folge:
Der uralte Abwasseranschluss

Einer für alle

5. September: Kürzlich habe ich bei MirXbau nachgefragt, ob mit den öffentlichen Anschlüssen von Gas bis Elektro, von Telefon bis Abwasser alles klar geht. Anlass war eine Zeichnung, wie diese Rohre unter dem drei Meter breiten Leitungsweg verlaufen sollen.

Und wieder mal gibts Grund zum Ärgern. Bauleiter Teffner sagt mir, alle drei Abwasseranschlüsse (für mein Haus und die beiden Doppelhaushälften vorn) würden am Ende des Leitungsweges ans Kanalsystem angeschlossen. Das ist die eine Version der Geschichte.

Die andere erfahre ich bei den Wasserbetrieben. MirXbau wolle einen uralten Abwasseranschluss des Grundstücks wieder aktivieren. Früher gab es hier mal ein »Behelfsheim« aus den 30er Jahren, das für unser Bauprojekt abgerissen worden war.

MirXbau-Chef Tiekenz aber streitet die Wasserbetriebe-Version ab – obwohl seine Unterschrift auf einem Antrag beim Wasserversorger steht. Wem soll ich glauben?

12. September: Eine Frau Moir bei den Wasserbetrieben berichtet mir, Teffner habe angerufen und verzweifelt nachgefragt, wo denn der alte Anschluss sei. Er könne ihn einfach nicht entdecken. Such doch unter dem alten Apfelbaum, denke ich mir.

14. September: Im Haus tut sich wieder etwas. Die Scheiben sind beschlagen, rund um die Fenster klebt Folie. »Putz«, ist Teffners kurze Antwort. Mehrsilbiger wird er erst, als er etwas von uns will: »Sie können uns dabei einen Gefallen tun. Weil jetzt unheimlich viel Wasser im Haus drin ist, sollten Sie öfter mal lüften kommen.« Okay, machen wir.

16. September: Teffner am Telefon. Wegen meiner beharrlichen Nachfragen, wer bei MirXbau die Unwahrheit sage, habe er die Abwasserangelegenheit untersucht und sei jetzt (!) auf den alten Abwasseranschluss gestoßen. Um ihn nicht zu verärgern, verschweige ich mein Wissen um seine diversen Anrufe bei den Wasserbetrieben.

MirXbau, so sagt Teffner, mache mir jetzt das »Superangebot«, mich mit an diesen alten Anschluss zu nehmen, ich bräuchte dann keinen eigenen Abwasseranschluss. »Na, was sparen Sie dadurch?!«

Natürlich müsse ich mich dann an den Buddelarbeiten – halb um das Doppelhaus herum – beteiligen. Da ist also die Verbindung zu MirXbaus Interessen. Merke: Eine Baufirma bietet dir nie von sich aus etwas an, mit dem allein du sparen kannst – es sei denn, sie spart dadurch selber an dieser oder an anderer Stelle (beim Geld oder bei der Verantwortung, Gewährleistung usw.).

Aber diese Beteiligung am Buddeln sei ja »ein Klacks« gegen meine Ersparnis, meint Teffner. Da hat er allerdings Recht: Allein für den Anschluss und kaum drei Meter Abwasserrohr vom Anschluss genau unter der Straße bis kurz hinter der Grundstücksgrenze wollen die Wasserwerke fast 5.900 Euro kassieren.

Ich freue mich natürlich, versuche aber, cool zu tun. Sicher sei ich interessiert, aber das müsse rechtlich alles auch abgesichert werden. Schließlich verlässt die Abwasseranschluss-Strecke das drei Meter breite Geh-, Fahr- und Leitungsrecht, wo ich amtlich abgesegnet mein Abwasser ablaufen lassen darf. Schließlich will ich nicht, dass irgendein Eigentümer der ersten Doppelhaushälfte später mal wegen einer verstopften Leitung oder Ähnlichem plötzlich sagen kann, er bestehe auf das ursprüngliche Leitungsrecht – dann sitze ich mit neuen Buddelarbeiten und dem dann doch teuren neuen Anschluss allein da.

»Wird schon alles vom Anwalt geprüft«, verspricht Teffner. Das werde schon in Ordnung gehen.

Was der Experte dazu sagt:
Auf ewig sichern

Ein alter gemeinschaftlicher Anschluss für fast null Euro oder ein neuer Anschluss für 5.900 Euro – das scheint für den vor allem aufs Geld schauenden Roland Oberheim keine Frage. Aber wie sieht der Beratende Ingenieur Markus Wolfsdorf diese Entscheidung? Der freie Sachverständige für Heizungs- und Sanitäranlagen hat ein Büro in Berlin-Lichterfelde:

Aus meiner Sicht spricht nichts gegen die Nutzung eines alten Anschlusses – wenn nichts dagegen spricht. Soll heißen: Ehe es dazu kommen kann, müssen diverse Fragen geklärt werden. Das wird Oberheim im Nachhinein sicher schon alles wissen, aber anderen Bauherren möchte ich diese kleine Lehrstunde in Sachen Abwasseranschluss doch nicht vorenthalten.

Zuerst einmal muss es mit der jeweiligen Gebiets- oder Gemeindesatzung vereinbar sein, wenn drei Hausparteien an einen gemeinsamen (alten) Anschluss wollen. In Berlin macht dies grundsätzlich keine Probleme, doch von Bundesland zu Bundesland gibt es andere Regelungen, die beachtet sein wollen.

Nicht zuletzt wird man auch in die Allgemeinen Vertragsbedingungen des jeweiligen Abwasserentsorgungsunternehmens (kurz: AEU) schauen müssen. Denn wo die Übergabestelle ist – jener Punkt, an dem die Verantwortung des AEU aufhört und die des Hauseigentümers anfängt –, das kann ganz unterschiedlich geregelt sein.

Als Prüfpunkt 2 sehe ich die technischen Fragen: Ist der vorhandene alte Anschluss technisch noch einwandfrei? Muss eventuell ein neuer Schacht gebaut werden? Diese und andere Fragen wird man zusammen mit dem AEU klären müssen, denn das Abwasserthema ist von öffentlichem Interesse, und das AEU wird deshalb auch keine halbgare Lösung akzeptieren.

Das AEU verlegt seine Leitung mit einem Leitungsquerschnitt von nicht kleiner als DN 150 (= 15 Zentimeter). Die Anschlussleitung des Hauseigentümers richtet sich beim Querschnitt dann nach dem berechneten Bedarf (gemäß DIN 1986). Beim Einfamilienhaus ist dies meist die Größe DN 100, also zehn Zentimeter.

Der Weg bis zu einem solchen Hinterliegergrundstück wie dem der Oberheims ist ziemlich lang. Frage: Ist das Höhenniveau ausreichend, und wie steht es um das freie Gefälle? Ein bis zwei Prozent, also ein bis zwei Zentimeter Gefälle pro Meter Leitungsweg sind ein guter Wert. Dabei sollen es im Gebäude zwei Prozent, im Erdreich, in der Betonsohle (bei der so genannten Grundleitung) und im Außenbereich ein Prozent sein.

Das AEU gibt übrigens die Anschlusshöhe vor. Und ob dann alles zusammenpasst oder ob eventuell eine teure Hebeanlage installiert werden muss, darum kann sich der Bauherr (bzw. sein Bauplaner) auch vorher schon kümmern. Die gesamte Straßenkanalisation ist in einem Leitungsplan archiviert, den man zur Planung benötigt, und die »Plankammer« des AEU macht Interessierten gegen eine kleine Gebühr auch gern diese Daten zugänglich.

Technisch ebenfalls wichtig ist, dass die Abwasserleitung in bestimmten Abständen »Revisionsmöglichkeiten« zulässt. Alle 20 Meter ist dazu ein Schacht vorzusehen, um die Leitung im Verstopfungsfall spülen zu können. Beim Querschnitt DN 150 reicht ein Schacht pro 40 Meter Leitungsweg.

Wer sich mehr für die Details interessiert, kann in der DIN 1986 (bzw. in der künftigen Europanorm EN 12056) nachschlagen, die wichtigste Norm für Grundstücksentwässerung. Besser ist jedoch, hier den Rat eines Fachmannes aus dem Handwerk oder dem Ingenieurwesen einzuholen.

Beachten sollte Bauherr Oberheim bei einer abknickenden Abwasserleitung von mehr als 30 Grad, dass dann auch kurz vor oder nach der Leitungsbiegung ein Spülschacht eingeplant wird.

Und noch eins ist bei Oberheims altem Anschluss zu beachten: Stört die jetzt anders verlegte Abwasserleitung vielleicht Kabel und Rohre von Telefon, Elektro, Wasser oder Gas? Jeder Fall liegt anders, und möglicherweise sind auch Baumwurzeln zu bedenken und Abwasserrohre gegen sie zu sichern (so genannter Wurzelschutz).

Sichern muss Oberheim auch die rechtliche Seite. Wer ein anderes als das normal zugeschnittene Geh-, Fahr- und Leitungsrecht fürs Abwasser nutzen will, der braucht ein Durchleitungs- bzw. Mitnutzungsrecht – und dies dauerhaft.

Am besten ist die Sicherheit, wenn eine Grunddienstbarkeit im Grundbuch eingetragen wird. Nachteil dessen sind die Kosten, weil der Weg dahin nur über Notar und Grundbuchamt führt. Die zweite Möglichkeit für Oberheim wäre ein Eintrag im Baulastenverzeichnis seines Berliner Bezirksamts – eine Regelung, die aber beispielsweise in Bayern und Brandenburg nicht möglich ist.

Bindenden Charakter für spätere Käufer (des belasteten vorderen Grundstücks) allerdings hat die eingetragene Baulast ebenso wie der Vermerk im Grundbuch. Beachten sollte der Gewährer des geänderten Leitungsrechts: Jede Baulast stellt auch eine Wertminderung des Grundstücks dar, das nämlich mehr als ein Leben lang an die Regelung gebunden ist. Übrigens: Beim Verkauf muss der belastete Grundstückseigentümer dem Käufer diese Baulast auch mitteilen.

Und hier noch die Absicherung der dritten Art: Man könnte auch eine ausschließlich privatrechtliche Einigung treffen – aber nur, wenn dies nach der jeweiligen Ortssatzung zulässig ist. In Berlin fordert das AEU dazu das Einverständnis aller Grundstückseigentümer auf einem gesonderten Vordruck.

Zu einer privatrechtlichen Einigung unter den Beteiligten rate ich trotzdem: Denn vor allem das Baulastenverzeichnis regelt nur das Nutzungsrecht in Bezug auf öffentliche Belange. Was aber gilt, wenn es bei Betrieb oder Instandhaltung zu Problemen kommt, weil die Leitung an einer Stelle verstopft ist oder weil ein Auto den zweiten Spülschacht beschädigt hat? Besser ist es dann, man hat der Baulast oder der Grunddienstbarkeit einen privatrechtlichen Teil beigefügt, der die entscheidenden Fragen regelt. Sonst drohen im Störfall teure Rechtsstreitigkeiten.

Oberheims Einsichten

Sicher weiß ich nicht, wie es unter meinem Heimweg am vorderen Doppelhaus vorbei tief unten in der Erde aussieht – aber Abwasserprobleme habe ich im ersten Jahr meines Wohnens nicht bekommen. Lag wohl auch an der guten Arbeit des Tiefbauunternehmens, das die Rohre verlegt hat.

Übrigens soll das mir empfohlene Unternehmen einer »Gütegemeinschaft Kanalbau« (oder so ähnlich) angehören – offensichtlich ein Qualitätssiegel. Wie ich dazu erfahren habe, ist der Stempel dieser Gütegemeinschaft wohl nicht von Pappe, denn Unternehmen, die sich damit schmücken wollen, müssen offensichtlich Mitglied in jener Gemeinschaft sein und teure Mitgliedsbeiträge entrichten.

Was ich daraus allgemein entnehme: Zum einen ist ein Gütesiegel (ein wenig) beruhigend für mich als Verbraucher, selbst wenn ich die genauen Prüf- und Vergabekriterien nicht kenne. Und zum anderen könnte man sich in einem Streitfall mit einer gütesiegeltragenden Firma dann ja auch an die Güteorganisation wenden, um sich über Ungares oder Unklares zu beschweren.

Tagebuch, 84. Folge:
Was macht ein Bauherrenberater?
»Nicht meine Aufgabe«

18. September: Im Badezimmer des oberen Stockwerks haben wir inzwischen so viel hin- und her- und neu geplant, dass Bauleiter Teffner bei jedem neuen Fax von mir sicher schon im Dreieck springt. Aber er nutzt es auch weidlich aus, mich mit neuen Zusatzvereinbarungen (also Zusatzkosten) einzudecken. Das aber kann ich hier im Tagebuch kaum alles schildern, so detailliert läuft das ab, mit viel Widerspruch meinerseits und diversen Begründungen und (Schein?-)Argumenten seinerseits.

Nur einen Streit will ich hier mal beschreiben: Dass an der dachschrägen Wand im Bad oben gar keine Fliesen angeklebt werden, wusste ich anfangs nicht. Im Bauvertrag steht etwas von »zwei Meter hoch fliesen«, aber in der Baudurchsprache vor Beginn unseres Hausbaus ist an einer Stelle einfach vermerkt, dass Dachschrägen nicht verfliest werden. Vorher wusste ich davon nichts; so regelt man das also...

Das senkrecht verlaufende Drempelstück unterhalb dieser unverfliesten Schräge wollen wir ebenfalls nicht verfliesen lassen, weil diese Fläche sowieso mit kleinen, etwa 80 Zentimeter hohen Regalen vollgestellt werden soll. Also lasse ich diese Fläche aus dem Fliesenangebot herausnehmen und möchte 90 Euro pro Quadratmeter gutgeschrieben bekommen.

Geht in Ordnung, sagt der Bauleiter, zieht mir aber für »Vorleistungen anderer Gewerke« 42 Euro für »Putz« ab. Erwischt, Freundchen: Eine Gipskartonplatte wird nicht verputzt, sondern nur gemauerte Wände! Ich möchte nicht wissen, an wie vielen Stellen ich sonst noch für das reine Nichts Geld bezahlt habe, ohne es zu erkennen.

20. September: Die Gräben für Abwasser, Strom und Gas sind inzwischen komplett ausgehoben.

21. September: Heute wieder mal Baustellenkontrolle mit dem Berater vom Bauherrenverein. Nach Fertigstellung des Estrichs wäre ein Check sinnvoll, meinte er. Aber dem Estrich selbst widmet Berater Scherrn seltsamerweise keinen einzigen Blick. Bei diesem Gewerk kann man nicht viel falsch machen, erläutert er. Außer: Rund um den schwimmenden Estrich muss Schaumgummi hervorragen, denn wenn dieser Estrich direkt auf die Wand trifft, gebe es Schall- und Wärmebrücken. »Aber nicht hier bei Ihnen, die haben das gut gemacht.«

Anderes dagegen nicht so gut, denn nach 60 Minuten Hinschauen mit Scherrn setze ich eine 19 Punkte lange Mängelliste auf, die ich Scherrn in sein Ingenieurbüro faxe und abgesegnet von ihm – nur ein Wort ändert er – an MirXbau weitersende. Hier nur einige der Fehler:

Im Dachbereich sind einige Dachsteine etwas abgesackt, »bitte nacharbeiten«.

Bei der Gaube im Dachgeschoss sind die seitlichen Abschlüsse nicht insekten- und vogelsicher. Außerdem ist der Bleiüberhang unter den Gaubenfenstern nicht hinterlaufsicher, falls mal stürmischer Regen gegen diese Hausseite schlägt.

Im Nassraum Badezimmer wurde kein Zementputz, sondern wasseraufnahmefähiger Gipsputz verwendet. Damit keine Feuchtigkeit eindringt, muss dieser hydrophobiert werden.

Die Rechteckfugen zwischen den Trockenbauwänden und den Massivwänden im ganzen Obergeschoss haben keinen ausreichend tiefen Querschnitt. Der ist nötig, um darin eine bewegliche Silikonfuge unterzubringen. Und die ist nötig, damit die darauf geklebte Tapete nicht reißt, wenn sich die unterschiedlichen Wandmaterialien unterschiedlich verhalten.

Rollschichten nennt man bei verklinkerten Häusern jene quergestellten Steine, die die Außenfensterbänke bilden. Im ganzen Obergeschoss sind sie viel zu flach, ja fast eben angelegt. So könnte, meint Scherrn, Regenwasser sich darauf halten und ins Fensterholz eindringen. »Verweisen Sie auf das Merkblatt 9 des Industrieverbandes Dichtstoffe sowie den Leitfaden zur Montage von Fenstern und Fenstertüren der RAL-Gütegemein-schaften.«

Die Innenfensterbänke sieht Scherrn noch kritischer. Normalerweise müssen sie den Putz unterschneiden, also leicht in ihn hineinragen. Bei mir aber sind die Fensterbänke so schmal, dass zwischen Putz und Fensterbank-Ende sogar noch Fugenmasse hineinge-schmiert wurde, um fehlende Millimeter zu überbrücken. Da die Fensterbänke sowieso in einer falschen Farbe (Jura Marmor grau statt Jura Marmor gelb) geliefert wurden, beste-he ich auf Austausch. Und unter den Fensterbänken fehlt es an der nötigen Wärmedäm-mung.

Am Eingangspodest vor der Haustür fehlen eine seitliche und eine untere Wärme-dämmung.

Soweit mein Brief. Aber warum muss ich überhaupt schreiben?! Und mir jedesmal sagen lassen, a) mein Berater hätte keine Ahnung, b) ich hätte keine Ahnung, und c) ich hätte alles falsch verstanden, was mein Berater ganz anders gemeint habe.

Als Scherrn mir die Mängel vor Ort in meinen Block diktiert, halte ich einmal inne. Die Kritik zur Rechteckfuge lasse ich ihn gleich gegenüber dem anwesenden Maler wiederho-len. Aber statt dass er ihm jetzt klar macht, was der Mann nun besser machen soll, sagt Scherrn zu meiner Überraschung nur: »Das zu tun, ist nicht meine und nicht Ihre Auf-gabe.«

Ja, was denn dann?! »Wir sagen denen nur, dass das so nicht richtig ausgeführt ist.« – »Und wenn die dann einfach weiterbauen?«, wende ich ein. »Dann sehen wir weiter«, meint Scherrn nur und steigert meine Verwunderung damit immer mehr.

Wozu bin ich denn in die Verbraucherschutzorganisation des Bauherrenvereins e. V. eingetreten? Doch nur, um Pfusch zu vermeiden – und nicht, um ihn bloß festzustellen. Der Bauherrenverein wirbt in seinen Publikationen doch immer wieder: Kommen Sie zu uns, damit Ihnen ein Hausbau ohne Mängel gelingt!

Wozu zahle ich denn pro Stunde 50 Euro plus Mehrwertsteuer an Scherrn, plus ent-sprechende Fahrtzeitkosten plus 60 Pfennig je gefahrenen Pkw-Kilometer, den mein Be-rater von der Stadtmitte bis zu mir an den Stadtrand zurücklegt?

Was der Experte dazu sagt:
Werk oder Dienstleistung

Wie sieht ein Experte das Verhältnis zwischen Bauherr, Baufirma und Bauherrenberater? Der Baujurist Gerwin Müller ist Regierungsdirektor im Ruhestand, er war einst bei der Senatsverwal-tung für Bauen und Wohnen tätig und ist heute Referent des Vertragsausschusses der Bau-kammer Berlin:

Das Problem beginnt damit, dass Oberheims Heim von einem Generalübernehmer gebaut wird. Damit sind Bauplanung, Bauausführung und Bauüberwachung in einer Hand – eigent-lich logisch, dass »Kontrolle« eher im Sinne von MirXbau als im Sinne von Oberheim aus-geübt werden dürfte.

Also hat Oberheim sich als »Kontrolleur« einen Bauherrenberater zugelegt. Diesen Auf-trag zu durchleuchten, setzt etwas Juristerei voraus – das kann ich weder ihm noch ande-ren Bauherren ersparen. Wichtigste Gesetzesregel für die Haftung beim Bauen ist Paragraf 633 des Bürgerlichen Gesetzbuchs (BGB): »Der Unternehmer ist verpflichtet, das Werk so herzustellen, dass es die zugesicherten Eigenschaften hat und nicht mit Fehlern behaftet ist, die den Wert oder die Tauglichkeit zu dem gewöhnlichen oder dem nach dem Vertrag vorausgesetzten Gebrauch aufheben oder mindern.«

Der Paragraf meint nicht nur Baufirma und Hausbau, sondern auch den Architekten und seine Aufgabe der Objekt- oder Bauüberwachung, wie sie die Honorarordnung für Architekten und Ingenieure (HOAI) unter Paragraf 15 Absatz 2 Nr. 8 vorsieht.

Aus Paragraf 633 BGB ergibt sich die Haupthaftung aller Architekten und Beratenden Ingenieure. Man verbindet mit diesem Gesetzestext das Wort »Werkvertrag«. Es wird ein Werk, ein Erfolg geschuldet. Wer ein Haus bauen lässt, will keinen Versuch, keine Ruine, sondern ein Haus mit den zugesicherten Eigenschaften.

Anders beim Dienstvertrag: Hier wird ein Tätigwerden geschuldet, das Ergebnis ist nicht garantiert. Kein Rechtsanwalt kann seine Hand dafür ins Feuer legen, dass der Prozess gewonnen wird. Kein Profi-Fußballer wird nur für Siege bezahlt. Und, Herr Oberheim, kein »Bauherrenberater« haftet dafür, dass Ihr Haus mängelfrei errichtet wird. Oder überhaupt zu Ende gebaut wird.

Oberheim kommen einige Zweifel an seiner Bauherrenberatung. Zu Recht: Leider ist der »Bauherrenverein e. V.« – wer immer sich auch hinter diesem erfundenen Namen verbirgt – kein Einzelfall: Die Baukammer Berlin führt derzeit (Mitte 2001) eine Auseinandersetzung mit dem TÜV Süddeutschland, in der es um solche Kontrollen auf der Baustelle geht.

Architekten und Beratende Ingenieure müssen sich bei ihrer Arbeit an die zitierte HOAI halten. Die schreibt ihnen in der Regel Werkverträge vor. Wer die »Objektüberwachung« übernimmt, haftet...

- dafür, dass der Bau gemäß der Baugenehmigung errichtet wird.
- dafür, dass er den Ausführungsplänen gerecht wird.
- dafür, dass er der vorher unterzeichneten Bauleistungsbeschreibung entspricht.
- dafür, dass nach den allgemein anerkannten Regeln der Technik (z.B. DIN-Vorschriften) gebaut wird.
- dafür, dass der Bau nicht gegen einschlägige Vorschriften (z.B. Bauordnung) verstößt.

Weil die HOAI eine weitgehende Haftung vorsieht, müssen diese Baufachleute Versicherungen mit hohen Haftpflichtsummen abschließen. Bei einem (öffentlichen) Vorhaben von z.B. 750.000 Euro Herstellungskosten braucht ein Ing. eine Deckungssumme von 500.000 Euro für Personenschäden und 75.000 Euro für sonstige Schäden. Die 75.000-Euro-Grenze aber ist kein Freibrief: Wenn die Schäden höher sind, haftet der Architekt/Ingenieur oft mit seinem eigenen Vermögen.

Damit es dazu nicht kommt, haben diese studierten Bauexperten Pflichten: Pläne studieren, diese mit Baugenehmigung, Bauordnung und DIN-Vorschriften abgleichen, Ausführung überprüfen und erkannte Mängel bei Baufirmen anzeigen sowie auf deren Behebung drängen. Die genauen Leistungspunkte sind in der HOAI nachzulesen.

Bauherrenvereins-Berater Scherrn aber sieht sich anders: Der Verein vermittelt Berater und haftet nicht selbst, und der Berater selbst will nur eine Dienstleistung bieten – ohne Erfolgszwang und Haftung.

Deshalb lässt Scherrn den Bauherrn selbst die Briefe an MirXbau schreiben und liefert ihm nur die Beratung dazu. Da mag dann wirklich einiges falsch verstanden werden, schließlich hat Oberheim das Bauen nicht studiert – vor allem aber vermeidet Scherrn so, zu nahe an einen HOAI-Werkvertrag heranzukommen und in die (Haft-)Pflicht genommen zu werden.

Was ein Bauherr wie Oberheim bei Mängeln verlangen kann, schreiben HOAI und die Paragrafen 634/635 BGB vor. Der Bauherrenberater aber will kein HOAI-Überwacher sein und nennt seine Arbeit daher »Bau-Controlling« (Tüv) oder »baubegleitende Qualitätskontrolle« (Bauherrenschutzbund). Dass dies aber nicht korrekt ist, hat der Tiiv bereits erfahren, als das Oberlandesgericht Dresden (Az. 7 U 1524/00) entschied, dass auch Bau-Controlling Haftungspflichten begründet und Schadenersatz nach sich ziehen kann.

Was die Baukammer auch kritisiert: Diese Berater, die nicht haften wollen, kosten manchmal mehr als die Fachleute, die haften müssen. Wenn ich Oberheims Heim bei etwa 180.000 Euro Bausumme einmal als Beispiel nehme, dann komme ich auf gut 2.000 Euro, die die »Leistungsphase 8« nach HOAI bei ihm kosten dürfte – inklusive Haftung. Und inklusive der Briefe an MirXbau und inklusive Abnahme des fertigen Hauses und inklusive »Überwachung der Beseitigung der bei der Abnahme festgestellten Mängel«.

In einem Berliner Doppelhaus-Fall (hier ging es um eine Bausumme von 295.000 Euro) haben wir von der Baukammer errechnet, dass beim TÜV Süddeutschland das »Controlling« samt »Planungs-Check« rund 4.500 Euro gekostet hat, während die oben beschriebenen Leistungen durch einen Ingenieur mit HOAI und Haftung etwa 3.500 Euro teuer gekommen wären.

Mein Tipp: So lange sich die Rechtssituation für »Berater neben der HOAI« nicht ändert, fahren Bauherren mit Architekten oder Beratenden Ingenieuren und Objektüberwachung nach der HOAI besser.

Experten-Anmerkung:
Für alle nach dem 1. Januar 2002 neu abgeschlossenen Werkverträge gilt Paragraf 633 BGB in einer neuen Fassung. Mit dieser Änderung hat der Gesetzgeber den »subjektiven Fehlerbegriff« in den Vordergrund gestellt. Das heißt, ein Mangel liegt dann vor, wenn die Werkleistung nicht die zwischen den Parteien »vertraglich vereinbarte« Beschaffenheit hat.

Paragraf 633 BGB in der neuen Fassung lautet nun entgegen dem oben zitierten alten Gesetzestext:
(1) Der Unternehmer hat dem Besteller das Werk frei von Sach- und Rechtsmängeln zu verschaffen.
(2) Das Werk ist frei von Sachmängeln, wenn es die vereinbarte Beschaffenheit hat. Soweit die Beschaffenheit nicht vereinbart ist, ist das Werk frei von Sachmängeln,
   1. wenn es sich für die nach dem Vertrag vorausgesetzte, sonst
   2. für die gewöhnliche Verwendung eignet und eine Beschaffenheit aufweist, die bei Werken der gleichen Art üblich ist und die der Besteller nach der Art des Werkes erwarten kann.
Einem Sachmangel steht es gleich, wenn der Unternehmer ein anderes als das bestellte Werk oder das Werk in zu geringer Menge herstellt.
(3) Das Werk ist frei von Rechtsmängeln, wenn Dritte in Bezug auf das Werk keine oder nur die im Vertrag übernommenen Rechte gegen den Besteller geltend machen können.

Oberheims Einsichten

Eine – leider – erschöpfende Auskunft des Juristen. Ich bin im Nachhinein froh, dass ich noch so relativ glimpflich davongekommen bin. Hätte ich allerdings meine Baukontroll-Anlegenheiten in die Hände eines HOAI-Fachmannes gelegt, wäre ich vermutlich weniger oft benachteiligt worden und hätte vielleicht auch noch ein paar Euro gespart.

Später werden Sie noch lesen, dass mich der Einsatz des Bauherrenvereins rund 1.430 Euro gekostet hat. Allerdings inklusive der (bekannterweise schlechten) Beratung vor Abschluss des Bauvertrages.

Tagebuch, 85. Folge:
Der »richtige« Fußbodenbelag

Nichts für arme Leute

22. September: Was »lege« ich für einen Belag auf den Fußboden? Im gesamten Erdgeschoss haben wir Fußbodenheizung, zu der Bodenfliesen gut passen sollen. Nur im Wohnzimmer haben wir kurz zwischen Fliesen und Parkett geschwankt, aber wegen der täglichen Wege von Kevins Bobby-Car und Maries Puppenwagen – Wohnküche, Wohnzimmer, Terrasse – haben wir vom Holz abgesehen.

Aber was machen wir im Obergeschoss, wo wir Heizkörper haben? Ins Bad kommen Fliesen, klar, vor allem wegen der Feuchtigkeit. Die werden heute gerade eingebaut.

Und in den Kinderzimmern, im Flur und Schlafgemach? Teppich wollen wir dort nicht. In unserer Mietwohnung haben wir damit keine guten Erfahrungen gemacht. Meine Frau ist Pollenallergikerin, ich leide unter Hausstaubmilben.

Außerdem sollte der Fußboden möglichst fußwarm sein, wenn es oben schon keine Fußbodenheizung gibt. Lange favorisierten wir Kork-Parkett. Aber im Kork-Studio stank es derart nach Chemie, dass wir an der Natürlichkeit des Materials Zweifel bekamen. Kork allein mag zwar natürlich sein, wenn aber Haftgrund, Spachtelmasse, Kleber und Versiegelungslack so stinken, dann vergeht einem die Freude daran.

Trotzdem fragten wir im Kork-Studio nach einem Angebot. 45 Quadratmeter »Cork-Chips«-Platten samt Verlegearbeiten und -material sowie einer Sockelleiste an den Wänden sollten 3.170 Euro kosten.

Da ist Auslegeware natürlich deutlich billiger: Das Ursprungsangebot von MirXbau sah solche zum Materialpreis von 23 Euro je Quadratmeter plus acht Euro fürs Verlegen vor. 1.380 Euro haben die mir für den Teppichverzicht nun gutgeschrieben.

23. September: Gestern haben wir uns trotz aller Zweifel für Kork entschieden – und heute kam die neue Monatspostille meines Bauherrenvereins. Mit einem großen Vergleich der Fußbodenbeläge: Unsere Kork-Motivation bekam einen Dämpfer, denn die vielzitierte Fußwärme soll erheblich durch das dreifache Versiegeln der Oberfläche leiden.

Eine Doppelseite weiter wurde Linoleum vorgestellt, das Standardmaterial früherer Jahrzehnte, das als »Arme-Leute-Fußboden« aus der Mode geriet. Linoleum ist aus natürlichen Materialien hergestellt, etwa Leinöl und Kork, und soll fußwarm sein.

Also: Fußbodenfirma Hellricht hier in meinem Stadtbezirk angerufen, Besichtigung ausgemacht, Kostenvoranschlag erbeten. Und der kam heute: 2.760 Euro für 45 Quadratmeter Linoleum sind auch kein Pappenstiel – aber ich denke, wir werden das wohl nehmen.

Was der Experte dazu sagt:

Die Belag-Palette

Lag Oberheim beim Belag richtig? Bauingenieur Stephen-Michael Dworok, öffentlich bestellter und vereidigter Sachverständiger für Schäden an Gebäuden und Fachplaner für Bauphysik mit Büro in Berlin-Pankow, hat sich der Tagebuchfragen angenommen:

Verschiedene Fußbodenbeläge, verschiedene Nutzungen, verschiedene Vor- und Nachteile – in dieser Bandbreite hat Baufamilie Oberheim eins richtig gemacht: Gesundheitliche Einschränkungen in der Familie waren das wichtigste Kriterium. Weg bekommt man Allergien damit nicht, aber die Symptome werden sich weniger heftig oder häufig zeigen.

Die Entscheidung für einen glatten Belag im Schlafzimmer kann ich deshalb unterschreiben. Allerdings sollten die Oberheims wissen: Teppich sammelt zwar Milben(-ausscheidungen), bindet aber auch Staubflusen. Auf glattem Boden dagegen kann Staub eher aufgewirbelt werden, was auch allergische Reaktionen (z. B. Niesen) hervorrufen kann. Also: Wer aus gesundheitlichen Gründen glatte Beläge wählt, sollte sie häufig feucht wischen – mehr als einmal pro Woche.

Die Argumente für Linoleum und gegen Kork aus der Bauherrenzeitschrift sind nicht zutreffend. Art und Häufigkeit der Versiegelung verändern die Fußwärmeableitung – das Fachwort fürs Empfinden beim Betreten von Oberflächen – nur unwesentlich. Kork finde ich immer behaglicher als Linoleum.

Zu Oberheims Kork-Kritik: Dass es im Kork-Studio nach Chemie roch, lag sicher nicht am Kleber oder Haftgrund des ausgestellten Materials. In der Regel sind diese nämlich lösemittelfrei. Dagegen ist Linoleum nicht so natürlich, wie die Werbung sagt: Zwar besteht es vor allem aus Leinöl und Kork, aber die reiche Linoleum-Angebotspalette liegt vor allem an zugesetzten zwei Prozent Farbe – und die ist nicht aus purer Natur.

Weitere Belag-Alternativen:

Auslegeware könnte man auch nehmen, aber bitte ein strapazierfähiges, hochwertiges Material. Am besten sollte es für Bürostuhl-Rollen geeignet sein – Herstellerzertifikate belegen, ob der Boden auch für gewerbliche (= häufige) Nutzung taugt. Sonst sieht man schnell den Unterschied zwischen unbegangenen und benutzten Flächen, besonders bei Kinderzimmern und Fluren.

Das Stichwort Rollenmaß will ich noch erwähnen: Auslegeware gibts in verschiedenen Breiten. Da sollte man nicht zu knapp denken und für Türleibungsausschnitte oder knifflige Ecken großzügig planen, Verschnitt berücksichtigen – und sich damit keine Stoßstellen einhandeln.

Parkett gibt es in mehreren Varianten. Ich bevorzuge Stabparkett gegenüber Fertigparkett und Laminat. Wichtiger als die Wahl unter diesen dreien ist die Wahl des Standorts: Ein Raum mit Anschluss an Terrasse oder Garten ist problematisch, besonders wenn Kinder ihr Dreirad hineinfahren. Aber selbst bei normaler Nutzung von Drinnen und Draußen können hereingewehte kleinere Sandkörner Parkett binnen weniger Monate schädigen, egal ob harte Eiche oder weiche Esche.

Strapazierfähigstes der drei Produkte ist Laminat, weil es eine Kunststoffschicht hat und chemisch gehärtet wird. Bei Fertigparkett (zu Platten verklebtes Holz) und Stabparkett (einzelne Stäbe) dagegen lohnt sich die sprichwörtliche Nagelprobe: Bleibt eine Kerbe, wenn man den Fingernagel durch den Belag zieht? Dafür ist die Rangfolge genau umgekehrt, wenn es um mehrmalige Abschleifbarkeit und Neuversiegelung geht.

Was beim Parkett kein Thema ist, sollte beim großen Bruder Dielenboden hinterfragt werden: Wie lange und gut abgelagert ist das Holz, das eingebaut wird? Größere Hölzer können sich beim Austrocknen nämlich verformen. Leider wird der Laie die Antwort auf die Lagerungsfrage kaum selbst überprüfen können.

Auch wenn es sich nicht so verformen kann wie Dielenboden, ist beim Verlegen von Stabparkett darauf zu achten, dass zu angrenzenden Wänden eine Randfuge bleibt. Denn bei Wärme- oder Feuchteeinfluss kann auch dieser Belag »arbeiten«. Dann zeigt sich, ob »zwängungsfrei« gearbeitet wurde und ob sich das Parkett nicht durch Druck gegen die Wand verformen kann.

Bei Laminat wiederum ist wichtig, besonders bei Neubauten eine Diffusionsfolie darunter einzuplanen. Dringt nämlich Feuchtigkeit von unten ins Laminat ein, bekommt die mit Spananteilen hergestellte Trägerplatte Probleme.

Weniger Probleme haben Fliesen, jedoch behagt die auch im Sommer kühle Oberfläche nicht allen. Ich habe Fliesen zu Hause und helfe mir mit Kork-Latschen oder in oft genutzten Bereichen (z. B. Couch) mit einem kleinen Teppich. Was man bei Fliesen wissen muss: Alles, was kaputtgehen kann, ist kaputt, wenn es runterfällt – in Ausnahmefällen auch die Fliese selbst. Zwar wird kaum sie selbst zerbrechen, aber ein scharfkantiger Gegenstand kann ihre Oberfläche schädigen, und statt Graugrün im Marmor-Look haben Sie plötzlich einen ton-roten Fleck und müssen diese Fliese austauschen.

Eine noch schlechtere Fußwärmeableitung (also: Behaglichkeit) hat Natur- oder Kunststein. Der aber bietet den Vorteil, dass er nahezu unverwüstlich ist. Stein, vor allem Granit, ist höchst druckfest und hat ein so festes Gefüge, dass man keine Abscherbelungen an der Oberfläche befürchten muss. Dieser Belag wird aber »exotisch« bleiben, da man unter 130 Euro pro Quadratmeter kaum fündig wird.

Dafür hat Naturstein die längste Haltbarkeit aller Bodenbeläge – fast unendlich. Die anderen Beläge halten bei normaler Nutzung und Pflege: Fliesen auch fast unbegrenzt, Dielenboden 50 Jahre, Stabparkett bis 50 Jahre (drei bis vier Abschleifvorgänge), Fertigparkett 20 Jahre (einmal Abschleifen), Laminat 20 Jahre, Linoleum und Kork je zehn bis 15 Jahre und Auslegeware fünf bis acht Jahre.

Oberheims Einsichten

Das Linoleum erwies sich im Nachhinein (abgesehen von einem später noch zu schildernden Problem durch das Verlegen) als sehr praktischer Belag. Die in der Zeitschrift versprochene Fußwärme allerdings hatte er wirklich nicht zu bieten. Bei einer erneuten Entscheidung heute (bzw. wenn der Boden einmal verschlissen sein wird) würden wir wohl doch eher zu Kork tendieren.

Tagebuch, 86. Folge:
Fußbodenbelag (II):
Am liebsten alles rausreißen

25. September: »Du-hu...« Immer wenn meine Frau mich so langgezogen anspricht, liegt ihr was auf der Seele. Streit? Zu wenig um einander gekümmert beim Bauen? Zu wenig um die Kinder? Urlaubsreif? »Du-hu, im Badezimmer oben...« Ach so, wieder das Thema Bauen. Sicher sind es die Fliesen.

»Stimmt. Ich habe mir das heute mal in Ruhe angesehen, während die Kinder draußen gespielt haben«, sagt Verena: »Ich weiß, dass ich eine falsche Farbe ausgesucht habe.«

Der Fußboden zeigt dasselbe helle Braun wie überall im Erdgeschoss und in den Bädern, doch an den Badezimmerwänden oben haben wir uns für ein kräftiges Gelb entschieden. Verenas Problem, das ich mit meinem weniger guten Farbempfinden nicht gleich teilen konnte, ist dieses: Wo Gelb und helles Braun aufeinander treffen, beißen sich die Farben etwas. »Ach, da gewöhnen wir uns doch dran«, sage ich.

»Ich hatte damals diesen Katalog, in dem beides zusammenpasste. Aber der Unterschied lag wohl in den blauen Farbecken bei den Katalogfliesen«, sagt Verena.

Und jetzt? »Alles raus! Ich will am liebsten eine andere Fußbodenfarbe.« Sie hat, sagt sie, den Fliesenleger auch schon gefragt: »Der hat die Hände überm Kopf zusammengeschlagen, auch wenn man das durchs Telefon natürlich nicht sehen konnte.« – »Weil du sein Werk kaputtmachen willst!« – »Nein«, sagt Verena, »aber der jammert, wie viel Dreck das macht und dass er alle Fliesen zerstören müsste«.

26. September: Nach einer für Verena fast schlaflosen Nacht geht das Gespräch am Frühstückstisch weiter. Und spontan habe ich die Idee, statt des ganzen Fußbodens nur die unterste Reihe gelber Wandfliesen durch blaue ersetzen zu lassen. »Klasse Idee«, meint Verena erleichtert, »dann wären wieder genau die drei Farben aus dem Katalog zusammen. Das passt!« Ich rufe den Fliesenleger an, der diese Lösung zehnmal besser findet als das Zerstören des Fußbodens. »Und viel billiger«, meint er.

28. September: Wir haben die blauen Fliesen selbst besorgt (84 Euro) – und sind zufälligerweise mit dem Bauleiter im Haus, als der Fliesenleger mit dem Abklopfen der untersten Wandfliesen loslegt.

»Den Bauzeitenplan werden wir wohl nicht ganz schaffen«, sagt Bauleiter Teffner. Eigentlich soll mein Haus bis Ende Oktober fertig sein – Luft genug, um einen Monat lang die zum 1. Dezember gekündigte Mietwohnung zu renovieren und umzuziehen. Teffner will mir aber keinen neuen Fertigstellungszeitpunkt sagen und führt die Estrich-Trocknungszeit und das Aufheizprogramm für die Fußbodenheizung als Zeitargument an.

Währenddessen stehen wir auf dem frei in der Luft hängenden Eingangspodest. Die Kanalarbeiten sind gut vorangekommen – unter uns ist eine Grube, der gebuddelte Kanal reicht von der Straße bis zu meinem Hauswirtschaftsraum. Rohre sind drin, Kabel auch. Bis auf eins: Das Telekomkabel liegt noch herum.

Plötzlich kommt der Fliesenleger mit Sorgenfalten im Gesicht auf mich zu. »Ich habe ganz vorsichtig angefangen, aber schon bei der zweiten Fliese ist mir eine aus der nächsten Reihe leicht gesprungen.« Was nun? Er schlägt vor, eine blaue Wandfliesenreihe vor die unterste gelbe zu setzen und diesen Absatz mit einer weißen Plastikleiste (»Jolly-Schiene«) zu beenden. Wir sagen ja.

Was der Experte dazu sagt:
Die Belag-Palette

Schon in Folge 85 kommentierte Bauingenieur Stephen-Michael Dworok Oberheims Bodenbelags-Erlebnisse. Er hat zu den Fliesenfarben noch eine kleine Anmerkung:
Von einer fast unbegrenzten Haltbarkeit der Fliesen sprach ich in der Vorfolge. Doch weit weniger lange hielt sich bei den Oberheims die unterste Wandfliesenreihe. Planungsfehler kommen vor, wenn man sich vor allem an Zeitschriftenfotos orientiert. Viel besser: Lassen Sie sich im Fliesenzentrum von ihrer Favoriten-Fliese eine Fläche von ein bis zwei Quadratmetern auslegen. Dann sieht man die Wirkung der Fläche ebenso wie das Aufeinandertreffen zweier Farben und/oder Muster. Und dies möglichst bei natürlichem Licht.
Ich hätte mich mit dem etwas unbefriedigenden Gelb/Braun-Aufeinandertreffen zähneknirschend abgefunden. Letztlich ist nämlich nicht sicher, ob die Oberheims mit der blauen Fliesenreihe nicht doch eine andere Wirkung erzeugen als beabsichtigt – und als es in der Zeitschrift aussah. Am Ende haben sie vielleicht doch wieder nur eine Zwischenlösung.

Oberheims Einsichten

Es wurde keine Zwischenlösung, sondern passte farblich. Die einzige Einschränkung der davorgesetzten Fliesenlösung: Die nur zwei Fliesen hohe, weil etwas versenkte Badewanne sieht mit ihrer Blau-Gelb-Kante nicht ganz so gelungen aus. Sonst aber macht sich die kleine Kante, die rund ums Bad durch das blaue Band eingeführt wurde, optisch sogar ziemlich gut. Gäste, die wir auf diesen Fehler aufmerksam machen, meinen meist, dass sie Kante und Farbspiel zuvor eher als eine bewusste und gewollte Sache empfunden hätten.
Aber in einem hat der Experte Recht: Man gewöhnt sich an alles, auch an die Kante und sicher auch an eine Gelb/Braun-Lösung, wenn wir sie beibehalten hätten.

Tagebuch, 87. Folge:
Wie koordiniert man die verschiedenen Versorger?
Kein Anschluss unter diesem Termin

29. September: Siedend heiß fällt es mir morgens beim Aufwachen ein. Was ist, wenn jene Anschlüsse nicht rechtzeitig fertig sind, die das Trocknungsprogramm der Fußbodenheizung zum Funktionieren braucht?! Gas für Heizung, Strom für das Einschalten und Betreiben der Heizung, Wasser für die Kunststoffschlangen unterm Fußboden – das alles ist zusammen nötig. Fehlt nur eins davon, läuft beim Heizprogramm gar nichts.
Ich rufe bei der Tiefbaufirma Borischke an. Die Auskunft: »Da fragen Sie mal besser Ihren Bauleiter Teffner.« Aber dann fällt meinem Gegenüber noch die Randbemerkung ein, dass Teffner diese Aufgabe am liebsten in der Hand der Borischke-Leute gesehen hätte. »Aber wir können bei den Versorgungsunternehmen auch nur anrufen und sagen, dass wir jetzt soweit sind und dass die kommen können. Ach, fragen Sie nicht bei Teffner, sondern lieber gleich beim Gasversorger an.«

Mache ich sofort, doch dort kann mir niemand mit Infos zu meiner Adresse weiterhelfen, weil keiner die Akte kennt. »Allgemein kann ich Ihnen sagen, dass Ihre Sanitärfirma sich neben dem Anschluss auch um den Gasbereitstellungsantrag kümmern muss.« Bereitstellungsantrag? Noch mehr Verwaltungskram? Rufe umgehend bei dem von MirXbau beauftragten Sanitärinstallateur an, der mich beruhigt: »Klar haben wir den Antrag längst gestellt, das wird schon alles glatt gehen«, erfahre ich dort: »Und auch mit Strom und Wasser wird das schon klappen.«

Na, wer weiß. Teffner hatte mir lange vor den Anschlussterminen gesagt, wie er das Thema organisieren wolle: »Da mache ich eine Woche vor dem Start einen Termin mit allen Versorgern auf der Baustelle, dann geht das alles zack-zack.« Als ob die hier in Berlin alle bloß auf die Befehle eines cholerischen Bauleiters aus einem kleinen Ort bei Leipzig warten...

2. Oktober: Zack-zack wird heute morgen zwar die Gasversorgung geregelt, doch für Strom und Wasser liegen bisher nur die perfekt angeschlossenen Leitungen in der Erde – aber ohne jeden Inhalt. Fürs Funktionieren von Strom und Wasser aber ist die geradezu amtlich wirkende Inbetriebnahme eines Zählers erforderlich. Daran aber hapert es noch.

3. Oktober: Endlich! Der Wasserzähler kam heute Morgen erst nach Einschalten der Beschwerdestelle des Wasserversorgers. Teffner hatte mich vorgeschickt, ich sollte dort jammern. Nicht auszuschließen ist, dass die Wasserleute es »gerochen« haben, dass es sich um das Haus aus der Bautagebuchserie ihrer Tageszeitung handelt.

6. Oktober: Beim Stromversorger aber scheint sich in Sachen Zähler gar nichts zu tun. Teffner und Elektriker Melchow kamen schließlich auf eine pfiffige Idee: Sie versetzten – mit dem eingeholten Einverständnis des Stromversorgungsunternehmens – den beim vorderen Doppelhaus eingesetzten Baustromzähler in mein Haus.

Jetzt könnte das Zwei-Wochen-Heizprogramm (langsam auf volle Leistung hochfahren und genauso langsam wieder herunter) endlich starten. Doch der Sanitärchef winkt ab: »Wenn ich das heute noch starte, und irgendwas klappt nicht, dann kriege ich am Freitag doch keinen Handwerker mehr, der mir schnell was repariert.« Also wird erst Montag damit begonnen – wieder drei Tage verloren.

Und jetzt rechne ich so: 9.10. bis 23.10. Fußbodenheizprogramm, dann kommt bis 3.11. der Fliesenleger, dann bis 10.11. die Maler, dann bis 17.11. Türeneinbau, Steckdosen, Treppengeländer. Dann noch ein paar Tage fürs Linoleum-Verlegen im Obergeschoss, und kurz vor dem 25.11. dann die Abnahme, damit wir am letzten November-Wochenende umziehen können. Denn schließlich müssen wir bis 1.12. in der alten Wohnung auch noch renovieren. Na, besser: renovieren lassen.

Was der Experte dazu sagt:
Gute Koordination und gute Papierform

Im Terminkalender für »Oberheims Heim« wird es nun plötzlich ganz eng, weil die Anschlüsse nicht rechtzeitig und gleichzeitig fertig sind. Musste das so kommen? Michael Schröter, Dipl.-Ing. für Energietechnik und Geschäftsführer der Ingenieurgesellschaft Megawatt in Berlin-Kreuzberg, antwortet unserem Bauherrn:
Ob es plötzlich »ganz eng« wird, hängt zum einen von einer sorgfältigen Vorbereitung ab. Mindestens acht, besser zehn Wochen vor dem angepeilten Termin dieser Tiefbauarbeiten sollte man sich an die Leitungsverwaltungen der Ver- und Entsorgungsunternehmen wenden.

Bild 26: Ein Rohr fürs Wasser ist schon fertig. Ebenso das noch tiefer liegende und hier schon wieder verbuddelte Abwasserrohr. Dass alle Leitungen rechtzeitig und möglichst gleichzeitig unter die Erde kommen, setzt eine gute Organisationsarbeit bei Bauherr und Bauleiter voraus.

Wer ist »man«? Zuerst einmal natürlich der Bauleiter, hier also Herr Teffner von der Firma MirXbau. Aber warum sollte sich Oberheim persönlich nicht auch dahinter klemmen?! So kann er vielleicht selbst herausbekommen, dass in irgendeiner Abteilung geschlampt wurde, und seine »Sache« korrigieren oder gar beschleunigen.

Ebenfalls rechtzeitig vor der Tiefbaumaßnahme – die Oberheim bzw. seine Baufirma ja in die Hände einer Fremdfirma gelegt haben – sollte es dann möglichst binnen einer Woche Baustellentermine mit den Bauabteilungen des Gas- und Wasserversorgers, des Stromunternehmens und der Telekom sowie des Abwasserunternehmens geben.

Alle zu einem Termin einzuladen, wie sich das Bauleiter Teffner so vorgestellt hatte, ist erstens kaum zu regeln und zweitens wenig produktiv: Da trampeln sich alle auf den Füßen herum, und letztlich will jeder doch nur seine Arbeit regeln. Dass Teffner als Leipziger sicher nicht über die Kontakte verfügt wie ein örtlicher Berliner Bauträger, finde ich nicht problematisch: Mittels der Telefonzentrale des Versorgers sollte er schnell zu den entscheidenden Stellen vordringen.

Hoffentlich hat er auch hieran gedacht: Mündliche Ergebnisse und Terminabstimmungen sollte man sich immer schriftlich bestätigen lassen (wenn dies die Gegenseite nicht von selbst macht). Und das nicht erst beim letzten Abstimmungstermin, sondern – siehe Textbeginn – schon nach den ersten Kontaktaufnahmen.

Eine gute Papierlage ist wichtig, sie schafft immer eine höhere Verbindlichkeit. Doch kann sie natürlich keine Garantie gegen Fehler sein, man siehts bei Oberheim. Trotz Vorabsprachen ist nicht alles so gelaufen, wie der Bauherr es sich wünscht.

Gegen Schlampereien in den »Ämtern« aber – ich gebrauche dieses Wort bewusst, weil bei manchen (Ex-)Monopolisten immer noch ein solches Denken anzutreffen ist – ist wenig auszurichten. Gut, wenn es wenigstens eine Beschwerdestelle (für spontane Notfälle?) gibt.

Aber wenn man am Freitag mittags nach dem ausbleibenden Bautrupp fragt, bezweifle ich, dass bei einer Fehlorganisation in dieser Woche noch etwas zu retten ist. Leider kann das jeden treffen. Auch ich als »Mann vom Bau« mit meinen Branchenkontakten stünde an solch einem Freitag auf verlorenem Posten.

Deshalb kann ich mich nur wiederholen: Setzen Sie lange vorher auf eine gute Koordination, die ist das A und O. Wichtig ist dies auch deshalb, weil die großen Versorgungsunternehmen (jedenfalls in Berlin) oft Vertragsfirmen haben, die vor Ort für sie tätig werden.

Daraus nun (quasi als Tipp) den Schluss zu ziehen, bei diesen Subunternehmen Druck zu machen, dürfte die Sache meist wenig vorantreiben. Denn Druck gibt es vor allem, wenn man Geld zurückhält – wie aber will man das hier anstellen, wenn den Auftrag das Versorgungsunternehmen bezahlt, das dem Bauherren vermutlich erst Wochen nach dem späteren Einzug die Endrechnung präsentiert?!

Oberheims Einsichten

Noch einen anderen Weg sehe ich: Die Baufirma sollte am Ende eben einfach nicht so knapp planen. Wenn das Wasser schon einen Monat vorher »liegt« und der Strom zwei Wochen, bevor er endgültig benötigt wird, so sollte das in den Bauablaufplan auch integrierbar sein. Schließlich muss die Sanitär- und Heizinstallation ja nicht bis zum letzten Teil eingebaut sein, ehe man daran geht nachzuschauen, ob die Wasserleitung auch Wasser führt. Diskutieren Sie das mal mit Ihrer Bauleitung!

Tagebuch, 88. Folge:
Kostenvoranschläge und wie man damit umgeht

Ohne Märchensteuer

10. Oktober: Der von mir favorisierte Linoleum-Verleger Hellricht hat den Kostenvoranschlag für unseren Auftrag geschickt. Mein Glück, dass ich ihn auf spezielle Empfehlung von Kevins Kindergarten ausgewählt habe, wo vor drei Monaten zufällig neues Linoleum verlegt worden war und wo man sich sehr zufrieden über Hellrichts Arbeit äußerte. Vom Kindergarten besorgte ich mir auch eine Kopie von deren Kostenvoranschlag. So kann ich nun nachhaken, weil mir einige der Hellricht-Rechnungspositionen seltsam vorkommen.

Die Zahlen beider Angebote sind so unterschiedlich, dass ich immer wieder zum Briefkopf hinaufschaue – doch, es ist tatsächlich ein und dieselbe Firma Hellricht.

Was mir erstens nicht schmeckt: Das Material hat der Fußbodenleger meiner Frau mit 23 Euro/qm inklusive Mehrwertsteuer angekündigt, doch im Angebot stehen 20,94 Euro. Das aber macht inkl. Mwst. 24,29 Euro. Kurios: Im Kindergartenangebot stehen fürs selbe Material sogar 21,96 Euro plus Mehrwertsteuer, also insgesamt 25,47 Euro.

Für eine drei Millimeter starke »kunstharzvergütete Nivelliermasse«, die zwischen Estrich und Linoleum verstrichen wird, soll der Kindergarten 12,07 Euro (plus Mehrwertsteuer) je Quadratmeter zahlen, ich dagegen für »Nivelliermasse« ohne das Wort »kunstharzvergütet« nur 5,68 Euro. Auf Nachfrage erfahre ich, dass es sich immer um kunstharzvergütete Masse handelt.

Dafür aber – Gerechtigkeit muss sein – sind die anderen Positionen bei mir höher: Schleifen des Untergrunds kostet bei mir 1,00 Euro/qm und im Kindergarten 0,89 Euro. »Linoleum fest verkleben inkl. fräsen und verschweißen (der Nahtlinien)« kostet den Kindergarten 9,66 Euro pro Quadratmeter – bei mir wird Verkleben (8,67 Euro/qm) und Verschweißen (3,55 Euro je laufenden Meter) eigenständig aufgeführt und dann zu einem höheren Endbetrag zusammengerechnet.

Außerdem soll ich 38 Euro für Kleinmaterial zahlen und 28 Euro für zwei »An- und Abfahrten bis 5 km« – beim Kindergarten hat man auf beides verzichtet. Oder braucht's da keine Kleinteile, und mussten die dort gar nicht anfahren...

Aber wer sagt mir, was zu einem ordentlichen Angebot dazugehört. Ich erinnere mich an mein Haustürenangebot, wo das ursprüngliche 1.699-Euro-Sonderangebot sich durch die Wahl eines anderen Materials, den Kauf einer Griffgarnitur und Montage zuletzt auf immerhin 2.784 Euro erhöhte. Und später kam noch eine »untere Rahmenverbreiterung« für 77,31 Euro hinzu, von der der Berater doch schon im Geschäft ausgehen musste. Und ein Schließzylinder für 35 Euro wurde mir auch als »Extra« verkauft – ja, funktionieren Türen heutzutage denn ohne Schloss?!

Ich glaube, ich könnte dieses Thema – leider – endlos fortsetzen. Bei fast allen Angeboten, die ich mir in der Welt des Bauens von Firmen und von Handwerkern holte, war die ursprüngliche, natürlich nur mundlich geäußerte Zahl spater stets nur eine vage Erinnerung an billigere Vorgaben. Dieses Erstaunen des Kunden kennen auch die Handwerker, und manche bringen dann plötzlich jene (derzeit) 16 Prozent ins Gespräch, die sie nur abfällig »Märchensteuer« nennen: »Sie können das natürlich auch ohne Märchensteuer haben...« – Ohne Mwst. heißt: ohne Quittung, schwarz. Anfangs musste ich einmal wegen so einer Quittung lange drängeln, betteln und drohen.

Zugegeben: Es ist auf den ersten Blick schon ziemlich verlockend und lässt einen mit seinem schlechten Steuerhinterziehungs-Gewissen ringen, wenn ein Handwerker eine – angeblich vergessene bzw. vorher nicht erkannte – Zusatzleistung für »15 Euro ohne« anbietet. Mit Argumenten wie: »Sonst müsste ich das über MirXbau abrechnen, und da zahlen Sie dann 30 Euro – plus Märchensteuer.«

Aber der Verweis auf MirXbau enthält auch die Lösung der heiklen Frage: Entweder zahle ich ein paar Euro weniger und habe null Gewährleistung, oder ich lasse MirXbau im Spiel und »gewinne« dabei deren fünfjährige Garantiezeit. Und erstaunlicherweise erledigten sich dann manche Fragen weder mit noch ohne Mehrwertsteuer. Soll heißen: Trotz Einbau eines angeblich teureren Teils trat MirXbau gar nicht auf den Plan – ich vermute, der jeweilige Handwerker war sowieso laut seinem Vertrag mit MirXbau verpflichtet, mir gegenüber einen bestimmten Leistungsstandard einzuhalten. Mit der märchensteuerfreien »Extra«-Leistung wurde versucht, an ein kleines Zubrot zu kommen – und das ohne

Risiko: Denn wäre ich darauf eingegangen, hätte ich natürlich die »Klappe gehalten«, und MirXbaus Leute hätten mich gar nicht aufklären können, worauf ich normalerweise sowieso einen Anspruch habe.

Weil aber wohl nicht jeder so denkt, wundert es mich nicht, dass in Deutschland die Schattenwirtschaft blüht – erst recht angesichts solcher Kostenvoranschläge wie dem meines Fußbodenlegers. Den übrigens habe ich heute etwas heruntergehandelt – ohne in die Nähe von Schwarzarbeit zu kommen: Die 23 Euro fürs Material bzw. jetzt eingetragene 19,83 Euro ohne Mwst. nannte er nur noch »einen Irrtum«. Den höheren Verklebepreis erklärte er mit den vielen Ecken und Kanten unserer Räume, aber über den Rechnungsposten An- und Abfahrt »lässt sich reden«. Sprich: »...ist gestrichen«.

Was mich aber weiterhin ärgert: Der nächste Kunde, der Hellrichts Angebot nicht so kleinkrämerisch prüft und meckert wie ich, der zahlt eben 93 Euro mehr.

Was der Experte dazu sagt:
Malen statt Mathematik

Oberheim fühlt sich oft über den Tisch gezogen. Auch hier? Was ist von den Kostenvoranschlägen zu halten, die ihn so ärgern? Die Antworten gibt ihm Dipl. Ing. Architekt Klaus Wacinski, ein öffentlich bestellter und vereidigter Sachverständiger für Wärmeschutz und Fassadenkonstruktionen. Er ist Geschäftsführer bei der Ingenieurgesellschaft für Bauwerkserhaltung mbH in Berlin-Tegel:

Jetzt möchte Herr Oberheim sicher, dass ich jeden Rechnungsposten des Fußbodenleger-Kostenvoranschlags in der Luft zerreiße. Das könnte ich tun – aber lassen Sie mich lieber ganz anders anfangen: Handwerker bzw. die Chefs kleiner Betriebe sind in erster Linie Handwerker. Soll heißen: Sie haben bei Angeboten und Rechnungen ein ganz anderes Denkmodell im Kopf. Sie wissen vor allem eins: was am Ende herauskommen muss.

100 Quadratmeter eines Bodenbelags x müssen y Euro erbringen, das weiß der Handwerker. Wie er zu dem Endbetrag kommt, ist oft eine Sache der Improvisation. Hier ein Euro je Quadratmeter mehr, weil der Raum viele Winkel hat, dort kurz mal Fahrtkosten mit angesetzt – damit am Ende das herauskommt, was man »Pi mal Daumen« schon vorher kalkuliert hat.

Die Rechnung fürs neue Auto dürfte bei vielen Händlern fast gleich aussehen, weil Preise, Sonderangebote, Ausstattung und vielleicht auch die Rechnungs-Software identisch sind. Der Handwerker aber hat es nicht mit DIN-Räumen oder bundesweit einheitlichen Türrahmen und Fensterbrettern zu tun, sondern mit einem individuellen Untergrund, der möglicherweise unterschiedlich vorbehandelt werden muss. Da können beim Vergleich des Oberheim-Neubaus mit dem Kindergarten-Altbau schon mal andere Mengen Nivelliermasse angesetzt werden, weil man beim Altbau Unebenheiten und Spalten vermutet, in denen mehr Masse verspachtelt werden muss.

Man denkt also an mehr Materialverschnitt oder an mehr Mitarbeitereinsatz – nicht aber an nachvollziehbares Aufteilen der eigenen Leistung in Einzelschritte, wie es der Verbraucher in anderen Bereichen gewohnt ist und wie er es auch bei Handwerkern erwartet.

Die Transparenz, die ein »kleiner« Handwerker mit seiner Rechnung liefert, ist daher nur eine scheinbare. Und er selbst sieht das relativ leidenschaftslos. Dass der Kunde Oberheim ihn weiterempfehlen könnte, so wie Oberheim den Fußbodenleger-Tipp auch aus dem Kindergarten bekommen hat, daran denkt der Handwerker nicht immer. Viel eher passt er auf, wenn er einen Kostenvoranschlag für einen öffentlichen Auftraggeber abgibt; da gelten etwas andere Vorgaben, die durch diese Auftraggeber in der Regel auch scharf gefasst werden.

Denken Sie als Verbraucher daran, dass der Handwerker gar keine Zeit zum Kalkulieren hat. Schreibt ein Malermeister am Tag 15 Angebote, so weiß er, dass er höchstens von drei dieser Kunden einen Auftrag bekommt. Warum also lange rechnen? Geld verdient er mit Malen und Material – nicht mit Mathematik. Kunden sollten lieber auf den Betrag am Ende schauen, wenn sie Angebote miteinander vergleichen. Zu beachten ist dann natürlich, ob das Angebot komplett ist. Dies zu erkennen, ist zugegebenermaßen nicht immer leicht.

Beispiel: Oberheim fühlt sich bei seiner Haustür von der Schwelle (für 77 Euro) und dem Schließzylinder (35 Euro) »überfallen«. Abgesehen davon, dass ich die genaue Ausführung (mit oder ohne unteren Anschlag, welches Material, welche Oberfläche etc.) nicht kenne, finde ich das Angebot in Ordnung, denn nicht alles kann der Türenlieferant schon sehen und schon wissen, wenn er sich im Rohbau ohne Putz oder Estrich orientiert und seinen Kostenvoranschlag erstellt.

Mein Rat an Bau-Verbraucher: Gezielt fragen, klare Vorgaben formulieren bzw. fordern – im Haustürenfall also Angaben zum geplanten Fußbodenaufbau und zur -höhe, zum Anschluss der Tür an den Wänden usw. Erarbeiten Sie genaue Vorgaben für die Auftragsarbeiten!

Und dieser Rat beinhaltet einen weiteren: Immer einen Termin vor Ort mit dem Handwerker vereinbaren! Ein Handwerker, der schon von sich aus anbietet, man brauche sich gar nicht auf der Baustelle zu treffen, hat entweder kein Interesse an dem Auftrag – oder er denkt schon jetzt an eine Rechnung, die höher ausfällt als sein günstiger Angebots-Einstiegspreis. Denn er kann Preisaufschläge immer mit dem Satz »Das hab ich vorher nicht gesehen« begründen. Nur einem Handwerker, der mit Ihnen vor Ort war, können Sie entgegenhalten, er habe die Ausgangslage für seine Arbeiten auch genau gekannt.

Generell übrigens gilt zwischen Handwerkern und Kunden eins: Wer nicht in der Lage ist, eine Materie zu durchschauen, dem erlegt die Rechtsprechung auf, dass er sich eines Fachmanns als »Erfüllungsgehilfe« bedienen muss. Hinterher zu sagen, dass man zu dumm war, einen Sachverhalt zu durchblicken, bringt im Falle eines Rechtsstreits meist wenig Erfolg.

Noch kürzer als Herr Oberheim möchte ich das Thema Schwarzarbeit streifen: Hände weg! Der Kunde hat einen Preisnachlass und verliert dafür sämtliche Mängelfreiheits- und Gewährleistungsrechte – ist es das wert?! Dann nämlich garantiert niemand dem Auftraggeber, dass der Handwerker qualitativ die gleiche Arbeit geleistet hat, die er im Angebot ankündigt oder im Rechungsbeleg sonst bestätigt.

Bauherren sollten aber auch beim (seriösen) Herunterhandeln des Endpreises immer darauf achten, dass die gelieferte Qualität auch gleich bleibt, denn das Unternehmen orientiert seine Leistung immer an den Kosten.

Oberheims Einsichten

Letzteres halte ich für ein ganz gefährliches Pflaster für uns Laien-Bauherren. Da habe ich also einen Handwerker von 300 auf 250 Euro heruntergehandelt – und laufe Gefahr, dass der mir dafür minderwertiges Material einbaut oder im unsichtbaren Bereich weniger Nivelliermasse oder keine Schutzfolie oder sonst was Minderes präsentiert.

Wie ich letztlich darauf angemessen reagieren kann, dazu fällt mir fast nichts mehr ein – außer vielleicht unerwarteten Kontrollbesuchen eines Bauingenieurs oder Architekten meines Vertrauens. Aber auch der kostet wiederum Geld. Da bleibt nur der Leitsatz »Gut bauen kostet eben«...

Tagebuch, 89. Folge:
Grenzziehung zwischen Grundstücken

Kante und Zaun

16. Oktober: Es ist schon kurios. Vor Monaten konnte man die Außenwände des Kellers noch sehen. Dann aber wurde der Sand »verfüllt«, und der Keller lag komplett eingebettet im märkischen Sand meines Bauplatzes. Nun aber liegt eine Kellerseite meines Hauses wieder nackt und bloß, freigelegt für die Anschlussleitungen.

Das von mir ins Spiel gebrachte Tiefbauunternehmen Borischke kam eines Morgens mit zwei Minibaggern und grub von der Straße her, vorne bis zum Doppelhaus-Rohbaukeller und dann bis zu meinem Haus einen langen Graben für Abwasser- und Wasserrohre, für die Gasleitung, fürs Strom- und Telefonkabel. Es ist wohl das erste Mal, dass auf dieser Baustelle etwas gleichzeitig für beide Neubauprojekte geschieht, obwohl MirXbau mit meinem Hausbau doch vier Monate früher begonnen hat.

Gleichzeitig mit den Borischke-Leuten kamen seltsamerweise auch Gartenbauer. Die sollten fürs MirXbau-Doppelhaus unterirdische Abwasserleitungen und -schächte ab dem Regenfallrohr-Ende installieren. Drei Minibagger tuckerten nun über das Gelände und kamen sich dabei manchmal in die Quere, wie Nachbarn uns berichteten.

17. Oktober: Es wurde also geschaufelt, was das Zeug hielt – und am Ende war da plötzlich eine Geländekante – eine Kante zwischen meinem, zum Doppelhaus hin leicht abfallenden Land und dem Stück Boden der nördlichen Doppelhaushälfte.

Wie es dazu kam, konnte sich angeblich keiner erklären. Die Borischke-Tiefbauer hatten den Sand nicht weggeschafft, versicherten sie mir. MirXbaus Bauleiter Teffner wusste auch von nichts und vermutete gar, Familie Oberheim wollte geländemäßig gegenüber der Nachbarschaft »abheben«. Aber wozu hätte ich wohl direkt hinter meinem Autostellplatz eine Geländetreppe von 60, 70 Zentimetern anlegen wollen...

18. Oktober: MirXbau-Ingenieur Tiekenz erklärt nach meinen kritischen Worten am Telefon, die Kante werde durch herangeschobene Erde natürlich wieder begradigt. Letztlich, sage ich ihm, kann man ja anhand der Nachbargrundstücke auch sehen, wo die natürliche Geländeoberfläche verläuft.

Und da ich ihn schon mal am Hörer habe – was inzwischen höchst selten vorkommt –, frage ich ihn auch gleich nach der Trennung zwischen unseren beiden Grundstücken.

Dass wir in der Hausnummer 55 bzw. 55 A und 55 B des Planwegs nach links zur Hausnummer 54 keinen Pfennig für einen neuen Zaun zahlen müssen, scheint Tiekenz gar nicht zu wissen.

»Auf der rechten Seite, von der Straße aus gesehen, sind Sie – als Noch-Eigentümer der Doppelhaushälften – und ich für mein Land allerdings dran. Da müssen wir den Zaun zahlen«, kläre ich den MirXbau-Chef darüber auf, was ich über die Rechtslage zwischen Nachbarn in Berlin inzwischen so alles erfahren habe.

Bild 27: Unbedeutend scheint die Erdkante vor Oberheims Grundstück auf den ersten Blick. Was tun gegen wegrutschendes Gelände? Keine Höhenlage-Bedeutung hat der (noch nicht angepasste) Sickerschacht-Deckel fürs Nachbarhaus im Vordergrund.

Bild 28: Spätere Lösung: Zwei Reihen Steine sollen die von MirXbau nicht beseitigte Geländekante schützen – und schaffen einen optisch reizvollen Abschluss von Oberheims Land.

»Und den Zaun zwischen meiner 55 B und Ihrer 55 A müssen wir uns nach meiner Information teilen«, sage ich. Das aber wehrt Tiekenz entschieden ab: »Den Zaun zahlt der, der ihn haben will – und wir wollen keinen.«

Was kann ich da noch antworten? Gibt es einen Anspruch auf einen Zaun? Oder nur auf eine Hecke, wenn die undurchlässig ist? Und ist vielleicht sogar festgeschrieben, wie die Abgrenzung auszusehen hat: Höhe, Breite, Tiefe? Genau in der Mitte zwischen zwei Grundstücken?

Steht so etwas eigentlich in Gesetzen, oder gibts bei diesem Thema eher eine »herrschende Rechtsprechung«? Und was kann ich tun, wenn Tiekenz' Geländehöhen-Versprechen sich nur als Versprecher entpuppen sollte?

Was der Experte dazu sagt:
Wer die Stütze verliert

Oberheims viele Fragen erfordern viele Antworten eines Juristen. Dr. Eckart Yersin ist Rechtsanwalt und Notar in Berlin-Wilmersdorf sowie Chefredakteur des Berliner Anwaltsblatts:

Die Antwort auf die Frage nach der Geländekante gibt Paragraf 909 des Bürgerlichen Gesetzbuchs (BGB): »Ein Grundstück darf nicht in der Weise vertieft werden, dass der Boden des Nachbargrundstücks die erforderliche Stütze verliert, es sei denn, dass für eine genügende anderweitige Befestigung gesorgt ist.«

Was bedeutet das für Oberheim? Die schlechte Nachricht vorweg: Um etwas verlangen zu können, muss sein Grundstück die »erforderliche Stütze« verloren haben – und dies muss Oberheim beweisen. Welche Stütze erforderlich ist, richtet sich nach dem Einzelfall und den örtlichen Verhältnissen; eine generelle Richtlinie gibt es nicht.

Allerdings stehen die Chancen für Oberheim nicht schlecht, diesen Stützverlust zu beweisen. Bei einer Geländekante von mehr als einem halben Meter müsste die Erde schon fast Betonfestigkeit haben, um nicht nach und nach zum Nachbargrundstück abgetragen zu werden. Hinzu kommt die Lage der beiden Grundstücke, das heißt die leichte Hanglage von Oberheims Heim gegenüber dem Doppelhaus, die ein Abtragen der Erde noch fördert. Ist also nach Regenfällen eine triefende Sandzunge gen Doppelhaus geflossen, hätte Oberheim den Beweis, dass sein Grundstück die »erforderliche Stütze« des Paragrafen 909 BGB verloren hat. Was kann er dann verlangen? Eigentlich erst mal eine Unterlassung der Vertiefung, aber dafür hätte er sich gleich vor den Bagger werfen müssen, und nun ist die Geländekante ja schon da. In diesem Fall kann er vom Eigentümer des Grundstücks, also MirXbau, die Beseitigung der Beeinträchtigung verlangen. Das bedeutet, es steht ihm zu, dass sein Grundstück wieder die erforderliche Stütze erhält. Wie das geschieht, durch Wiederherstellung des früheren Zustandes, also Aufschüttung von Erde, oder anderweitig, das kann sich der in Anspruch Genommene aussuchen. Oberheims Anspruch geht nur soweit, dass die Voraussetzungen des Paragrafen 909 BGB erfüllt sind.

Und nun zu den Zäunen: Hier stehen die Antworten für Oberheims Berliner Fall in den Paragrafen 21 ff. des Berliner Nachbarrechtsgesetzes. Das BGB gilt überall, doch das Nachbarrecht haben andere Bundesländer in anderen Gesetzen verankert, Bauherren sollten sich rechtzeitig nach den eigenen Landesgesetzen erkundigen, die diese Themen regeln. Fangen wir also mit Tiekenz' Antwort an (»Den Zaun zahlt, wer ihn haben will«) und antworten ihm mit Paragraf 25 des Gesetzes. Der besagt, dass der die Einfriedung (also

Zaun oder Hecke) zu zahlen hat, der zu deren Errichtung verpflichtet ist. Sind mehrere verpflichtet, sind die Kosten zu teilen.

Zum Thema Verpflichtung lesen wir Paragraf 21 im »NachbGBln«: Jeder Grundstückseigentümer muss die von der Straße aus gesehen rechte Einfriedung seines Grundstücks besorgen und bezahlen. Oberheim hat Recht: Nach links zur Nr. 54 gibts den Zaun umsonst. Nach rechts zur Nr. 56 hingegen müssen Oberheim einerseits und MirXbau andererseits auf eigene Kosten einfrieden. Genau das ergibt sich aus der »Rechtsregel« des Paragrafen 21 Nr. 1 NachbGBln. Auch hier hat Oberheim das Nachbarrecht richtig verstanden. Kleine Leseempfehlung: Wer wessen Nachbar ist, ergibt sich aus Paragraf 1 Absatz 1 NachbGBln.

Und was ist mit dem Zaun zwischen Oberheims 55 B und MirXbaus 55 A? Die Rechtsregel von eben bringt uns hier nicht weiter. Das Gesetz aber klärt auch diese Frage: An Grenzen, an denen nicht durch die Rechtsregel eine Einfriedungspflicht begründet wird, ist gemeinsam einzufrieden. Wieder ein Punkt für Oberheim also.

Auch wo und wie die Einfriedung stehen soll, hat das Berliner Nachbarrechtsgesetz geregelt. Wenn einer allein einfrieden muss, hat er das auf seinem Grundstück zu tun. Wenn beide verpflichtet sind, dann auf der gemeinsamen Grenze. Das steht in Paragraf 24 NachbGBln.

Verlangen kann man, dass »ortsüblich« eingefriedet wird. Was ortsüblich ist, sagt die Anschauung vor Ort: Staketenzaun, Jägerzaun, Hecke, Maschendraht – alles ist möglich. Wenn verschiedene Einfriedungen ortsüblich sind, kann sich der Verpflichtete aussuchen, welche ihm am besten gefällt. Wenn nun gar nicht feststeht, was ortsüblich ist, oder wenn mehrere Verpflichtete sich nicht einigen, kann die Errichtung eines Maschendrahtzauns von 1,25 Metern Höhe verlangt werden.

Nur ausnahmsweise, wenn diese Einfriedung keinen Schutz vor »unzumutbaren Beeinträchtigungen« bietet, kann eine höhere oder stärkere Einfriedung verlangt werden. Allerdings muss da schon eine hochspringende Dänische Dogge ins Spiel kommen, selbst hässliche Nachbarswäsche wird dem Richter nicht unzumutbar scheinen. Ist einem das zu durchsichtig, kann man ja auf eigenem Land noch eine Hecke ziehen. Oder – und dies ist natürlich besser als alle gesetzlichen Regelungen – einfach versuchen, sich zu einigen.

Oberheims Einsichten

Ein Jahr nach unserem Einzug hatte sich an der Geländekante noch nichts getan. MirXbau unternahm nichts, und der auf diese Frage angesprochene Gartenbauer von MirXbau lehnte es ab, das normale Gefälle wieder herzustellen: »Da läuft mir dann doch das ganze Regenwasser gegen's Haus«, befürchtete er offensichtlich Schadenersatzansprüche von MirXbau.

Und weil MirXbau bis heute die nördliche Doppelhaushälfte trotz mittlerweile 30.000 Euro Preisnachlass noch immer nicht losgeworden ist, hingen wir mit unseren Abgrenzungsbestrebungen immer noch in der Luft und konnten auch nicht auf eine neue oder andere Klärung mit einem neuen Eigentümer dieser Doppelhaushälfte rechnen. Uns lag natürlich stark daran, in Freundschaftlichkeit mit einem neuen Nachbarn diese Fragen zu klären, damit jede Seite Freude an der Trennungslinien-Optik hat. Denn auch an solchen Fragen lässt sich beim Thema Nachbarschaft leicht etwas schlecht beginnen, wenn man die Chance einer gemeinsamen Lösung auslässt.

So habe ich beispielsweise der Doppelhaus-Süd-Partei geraten, noch vor dem Verkauf des Nord-Hauses zwischen den beiden vollverglasten Erkern (Sichtkontakt) und dem angrenzenden Garten rechtzeitig eine optische Grenze zu ziehen. Wenn dann Kaufinteressenten sich das Nord-Haus ansehen, wissen sie, was sie dort auch an weiterem Schattenfall zu erwarten haben – würde die inzwischen errichtete Holztrennwand allerdings erst nach dem Kauf kommen, hätten die Nord-Käufer damit zwar rechnen müssen, doch könnten sie dies im schlimmsten Verdachtsfalle sogar als mit der Verkaufsfirma abgesprochene Hintergehung empfinden. So verbaut man sich leicht die freundschaftlichen Wege zu neuen Nachbarn.

Kurz vor Redaktionsschluss dieses Buches haben wir doch noch etwas unternommen: Mit einer Trockenmauer-Idee (wie am hinteren Ende unseres Grundstücks, siehe nächste Tagebuchfolge) hatte meine Frau die in meinen Augen perfekte Idee, unser Land zu begrenzen. Das kostete uns zwar 1.200 Euro, aber dafür ist jetzt für uns und jeden augenfällig, bis wo wir uns »breit machen« können (siehe Bild 28).

Tagebuch, 90. Folge: Außenanlagen

Kann der Garten warten?

19. Oktober: Es tut sich was. Aber nicht im Haus, sondern drumherum. Und das kam so: Verena, meine Frau, drängelte schon im September. »Ich sag dir, wir werden im November in eine Baustelle einziehen und noch ewig auf einer Baustelle leben.« Das war bestimmt nur die Einleitung, und dann kam es: »...und deshalb will ich die Außenanlagen jetzt und schnell und bald in Auftrag geben«.

Sie hat Recht. Ich dagegen denke immer mehr ans Haus selbst als an dessen Umgebung. Machen müssen wir etwas, denn das Gelände fällt vom hinteren zum vorderen Ende um zwei Meter ab, und außerdem haben wir hinterm Haus einen Hügel abtragen lassen, damit das Erdgeschoss komplett freiliegt. Dort sind bis zu 90 Zentimeter Geländekante zum ehemaligen Grenzstreifen abzustützen – sonst könnte der Sand von dort im Regen bis vors Kellerfenster schwimmen. Aber wie? Mit Holz, mit Eisenbahnschwellen wie bei den Nachbarn? Steine, Beton? Ich äußere finanzielle Bedenken, dass uns die 5.000 Euro für Außenanlagen vielleicht später an anderer Stelle fehlen werden.

26. September (Rückblick): Die ersten Angebote nach Vor-Ort-Terminen mit Gartenbauern sind da. »Mit 5.000 Euro iss nich«, sagt Verena. Ein Angebot kommt auf 16.000 Euro, »aber der hat mich gar nicht richtig verstanden«, winkt sie ab. Sympathischer sei ein »ökologisch angehauchter« Gärtner. Der war bei manchen Einzelarbeiten zwar teurer, ging aber auf Verenas Konzept ein und trug eigene Ideen bei.

15.100 Euro soll es bei ihm kosten. Der Auftrag: eine 60 Zentimeter hohe Trockenmauer aus Sandstein-Bruchsteinen zur Abstützung des »Grenzwalls« hinten, ein Weg zum Haus aus Granit-Kleinsteinen (statt Betonplatten), ein Hauseingangspodest aus Granit-Mosaikpflaster, gerahmt von länglichen Granit-Borden. Weiterhin 14 Quadratmeter Terrasse in Viertelkreis-Form aus Mosaikpflaster. Vor dem Haus noch eine Trockenmauer, die das abgeböschte Gelände vor den Kellerfenstern seitlich abstützt, sowie eine mit Felsgeröll und Findlingen aufgelockerte Böschung.

Weiter will Verena eine Spritzschutz-Traufkante mit Kleinsteinen rund ums Haus und einen von Robinien-Baumstümpfen eingefassten Spielplatz. Hinzu kommen 15 Zentimeter Mutterboden auf fast 250 Quadratmetern Land und der Walnussbaum, den wir auf Geheiß des Grünflächenamtes als Ersatz pflanzen müssen.

12. Oktober: Die Gärtner haben schnell gearbeitet, während in unserem Haus übrigens Warten angesagt ist: Der Estrich trocknet noch, und bald müsste das Fußbodenheizprogramm beginnen – mit unserem Einzugstermin Ende November wird es wohl nichts. Die Mietwohnung aber ist zum 1. 12. gekündigt.

Bei den Außenarbeiten gab es nur ein Problem: Als Verena beim Hauseingangspodest den Sand in den Fugen zwischen den Steinen sah, suchte sie im Haus gleich nach Sandspuren. Und tatsächlich hatten Handwerker Sand an ihren Schuhen hereingetragen. Fehlplanung? »Vielleicht wären Bodenfliesen doch besser gewesen«, überlegt sie. Aber dieses Korrekturthema nehmen wir uns erst für nächstes Jahr vor, wenn die Wege der Nachbarbaustelle fertig sind.

Gut, dass die Außenanlagen jetzt schon erledigt sind. »Sonst hätten wir alles bis zum Frühjahr liegengelassen, und dann bis zum Herbst und dann bis…«, schildert meine Frau, was sie von anderen Baufamilien weiß, die aus Zeit- oder Geldmangel oft nach Jahren noch auf Baustellen lebten. Bei uns dagegen liegt sogar schon der Mutterboden, aus dem viele kleine blaue Plastikstückchen herausschauen.

Was der Experte dazu sagt:
Ballen-Bluff und Pflanz-Schock

Was können andere Bauherren aus den Erfahrungen der Baufamilie Oberheim lernen? Landschaftsgärtner Ingolf Engwicht, Mitinhaber einer Gartenbaufirma in Berlin-Treptow, kennt die grünen Fragen und Probleme:

Das Problem des Bauherrn ist nicht der Garten, sondern das Geld. Das nämlich hat er gegen Ende der Bauphase nicht mehr, weil alles doch etwas teurer geworden ist. Und so beschränken sich sowohl private als auch öffentliche Bauherren oft auf das absolute Minimum: zwei Standardbäumchen, kleine Rasenanlage.

Andere Beobachtung: Manch einer kauft sich dann für wenig Geld Gehölze unbekannter Herkunft, die oft klein, anfällig und noch nie verpflanzt worden sind. Die Verwunderung ist dann groß, wenn ein Teil dieser Pflanzen eingeht. Preisunterschiede ergeben sich auch durch die Qualität der Produkte, und da sehe ich Baumschulen und Fachhandel eher als Garanten für gute Ware.

Doch wie will der Kunde Oberheim Qualität erkennen? An der Pflanzengröße allein ist dies meist nicht auszumachen, da haben Pflanzenmärkte stark zugelegt. Aber es ist auch wichtig, wie sich die Pflanze präsentiert.

Ballen an den Wurzeln sollen den Pflanzen vor und beim Einpflanzen eine Art Heimatgefühl vermitteln – doch manchmal besteht der Inhalt des Drahtkorbs oder Wurzelsacks aus nicht mehr als einem Kunstballen. Der Kunde merkt diesen Dreh erst, wenn er das Ballentuch beim Einpflanzen entfernt. Fällt dann die Erde locker von den Wurzeln ab, ist sie mit ziemlicher Sicherheit erst nachträglich als Ballen-Bluff an die Wurzeln herangeformt worden.

Im Laden aber sieht man das nicht, und selbst manche Fachleute könnten dies wohl nicht auf Anhieb erkennen. Der Laie kommt hier etwas weiter, wenn er den Verkäufer fragt, woher die Ware stammt und wie oft sie verpflanzt worden ist.

Das Stichwort Verpflanzen hat Oberheim schon bei seinem Walnussbaum kennen gelernt. Sinn einer Verpflanzung in verschiedene Böden ist es, stabilere Pflanzen zu erzielen. Die erste Verpflanzung ist für das Gewächs ein regelrechter Schock, der die Pflanze aber auch widerstandsfähiger macht.

Die bei der Zucht oft eng gepflanzte Billigware dagegen hat solches nicht mitgemacht und kommt vielleicht auch mit der Witterung unserer Region gar nicht zurecht. Übrigens: Wegen der Klimafrage würde ich nie Baumschulware aus Süddeutschland hier pflanzen – die Pflanze sollte aus unseren Breiten stammen.

Damit Oberheim gleich einen weiteren Fehler vermeidet: Viele Gartenbau-Eigenleister pflanzen zu eng. Beispiel Thuja: Bei einer Hecke sollte man nie mehr als drei Bäumchen auf einen Meter pflanzen und nicht, wie ich es oft schon gesehen habe, alle 15 bis 20 Zentimeter eine Pflanze. Oder der Bauherr wendet sich gleich an einen Profi: Dann bekommt er keine falsche, unpassende Ware und setzt Gewächse nicht an den falschen Standort.

Bild 29: Der große Bruder der kleinen Trockenmauer von der vorderen Grundstücksgrenze soll Regenwasser und Sand am hinteren Rand des Grundstücks im Zaum halten. Hier bereiteten ein Hügel an der Grundstücksgrenze und ein ehemaliger Komposthaufen direkt am Bauplatz Höhenprobleme. Die hier erknnbare obere Steinkante wurde erst später als optische Abgrenzung für das dazwischen liegende Pflanzenbeet ergänzt.

Die Oberheims haben eine Gartenbaufirma beauftragt. Auch dazu ein paar Worte: Deren Entscheidung für eine Trockenmauer aus Natursteinen trifft voll und ganz meinen Geschmack. Und nicht nur meinen: Der Trend geht immer mehr zum Naturmaterial. Denn während man Beton oft ansieht, dass er etwas billiger ist, und Holz an seinen Kontaktpunkten mit dem Boden immer faulen wird, gewinnen Natursteine mit dem Alter und werden von Jahr zu Jahr schöner und edler. Eisenbahnschwellen hätte ich nie genommen, die Imprägnierung setzt dem Boden zu – imprägnierte Schwellen werden in der Bauwirtschaft bei der Entsorgung als Sondermüll behandelt.

Gut auch der Gehweg zum Haus, allerdings hätte ich einen Wechsel der Steingrößen – von Kopfsteinpflaster-Größe über Kleinstein bis Mosaikpflaster – noch attraktiver gefunden. Dieses Spiel mit den Steingrößen bei selbem Material (hier Granit) finde ich reizvoll. Verschiedene Gesteinsorten können auch gemixt werden. Auch Kunststein (Beton) kann in Verbindung mit Naturstein manchmal eine interessante Kombination bilden.

Überhaupt finde ich es immer gut, wenn eingesetztes Material rund ums Haus mehrfach wiederkehrt, hier also die Steine der Grenz-Trockenmauer auch vor dem abgeböschten Keller oder der Granit auf Gehweg, Podest und Terrasse. Aber wie gesagt: nicht zu viele verschiedene Steinarten!

Stichwort Terrasse. Ob 14 Quadratmeter oder Viertelkreis, das ist zweitrangig – wichtig ist vor allem, dass es optisch zum Haus passt. Und wenn eine Terrasse neben dem Wohnzimmerausgang nicht gut aussieht, dann würde ich lieber an anderer Stelle im Garten einen befestigten Platz vorsehen. Wie groß? Drei mal vier Meter wären schon eine ordentliche Größe, schließlich will man auch mal Gäste bei einem Grillfest bewirten.

Eine Traufkante am Haus ist unbedingt erforderlich, sonst spritzen Wasser und Dreck immer an die Fassade. Allerdings hätte ich nicht Kleinsteine, sondern Elbekiesel mit unterschiedlicher Körnung (Größe), Form, Material und Farbe genommen. Wichtig ist, Regenwasser immer vom Haus wegzuleiten. Und, bitte, nehmen Sie für die Traufkante keine geweißten Kiesel – die finde ich genauso furchtbar wie Betonverbundsteine oder Rasengittersteine, die bei Außenanlagen immer billig wirken.

Mutterboden, also humusreichen Oberboden, haben sich die Oberheims auch gleich im Herbst liefern lassen. Ob dieser Boden jetzt schon geliefert werden sollte, damit er bis zum Frühjahr etwas abgelagert ist, oder erst im März/April, halte ich für nicht so entscheidend. Wichtig hingegen ist, dass er möglichst hochwertig ist – und da habe ich bei Oberheims Material etwas Zweifel. Die blauen Plastikstückchen nämlich sind ehemalige Müllsäcke, und der Boden stammt sicherlich von einem Abfallentsorgungsunternehmen und nicht aus einem Gartenbaubetrieb.

Noch ein Wort an Frau Oberheim: Ich würde das Eingangspodest aus Granitsteinen so lassen. Natürlich kommt jetzt Dreck ins Haus, wenn auf einer Nachbarbaustelle noch alles unbefestigt ist, aber auf den Kleinsteinwegen der Oberheims wird später der Schmutz bis zur Haustür garantiert abgetreten sein. Mit einem Fliesenpodest kommt nach meiner Erfahrung eher Schmutz ins Haus. Und wenn das Podest beim Gefälle nicht exakt gearbeitet ist, steht vielleicht auch noch Regenwasser darauf.

Oberheims Einsichten

Das Thema Eingangspodest hat sich bis heute nicht endgültig geklärt, aber der Experte hat schon Recht: Seit vorne alle Wege fertig sind, ist der Schmutzanfall viel geringer geworden – und seit ich herausgefunden habe, dass meine Frau die sandgefüllten Gummistiefel der Kinder abends direkt auf das Podest entleert, zieht das Argument des Dreckanfalls auf dem Kleinsteinpodest auch nicht mehr so...

Tagebuch, 91. Folge:
Ein Schaden im Keller

Orange-rötliche Flecken auf der Tapete

20. Oktober: Dass das Bauen jetzt in die Endphase kommt, merkt man schon an der vermehrten Post aus diversen Quellen. Da schickt mir ein Prüfstatiker ein Paket mit zwei Ausfertigungen seines Prüfberichts. Das Ding ist mehrere Kilo schwer, und nun begreife ich auch, wie aufwändig Statik ist. Da sind Bilder von dicken Holzbalken und exakt beschriebene Schrauben dazu zu sehen, und die genauen Punkte, wo diese Schrauben in die Balken gedreht werden. Das Protokoll mit dem umrandeten »A« in der Ecke soll ich spätestens eine Woche vor Einzug zum Bauamt bringen.

Das Bauamt übrigens weist mich jetzt auch schriftlich darauf hin, dass mein Haus nach Ende der Arbeiten amtlicherseits vermessen werden muss. Ich beauftrage denselben Vermesser wie schon zu Beginn der Bautätigkeit. Dessen Büro kündigt gleich an, erst ein halbes Jahr nach Ende der Baumaßnahme zu kommen. Die wissen wohl, dass Bauherren nach dem Schlussspurt beim Bauen erst einmal ein paar Monate – finanzielle – Luft brauchen. Denn dieses Vermessen soll wieder gut 600 Euro kosten. Außerdem sind Rechnungen in meiner Post, aber wieder mal kein Brief aus Leipzig, von MirXbau. Es ist kaum zu glauben: Denen habe ich seit Vertragsschluss in knapp anderthalb Jahren fast 40 Briefe geschickt, doch außer vom Computer ausgedruckten Teilrechnungen und meist kommentarlos weitergereichten Belegen von Subunternehmern kam von denen fast nie etwas.

Meine jüngste Beschwerde: Da hatte mein Bauherrenvereins-Berater bei der letzten »Qualitätskontrolle« auf der Baustelle im Planweg unter anderem moniert, dass die marmornen Fensterbretter viel zu schmal ausgefallen seien. Sie ragten nicht in den Putz hinein, wie es üblich ist. Stattdessen wurde die Lücke mit Schmiermasse ausgefüllt – »Unschöner Schmutzfänger«, winkte Berater Scherrn ab.

Ersatz kam gestern. Doch das Fensterbrett im Zimmer meiner Tochter Marie wurde so unsymmetrisch zwischen den Fensterwänden eingesetzt, dass es gegen jedes Schönheitsgefühl verstößt. »Bitte nacharbeiten«, fordere ich MirXbau erneut schriftlich per Fax auf. Ein Fensterbrett fehlt ganz (später erfuhr ich, dass es den Handwerkern beim Transport zerbrochen war).

Punkt 2 meines Briefes an MirXbau: Im so genannten Vorkeller hat meine Frau an zwei Stellen der Wand ganz dicht über dem Fußboden leicht orange-rötliche Flecken auf der Tapete entdeckt. »Verschimmelt«, beklage ich mich schriftlich. Und nun?

22. Oktober: »Kein Schimmel. Sind doch nur Stockflecken«, korrigiert mich Bauleiter Teffner, als er sich den Schaden vor Ort ansieht: »Kein Problem. Muss eben der Maler nochmal kommen.« Vermutlich sei dies dadurch geschehen, dass ein Handwerker dicht vor der Wand etwas abgestellt habe, vielleicht eine große Platte oder eine Tür. Dadurch habe es hinter diesem Hindernis keine Lüftung mehr gegeben.

Lüftung aber müsse sein. »In Ihrem Haus stecken ja 12.000 Liter Wasser. Die müssen irgendwann raus«, erklärt Teffner. Deshalb: »Immer schön lüften«, rät er uns, als würden wir schon im Haus wohnen, und als könne (oder wolle) MirXbau sich nicht auch ums Lüften kümmern. »Und legen Sie im Keller bloß keine Teppiche aus, die saugen sich voll und vergammeln.« Und wie lange sollen wir warten, bis alles ausgetrocknet ist? Teffner: »Gibt Leute, die sagen, dass man Keller erst nach drei Jahren einrichten soll.«

Die Flecken schien mein Bauherrenvereins-Berater Scherrn schon geahnt zu haben. Bei der letzten Qualitätskontrolle sagte er am Rande, er fände es »ganz schön mutig von MirXbau, dass die die Tapete jetzt schon auf die Kellerwände geklebt hätten«.

Wie sollen wir damit umgehen? Das frage ich Scherrn: »Lüften, immer schön lüften. Mindestens dreimal am Tag.«

Was der Experte dazu sagt:
Feuchtigkeit immer messen

Noch nicht eingezogen und schon Schäden im neuen Haus? Für Dipl.-Ing. und Architekt Ulrich Zink, Vorsitzender des »Bundesarbeitskreises Altbauerneuerung« (Sitz Berlin) und Inhaber eines Architekturbüros in Berlin-Pankow, sind Fragen rund um feuchte Räume ein Dauerthema, ob im Neu- oder im Altbau:

Diese Erfahrung aus Oberheims Heim zeigt, dass im Grunde genommen jeder Neubau ab dem Augenblick des Einzugs schon zu einem Altbau wird. Und bei Roland Oberheim nun sogar noch früher... Was auch mir bei Oberheims Keller und bei den Schimmelflecken sofort einfällt, ist das Stichwort Lüftung.

Ob es nun wirklich die von Teffner genannten 12.000 Liter Wasser sind, die bei den Maurer-, Beton-, Putz- und Estricharbeiten eingesetzt wurden, spielt keine Rolle. Diese Menge ist für den Laien ohnehin nicht greifbar. Wichtig ist nur eins: Die Feuchtigkeit muss raus! Deshalb kann ich Bauherren und Handwerkern nur raten, im Neubau so lange wie möglich Öffnungen zu lassen, durch die Feuchtigkeit abgeführt werden kann.

Das ist im Keller besonders problematisch, denn hier gibt es nicht nur wegen kleinerer Fenster weniger Luftbewegungen und selten die Möglichkeit eines Durchzugs beim Lüften. Oberheim bzw. die Bauleute sollten die Restfeuchtigkeit durch intensives Heizen – auch im Sommer und Herbst – aus den Räumen hinaustreiben. Dies aber funktioniert nur, wenn die aufgeheizte feuchte Luft wirklich ihren Weg ins Freie findet. Dafür kann das zitierte dreimalige Lüften pro Tag in diesem Zeitraum (bzw. in diesem Bauzustand) viel zu wenig sein.

Andere Methode: Es gibt technische Trocknungsgeräte, die Feuchtigkeit aus Wand, Boden und Luft aufnehmen. Dann könnte Oberheim alle paar Tage einen Eimer voll Wasser aus dem Haus tragen. Allerdings kostet dieses Prinzip Geld: die Leihgebühren fürs Gerät und den verbrauchten Strom.

Selbstverständlich trocknen Baustoffe auch von allein – wenn nicht weitere Feuchtigkeit hinzukommt. Die bei Oberheim verwendeten Poroton-Steine (im Erd- und Obergeschoss) haben ein günstigeres, sprich schnelleres Trocknungsverhalten als etwa Wände mit flüssig verarbeitetem Beton, in denen weit mehr Feuchtigkeit steckt. Feucht eingebaute Kalksandsteine wie bei seinem Keller trocknen etwas langsamer aus als Leichtbauziegel (Porenziegel), da das Material eine höhere Dichte hat.

Aber selbst, wenn wie bei Oberheim ein Keller im März gebaut und das Haus erst gegen Jahresende bezogen werden soll, muss dies nicht heißen, dass Haus und Keller dann trocken sind. Das kann an einem ungünstigen Klima (»feuchter« Sommer) liegen, aber auch am mangelnden Schutz des Hauses gegen weitere Feuchtigkeit. Die kann auch von unten kommen, und deshalb muss unter dem Estrich eine Feuchtigkeitssperre liegen. Bei Oberheim ist es eine Folie/Schweißbahn.

Ist diese – aber da kann ich ohne »Tatortkenntnis« nur spekulieren – nicht gut verarbeitet, etwa an den Randanschlüssen oder Übergängen, könnte Feuchtigkeit von der Fundamentplatte her besonders an den Seiten aufsteigen – und dies hat vielleicht zu den Flecken an der Trockenbauwand im Keller geführt. Weitere Möglichkeiten: zu niedrige Temperaturen in dem (unbeheizten) Raum oder Wärmebrücken. Vielleicht aber zeigte die Gipskartonplatte dieser Wand schon beim Einbau erste Zeichen von Schimmel. Stockflecken übrigens sind auch Schimmel, Herr Bauleiter Teffner!

Im Grunde genommen müsste die Tapete wieder runter von der Wand, um alle Schimmelsporen zu entfernen. Pilzmittel einzusetzen, wie es Teffner mit dem »Muss der Maler noch mal kommen« ankündigt, ist jedenfalls nicht empfehlenswert, weil dies in jedem Fall eine Schadstoffbelastung ist, die in diesem frühen Stadium des Hauses nicht sein muss. Pilzbekämpfungsmittel sind in der Regel chemische Mittel mit hohem Immissionsanteil; bei manchen Menschen verursachen sie Allergien. Vorsorgen ist also besser: Ursache feststellen und den Befall entfernen, also Tapete und vielleicht auch den Putz wieder herunter!

Bauherrenberater Scherrn hat Recht, wenn er es mutig – er meint natürlich: »zu mutig« – findet, dass MirXbau diesen Kellerraum schon tapezieren ließ. Das darf eigentlich erst erfolgen, wenn die relative Restfeuchte in der Wand bei null liegt. Klatscht man eine noch nicht trockene Wand mit Raufaser zu, und verwendet man Dispersionsfarbe mit hohem Kunststoffanteil, schafft man sich ein Problem.

Erst recht in den Ecken der Räume. Dort ist die Luftbewegung am geringsten, dort sitzt die Restfeuchtigkeit, der man vor dem Tapezieren manchmal noch mit Trockner und Ventilatoren beikommen muss, oder man muss eben sehr viel länger warten. Oder lassen Sie den Kellerraum doch einfach nur geputzt. Oder als Sichtmauerwerk mit Mineralfarbe oder Kalkfarbe drauf.

Also: Man muss warten, ehe man speziell den Keller wohnlich machen kann. Vielleicht nicht gerade drei Jahre, eine Frist kann ich nicht nennen. Besorgen Sie sich ein Feuchtigkeitsmessgerät, Herr Oberheim; das sagt Ihnen, wann der Keller wirklich trocken ist.

Oberheims Einsichten

Weitere Schäden im Keller haben wir nicht mehr festgestellt – obwohl ich bei jedem Gang die Treppe hinunter noch Monate nach dem Einzug einen kritisch-erinnernden Blick auf die einst orangefarbenen Stellen hatte. Dass die Pilzmittelbelastung in unser Leben hineingespielt hätte, kann ich nicht behaupten, allerdings haben wir nach Kenntnisnahme dieser Expertenäußerung auch häufiger als vorher in den unteren Räumen gelüftet.

Tagebuch, 92. Folge:
Einladung zum Handwerkertermin

Zweimal Abnahme?

5. November: Vor allem am Stress und an den vielen Terminen merke ich, dass der Hausbau jetzt langsam an sein Ende kommt. Allerdings lässt sich dieser Stress oft gar nicht schildern, und er kommt mir schon einen Tag später nur noch wie Kleinkram vor, obwohl er mich vielleicht stundenlang auf Trab gehalten hat.

Die Fliesenleger sind jetzt mit allem fertig. Auch im Erdgeschoss, wo ich wegen des 14-tägigen Aufheizprogramms der Fußbodenheizung schon Angst hatte, wir würden den Einzugstermin Ende November nicht »packen«. Obwohl das Heizprogramm noch nicht beendet war, legten die Fliesenleger los: »Kommt bei Ihnen nicht mehr so drauf an«, sagte deren Chef, denn »der Estrich hatte ja schon vor Einschalten der Fußbodenheizung weit mehr als vier Wochen getrocknet«.

Gleich danach, das war vor drei Tagen, kam auch die Einbauküche. Zwei Tage lang wurde gewerkelt. Nicht nur mit Erfolg: Irgendwo hat eine Blende komplett gefehlt, und dafür wurden zwei andere Blenden nicht angeschraubt.

Und das eine Küchenfenster bleibt beim Öffnen am Wasserhahn hängen – ja, wozu kam eigentlich eine Küchenberaterin zum »Aufmaß«?! Meine Frau ruft dort an, eine neue Armatur wird bestellt. Weil wir das Fenster sicher nur selten öffnen werden, reicht ein Wasserhahn, der komplett (also nicht nur der Brauseschlauch) herausziehbar ist, etwa zum Fensterputzen. Macht aber immerhin 25 Euro extra, und das bei 229 Euro, die der Wasserhahn ohnehin schon gekostet hat.

6. November: Post von MirXbau. Nein, diesmal keine Rechnung, sondern eine Einladung: »Hiermit bitten wir Sie, am 22. 11. ab 9:00 Uhr unter Bezugnahme auf Paragraf 12 VOB/B Nr. 4 zu der Handwerkerabnahme Ihres Einfamilienhauses Planweg 55 B.«

Umgehend rufe ich zurück und erkundige mich bei Bauleiter Teffner. Das sei der Termin, bei dem ein Protokoll gemacht werde und zu dem alle beteiligten Firmen kommen, sagt er.

Ob es denn zwischen MirXbau und mir noch zu einem weiteren Abnahmetermin kommen werde, frage ich. Nein, das sei nicht vorgesehen, »wozu auch?!« Na ja, wende ich ein, was MirXbau mit ihren Subunternehmern regelt, sei mir ja eigentlich völlig egal – mein Vertragspartner ist einzig und allein MirXbau (als Generalunternehmer, wie man das nennt) und nicht deren Vertragsfirmen.

Teffner antwortet, man könne ja am Vormittag den Handwerkertermin machen und zwei Stunden später dann die Übergabe zwischen MirXbau-Chef Tiekenz und mir. Mein Problem aber ist, dass ich nur zu meinem Abnahmetermin meinen Bauherrenvereins-Berater als Kontrolleur mitbringen würde – und nicht zu einem Termin zwischen MirXbau und deren Subunternehmern. Eigentlich müsste dann ja alles zweimal notiert und diskutiert werden. Und ich müsste meinen Berater für zwei Termine bezahlen.

Irgendwie merke ich, dass Teffner juristisch gar nicht den Unterschied versteht, den ich da meine. Oder sehe ich das etwa falsch?

Was der Experte dazu sagt:

Die Abnahme-Falle

Die Abnahme ist und bleibt ein Rechtsthema. Also baten wir einen Rechtsanwalt, Roland Oberheim die passenden Antworten für seinen Fall zu geben. Unser Autor Christof Schramm hat eine Anwaltskanzlei in Berlin-Wilmersdorf:
Bauleiter Teffner stellt sich dumm. Er versteht genau, was Oberheim ihm hier – richtigerweise – erklärte: Die Abnahme zwischen Bauherr und Generalunternehmer ist von der Vertragsabwicklung zwischen den Handwerkern und dem Generalunternehmer völlig zu trennen.

Dass dies Herrn Teffner (und MirXbau) nicht besonders gefällt, ist klar. Er würde alle Probleme am liebsten nur »durchreichen«. Zur Reparaturleistung soll der Generalunternehmer nur verpflichtet sein, wenn dies auch die Subunternehmer sind. Aber darauf darf sich Herr Oberheim gar nicht einlassen, zumal es auch in seinem Bauvertrag ausdrücklich anders steht!

Weshalb ist dies eine Falle? Bauherr Oberheim kennt die Absprachen zwischen MirXbau und deren Subunternehmern nicht. So manche Baufirma hat schon dem Kunden einen hohen Standard verkauft und beim Subunternehmer billigste Ausführung bestellt. Oder die vereinbarte Gewährleistungsfrist ist eine andere als die fünf Jahre, die Oberheim mit MirXbau im Vertrag vereinbart hat.

Oberheim tut daher gut daran, sich in deren Verhältnis nicht einzumischen und sich ausschließlich an seinen Vertragspartner MirXbau zu halten – diesen hat er sich schließlich ausgesucht, die anderen nicht.

Die Abnahme wird er nicht auf die leichte Schulter nehmen. Sie hat viele – für Oberheims Portemonnaie – wichtige Folgen:

1. Die so genannte Gefahrtragung geht über. Wenn etwa Kinder auf der Baustelle eine Scheibe einwerfen, konnte Oberheim bislang davon ausgehen, dass dies nicht seine Sache ist. Er hat schließlich ein Haus bestellt, und dieses hat intakte Scheiben zu haben. MirXbau müsste in diesem Fall vor der Abnahme neue Scheiben einbauen lassen. Nach erfolgter Abnahme aber liegt die Gefahr, etwa die Beschädigung durch Dritte, allein bei Oberheim selbst.

2. Die Vergütung des Werklohns wird fällig. Bei Oberheim ist es laut Vertrag die letzte Rate, die bei der Abnahme zur Auszahlung fällig wird.

3. Der so genannte Erfüllungsanspruch besteht nach Abnahme nicht mehr. Damit ist der Anspruch auf Errichtung des Hauses gemeint. Da das Haus nun gebaut ist, erlischt er. Oberheim hat ab jetzt nur noch Ansprüche auf Gewährleistung. Das zu erwähnen, ist wichtig, weil die Geltendmachung von Erfüllungsansprüchen anderen Regeln unterliegt als die der Gewährleistungsansprüche. Dieses gilt auch für die Frage, wer im Streitfall welchen Umstand zu beweisen hat – auch aus diesem Grunde ist die Abnahme des »Werkes« genau zu überlegen.

4. Mit der Abnahme kann Oberheim Gewährleistungsrechte verlieren. Wenn er – wofür laut Tagebuch aber nichts spricht – Mängel kennen würde und sich seine diesbezüglichen Rechte bei der Abnahme nicht vorbehält, kann er z. B. Nachbesserung nicht mehr verlangen. Sollte etwa die Verankerung der Schläuche für die Fußbodenheizung fehlerhaft gewesen oder der Estrich zu dünn ausgeführt sein, können Risse im Boden entstehen. Wer dieses vor Abnahme weiß, weil beispielsweise mehrfach hierüber intensiv mit den Handwerkern diskutiert wurde, und wer sich ein Recht auf Nachbesserung bei der Abnah-

me nicht ausdrücklich vorbehält, würde dieses Gewährleistungsrecht verlieren. Dies folgt für einen nur nach dem Bürgerlichen Gesetzbuch geschlossenen Vertrag aus der recht neuen Bestimmung des Paragrafen 640 Absatz 2 BGB. Auch Paragraf 12 der Verdingungsordnung für Bauleistungen (VOB, Teil B), die bei Oberheim vertraglich vereinbart ist, enthält eine ähnliche Regelung.

5. Mit der Abnahme beginnt die Gewährleistungsfrist. Erst ab jetzt läuft der Zeitraum, in welchem die Verjährung eintreten soll. Bei Oberheim stehen fünf Jahre im Vertrag, für »feuerberührte« Teile ein Jahr.

Aus den aufgezählten fünf Gründen ist die Abnahme für MirXbau sehr bedeutsam und für Oberheim ein wichtiger Schritt.

Auf die Abnahme hat der Bauunternehmer nach der Fertigstellung übrigens einen Rechtsanspruch, der ihm nicht grundlos oder wegen völlig belangloser Kleinigkeiten verweigert werden darf. Der Bauunternehmer könnte den Bauherrn sonst verklagen.

Neuerdings hat der Unternehmer durch das Gesetz zur Beschleunigung fälliger Zahlungen sogar die Möglichkeit, durch einen Gutachter eine Bescheinigung ausstellen zu lassen. Die besagt dann anstelle einer Abnahme, dass das versprochene Werk hergestellt und frei von Mängeln ist. Diese so genannte Fertigstellungsbescheinigung stellt ein Sachverständiger aus.

MirXbau hilft diese neue Bestimmung des Paragrafen 641a BGB nicht, da sie erst für Verträge gilt, die nach dem 1. Mai 2000 abgeschlossen wurden. Und erst recht nicht bei Oberheim, der ja einen VOB-Vertrag mit den eigenen Regeln der VOB/B hat.

Dennoch muss Oberheim hier aufpassen. Oft ist die vorher bewohnte Mietwohnung gekündigt, und der Umzug ins neue Heim muss erfolgen und erfolgt auch in ein einigermaßen fertiggestelltes Haus. Zwar hat der Bauherr in diesem Fall keinen Abnahmetermin hinter sich – und kümmert sich vielleicht auch nicht um das Abnahmethema aus Unachtsamkeit, wegen des Umzugsstresses oder um seine Zahlungsverpflichtung hinauszuschieben.

Pech gehabt! In diesem Fall kann ihm der Bauunternehmer sowohl nach BGB als auch VOB entgegenhalten, dass durch die Benutzung des Hauses stillschweigend eine Abnahme erklärt ist. Gleiches geschieht, wenn der Bauherr auf eine Abnahmeaufforderung des Bauunternehmers nicht reagiert: Das Werk gilt als abgenommen, wenn der Bauherr es innerhalb einer angemessenen Frist (zwölf Werktage) nicht abnimmt, obwohl er hierzu verpflichtet ist. Siehe Paragraf 640 BGB oder Paragraf 12 Absatz 1 VOB/B.

Oberheim ist daher gut beraten, wenn er mit Hilfe seines »Bauherrenvereins« und deren Beratern ausdrücklich eine förmliche Abnahme verlangt. So schließt er aus, dass die Bauleistung versehentlich abgenommen wird, ohne die vielleicht notwendigen Vorbehalte zu erklären.

Eine Selbstverständlichkeit am Rande: Bei dieser förmlichen Abnahme ist der Bauherr natürlich anwesend – und sollte neben seinem Berater auch genügend Zeit mitbringen. Schließlich müssen alle Vorbehalte sorgsam und ohne Hektik in die Abnahme-Niederschrift aufgenommen werden.

Tagebuch, 93. Folge:
Psychologie in der Baufamilie
Jedes Thema ein Streitthema

6. November: Irgendwie gab es bei mir immer ein »Thema der Woche«. Diesmal aber habe ich nur einen Bauchladen von Kleinigkeiten. Glauben Sie bloß nicht, dass es einfach ist, eine Abfalltonne zu bestellen. Die Müllabfuhr-Telefondame aber kennt das Thema »Bauherr, keine Tonne, keine Ahnung« schon und arbeitet in Ruhe mit mir den Fragenkatalog durch. Tonne wie groß, Leeren wie oft usw. Meine Frau möchte eine wöchentliche, mir reicht eine 14-tägige Leerung der 120-Liter-Tonne. Wir streiten.

8. November: Heute lag die Rechnung des Stromversorgers in der Post. 2.625,08 Euro für den Anschluss – 1.229 Euro weniger als im Kostenvoranschlag, weil »meine« Eigenleistung des Kanalbuddelns stärker gewertet wurde. 1.229 Euro ist die Summe, die wir gestern für neue Kindermöbel ausgegeben haben. Mehr wurde es nicht, denn Verena und ich stritten uns dabei lange über klapprige Schränke und albern-bunte Kindermuster.

Ich rufe beim Stromversorger an und frage nach meiner Kundennummer, weil ich zu einem Öko-Anbieter wechseln will. »Kundennummer? In Ihrem Haus gibts noch gar keinen Stromzähler«, ist man dort schlauer als ich. »Aber der Baustromzähler von Hausnummer 55 ist vom Elektriker zu mir in die 55 B eingebaut und dies Ihnen auch gemeldet worden.« – »55? Da wohnt ein Herr Würzelshoff!« Meine Auskunft, dass der Altbesitzer des Grundstücks doch schon seit zwei Jahren tot ist, muss extrem unglaubwürdig wirken – der Strom-Mann droht den Besuch des Außendienstes an.

Ich will Verena von dieser Posse erzählen, doch sie hört mir gar nicht zu. Überhaupt geraten wir zurzeit dauernd aneinander. Ob Kevin gerade Marie ärgert – »Quatsch, sie hat angefangen« –, ob ich wieder vergessen habe, zum Abendbrot eine Gabel neben ihr Messer zu legen, ob sie oder ich für den Tee zuständig ist, immer knallt es.

9. November: Freier Tag mitten in der Woche. Eigentlich geplant für Möbelkäufe. Badezimmer-Spiegelschrank, Spiegel und Unterbautisch im Gästebad, Gästezimmer-Schlafsofa. Muss fast alles bestellt werden, was Wochen dauert. Doch wir bleiben zu Hause – »dicke Krise«. Wie beim Streit gestern. »Das ist doch keine Partnerschaft mehr«, meckert Verena. Was soll ich sagen, während ich im Hinterkopf an weitere Baufragen denke?! Meist telefoniere ich den halben Tag herum, massenweise Arbeit bleibt liegen, im Job und zu Hause.

Verena hängt auch stundenlang am Hörer und organisiert den Umzug. Kostet für einen Lkw und drei Kilometer von der Mietwohnung zum neuen Haus samt 80 Kartons fast 1.000 Euro. Selber machen? »Sieh dich doch an, wie untrainiert du bist?! Und wie du rumjammerst, wenn du mal anpacken sollst...« Jedes Thema eignet sich zum Streiten.

Und dauernd neue Fragen: MirXbau will 80 Euro, die Hälfte der Kosten fürs Eintragen einer Baulast auf dem Vordergrundstück. Dort knickt die gemeinsame Abwasserleitung vom Weg zur Straße ab und führt quer übers (fremde) Land zu einem Uralt-Abwasseranschluss. Das erspart allen viele tausend Euro für den Neuanschluss. Bei mir sind es sogar fast 5.900 Euro.

11. November: Gartenanlagen – welche Firma denn nun? Noch in diesem Jahr? Haben wir denn noch Geld auf dem Konto? Gardinen? »Jetzt komm mir doch nicht mit Gardinen, wir haben den Fußboden doch noch gar nicht entschieden!« – »Wieso? In die Wohnräume oben kommt Linoleum.« – »Ach, lass mich in Ruhe, ich geh ins Bett!«

»Einer muss zum Bauamt, vor dem Einzug die Statiker-Prüfakte abgeben.« – »Keine Zeit! Muss mit Marie zur Vorsorgeuntersuchung.« – »Hab auch keine Zeit. Dann eben nicht!!« Wir kriegen uns wegen jeder Kleinigkeit in die Haare.

12. November: Aber im neuen Haus, da wird alles besser, sagen wir uns in einer ruhigen Minute. Endlich haben wir uns vertragen, da klingelt wieder das Telefon. Wir lassen es klingeln. Ich fühle mich so unwahrscheinlich erschöpft.

Ein Wunder, dass ich nachts gut schlafen kann. Jedenfalls bis 5 Uhr morgens statt wie früher bis 6.30 Uhr. Immer wieder gehen mir dann Dinge durch den Kopf: Streit mit Bauleiter und Baufirma, wann kommen die Rechnungen für Gas-, Abwasser- und Frischwasser-Anschluss? Umzugsurlaub schon angemeldet? Und das Geld: Ich habe noch ein paar Wertpapiere, die ich zügig verkaufen könnte, wenn es am Zaster fehlen sollte.

Klappt das mit Abnahme und Umzug Ende November? Was ist, wenn nicht? Die neuen Mieter kommen schon am 1. 12. Eigentlich schade, dass wir unseren Vermieter verlieren, so einen netten finden wir nie wieder – logisch, wenn man ins eigene Heim zieht und dann für alles selbst verantwortlich ist...

Habe mir immer vorgestellt, dass ein Haus zu haben, ein tolles Gefühl sein müsste. In diesen Tagen denke ich eher an die Lasten, und romantische Ansichten kommen mir eher bei »Miete« oder »Mieter sein«. Neben mir schläft Verena, sie wird heute wieder einen Tag mit zwei eifersüchtigen, quengelnden Kindern und einem Handwerkertermin auf der Baustelle haben. Ich muss heute einen Brief an MirXbau schreiben und erneut auf das schief eingebaute Fensterbrett in Maries Zimmer und auf den Mörteldreck draußen vor den freiliegenden Kellerfenstern hinweisen. Hoffentlich habe ich ein Ohr für meine Frau und meine Kinder heute Abend. Hoffentlich wird es nicht wieder so laut zwischen uns.

Was der Experte dazu sagt:
Fragen gegen den Bau-Stress

Hauskrach bei den Oberheims. Und vermutlich nicht nur bei ihnen, wie die Erfahrungen von Detlev Deter besagen. Der Diplom-Sozialpädagoge ist psychosozialer Koordinator und war vier Jahre lang Ehe- und Familienberater im Berliner Bezirk Reinickendorf:

Was ich bei der Familie sehe, ist eine akute Belastungssituation. Das ist in der Bauphase wohl kaum vermeidbar. Die Frage ist nur, wie man damit umgeht.

Manchmal reagieren beide überreizt, und es scheint mir, dass manches ihnen nicht ganz klar ist. Soll heißen: Beide benennen ihren Ärger nicht deutlich, es scheint auch anderes mitzuschwingen: Reagiere ich gereizt, weil ich mich über den Bauleiter ärgere – oder über Sohn Kevins Streit mit Tochter Marie?

Teils auch schimmert eine depressive Tendenz durch. Wer statt zu klagen eindeutig aggressiv handelt, gewinnt im Partnerkonflikt mehr Klarheit. Depressives Jammern aber belastet die Situation und bringt niemanden recht weiter.

Manchmal kommt, speziell von ihm, die Geldfrage. Für mich wird da deutlich, dass der ältere Roland Oberheim (damals 47, sie 35) in sich die versteckte Sorge um die Familienfinanzen trägt. Dies kenne ich aus der ersten Nachkriegsgeneration, die Not noch erlebt hat.

Jüngere Leute (um die 30 Jahre) sind heute meist anders. »Wenns nicht klappt, verkaufen wir eben wieder«, sagen die sich und gehen mit Finanzrisiken lockerer um. Geprägt von der Konsum- und Wegwerfgesellschaft ist für sie ein neues Haus etwas, an dem man nicht ewig festhalten muss. Es sei denn, diese Altersgruppe investiert beim Bauen viel eigenen Schweiß – Eigenleistung verbindet auch sie sehr stark mit einer Immobilie.

Das Nicht-Festhalten-Müssen bei den Jüngeren zeigt sich in meinen Augen auch in einer höheren Scheidungsquote und schnellerer Neuorientierung auf einen anderen Partner. Da aber habe ich beim Ehepaar Oberheim keine Bedenken: Ihr Baustreit tut zwar sehr weh, doch kratzt alles nur an der Oberfläche. Grundlegende Narben ihrer Beziehung sehe ich im Tagebuchtext nicht. Also glaube ich, dass ihr Stress nach Einzug und nach Ende aller Handwerker-Nacharbeiten einer Entspannung weichen wird.

Aber dieser Satz würde den Oberheims in dieser heißen Streitphase wohl kaum weiterhelfen. Wären sie in die Paarberatung gekommen, hätte ich vor allem versucht, ihre Stärken, ihre Zuversicht und ihr Zielstreben zu unterstützen. Fragen Sie sich, woraus Ihre Beziehung lebt? Und auf die Frage »Was mögen Sie an ihr/ihm?« sollte eine ausführlichere Antwort als nur »Ich liebe dich« gegeben werden.

Auch wenn »Klienten« wie die Oberheims selten in die Eheberatung kommen, ist Bauen dort doch oft ein Thema. »Entweder hat er eine Neue, oder sie hat einen Neuen – oder sie haben gebaut«, so hat ein Kollege mal die drei wichtigsten Trennungsgründe beschrieben.

Aber das Bauen aus diesem Zitat ist anders gemeint als bei den Oberheims, die aus einer engen Mietwohnung ausziehen wollen/müssen: Einige Klienten berichteten in der Beratung, sie hätten gebaut, obwohl sich durch die Partnerschaft schon ein – mehr oder weniger sichtbarer – Riss zog. Solche Partner dürften in der Bauphase stärkeren Stress erleben als die Oberheims, und nach dem Einzug steht oft ein Vakuum in der Beziehung statt der erwarteten Erholung. Was eigentlich kitten soll, entzweit dann nur.

Dies also wäre schon mal ein Ratschlag an all jene, die es den Oberheims gleich tun wollen: Fragen Sie sich, ob Sie mit dem Bauen nur (un-)übersehbare Löcher in der Partnerschaft zumauern wollen.

Fragen sollte man sich vor der Bauentscheidung – und damit meine ich auch die Oberheims –, ob man konfliktfreudig genug ist für die Gespräche mit den Bauleuten und für die vielen Entscheidungen zusammen mit dem eigenen Partner. Wie belastbar bin ich? Setze ich mich verbalem Kontakt schonungslos aus, oder ziehe ich mich bei Widerspruch in mich selbst zurück? Oder in die nächste Kneipe, ins Auto, vor den Fernseher?

Wie verhalte ich mich in unbekannten Situationen, von denen es beim Bauen viele geben wird – oder fühle ich mich nur wohl als Kapitän in bekannten Gewässern? Bin ich eher neugieriger Abenteuerreisender oder Pauschaltourist, dem lieber alles fertig hingestellt wird?

Es gibt nicht Schwarz und Weiß allein, jeder Einzelne kann sich verändern und dazulernen. Sinnvoll ist, sich lange(!) vor der Bauentscheidung ins Thema einzuarbeiten. Sammeln Sie Ideen, lassen Sie sie reifen, studieren Sie diverse Baukonzepte. Überlegen Sie, welche Stressfaktoren kommen könnten; oft werden Sie dramatischer, als man vorher glaubt. Lassen Sie sich mehrere Finanzierungsmodelle vorrechnen – ohne zu unterschreiben!

Und entscheiden Sie vorher so viel wie möglich: Was soll in welchem Raum stehen, was kommt neu hinzu, welches Zimmer darf allein ich einrichten und welches du? Ein mir bekannt gewordenes Problem von Männern ist nämlich, dass sie sich um den Bau kümmern und die Innenarchitektur ihren Frauen überlassen. Hinterher ziehen sie in ein (innen) fremdes Objekt und leben ihre Unzufriedenheit.

Überlegen Sie auch, was Ihnen das Bauen im wahrsten Sinne des Wortes »wert« ist: Wie viel Gesamtsumme kann ich mir leisten bzw. finanzieren? Wie viel darüber hinaus habe ich als Reserve, wenn die Kosten doch überschritten werden? Habe ich wirklich genau durchdacht und ermessen, wie viele Jahre ich wegen knapper Finanzen ohne langen Sommerurlaub auskommen will? Ich kann nur davor warnen: Jeder denkt von sich, bei ihm wäre alles anders. Anfangs ist man vom Projekt »Eigenes Haus« beseelt, aber bald nach dem Einzug wird Wohnen nur noch als Alltag erlebt – und gerade dann täte oft ein Urlaub als Tapetenwechsel gut.

Noch ein letztes Wort: Wenn Sie Ex-Bauherren fragen, wie sie sich während der Bauphase gefühlt haben, so werden viele schon Monate später kaum Erhellendes zur Stresslage sagen können. Und ich denke auch im Falle Oberheim, dass die beiden im neuen Heim schon bald all die hier geschilderten Höhen und Tiefen nicht mehr in Erinnerung haben werden.

Das mag gut für sie sein – aber schlecht für andere Bauherren, die mehr wissen wollen. Vielleicht hilft ja dieses Bautagebuch, eine realistische Einschätzung zu bewahren.

Oberheims Einsichten

So wie der Experte ankündigt, erging es auch mir. Wochen nach dem Einzug fühlte ich mich so sorgenfrei, dass ich mich immer wieder mit Macht daran erinnern musste, weitere Tagebuchfolgen zu schreiben. Die Probleme und Fragen kamen mir alle so nichtig, so unwichtig vor – und schließlich waren sie ja alle irgendwann irgendwie gelöst worden.

Wenn ich mich mit meiner Frau noch einmal intensiv über die Zeit des Bauens, unseren Stress und unsere Streitereien unterhalte, dann scheint uns dies im Nachhinein neben den weglaufenden Kosten der Hauptgrund, nicht noch ein weiteres Mal zu bauen.

Und jetzt sehen wir auch Eigenleistungen in anderen Baufamilien mehr unter psychologischem als unter finanziellem Aspekt. Nicht unter dem, den der Experte gerade erwähnt hat (schmiedet Baufamilien ähnlich stark an das Bauprojekt wie die Generation zuvor), sondern unter diesem: Jede Stunde Eigenleistung auf der Baustelle bringt auch mindestens eine Stunde Auseinandersetzung in der Familie mit sich – zum einen wegen der gemeinschaftlichen Vorbereitung (Material, Farbe, »lohnt es?«), zum anderen und ganz besonders wegen der durch die Eigenleistung fehlenden Zeit für die Familie.

Dass Papa nach acht Stunden im Job abends gleich zur Baustelle fuhr, das mochte in den Aufbau-50er-Jahren vielleicht noch in Ordnung gewesen sein, weil es viele damals so machten. Heute aber ist die Psychologie der Familien eine andere. Und wenn ich unsere Immobiliensuche und Bauphase mit mindestens drei intensiv beeinflussten Jahren werte, dann sind dies drei von vielleicht 20 Jahren, die ich mit meinen Kindern nicht so hatte, wie ich und die Kinder es vielleicht gern gehabt hätten. Und diese Zeit gibt mir/uns niemand zurück.

Tagebuch, 94. Folge:
Der Tag der Abnahme
Scherrn diktiert, Teffner notiert

22. November: Der Tag der Abnahme. Ein spannender Tag. Anscheinend auch für Bauleiter Teffner – heute erstmals mit Schlips. Er sagt, dass MirXbau sonst anders verfährt: Erst Haus ansehen mit den Handwerkern, dann 14 Tage Mängelbeseitigung, dann Übergabe.

Nicht so bei uns. Weil unser gekündigter Mietvertrag drängt, sind Abnahme und Übergabe ein Termin. Aber was ist, wenn mein Berater vom Bauherrenverein sagt, das Haus sei unbeziehbar? Dies frage ich Berater Scherrn, der nur abwinkt. »Nach der Abnahme kommt MirXbau-Chef Tiekenz,« sage ich, denn bei dem brauche ich Profihilfe. Scherrn aber sagt, dass er um 12.45 Uhr einen Termin auf einer Kreuzberger Großbaustelle hat. Und was soll ich dann machen?!

Gewerk für Gewerk, von Maurer bis Maler, gehen wir durchs Haus. Bei der Rollschicht (quergestellte Klinker als Fensterbretter außen) verliert Scherrn Zeit. Er palavert über Streit auf US-Konferenzen, was keinen weiterbringt. Teffner übt derweil den Spagat zwischen polterndem Anherrschen der Handwerker und einer sch...-freundlichen, geradezu unterwürfigen Art gegenüber Scherrn. Einzige Rollschicht-Kritik: Am Treffpunkt von Rollschicht-Stein und Fensterrahmen muss ein »dauerelastischer Anschluss« her, damit Regenwasser das Holz nicht angreifen kann.

Aus den Lüftungsfugen des Klinkermauerwerks muss Fugenmörtel entfernt werden. Kleinkram.

Im Haus fangen wir im Obergeschoss (OG) an. Ist die Bodentreppe wärmegedämmt? »Klar«, sagt Teffner, »den Beleg hab ich Ihnen geschickt«. In meinem Bau-Ordner finde ich den knittrigen Wisch sofort. »K-Wert 1,88 – das ist doch ein Witz«, sagt Scherrn. Teffner notiert auf Geheiß von Scherrn: »Bodentreppe dämmen mit Styrodur.«

Erst auf meinen Wunsch hin steigt Scherrn auf den Spitzboden. »Hier fehlt ein Geländer«, moniert er von dort. Der Spitzboden sieht roh aus, denn die Wärmedämmung liegt nicht an den Dachziegeln, sondern auf den OG-Zimmerdecken. An einer Stelle liegt wenig Mineralwolle, an anderen gibt es Lücken, wie Scherrn ruhig bekannt- und Teffner schimpfend weitergibt. Der Trockenbauer stopft weiteres Dämmmaterial in die Fugen.

Der Kontrolltrupp zieht von Zimmer zu Zimmer, immer wieder unterbrochen von der Rückkehr an alte »Tatorte«, wo Handwerker eilig Mängelbehebung praktizieren.

Draußen an den Lichtschächten gefällt Scherrn nicht, dass neben weißen Kellerfenstern schwarzer Bitumenanstrich zu sehen ist. »Grau wie der Mörtel zwischen den Klinkern wäre schöner.« – »Ham Se gehört, Herr Rottner!!!« So instruiert Teffner den Maler.

Ein Kellerfenster lässt sich nicht kippen: »Nacharbeiten!« Der Putz an der freiliegenden Außenwand eines Kellerraums zeigt zwei Risse. Nacharbeiten? »Oder Farbe auftragen«, sagt Scherrn, »im Mörtelgrau«. Gute Idee. Teffner notiert.

Die Treppenhandläufe moniere zur Abwechslung mal ich. »In Buche« heißt doch nicht, dass ich hässliches rosa Plastik als Schraubenkappen bekomme, sage ich. Scherrn nickt, Teffner schreibt.

Bei den Fenstern sind meiner Frau beim Putzen zwei Kratzer aufgefallen. Ich sehe sie nicht gleich und rufe Verena herbei, die sich gerade die Heizung erklären lässt. Ehe sie kommt, klärt mich der Fenster-Mann auf, dass es Abnahmeregeln gibt: »Wenn man einen Kratzer aus einem Meter Entfernung nicht sieht, ist das kein Mangel.« Scherrn nickt. Meine Frau zeigt einen Kratzer. Der ganze Prüf-Tross schleppt sich nach draußen, und in der Sonne schreit uns eine 20 Zentimeter lange Linie auf der Scheibe geradezu an: »Ersetze mich!« – »Die Fensterscheibe wird ausgetauscht.« Eine andere nicht, der Fehler ist nur aus nächster Nähe zu sehen.

Plötzlich dreht sich ein Handwerker weg, als würde ihm übel. Scherrn ist mit seinen 90 Kilo Lebendgewicht auf ein Klo-Becken gehüpft. »Muss 400 Kilo tragen können, DIN-Vorschrift«, sagt er.

An der Badewannenarmatur rüttelt er – der Wasserhahn wackelt. »Tja, da lassen Sie sich mal was einfallen«, sagt Scherrn zum Sanitärhandwerker. Der sagt, wie er das Ding fest verankern will, und Scherrn nickt.

An einem Fenster misst Scherrn nach, denn es wirkt wie schief eingebaut. Dann, zu Teffner: »Ham Se Glück gehabt. Mauer und Fensterrahmen – beide in der Toleranz.«

Das aber gilt nicht für die Schiebetür-Trockenbauwand zwischen Wohnküche und Wohnzimmer. Scherrn legt seine Wasserwaage auf eine kaum merkliche Delle der Wand und klappt sie mit lautem Klack nach beiden Seiten gegen die Wand. »Da hört ja wohl jede Toleranz auf.« Ehe ich das Thema erfasst habe, fragt Teffner: »Wieviel?« – »Wieso wieviel«, frage ich. Scherrn erklärt, dies sei kein so schwerer Mangel, dass man die ganze Wand neu baut. Also einigt man sich beim Preis. Die Wand taxiert er auf 760 Euro, 25 Prozent zieht man ab, also etwa 190 Euro. »200«, sage ich. Teffner schreibt 190 auf. »Nee, 200«, meckere ich.

16 Kritikpunkte werden notiert. »Aber«, sagt der brummige Rohbau-Firmenchef Rateleben in meine Richtung, »hat Ihnen eigentlich auch mal einer gesagt, dass dies wirklich ein wunderschönes Haus geworden ist?!« Alle halten ein. Später erfahre ich von geschäftlichem Streit zwischen Rateleben und MirXbau. Immerhin: Scherrn bestätigt öffentlich, dass er hier bessere Bauqualität sieht als sonst oft.

Jetzt schleimt sich Teffner ein. Ob Scherrn auch von ihm Aufträge annehmen würde, »manche Bauherren wollen einen Fachmann zur Abnahme dabei haben«. – »Aber ich sehe mich immer auf Bauherrn-Seite«, sagt Scherrn und guckt, als hätte er lieber »Wollen Sie mich veräppeln?!« gesagt. »Ich bin auch auf Seiten des Bauherrn«, steigert Teffner die Peinlichkeit.

Bald darauf hastet Scherrn davon, sein Kreuzberger Termin drängt. »Elektro-Abnahme nach Inbetriebnahme«, sind seine letzten Diktatworte. 279 Euro wird mich Scherrns Besuch kosten. Geld, das man nicht gegen eingesparte 200 (Wand-)Euro aufrechnen kann – denn was er alles an kleinen Macken entdeckt hat, hätte mich sicher geärgert oder viel Geld gekostet. Allein das Versetzen zweier Fliesen als Fußbodenleiste war schon Gold wert: Scherrn erkannte, dass das untere Scharnier der Terrassentür bald ausgehebelt worden wäre, und schlug vor, die Fußbodenleiste stärker in den Putz zu versetzen. Binnen 30 Minuten hatte das der Fliesenleger korrigiert.

Mit oder gegen MirXbau-Chef Tiekenz muss ich allein verhandeln. Der trifft kurz nach Scherrns Aufbruch ein. Erst Getuschel mit Teffner, dann kommt er zu mir.

Für Tiekenz habe ich eine kleine Überraschung dabei: Weil MirXbau mir im Keller ungefragt Dämmwände eingebaut hat, fordere ich gut 2.300 Euro zurück. Gestern habe ich einen Brief an MirXbau aufgesetzt – voraussehend, dass ich mich mit Tiekenz heute nicht einigen werde. Ich gebe ihm das Schreiben mit den Worten, nach 14 Tagen einen Anwalt einzuschalten, falls MirXbau nichts zurück überweist.

Erst nehmen wir den Brief als Anlage zu Protokoll, doch dann bietet mir Tiekenz als Kompromiss 1.800 Euro Nachlass an, »schließlich haben wir Ihnen beim Abwasser viel Geld erspart«. – »Aber doch nur, weil Sie auch sparen«, halte ich dagegen, bin aber einverstanden.

Also macht Tiekenz die Schlussrechnung: 186.555,77 Euro minus 200 Euro für die Wand minus 1.800 Euro Nachlass = 184.555,77 Euro Bausumme. Den letzten Scheck (8.360,10 Euro) steckt er ein. Und vermerkt: Die 16 Mängel sollen bis 15. Dezember abgearbeitet sein.

Am Sonnabend kann der Umzug also starten. Das Haus ist mein.

Was der Experte dazu sagt:
Bürgschaft vergessen

Als Bauleiter hat Bauingenieur Joachim Liebig schon einige Jahre Erfahrungen mit Abnahmen gesammelt. Der Freie Sachverständige mit Büro in Berlin-Köpenick kommentiert Oberheims Abnahme:

Ich hätte diesen Termin nicht durchgeführt, sondern darauf bestanden, dass der Auftragnehmer – also MirXbau – die Abnahmen mit den einzelnen Gewerken im Vorfeld vollzieht und dann das Haus Oberheim zur Abnahme anbietet.

Bei der Abnahme dagegen, die Oberheims Heim erlebt, kommen locker 15 Beteiligte zusammen, die dann wie bei einer Chefarzt-Visite durch die Räume ziehen. Solch eine Veranstaltung ist zum einen schwer zu moderieren, und zum anderen ist es schade um das ganze Geld, das in Form vergeudeter Geschäfts- oder Arbeitszeit auf einem Haufen steht.

Oberheim stand unter dem Druck des Wohnungswechsels. Ein Schadenersatz MirXbaus bei Kosten, die ihm durch Fristüberschreitung entstehen, war ja nicht vereinbart – schade, dass der erste Berater vom Bauherrenverein ihm nicht besser geholfen hatte.

Die Angst von Oberheim (und anderen Bauherren), dass sich bei der Abnahme eine Nichtbeziehbarkeit des Hauses herausstellen könnte, ist meist unbegründet. Dieses Risiko ist bei einem Einfamilienhaus relativ gering. Es geht am Abnahmetag also weniger um die Beziehbarkeit als ums Feststellen von Mängeln, um deren Abstellung – und vielleicht auch um etwas Preisminderung. Also sehe ich mir einmal an, wie Oberheims Berater die Sache angegangen ist:

Als Erstes fällt mir auf, dass er die Vertragsunterlagen nicht dabei hat, mit denen er die geschuldete Leistung kontrollieren könnte. So gut kennt er das Haus nun auch nicht, war er doch vor dem Termin erst dreimal auf dieser Baustelle! Bei regelmäßigen baubegleitenden Kontrollen kennt der Bauherrenberater die Schwachpunkte, zeigt Mängel an und veranlasst deren Abstellung, so dass zur Abnahme nur noch wenige Punkte anstehen dürften. Scherrn konzentriert sich hier auf stichprobenartige Qualitätskontrollen der Gewerke, vor allem unter dem Erfolgsdruck der Mängelfeststellung.

Übrigens ist der von Oberheim protokollierte Spagat Teffners zwischen Bauherrenberater Scherrn und den Vertretern der MirXbau-Subunternehmen trefflich beschrieben – solche Schleimereien einerseits und Poltereien gegenüber den Gewerken andererseits kenne ich auch. Ich konnte es nur nicht immer nachvollziehen; schließlich sind ja die Nachunternehmer meist durch ihren Bauleiter oder gar den Firmenchef vertreten und nicht durch irgendwelche Hilfsarbeiter.

Allerdings habe ich auch schon das Gegenteil erlebt. Vor allem dann, wenn der Bauherrenvertreter etwas zurückhaltend oder unsicher ist. Dann habe ich auch Verbrüderungserscheinungen zwischen dem Auftragnehmer und dessen Subunternehmern beobachtet – und der Bauherr sah sich dann einer vermeintlichen Front der Baufachleute gegenüber. Achten Sie als Bauherr also immer auch auf Zwischentöne bei diesem und anderen Terminen!

So ein Bauherrenberater hat natürlich auch die Aufgabe, überzogene Vorstellungen des Bauherrn zu korrigieren, der vielleicht sein Haus in den Toleranzen der Feinmechanik oder der Zahntechnik errichtet sehen möchte. Der Hochbau aber hat seine eigenen Toleranzen.

Kontrollmaßstab sind die anerkannten Regeln der Technik zum Zeitpunkt der Abnahme, etwa die mit der DIN 18202 vorgegebenen Toleranzen im Hochbau. Allerdings können sich zulässige Toleranzen auch schnell summieren, und dann sieht es schief aus. Wie zwischen einem Fenster und der Fensterleibung. Hier ist die Bemerkung »Beide im Toleranzbereich« allerdings weniger angebracht als die Forderung der Beseitigung. Was nämlich schief aussieht, ist meist auch schief und entspricht somit nicht der Verbrauchererwartung.

Zurück zu Oberheims Berater, der die Sache trotz Abnahmetross und Zeitdruck ganz gut im Griff hat. Schließlich entdeckt Scherrn einige Mängel und gibt Hinweise, von denen ich manches allerdings anders bewerten würde. Für mich sind z.B. Mörtelreste in den Lüftungsfugen der Verklinkerung kein Kleinkram, wie Oberheim sagt, sondern zwar kleine, aber doch Mängel, deren Auswirkungen (Nässeschaden in der Hausdämmung) erheblich sein können.

Die Bodentreppe mit einem k-Wert von 1,88 aus dem Bauch heraus nachdämmen zu lassen, ohne das wärmetechnische Gesamtkonzept zu berücksichtigen, finde ich etwas überzogen, zumal diese Klapptreppe eine Fläche von etwa einem Quadratmeter ausmacht, somit also nur 1,2 Prozent der gesamten Deckenfläche.

Zu Recht hat Scherrn die lückenhafte Dämmung der Decke im Spitzboden beanstandet. Doch dass er sich auf seinem weiteren Kontrollgang immer wieder unterbrechen lässt, um die Abstellung dieser und anderer Mängel zu kontrollieren, das hätten MirXbaus Leute mit mir nicht machen können. So etwas bringt das Konzept des Kontrollierenden durcheinander – vielleicht vergisst Scherrn inzwischen, was er im Badezimmer gerade monieren wollte. Die Kontrolle der Mängelbeseitigung sollte zu einem gesonderten Termin erfolgen.

Der von Oberheim protokollierte Sprung des Herrn Scherrn aufs Klo hatte vielleicht einen gewissen Unterhaltungswert, nur finde ich so etwas einfach albern. Auch das Rütteln an Armaturen dürfte in den meisten Fällen erfolgreich sein, erst recht, wenn 90 Kilo Lebendgewicht dran hängen. Aber solche Übungen »müssen« meistens her, um gewisse Dinge zu überspielen. Das hängt sicher mit dem eingeschränkten Kontrollauftrag zusammen und damit, dass Scherrn irgendwo auch Eindruck erzielen will – ähnlich also wie Teffner bei seinen Subunternehmern. There's no business like show-business...

Zu dem Lied mit den Kratzern auf den Fensterscheiben könnte ich noch ein paar Strophen ergänzen. Das ist auf fast jedem Bau ein Thema. Allerdings kenne ich die Regel mit dem einen Meter Entfernung nicht, die vom Fensterbauer zitiert wird. Es ist sicher zu berücksichtigen, dass jeder Mensch anders sieht und ein anderes Störempfindungen hat. Auch hier gilt die bereits zitierte Verbrauchererwartung. Für mich ist ein Kratzer auf der Scheibe aber fragwürdig, wenn der Bauherr ihn mit den Worten »Na, wo war er denn...« erst lange suchen muss.

Nicht mehr zu tolerieren ist die Sache mit der Trockenbau-Schiebetürwand, die Oberheim nicht sofort versteht. Hier wusste Teffner schon vorher, dass ein Fachmann den Dellenmangel sehen würde. Da es sich aber nur um ein optisches Problem zu handeln scheint, einigt man sich üblicherweise auf einen Preisnachlass. Wichtiger allerdings, ob es 190 oder 200 Euro sind, scheint mir die Frage, ob sich hinter dieser Delle ein substanzieller Mangel verbirgt: Ist die Funktion der Schiebetür vielleicht beeinträchtigt?

Für Oberheim nachteilig war, dass Scherrn unter Zeitdruck stand – ich errechne zwei Stunden und 45 Minuten für die Abnahme – und dass er bei der so genannten Hausübergabe und der Verhandlung mit dem MirXbau-Geschäftsführer nicht mehr dabei war. Vor allem beim Dämmwände-Thema im Keller wäre sein Rat, wären seine Argumente und seine Preiseinschätzung vielleicht überzeugender gewesen als Oberheims.

Scherrn hätte sicher auch darauf geachtet, dass Oberheim seinen letzten Scheck nicht einfach hingibt, sondern gleichzeitig den Sicherheitseinbehalt durchsetzt, der ja auch –

deutlich hervorgehoben – in seinem Bauvertrag stand. Somit hat Oberheim, sicher in der Euphorie über den erzielten 1.800-Euro-Nachlass, alle Sicherheiten zur Abstellung von Mängeln aus der Hand gegeben. Was kann er nun noch als Druckmittel einsetzen, um die protokollierten Mängel beseitigen zu lassen?! Ich hoffe nicht, dass er jetzt einen monatelangen Dauerlauf vor sich hat, ehe alle Mängel abgearbeitet sind.

Oberheims Einsichten

Peinlich, peinlich, diese Sache mit der vergessenen Bürgschaft in dreifacher Höhe der festgestellten Restmängel. Aber dies war wirklich meiner Euphorie wegen der 1.800 Euro Nachlass geschuldet.

Rückwirkend betrachtet, wäre dieser Absicherungsakt vermutlich aber auch problematisch ausgefallen. Denn: Eine Bürgschaftserklärung, die wirklich etwas bringen soll, wäre allein eine durch eine Bank gesicherte Bürgschaft gewesen. Die aber hatte Tiekenz mit Sicherheit nicht dabei, schließlich konnte er zwei Stunden vorher beim Losfahren am Leipziger Firmensitz ja nicht bei seiner Hausbank vorbeigehen, da die Restmängel zu dieser Uhrzeit ja noch gar nicht festgestellt waren.

Wie also verfahren? Hätte ich meinen Scheck zurückgehalten, bis ich MirXbaus Bürgschaftserklärung in der Hand halte, wäre die Sache mit Einzug und Umzug vielleicht doch noch gefährdet worden. Tiekenz hätte sicher einige Argumente parat gehabt und auf unseren Vertragstext verwiesen.

Hätte ich mich hingegen mit einer persönlichen Bürgschaftserklärung des Geschäftsführers Tiekenz zufrieden gegeben, dann hätte es dabei vielleicht vom Laien Oberheim übersehene Formfehler gegeben (ich habe noch nie eine korrekte Bürgschaftserklärung in meiner Hand gehalten). Oder die Erklärung wäre – bei einem Firmenbankrott – vielleicht gar nichts wert. Bei erheblichen Mängeln und einer finanziell wacklig dastehenden Baufirma ist diese Frage schon mehr Thema als bei meinen paar Mängeln, die wahrscheinlich keine 1.500 Euro an Beseitigung wert waren.

Mein Tipp daher: Erkundigen Sie sich bei einem neutralen Berater rechtzeitig über die Voraussetzungen und Abwicklungsmodalitäten einer Bürgschaftserklärung, wenn eine Bürgschaft auch in Ihrem Vertrag stehen sollte. Und machen Sie der Baufirma rechtzeitig Beine, dass der letzte Scheck nur gegen die bankbestätigte Bürgschaftserklärung herausgegeben wird. Oder dass Sie vorerst vom letzten Scheck die dreifache Summe der voraussichtlichen Mängelbeseitigungskosten abziehen werden.

Traurig aber ist auch dieses: Der von mir gerufene Fachmann hat »die Vertragsunterlagen nicht dabei gehabt«, wie der Experte bemerkt. Scherrn hat sie übrigens nicht nur nicht dabei gehabt, sondern kennt sie möglicherweise nicht oder nicht mehr. Ich hatte ihm beim Wechsel des Bauherrenberaters auch meinen Bauvertrag mit allen weiteren Festlegungen und Zusatzvereinbarungen zugeschickt, und er hat wohl auch mal »eine Stunde Einarbeitung in Ihre Unterlagen« mit 51 Euro Honorar (plus Mehrwertsteuer) berechnet – doch bei der Abnahme zeigte er an keiner Stelle, dass er beispielsweise schon vor dem Betreten eines Zimmers gewusst hätte, dass hier eine Schiebetür in Trockenbauweise oder in der Ecke ein Waschtisch zu finden sein müsste. Wäre die Heizung im Hauswirtschaftsraum ein Standardgerät statt eines Produkts mit Brennwerttechnik gewesen, hätte ich das vielleicht erst im nächsten Jahr an der höheren Gasrechnung gemerkt. Auch wenn es nervig und zeitaufwändig (und damit auch teurer) ist, würde ich bei einer erneuten Abnahme immer auf einem Vergleich von Papier und Realität bestehen. Oder zumindest im Vorfeld den Vertragstext mit dem Experten soweit besprechen, dass er und ich wissen, auf was wir bei der bevorstehenden Abnahme ganz besonders achten müssen.

Tagebuch, 95. Folge:
Mängel beim Linoleum-Fußboden

»Nicht seinen besten Tag...«

23. November: Die Hausabnahme liegt einen Tag hinter und der Umzug zwei Tage vor uns. Aber eins macht uns Sorge: der Linoleum-Fußboden im Obergeschoss.

Eine noch fehlende metallene Abschlusskante zwischen Flur-Linoleum und Holztreppe musste meine Frau noch aussuchen – doch was der Fußbodenleger der Firma Hellricht damit heute angestellt hat, war so stümperhaft, dass wir in der Mittagspause seinen Einsatz stoppen ließen. Um die Metallkante zu befestigen, bohrte er viele Löcher ins Linoleum. Jede Wette, dass ein Gutachter eher unseren Vierjährigen und nicht den Profi-Handwerker als Urheber vermuten würde...

Wir haben noch andere Fehler gesehen: Die »Einpflege« war nicht fachgerecht, überall sind Schlieren auf dem Fußboden. Teils sieht es aus wie eingetrocknete Farbtropfen an schlecht gepinselter Wand: »Nasen« vom Linoleumpflegemittel. Weiterhin gelang dem Verleger eine 14 Zentimeter lange Fußbodenleiste zwischen zwei Türpfosten nicht: Sein Verbindungsstück maß 11,2 cm – den fehlenden Rest verschmierte er mit einer weißen Masse. Obwohl die Fußbodenleiste aus biegsamem Kunststoff ist, klafft nach unten zum Linoleum meist ein Zentimeter »Luft«. Und das in die Kunststoffleiste eingelegte Linoleum spannt an allen Ecken oder hängt auch mal frei in der Luft. Überall, wo Linoleum an Kanten stößt, wirkt es wie zufällig eingerissen. An den Heizungsrohren sogar so sehr, dass eine Plastikkappe den Riss nicht mehr verstecken kann. Als ich den Mann danach frage, sagt er: »Linoleum iss eben so.«

24. November: Fimenchef Hellricht selbst soll kommen, um sich das mal anzusehen. Doch der hat einen Großauftrag weit entfernt im Brandenburgischen und kommt jeden Abend erst nach 22 Uhr nach Hause. Jetzt weiß ich, warum nicht Hellricht – der uns empfohlen wurde – persönlich, sondern ein Ersatzmann zu uns kam: Der andere Auftrag bringt viel mehr Geld. Aber morgen ziehen wir um. Und dann steht auf dem hässlichen Bodenbelag und vor schlampig ausgeführten Fußbodenleisten unverrückbar ein Schlafzimmerschrank.

Dies klage ich Hellrichts Mutter am Telefon. Reaktion: Nach 20 Uhr tauchen sie und ihr Schwiegersohn auf, um sich die Lage anzusehen. Wir fahren ins neue Haus. Der Schwiegersohn, selbst Fußbodenleger, wird recht einsilbig, als er das Linoleum sieht. Später sagt er über den Kollegen: »...hat wohl nicht seinen besten Tag gehabt.«

Er gesteht zögernd ein, dass man »das wohl nicht so lassen« könne, und entfernt die Fußbodenleisten dort, wo der schwere Schrank stehen soll. Die neuen Leisten (ich bestehe jetzt auf einer hölzernen Lösung in Buche) kann man notfalls über den Schrank hinweghehen und an den Seiten notdürftig befestigen.

Beide sichern zu, dass es nächste Woche weitergeht: Einpflege korrigieren. Dann habe ich Urlaub, die Kinder sind mit Oma auf Reisen. Und wir haben Zeit, Kartons und Möbel je nach Fußbodenleger-Erfordernis hin und her zu schleppen.

25. November: Umzug. Gut, dass Verena sich durchgesetzt und eine Firma beauftragt hat. Das kostet zwar 1.000 Euro, doch entbindet es uns von jeglicher Organisation mit Ausnahme des Ein- und Auspackens von mehr als 60 Kartons. Fix und alle sind wir abends trotzdem.

28. November: Noch »geschafft« von den Strapazen, bauen wir gleich morgens um 7 Uhr das Doppelbett wieder ab, denn um 8 Uhr kommt Hellricht. Aber bis 9 Uhr trifft niemand ein. Anruf in der Firma. »Nein, Herr Hellricht hat gesagt, das macht keinen Sinn. Erst müssen die Fußbodenleisten ausgebessert werden.« Auf die Idee ist er doch sicher nicht erst heute Morgen um 7 gekommen – warum sagt uns keiner vorher ab?! Jetzt können wir das Bett wieder aufbauen und müssen es irgendwann noch mal abbauen!

5. Dezember: Früher als erwartet (»erwartet«? Was erwarte ich bei Hellricht eigentlich noch Gutes?!) kommt Hellricht höchstselbst und sitzt einen ganzen Arbeitstag lang über der Ausbesserung. Schlafzimmer und Flur bekommen Buche-Fußbodenleisten. Leider in sieben Zentimeter hoher Sonderanfertigung, weil der Bodenleger-Laie eine unauslöschliche Silikonspur in 6,5 Zentimetern Höhe hinterlassen hat. Nebenbei erfahre ich, dass dieser neue Mitarbeiter »das eigentlich können müsste«. Eigentlich? Müsste? »Na, ich dachte, der hätte mit Linoleum schon öfter gearbeitet.« Ich dachte…

Abends sehe ich mir die hölzernen Fußbodenleisten an und entdecke viele Luftlöcher zwischen Holzunterkante und Linoleumoberfläche. Nobody is perfect, oder wie?! Aber das soll bei dem Naturmaterial so vorkommen, das sehe ich ein.

8. Dezember: Eine Hellricht-Mitarbeiterin erscheint, um die Einpflege des Linoleums zu erneuern. Nach drei Stunden Arbeit in Kevins Zimmer fragt sie, ob wir zufrieden sind. Die Lacknasen sind weg, doch die Umrisse der Flecken sind geblieben. Erst abends sehe ich, dass sie in allen Obergeschoss-Zimmern an den glänzenden Inseln so lange geschrubbt hat, bis es Scharr- oder Kratzspuren gab. Jetzt haben wir drei optische Lino-Varianten: lackglänzende Flecken, normal matte Bodenfarbe und zerkratzte Flächen. Wir sind echt bedient! Alles noch mal machen lassen? »Nee, hör bloß auf«, sagt Verena, »die Kinder kommen am Sonntag zurück, die sollen sich ans Haus gewöhnen. Und wir brauchen auch mal Ruhe.«

9. Dezember: Eins kann Hellricht perfekt – schnell Rechnungen schreiben. Schon heute ist sie da, von irgendwem in den Briefkasten eingeworfen. Zwar verzichtet Hellricht auf elf Stunden Lohn für Ausbesserungen sowie auf acht Stunden für Pflegeversuch Nr. 2. Dafür aber sind An- und Abfahrt für 28 Euro (plus Mehrwertsteuer) trotz gegenteiliger Vereinbarung immer noch aufgeführt, und eine von zwei Restfeuchtemessungen ist mit 95 Euro angesetzt. Insgesamt will Hellricht rund 3.050 Euro für 45 Quadratmeter verhunzten Linoleumfußboden. Wegen der Mängel ziehe ich 500 ab und bezahle 2.550 Euro.

Was der Experte dazu sagt:
Wie Handwerker denken

Dieter Peuker aus Berlin-Charlottenburg ist selbst Geprüfter Bodenleger. Außerdem ist er von der Handwerkskammer öffentlich bestellter und vereidigter Sachverständiger für Bodenlegearbeiten. Wie beurteilt er Oberheims Fall?

Leider kein Einzelfall – manchmal habe ich den Eindruck, dass mehr als die Hälfte aller Fußbodenarbeiten in Zank und Streit enden.

Auf der einen Seite liegt das an Kollegen, die begreifen müssen, dass sie einen anderen Job haben als der Rohbaumaurer. Der Kunde erwartet beim Fußbodenbelag das Ergebnis seiner Selbstverwirklichung in Farbe und Repräsentation. Und wenn sich dann der Fußbodenleger mit schweißnasser Hand an der weißen Tapete abstützt, dann ist das nicht der Service, den Kunden erwarten.

Auf der anderen Seite sollte der Kunde auch wissen, dass Bodenleger nicht die Ungenauigkeiten der vorherigen Gewerke ausbügeln können, weder die schief gemauerte Wand noch Fehler im Estrich.

Konkret sollte ich das mal an Oberheims Fall erläutern: Zuerst ist bei Linoleum wichtig, dass es blasenfrei auf dem Untergrund liegt. Die »Luftlöcher« zwischen Fußbodenleiste und Belag nenne ich Schattenfuge. Da sich Holz nicht biegen lässt, kommt es eben dazu – aber nur bis zu vier Millimeter hohe Schattenfugen gehören noch zur Toleranz.

Nicht tolerieren kann ich allerdings Hellrichts Umgang mit den Schattenfugen. Er muss dem Kunden vorher sagen, dass es dazu kommen kann, und anbieten, dies je nach Wunsch so zu lassen, mit einer dauerelastischen Acryl-Fuge im Holzton oder in Weiß zu verschließen oder sie mit einem so genannten Viertelstab zu verdecken. Natürlich gegen Aufpreis: Die Fuge in Weiß rechne ich mit 1,28 Euro je laufenden Meter (plus Mehrwertsteuer), den Viertelstab mit 2,00 bis 7,80 Euro.

Schwer ist es für mich natürlich, ein Ferngutachten abzuliefern. Aber wenn Oberheim beschreibt, dass Risse im Linoleum bei den Rohrdurchlässen trotz Abdeckkappe noch sichtbar sind, dann spricht das nicht für gute Arbeit. Aber: Jeder Bodenleger weiß, dass Linoleum schwer zu schneiden ist. Das ist die andere Seite der Medaille, denn ansonsten ist Linoleum ein problemloser, pflegeleichter, nichts übel nehmender, sehr hygienischer Boden mit hohem Trittschalldämmwert.

Was sicher »in die Hose gegangen« ist, war das Einpflege-Finish. Nun gibt es bei mattglänzenden Flächen bei Streiflicht (= Gegenlicht) natürlich oft sichtbare Inseln. Wenn diese aber schon beim Blick von oben als Flecken erkennbar oder Pflegenester mit den Fingern deutlich fühlbar sind, kann ich dem Kollegen wirklich kein Lob aussprechen.

Übrigens kann jeder Kunde prüfen, wie gut sein Linoleumverleger gearbeitet hat. Linoleum wird in zwei Meter breiten Bahnen verlegt und an den Rändern mit Schmelzdraht verschweißt. Diese Ränder werden beschnitten – unterlässt der Bodenleger dies, sind die Bahnen schon mal 2,01 Meter breit, genau wie bei der Lieferung vom Hersteller. Der Nachteil für den Kunden? Linoleumrollen werden meist stehend transportiert, und drei Zentner Gewicht lasten dann auf einer Kante – wird diese gestauchte Kante nicht beschnitten, kann das Material am Rand irgendwann aufquellen.

Was Oberheim aber bedenken sollte: Die beschriebenen Fehler sind zwar Mängel, doch sie beeinträchtigen nur die Optik und nicht den Nutzen. Wegen einer unschönen Schnittkante oder Pflegenestern reißt man keinen Boden wieder heraus – Minderung ist das Gebot der Stunde: Beeinträchtigen Fehler eines Bodenlegers den Eindruck eines Repräsentativraumes (eleganter Flur, großes Wohnzimmer), so sind von der Rechnung bis zu 40 Prozent abziehbar. Kinder- und Schlafzimmer werden in der Wertminderungstabelle geringer eingestuft, ich würde an Oberheims Stelle 25 Prozent streichen.

Oberheims von mir eingesehene Rechnung würde ich aber erst einmal um den Posten »Kleinteile« (38 Euro) und um die »zweite Restfeuchtemessung« (unverschämte 95 Euro) kürzen. Außerdem soll er für die Fußbodenleisten teils in PVC und teils in Holz für 42 laufende Meter zusammen 395 Euro zahlen – wenn ein Teil des Preises durch mangelhafte Arbeit bedingt ist, würde ich davon erst einmal die Hälfte rausstreichen.

Vom Rest (ca. 2.325 Euro) ziehe ich dann 25 Prozent ab und komme plus Mehrwertsteuer auf einen Betrag von 1.743,75 Euro, den ich statt 2.550 Euro an Oberheims Stelle bezahlt hätte.

Die Kürzung sollte man verbinden mit einem Brief. Darin verweist der Kunde auf sein zerstörtes Vertrauen zu dem Handwerker und auf Kosten, die etwa beim erneuten Einpflegen durch ein anerkanntes Reinigungsinstitut entstehen würden. Ferner droht man mit einem Beweissicherungsverfahren und einem Sachverständigeneinsatz, der je nach Aufwand schon mal 700 bis 800 Euro kosten kann.

Oberheims Einsichten

Es ist übrigens nichts mehr »nachgekommen«. Der Fußbodenleger scheint – wenn ich meine Zahlen mit denen des Experten vergleiche – sich bei dem verpfuschten Auftrag vielleicht noch auf der Gewinnerseite gesehen zu haben. Er fragte nie nach dem restlichen Geld.

Tagebuch, 96. Folge:
Die wahre Mär von der langen Leitung

Telekom...mt später

10. Dezember: Endlich wohnen wir im neuen Haus! Nur können wir eins nicht – diese Freude mit anderen teilen. Wir können niemanden anrufen, und unser geflügeltes Wort dazu lautet: »Telekom...mt später«. Ich habe einmal überlegt, wem ich so eine Art »Goldene Zitrone« für die schlechteste Arbeit während unseres Hausbaus verleihen sollte. Lange war der Stromversorger führend, doch am Ende siegte unser Telefonanschluss doch mit (Leitungs-)Längen. Und das hat den folgenden »historischen« Hintergrund.

2. Mai: Ich rufe bei einer Telekom-Servicenummer an, was bei der Telefonummeldung nötig sei. Schließlich hat mein Grundstück eine ganz neue Hausnummer.

»Kein Problem«, sagt mein Servicenummerngegenüber, »da lege ich einfach ein neues Grundstücksblatt für Sie an. Dann können Sie über diese Nummer 0180... jederzeit nachfragen – und sind schon bei uns im Computer drin. Wie hieß die Straße, Planweg?« Toll, wie einfach das geht. »Wann soll ich mich wieder melden?«, will ich wissen. »Einige Wochen vor Einzug.«

31. August: Sind noch irgendwelche Papiere nötig, frage ich mich und rufe bei 0180... erneut an. »Planweg 55 B? Ist nicht drin.« – »Können Sie nicht in den Akten nachsehen, ob da was drin steht?« – »Nee, junger Mann, ich sitze hier in Rostock, ich hab keine Berliner Akten. Und der, mit dem Sie mal gesprochen haben, der saß vielleicht in einem Call-Center in Flensburg, der hatte auch keine Akten. Ich verbinde nach Berlin...« Fünf Warteminuten, ich lege auf.

1. September: Wieder die Servicenummer, diesmal wird der Planweg 55B so locker notiert, als wären gar keine Grundstücksblätter nötig. »Ich sende Ihnen ein Formular, die Grundstückseigentümererklärung, die Sie unterschreiben müssen, damit wir das Kabel verlegen dürfen.«

Nebenbei erfahre ich, dass ein Telekom-Anschlusskasten im (statt am) Haus 133 Euro extra kostet. Von den 51 Euro für Anschluss und Ummeldung weiß ich schon.

7. September: Formular ist da. Gleich unterschrieben abgeschickt.

11. September: Die Gräben für Abwasser, Strom und Gas werden ausgehoben. Ich habe einen Vormittag frei und will helfen. »Können Sie«, sagt der Vorarbeiter der Tiefbaufirma: »Das Telekom-Kabel aus Spandau holen, kostet mich sonst einen halben Tag.«

In Spandau ist der Ansprechpartner nicht da. Nach viel Hin und Her erreiche ich ihn telefonisch: Eine Sekretärin darf sein Zimmer aufschließen und von einem Klebezettel »120 Meter« und eine Kabelstärke ablesen. Damit gehts zu einer Art Warenausgabe. Der Kollege dort meckert, er habe »keine Unterlagen und nix«, rollt dann aber doch Kabel ab und lässt mich damit gehen. Quittieren muss ich nichts. Wirkt organisatorisch nicht sehr aufgeräumt...

22. September: Die Gräben sind wieder zu und alle Leitungen verlegt – nur das Telefonkabel hängt auf einer Seite lose ins Haus hinein und schaut auf der anderen aufgerollt aus der Erde heraus.

27. September: Ich erhalte das von der Telekom gegengezeichnete Grundstückseigentümerblatt zurück. Es kann nichts mehr schief gehen. Oder?

10. Oktober: Erneut versuche ich per Servicenummer mein Glück: »Ummelden geht auch telefonisch, habe ich gelesen.« – »Stimmt«, sagt die Frau am anderen Leitungsende: »Ihre Adresse?« Nebenbei erzähle ich vom noch nicht eingebuddelten Kabel. »Ich kümmere mich drum«, verspricht sie.

17. Oktober: Das Kabel schaut noch aus der Erde. MirXbau-Bauleiter Teffner will in einem T-Punkt »denen die Meinung sagen«.

7. November: Langsam schwant mir, dass das bis zum Einzug Ende November nichts mehr wird. Meine häufigen Servicenummern-Anrufe bringen gar nichts, ich werde mit Bauabteilungen verbunden, die sich entweder nicht melden oder die keinen Planweg-»Vorgang« haben.

Ich rufe Jürgen Wallderner an. Der war es, der mir das Grundstücksblatt geschickt hat. Ich beschließe, ihn als einzigen Telekommer, dessen Name mir bekannt ist, so lange zu nerven, bis es klappt. Er verbindet mich weiter.

14. November: Ein genervter Telekom-Mitarbeiter verrät mir, dass bei mir nicht die Telekom baut, sondern Firma Stadtmeier & Sybelstein. Dort erreiche ich eine Frau Hauck-Sollner, die meine Adresse nicht kennt: »Und wenn ich Ihnen doch sage, dass ich keinen Auftrag habe«, wird sie lauter.

17. November: Die Telekom-Abt. Bau versichert, der Auftrag sei »am 15. nochmal« an Stadtmeier & Sybelstein rausgegangen. Aber Frau Hauck-Sollner findet ihn nicht. »Telefonieren Sie doch mal mit denen«, sage ich genervt.

21. November: Die Telekom bleibt dabei, der Auftrag sei »raus«. ...aber Frau Hauck-Sollner dementiert erneut. Ich fühle mich wie ein Rechtsanwalt, der zwischen zwei halsstarrigen Parteien vermitteln muss, die nicht miteinander reden wollen. Ich frage mich, ob ich ohne meinen Dauereinsatz in diesem Leben noch jemals wieder telefonisch erreichbar sein würde.

23. November: Frau Hauck-Sollner hat den Auftrag! »Ich dachte immer Bahnweg, aber es ist ja Planweg«, sagt sie. »Deshalb hatte ich es ja buchstabiert«, sage ich.

25. November: Umzug. Ab jetzt sind wir nur noch per frisch gekauftem Handy zu erreichen – das ständig »abstürzt«. Jetzt weiß ich auch, warum mein Netzanbieter für den Planweg keine Festnetz-Zusatznummer schalten kann: Wir sitzen in einem Funkloch.

27. November: Das Kabel schaut noch aus der Erde. Aber Stadtmeier & Sybelstein haben ein Loch gegraben. »Schließen Sie auch an?« – »Macht 'ne andere Abteilung.«

6. Dezember: Die andere Abteilung ist da und zieht Schnüre durchs Haus. »Können wir jetzt telef...« – »Nun muss die Telekom noch freischalten. Aber rufen Sie da nicht gleich an, die brauchen erst unsere Fertigstellungsmitteilung.«

11. Dezember: Die Telekom hat diese Mitteilung noch nicht, erfahre ich. Frau Hauck-Sollner sagt, die Mitteilung »ist am 7. raus«. Kommt mir irgendwie bekannt vor...

14. Dezember: Endlich darf ich einen Telefonanschlusstermin verabreden. »Donnerstag 8 bis 13 Uhr?« – »Da ist bei uns keiner zu Hause. Geht es nachmittags?« – »Ja, dann also ab 14 Uhr.« Einverstanden.

16. Dezember: Telekom-Terminbestätigung per Post: »Donn. 8 bis 13 Uhr.« ... (*Wutausbruch*).

»Sollte eine Terminveränderung unvermeidbar sein, dann rufen Sie 0800/330... an«, rät der Brief. Ich rufe gleich dort an: »Termin verlegen? Aber nicht bei mir.« Ich lese den Briefhinweis vor. »Moment, ich verbinde weiter...« Schweigen...

Zweiter Versuch unter 0800/330... Vielleicht meldet sich jetzt ein Call-Center in Hintertupfingen. »Termin verlegen? Auf den 21. ab 14 Uhr? Ist schon eingegeben.«

21. Dezember: Nachmittags um 17 Uhr ruft meine Frau an: »Du glaubst es nicht, aber wir haben ab jetzt wirklich wieder Telefon.«

31. Januar: Ein letztes Kapitel. Natürlich konnten wir festlegen, mit welchem Eintrag wir ins Telefonbuch kommen. Wir entschieden uns für die kurze Variante: Name und Nummer, aber keine Adresse.

Heute kam die Bestätigung: Der Eintrag soll wie von uns gewünscht lauten: »Oberheim, Verena und Roland, Planweg 55B«.

Was das Unternehmen dazu sagt:

»Wir bedauern sehr...«

Die Redaktion sandte diese Tagebuchfolge und alle dazu gehörigen Aufzeichnungen und Unterlagen an das größte Telefonunternehmen Deutschlands. Die Antwort schickte der Berliner Telekom-Pressesprecher Bernhard Krüger:
Sehr geehrter Herr Oberheim,
bei der Ausführung Ihres Auftrages, einen Telefonanschluss einzurichten, gab es leider mit verschiedenen Stellen Abstimmungsprobleme. Die sich daraus ergebenden Verzögerungen bei der Bereitstellung des Telefonanschlusses bedauern wir sehr.

Tagebuch, 97. Folge:
Die Nacharbeiten

Sechs Monate statt zwei Wochen

Zuletzt hatte ich über die schlechte Arbeit der Fußbodenleger und der Telekom geschrieben, die ich ja selbst beauftragt hatte. Aber auch die Subunternehmer, die die Baufirma MirXbau engagiert hat, lieferten nicht nur perfekte Arbeit ab:

4. Dezember: Ein Arbeiter von der Rohbaufirma kam frühmorgens um 7 Uhr, um ein klemmendes Kellerfenster zu reparieren. Auf seinen sächsischen Schreckensschrei (»Sch...«) hin stürzte ich hinunter in den Hauswirtschaftsraum, wo es aus einem Heißwasserrohr spritzte. Dank Rohbauers Frühauftritt blieb es bei nur fünf bis zehn ausgelaufenen Litern Heißwasser vom morgendlichen Duschen. Vier Wäschebehälter aus Pappe allerdings wurden im unteren Bereich merklich dicker...

Die Sanitärfirma wünschte den Rohbauarbeiter zur Hölle – und musste später zugeben, dass beim Einbau zwei Rohrstücke nicht zusammengeklemmt worden waren. Die Pappbehälter würden ersetzt.

7. Dezember: Bei der Hausabnahme im November hatte mein Berater Scherrn zum Thema Elektro eins gesagt: »Abnahme erst nach Ingebrauchnahme.« Gut so, denn nach zwei Tagen entdeckte ich, dass zwei Steckdosen im Keller keinen »Saft« hatten. Im Badezimmer fehlt ein Deckenauslass fürs Licht, und in zwei anderen Auslässen kommt der Elektroanschluss an einer falschen Stelle aus der Zimmerdecke. Der Elektriker ist gerade da und korrigiert.

Während ich das alles jetzt aufschreibe, warte ich auf einen Anruf jenes Handwerkers Schopft, der die Schiebetür zwischen Wohnzimmer und Wohnküche eingebaut hat. In 1,40 Metern Höhe zeigt die Tür einen Schleifstrich. Und wenn man die Schiebetür in die Wand versenkt, hört man ein Geräusch.

8. Dezember: Schopft rief nicht an. Habe das Gefühl, dass Bauleute das Mängelabarbeiten nicht mehr zum Bauen rechnen. Ich schreibe an MirXbau und liste die übrigen Mängel auf. 16 Punkte standen im Abnahmeprotokoll, bis 15. Dezember sollten sie abgearbeitet sein. Drei sind erledigt, Elektro ist Nr. 4, zwölf fehlen noch.

10. Dezember: Schopft kam, sah und schmierte. In der Küche stinkts giftig, der Schiebetüren-Schleifstrich ist weg, das Geräusch aber nicht...

12. Dezember: ...und nach fünfmal Öffnen und Schließen ist auch der Schleifstrich an der altbekannten Stelle wieder zu sehen.

29. Dezember: Neuer Auftritt Schopft. Ich hatte MirXbau geschrieben, dass ich es ablehne, Schopft noch einmal mit stinkenden Lösemitteln an den Folgen von etwas herumwurschteln zu lassen, dessen Ursache er nicht kennt.

Unwirsch greift Schopft zum Türrahmen. Ohne Abbau der Tür kommt er nicht an die Schiebetür heran. Dabei kracht es – der Rahmen geht kaputt. Da wird er wohl einen neuen einbauen müssen.

Beim Blick ins Wand und Tür Innere zeigt sich, dass ein Alu-Träger verbogen ist. Ich ahne warum: Bei der Abnahme wurde kritisiert, dass die Trockenbauwand unsauber an eine gemauerte Wand anschloss – vielleicht war der Wandknick ursprünglich noch größer und wurde mit Gewalt »ausgeglichen«. Dass der Träger verbiegen könnte, hat der Trockenbauer (oder wer da gedrückt hat) wohl nicht bedacht.

Bauleiter Teffner kommt und biegt mit Gewalt und einer dicken Latte am Träger herum, der sich aber kaum bewegt. Er meckert über Schopft, der doch am wenigsten für den Schaden kann. Später erzählt Schopft, dass Teffner ihn »aus dem Geschäft raushaben« will und dass sie dauernd aneinander rasseln.

12. Januar: Ich lehne es ab, dass der Trockenbauer ähnlich brachial am Träger herumbiegt wie Teffner. Ich will einen richtigen Tischler – mit dem hätte ich auch gleich einen neutralen Gutachter.

15. Januar: Tischler Rundzer findet das Schiebetüren-Trockenbausystem »okay« und würde auch nur an den Trägern herumbiegen. Diese Arbeit will er per Montageschaum dauerhaft haltbar machen.

24. Januar: Rundzer macht seine Arbeit, für rund 200 Euro, die MirXbau ihm dafür zahlen muss.

8. Februar: Teffner setzt Schopft eine Frist bis 15. Februar, um eine neue Tür einzubauen.

7. März: Schopft ruft an und fragt, ob er die Tür einbauen solle. »Fragen Sie MirXbau«, sage ich.

20. März: Ohne Schiebetür sieht man, wie wichtig die Raumtrennung ist. Morgens legt Kevin oft Rockmusik-CDs auf – so laut wie ich früher. Verena und ich können uns in der Küche kaum unterhalten.

Genervt rufe ich Schopft an. Die bestellte Tür habe er, sagt er. Aber bevor MirXbau ihm nicht schriftlich gibt, dass sie die bezahlen, baut er sie nicht ein.

Von 16 Mängeln sind bis heute drei noch nicht abgearbeitet.

5. April: Ich frage bei Schopft nach dem Stand der Dinge. Keine MirXbau-Erklärung, keine Schiebetür, wiederholt er. Weil MirXbau ihm noch 500 Euro schulde, habe er einen Anwalt beauftragt. Zufällig am selben Tag spricht meine Frau mit Teffner. Der meint zum Türenthema nur, MirXbau werde Schopft einen Anwalt »auf den Hals hetzen«. Ja, und was macht meine Tür so lange, bis Recht gesprochen ist?!

12. April: Ich schreibe an MirXbau, dass ich für die Beseitigung der Restmängel (Dach, Elektro, Schiebetür) eine Drei-Wochen-Frist setze und danach die Erledigung vonseiten MirXbaus ablehne...

2. Mai: ...und prompt sind Elektro und Dach erledigt. Aber nichts Neues zur Schiebetür. Ich schreibe an MirXbau, dass die Frist verstrichen ist und ich die Reparatur selbst ausschreibe. Auch Schopft und Rundzer schreibe ich an.

15. Mai: Telefonischer Auftritt Schopft. »Ja, sagen Sie doch mal, wann ich zum Einbauen vorbeikommen soll.« Tut, als wäre fünf Monate lang rein gar nichts gewesen.

Vermutlich meldet er sich nur, weil ich ihm vor zwei Tagen noch ein Fax geschickt habe, er solle seinen hinterlassenen Ausbau-Türrahmen-Müll abholen, sonst würde ich ihm die Müllabfuhrrechnung präsentieren. Nun geht es plötzlich ganz fix mit seinem Kostenvoranschlag: 588 Euro sollen Tür und Einbau kosten.

17. Mai: Der Hinweis auf die Konkurrenz bringt auch Rundzer auf Trab: 1.125 Euro soll es bei ihm kosten. Also beauftrage ich Schopft. Muss ich wohl, denn ich will das Geld ja von MirXbau zurück haben – und bei einem fast doppelt so hohen Rundzer-Preis halten die mir dann vielleicht Schopfts Angebot vor die Nase.

6. Juni: Sie glauben es nicht? Ich auch nicht. Aber – die Tür ist heute eingebaut worden. Das Geld, das ich Schopft zahle, ziehe ich MirXbau an anderer Stelle wieder ab. Mehr dazu später.

Was der Experte dazu sagt:
Nur Geld macht Tempo

Wie verhält man sich, um beim Nacharbeiten Druck zu machen? Rechtsanwalt Bernd R. Neumeier von der Berliner Kanzlei Fuhrmann, Wallenfels, Binder gibt Oberheim Tipps – und dies gleich ganz praktisch in einem Musterbrief:

Der Streit zwischen MirXbau (Hauptunternehmer) und Schopft (Subunternehmer) ist für Roland Oberheim unbeachtlich. Er kann als Bauherr seine Ansprüche auf Mängelbeseitigung (hier: Nachbesserung) grundsätzlich nur gegen den Hauptunternehmer geltend machen, da nur diesem gegenüber vertragliche Beziehungen bestehen.

In der Praxis führt ein Streit zwischen Haupt- und Subunternehmer leider oft zu Verzögerungen. Als wirksames Mittel, auf den Unternehmer »Druck« auszuüben, hat sich in der Baupraxis die so genannte Ersatzvornahme bewährt. Danach kann der Bauherr, wenn der »Unternehmer mit der Beseitigung des Mangels in Verzug ist, den Mangel selber beseitigen und Ersatz der erforderlichen Aufwendungen verlangen«, wie es in Paragraf 633 des Bürgerlichen Gesetzbuchs heißt.

So einfach die BGB-Bestimmung auch klingt, so scheitern in der Praxis viele Bauherren daran. Mit einer einfachen Aufforderung zur Mängelbeseitigung ist es nämlich nicht getan. Der Bauherr muss vielmehr formale Voraussetzungen einhalten, da ihm im Falle von deren Unterlassung keine Ansprüche auf Kostenerstattung zustehen. Schon aus Beweisgründen sollten deshalb alle Schritte des Bauherrn ausschließlich schriftlich erfolgen.

1. Der Bauherr hat zunächst dem Unternehmer den Mangel anzuzeigen. Diese Mängelanzeige muss so konkret sein, dass der Unternehmer den Mangel unzweideutig erkennen kann. Da der Bauherr meist kein Fachwissen besitzt, empfiehlt es sich, die Mängel nach dem äußeren Erscheinungsbild zu beschreiben.

2. Zur Mängelbeseitigung ist dem Unternehmer eine Frist zu setzen, die angemessen sein muss. Eine zu kurze Frist setzt automatisch den Lauf einer angemessenen Frist in Gang. Beauftragt der Bauherr vor Ablauf der angemessenen Frist einen anderen Unternehmer mit der Ausführung der Leistung (Ersatzvornahme), steht ihm kein Kostenerstattungsanspruch zu.

3. Entscheidend ist die Ablehnungsandrohung (siehe nachträgliche Anmerkung am Ende dieses Textes). Der Bauherr muss dem Unternehmer klar vor Augen führen, dass er nach Fristablauf die Annahme der Leistung ablehnt und diese durch einen Dritten ausführen lassen wird. Erst nach erfolglosem Fristablauf kann der Bauherr die Ersatzvornahme beispielsweise durch einen anderen Handwerker durchführen lassen.

Der Bauherr sollte vor Beauftragung eines neuen Unternehmers erst mehrere Angebote Dritter einholen. Zwar trifft den Bauherr dabei nicht die Pflicht, den kostengünstigsten Anbieter zu beauftragen, doch muss der Unternehmer ein offensichtlich überhöhtes Preisangebot dem Bauherrn nicht erstatten.

In der Praxis erkennt der Unternehmer den Mangel oft nicht an, oder es zeigt sich bereits vor Fristablauf, dass er die Leistung nicht ausführen wird. Um hier dem Bauherrn ein unnötiges Zuwarten und gar eine Ausweitung des Mangels zu ersparen, empfiehlt sich eine doppelte Fristsetzung.

Die erste ist eine Erklärungsfrist: Ist der Unternehmer zur Ausführung der Leistung bereit? Antwortet er nicht, kann der Bauherr bereits die Ersatzvornahme durch einen Dritten durchführen. Die zweite ist die eigentliche Nachfrist zur Mängelbeseitigung. Wie ein solches Schreiben lauten könnte, sehen Sie in meinem Musterbrief-Entwurf.

Wenn der Bauherr auf Schweigen des Unternehmers reagiert, muss er sicherstellen, dass dieser die Fristsetzung auch nachweislich erhalten hat. Dem Bauherrn ist deshalb unbedingt zu empfehlen, den Schriftverkehr z.b. als Einschreiben mit Rückschein zuzustellen. Nur so gelingt ihm in einem späteren Prozess dieser Nachweis.

Aus all dem ergibt sich, dass der Bauherr die Kosten der Ersatzvornahme zunächst selbst zu tragen hat und diese später, notfalls in einem Prozess zurückfordern kann. Achtung: Der Bauherr trägt damit das Insolvenzrisiko des Unternehmers, welches im Baubereich und mit Blick auf eine lange Verfahrensdauer nicht zu unterschätzen ist.

Dieses Risiko lässt sich vermeiden: Der Bauherr könnte seine Mängelbeseitigungsansprüche vorab im Wege der Kostenvorschussklage geltend machen. Damit kann er – nach erfolgloser Fristsetzung mit Ablehnungsandrohung – vom Unternehmer die voraussichtlichen Mängelbeseitigungskosten verlangen. Dieses Vorgehen empfiehlt sich auch dann, wenn sich der Bauherr vor Beseitigung teurer Mängel Rechtssicherheit über Umfang und Höhe des Mängelbeseitigungsanspruchs verschaffen will.

Das wirksamste Mittel jedoch ist klar der Einbehalt eines Teils des Werklohns in Verbindung mit der Ersatzvornahme. Der Bauherr sollte bereits bei Abnahme möglichst alle Mängel feststellen. Dann kann er unter Berufung auf das Zurückbehaltungsrecht (Paragraf 641 Absatz 3 BGB) zumindest den dreifachen Betrag der voraussichtlichen Mängelbeseitigungskosten einbehalten.

Solch ein Einbehalt führt garantiert dazu, dass das bemerkte mangelnde Interesse des Unternehmers an der Mängelbeseitigung spürbar zunimmt. Aber diesen Einhalt bzw. die Ihnen vertraglich zustehende Gewährleistungsbürgschaft haben Sie am Tag der Hausübergabe ja leider vergessen, Herr Oberheim!

Noch eine nachträgliche Anmerkung des Experten:
Aufgrund der Reformierung des Bürgerlichen Gesetzbuchs (»Schuldrechtsreform 2002«) ändern sich die gesetzlichen Mängelbeseitigungsansprüche des Bauherrn. Für alle ab 1. Januar 2002 neu abgeschlossenen Bauverträge gilt damit eine neue Gesetzeslage. Hier in aller Kürze die wichtigsten Änderungen:

Zentrale Vorschrift für die Mängelrechte des Auftraggebers ist nunmehr Paragraf 634 BGB.

Neben Minderung und Rücktritt vom Vertrag kann der Bauherr nach der neuen Gesetzeslage zusätzlich noch Schadenersatz bzw. Ersatz seiner Aufwendungen (Paragraf 634 Nr. 4 BGB) verlangen.

Für die Ersatzvornahme (nunmehr heißt sie »Selbstvornahme«, Paragraf 634 Nr. 2 und Paragraf 637 BGB) ist jetzt keine Ablehnungsandrohung mehr erforderlich. Ausreichend ist die bloße Mängelanzeige verbunden mit einer Nachfrist.

Die Verjährung der im Zusammenhang mit einem Bauwerk stehenden Mängelansprüche beträgt jetzt einheitlich fünf Jahre (Paragraf 634 a BGB).

Auf meinen Musterbrief hat die Gesetzesreform keine Auswirkungen. Er kann auch weiterhin für zukünftig abzuschließende Bauverträge in vollem Umfang verwendet werden. Klarstellend sollte jedoch der Begriff »Ersatzvornahme Paragraf 633 Abs. 2 BGB« durch die Formulierung »Selbstvornahme Paragraf 634 Nr. 2, 637 BGB« ersetzt werden.

Der Musterbrief:

Anwaltskanzlei Recht so
Planweg 999, 10000 Berlin, Tel. 030/99 99-9

Einschreiben mit Rückschein

MirXbau GmbH
Leipzig

Ihr Zeichen:
Ihre Nachricht:
Mein Zeichen: II 07.77
(bei jeder Antwort bitte angeben)

Oberheim ./. MirXbau GmbH
hier: Fristsetzung zur Mängelbeseitigung

Name:
Durchwahl:
Telefax:
E-Mail:
Datum: 12. April 2001

Sehr geehrte Damen und Herren,
in vorbezeichneter Angelegenheit zeigen wir an, dass uns Herr Roland Oberheim mit
der Wahrnehmung seiner rechtlichen Interessen beauftragt hat. Ausreichende Be-
vollmächtigung wird anwaltlich versichert.
Die MirXbau GmbH hat am Bauvorhaben Planweg 55 B den erweiterten Rohbau ausgeführt. Zwischenzeitlich zeigt sich am Haus folgender gravierender Mangel, der in
Ihren Verantwortungsbereich fällt.
Die Schiebetür zwischen Wohnzimmer und Küche weist Schleifspuren auf und wurde
von Ihrem Subunternehmer, der Fa. Schopft, auch bereits ausgebaut.
Namens und in Vollmacht fordern wir Sie auf, bis zum

3. Mai 2001

verbindlich zu erklären, dass Sie die vorbenannten Mängel und Ihre
Gewährleistungsverpflichtung für diese Mängel anerkennen und innerhalb der glei-
chen Frist geeignete Vorschläge für die Mängelbeseitigung unterbreiten. Für die
Mängelbeseitigung selbst setzen wir Ihnen eine Frist bis zum

8. Mai 2001.

Soweit Sie die Erklärung über die Mängelbeseitigung nicht bis zur o.g. Frist abgeben
oder die Mängelbeseitigung selbst nicht bis zur o.g. Frist durchgeführt haben, werden wir die vorhandenen Mängel im Wege der Ersatzvornahme (§ 633 Abs. 2 BGB)
beseitigen lassen. Weitergehende Schadenersatzansprüche behalten wir uns ausdrücklich vor.
Wir weisen vorsorglich darauf hin, dass Meinungsverschiedenheiten zwischen Ihnen
und der Fa. Schopft über die Art und Weise der Mängelbeseitigung Sie nicht von der
Pflicht zur unverzüglichen Mängelbeseitigung gegenüber unserem Mandanten
befreien.

Mit freundlichen Grüßen
Im Auftrag

Oberheims Einsichten

An meinen Erfahrungen sehen Sie, dass an der Gewährleistungsbürgschaft oder – in meinen Augen noch besser – am Zurückhalten von einigen Prozent der Bausumme nichts vorbeiführt. Sonst wartet man genauso lange oder länger noch als ich.

Tagebuch, 98. Folge:
Ein Kostenvoranschlag und seine Wegebau-Folgen

Auftragstricks

8. Februar: Neben einigen Restarbeiten (siehe vorige Folge) steht mit MirXbau noch eins an: der Weg von der Straße bis zu meiner Grundstücksgrenze. Ein Drittel der Wegekosten auf diesem (fremden) Land muss ich zahlen, das steht notarvertraglich fest.

Nun aber kann Baufirma MirXbau nicht mehr mit mir machen, was sie will. Der Hausbauvertrag ist erledigt, beim Weg werden die Karten neu gemischt.

Dieser Wegebau hat seine Vorgeschichte. Teil 1 beginnt mit einem Brief von mir. Weil ich mich nicht von hohen Kosten überfallen lassen wollte, schrieb ich seit Juli des Vorjahres in mehreren Briefe an MirXbau: Soll ich mich an weiteren Dingen beteiligen, die noch nicht Teil des Bauvertrags sind, so möchte ich immer erst Kostenvoranschläge haben, um billigere Gegenangebote einholen zu können.

Teil 2 der Vorgeschichte: Als mein Gartenbauer im Spätherbst bei meinen Außenanlagen beschäftigt war, wurden dessen Leute von MirXbau-Bauleiter Teffner angesprochen, sie sollten ein Angebot für die Außenanlagen des vorderen Doppelhauses und für die Wege abgeben. Die Gartenbauer aber hatten Teffners cholerische Art im direkten Kontakt mit Handwerkern und bei lautstarken Handy-Telefonaten schon mehrmals erlebt und wollten »mit dem lieber nicht zusammenarbeiten«. Daher wurde mir schon angekündigt, man würde ein solches »Mondpreisangebot« abgeben, dass der Auftrag garantiert an eine andere Firma gehen werde.

Genau heute habe ich bei MirXbau nach dem Wegebau gefragt. »Den erledigt der Gartenbauer Schlachsa«, sagt Teffner. Schlachsas Leute haben fürs Doppelhaus vorn schon die Regenwasserableitung vom Dach hergestellt, eine Traufkante angelegt und zwei Terrassen aus Betonstein gebaut.

Auch »meine« Gartenbaufirma habe ein Angebot abgegeben, sagt Teffner. Doch weil Schlachsa genauso teuer sei »und weil wir den gut kennen, soll er das machen«.

Ohne Schlachsas Angebot zu kennen, halte ich das für Betrug. Wenn mein teurer Berliner Öko-Gartenbauer ein Mondpreis-Angebot abliefert und das von einem Betrieb aus einer ärmlichen Brandenburger Randregion nicht unterboten wird, dann geht das nicht mit rechten Dingen zu.

9. Februar: Von meinen Gartenbauern habe ich mir deren Angebot an MirXbau schicken lassen. Allerdings war der Chef sehr zurückhaltend, weil ich mein Wissen über das überteuerte Angebot vorschnell ausplauderte. Er redete sich heraus, MirXbau habe auf sofortiger Ausführung bestanden, und das hätte man nur mit – teurem – Zusatzpersonal schaffen können... Meine Gärtner wollten umgerechnet 12.269,76 Euro für den Auftrag, den sie nicht wollten. Von MirXbau lasse ich mir das Schlachsa-Preisangebot schicken: 12.255,94 Euro. Was meinen Schummeleiverdacht bestärkt: Es dauert von 9.30 bis 19 Uhr, ehe Teffner (an seinem Bürotag) mir das Schlachsa-Angebot faxt. Mir schwant, das Angebot könnte erst heute geschrieben worden sein.

13. Februar: Bei einem Grundstückseigner-Verband hatte ich nach günstigen Gartenbaufirmen gefragt. Drei Firmen schickte ich dann den Teil der MirXbau-Wegebau-Ausschreibung, der mich teils betrifft. Ergebnis: Während Schlachsa für »meinen« Teil auf 8.519 Euro kommt, machts »Öko-Ga-La« für ganze 5.905 Euro.

14. Februar: Dieses Angebot, versehen mit dem Text »Ich bin mit den jeweils mir zuzurechnenden Anteilen dieses Angebots einverstanden«, faxe ich an MirXbau.

24. Februar: Zehn Tage später fragt Teffner am Telefon, was ich denn überhaupt wolle. »Natürlich das günstigste Angebot und nicht manipulierte Mondpreise«, sage ich. Aber diese Öko-Ga-La, die kenne er doch gar nicht.

»Schlachsa haben Sie vor dem ersten Auftrag auch nicht gekannt«, maule ich zurück. »Na, dann bauen wir doch einfach nur ein Stück, und Sie können den Rest selber machen lassen«, meint Teffner beleidigt. Dabei weiß er ganz genau, dass der Weg zum Autostellplatz der (MirXbau immer noch gehörenden) nördlichen Doppelhaushälfte bis an meine Grundstücksgrenze heranführt.

»Machen wir nicht«, sage ich und behaupte noch einmal, dass ich Belege dafür habe, dass der teure Schlachsa-Kostenvoranschlag extra für mich neu geschrieben wurde – und damit »getürkt« war: »Wir können das ja gern mal klären lassen.«

11. März: Heute kam eine neue MirXbau-»Zusatzvereinbarung«. Mit wieder anderen Grundpreisen pro Meter/Quadratmeter bietet man mir den Wegebau an. Mein Anteil: 698 Euro, ein supergünstiger Preis – man hat nämlich die mit Abstand teuerste Position (Rasengittersteine-Fahrweg samt Unterbau) offensichtlich bewusst weggelassen.

Also, ich habe bei der Sache einen ganz komischen Verdacht. Teffner hat anscheinend kapiert, dass ich den Kostenvoranschlagsschwindel mit Schlachsa durchschaut habe und dass ich die Sache als versuchten Betrug anzeigen könnte. Sollte ich das sensationell günstige Wegeangebot als »Schweigegeld« verstehen? Du, Oberheim, akzeptierst unser Superangebot, und dafür verfolgst du die Sache mit dem Kostenvoranschlag auch weiter. Gehst du aber zur Polizei, dann fällt unserer Buchhaltung eben doch auf, dass ein wichtiger Rechnungsposten in dem Wegeangebot fehlte. Oder spekuliere ich da zu weit?

Übrigens heißt es im Angebot etwas einschränkend: »Abgerechnet wird nach Aufmaß«, also nach der genauen Abrechnung seitens der Gartenbaufirma. Weil ich befürchte, dass man sich so eine Hintertür für weitere, teure Positionen (wie die »vergessene«) offen halten will, streiche ich diese Formulierung. Ich schreibe das Wort »Komplettangebot« drüber und ergänze, dass damit der »gesamte Fahr- und Gehweg bis zu meiner Grundstücksgrenze« gemeint ist.

26. März: Die Schlachsa-Leute rücken an. Das wird wohl bedeuten, dass MirXbau mein »Komplettangebot« geschluckt hat, denke ich.

10. April: Es ist nicht zu glauben! Erst heute sind die Garten-»Experten« von Schlachsa mit den 30 Metern Weg aus Betonplatten und Gittersteinen fertig geworden. Manchen Tag kamen sie gar nicht, an manch anderem Tag haben sie nur rund drei Wege-Meter geschafft. »Ich weiß auch nicht, was die die ganze Zeit gemacht haben«, meint Verena, »meist sah ich die herumstehen«.

Und was meine Frau auch gesehen hat: Restliches Baumaterial wie Beton, Bruch und Styropor entlang des Weges hat Schlachsa – laut Werbeaufkleber am Lieferwagen eine Firma »zur Herstellung ökologischer Anlagen« – im Garten der noch unverkauften Doppelhaushälfte in ein tiefes Loch gekippt und zugeschüttet. Das Loch wurde natürlich wieder aufgebuddelt, weil die Familie in der vorderen Doppelhaushälfte und auch wir protestierten.

Und noch etwas wird wieder umgegraben: Der vom Grünflächenamt als Ersatzpflanzung angeordnete Walnussbaum auf MirXbaus Land steht nicht wie zugesagt östlich neben dem Drei-Meter-Weg, sondern viel weiter westlich in der nachmittäglichen Sonnenstrahlen-Richtung meiner Terrasse.

Dagegen kann ich zwar nichts machen, wie ich weiß, aber dann sollen die Gartenbauer doch bitteschön wenigstens die in Berlin vorgegebenen drei Meter Pflanzabstand zu meiner Grundstücksgrenze (statt 2,20 Meter) einhalten. Was sie dann nachträglich auch tun.

6. Juni: Obwohl die Gartenbauer seit Wochen mit ihren Arbeiten fertig sind, schickt mir MirXbau keine Aufforderung, meinen Teil zu deren Rechnung beizutragen. Ich habe das Gefühl, die warten erst auf meine Abrechnung für die immer noch nicht reparierte Schiebetür – um dann die Wegerechnung vielleicht noch entsprechend anzupassen...

11. Juni: Die Schiebetür ist repariert. Für 588 Euro. Ich ziehe diesen Betrag von dem Wegebau-Kostenvoranschlag von 698 Euro ab und überweise 110 Euro an MirXbau, verbunden mit einem Fax und der beigelegten Schiebetürenrechnung.

13. Juni: Ich erhalte die Wegerechnung genau wie im ersten Angebot – und soll tatsächlich 698 Euro zahlen. Diese Rechnung ignoriere ich natürlich, weil ich ja schon bezahlt habe. Habe ich noch etwas zu befürchten?

Bild 30: Diesen Fuß- und Fahrweg aus Betonsteinen und Rasengittersteinen ließ die Baufirma MirXbau als Zufahrt zu den beiden Doppelhaushälften vorn und zu Oberheims Heim anlegen.

Was der Experte dazu sagt:
Klug geworden

Sollte Oberheim »gelinkt« werden bei dem Kostenvoranschlag für seinen Gehweg? Alexander Mühlbauer ist Rechtsanwalt in Oldenburg/Old. und kennt sich in Bauthemen aus:
Die Erfahrungen aus der langen Bauzeit haben Oberheim schlau werden lassen, scheint mir. Für ihn gilt, dass er der Einfachheit halber die Reparaturkosten der Schiebetür von der Wegerechnung abzieht und MirXbau die Differenz von 110 Euro überweist.

Das ist grundsätzlich auch erlaubt – wenn sein neuer Vertrag mit MirXbau dies nicht einschränkt. Nicht selten enthalten solche Verträge nämlich Klauseln, die die Aufrechnung verbieten.

Sofern MirXbau die Übernahme der Schiebetür-Reparaturkosten nicht akzeptieren will, kann die Baufirma auf den Ausgleich ihrer Wegerechnung beharren, wenn die Aufrechnung im Vertrag oder in den Allgemeinen Geschäftsbedingungen ausgeschlossen ist. Unwirksam ist ein Aufrechnungsverbot aber, wenn mit rechtskräftig festgestellten oder unbestrittenen Forderungen aufgerechnet würde oder nachweislich die Insolvenz der Baufirma droht, weil dann die Durchsetzung des eigenen Anspruchs gefährdet würde.

In jedem Fall ist es für Oberheim riskant, wenn er MirXbaus Werklohnforderung (für den Wegebau) erst ausgleicht und später in einem langen Prozess seine Schiebetür-Forderungen durchsetzen muss.

Aber mehr noch als diese Frage scheint unseren Bauherrn zu bewegen, ob er mit dem Kostenvoranschlag der Firma Schlachsa von MirXbau getäuscht werden sollte.

Erhält man zwei nahezu preisgleiche Kostenvoranschläge, so mag sich der Verdacht von Preisabsprachen oder Kungelei aufdrängen. Es ist denkbar, dass MirXbau seinen Subunternehmer Schlachsa veranlasst hat, den Kostenvoranschlag am überhöhten Preis von Oberheims Gartenbauern auszurichten. Da ist es für Oberheim ein glücklicher Zufall, dass seine Gartenbauer ihr überzogenes Angebot selbst angekündigt hatten, damit es gar nicht erst zu einer Zusammenarbeit mit Bauleiter Teffner kommt. Für Oberheim war es Motivation, sich um weitere Angebote zu bemühen. Richtig so: Vor unseriösen Preisen kann man sich nur schützen, indem man mehrere Offerten einholt und vergleicht.

»Nach Aufmaß« werde abgerechnet, heißt es im MirXbau-Angebot. Das heißt: Selbst wenn der Kostenvoranschlag zentimetergenau Mengen und Flächen auflistet, dient doch das Aufmaß der tatsächlichen Leistung der Gartenbaufirma als Rechnungsgrundlage. Hatte sich die Baufirma vertan, zahlt Oberheim für die abgerechnete Gartenbau-Leistung. Die nicht aufgeführte Leistung gehört aber nicht dazu.

Mit seiner kessen Formulierung, dass er dies als »Komplettangebot« ansieht, passiert juristisch Folgendes: MirXbau hat ein Vertragsangebot gegeben, das Oberheim nicht annahm. Vielmehr hat er das MirXbau-Angebot abgeändert, indem er es mit der Überschrift »Komplettangebot« versah. Gleichzeitig hat er die Formulierung über die »Abrechnung nach Aufmaß« gestrichen, was damit auch zu seinem eigenen, neuen Vertragsangebot an MirXbau gehört. Mit diesem eigenen Vertragsangebot will er die Festschreibung des Preises erreichen.

Bei einem solchen »Pauschalpreisvertrag«, zu dem Oberheim das MirXbau-Angebot nun macht, wird die gesamte Bauleistung mit dem Festbetrag vergütet. Grundsätzlich sind damit alle Leistungen abgegolten, die zur Herstellung der vereinbarten Leistung gehören.

Dies setzt jedoch auch die Vergleichbarkeit dieser Angebote voraus. MirXbaus Angebot einer »Zusatzvereinbarung« geht von bestimmten Mengen bzw. Flächen (Meter/Quadratmeter) aus. Angestrebt wird von MirXbau ein so genannter Einheitspreisvertrag. Der Preis richtet sich nach den Massen, z. B. den verbauten Materialien oder den bebauten Flächen. Abgerechnet werden soll jedoch nach Aufmaß. Das heißt, nach Fertigstellung der Arbeit wird nachgemessen. Ging der Kostenvoranschlag von 200 Quadratmetern zu pflasternder Fläche aus und wurden tatsächlich 210 qm mit Pflastersteinen ausgelegt, so sind die 210 qm zu vergüten. Nur die tatsächlich geleisteten, im Nachhinein aufgemessenen Einzelmengen dienen als Abrechnungsgrundlage.

Als Oberheim nach Ende der Arbeiten eine Rechnung erhält, die mit seinem »Komplettangebot« übereinstimmt, kann er von Glück reden, denn zuvor hatte er keinen Nachweis darüber, dass MirXbau sein Angebot auch wirklich akzeptiert hatte. Auch die Ausführung der Arbeiten durch den Subunternehmer dokumentiert noch kein (stillschweigendes) Zustandekommen des Pauschalpreisvertrages. Wollte ein Bauherr wie Oberheim sich hier absichern, bedarf es einer nachweisbaren, am besten schriftlichen Bestätigung durch MirXbau. Solch eine Bestätigung kann er natürlich nicht von den Schlachsa-Leuten erhalten, sondern nur von MirXbau direkt – nur diese Firma ist sein Vertragspartner und nicht deren Subunternehmer.

So liegt es auch im Risikobereich von MirXbau, wenn die Firma Schlachsa von ihr bereits Anfang Februar mit der Durchführung der Arbeiten beauftragt wird, obwohl noch kein Vertrag mit Oberheim existiert. Einen Anspruch auf Vorlage von Kostenvoranschlägen hat Oberheim zwar nicht, doch bleibt es seinem Verhandlungsgeschick überlassen, ob MirXbau auf seinen Wunsch eingeht oder sich dazu sogar verpflichtet.

Die seltsam günstige Wegebaulösung erklärt sich Roland Oberheim mit einer Art Schweigegeld. Vielleicht ist dies doch zuviel des Guten. Mag sein, dass die MirXbau-Leute nach all den Auseinandersetzungen mit Oberheim keinen Streit mehr suchen.

Ein Gang zum Staatsanwalt hilft ihm mitunter ebenso wenig. Denn zum Tatbestand des Betruges und zum nötigen Vorsatz gehört mehr, als sich Roland Oberheim das so vorstellt. Auch sollte der Staatsanwalt nicht als Helfer bei der Durchsetzung privatrechtlicher Ansprüche angesehen werden, auch wenn dies den einen oder anderen Beteiligten beeindrucken könnte. Denn: Auch wenn ein Betrüger für seine Tat zu einer Strafe verurteilt wird, so hat man sein Geld – oder wie Oberheim: seinen Weg – damit noch lange nicht.

Oberheims Einsichten

Eine Aufklärung, ob MirXbau nun Schweigegeld gemeint hat oder »keinen Nerv mehr« für Streit mit mir hatte, kann ich leider nicht anbieten. In dieser Sache ist jedenfalls nichts weiter passiert.

Allerdings habe ich jetzt doch eine Erklärung dafür, warum mein Gartenbauer sein Mondpreisangebot überhaupt abgegeben hat – wer den Auftrag nicht will, hätte ihn doch einfach ignorieren können und sich ein paar Minuten Arbeit und das Porto gespart, dachte ich. Später habe ich von dem Gartenbauer gehört, dass MirXbau ihn erneut angesprochen hat: Bei einem Villenneubau für einen Industriellen »kommt es auch bei den Außenanlagen nicht auf die Mark an«, soll Teffner gesagt haben. Wenn der Garten besonders schön werden soll, engagiert man eben auch mal andere, teurere Leute. Und dass die Schlachsa-Truppe nicht besonders viel »drauf hat«, muss MirXbau auch klar gewesen sein:

Die Gehweg-Asphaltierung vor dem Planweg 55, die zwei Schlachsa-Leute an einem Freitag angelegt hatten, war am darauffolgenden Mittwoch nur noch eine schwarze Brösel-
masse.

Tagebuch, 99. Folge:
Kindersicheres Wohnen

Von Fall zu Fall

Kevin und Marie heißen die kleinsten Oberheims. Die jetzt fünf und drei Jahre alten Kinder spiel-
ten im Bautagebuch nur am Rande eine Rolle. Wie aber ist es um ihre Situation, um ihre Sicher-
heit im neuen Heim bestellt? Diese Frage beantwortet Dipl.-Ing. Ahmet Algan, der als »Auf-
sichtsperson« bei der Unfallkasse Berlin in diesen Fragen Fachmann ist. Die Unfallkasse Berlin
ist die Unfallversicherung für alle Landesbediensteten und Trägern der Schülerunfallversiche-
rung, über sie sind alle Berliner Kita-Kinder, Schüler und Studenten in ihren Einrichtungen sowie
auf dem Hin- und Rückweg versichert. In den deutschen Bundesländern ist diese Zuständigkeit
jeweils unterschiedlich geregelt:

Anderthalb Stunden lang habe ich mir Oberheims Haus angesehen – mit demselben kritischen Blick, den ich sonst bei Kindertagesstätten oder Spielplätzen anwende. Ich war
einigermaßen zufrieden.

Aber lassen Sie mich mit einer Enttäuschung für diejenigen beginnen, die mich jetzt am
liebsten auch gleich in ihre Wohnung bestellen würden: Kindersicherheits-Experten für Pri-
vatwohnungen gibt es leider nicht, sondern nur für öffentliche Bereiche wie Schule und
Universität, Kita und Spielplatz.

Für den Privatbereich sind kaum Sicherheitsregeln für Kinder festgelegt, die bei Bau
oder Umbau berücksichtigt werden müssen. Wenn ich nun also durch »Oberheims Heim«
gehe, dann habe ich immer die »Richtlinien für Kindergärten – Bau und Ausrüstung« (vom
Bundesverband der Unfallkassen, Fockensteinstraße 1, 81539 München) im Hinterkopf.

Zuerst zu Oberheims Außenanlagen: Schön sieht die gestaltete Abböschung vor den freiliegenden Kellerfenstern ja aus – nicht schön ist dabei die mehr als meterhohe Kante der
Trockenmauer. Da sagt beispielsweise die DIN EN 1176, dass Absturzstellen (bei Kinder-
spielgeräten) über hartem Boden nicht mehr als 60 Zentimeter tief sein dürfen; bei Oberheim liegen unterhalb der Trockenmauer Steine. Wäre vor den Kellerfenstern Rasen gesät
oder ein ähnlich abfedernder Boden vorhanden, dürften es maximal 1,50 Meter sein.

Wie gesagt: Im Privatbereich ist diese DIN-Regel nicht gültig, deshalb kann man den
Mauer-Erbauern auch keinen Vorwurf machen. Aber Oberheim sollte für Abhilfe sorgen – mit
einem Geländer dort, wo die Trockenmauer an der Hauswand beginnt. Oder mit dichter
Bepflanzung. Dann aber wirklich so dicht, dass Kinder nicht unter den Büschen hindurch-
kriechen können. Als wollte sie uns die Gefahren zeigen, turnte Tochter Marie bei unserem
Rundgang auf der Mauerkante herum; Papa Oberheim musste sie ermahnen.

Wie geht man bei Sicherheitsfragen vor? Natürlich immer mit den Augen der Kinder und
mit ihren körperlichen Möglichkeiten. Beispiel: Ein Gartenhäuschen aus Holz haben die
Oberheims aufgestellt. Gut, dass von der dahinter liegenden, 80 Zentimeter hohen

Böschung kein Kind aufs 2,30 Meter hohe Dach des Häuschens klettern kann. Kinder sind neugierig, und ein Blick von dort oben oder ein luftiges Versteck beim Indianerspiel könnte zum (Sturz-)Gefahrenpunkt werden.

Hinter dem Haus ist eine Treppe in eine Trockenmauer integriert – Treppen von mehr als vier Stufen (hier: sieben) brauchen einen Handlauf. Jedenfalls in öffentlichen Einrichtungen. Übrigens sind solche Regeln nicht einfach am grünen Tisch entstanden, sondern resultieren aus Unfallerfahrungen: Allein in Berlin gibt es jährlich rund 80.000 Unfälle in und an Kindergärten, Schulen und Universitäten.

In zwei offene Tonnen fließt das Dachregenwasser. Bitte abdecken, wenn die Öffnung mehr als zwölf Zentimeter Durchmesser hat. Bei Kindern, besonders bei ganz kleinen, liegt der Schwerpunkt viel höher als bei Erwachsenen, deshalb stürzen sie leichter – gefährlich ist es, wenn das Kind mit dem Kopf nach vorn fällt.

Wir betreten das Haus über ein Podest. Das muss bei nach außen öffnenden Türen eine Türblattbreite plus 40 Zentimeter als Mindesttiefe aufweisen. Sonst Stolpergefahr.

Im Haus habe ich zuerst den Abstand der Treppenstufen nachgemessen. Er soll nicht mehr als zwölf Zentimeter betragen, weil sonst der Kopf eines Kleinkindes in dieser Spalte hängenbleiben kann. Ebenso darf auch die seitliche Treppenbegrenzung keine Zwölf-Zentimeter-Öffnung haben. Die so genannte Stahlharfe bei den Oberheims hat zehn Zentimeter Durchlass. Treppenstufen dürfen an den Seiten nur vier Zentimeter Spielraum haben; sonst könnten Kinderfüße durchtreten.

Der Einbau einer leicht gewendelten Treppe wie bei den Oberheims birgt auch Gefahren, denn man hat an den Wendepunkten teilweise keine ausreichend große Trittfläche.

An den Handlauf kommt Marie kaum heran. 75 Zentimeter Höhe wären gut für Kinder und auch angenehm für Erwachsene. Schlecht ist auch, dass die Handläufe an ihren Enden offen sind, also nicht an die Wand führen. Hier könnte man hängen bleiben – und stürzen.

Empfehlenswert ist ein Schutzgitter oben an den Treppen, wie ich es bei Oberheim gesehen habe.

Die entlang der Treppe aufgehängten Kindergemälde hängen zwar recht hoch, aber ihre Fronten sind aus Glas. Vorsicht: Fürs Zersplittern reicht schon ein hoch geworfenes Spielzeug.

In den Kinderzimmern oben hätte man Fensteröffnungsbegrenzer einplanen können. So besteht weniger Gefahr, sich an den Unterkanten eines geöffneten Lüftungsflügels zu stoßen. Kindersicher finde ich, dass man die Fenstergriffe nur bedienen kann, wenn man gleichzeitig einen Knopf drückt. Fensterbänke sollten nur 20 Zentimeter tief sein – sonst klettern Kinder zu gerne hinauf.

Ein Regal in Kevins Zimmer habe ich nachgemessen: 40 Zentimeter breit, 180 hoch – das kann auch ohne Wandbefestigung stehen. Wenn aber das Verhältnis von eins zu fünf unterschritten wird, wird es kippgefährlich. Wenn also das Regal bei 40 Zentimetern Breite 2,00 oder gar 2,20 Meter hoch wäre, sollte man es an der Wand befestigen. Übrigens rate ich zu einer Diskussion mit Sohn Kevin, ob die leichten Legosteine unbedingt auf den unteren und die schweren Bücher auf den oberen Regalbrettern liegen sollten...

In einer Lampe im Kinderzimmer ist die Glühbirne nach unten hin nicht abgedeckt. Fliegt ein Ball dagegen, wird es Splitter geben. Noch eins zum Licht: Auch die perfekte Ausleuchtung eines Zimmers ist ein Sicherheits- und Gesundheitsfaktor.

Dass Kinderschutzsteckdosen fehlen, hat Oberheim schon im Vorgespräch »zugegeben«. Ob die Gewöhnung an ehemals geschützte Steckdosen in der alten Mietwohnung wirklich bis ins neue Haus reicht, wie er meint, bezweifle ich. Irgendwann erwacht die Neugier wieder neu.

Die Schubladen der alten Wickelkommode lassen sich komplett herausziehen. Diesen Gefahrenpunkt habe ich sonst an keinem Möbel der Wohnung gefunden; modernere Schränke haben Ausziehsperren.

In den Badezimmern habe ich mir nichts notieren müssen. Allgemein rate ich zum aufmerksamen Blick auf Kanten, denn gelegentlich habe ich schon Fliesenecken gesehen, die (von Laien?) ohne abgerundete Schiene konstruiert wurden. In Badewannen sollte für Kinder eine rutschsichere Gummimatte liegen, und der Fußbodenbelag sollte auch bei Nässe rutschhemmend bleiben. Fragen Sie danach im Fachhandel.

In der Küche fiel mir ein Herdschutz positiv auf, der beim Kochen die Töpfe sichert und anschließend nach unten geklappt wird, wo er dann den Zugriff auf die Herdschalter versperrt. Allgemein: Die Küche ist ein so gefahrenträchtiger Bereich, dass Kita-Küchen für Kinder vollkommen unzugänglich sein sollten. Auch bei Oberheim werden hier Reinigungsmittel und andere Gefahrenstoffe aufbewahrt – glücklicherweise in zwei Metern Höhe, in einem Schrankfach über dem Kühlschrank.

Der Wohnküchen-Erker mit raumhoher Glasfront trägt Vogelsilhouetten-Aufkleber. Die sind laut Oberheim zwar als Warnung an die gefiederten Gartengäste gemeint, aber so erkennen auch menschliche Besucher in der Küche, dass zwischen ihnen und dem Garten noch eine Scheibe steht.

Bild 31: Pass auf, Kind! Während Sohn Kevin ums Haus rennt, steht Klein-Marie auf der Böschungsmauer vor den Kellerfenstern. Diesen Gefahrenpunkt wollen die Oberheims im nächsten Frühjahr mit einer dichten Bepflanzung entschärfen.

Letztere mag vielleicht gut gerüstet sein für den Wärmeschutz im Niedrigenergiehaus, sie ist aber nicht aus Einscheiben-Sicherheitsglas (ESG) oder Verbund-Sicherheitsglas (VSG) nach DIN 18361. ESG zerfällt im Unglücksfall in tausend kleine Teile, VSG wird nach einer Beschädigung von einer Splitterschutzfolie zusammengehalten, so dass man sich nicht verletzt. Feststellen kann man den Unterschied zum Normalglas an der vermerkten Kurzbezeichnung ESG bzw. VSG – oder indem man mit einer Münze gegen die Scheibe klopft. Klingt es mehr dumpf als hell, so ist es das sicherere Glas.

Bei der Schiebetür zum Wohnzimmer fehlt eine Schließbremse. Da können leicht einmal Kinderfinger dazwischen geraten.

Aber, nochmals, alle meine Kritikpunkte sind nicht geeignet, den Oberheims das Wohnen zu verbieten. Im Privatbereich gibt es, wie gesagt, kaum verbindliche Sicherheitsregeln.

Oberheims Einsichten

Dass mein Sohn sich einmal an einer heißen Tasse Tee einen Arm verbrüht hat, gehört eigentlich nicht in dieses Tagebuch. Denn es geschah im Jahre 1996, und damals wohnten wir noch in unserer letzten Mietwohnung. Aber wenn die Narben auch ungewöhnlich gut verheilt sind, so haben wir doch immer ein Auge darauf, ob unser Haushalt eigentlich kindersicher ist.

Eigentlich – wie oft ich das Wort schreibe! So sicher scheine ich mir wohl doch nicht zu sein. Als für das Bautagebuch die Idee geboren wurde, mein Heim von einem Kindersicherheits-Experten untersuchen zu lassen, hatte ich zuerst keine Bedenken. Aber als der Mann dann kam, war ich doch etwas besorgt, was er denn alles finden würde oder ob wir viele Sicherheitsthemen verschlafen haben.

Immerhin: Einige der von ihm festgestellten Dinge geben mir doch zu denken – und den Auftrag zu handeln.

Tagebuch, 100. Folge:
Die Baukosten

Abgerechnet wird zum Schluss

Vielleicht sollte ich jetzt vor Scham rot anlaufen. Denn wenn Sie jetzt in Tagebuch-Folge 21 schauen, meinen ersten Kontakt mit MirXbau, dann werden Sie über die Zahlen staunen. Damals nahm ich deren Hochglanzkatalog zur Hand und rechnete daraus einfach den Preis fürs Grundstück und die Bausumme meines Haustyps zusammen und kam auf 299.922 Euro.

Natürlich war ich schon damals nicht so blauäugig, als dass ich gedacht hätte, so billig könnte man bauen. Dass der von der Morgenpost zu Rate gezogene Experte auf »eher 367.722 Euro« fürs Haus kam, schien mir aber doch um Zehntausende Euro zu hoch.

Heute bin ich schlauer: Nicht nur 367.722, sondern 411.229 Euro hat mich mein Einfamilienhaus gekostet. Zum einen liegt dies an Ausstattungsmerkmalen, von denen der

Experte nichts wissen konnte, zum anderen aber habe ich wirklich alles an Neben(bei)-Kosten eingerechnet, was meiner Meinung nach auch dazu gehört.

Nun gut, es gibt einige Punkte, die so mancher nicht mitrechnen würde: Das sind vielleicht die Getränke für die Bauarbeiter, zu deren Gabe wir natürlich nicht verpflichtet waren. Oder der Umzug, der ja auch von Mietwohnung zu Mietwohnung ansteht und der somit nicht unbedingt »hausbau-typisch« ist. Oder auch die neue Einbauküche.

Dafür aber kann ich andere Punkte nennen, bei denen ich viel glücklicher davongekommen bin als »normale« Bauherren. Wenn ich den Graben für die Hausanschlüsse inklusive Verlegearbeiten, Gully/Spülschacht und Rohren nicht von einer preisgünstigen Tiefbaufirma für rund 3.800 Euro erstellt bekommen hätte, sondern vom Standard-Abwasserentsorgungsunternehmen bedient worden wäre, dann hätte mich mein Haus diverse Tausender mehr gekostet. Außerdem hatte ich beim Abwasser ja das Glück, dass meine Baufirma alle meine Gräben für ein zweites Bauprojekt brauchte und daher anteilig mitbezahlte. Und ganz besonders froh konnte ich auch sein, dass es auf diesem Nachbargrundstück einen alten Abwasseranschluss gab, der allein bei mir fast 6.000 Euro einsparen half.

Dem drittletzten Punkt der gleich folgenden Aufstellung, der meine Kosten letztlich deutlich über die 400.000-Euro-Grenze schraubte, will ich noch ein paar Worte widmen: Ein halbes Jahr lang hatte ich nach der Unterschrift Ruhe vor meinem Hypothekenkredit bzw. vor meinem Geldinstitut. Die ersten Zahlungen an MirXbau, Notar und Bauamt (in Höhe von zusammen 14.000 Euro) bestritt ich aus Eigenkapital. Erst ab Beginn der Bauarbeiten im Februar kamen dann die größeren Raten, und ich ließ das Geld von meinem Baukredit-Konto aus überweisen.

Rate für Rate an die Baufirma nahm ich meinen Baukredit in Anspruch – und so begannen auch die Zinszahlungen zu laufen. Im Februar waren es ganze 282 Euro Zinsen, im März dann schon 563 Euro – und es kam in diesem Monat erstmals eine »Bereitstellungsprovision« hinzu. Das ist das Geld, das man seiner Bank dafür zahlen muss, dass sie die gesamte Hypothekenkreditsumme bereithält, während man als Bauherr erst einen Teil davon benötigt. Bei mir kostete dieses noch nicht geliehene Geld anfangs 250 Euro monatliche Provision, die sich dann von Monat zu Monat und von Baurate zu Baurate natürlich verringerte, während die Zinsen stiegen.

Dass aber die gesamte Finanzierung bis zu meinem Umzug 8.500 Euro ausmachen sollte, hätte ich anfangs auch nicht gedacht. Die Tilgung habe ich dabei natürlich rausgestrichen, denn durch sie wächst ja mein Vermögen von Monat zu Monat. Übrigens setzt die Tilgung des Hypothekenkredits erst dann ein, wenn die ganze Summe ausbezahlt worden ist.

Wie ich immer wieder von anderen Bauherren höre, kommen sie gar nicht auf die Idee, dieses Geld mit zu ihren Baukosten zu rechnen. Da gehört es aber hin, denn in der Bauphase zahlt der Bauherr ja doppelt – einerseits immer noch das Geld für die Miete, andererseits aber auch schon Zinsen und Bereitstellungsprovision für den Baukredit. Dafür aber bekomme ich vor dem Einzug ins Haus keinerlei – wenn man so will – »wohnliche Gegenleistung«. Also ist dieser Finanzierungsaufwand ein Stück der Baukosten. Wer dies beim Kalkulieren vergisst, wundert sich am Ende, warum sein 200.000-Euro-Kredit nicht reicht.

Was Roland Oberheim für sein Haus bezahlte

(alle Beträge in Euro)

Grundstückspreis für 502 qm	150.600,–
Notar (Kaufvertrag, Grundbuch, Grundschuld)	1.845,–
Grundbuchamt	1.140,–
Finanzamt: Grunderwerbsteuer	11.724,–
Bau- und Baunebenkosten:	
Bauvertrag mit MirXbau	184.556,–
extra: Haustür	2.748,–
extra: Fußboden Obergeschoss	2.494,–
extra: Abwasserhebeanlage Keller	470,–
extra: bessere Badausstattung	1.896,–
extra: bessere Elektroausstattung	566,–
extra: Regenwassertonnen	435,–
extra: Kleinteile	200,–
Anschlüsse: Tiefbaufirma	3.812,–
Abwasser (nur Nebenkosten für Alt-Anschluss)	82,–
Wasseranschluss	3.770,–
Elektroanschluss	2.625,–
Gasanschluss	1.524,–
Schornsteinfeger-Abnahme	63,–
Telefon	50,–
Hausbau: Statikprüfung	945,–
Grundstücks-/Bauplatzvermessung	2.047,–
Baugrund (Gutachten/Räumung/Sandabfuhr)	2.223,–
Richtfestkosten	256,–
Getränke für die Bauarbeiter	100,–
Umzug	993,–
Bauamt (Hausnummer u.a.)	250,–
Versicherung (Bauherrenhaftpflicht)	260,–
Beratung durch »Bauherrenverein e.V.«	
Mitgliedsbeiträge	266,–
Bauvertragsberatung	287,–
Vier Prüftermine inkl. Abnahme	887,–
Finanzierung (Zinsen/Provisionen bis Einzug)	8.551,–
Einbauküche	8.631,–
Außenanlagen	14.933,–
Gesamtkosten	**Euro 411.229,–**

Tagebuch, 101. Folge:
Die Folgekosten

Hypo-Zinsen sind nur die Kaltmiete

Mein Haus hat wie zuletzt Woche beschrieben nicht nur viel Geld gekostet, es kostet auch weiterhin viel. Und damit meine ich nicht nur den Hypothekenkredit.

Baufinanzierung: Monatlich 1.180 Euro für meinen Hypothekenkredit gehen gnadenlos pünktlich am Monatsende vom Baugirokonto ab – obwohl ich schon reichlich Schulden getilgt habe. Von der Ausgangs-Kreditsumme von rund 215.000 Euro habe ich schon zehn Prozent getilgt. Zweimal 4.295 Euro stammten aus der Eigenheimzulage (inklusive Kinderförderung und Ökozuschlag). Dann hatte ich einmal 8.000 Euro übrig, weil am Ende der Bauphase doch keine unerwartet großen Rechnungen mehr kamen, und einmal waren es rund 5.000 Euro, ein Geschenk von Muttern zum Einzug ins neue Heim.

Diese Sondertilgung aber hat sich auf die monatliche Kreditrate nicht ausgewirkt. Die steht mit ihren 1.180 Euro fest – allerdings sorgten die Extrazahlungen für eine deutliche Erhöhung des Tilgungsanteils in meinen neueren monatlichen Überweisungen.

Im übernächsten September ist mein erster, fünfjähriger Festlegungszeitraum zu Ende – und dann kommt es darauf an: Sind die Zinsen dann höher als die von mir zunächst festgeschriebenen 4,8 Prozent Hypothekenzins pro Jahr? Derzeit liegen die Fünf-Jahres-Konditionen noch ähnlich wie damals.

Eins aber weiß ich auch: Eine Baufinanzierungsrate ist nur die »Kaltmiete« des Wohnens. Jede andere Kostenposition ist zwar kleiner, aber dafür sind es noch viele.

Der Stromverbrauch war für mich im ersten Jahr nur scheinbar spottbillig, und ich wurde fürs zweite Jahr auf 25 Euro im Monat taxiert. Des Rätsels Lösung: Der Stromableser hatte statt 63.000 nur 60.000 Kilowattstunden notiert und damit 3.000 kWh übersehen. Die korrigierte Rechnung ließ den Betrag auf 850 Euro im Jahr steigen.

Eine andere Energie kam teurer: Heizung und Warmwasser werden bei mir mit Gas befeuert. Dieses Gas kostet mich jährlich rund 1.200 Euro. Aber das ist nicht alles: Die – gesetzlich vorgeschriebene – Gasheizungswartung kostet rund 100 Euro im Jahr, der Schornsteinfeger misst ein paar Wochen nach der Wartung nach und nimmt dafür auch etwa 50 Euro.

Der Müll kostet uns bei einem 240-Liter-Gefäß, das wir wöchentlich selbst an die Straße rollen, 270 Euro im Jahr. Unseren Wasserverbrauch haben wir (die Rechnung fehlt noch) auf etwa 750 Euro im Jahr taxiert: Rund 185 Kubikmeter haben wir im Haus genutzt, und weitere knapp 30 Kubikmeter sind laut Extra-Wasseruhr als Gartenwasser verbraucht worden.

Meine Wohngebäudeversicherung war während des Bauens als Feuerrohbauversicherung prämienfrei und kostet mich jetzt im Jahr knapp 120 Euro. Eine Hausratversicherung habe ich auch: Für 180 Euro jährlich, weil der große Kellerraum wegen der dort abgestellten Gegenstände nicht nur als Abstellkammer dient und daher flächenmäßig mitzählt – die Allgemeinen Versicherungsbedingungen sollte man sich genau durchlesen, habe ich daraus gelernt.

An Grundsteuer zieht das Finanzamt in vier Raten 500 Euro jährlich von meinem Konto ab. Grund und Boden, also die Außenanlagen, wollen bepflanzt sein: Wir rechnen – extrem knapp – mit jährlich 300 Euro Aufwand.

Zähle ich alle Positionen zusammen, komme ich auf 4.320 Euro im Jahr oder 360 Euro Nebenkosten im Monat. Plus die 1.180 Euro der Baufinanzierung, also 1.540 Euro.

Ist das jetzt alles? Eigentlich schon. Aber irgendwelche Vorausdenker sagen, man sollte an eine jährliche Instandhaltungsrücklage denken. Im Wohneigentumsgesetz gibt es sogar die Pflicht zur Bildung einer Instandhaltungsrücklage, damit die Gemeinschaft nicht irgendwann von der Sanierungslawine überrollt wird. Im Neubau rechnet man mit mindestens drei Euro pro Quadratmeter Wohnfläche und Jahr, in älteren Wohnungen mit sieben bis zehn Euro. Wenn ich nur den geringeren Wert nehme, wären es bei meinem Haus inklusive Keller weitere 450 Euro im Jahr.

Oberheims Einsichten

Die angesprochenen Sondertilgungen kann ich jedem nur wärmstens empfehlen. Man sollte das Recht dazu möglichst schriftlich vereinbaren – vorher! Bei manchen Kreditbelasteten hilft dann vielleicht ein Lottogewinn, ein Geschenk vom Großvater oder der Tod eines reichen Erbonkels.

Aber Vorsicht vor Übereifrigkeit: Ich stand kurz nach einer solchen Sondertilgung mit meinem Girokonto unerwartet »in den Miesen« – nach dem Einzug kommen nämlich noch reichlich Ausgabeposten auf einen zu: Gardinen, Lampen oder auch das neue Liegesofa für Gäste. In der Küche haben wir wie weiter oben schon beschrieben bei einem Einbau-Unterschrank den Ausziehtisch rausgeworfen und Auszüge plus Schublade montieren lassen. Und so weiter und so weiter.

Tagebuch, 102. Folge:
Oberheims Änderungsträume

Expressionismus oder Kinderzimmer

Wie viel mein Haus letztendlich gekostet hat, wissen Sie: 411.229 Euro. Nach dieser Rechnung habe ich eins immer wieder gehört: »Also, für das Geld könntest du aber auch ganz was anderes bekommen...« Was genau, hat mir keiner gesagt.

Aber vielleicht hätte ich inzwischen auch »ganz was anderes« gewollt. Was ich damit meine: In der Berliner Morgenpost läuft eine Serie mit denkmalgeschützten Häusern (»Baumeister für Berlin«), und manchmal komme ich da ins Schwärmen. Nicht dass es eine Grunewald-Villa sein müsste, die gibt mir für 400.000 Euro ja auch keiner. Nicht mal in sanierungsbedürftigem Zustand.

Ich denke da eher an schöne Fassadendetails. Sicher sind meine »gelb nuancierten« Klinkersteine hübsch, aber hätte nicht vielleicht auch ein Muster drin sein können? Oder ein Fugenschnitt in den vertikalen Linien, der die Klinkersteinreihen wie gebürstet aussehen lässt? Oder dachziegel-rote Klinkersteine, die neben Fenstern wirken wie ein aufgeklappter Fensterladen? Und wie sähen vertikal betonte Klinkersteinfelder im Wechsel mit andersfarbigem Putz (vor einer Wärmedämmplatte) aus? Nennt man das nicht expressionistisch?

Vor allem das »Neue Bauen« aus den 1920er und 30er Jahren hat mich so inspiriert, dass ich mir jetzt etwas ganz anderes vorstellen könnte: Die Betonplatte, die auf meinem Erdgeschoss liegt, hätte auf der linken Seite zum Garten hin einen Meter breiter sein können als das ganze EG – vielleicht »abgefangen« von einem oder zwei Stützpfeilern.

Dann wäre der Freisitz auf meiner Terrasse noch geschützter gegen Mittagssonne und gegen Regen, und vielleicht hätte ich die Terrasse dann auch größer geplant. Und oben hätten wir dann mehr Grund- und Wohnfläche in den Kinderzimmern.

Spielraum dafür hätte es vielleicht gegeben, denn die Bebauungsmöglichkeiten meines 502-Quadratmeter-Grundstücks schöpfe ich mit meinem Haus von acht mal zehn Metern Kantenlänge ja nicht ganz aus.

Oder wäre es ein kluger Trick gewesen, bei der Dachform nicht ein Satteldach zu planen, sondern ein viel steileres Mansarddach? Von dem habe ich gelesen, dass es unter allen Dachformen die größten Ausbaureserven hat. Vielleicht hätte das Bauamt ja auch nichts dagegen gehabt.

Oder hätte ich mich lieber darum kümmern sollen, wie das Haus ausbaubar bleiben könnte, falls Verena und ich noch ein drittes Kind wollen?

Hätte, wenn und aber, vielleicht... Nun aber steht das Haus längst, und es ist gar nichts mehr zu machen. Nicht dass ich unzufrieden wäre – aber ein wenig Träumen ist doch erlaubt, oder?

Was der Experte dazu sagt:
Lieber praktisch als verspielt

Was ist auf diese Tagebuchfolge zu sagen? Da Klaus Meier-Hartmann sich schon zu Anfang des Oberheim-Neubauprojekts zu dem Grundriss und mit Umbauideen geäußert hat, sollte der Dipl.-Ing. Architekt aus Berlin-Charlottenburg auch in der Resümee-Serie zu »Oberheims Heim« noch einmal Stellung nehmen:

Ach, Herr Oberheim! Soll ich meinen Text wieder einleiten wie vor ungefähr 75 Folgen? Dass Ihr Weg in das Neubauprojekt aus meiner Sicht ein falscher war, weil Sie sich mit einer fremden Vorgabe arrangiert haben – statt von Ihren Vorstellungen, Wünschen und Mindestforderungen auszugehen und diese in den Mittelpunkt zu stellen?

Vielleicht aber waren trotz aller Erfahrungen bei der Immobiliensuche Ihre eigenen »Vorgaben« damals noch nicht weit genug gediehen. Jetzt aber hat sich das geändert, in Ihrem Kopf kreisen neue Planungs- und Stilideen. Beispiel Klinkersteine: Dass sein Haus nicht aussieht wie ein Expressionismus-Ausläufer der 1920er Jahre, dürfte klar sein. Wie auch? Ein Generalunternehmer verkauft ihm natürlich, was derzeitiger Geschmack und was preiswert zu haben ist. Übrigens hätte ich Bedenken, neben den Fenstern ziegelrote Klinkerfelder zu sehen. Das würde die Fassadenproportion z. B. auf der Südseite aus dem Lot bringen.

Aber aus der Haushistorie weiß ich, dass Planer Tiekenz bei MirXbau ja ohnehin wenig Einfluss darauf genommen hat. Eine gestalterische Beratung, die das Haus – innen und außen – als ein einheitliches Ganzes betrachtet, gab es nicht. Als die Oberheims das zwei Meter hohe Wohnzimmer-Doppelfenster an der Südfassade gegen eine kleinere Einheit austauschten und die Lage (von innen her sehr durchdacht) mehr zu einer geplanten Sitzgruppe verschoben, da hat Planer Tiekenz ihnen nicht vor Augen geführt, wie dann außen die Fassade wirken würde.

Bild 32: So könnte sich Architekt Meier-Hartmann eine Veränderung des Hauses vorstellen, falls die Baufamilie einmal mehr Wohnraum brauchen sollte. Von Oberheims Gedankenspielen einer Fassadenveränderung hält er dagegen weniger.

Oberheim, der ja immer nach den Kosten fragt, kann ich übrigens ebenso beruhigen wie andere Bauherren: Spielereien mit andersfarbigen Klinkersteinen sind bezahlbar. Der einzelne einfache Klinkerstein ist schon für 0,50 Euro zu haben. Baufirmen und Generalunternehmer wie MirXbau, die ja im Laufe eines Jahres viele Gebäude errichten, bekommen ihn sicher noch billiger.

Außerdem gibt es Klinkersteinserien, die bewusst bunt, also verschieden farbig gebrannt sind. Ich habe in meinem Büro wie jeder Architekt Muster liegen oder lasse sie kurzfristig besorgen. Unterschiedlich ist auch immer die aktuelle Charge – als Naturprodukt fällt ein Farbton oft anders aus.

Was Oberheim wohl noch gar nicht aufgefallen ist: Auch sein Haus ist trotz einheitlicher gelblicher Farbe und relativ purer Fassade gar nicht eintönig geklinkert. Schauen Sie sich mal das Muster der Läufer (längs eingebaute Steine) und Köpfe (quer eingebaut, halb zu sehen) an, Herr Oberheim!

Klinkersteine sind ein hervorragender Wetterschutz, besonders an der Schlagregenseite – wenn Oberheim hier Fugenmuster will, dann sollte er auch an diese Aspekte denken.

Fragen sollte sich ein Bauherr auch, was er mit Ornamenten, Farben und Reliefstrukturen an seinem Haus erreichen will. Früher sagte man, der Schmuck einer Fassade ist auch Hinweis auf die gesellschaftliche Stellung des Bauherrn und sagt etwas aus über Bildung oder Geschmack. In diesem Sinne wäre es schon ein deutliches Zeichen von Oberheim, wenn er sein Haus mit starkem Fassadendekor bis zu Säulchen am Eingang oder mit Staffelgeschoss und zudem in dunklen Industrieklinkern errichtet hätte.

Dass ein Mansarddach mehr Raum- und Ausbaureserve bietet als ein 45-Grad-Satteldach, weiß auch das Bauamt. Dächer, die steiler als 70 Grad sind, gelten bei den Abstandsflächen-

Regeln wie eine senkrechte Wand. Da hätte Oberheim als Hinterlieger bei seinem geringen Abstand zum Nachbarn ein deutliches Nein von der Bauaufsicht zu hören bekommen.

Dächer, die zwischen 45 und 70 Grad messen, werden nur zu einem Drittel gerechnet; und die im OG entstehende Fläche darf wiederum nur zu zwei Dritteln der Grundfläche mehr als 2,30 Meter Raumhöhe erreichen. Aber an dieser Stelle wirds so kompliziert, dass ich das eher aufzeichnen müsste, damit die Fragen von Giebel- bis Abstandsfläche auch einem Laien klar werden.

Wenn ich mich schon zeichnerisch betätige, um Oberheims Heim zu verändern, dann würde ich das an zwei ganz anderen Stellen tun: Zum einen finde ich seinen Eingangsbereich rechts am Haus nicht sehr befriedigend, weil der Besucher an der Grundstücksgrenze einen langen Weg vor sich hat und dann die Tür nur links neben sich entdeckt. Auf einen Hauseingang zuzugehen, ist für Besucher sicher einladender, und Familie Oberheim sieht dann auch, wer kommt.

Aus heutiger Sicht am sinnvollsten finde ich da noch die am Ende der Tagebuchfolge aufgeworfene Frage nach mehr Platz für weitere Kinder. Da könnte ich mir vorstellen, am Haus dort anzubauen, wo es am leichtesten ist. Die Westseite ist in der Wohnküche (Erkerfenster) und darüber (Gaube aus Holz) nicht massiv gemauert.

Hier würde ich den Wohn- und Essbereich um einen Wintergarten vergrößern und oben noch einen sonnenbeschienenen Hausflügel ergänzen – dann wird fast eine kleine Villa draus. In diesem Flügel könnte es ein deutlich vergrößertes (Elternschlaf-)Zimmer geben. Oder man zweigt vom heutigen Elternschlafraum einen schmalen Flur ab, der dann im Anbau ein weiteres Zimmer erschließt.

Falls Sie vielleicht nur oben anbauen sollten, Herr Oberheim: Auch eine nur im Obergeschoss überbaute Fläche kann baurechtlich als im Erdgeschoss bebaut zählen. Da müsste man also anhand der Geschossflächenzahl (GFZ) und Grundflächenzahl (GRZ) kalkulieren, ob dieser Anbau noch machbar ist. Was bei der GFZ von 0,4 in Oberheims Wohngebiet bei 502 Quadratmetern Land noch übrig bleibt, würde jetzt allerdings zu sehr ans Eingemachte gehen.

Noch eins, das für Oberheims Typenmodell wohl weniger zutrifft, andere (Um-)Bauherren aber tangieren könnte: Wenn die Arbeit eines Architekten Baukunst darstellt, indem sie »aus dem durchschnittlichen Schaffen ihrer Zeit herausragt«, der wird bei einem Umbau mit einem neuen Planer nicht umhin kommen, sich auch mit dem Ursprungs-Architekten über die Umgestaltung zu unterhalten.

Tagebuch, 103. Folge: Oberheims Resümee

Bauen oder Mieten oder Kaufen

Viele Gespräche hat Roland Oberheim in den vergangenen Jahren geführt. Gespräche mit anderen Bauherren oder Bauinteressierten, über die er in seinem Tagebuch nicht immer berichtet hat. Entweder ging es um gegenseitige Tipps oder (öfter noch) um die Frage, ob man bauen oder kaufen oder mieten sollte. Zwei Seelen wohnen, ach, in seiner Brust. Oder noch mehr, wie sein Resümee am Ende des Bautagebuchs zeigt:

Schon immer wollte ich ein Haus besitzen. Nein, nein, nicht wegen des alten Leitspruchs »Haus bauen, Sohn zeugen, Baum pflanzen«, sondern als Ziel für mein Geld-Sparen. Der Lohn dafür sollte Wohneigentum sein, in dem jede Wand, jeder Nagel uns gehört und in dem kein Vermieter über schlecht renovierte Tapeten meckern kann. Der Traum ist nun ausgeträumt, denn er ist erfüllt. Was ist heute aus meinen Ideen und Idealen geworden?

Hätte ich vorher geahnt, wie viel Stress das Bauen mit sich bringt, hätte ich den Bauvertrag nicht unterschrieben. Obwohl alle – Bauende wie Nie-gebaut-Habende – immer davon gesprochen haben, wie nervig Bauen sei und obwohl ich das auch ernst nahm, habe ich den Stress doch weit unterschätzt. Dies ist für mich ganz klar der Punkt 1 meines Resümees.

Eigentlich habe ich beim Bauen selbst »nur« zwei zentrale Fehler gemacht: Ich erwartete bei einer Baufirma, die »schlüsselfertiges Bauen« verspricht, dass ich für mein teures Geld die Hände in den Schoß legen kann. Aber denkste!

Der »Festpreis« einer Baufirma, der die Komplettheit des Hauses vortäuscht, ist ein Festpreis für eine Bauleistung, nie aber für ein ganzes Haus. Bewusst werden viele (Kosten-)Themen, die der Noch-Nicht-Bauherr gar nicht kennen kann, durch vage Formulierungen offen gelassen. Wenn man dann die Themen kennen lernt und sich entscheiden soll, muss man sich intensiv einarbeiten – dann wirds teuer. Oder man arbeitet sich nicht ein – dann wirds sehr teuer.

Mein Irrtum: Bauen ist nicht das, was ein Verbraucher heute erwartet. Als »König Kunde« lege ich 400 Euro auf den Ladentisch und erwarte eine benutzerfreundliche Spiegelreflexkamera.

Bauen aber ist anders. Um im Kamerabild zu bleiben: Zu Hause packt der Kunde den Fotoapparat aus, stellt fest, dass die Gebrauchsanweisung in Englisch abgefasst ist. Danach registriert man, dass es eine Minibatterie für die Kamera nur im Zubehörhandel gibt, dass man fürs Bildermachen ein Extrading namens Objektiv braucht und dass das Spezialfilm-Entwickeln nur in besonderen Fotolaboren erlaubt ist, die dafür eine Extra-Genehmigung haben.

Wer glaubt, dass dieses Beispiel lächerlich ist und mit Bauen nichts zu tun hat, der steht noch auf einem ähnlichen Level in der Naivitätsskala wie ich zu Anfang meines Hausbaus.

Dazu ein Beispiel: Gegen Ende der ersten Heizperiodeim neuen Haus fragte ich mich, wie und wann eigentlich die Heizung gewartet werden muss; die Gebrauchsanleitung sagt dazu nichts. Zufällig stieß ich in einem Fachblatt darauf, dass ich als »Betreiber« einer Gasheizanlage zu regelmäßigen Wartungen laut Gesetz sogar verpflichtet bin. Dass es eine Heizungsanlagenverordnung gibt, haben mir weder Baufirma noch Gasinstallateur gesagt. Und auch der Schornsteinfeger (bei der Abnahme der Heizung) nicht und die Experten vom Bauherrenverein auch nicht.

Die von mir eingeschaltete Verbraucherorganisation, die ich »Bauherrenverein e.V.« genannt habe, war auch nur teilweise die Hilfe, die ich nach deren Werbung erwartet hatte. Wer glaubt, mit Mitgliedsbeitrag und Inspektionshonorar einen garantiert mängelfreien Bau zu erwerben, liegt falsch. Was alles nicht zu »baubegleitenden Qualitätskontrollen« (oder ähnlich) dazu gehört, das lernt man erst im Krisenfall. Also: wenn es zu spät ist...

Wer als Laie uninformiert ist und schlecht betreut wird, fällt leicht herein. Leider sah mein erster Bauherrenberater, von Berufs wegen ein Architekt, die Klippen meines Bauvertrags überhaupt nicht: Die Flächenangaben fürs Dachgeschoss waren ja viel zu hoch, und im zu niedrigen »Wohnkeller« darf man gar nicht wohnen – dabei hatte ich ihn zwar mit anderem Ansatz, aber immerhin doch deutlich nach der Kellerhöhe gefragt. Zugeben muss ich allerdings, dass die ursprünglich als zu klein empfundenen Kinderzimmer nach einem Jahr Wohnen an Größe gewonnen haben. Soll heißen: Man gewöhnt sich an alles. Letztlich hätte ich mir mehr Wohnfläche in einem gemauerten Haus wohl auch nicht leisten können. Jedenfalls nicht mit meiner Baufirma. 18.000 Euro zu teuer, so hat ein Experte meine Bausumme kritisch durchgerechnet. Plus ein paar tausend Euro, die ich durch ungerechtfertigte »Zusatzvereinbarungen« (z.B. teure Gar-nicht-Abdichtung gegen nichtdrückendes Wasser) bluten musste. Damit komme ich auf maximal 25.000 zuviel bezahlte Euro. Aber: Ein anderer Bauherr, der ein teureres MirXbau-Modell realisiert hat, ließ dieses Haus von einer anderen Baufirma durchrechnen – die wollten dafür 50.000 Euro mehr als MirXbau (und sind inzwischen im Konkurs).

Bautechnisch bin ich mit MirXbau gar nicht so schlecht gefahren, trotz aller Kritik im Tagebuch. Die wichtigsten Baulehren blieben mir erspart – eine Firmenpleite und krasser Pfusch. Dass dies wichtiger sein kann und wichtiger ist als etwas Mogelei bei den Abrechnungen, habe ich inzwischen von anderen Baustellen gelernt.

Und diese anderen Fälle zeigten mir auch eins: Eine Pleite betrifft erstens den Geldbeutel (teurere Ausschreibung der Restarbeiten), zweitens den Geldbeutel (Baufinanzierung läuft länger) und drittens die Bauqualität. Oft hatte nämlich die Pleitefirma gepfuscht, und die Folgefirma bekam Probleme, eine ordentliche Leistung auf dem Fundament unordentlicher Vorarbeit abzuliefern.

Was ich auch gewonnen habe, ist mehr Achtung vor der Handwerksarbeit. Hätte ich vorher gern mehr Eigenleistung erbracht, so würde ich heute beim Bauen von fast jedem eigenen Handschlag abraten, wenn man nicht gerade selbst vom Fach ist. Es ist auch alles eine Frage der Gewährleistung, und wenn etwas nicht funktioniert, dann wird gestritten, ob nun die Eigenleistung mangelhaft war oder die Arbeit der Bauleute.

Aber ich verliere mich in Einzelheiten, denn ich wollte doch zum Thema Bau-Kauf-Miete schreiben. Ein Sprichwort sagt zwar, dass man das erste Mal für einen Feind (die Baufirma?), das zweite Mal für einen Freund und erst das dritte Mal für sich selbst baut. Danke, einmal reicht mir!

Heute, nach dem Neubauen, sehe ich Gebrauchtimmobilien nicht mehr so kritisch. Dieses Thema hatten wir einst ziemlich schnell abgehakt, weil entweder ein Kinderzimmer zu klein war, das Gästezimmer fehlte oder aber das Wohnzimmer ungünstig lag.

Aber ist denn unser Neubauhaus die Erfüllung aller Träume?! Das MirXbau-Typenmodell war vorgegeben, verändert haben und verändern konnten wir nur wenig. Bei einem freien Architektenhaus hätte ich sicher mehr entscheiden können – aber der Preis wäre dann wohl höher, wie ich von anderen Bauherren weiß. Und welcher Architekt bietet mir finanziellem Angsthasen eine garantierte Bausumme?!

Was man bei der Gebrauchtimmobilie auch nicht als Vorteil verkennen darf: Dort bekomme ich eine fertige Infrastruktur rund ums Haus geboten, inklusive kostenloser Außenanlagen. Aber beim Altbau-Sanieren können alte Bausünden zu Tage treten. Sicher, das ist das größte Risiko. Das Renovieren oder Sanieren schlaucht sicherlich auch, erst recht, wenn man beim Entfernen des alten Teppichs feststellt, dass gleich auch der ganze Fußbodenaufbau komplett erneuern werden muss. Aber immerhin – beim Umbau dürfte man auf jeden Fall schneller fertig sein als beim Neubau.

Vor einigen Tagebuchfolgen habe ich einmal von der »Romantik des Mietens« gesprochen. Heute sehe ich dieses Thema anders als früher – natürlich auch beeinflusst durch die Erfahrung, dass wir zuletzt einen supernetten Vermieter hatten.

Wo liegen die Vorteile des Mietens gegenüber dem Kaufen? Als Mieter hätte ich eine sechsstellige Summe (= mein Bau-Eigenkapital) noch im Wertpapierdepot und könnte mir von den Zinsen manches leisten. Und wer wie ich auf eine Wertsteigerung des Eigenheims spekuliert hat, dem möchte ich vorrechnen, um wie viele zigtausend Euro die Gebrauchthäuser in meinem Lieblingsortsteil billiger geworden sind während der anderthalb Jahre, in denen ich geplant und gebaut habe.

Eigentum bindet finanziell, schnürt vielleicht auch den Lebensstandard ein – und ich kenne kein Neubauprojekt, das am Ende billiger als geplant gekommen wäre. Die Nebenkosten werden unterschätzt: Aus 299.922 Euro im MirXbau-Werbeprospekt wurden 411.229 Euro in der Oberheim-Realität. Da kämen bei Bauherren ohne mein stattliches Eigenkapital schnell 2.000 Euro pro Monat für Zins und Tilgung heraus. Aber wer will denn nur für die Finanzierung seines Hauses arbeiten?!

Zudem ist die Baufinanzierungsrate ja erst die »Kaltmiete«. Über Grundsteuer, Versicherung, Strom, Gas und Reparaturrücklagen habe ich in Folge 101 schon geschrieben. Für die Gesamtsumme könnte ich eine Luxuswohnung mieten – und bei Nichtgefallen auch bald wieder verlassen.

Verlassen würde ich eine Mietwohnung auch, wenn ich über laute Nachbarn frustriert wäre. Das geht beim gekauften oder gebauten Eigentum nicht so ohne weiteres – auch diese Perspektive sollten Bau- oder Kaufinteressierte sehen. Dieses »Frust-Kapitel« hat noch eine psychologische Note: Natürlich kündige ich nicht gleich meine Mietwohnung, wenn es im Apartment drunter mal laut zugeht. Ich bin einfach dadurch gelassener, weil ich mir ja jederzeit »etwas Neues« suchen könnte.

Im Wohneigentum aber denke ich anders. In meiner Immobilie nämlich steckt viel eigenes, schwer erarbeitetes Geld, so dass ich als Belohnung dafür das Gefühl »Hier geht es mir gut« erwarte. Tritt dieses nicht ein, und fühlt man sich im Eigentum sogar gefangen, kann der Frust beherrschend werden – wie ich es vor allem bei genervten Wohneigentums-Bekannten schon erlebt habe. Vor allem dann, wenn in einer Eigentumsanlage ein Teil Selbstnutzer und ein Teil Mieter sind – beide bringen eben eine psychologisch vollkommen andere Ausgangslage mit in ihr Wohn-Feeling.

Weiter spricht fürs Mieten, dass es einen Vermieter gibt, den ich anrufen kann, wenn die Heizung kaputt ist. Im eigenen Heim aber trage ich allein die Verantwortung und achte folglich auf jedes Geräusch. Verena wurde bei einem kabelbrand-ähnlichen Geruch richtig panisch; dabei war es nur ein totes Insekt, das sich in der Stehlampe grillte. In der Mietwohnung hätte sie die Ursache wahrscheinlich mit mehr Ruhe gesucht. Womit ich künftige Eigentümer aber auch beruhigen kann: So wie sich das Stressgefühl aus der Bauphase abbaut, so legt sich auch dieser Verantwortungsdruck beim Neu-Eigentümer sptestens nach einem Jahr.

Ein ganz wichtiges Argument gegen das Mieten ist, dass wir alle als Senioren nicht mehr so flexibel reagieren, wenn neue Lebensumstände eintreten. Das hat ein Soziologe mal so formuliert. Wenn ein Altbürger nach 20 Jahren in seiner Mietwohnung, in der er alles kennt, alles liebt, an alles gewöhnt ist, plötzlich vom neuen Vermieter mit einer Eigenbedarfsklage überzogen wird, kann dies für allerhöchste Aufregung und Bedrohungsgefühle sorgen. Im Wohneigentum gibts das nicht.

Außerdem waren in unserer Mietwohnung nur 80 Quadratmeter Platz, und Kevin und Marie sollten ihre Jugend nicht auf 14 gemeinsamen Quadratmetern verbringen – ich habe meine Jugend samt Bruder auf 9,9 Kinderzimmer-Quadratmetern erlebt. Größere und interessante Wohnungen aber haben wir zwei Jahre lang in unseren Lieblingsstadtteilen gesucht und nicht gefunden.

Sie sehen also: Es gibt kein endgültiges Argument in der einen oder anderen Richtung. Und daher werden meine Gedanken wahrscheinlich auch keinen einzigen Bau-, Kauf- oder Mietinteressierten vom Gegenteil überzeugen.

Tagebuch, 104. Folge:
Der Bauherren-Zeitenplan

Wie bereitet man Hauskauf oder Bauprojekt vor?

Roland Oberheim hat in Folge 103 Schlüsse aus seinem Projekt gezogen. Auch den, dass Bauherren auf ihre Rolle als Bauherr und auf die von ihnen zu erledigenden Aufgaben nicht gut genug vorbereitet sind. Zusammen mit Gabriele Vogel, die in Folge 68 den Bauzeitenplan von MirXbau untersuchte, machte er sich an die Aufgabe, für künftige Bauherren ein alternatives Arbeitsplanmodell zu entwickeln. Gabriele Vogel, Architektin mit Büro in Berlin-Kreuzberg, verfasste dazu den entsprechenden Plan und kommentiert ihn:

Als ich fürs Bautagebuch den MirXbau-Bauzeitenplan untersuchte, kam Roland Oberheim auf die Idee, dass es dazu ein ergänzendes Modell geben müsse – den Bauherren-Zeitenplan.

Der Bauzeitenplan ist bekanntlich jenes Planungspapier, nach dem sich die Baufirma bei ihren Bestellungen und Arbeiten richtet. Oberheims erster Gedanke war, dass man diesen Zeitplan der Baufirma einfach zum Bauherren-Zeitenplan macht, indem der Bauherr rechtzeitig vor der zu erwartenden Ausführung jeweils seine Hausaufgaben macht. Also nicht eine Woche vor dem unternehmerischen Bestelltermin die Fliesen aussuchen, sondern drei oder vier Wochen vorher.

Das sehe ich ganz anders. Ein Bauherren-Zeitenplan – also die Vorgabe für den Bauherrn, was er wann tun muss – müsste viel früher ansetzen. Lange vor der Unterschrift bei seiner Baufirma! Denn nur wer schon vor dem Abschluss die konkrete Fliese X in der Farbe Y verbunden mit der Arbeitsleistung Z (»im Gästebad diagonal verlegen«) kennt, der weiß dann auch den endgültigen Preis und ist dem Bauunternehmer nicht ausgeliefert.

So geregelt, liefert dieser Bereich später nicht fortwährend neue Überraschungen und neue Entscheidungen. Überraschungen und neue Entscheidungen wird es während der Bauphase ohnehin immer wieder geben, weil ein Hausbau keine computergesteuerte Fließbandarbeit ist. Das kann von Lieferschwierigkeiten eines Subunternehmers über falsch ausgemessene Fensteröffnungen und fehlerhaftes Material bis zu einem Nest mit brütenden Vögeln, einem Unfall oder einem fehlenden Stromkabel reichen. Oder oder oder.

Ein Bauherren-Zeitenplan also müsste viel früher ansetzen als bei Fliesen, Holztür oder Grundriss. Nicht einmal bei der Grundstückssuche setzt er an, sondern zuallererst bei den Kriterien, die die Baufamilie für ihre Wunschimmobilie aufstellt. Aufstellen muss!

Der Bauherren-Zeitenplan

Grundsätzliches
2,75 Monate

- Lagekriterien ermitteln — Öffentliche Verkehrsanbindung; Schule, Arbeitsweg, Einkaufsmöglichkeiten
- Art der Immobilie — Neubau, Altbau, Eigentumswohnung
- Informationen beschaffen — Zeitungen, Bücher, Internet, Volkshochschule

Entscheidung Immobilie

Grundstück
6 Monate

- Grundstückssuche beginnen — Zeitung, Makler, Freunde/Bekannte ansprechen
- Grundstück prüfen — Stadtplanungsamt, Baulastenverzeichnis, Bodengutachten

Entscheidung Grundstück

- Grundstück kaufen — Verhandlungen mit dem Verkäufer

Finanzierung
5 Monate

- Eigenkapital
- Fremdkapital — Öffentliche Fördermittel prüfen und Anträge stellen; Kreditverhandlungen

Eigenheim
4 Monate

- Eigenheimvorbereitung — Raumprogramm, Material und Farbe, Fertighaus oder individuelle Planung
- Fertighäuser — Markt der Fertighäuser studieren (Musterhäuser, Messen, Exposé, etc.)
- Individuelle Planung — Architekten suchen, Gespräche führen

Entscheidung Eigenheim

5 Monate

Planung
Entscheidung Planung

- Haustyp
- Ausstattung
- Anpassung an das Grundstück

7 Monate

- Kauf-/Bauvertrag unterschr.
- Bauantrag/Wartezeit

Ausführung
- Baustelle einrichten
- Rohbau
- Ausbau
- Abnahme
- Einzug

Start

Angabe in Monaten

1 2 3 4 5 6 7 8 9 10 11 12 13 14 15 16 17 18 19 20 21

Wie in der Grafik auf Seite 328 zu sehen, bedeutet somit nicht die Bauphase den größten Stress und die meiste Arbeit für den Bauherrn, sondern die Zeit ganz am Anfang.

Neben dem Grundsätzlichen wie den Lagekriterien des künftigen Wohnens und der angestrebten Art der Immobilie sollte man sich gleich auch um die Finanzen kümmern. Je früher man damit beginnt, desto seriöser empfinden auch die Geldinstitute den Anfragenden. Werden erst nach Unterzeichnung des Bauvertrages oder drei Tage vor dem Notartermin zum Kauf einer Eigentumswohnung die Finanzkarten gemischt, hat der Bauherr/Käufer nicht die Asse im Ärmel, sondern ist dann ganz offensichtlich in (Zeit-)Druck.

Ich hätte nun noch die einzelnen Einzelschritte weiter unterteilen können, aber das hätte die Tabelle unübersichtlicher gemacht. Unübersichtlich und vage übrigens musste natürlich die Zeitachse bleiben: Dass das Bestimmen von Lagekriterien oder Bau-/Kaufwünschen nicht an einem Wochenende getroffen wird, ist jedem klar. Man muss sich Informationen beschaffen, den Markt studieren, Objekte besichtigen – und dabei dann vielleicht die eigenen Vorgaben einige Tage, Wochen oder Monate lang auch immer wieder neu definieren.

Unmöglich ist es, hierfür halbwegs verlässliche Zeiten anzusetzen. Der Eine zögert zwei Wochen mit seinem Gesprächstermin beim Stadtplanungsamt, die Andere schafft dies und den Blick ins Baulastenverzeichnis gleich am nächsten Vormittag, und ein Dritter lässt sich einen Monat Zeit für ein Bodengutachten. Wenn ich hier Längen für die Zeitbalken eingetragen habe, dann nur als eine ganz vage Vorstellung, die Roland Oberheim übrigens nach eigener Einschätzung teilweise noch verlängert hat.

Wer zu der Entscheidung kommt, bauen zu wollen, sollte vom gedanklichen Aufbruch zu einem Immobilienerwerb bis zum Einzug in den fertigen Neubau bei sorgfältiger Vorbereitung mindestens anderthalb Jahre rechnen. Oberheim denkt aufgrund seiner persönlichen Erfahrungen sogar an noch einige Monate mehr.

Denken Sie vor allem daran: Es ist Ihr Haus, es sind Ihre Ideen und Ihr Geld – machen Sie deshalb mit guter Vorbereitung das Beste draus! Machen Sie sich bereit für einen langen Weg, der nicht mit einer Unterschrift unter den Bauvertrag aufhört. Ich wünsche Ihnen bei Ihrem Vorhaben gutes Gelingen.

Stichwortverzeichnis

Weitere Bücher aus dem Fraunhofer IRB Verlag

Wolfgang Lenze

Fachwerkhäuser
restaurieren – sanieren – modernisieren

Materialien und Verfahren für eine dauerhafte Instandsetzung

2001, 196 Seiten, 122 Zeichnungen und Fotos, fester Einband
ISBN 3-8167-4730-2

Fachwerkhäuser sind mehr als nur Dekorationsstücke einer historischen Stadtkulisse. Bei sachgemäßer Sanierung erweisen sie sich als
dauerhafte Gebäudekonstruktionen, die modernen Wohnkomfort
in einem historischen Ambiente bieten. Dieses praxisgerechte Handbuch für Sanierer und
Hausbesitzer zeigt detailliert alle erforderlichen Materialien, Techniken und Verfahren für eine
denkmalgerechte Instandsetzung.

R. Weeber, H. Weeber, S. Kleebaur, H. Gerth, W. Pohrt

Eigenleistung beim Bauen
Wie Eigentümer und Mieter sich am Bau ihrer Wohnung beteiligen
können

Bauforschung für die Praxis Band 49
Weeber und Partner, Büro für Stadtplanung und Sozialforschung,
Stuttgart
1999, 154 Seiten, 25 Abbildungen, 12 Tabellen, kartoniert
ISBN 3-8167-4248-3

Mieter oder Eigentümer von Wohnungen oder Familienheimen kön-
nen Kosten sparen und eigene Vorstellungen verwirklichen, wenn sie beim Neubau oder bei der
Modernisierung von Bestandswohnungen eine Eigenleistung einbringen. Für alle Modelle der
Eigenbeteiligung sind hier Beispiele und Erfahrungen gesammelt, ausgewertet und in
Entscheidungshilfen umgesetzt - für die künftigen Mieter oder Eigentümer ebenso wie für die
Bau- und Wohnungswirtschaft.

Michael Köneke

Schimmel im Haus
erkennen - vermeiden - bekämpfen

2002, 101 Seiten, durchgehend farbig illustriert, kartoniert
ISBN 3-8167-4731-0

Ein anschaulicher, leicht verständlicher Ratgeber zum Thema Schim-
melbildung in Wohnungen: Gesundheitsgefahren, bauphysikalische
Grundbegriffe, Einflussfaktoren und Messmethoden, Hinweise zur
Bekämpfung und Vermeidung, Schimmel in der Rechtsprechung.

R. Oswald, R. Abel, V. Schnapauff, W. Jagenburg

Bauschadensfibel für den privaten Bauherrn und Hauskäufer

Bauforschung für die Praxis Band 52
Aachener Institut für Bauschadensforschung und angewandte Bauphysik gGmbH -AIBau-
1999, 140 Seiten, 19 Abbildungen, 3 Tabellen, fester Einband
ISBN 3-8167-4251-3

Dieser Leitfaden für Hauskäufer und Bauherren beschreibt sinnvolle Wege zur Behebung von typischen Bauschäden und gibt Hinweise zur Schadensvermeidung. Systematisch werden alle Schritte von der Beurteilung vor Kauf oder Baubeginn bis zur Beseitigung von Schäden aufgezeigt und dazu juristische Grundlagen und vertragliche Notwendigkeiten beschrieben.

Ludwig Klindt, Eginhardt Klindt
Kein Ärger am Bau
Ein Ratgeber für Bauherren, Planer und Unternehmer

1999, 290 Seiten, zahlr. farb. Abbildungen, fester Einband
ISBN 3-8167-4711-6

Ein Ratgeber zur Vermeidung von Problemen am Bau. Er gibt dem Bauherrn wie dem Fachmann konkrete Hilfen zur Vorgehensweise bei Schwierigkeiten, vom Vertrag bis zur Abnahme, vom Bausachverständigengutachten bis zur Beweissicherung. Dazu eine Zusammenstellung typischer Bauschäden vom Fundament bis zum Schornstein.

Volker Schnapauff, Silke Richter-Engel
Gebrauchsanweisung für Häuser
Gliederungsvorschläge und Textbausteine zur Abfassung einer Gebrauchsanweisung für Eigentümer und Mieter

Bauforschung für die Praxis Band 40
1997, 116 Seiten, zahlreiche Abbildungen, kartoniert
ISBN 3-8167-4239-4

Für jedes Kraftfahrzeug gibt es eine Anleitung zum Gebrauch und zur Pflege. Obwohl die Kosten eines Hauses oder die einer Wohnung das Vielfache dessen betragen, was für ein Auto auszugeben ist, sind solche Anleitungen bei Wohngebäuden und Wohnungen eher selten. Der Leitfaden enthält Mustertexte und Textbausteine für individuelle Gebrauchsanweisungen, vermittelt Eigentümern und Mietern Verhaltensweisen zum Wohnen und gibt Hinweise zu Schönheitsreparaturen und Instandhaltungen.